Ulrich Büdenbender / Hans Strutz

Gabler Kompaktlexikon Personal

Ulrich Büdenbender
Hans Strutz

Gabler Kompaktlexikon Personal

Wichtige Begriffe zu Personalwirtschaft, Personalmanagement,
Arbeits- und Sozialrecht

3., komplett überarbeitete Auflage

GABLER

Bibliografische Information der Deutschen Nationalbibliothek
Die Deutsche Nationalbibliothek verzeichnet diese Publikation in der
Deutschen Nationalbibliografie; detaillierte bibliografische Daten sind
im Internet über <http://dnb.d-nb.de> abrufbar.

1. Auflage 2003
2. Auflage 2005
3., komplett überarbeitete Auflage 2011

ISBN 978-3-8349-0157-6

Vorwort

Das Gabler Kompaktlexikon Personal enthält eine umfassende Erläuterung wichtiger Sachbegriffe für die tägliche Personalarbeit. Hierzu gehört der gesamte Bereich des Personalmanagements (Personalbeschaffung, Personalauswahl, Personalverwaltung, Vergütungspolitik, betriebliche Sozialleistungen, Arbeitszeitmanagement, Mitarbeiterführung, Personal- und Führungskräfteentwicklung) sowie des Arbeits- und Sozialrechts. Theoretische Erkenntnisse wie praktische Erfahrungen der Autoren fließen dabei gleichermaßen mit ein. Bei der Auswahl der erläuterten Begriffe und bei der Darstellungstiefe steht der Bezug zur Praxis im Vordergrund.

Zielgruppe des Kompaktlexikons Personal sind Führungskräfte aller Bereiche, Mitarbeiter des betrieblichen Personalwesens sowie alle diejenigen, die sich im Rahmen ihrer täglichen Aufgaben mit den zahlreichen Personalfragen zu befassen haben. Dabei werden auch die Leser angesprochen, die in Einrichtungen der beruflichen Fort- und Weiterbildung, in Verbänden, in Behörden und Gerichten sowie in anderen Organisationen tätig sind, soweit das jeweilige Aufgabengebiet Erstinformationen zum Personalmanagement sowie zu grundsätzlichen Fragen des Arbeits- und Sozialrechts erfordert. Von der fachlichen Ausrichtung her ist das Lexikon für Leser aller Disziplinen und Berufsgruppen gedacht: vom juristisch, ingenieur- oder wirtschafts- und sozialwissenschaftlich ausgebildeten Leser bis hin zum Personalpraktiker mit langjährigem Erfahrungswissen.

Die erste und zweite Auflage des Kompaktlexikons Personal wurde von den Lesern positiv angenommen. Dies hat Verlag und Autoren veranlasst, nunmehr mit Stand vom September 2010, die dritte Auflage vorzulegen. Sie berücksichtigt die zahlreichen Änderungen die insbesondere in der Gesetzgebung eingetreten sind. Das Arbeits- und Sozialrecht unterliegt wie kaum ein anderer Rechtsbereich ständigen Novellierungen, die die tägliche personalwirtschaftliche Praxis beträchtlich erschweren.

In Anbetracht vieler inhaltlicher Verbindungen zwischen einzelnen Stichwörtern werden über Querverweise im Text oder am Ende der Stichwörter Bezüge oder Sachzusammenhänge zu weiteren Themen erschlossen die dem Leser die Orientierung erleichtern. Auf diese Weise bietet das Kompaktlexikon Personal eine hinreichend breit angelegte Basisinformation zum Einstieg in die jeweilige Fragestellung.

Der wissenschaftlichen Assistentin am Dresdener Lehrstuhl für Bürgerliches Recht, Energiewirtschaftsrecht und Arbeitsrecht, Frau Rechtsanwältin Christina Will, sei auch an dieser Stelle für ihre kompetente und engagierte Unterstützung bei der Erstellung der Neuauflage gedankt.

Dresden und Bad Neuenahr im September 2010
Prof. Dr. Ulrich Büdenbender   *Prof. Dr. Hans Strutz*

Die Autoren

Ulrich Büdenbender

Studium der Rechtswissenschaften und Promotion zum Dr. jur. an der Universität Bonn; Referendarzeit, Assessor-Examen. 1975 Eintritt in die RWE AG als Justiziar; 1984 Wechsel in das Personalressort (1984 Prokurist, 1987 Direktor Personal- und Sozialwesen), von 1991 bis 1998 Vorstandsmitglied und Arbeitsdirektor der RWE AG, ab 1998 Inhaber des Lehrstuhls für Bürgerliches Recht, Energiewirtschaftsrecht und Arbeitsrecht sowie Direktor des Instituts für Wirtschaftsrecht, Juristische Fakultät der Technischen Universität Dresden.

Zahlreiche Publikationen zum Arbeits-, Wirtschafts-, und Zivilrecht sowie zur Personalpolitik.

Hans Strutz

Studium der Sozial- und Wirtschaftswissenschaften und Promotion zum Dr. rer. soc. an der Ruhr-Universität Bochum. Ab 1974 folgten Tätigkeiten als Wissenschaftlicher Assistent, als Dezernent im Höheren Dienst der Landesverwaltung sowie Lehrtätigkeiten an Wirtschaftsakademien, Fachhochschulen und der Ruhr-Universität Bochum. Seit 1988 Vorstandsmitglied der Deutschen Gesellschaft für Personal-Marketing e.V. DGPM; Forschung, Beratung und Führungskräftetraining in Wirtschaft und Verwaltung auf den Gebieten Personalmanagement und Personalmarketing.

Zahlreiche Publikationen zum externen und internen Personalmarketing sowie zur Industrie- und Verwaltungssoziologie.

Abkürzungsverzeichnis

Abs.	Absatz
AEntG	Arbeitnehmerentsendegesetz
AEVO	Ausbildereignungsverordnung
AFG	Arbeitsförderungsgesetz (aufgehoben, siehe SGB III)
AG	Aktiengesellschaft
AGB	Allgemeine Geschäftsbedingungen
AktG	Aktiengesetz
AO	Abgabenordnung
ArbG	Arbeitsgericht
ArbGG	Arbeitsgerichtsgesetz
ArbnErfG	Arbeitnehmererfindungsgesetz
ArbPlSchG	Arbeitsplatzschutzgesetz
ArbSchG	Arbeitsschutzgesetz
ArbSG	Arbeitssicherstellungsgesetz
ArbStättV	Arbeitsstättenverordnung
ArbZG	Arbeitszeitgesetz
Art.	Artikel
ASiG	Arbeitssicherheitsgesetz
ATG	Altersteilzeitgesetz
AufenthaltsG	Aufenthaltsgesetz
AÜG	Arbeitnehmerüberlassungsgesetz
BAG	Bundesarbeitsgericht
BAT	Bundesangestelltentarifvertrag
BBG	Bundesbeamtengesetz
BBiG	Berufsbildungsgesetz
BDA	Bundesvereinigung der Deutschen Arbeitgeberverbände
BDI	Bundesverband der Deutschen Industrie e.V.
BDSG	Bundesdatenschutzgesetz
BErzGG	Bundeserziehungsgeldgesetz
BeschSchG	Beschäftigtenschutzgesetz
BetrAVG	Gesetz zur Verbesserung der betrieblichen Altersversorgung (Betriebsrentengesetz)
BetrVG	Betriebsverfassungsgesetz
BfA	Bundesversicherungsanstalt für Angestellte
BFH	Bundesfinanzhof
BG	Berufsgenossenschaft
BGB	Bürgerliches Gesetzbuch
BGBl.	Bundesgesetzblatt
BGH	Bundesgerichtshof
BGleiG	Bundesgleichstellungsgesetz
BildscharbV	Verordnung über Sicherheit und Gesundheitsschutz bei der Arbeit an Bildschirmgeräten (Bildschirmarbeitsverordnung)
BMBF	Bundesministerium für Bildung und Forschung
BMGS	Bundesministerium für Gesundheit und Soziale Sicherung
BMT-Arb.	Bundesmanteltarifvertrag Arbeiter
BMWA	Bundesministerium für Wirtschaft und Arbeit

BPersVG	Bundespersonalvertretungsgesetz
BSG	Bundessozialgericht
Bsp.	Beispiel
BUrlG	Bundesurlaubsgesetz
BVerfG	Bundesverfassungsgericht
BVerwG	Bundesverwaltungsgericht
bzw.	beziehungsweise
CGB	Christlicher Gewerkschaftsbund Deutschlands
d.h.	das heißt
dbb	Deutscher Beamtenbund
DGB	Deutscher Gewerkschaftsbund
DGFP	Deutsche Gesellschaft für Personalführung e.V.
DrittelbG	Drittelbeteiligungsgesetz
DVO	Durchführungsverordnung
EBRG	Europäische Betriebsräte-Gesetz
EDV	Elektronische Datenverarbeitung
EG	Europäische Gemeinschaft(en), EG-Vertrag (neue Zitierweise)
EGB	Europäischer Gewerkschaftsbund
EGV	EG-Vertrag
EntgeltFG	Entgeltfortzahlungsgesetz
EStG	Einkommensteuergesetz
EU	Europäische Union
EuGH	Europäischer Gerichtshof
evtl.	eventuell
EWG	Europäische Wirtschaftsgemeinschaft
EWIV	Europäische Wirtschaftliche Interessenvereinigung
EWR	Europäischer Wirtschaftsraum
f.	folgend
ff.	folgende
FFG	Frauenfördergesetz (aufgehoben, s. BGleiG)
GbR	Gesellschaft bürgerlichen Rechts
GewO	Gewerbeordnung
GG	Grundgesetz
ggf.	gegebenenfalls
GmbH	Gesellschaft mit beschränkter Haftung
GmbHG	Gesetz betreffend die Gesellschaften mit beschränkter Haftung
grds.	grundsätzlich
GWB	Gesetz gegen Wettbewerbsbeschränkungen
HAG	Heimarbeitsgesetz
HGB	Handelsgesetzbuch
HwO	Handwerksordnung
i.d.F.	in der Fassung
i.d.R.	in der Regel
i.e.S.	im engeren Sinn
i.S.d.	im Sinne des(r)

i.Ü.	im Übrigen
i.V. m.	in Verbindung mit
i.w.S.	im weiteren Sinn
IAB	Institut für Arbeitsmarkt- und Berufsforschung
IG	Industriegewerkschaft
IHK	Industrie- und Handelskammer
InsO	Insolvenzordnung
JArbSchG	Jugendarbeitsschutzgesetz
KG	Kommanditgesellschaft
KGaA	Kommanditgesellschaft auf Aktien
KO	Konkursordnung
KSchG	Kündigungsschutzgesetz
KStG	Körperschaftsteuergesetz
LAG	Landesarbeitsgericht
LFZG	Lohnfortzahlungsgesetz (aufgehoben, siehe EFZG)
lt.	laut
MdE	Minderung der Erwerbsfähigkeit
MitbErgG	Mitbestimmungsergänzungsgesetz
MitbestG	Mitbestimmungsgesetz
MontMitbestG	Montanmitbestimmungsgesetz
MuSchG	Mutterschutzgesetz
NachwG	Nachweisgesetz
Nr.	Nummer
o.ä.	oder ähnlich
o.Ä.	Oder Ähnliche[s]
o.a.	oder andere
OHG	Offene Handelsgesellschaft
OLG	Oberlandesgericht
PersVG	Personalvertretungsgesetz
Rspr.	Rechtsprechung
RVO	Reichsversicherungsordnung
S.	Satz; Seite
s.	siehe
SchwarzArbG	Gesetz zu Bekämpfung der Schwarzarbeit
SchwbG	Schwerbehindertengesetz (aufgehoben, siehe SGB IX)
SGB	Sozialgesetzbuch
SGB I	Sozialgesetzbuch Erstes Buch – Allgemeiner Teil
SGB II	Sozialgesetzbuch Zweites Buch – Grundsicherung für Arbeitssuchende
SGB III	Sozialgesetzbuch Drittes Buch – Arbeitsförderung
SGB IV	Sozialgesetzbuch Viertes Buch – Gemeinsame Vorschriften für die Sozialversicherung
SGB V	Sozialgesetzbuch Fünftes Buch – Gesetzliche Krankenversicherung
SGB VI	Sozialgesetzbuch Sechstes Buch – Gesetzliche Rentenversicherung
SGB VII	Sozialgesetzbuch Siebtes Buch – Gesetzliche Unfallversicherung

SGB IX	Sozialgesetzbuch Neuntes Buch – Rehabilitation und Teilhabe behinderter Menschen
SGB X	Sozialgesetzbuch Zehntes Buch – Sozialverwaltungsverfahren und Sozialdatenschutz
SGB XI	Sozialgesetzbuch Elftes Buch – Soziale Pflegeversicherung
SGB XII	Sozialgesetzbuch Zwölftes Buch – Sozialhilfe
SGG	Sozialgerichtsgesetz
sog.	sogenannt(e)
SprAuG	Sprecherausschussgesetz
StGB	Strafgesetzbuch
TVG	Tarifvertragsgesetz
TzBfG	Teilzeit- und Befristungsgesetz
u.	und
u.ä.	und ähnlich
u.Ä.	und Ähnliche[s]
u.a.	und andere; unter anderem
u.U.	unter Umständen
ULA	Deutscher Führungskräfteverband
UmwG	Umwandlungsgesetz
UrhG	Urheberrechtsgesetz
usw.	und so weiter
UVV	Unfallverhütungsvorschrift
UWG	Gesetz gegen den unlauteren Wettbewerb
v.a.	vor allem
ver.di	Vereinte Dienstleistungsgewerkschaft
VermBG	Vermögensbildungsgesetz
VGB	Unfallverhütungsvorschriften der Berufsgenossenschaften
vgl.	vergleiche
VO	Verordnung
VWA	Verwaltungs- und Wirtschafts-Akademie
WahlO	Wahlordnung (nach dem Betriebsverfassungsgesetz)
z.B.	zum Beispiel
z.T.	zum Teil
z.Zt.	zur Zeit
ZAV	Zentralstelle für Arbeitsvermittlung
ZDG	Zivildienstgesetz
Ziff.	Ziffer
ZPO	Zivilprozessordnung

Erläuterungen für den Benutzer

1. Unter einem aufgesuchten Stichwort ist die Erklärung zu finden, die dem Benutzer sofort erforderliches Wissen ohne mehrmaliges Nachschlagen vermittelt. Die zahlreichen Verweiszeichen (→) zielen auf Begriffe, die dem Leser zusätzliche Informationen bieten und eine Einordnung in größere Zusammenhänge ermöglichen.

2. Die alphabetische Reihenfolge ist – auch bei zusammengesetzten Stichwörtern – strikt eingehalten. Dies gilt sowohl für Begriffe, die durch Bindestrich verbunden sind, als auch für solche, die aus mehreren, durch Leerzeichen oder Kommata getrennten Wörtern bestehen. In beiden Fällen erfolgt die Sortierung, als sei der Bindestrich bzw. das Leerzeichen oder das Komma nicht vorhanden. Symbole und Sonderzeichen werden durch das jeweilige Wort bestimmt, so dass die Ziffer „15" dem Wort „fünfzehn" entspricht.

3. Substantive sind in der Regel im Singular aufgeführt.

4. Die Umlaute ä, ö, ü, wurden bei der Einordnung in das Alphabet wie die Grundlaute a, o, u behandelt, ß ist wie ss anzusehen.

5. Geläufige Synonyme und angloamerikanische Termini werden jeweils am Anfang eines Stichwortes aufgeführt.

6. Übersichten zu arbeitsrechtlichen Regelungen in Abhängigkeit von der Anzahl der Arbeitnehmer, der Beschäftigung Schwerbehinderter sowie Auszubildender befinden sich im Anhang.

Abfindung. Eine A. ist die Zahlung des Arbeitgebers an einen Arbeitnehmer als Ausgleich für den Verlust des Arbeitsplatzes. Sie kann einvernehmlich in einem → Aufhebungsvertrag oder im Rahmen eines gerichtlichen → Vergleichs festgesetzt werden. Darüber hinaus sind A. ein wichtiger Bestandteil von Sozialplanregelungen nach §112 BetrVG. Einigen sich die Betriebsparteien nicht, kann ein → Sozialplan durch Spruch der → Einigungsstelle bewirkt werden (§§ 112 Abs. 4, 76 BetrVG), die damit auch den Abfindungsanspruch festsetzt. Schließlich begründet § 113 BetrVG Abfindungsansprüche, wenn → Betriebsänderungen im Widerspruch zu dem → Interessenausgleich durchgeführt werden oder aber ein Interessenausgleich gänzlich unterblieben ist. § 1a KSchG sieht bei → betriebsbedingten Kündigungen eine A. von 0,5 Monatsverdiensten pro Beschäftigungsjahr vor, wenn der Arbeitnehmer nicht innerhalb von drei Wochen nach Zugang der Kündigung Kündigungsschutzklage erhoben hat und der Arbeitgeber in der Kündigungserklärung auf das betriebliche Erfordernis für die Kündigung sowie die Notwendigkeit des Verstreichenlassens der Klagefrist hingewiesen hat. Der Anspruch entfällt, wenn der Arbeitnehmer (auch verspätet) Kündigungsschutzklage erhebt oder sich sonst gerichtlich gegen die Kündigung wehrt.

Im Rahmen des Kündigungsschutzprozesses kann das Arbeitsgericht eine A. festsetzen. Dies geschieht auf Antrag des Arbeitnehmers, wenn nach gerichtlicher Feststellung die → Kündigung unwirksam war, jedoch dem Arbeitnehmer die Fortsetzung des Arbeitsverhältnisses nicht zuzumuten ist. Dieselbe Kompetenz hat das Gericht auf Antrag des Arbeitgebers, wenn Gründe vorliegen, die eine den Betriebszwecken dienliche weitere Zusammenarbeit zwischen Arbeitgeber und Arbeitnehmer nicht erwarten lassen (§ 9 Abs. 1 KSchG). Bezüglich der Höhe enthält § 10 KSchG einen Rahmen, der auch

für das Sozialplanverfahren wichtig ist. Danach wird die A. auf bis zu 12 Monatsverdienste, bei Vollendung des 50. Lebensjahres und 15-jährigem Bestand des Arbeitsverhältnisses auf 15 Monatsverdienste und bei Vollendung des 55. Lebensjahres und Bestand des Arbeitsverhältnisses von 20 Jahren auf maximal 18 Monatsverdienste begrenzt. Je Dienstjahr werden in Abhängigkeit von der wirtschaftlichen Lage des Unternehmens zwischen 0,3 und einem Monatsverdienst festgelegt, wobei soziale Faktoren in Sozialplänen zusätzlich berücksichtigt werden (z.B. Familienstand). Die genannten Regelungen gelten auch für → leitende Angestellte, jedoch mit der Maßgabe, dass es für den Antrag des Arbeitgebers auf Auflösung des Arbeitsverhältnisses mit der Folge einer A. keiner besonderen Begründung bedarf (§ 14 Abs. 2 KSchG) und dass → Sozialpläne wegen der auf nicht leitende Mitarbeiter begrenzten Vertretungskompetenz des → Betriebsrates keine Rechtsansprüche für leitende Angestellte begründen.

Die steuerliche Freibetragsregelung nach welcher ein bestimmter Betrag der Abfindung steuerfrei blieb, wurde abgeschafft. Eine Steuerbegünstigung ist nur noch möglich, wenn die Abfindung als steuerbegünstigte Entschädigung oder Vergütung für mehrjährige Tätigkeit anzusehen ist (§ 24 EStG). Abfindungszahlungen können zum Ruhen des Anspruchs auf Arbeitslosengeld führen (§ 143a SGB III).

Abgangsinterview, *Austrittsgespräch, Kündigungsgespräch, Trennungsgespräch.* Das A. findet mit Mitarbeitern statt, die ihr Arbeitsverhältnis auf eigenen Wunsch beenden. Anliegen des A. ist es, Aufschlüsse über die Motive der Kündigung zu gewinnen, damit insbesondere aber Hinweise zu erhalten auf Faktoren im Unternehmen, die von den Mitarbeitern negativ wahrgenommen und bewertet werden, z.B. Betriebsklima, Vergütungspraxis u.a. Der ausscheidende

Mitarbeiter ist häufig eher bereit, solche Schwachstellen offen anzusprechen als derjenige, der im Unternehmen noch langfristig bleiben möchte und evtl. Nachteile befürchtet.

Das A. wird in der Praxis meistens von einem Angehörigen der Personalabteilung in der letzten Arbeitswoche des Mitarbeiters geführt. Hilfsmittel hierbei ist häufig ein strukturierter Fragebogen oder Gesprächsleitfaden, der sicherstellt, dass alle möglicherweise wichtigen Punkte angesprochen werden. Nicht empfehlenswert ist es, das A. vom bisherigen Vorgesetzten des Mitarbeiters führen zu lassen. In einigen Unternehmen wird das A. nicht als Gespräch, sondern als schriftliche Befragung, mitunter auch auf dem Postweg einige Wochen nach Ausscheiden des Mitarbeiters durchgeführt. Das A. wird häufig nur bei bestimmten Mitarbeitergruppen, z.B. Facharbeitern, oder in ausgewählten Organisationseinheiten, z.B. Betrieben eines Unternehmens eingesetzt. Alle Abgangsinterviews sollten vom Unternehmen sorgfältig erfasst und ausgewertet, erkennbaren Schwachstellen muss nachgegangen und ggf. Abhilfe geschaffen werden. In diesem Sinne ist das A. auch ein Instrument der → Personalforschung und des internen → Personalmarketings.
Vgl. auch → Mitarbeitergespräch.

Abmahnung. Eine A. ist die deutliche Missbilligung des Arbeitgebers gegenüber dem Arbeitnehmer für vertragswidriges Verhalten. In ihr wird angedroht, dass im Wiederholungsfalle der Bestand des Arbeitsverhältnisses gefährdet ist. Aus Beweisgründen werden A. zweckmäßigerweise schriftlich vorgenommen und in die Personalakte eingelegt. Eine gesetzliche Regelung der A. besteht nicht. Sie ist Ausfluss des gerichtlich anerkannten Verhältnismäßigkeitsgrundsatzes und Übermaßverbotes im → Kündigungsrecht. Die Abmahnung muss das beanstandete Verhalten möglichst genau beschreiben; der Arbeitnehmer muss aufgefordert werden, dieses Verhalten in Zukunft zu ändern, der Arbeitgeber kann Sanktionen androhen, falls er sich nicht entsprechend verhält.

Nach ständiger Rechtsprechung ist eine A. Voraussetzung für den rechtswirksamen Ausspruch einer → Kündigung, wenn das Fehlverhalten des Arbeitnehmers im Leistungs- oder im disziplinarischen Bereich liegt. In den Fällen, in denen ein besonders schwerwiegender Kündigungsgrund eine fristlose Kündigung nach § 626 BGB rechtfertigt, ist grundsätzlich eine A. nicht erforderlich.

A. unterliegen nicht der → Mitbestimmung des → Betriebsrates. Rechtsschutz der betroffenen Arbeitnehmer ist gegeben, indem auf Rücknahme unbegründeter A. einschließlich ihrer Entfernung aus den → Personalakten geklagt werden kann.

Abordnung, *Abstellung.* Die A. kennzeichnet die vorübergehende Zuweisung eines anderen beruflichen Aufgabenbereiches. Der Begriff ist vornehmlich für den öffentlichen Dienst gebräuchlich und findet in der Privatwirtschaft weniger Verwendung. Kennzeichnend für die A. ist die Absicht des Arbeitgebers/ Dienstherrn, den Betreffenden nach einem vorübergehenden Einsatz an anderer Stelle zumindest zunächst wieder an seinem ursprünglichen Arbeitsplatz weiter zu beschäftigen. Zweck der A. kann der Erwerb zusätzlicher beruflicher Erfahrungen sein, die Schließung einer Mitarbeiterlücke in einem bestimmten Bereich und schließlich die Überprüfung des abgeordneten Mitarbeiters im Hinblick darauf, ob er für höherwertige Aufgaben in Betracht kommt. Insofern kann die A. Bestandteil einer Personal- und Führungskräfteentwicklung wie eines Jobrotation-Programms sein.

Betriebsverfassungsrechtlich sind die personellen Mitbestimmungsrechte im Falle von → Versetzungen (§ 99 BetrVG) sowie die entsprechenden personalvertretungsrechtlichen Regelungen zu beachten.
Vgl. auch → Jobrotation, → Umsetzung.

Absageschreiben. Externe Bewerber, die nach Prüfung ihrer → Bewerbungsunterlagen oder nach Abschluss eines → Auswahlverfahrens für das Unternehmen nicht geeignet erscheinen, erhalten die eingereichten Bewerbungsunterlagen mit einem A. zurück. Formulierung und Inhalt des A. müssen sorgfältig bedacht werden und sollten keinesfalls beim Bewerber den Eindruck einer persönlichen Disqualifizierung, nur oberflächlichen Bewertung seiner Qualifikation oder standardisierten Routineabsage erwecken. Das A. ist v.a. hinsichtlich des externen

→ Personalmarketings ein nicht zu unterschätzendes Kommunikationsmittel des Unternehmens (→ Personalimage). Bewerber, denen über das A. ein negativer Eindruck vermittelt wird, geben diesen häufig im relevanten → Personalmarkt weiter. Damit kann dem Ansehen des Unternehmens nicht unerheblich geschadet werden. Bedenkt man, dass z.B. Großunternehmen viele Hunderte oder Tausende von Bewerbungen erhalten, wird der Stellenwert des A. noch deutlicher. Im A. sollte dem Bewerber noch einmal für seine Bewerbung gedankt, für ihn möglichst nachvollziehbar eine Begründung für die Ablehnung gegeben (z.B. im Vergleich mit anderen Bewerbern geringere Auslandserfahrung, fehlende spezielle Kenntnisse o.ä.) und evtl. – v.a. bei Bewerbern, die in die engere Auswahl gekommen sind – ein Ansprechpartner für telefonische Rückfragen benannt werden. Damit wird dem abgelehnten Bewerber die Möglichkeit eröffnet, sich gezielt über etwaige Qualifikationsdefizite oder Präsentationsmängel (z.B. im → Vorstellungsgespräch oder in einem → Assessmentcenter) zu informieren. Diese Möglichkeit wird v.a. von Hochschulabsolventen sehr geschätzt und häufig genutzt. Als Ansprechpartner sollte nur ein fachlich und kommunikativ kompetenter Mitarbeiter in- frage kommen.

Vgl. auch → Eingangsbestätigung, → Zwischenbescheid.

Abschlussfreiheit. Die A. (→ Vertragsfreiheit) gewährleistet das Recht für jedermann, Arbeitgeber oder Arbeitnehmer, Arbeitsverhältnisse zu begründen.

Es gibt grundsätzlich keine Einstellungspflicht. Lediglich im öffentlichen Dienst kann sich aus Art. 33 Abs. 2 GG, der den Zugang zum öffentlichen Dienst gewährleistet, im Einzelfall ein Einstellungsanspruch ergeben, wenn jede andere Entscheidung auch unter Berücksichtigung des Ermessens für die Entscheidung fehlerhaft wäre. § 78a BetrVG verpflichtet den Arbeitgeber, einen Auszubildenden, der Mitglied der → Jugend- und Auszubildendenvertretung oder des → Betriebsrats, der Bordvertretung oder des → Seebetriebsrats ist, nach Beendigung des Berufsausbildungsverhältnisses zu übernehmen, wenn der Auszubildende dies schriftlich innerhalb der letzten drei Monate vor Beendigung des Berufsausbildungsverhält-

nisses verlangt. Durch eine solche Erklärung kommt einseitig ein Arbeitsverhältnis zustande, das auf Antrag des Arbeitgebers durch das Arbeitsgericht im Falle der Unzumutbarkeit nach § 87a Abs. 4 BetrVG aufgelöst werden kann. Dies ist insbesondere bei fehlender Beschäftigungsmöglichkeit der Fall. Das SGB IX begründet keine Einstellungsansprüche von schwerbehinderten Menschen, sondern lediglich die Verpflichtung des Arbeitgebers zur Zahlung einer Ausgleichsabgabe bei Unterschreitung der vorgeschriebenen Beschäftigungsquote. Auch aus dem → Diskriminierungsverbot des § 1 AGG erwächst bei Missachtung nur ein Schadensersatz-, nicht aber ein Einstellungsanspruch.

Abschlussgratifikation, *Jahresabschlussgratifikation.* Die A. ist eine besondere Form der variablen → Vergütung. Sie wird in Abhängigkeit vom Jahresabschluss als Einmalzahlung gewährt. Dabei kann je nach Ausgestaltung das Jahresergebnis alleiniger Parameter für die Höhe der A. sein oder mit zusätzlichen Komponenten verknüpft werden, um den persönlichen Beitrag des einzelnen Mitarbeiters stärker zu berücksichtigen. Dies ist möglich, wenn die Ergebnisse von → Zielvereinbarungen in die Bemessung der A. mit einfließen. Die klassische A. allerdings wird unabhängig von dem persönlichen Anteil des einzelnen Mitarbeiters am Jahresergebnis gewährt.

Vgl. auch → Arbeitsbewertung, → Vergütungspolitik.

Absentismus. Hiermit werden → Fehlzeiten von Mitarbeitern bezeichnet, die nicht auf Erkrankung, vertragliche oder gesetzliche Gründe (z.B. Urlaub, Mutterschutz) zurückzuführen sind, sondern aus fehlender Arbeitsmotivation der Mitarbeiter entstehen (sog. motivationsbedingte Fehlzeiten). Die Ursachen hierfür sind vielfältig: Sie können in reiner Arbeitsunlust, einem schlechten → Betriebsklima, falscher Mitarbeiterführung, in erschwerten physischen → Arbeitsbedingungen (z.B. Lärm, Schmutz, extreme Witterungseinflüsse) u.a. zu suchen sein. Untersuchungen besagen, dass ein sehr hoher Anteil der Fehlzeiten motivational begründet ist und A. einen beträchtlichen Kostenfaktor für die Unternehmen repräsentiert. Fehlzeiten sind immer ernst zu nehmen und genau zu analysieren; über geeignete Maßnahmen (z.B. → Fehlzeitengespräche, verbesserte Führungsleistungen) kann ihr motivationsbedingter Anteil gesenkt werden.

Absolventenjahrbuch. Vornehmlich in den USA von Hochschulen und inzwischen auch von manchen deutschen, insbesondere privaten Hochschulen oder Weiterbildungseinrichtungen herausgegebene Publikationen, in denen die Absolventen eines Studien- oder Ausbildungsganges vorgestellt werden. Enthalten sind hier meistens deren fachliche Schwerpunkte, besondere Qualifikationen, Berufswünsche sowie oft auch Lichtbilder der Absolventen. Das A. wird vorwiegend an Unternehmen (potenzielle Arbeitgeber) verschickt mit dem Ziel, dort Interesse hervorzurufen und Kontakte herzustellen, die evtl. zu einem Einstellungsangebot führen. Ein A. ist sowohl Element der Bewerbungsstrategie von Absolventen als auch oft PR-Instrument der Hochschulen. In neuerer Zeit werden die üblicherweise im A. enthaltenen Informationen auch über das Internet verbreitet (z.B. auf den Homepages privater Hochschulen).

Absolventenmessen, *Hochschulmessen.* I.d.R. von Studentenvereinigungen oder kommerziellen Organisationen an Hochschulorten organisierte, meistens ein- bis zweitägige Informationsveranstaltungen für Unternehmen und Studenten fortgeschrittener Semester mit dem Ziel, über berufliche Einstiegs- und Karrieremöglichkeiten bei den teilnehmenden Unternehmen zu informieren. A. werden von den Unternehmen häufig als Instrument des → Hochschulmarketings oder zur Pflege ihres → Personalimages im relevanten → Personalmarkt genutzt und genießen bei Studenten wie Unternehmen zumeist eine hohe Akzeptanz. In letzter Zeit wird allerdings besonders von Studenten der oft anonyme Massencharakter der A. kritisiert. Die Unternehmen sollten bei ihren Entscheidungen zur Teilnahme an A. die Kosten-Nutzen-Relationen ihrer Messenpräsenz gründlich abwägen (→ Personalcontrolling). Vgl. auch → Recruiting Workshops.

Abstellung, → Abordnung.

Abteilungsversammlung. Die A. ist eine besondere Form der → Betriebsversammlung. Während bei der Betriebsversammlung alle Arbeitnehmer eines Betriebes teilnehmen, kommen Arbeitnehmer von organisatorisch oder räumlich abgegrenzten Betriebsteilen zu A. zusammen (§ 42 Abs. 2 BetrVG). Der Betriebsrat beruft die Versammlung ein und leitet sie. Der Arbeitgeber hat Teilnahme- und Rederecht. Zu behandeln sind betriebliche Aspekte einschließlich tarifpolitischer, sozialpolitischer und wirtschaftlicher Art (§ 45 BetrVG). Die betriebsverfassungsrechtliche → Friedenspflicht nach § 74 Abs. 2 BetrVG ist ebenso zu beachten wie das Verbot parteipolitischer Betätigung in Abteilungs- und Betriebsversammlungen. Die Versammlungen finden während der Arbeitszeit unter Fortzahlung der Vergütung statt.

Abwerbung. A. ist die Verleitung eines Arbeitnehmers zur Aufgabe seines Beschäftigungsverhältnisses zugunsten der Arbeitsaufnahme bei einem anderen Unternehmen. Die A. kann durch das suchende Unternehmen selbst, eine beauftragte → Personalberatung oder über sonstige Kontakte erfolgen. A. kann bereits vorliegen, wenn jemand veranlasst wird, ein noch nicht aufgenommenes, jedoch vertraglich schon vereinbartes Beschäftigungsverhältnis zugunsten einer anderweitigen Beschäftigung nicht aufzunehmen. Sittenwidrig oder unlauter ist A., wenn das abwerbende Unternehmen den Arbeitnehmer zum Vertragsbruch verleitet (z.B. Nichteinhaltung von Kündigungsfristen) oder Verstöße gegen das Wettbewerbsrecht vorliegen. Dies kann ggf. zu Schadenersatzansprüchen gegen das abwerbende Unternehmen führen (§§ 823, 826 BGB, § 1 UWG).
Vgl. auch → Executive Search.

Abwicklungsvertrag. Der A. dient der Abwicklung von wechselseitigen Ansprüchen des Arbeitnehmers und Arbeitgebers im Anschluss an eine Kündigung. Das Arbeitsverhältnis selbst endet durch eine Kündigung (anders beim → Aufhebungsvertrag); im A. werden die Modalitäten im Zusammenhang mit der Vertragsbeendigung geregelt, z.B. Abfindungszahlungen. Im A. bringt der Arbeitnehmer zum Ausdruck, die Kündigung hinzunehmen und regelmäßig auf gerichtliche Schritte zu verzichten. Der Vorteil eines A. liegt für den Arbeitgeber in der Vermeidung eines Kündigungsschutzprozesses. Doch auch für den Arbeitnehmer ist ein A. i.d.R. vorteilhafter als der Abschluss eines → Aufhebungsvertrages. Bei einem Aufhebungsvertrag kommt es regelmäßig nicht zum Eintritt einer Sperrzeit für den Bezug von Arbeitslosengeld (§ 144 SGB III), wenn den Arbeitnehmer an der vorausgegangenen Kündigung kein Verschulden trifft und die vereinbarte Abfindung zwischen 0,25 und 0,5 Monatsverdiensten pro Beschäftigungsjahr liegt.

Agenturen für Arbeit. Die A. f. A. nehmen auf der örtlichen Verwaltungsebene die Aufgaben der → Bundesagentur für Arbeit wahr. Sie sind an die Stelle der ehemaligen Arbeitsämter getreten. Vgl. auch → Arbeitsverwaltung.

Akkord. Der A. ist ein Ergebnis des Bestrebens, die → Vergütung der Mitarbeiter leistungsorientiert zu gestalten. Er kann insoweit als besondere Form der leistungsorientierten Bezahlung verstanden werden und steht im Gegensatz zu dem reinen Zeitlohn, der für die geleistete → Arbeitszeit unabhängig von Quantität und Qualität des Arbeitsergebnisses gezahlt wird. Der A. knüpft an objektive Elemente für die Vergütungsfindung an, die von dem jeweiligen Inhalt der beruflichen Aufgabe abhängen. Akkordfähig sind Arbeitsleistungen, die gleichförmig sind und sich messbar wiederholen. Die Anbindung an objektive Faktoren erleichtert die Messbarkeit der Tätigkeit und damit die Berechnung der Vergütung. Sie hat den Nachteil, qualitative Aspekte unberücksichtigt zu lassen. Auch können Anreize für eine Selbstüberforderung der Arbeitnehmer bestehen, denen man durch eine Akkordobergrenze entgegenwirken kann.

Im Einzelnen lassen sich folgende Akkordsysteme unterscheiden: *Einzelakkord,* der allein auf die erbrachte Leistung des einzelnen Arbeitnehmers abstellt, und *Gruppenakkord,* der die Arbeitsleistung einer gesamten Gruppe als Team bewertet, ferner *Geldakkord* und *Zeitakkord.* Der *Geldakkord* stellt einer bestimmten Leistungseinheit einen konkreten Geldbetrag gegenüber (Arbeitswerte), wobei die Leistungseinheit in ihrer Bemessung von den konkreten Gegebenheiten der zu erbringenden Arbeit abhängt. Der *Zeitakkord* legt für eine erbrachte Arbeitsleistung eine bestimmte Zeit als Verrechnungsfaktor fest und führt zu einer entsprechenden Bezahlung, unabhängig davon, ob der Arbeitnehmer diese Leistung in der vorgegebe-

nen, in einer kürzeren oder in einer längeren Zeit erbracht hat. Unterschreitungen der Zeitvorgabe kommen dem Mitarbeiter zugute, sei es als zusätzliche Freizeit, sei es als Möglichkeit eines Mehrverdienstes indem er in der Regelarbeitszeit größere Arbeitsportionen mit der Konsequenz einer entsprechend höheren Vergütung erledigt. In der Zielsetzung entsprechen sich Geld- und Zeitakkord, indem ein Anreizsystem für überdurchschnittliche Leistungen sowie für eine leistungsdifferenzierte Bezahlung geschaffen werden soll. Geschichtlich ist der Geldakkord älter, während der Zeitakkord sich in der Praxis stärker durchgesetzt hat.

Die konkrete Anknüpfung der Akkordbemessung kann unabhängig davon, ob es sich um einen Geld- oder Zeitakkord handelt, bei der gefertigten/bearbeiteten Stückzahl, bei einer bearbeiteten Fläche, bei einem transportierten/ entladenen Gewicht, bei konkreten Maßen (Länge/ Breite usw.) erfolgen. Entsprechend spricht man von Stückakkord, Gewichtsakkord, Flächenakkord und Maßakkord. Möglich ist auch ein Pauschalakkord, der sich auf eine umfassendere Arbeitsaufgabe bezieht und die Atomisierung in Teilschritte vermeidet. Ist eine konkrete Festsetzung des Verhältnisses Arbeitsmenge/ Arbeitszeit schwierig, kommt ein Schätzakkord in Betracht.

Von Bedeutung ist die Akkordvorgabe, weil sich daraus die Leistungsunter- oder -überschreitung ergibt. Der Akkordrichtsatz schließlich bezeichnet den Stundenverdienst eines Akkordarbeitnehmers bei Normalleistung, ermittelt aus dem Mindestlohn und einem Zuschlag von 15–25 %. Akkordsysteme werden tarifvertraglich oder durch Betriebsvereinbarung im Rahmen der innerbetrieblichen → Mitbestimmung nach § 87 Abs. 1 Ziff. 10 und 11 BetrVG festgelegt.

Inhaltlich sind hierfür verschiedene arbeitswissenschaftliche Verfahren entwickelt worden, nämlich das Zeitermittlungsverfahren nach den vom Reichsausschuss für Arbeitszeitermittlung (REFA) aufgestellten Grundsätzen, das BEDAUX-System oder das Methods Time Measurement (MTM). Das REFA-System legt die für die Aufgabenerledigung insgesamt benötigte Zeit (Auftragszeit) durch Zergliederung in verschiedene Zeitanteile (Rüstzeit, Ausführungszeit) fest, die ihrerseits in weitere Zeitanteile (Rüstgrundzeit, Rüsterfüllungszeit, Rüstverteilzeit, ferner Tätigkeits-, Warte- und Erholungszeiten) untergliedert werden. Es dient dem Versuch, die insgesamt für eine bestimmte Aufgabe benötigte Arbeitszeit objektiv festzulegen. Das BEDAUX-System stellt auf das Arbeitstempo ab, das für 75 % der Arbeitnehmer über einen Achtstundentag hinweg geleistet werden kann, wobei für die so definierte normale Arbeitsleistung je Minute ein Punkt vergeben wird. Auf diese Weise lässt sich eine normale Punktleistung definieren, für die der → Arbeitslohn gezahlt wird, während für Über- und Unterschreitungen entsprechende Zu- und Abschläge erfolgen. Das MTM-System zergliedert den Arbeitsablauf in Elementarbewegungen, die einer konkreten Normalzeit zugeordnet werden. Hierfür werden Normalzeitwerttabellen erstellt.

Zur sozialen Abfederung werden A. regelmäßig mit Mindestlohngarantien verbunden, die unabhängig von der konkret erbrachten Leistung insbesondere für Fälle von Alter und Krankheit eine Mindestvergütung garantieren. Im Einzelnen gibt es zu allen Fragen zahlreiche Zusatzaspekte und differenzierende Bewertungsmethoden. Vgl. auch → Arbeitsbewertung, → Zeitstudien.

Akkordlohn, → Akkord.

Akkordvergütung, → Akkord.

Alkohol am Arbeitsplatz. A. a. A. ist ein ernstzunehmendes betriebliches wie gesellschaftliches Problem. Nach Schätzungen sind 3 bis 5 % aller Menschen alkoholabhängig, damit also auch in etwa 3 bis 5 % der Arbeitnehmer. Über tatsächlich bekannte Fälle hinaus gibt es eine erhebliche Dunkelziffer. Aus Alkoholgenuss am Arbeitsplatz resultieren erhebliche Gefahren für den Betreffenden, für weitere Arbeitnehmer und auch für außenstehende Dritte, je nach der Struktur des Betriebes; ferner sinkt oder entfällt der Wert der Arbeitsleistung.

In vielen Betrieben werden Alkoholbekämpfungsprogramme praktiziert (Suchtberatung, allgemeine Informationen, Präventionsmaßnahmen, Vermittlung von Entziehungskuren). Von großer praktischer Bedeutung ist die offene Ansprache des Problems durch den Betroffenen, aber auch durch Vorgesetzte, Kollegen, Mitarbeiter und den Betriebsrat mit der Festlegung von Bekämpfungsmaßnahmen, insbesondere Entziehungskuren. Dabei sind auch die Gründe für den Alkoholkonsum zu ermitteln. Vielfach besteht eine Zusammenarbeit mit der Gruppe der Anonymen Alkoholiker.

Von der Rechtsprechung wird Alkoholabhängigkeit grundsätzlich als Krankheit gewertet, für die die entsprechenden kündigungsschutzrechtlichen Grundsätze gelten. Unbeschadet aller im Einzelfall zu beachtenden Gesichtspunkte bedeutet dies, dass regelmäßig eine Entziehungskur vor Ausspruch einer → Kündigung ermöglicht werden muss. Verweigert der Arbeitnehmer dies oder wird er später rückfällig, besteht ein → Kündigungsrecht des Arbeitgebers.

Alkoholverbote im Betrieb unterliegen der → Mitbestimmung des Betriebsrates nach § 87 Abs. 1 Ziff. 1 BetrVG. Verstöße eines nicht Alkoholkranken rechtfertigen nach Abmahnung im Wiederholungsfall i.d.R. eine Kündigung.

Allgemeine Geschäftsbedingungen. Werden vom Arbeitgeber vorformulierte Vertragstexte bzw. einzelne vorformulierte Passagen für Arbeitsverträge verwendet, ohne dass diese mit dem Arbeitnehmer ausgehandelt werden, liegen sog. a. G. vor. Sie sollen zum einen der Rationalisierung bei ähnlich gelagerten Sachverhalten dienen, da durch das bloße Ausfüllen eines Formulars Zeit- und Arbeitsaufwand verringert und zugleich eine Gleichbehandlung der Arbeitnehmer erleichtert wird. Typischerweise sollen a. B. aber auch den Interessen des Arbeitgebers dienen, indem sie für ihn günstige Regelungen aufstellen. Damit der Arbeitnehmer dadurch nicht unangemessen benachteiligt wird, sind seit dem 1.1.2002 für neue Verträge und für Verträge, die vor diesem Zeitpunkt geschlossen wurden, seit dem 1.1.2003 die Regeln der §§ 305 ff. BGB, v.a. über die Inhaltskontrolle nach §§ 307-309 BGB anwendbar. Dabei sind jedoch die Besonderheiten des Arbeitsrechts zu berücksichtigen (§ 310 Abs. 4 BGB). Problematisch sind beispielsweise Klauseln, die einseitige Leistungsbestimmungsrechte für den Arbeitgeber vorsehen (Bsp.: Anrechnungs-, Widerrufs-, Freiwilligkeitsvorbehalte, Versetzungsklauseln etc.). Liegt eine unangemessene

Benachteiligung des Arbeitnehmers vor, ist grds. nur die Klausel, nicht jedoch der gesamte Vertrag nichtig (§ 306 BGB).

Allgemeinverbindlichkeit von Tarifverträgen. Aufgrund der verfassungsrechtlich garantierten → Tarifautonomie (Art. 9 Abs. 3 GG) ist es grundsätzlich allein Angelegenheit der Tarifparteien, Tarifverträge zu vereinbaren. Eine staatlich begründete Pflicht zum Abschluss von Tarifverträgen scheidet ebenso aus wie staatliche Tarifvorgaben. Nur dort, wo der Staat selbst Tarifpartei ist, ist er an dem Tarifgeschehen aktiv beteiligt.

Eine Ausnahme bildet die Möglichkeit, Tarifverträge für allgemeinverbindlich zu erklären (§ 5 TVG). Dies geschieht durch den Bundesminister für Arbeit und Soziales im Einvernehmen mit einem Ausschuss, der mit je drei Vertretern der Spitzenorganisationen der Arbeitgeber und der Arbeitnehmer besetzt ist. Voraussetzung ist, dass die tarifgebundenen Arbeitgeber des für allgemeinverbindlich zu erklärenden → Tarifvertrages nicht weniger als 50 % der unter den Geltungsbereich des Tarifvertrages fallenden Arbeitnehmer beschäftigen und die Allgemeinverbindlichkeitserklärung im öffentlichen Interesse geboten ist (§ 5 Abs. 1 TVG). Mit der Allgemeinverbindlichkeitserklärung erfassen die Rechtsnormen des Tarifvertrages in seinem Geltungsbereich auch die bisher nicht tarifgebundenen Arbeitgeber und Arbeitnehmer (§ 5 Abs. 4 TVG), d.h., dass der Staat durch den Bundesminister für Arbeit und Soziales Tarifrecht begründet. Die Regelung dient dem Schutz der betroffenen Arbeitnehmer sowie der Schaffung gleicher Wettbewerbsbedingungen im Rahmen der Arbeitskosten, indem tariflichen Außenseitern eine Bezahlung unter Tarif untersagt wird.

Trotz der grundsätzlich restriktiv zu handhabenden Regelung als Ausnahme des Grundsatzes der Tarifautonomie sind allgemeinverbindliche Erklärungen in der Praxis nicht selten, wie sich aus der öffentlichen Bekanntmachung (§ 5 Abs. 7 TVG) ergibt.

Altersgrenze. A. regeln die automatische Beendigung von Arbeitsverträgen aus Gründen der Erreichung eines bestimmten Alters, ohne dass es einer → Kündigung bedarf. Sie können in Tarifverträgen, → Betriebsverein-

barungen oder auch in einzelnen Arbeitsverträgen niedergelegt sein. Rentenrechtlich ist die Regelaltersgrenze die Vollendung des 65. Lebensjahres, wobei Frauen und schwerbehinderte Menschen mit Vollendung des 60. Lebensjahres aus dem Arbeitsleben ausscheiden können.

Neben starren A. gibt es flexible A., d.h. die Entscheidung über den Verbleib am Arbeitsplatz oder das Ausscheiden liegt beim Mitarbeiter. Im Rahmen der flexiblen A. ist auch eine berufliche Tätigkeit über das vollendete 65. Lebensjahr hinaus möglich. Schließlich besteht zur Entlastung des Arbeitsmarktes die Möglichkeit, nach Arbeitslosigkeit oder Inanspruchnahme von Altersteilzeit mit Vollendung des 60. Lebensjahres aus dem Arbeitsleben auszuscheiden.
Bei vertraglich fixiertem Ausscheiden vor Vollendung des 65. Lebensjahres bedarf es einer einvernehmlichen Absprache oder einer Bestätigung des Arbeitnehmers in den letzten drei Jahren davor.

Altersrente, → Altersversorgung, → Rentenrecht.

Altersruhegeld, → Altersversorgung, → Rentenrecht.

Altersteilzeit. Üblicherweise arbeitet der Arbeitnehmer bis zum Erreichen der → Altersgrenze ohne Einschränkung und scheidet danach aus dem Berufsleben aus. Personalpolitisch erwägenswert ist anstelle einer solchen Regelung ein fließender Übergang aus dem Arbeitsleben in den Ruhestand. Dabei wird die Arbeitszeit älterer Mitarbeiter sukzessive reduziert; die ausfallende Arbeit kann von neu einzustellenden jüngeren Mitarbeitern übernommen werden. Der Gesetzgeber fördert eine solche Konzeption durch das Altersteilzeitgesetz, das für mindestens 55 Jahre alte Arbeitnehmer gilt. Sie können mit dem Arbeitgeber eine Reduzierung der Arbeitszeit auf die Hälfte der regelmäßigen Wochenarbeitszeit vereinbaren und erhalten als Ausgleich für die entsprechende Reduzierung der Vergütung einen Zuschlag von 20 % aus der Rentenversicherung (→ Teilrente). Voraussetzung ist, dass der Arbeitgeber den Arbeitnehmer freiwillig entsprechend höher versichert. A. kann für eine Dauer von bis zu sechs Jahren vereinbart werden (§ 2 Abs. 2 Nr. 1 ATG). Arbeitnehmer, die ihre Arbeitszeit spätestens ab 31.12.2009 vermindert und damit die Einstellung eines arbeitslosen Arbeitnehmers ermöglicht haben, wurden finanziell durch die Bundesagentur gefördert. Diese Förderungsmöglichkeit ist mittlerweile ausgelaufen und gilt ab 1.1.2010 nur noch für Altfälle. In über 90 % der Fälle wurde A. in Form des sog. Blockmodells vereinbart: der Arbeitnehmer arbeitet während der ersten Hälfte des Altersteilzeitverhältnisses voll (Arbeitsphase) und während der zweiten Hälfte nicht (Freistellungsphase). Er erhält durchgängig die Hälfte seines Arbeitsentgeltes und einen Aufstockungsbetrag zum Nettoeinkommen, dessen Mindesthöhe im Altersteilzeitgesetz geregelt ist. Die während der Freistellungsphase zu leistenden Zahlungen sind eine in der Fälligkeit hinausgeschobene Vergütung für die während der Arbeitsphase geleistete, über die hälftige Arbeitszeit hinausgehende Tätigkeit.

Besonderheiten gelten, wenn der Arbeitgeber in Insolvenz gerät. (1) Die Vergütungsansprüche für Arbeit, die *vor* der Eröffnung des Insolvenzverfahrens während der Arbeitsphase geleistet wurde, sind Insolvenzforderungen (§§ 108 Abs. 2, 38 InsO). Spiegelbildlich gehören auch die Vergütungsansprüche für die entsprechenden Zeiten der Freistellungsphase zu den Insolvenzforderungen, auch wenn die Freistellungsphase erst nach Eröffnung des Insolvenzverfahrens beginnt. Das liegt darin begründet, dass der Arbeitnehmer bereits vor der Eröffnung des Insolvenzverfahrens in Vorleistung getreten ist und in der Freistellungsphase nur die Vergütung ausgezahlt bekommt, für die er in der Arbeitsphase gearbeitet hatte. (2) Die Vergütungsansprüche für Arbeit, die *nach* der Eröffnung des Insolvenzverfahrens geleistet wurde, sind dagegen Masseforderungen (§ 55 Abs. 1 Nr. 2 InsO). Auch hier wird für die Freistellungsphase eine spiegelbildliche Betrachtung angestellt: Die Vergütungsansprüche aus der Arbeitsphase, die Masseforderungen sind, bleiben für die entsprechende Zeit der Freistellungsphase ebenfalls Masseforderungen. (3) Hinsichtlich dieser Masseforderungen ist ein Betriebserwerber (→ Betriegsübergang), auf den das Altersteilzeitarbeitsverhältnis übergegangen ist, zur Zahlung verpflichtet. Für die Insolvenzforderungen haftet er dagegen nicht, sondern nur der bisherige Arbeitgeber. Allgemein gilt, dass diese Vergütungsansprüche als Insolvenzfor-

derungen zur Tabelle beim Insolvenzverwalter angemeldet werden müssen und – anders als beim früheren Konkurs – keinen Vorrang mehr genießen. Sie werden erst dann erfüllt, wenn vorrangige Forderungen bedient wurden. Die Masseverbindlichkeiten sind dagegen vorweg zu befriedigen. Sie müssen zunächst gegenüber dem Verwalter geltend gemacht werden. Massegläubiger sind unabhängig von einem Verteilungsverfahren vor allen Insolvenzgläubigern aus der Insolvenzmasse zu befriedigen.

Z.T. sind auch Tarifverträge für A. abgeschlossen worden (z.B. in der chemischen Industrie). 1996 wurde zur Entlastung des Arbeitsmarktes ein neues Modell der Altersteilzeit eingeführt, wonach der Arbeitgeber bei 50 % Arbeitsreduzierung einen Zuschuss von 20 % durch die Arbeitsverwaltung erhält, wenn er diesen an den Arbeitnehmer weitergibt und einen Arbeitslosen bzw. Auszubildenden nach Ablegung der Prüfung neu einstellt. Das Modell begegnet in der Praxis organisatorischen Schwierigkeiten bei der Aufteilung eines Vollzeitarbeitsplatzes auf einen älteren Mitarbeiter mit A. und einen weiteren Mitarbeiter, der die restliche Arbeit erledigt. Diese Schwierigkeiten sind um so höher, je qualifizierter der Arbeitsplatz ist und je größer die Abstimmungsprobleme bei der Aufteilung sind. Im Ergebnis gelten ähnliche Erwägungen wie für das Arbeitszeitkonzept des → Jobsharing. Vgl. auch → Altersgrenze.

Altersversorgung, *Altersruhegeld, Pension, Rente, Ruhegeld.* Für die A. der Arbeitnehmer bestehen drei Säulen: die gesetzliche Rentenversicherung, ggf. eine betriebliche A. und schließlich die Eigenvorsorge der Arbeitnehmer. Die gesetzliche Rentenversicherung ist eine staatliche Zwangsversicherung, für die Arbeitgeber und Arbeitnehmer jeweils 50 % der Beiträge aufbringen. Die Höhe der Beiträge bemisst sich nach dem Monatseinkommen, das durch die rentenversicherungsrechtliche Beitragsbemessungsgrenze beschränkt wird. Der Beitragssatz beläuft sich – mit Schwankungen – durchschnittlich auf 18 bis 20 %.
Die Höhe der gesetzlichen Renten hängt von dem Arbeitseinkommen während der gesamten Berufstätigkeit ab, wobei nicht versicherte Zeiten der Ausbildung, des Wehrdienstes

und der Arbeitslosigkeit nach Maßgabe des → Rentenrechts Berücksichtigung finden.

Etwa zwei Drittel aller Arbeitnehmer verfügen über eine *betriebliche A. Ruhegeldzusagen* können individualvertraglich für einzelne Arbeitnehmer unter Beachtung des Gleichbehandlungsgrundsatzes oder kollektiv im Rahmen einer *Ruhegeldordnung* für die gesamte Belegschaft gemacht werden. Die Aufstellung einer Ruhegeldordnung unterliegt nach § 87 Abs. 1 Nr. 10 BetrVG der → Mitbestimmung des → Betriebsrates. Für Arbeiter und Angestellte des öffentlichen Dienstes besteht eine tarifvertragliche Regelung. Die Finanzierung erfolgt überwiegend allein durch den Arbeitgeber, in manchen Fällen jedoch auch anteilig durch den Arbeitnehmer (so z.B. im Bereich des privaten Bankgewerbes). Ihre Leistungen sind unterschiedlich; sie reichen von einer geringfügigen Aufstockung der gesetzlichen Rente bis zu einer erheblichen, den Lebensstandard weitgehend sichernden Zusatzversorgung.

Die Eigenvorsorge der Arbeitnehmer ist allein in ihre Entscheidung gelegt. Sie kann durch Lebensversicherungen, Sparverträge oder Anlage in Risikokapital erfolgen. Bis zum 31.12.2004 waren Beiträge des Arbeitgebers zu einer → Direktversicherung oder Zuwendungen an → Pensionskassen zugunsten des Arbeitnehmers steuerbegünstigt. Seit dem 1.1.2005 gilt dies nur noch für Zuwendungen des Arbeitgebers an Pensionskassen zum Aufbau einer *nicht kapitalgedeckten Altersvorsorgung* (§ 40b EStG). Beiträge und Zuwendungen an kapitalgedeckte Direktversicherungen und Pensionskassen unterliegen auch weiterhin dieser Steuerbegünstigung, wenn sie aufgrund einer Zusage gezahlt werden, die vor dem 1.1.2005 erteilt wurde (§ 52 Abs. 52b EStG). In Anbetracht der Bevölkerungsstruktur, der ständig steigenden Lebenserwartung sowie der Belastungen für die gesetzliche A. kommt betrieblichen Versorgungssystemen und der Eigenvorsorge der Mitarbeiter eine ständig steigende Bedeutung zu.

Vgl. auch → Direktzusage, → Riester-Rente.

analytische Arbeitsplatzbewertung, → Arbeitsbewertung, → Stellenbewertung.

Änderungskündigung. Während die Beendigungskündigung auf Beendigung des Arbeitsverhältnisses gerichtet ist, dient die Ä. dazu, wesentliche Inhalte des Arbeitsverhältnisses zulasten des Arbeitnehmers zu verändern. Von der Ä. zu unterscheiden sind Beförderungen, Versetzungen sowie die Ausübung des → Direktionsrechts seitens des Arbeitgebers. Zu dem Mittel der Ä. muss der Arbeitgeber immer dann greifen, wenn die beabsichtigte Maßnahme durch das Direktionsrecht nicht gedeckt ist. Dies ist regelmäßig bei Vergütungseinbußen der Fall, aber auch bei dauerhafter Zuweisung einer geringerwertigen Tätigkeit unter Beibehaltung der Vergütung.

Die Ä. zielt darauf ab, das Arbeitsverhältnis mit den bestehenden Bedingungen zu beendigen und ein neues Arbeitsverhältnis mit für den Arbeitnehmer ungünstigeren Bedingungen zu begründen. Ein besonderer Rechtsschutz des Arbeitnehmers besteht insoweit, als er das Angebot unter dem Vorbehalt annehmen kann, die Änderung der Arbeitsbedingungen durch eine Änderungsschutzklage überprüfen zu lassen. Auf diese Weise sichert sich der Arbeitnehmer einerseits den Rechtsschutz gegen die Ä., andererseits aber auch den Erhalt seines veränderten Arbeitsplatzes für den Fall, dass die Ä. begründet ist. Für Ä. gelten grundsätzlich dieselben Kündigungsschutzregelungen, wie sie für Beendigungskündigungen zur Anwendung kommen (§ 1 Abs. 2 und 3 KSchG).

Ferner hat der Arbeitnehmer die Möglichkeit, das Angebot auf Abschluss eines veränderten Arbeitsvertrages nicht anzunehmen und gegen die daraus resultierende Beendigungskündigung ohne Vorbehalt zu klagen. Im Falle eines Prozessverlustes besteht dann wegen Wirksamkeit der → Kündigung weder das alte noch infolge Ablehnung des Änderungsangebotes das neue Arbeitsverhältnis.

Änderungsschutzklage, → Änderungskündigung.

Änderungsvertrag. Durch einen Änderungsvertrag wird das ursprüngliche Arbeitsverhältnis hinsichtlich Art, Ort oder Arbeitsbedingungen geändert. Eine solche einvernehmliche Änderung bedarf – anders als die → Kündigung oder der → Aufhebungsvertrag – nicht der Schriftform, da sie keine Auflösung des Arbeitsverhältnisses bewirkt. Ein Ä. kann ausdrücklich oder auch konkludent geschlossen werden.

Das Schweigen des Arbeitnehmers auf ein Änderungsangebot ist nach der Rechtsprechung grundsätzlich als Ablehnung zu verstehen. Eine Zustimmung kann nur dann angenommen werden, wenn sich die Vertragsänderung unmittelbar auswirkt und der Arbeitnehmer umgehend feststellen kann, welchen Einfluss die Änderung auf seine Rechte und Pflichten hat.

Andragogik, → Arbeits- und Berufspädagogik.

Anerkennung, *Lob.* A. ist ein wichtiges → Führungsmittel und sollte immer dann erfolgen, wenn Mitarbeiter besondere, herausragende Leistungen o.ä. erbracht haben. Aber auch über einen längeren Zeitraum gleichmäßig zufrieden stellende Leistungen sollten erkennbare A. finden. Die A. wird vom direkten Vorgesetzten, z.B. anlässlich eines → Mitarbeitergesprächs, ausgesprochen. Je nach Unternehmen und Anlass für die A. kann sie auch in schriftlicher Form und durch die Unternehmensleitung erfolgen, evtl. auch mit einer finanziellen Zuwendung (z.B. Prämie) verbunden sein. Die meisten Mitarbeiter haben ein Gespür dafür, wann und in welcher Form A. angebracht ist. Untersuchungen wie praktische Erfahrungen zeigen, dass sich A. positiv auf die Einstellung zur Arbeit (→ Arbeitsmoral) und das Arbeitsergebnis auswirken kann, indem sie Genugtuung und Ansporn bewirkt sowie das Verantwortungs- und Selbstwertgefühl stärkt. A. sollte allerdings nicht rein schematisch erfolgen (sie wird dann nicht mehr akzeptiert und wirkt eher peinlich), sondern nach Form und Inhalt der anzuerkennenden Leistung angemessen wirken sowie auch die persönlichen Besonderheiten des Mitarbeiters berücksichtigen. Die A. sollte bei gegebenem Anlass möglichst sofort oder bald, nicht erst zu einem viel späteren Zeitpunkt erfolgen, sie verliert sonst an Akzeptanz und positiven Wirkungen.
Vgl. auch → Beförderung, → Incentives, → Leistungsanreize, → Mitarbeiterbeurteilung.

Anfechtung. Üblicherweise enden Arbeitsverhältnisse durch Übertritt in den Ruhestand, einvernehmliche Vertragsaufhebung oder → Kündigung. Auch die im Bürgerlichen Gesetzbuch geregelte A. kann Arbeitsverhältnisse beenden, wenn Anfechtungsgründe bestehen (§§ 119, 123, 142 BGB). Während die Kündigung auf Störungen des Arbeitsverhältnisses nach dessen Abschluss abzielt, soll mit der A. ein Arbeitsverhältnis wegen Fehlern oder Irrtümern vor oder bei der Vereinbarung angegriffen werden. Kündigungsschutzrechtliche Regelungen gelten für A. nicht.

Anfechtungsgründe sind Irrtümer über verkehrswesentliche Eigenschaften, z.B. Vorbildung, fachliche Fähigkeiten, Gesundheitszustand etc., wobei die Dauerhaftigkeit des Anfechtungsgrundes gegeben sein muss (§ 119 BGB). Eine A. wegen Unkenntnis von der Schwangerschaft einer Arbeitnehmerin scheidet dementsprechend aus, weil es sich nur um einen vorübergehenden Zustand handelt.

Eine arglistige Täuschung liegt vor, wenn der Arbeitnehmer den Arbeitgeber durch falsche Erklärungen oder durch Verschweigen offenbarungspflichtiger Tatsachen getäuscht hat (§ 123 BGB). Dies gilt allerdings im Zusammenhang mit dem → Fragerecht des Arbeitgebers bei Einstellungsvorgängen nur insoweit, als Fragen zulässigerweise gestellt werden dürfen. Nach Schwankungen in der BAG-Rechtsprechung ist mittlerweile durch den EuGH geklärt worden, dass die Frage nach der Schwangerschaft als unzulässig anzusehen ist. Ob nach dem Bestehen einer Schwerbehinderung (→ Schwerbehindertenrecht) gefragt werden darf, ist derzeit (Stand August 2010) noch nicht höchstrichterlich geklärt. Die Frage sollte jedoch diskriminierungsfrei formuliert werden. Das → Persönlichkeitsrecht des Bewerbers ist von besonderer Bedeutung. Es schützt vor Fragen, die die Intimsphäre betreffen oder für die Begründung des Arbeitsverhältnisses bei objektiver Betrachtung bedeutungslos sind. Unzulässige Fragen dürfen seitens des Arbeitnehmers unrichtig beantwortet werden, ohne dass dies eine Anfechtungsmöglichkeit begründet. Anders als im Zivilrecht wirkt die A. – jedenfalls bei einem bereits in Vollzug gesetzten Arbeitsverhältnis – nicht rückwirkend auf den Vertragsschluss zurück (so § 142 Abs. 1 BGB), da das tatsächlich praktizierte Arbeitsverhältnis nicht nachträglich in Fortfall geraten kann. Vielmehr führt die A. nur zu einer Beendigung des Arbeitsverhältnisses für die Zukunft. Ist das Arbeitsverhältnis hingegen noch nicht in Vollzug gesetzt, so bleibt es bei den allgemeinen Regeln, da sich die spezielle Rückabwicklungsproblematik in diesen Fällen nicht stellt.

Vgl. auch → Offenbarungspflicht.

Anforderungsprofil. Ein A. weist diejenigen Kenntnisse, Fähigkeiten sowie deren Ausprägungsgrade auf, die für eine → Stelle oder an einem → Arbeitsplatz zur Erfüllung der Arbeitsaufgaben erforderlich sind und sich somit als Qualifikationserwartungen an den jeweiligen Stelleninhaber richten. Anforderungsprofile sind auch wichtige Bausteine für eine Personal- und Führungskräfteentwicklung, indem sie dazu beitragen, transparente Kriterien und Bezugspunkte für geeignete Entwicklungsmaßnahmen zu schaffen. Das A. wird in der Praxis vielfach als Liste oder Tabelle oder in grafischer Form als zwei- oder mehrdimensionale Skala dargestellt. Ein A. sollte streng stellen- bzw. arbeitsplatzbezogen aufgebaut sein und sich auf die wirklich objektivierbaren Anforderungen konzentrieren. Im Einzelnen können z.B. Anforderungen an Studium/Ausbildung, weitere notwendige Kenntnisse, berufliche Erfahrungen, aber auch an sog. „weiche" Faktoren (Führungs- und Kommunikationsfähigkeit, Kreativität usw.) formuliert werden.

Grundlagen der meisten A. sind vornehmlich → Arbeitsplatzanalysen, → Stellenbeschreibungen und → Stellenbewertungen sowie → Zeitstudien. Dem A. analytisch-deskriptiv komplementär ist das → Qualifikationsprofil eines Arbeitnehmers oder Bewerbers. Über den Vergleich von mitarbeiterbezogenem Qualifikationsprofil und stellenbezogenem A. ergeben sich sehr wichtige Hinweise für eine optimale → Personaleinsatzplanung sowie die Mitarbeiter- und Bewerberauswahl.
Vgl. auch → Bewerbungsanalyse, → Eignung, → Eignungsdiagnostik, → Eignungsprofil.

Angestellte. Arbeitnehmer lassen sich in verschiedene Gruppen einteilen, nämlich in gewerbliche Mitarbeiter (Arbeiter), A., leitende A. und Auszubildende. Diese Einteilung ist exklusiv, d.h., jeder Arbeitnehmer kann einer dieser Gruppen zugeordnet werden. Mitglieder der Unternehmensleitung sind keine A., sondern bilden das Leitungsorgan (Vorstand, Geschäftsführung).

Der Begriff des A. hat rechtliche und personalpolitische Bedeutung. Ursprünglich waren in der sozialgeschichtlichen Entwicklung A. diejenigen, die überwiegend geistige Arbeit verrichteten oder Leitungsfunktionen ausübten. Demgegenüber werden die körperlich arbeitenden Mitarbeiter als Arbeiter oder in der neueren Terminologie als gewerbliche Mitarbeiter bezeichnet. Diese Unterscheidung ist personalpolitisch überholt, ebenso wie jede wertende Betrachtung, wonach die Tätigkeit von A. grundsätzlich höher zu bewerten ist als die von Arbeitern (gewerblichen Mitarbeitern). Gerade die große technologische Entwicklung hat es mit sich gebracht, dass der Anspruch an gewerbliche Tätigkeiten teilweise höher ist als an manche Angestelltentätigkeit. Der Trend in Tarifverträgen geht dahin, durchgängige Vergütungssysteme zu schaffen, die nicht nach Arbeitern und A. differenzieren (insbesondere Monatslohn für alle). Gewerbliche Mitarbeiter, die zum Meister befördert werden, erlangen dadurch Angestelltenstatus.
Arbeitsrechtliche Unterschiede für beide Gruppierungen werden zu Recht zunehmend problematisiert; so sind z.B. unterschiedliche Kündigungsfristen (so früher § 622 BGB) wegen Verstoß gegen den Gleichheitssatz unzulässig. Auch das Entgeltfortzahlungsgesetz unterscheidet bezüglich der Vergütungsfortzahlung insbesondere in Krankheitsfällen nicht mehr zwischen beiden Mitarbeitergruppen. Auch die Zusammensetzung des Betriebsrates und des Aufsichtsrates ist nicht mehr von der Anzahl der jeweiligen Arbeiter und Angestellten abhängig.

Anhörung. Ein Recht auf A. begründet einen Anspruch, zu einem Vorgang Stellung zu nehmen. Es entspricht im Gerichtsverfahren dem rechtlichen Gehör. Nach § 82 Abs.1 BetrVG hat der Arbeitnehmer das Recht, in den ihn betreffenden betrieblichen Angelegenheiten gehört zu werden, Stellung zu nehmen und Vorschläge zur Gestaltung von Arbeitsplatz und Arbeitsablauf zu machen. Dies gilt insbesondere auch in Fällen von → Abmahnung und → Kündigung, um dem Mitarbeiter Gelegenheit zu geben, sich zu Vorwürfen zu äußern. Abgesehen von der rechtlichen Bedeutung ist dies ein wichtiger (und selbstverständlicher) Grundsatz moderner Mitarbeiterführung, für die das strukturierte Mitarbeitergespräch neben regelmäßigen Gesprächen über einzelne Arbeitsvorgänge und der A. aus besonderem Anlass einen Schwerpunkt bildet.

Darüber hinaus hat die → Arbeitnehmervertretung verschiedene Anhörungsrechte. Dies gilt allgemein für den → Betriebsrat, soweit sein Aufgabenbereich nach § 80 BetrVG betroffen ist. Ein besonderes Anhörungsrecht besteht im Rahmen von Kündigungen, wonach der Betriebsrat vor Ausspruch einer Kündigung zu hören ist (§ 102 Abs. 1 und 2 BetrVG). Dies verpflichtet den Arbeitgeber zu vollständigen Informationen. Eine unterlassene A. führt ebenso wie eine unvollständige zur Unwirksamkeit der Kündigung (§ 102 Abs. 1 BetrVG). Entsprechendes gilt für die A. des Sprecherausschusses im Falle der Kündigung eines → leitenden Angestellten (§ 31 Abs. 2 SprAuG). Auch für Einstellungen, Versetzungen und Umgruppierungen verfügt der Betriebsrat über ein die A. einschließendes Beteiligungsrecht (§ 99 BetrVG). Systematisch fügt sich die A. der Arbeitnehmervertretung in ein Gesamtgefüge mitbestimmungsrechtlicher Regelungen ein, das über → Informationsrechte, Anhörungs- und Erörterungsrechte (Vorschlagsrechte des Betriebsrats und Sprecherausschusses) bis hin zu vollständigen Mitbestimmungsrechten im Sinne von Zustimmungserfordernissen (z.B. im Falle von § 87 BetrVG) führt.

Anlernling. Vor Inkrafttreten des Berufsbildungsgesetzes wurde zwischen Lehrlingen und A. unterschieden. Lehrlinge waren Arbeitnehmer, die systematisch in einem anerkannten Lehrberuf ausgebildet wurden. Demgegenüber erhielten die A. lediglich in einem engeren Fachgebiet eine planmäßige Spezialausbildung. Die Ausbildung der A. war kürzer als diejenige der Lehrlinge. Die Unterscheidung zwischen Lehrlingen und A. ist heute überholt. Das Berufsbildungsgesetz kennt eine einheitliche Konzeption der Ausbildung für alle anerkannten Ausbildungsberufe, wobei die in der Ausbildung befindlichen Personen als → Auszubildende bezeichnet werden.
Vgl. auch → Berufsausbildung, → Erstausbildung, → Praktikum, → Volontariat.

Annahmeverzug. A. liegt vor, wenn der Arbeitgeber die ordnungsgemäß angebotene Arbeitsleistung des Arbeitnehmers nicht annimmt (§§ 293, 294 BGB). In diesen Fällen behält der Arbeitnehmer seinen Vergütungsanspruch nach § 615 BGB, obwohl keine Arbeitsleistung erbracht wurde. Die Vorschrift ist bedeutsam für Fälle, in denen der Arbeitgeber den Arbeitnehmer nicht beschäftigen kann oder will sowie für Kündigungssachverhalte, bei denen der Arbeitnehmer gegen eine ausgesprochene Kündigung vorgeht und er sich damit arbeitsgerichtlich erfolgreich durchsetzt. Infolge des A. des Arbeitgebers muss dieser für die Zwischenzeit die Vergütung nachzahlen. Nach der neueren Rechtsprechung des BAG bedarf es in Kündigungsfällen keines wörtlichen oder schriftlichen Angebotes der Arbeitsleistung mehr; vielmehr reicht ein schlüssiges Angebot zur Erbringung der Arbeitsleistung aus.

Anpassungsfortbildung, → Weiterbildung.

Anreizsystem. Ein A. erfüllt i.d.R. drei Grundfunktionen: (1) Über Beitrittsanreize nach Zahl und Qualifikation genügend Personen zum Eintritt ins Unternehmen zu bewegen, (2) über Bleibeanreize diese Personen (Mitarbeiter) im Unternehmen zu halten, (3) über Leistungsanreize die Mitarbeiter anzuhalten, ihre an den Unternehmenszielen orientierten Arbeitsaufgaben im Unternehmen optimal zu erfüllen. Aus personalwirtschaftlicher Perspektive umfasst das A. die vom Unternehmen bewusst geschaffenen und ausgestalteten materiellen und nicht materiellen Anreize, die das Unternehmen als → Arbeitgeber für potenzielle und schon beschäftigte Mitarbeiter attraktiv machen sowie das Leistungsverhalten der Mitarbeiter im Unternehmen positiv beeinflussen sollen. Zu den materiellen Anreizen gehören v.a. das Entgeltsystem (einschließlich freiwilliger → Sozialleistungen), das praktizierte Arbeitszeitsystem sowie die sachlich-technische Ausstattung der Arbeitsplätze. Immaterielle Anreize ergeben sich insbesondere über Chancen zur beruflichen Fortbildung und zum beruflichen → Aufstieg, ein gutes → Betriebsklima sowie eine positiv empfundene Mitarbeiterführung und die Sicherheit des Arbeitsplatzes.

Die Wirkungen der einzelnen Elemente oder Faktoren des A. sind unterschiedlich und abhängig von der Bedürfnis- und Interessenlage der einzelnen Mitarbeiter. So werden z.B. Fortbildungsmöglichkeiten und Aufstiegschancen von jüngeren oder sehr qualifizierten Mitarbeitern höher geschätzt als von älteren oder wenig qualifizierten, und ein höheres Gehalt ist für Mitarbeiter in unteren Einkommensgruppen attraktiver als für Mitarbeiter oberer Vergütungsgruppen.

Die mitarbeiter-, aufgaben- und unternehmensgerechte Gestaltung von Struktur und Elementen des betrieblichen A. gehört zu den schwierigsten Aufgaben der → Personalpolitik. So werden über gesetzliche und tarifvertragliche Bestimmungen (z.B. im Hinblick auf Entgelt und Arbeitszeit), über den arbeitsrechtlichen Gleichbehandlungsgrundsatz, ein weitgehend rechtlich abgesichertes Besitzstandsdenken und zum Teil sehr unterschiedliche Erwartungen der verschiedenen Mitarbeiter und Mitarbeitergruppen im Unternehmen Gestaltungsräume in der Praxis oft sehr eingegrenzt oder nur kompromisshaft nutzbar. Zu bedenken ist darüber hinaus auch, dass das A. faktisch nicht nur auf die vom Unternehmen gestaltbaren Elemente beschränkt ist, sondern daneben zahlreiche, unmittelbar oder mittelbar wirksame Faktoren aufweist, die sich einer direkten Beeinflussung weitgehend entziehen. Hierzu zählen z.B. gesamtgesellschaftliche Entwicklungen (→ Wertewandel), soziale oder gruppendynamische Prozesse am → Arbeitsplatz, die ihrerseits Anreizcharakter haben oder die Wahrnehmung und Bewertung von Anreizen beeinflussen, aber auch andere Anreize stärken oder schwächen können. Das im Unternehmen konkret wirksame A. ist somit mehr als nur ein Bündel aufeinander abgestimmter Attraktivitätsfaktoren, nämlich eher einem Kraftfeld ähnlich, das über zahlreiche geplante und ungeplante Impulse das Arbeitsverhalten der Mitarbeiter sowie die Attraktivität des Unternehmens beeinflusst.
Vgl. auch → Bedürfnishierarchie, → Incentives, → Leistungsanreize, → Personalimage, → Total-Rewards-Strategie, → Zwei-Faktoren-Theorie.

Anzeigenagentur. Die A. nimmt vom werbenden Unternehmen Anzeigen, z.B. → Stellenanzeigen, entgegen und vermittelt diese an geeignete Werbeträger, z.B. Tageszeitungen, Fachzeitschriften. Heute ist die A. meistens eine Full-Service-Agentur, die über die reine Anzeigenvermittlung hinaus beratende und gestaltende Aufgaben vom kompletten Entwurf der Anzeige, der Mediaplanung bis hin zur Wirkungsanalyse übernimmt (z.B. als spezielle Personalwerbeagentur).
Vgl. auch → Personalwerbung.

Arbeit. Im umgangssprachlichen Sinn bedeutet A. eine körperliche oder geistige zielorientierte Tätigkeit, die i.d.R. als anstrengend oder zeitaufwendig empfunden wird. Unabhängig davon kann die Tätigkeit gern oder nur ungern ausgeübt werden. Die A. kann einen mehr privaten Charakter haben (z.B. freizeit- oder hobbyorientiert sein). Im ökonomischen Sinne bezeichnet A. den berufsmäßig zum Zweck der wirtschaftlichen Existenzsicherung des Menschen (Einkommenserzielung) erbrachten Einsatz körperlicher oder geistiger Kräfte – unabhängig davon, ob es sich um A. in einem Beschäftigungsverhältnis als → Arbeitnehmer oder um A. als Selbstständiger oder Freiberufler handelt. Berufsmäßigkeit der A. meint hier nicht, dass eine bestimmte Berufsausbildung vorliegen muss, sondern lediglich, dass es sich um eine grundsätzlich auf Dauer angelegte, ein Mindestmaß an fachlicher Spezialisierung, Organisation und Zeitplanung erfordernde Tätigkeit handelt.
Vgl. auch → Arbeitgeber, → Arbeitspflicht, → Arbeitsplatz, → Arbeitsrecht, → Arbeitszufriedenheit, → Beruf.

Arbeitgeber. A. ist, wer mindestens einen → Arbeitnehmer beschäftigt. A. können in allen Bereichen tätig sein (gewerbliche oder industrielle Unternehmen, Verbände, öffentliche Einrichtungen und Behörden, Kirchen, Selbstständige wie Ärzte, Rechtsanwälte etc., aber auch Privatpersonen z.B. für die Beschäftigung einer Haushaltshilfe). Ist ein Unternehmen in mehrere → Betriebe aufgegliedert, ist A. mangels Rechtsfähigkeit des einzelnen Betriebes das Gesamtunternehmen und nicht der Betrieb. Konzerne als solche können mangels eigener Rechtsfähigkeit keine A. sein, sondern nur die einzelne konzernangehörige Gesellschaft. A. und Arbeitnehmer sind im einzelnen Arbeitsverhältnis wie über ihre Verbände (Arbeitgeberverband, Gewerkschaft) soziale Gegenspieler. Im einzelnen Arbeitsverhältnis wird dieser Gegensatz heute weitgehend eingeschränkt durch Prinzipien der modernen Mitarbeiterführung, die den Mitarbeiter stärker zum Partner des A. machen (kooperative Führung). Auf kollektiver Ebene wird zunehmend Sozialpartnerschaft angestrebt, die jedoch insbesondere in → Tarifverträgen und → Arbeitskämpfen an dem Gegnerbezug nichts ändert.

Arbeitgeberbeiträge. A. sind Leistungen des Arbeitgebers für gesetzliche Pflichtversicherungen, im Falle der Krankenversicherung auch zur privaten Krankenversicherung des Arbeitnehmers, wenn dieser sich von der Mitgliedschaft in einer gesetzlichen → Krankenkasse hat befreien lassen (§ 8 SGB V).

Die Leistungen für die gesetzlichen Versicherungen werden grundsätzlich von dem Arbeitgeber und dem Arbeitnehmer zur Hälfte getragen, so dass sich A. und Arbeitnehmerbeiträge entsprechen. Dies gilt ohne Einschränkung für die Rentenversicherung, für die → Arbeitslosenversicherung, für die gesetzliche Krankenversicherung (hier zahlen die Arbeitnehmer allerdings einen Zusatzbeitrag von 0,9 %) und meistens auch für die → Pflegeversicherung. Hat sich der Arbeitnehmer wegen Überschreitens der krankenkassenrechtlichen Beitragsbemessungsgrenze von der Mitgliedschaft in einer gesetzlichen Krankenkasse befreien lassen, erhält er einen Zuschuss des Arbeitgebers zu der Versicherungsprämie an die private Krankenkasse in Höhe der Hälfte des Versicherungsbeitrages, höchstens aber der Hälfte des Durchschnittsbeitrages, der bei Mitgliedschaft in einer gesetzlichen Krankenversicherung angefallen wäre. Vor dieser auf den Durchschnittsbetrag abhebenden Änderung durch das Gesundheitsstrukturgesetz kam es auf den Beitrag der für den Arbeitnehmer zuständigen gesetzlichen Krankenkasse (Orts-, Betriebs-, Innungs- oder Ersatzkasse) an.

Die Beiträge für die Unfallversicherung an die → Berufsgenossenschaft trägt der Arbeitgeber allein. Maßgeblicher sozialpolitischer Grund hierfür ist, dass der Arbeitgeber in dem Betrieb Gefahren für die Gesundheit des Arbeitnehmers schafft, so dass er die Absicherung des Arbeitnehmers gegen → Arbeitsunfälle und → Berufskrankheiten allein zu übernehmen hat. Hinzu kommt, dass sich der Arbeitgeber durch die Mitgliedschaft in der Unfallversicherung gegen Schadensersatzansprüche aus Anlass von Unfällen oder Berufskrankheiten absichert (§ 104 SGB VII). Vgl. auch → Rentenrecht, → Sozialversicherung, → Sozialversicherungsbeiträge.

Arbeitgeberverbände. A. sind Zusammenschlüsse von Unternehmen zum Zwecke der Vertretung arbeitgeberseitiger Interessen. Den Schwerpunkt bildet der Abschluss von → Tarifverträgen mit den → Gewerkschaften. Darüber hinaus äußern sich A. zu aktuellen politischen Fragen mit Bezug zum Arbeitsleben und sind ebenso wie die Gewerkschaften Gesprächspartner des Staates.

Spitzenverband ist die → Bundesvereinigung der Deutschen Arbeitgeberverbände in Köln (BDA), deren Mitglieder ihrerseits ausschließlich einzelne A. sind. Diese sind fachlich nach dem Gegenstand der unternehmerischen Betätigung sowie regional abgegrenzt. In der BDA beraten und koordinieren die einzelnen A. ihre Standpunkte und Vorgehensweisen.

Von den A. zu unterscheiden sind die Wirtschaftsverbände mit dem Bundesverband der Deutschen Industrie, Köln (BDI) als Spitzenverband. Sie dienen der Interessenvertretung auf wirtschaftlichem Gebiet. Auch der BDI ist ein Spitzenverband, dessen Mitglieder ausschließlich einzelne Fachverbände sind.

Arbeitnehmer, *Mitarbeiter.* A. ist, wer aufgrund eines → Arbeitsvertrages unselbstständige, vom → Arbeitgeber vorgegebene Arbeit leistet. Unselbstständigkeit, Weisungsgebundenheit und regelmäßig auch die Eingliederung in einen fremden Organisationsbereich sind Wesensmerkmale der Arbeitnehmereigenschaft. Im Rahmen moderner Mitarbeiterführung (kooperativer Führungsstil) wird partnerschaftliche Zusammenarbeit praktiziert, so dass die rechtliche Komponente eine wichtige personalpolitische Ergänzung erfährt.

Die Gesamtheit der A. lässt sich einteilen in gewerbliche Mitarbeiter (Arbeiter), → Angestellte, → leitende Angestellte und → Auszubildende. Die Trennung zwischen Arbeitern und Angestellten wird zwar noch teilweise personalpolitisch und auch in einigen Tarifverträgen getroffen, ist jedoch in rechtlicher Hinsicht weitestgehend zurück gedrängt worden. Zu den A. i.w.S. zählen Werkstudenten, Schüler mit Ferienarbeit und Praktikanten. In zeitlicher Hinsicht können unbefristet und befristet Beschäftigte, ferner Voll- und Teilzeitkräfte unterschieden werden. Die Mitglieder der Unternehmensleitung gehören nicht zu den A. Keine A. sind ferner Werkunternehmer, die aufgrund eines → Werkvertrages (§ 631 BGB) für ein fremdes Unternehmen tätig werden, und zwar auch dann nicht, wenn dies regelmäßig auf dem Betriebsge-

lände des Unternehmens geschieht. Ferner sind → freie Mitarbeiter keine A. Freie Mitarbeiter werden selbstständig für ein Unternehmen auf vertraglicher Grundlage tätig, ohne arbeitsrechtlichen Weisungen bezüglich Art und zeitlicher Ausgestaltung zu unterliegen.
Vgl. auch → Arbeitnehmerüberlassung.

Arbeitnehmerbeiträge, → Arbeitgeberbeiträge.

Arbeitnehmerentsendegesetz. Das A. vom 20.4.2009 hat Bedeutung vor dem Hintergrund der zunehmenden Internationalisierung des Wettbewerbs in der Wirtschaft. Ursprünglich auf die Bauwirtschaft bezogen, wurden inzwischen weitere Branchen erfasst. Ziel des Gesetzes sind die Schaffung und Durchsetzung angemessener Mindestarbeitsbedingungen für grenzüberschreitend entsandte und für regelmäßig im Inland beschäftigte Arbeitnehmer sowie die Gewährleistung fairer und funktionierender Wettbewerbsbedingungen. Dadurch sollen gleichzeitig sozialversicherungspflichtige Beschäftigungen erhalten werden.

Tarifvertragliche Arbeitsbedingungen finden auch auf Arbeitsverhältnisse zwischen einem Arbeitgeber mit Sitz im Ausland und seinem im Geltungsbereich des Tarifvertrages beschäftigten Arbeitnehmer Anwendung, wenn der Tarifvertrag für allgemeinverbindlich erklärt wurde oder das Bundesministerium für Arbeit und Soziales durch Rechtsverordnung ohne Zustimmung des Bundesrates bestimmen kann, dass die Rechtsnormen dieses Tarifvertrages auf alle unter seinen Geltungsbereich fallenden und nicht an ihn gebundenen Arbeitgeber sowie Arbeitnehmer und Arbeitnehmerinnen Anwendung finden (§§ 3, 7 AEntG).
Einbezogene Branchen sind Bau- und Baunebengewerbe, Gebäudereinigung, Briefdienstleistungen, Sicherheitsdienstleistungen, Bergbauspezialarbeiten auf Steinkohlebergwerken, Wäschereidienstleistungen, Abfallwirtschaft einschließlich Straßenreinigung und Winterdienst sowie Aus- und Weiterbildungsdienstleistungen. Für die Pflegebranche wurden ebenfalls Regelungen geschaffen (§§ 10 ff. AEntG)

Diese Rechtslage hat zu erheblichen Auseinandersetzungen geführt. Dabei wird darauf verwiesen, dass andere Wirtschaftszweige ebenso wie die Bauwirtschaft unterschiedliche Lohnkosten verkraften müssen. Der Wettbewerb werde ebenso eingeschränkt wie die → Freizügigkeit ausländischer Arbeitnehmer. Teilweise wird die Vereinbarkeit des A. mit europarechtlichen Regelungen wie mit deutschem Verfassungsrecht (Art. 9 Abs. 3 GG) problematisiert. Der Gesetzgeber hat sich dieser Kritik nicht angeschlossen.

Arbeitnehmererfindung. A. werden von dem → Arbeitnehmer im Rahmen seiner dienstlichen Tätigkeit für den Arbeitgeber gemacht. Erforderlich ist ein Ausgleich unterschiedlicher Interessen, nämlich einerseits des Arbeitgebers, aufgrund der von ihm geleisteten Bereitstellung sachlicher, finanzieller, organisatorischer und personeller Mittel über entsprechend getätigte Erfindungen verfügen zu können, andererseits des Arbeitnehmers, seine Erfindung in angemessener Weise geschützt und vergütet zu sehen.

Rechtsgrundlage ist das Arbeitnehmererfindungsgesetz. Danach liegt eine dienstliche Erfindung vor, wenn sie während der Dauer des Arbeitsverhältnisses gemacht wurde, aus einer dem Arbeitnehmer obliegender Tätigkeit erwachsen ist oder maßgeblich auf Erfahrungen und Arbeiten des Betriebes beruht. Erfindungen sind schöpferische Leistungen, die patent- oder gebrauchsmusterfähig sind. Eine Diensterfindung muss der Arbeitnehmer unverzüglich melden. Die Inanspruchnahme wird fingiert, wenn der Arbeitgeber die Erfindung nicht bis zum Ablauf einer Frist von vier Monaten nach Eingang der ordnungsgemäßen Meldung gegenüber dem Arbeitnehmer freigibt. Die Freigabe muss in Textform erfolgen. Im Falle unbeschränkter Inanspruchnahme gehen alle Rechte und Pflichten aus der Erfindung auf den Arbeitgeber über, der Arbeitnehmer hat Anspruch auf Bekanntgabe seines Namens (Erfinderehre) und auf eine angemessene Vergütung ab Inanspruchnahme und nicht erst ab Nutzung der Erfindung.

Eine freie Erfindung liegt vor, wenn die Voraussetzungen der Diensterfindung nicht erfüllt sind. Gleichwohl gibt es auch hier eine Meldepflicht, um dem Arbeitgeber die Prüfung zu ermöglichen, ob aus seiner Sicht nicht eine A. vorliegt.

Von A. zu unterscheiden sind betriebliche Verbesserungsvorschläge (technisch, betriebswirtschaftlich, organisatorisch etc.), über deren Behandlung sich der Arbeitgeber mit dem Betriebsrat zu verständigen hat (§ 87 Abs. 1 Nr. 12 BetrVG). Einzelheiten in der Abgrenzung sind schwierig.

Personalpolitisch tragen A. und Verbesserungsvorschläge erheblich zur Unternehmenseffizienz bei. Es liegt daher im Interesse des Unternehmens, ein Klima zu schaffen, das Raum für diesbezügliche Innovationen gibt und zugleich Anreize für die Mitarbeiter, sich entsprechend zu engagieren. Vgl. auch → Urheber.

Arbeitnehmerhaftung, → Haftung.

Arbeitnehmerschutzrecht, → Arbeitssicherheitsrecht.

Arbeitnehmerüberlassung, *Leiharbeit, Personalleasing, Zeitarbeit.* A. ist die gewerbsmäßige und zeitlich befristete Überlassung von bei einem Arbeitnehmerüberlassungs- oder Zeitarbeitunternehmen (Verleiher) beschäftigten Arbeitskräften (Leiharbeitnehmer) an andere Unternehmen (Entleiher). Hiervon zu unterscheiden ist die werkvertragliche Tätigkeit für ein anderes Unternehmen, auch wenn diese dauerhaft auf dem Betriebsgelände dieses Unternehmens erfolgt (→ Werkvertrag). Maßgebliche Abgrenzungskriterien sind insbesondere ob eine Eingliederung der fremden Arbeitnehmer in das eigene Unternehmen erfolgt und ob das → Direktionsrecht von dem Arbeitgeber-Unternehmen oder dem Auftraggeber ausgeübt wird.

A. ist für das entleihende Unternehmen v.a. ein personalwirtschaftliches Instrument zur flexiblen Reaktion auf vorübergehende Personalengpässe. Ermöglicht wird dadurch z.B. der Ausgleich eines kurzfristig erhöhten Personalbedarfs bei saisonal bedingten Auftragsspitzen oder bei unerwartet hohen Fehlzeiten des Stammpersonals. Daneben wird A. auch zur Überbrückung, d.h. bis zur endgültigen Wiederbesetzung von durch Fluktuation plötzlich entstandenen Vakanzen genutzt.

Der Schwerpunkt der A. liegt bei der Überlassung von Arbeitskräften für Aufgaben, die keine zeitaufwendige oder besondere fachliche Einarbeitung erfordern. In der Praxis werden vorwiegend Bürokräfte und Industriefacharbeiter nachgefragt, jedoch auch Techniker und Ingenieure. Für den Einsatz auf Führungspositionen gilt A. v.a. wegen der dort erforderlichen größeren Vertrautheit auch mit mehr betriebsspezifischen fachlichen oder außerfachlichen Aspekten, der notwendigen Stetigkeit in der Führung sowie der hier oft besonderen Vertraulichkeit von Vorgängen als weitgehend ungeeignet. Beim Einsatz von Leiharbeitnehmern muss besonders auf die Akzeptanz der betriebsfremden Mitarbeiter beim Stammpersonal, z.B. einer Arbeitsgruppe, geachtet werden, v.a. sollte keine Konkurrenzsituation zwischen beiden Mitarbeitergruppen entstehen.

Gewerbliche A. bedarf der Genehmigung durch die Bundesagentur für Arbeit und wird gesetzlich durch das Arbeitnehmerüberlassungsgesetz (AÜG) geregelt, dessen Bestimmungen u.a. einige Restriktionen für den Einsatz von Leiharbeitnehmern enthalten (z.B. hinsichtlich Einsatzdauer). Rechtswidrige A. kann mit Bußgeld geahndet werden und führt arbeitsrechtlich kraft Gesetzes zu einem → Arbeitsvertrag zwischen dem Arbeitnehmer und dem Entleiher (unabhängig von dem Willen der Beteiligten). Letzterer haftet damit insbesondere auch für → Lohnsteuer und Sozialversicherungsbeiträge. Innerhalb eines Konzerns ist eine vorübergehende A. genehmigungsfrei zulässig.

Vgl. auch → Arbeitsvermittlung.

Arbeitnehmervertretung. A. ist die Beteiligung der Arbeitnehmer am betrieblichen und unternehmerischen Geschehen (→ Mitbestimmung). Sie ist Ausdruck der Zusammenarbeit von Kapital und Arbeit, um sicherzustellen, dass die berechtigten Belange der Belegschaft in hinreichender Form nicht nur aus Arbeitgebersicht, sondern auch aus der Warte der Arbeitnehmer durch Mitwirkung von Belegschaftsvertretern gewährleistet ist. Sie vollzieht sich auf verschiedenen Ebenen: Im Rahmen der → Tarifautonomie sind die → Gewerkschaften eigenständige, gleichberechtigte Vertrags- und Sozialpartner der → Arbeitgeberverbände. Auf Unternehmensebene wirken Arbeitnehmervertreter in den Aufsichtsräten mit.

Der Umfang der Mitwirkung bestimmt sich nach Tätigkeitsbereich und Größe der Unternehmen: Im Bereich Bergbau, Eisen und Stahl gilt ab 1.000 Mitarbeitern die Montan-

Mitbestimmung, für Unternehmen aller anderen Wirtschaftszweige ab 2.000 Mitarbeitern das Mitbestimmungsgesetz 1976 und für Unternehmen mit regelmäßig mindestens 500 Mitarbeitern (für vor dem 10.8.1994 gegründete Aktiengesellschaften unabhängig von der Mitarbeiterzahl) – mit Ausnahme von Familiengesellschaften – das Betriebsverfassungsgesetz 1952. Nach Montan-Mitbestimmung und MitbestG 1976 sind die Aufsichtsräte mit einer gleichen Zahl von Arbeitnehmer- und Kapitalvertretern besetzt; Konfliktfälle werden in montanmitbestimmten Unternehmen durch den neutralen Vertreter im Aufsichtsrat gelöst, während bei den unter das MitbestG 1976 fallenden Unternehmen der Aufsichtsratsvorsitzende in Pattsituationen ein Zweitstimmrecht hat. Das BetrVG 1952 begründet eine Zusammensetzung des Aufsichtsrates zu zwei Dritteln mit Anteilseignervertretern und zu einem Drittel mit Arbeitnehmervertretern.

Von besonderer Bedeutung auf betrieblicher Ebene sind die umfassenden Mitbestimmungsrechte des → Betriebsrates (Informations-, Beratungs-, Veto- und Zustimmungsrechte einschließlich des → Initiativrechts) und die wesentlich geringer ausgestalteten Mitwirkungsmöglichkeiten des → Sprecherausschusses. Daneben bestehen eine Schwerbehinderten- und eine → Jugend- und Auszubildendenvertretung.

Schließlich wirken Arbeitnehmervertreter im Rahmen der sozialen Selbstverwaltung bei Berufsgenossenschaften, Krankenkassen, Rentenversicherungsträgern und der Bundesagentur für Arbeit mit.

Arbeitsbedingungen. Der Begriff A. ist sehr vieldeutig und subsumiert alle Umstände, Forderungen, Voraussetzungen, Verhältnisse und Gegebenheiten, unter denen Erwerbsarbeit (→ Arbeit) aufgenommen und ausgeübt wird. Das Spektrum reicht dabei von den kulturellen, gesellschaftlichen, ökonomischen und rechtlichen A. bis zu den mehr konkreten, am → Arbeitsplatz unmittelbar wirksamen A. Die A. finden eine in zahlreichen Gesetzen, Tarifverträgen und Betriebsvereinbarungen vorgeprägte Ordnung, die einen mehr oder weniger großen Spielraum für Gestaltung und Festlegung der A. im einzelnen Unternehmen belässt.

In der betrieblichen Praxis wird der Begriff A. zumeist in der Bedeutung von im Betrieb, insbesondere am Arbeitsplatz vorhandenen und auf den Mitarbeiter einwirkenden Faktoren benutzt. Diese werden i.d.R. unterschieden in (1) physische A. (körperliche Beanspruchungen, Lärm, Klimatisierung, Schmutz, Unfallgefährdung u.a.), (2) technisch-organisatorische A. (Art und Stand technischer Arbeitsmittel und -hilfen, Arbeitsorganisation, Arbeitszeitregelungen u.a.) sowie (3) soziale A. (praktizierter → Führungsstil, → Betriebsklima, informelle Beziehungen der Mitarbeiter untereinander u.a.).

Darüber hinaus werden heute von vielen Unternehmen und Mitarbeitern auch die gebotenen Möglichkeiten der → Weiterbildung, Maßnahmen der → Personalentwicklung, Vergütungsregeln u.Ä. als wichtige Elemente der A. betrachtet. Die wissenschaftliche Forschung, die sich mit den Wechselwirkungen zwischen Mensch und Arbeit befasst (→ Arbeitswissenschaft, → Ergonomie), aber auch die anwendungsorientierte betriebliche Praxis interessieren sich v.a. für die Beschaffenheit der A. und dafür, wie sie auf den arbeitenden Menschen einwirken, von ihm wahrgenommen werden und sich auf sein Leistungsverhalten auswirken. Im Vordergrund steht dabei das Anliegen über die mitarbeitergerechte Gestaltung der A. Gesundheit und Arbeitskraft der Mitarbeiter zu erhalten, ihre Arbeitsmotivation zu erhöhen und damit auch ein optimales Arbeitsergebnis zu sichern.

Vgl. auch → Arbeitsbewertung, → Arbeitsordnung, → Arbeitsplatzanalyse, → Arbeitsplatzgestaltung, → Arbeitssicherheit, → Arbeitszufriedenheit, → Stellenbewertung.

Arbeitsbefreiung, *Dienstbefreiung.* Der Arbeitnehmer ist grundsätzlich während der gesamten Dauer des Arbeitsverhältnisses zur Arbeitsleistung verpflichtet und auch berechtigt. In Fällen der A. wird er von dieser Pflicht befreit, obwohl nach allgemeinen Regeln die Arbeitsleistung zu erbringen wäre. A. setzt somit einen speziellen Befreiungsgrund voraus. Die wichtigsten Befreiungsgründe sind: → Urlaub, → Mitbestimmung, → Bildungsurlaub, Krankheit, spezielle Befreiungsgründe aus persönlichem Anlass wie Hochzeit, Taufe, Dienstjubiläen, sonstige persönliche Ereignisse im familiären Umfeld. Hierfür finden sich vielfach tarifliche oder betriebliche Vereinbarungen. Ein Fall der A. ist auch der rechtmäßige → Arbeitskampf (Streik und → Aussperrung), ferner ein → Zurückbehaltungsrecht des Arbeitnehmers oder der → Annahmeverzug des Arbeitgebers sowie Unmöglichkeit der Arbeitsleistung aus sonstigem Grunde (Naturkatastrophen etc.).

In vielen Fällen ist die A. mit einer Fortzahlung der vereinbarten → Vergütung verbunden (Urlaub, → Entgeltfortzahlung während der Krankheit, Dienstjubiläen sowie persönliche Feste gemäß tariflichen oder betrieblichen Vereinbarungen, Annahmeverzug des Arbeitgebers). In anderen Fällen der A. ruht die Vergütungspflicht (Streik, Aussperrung, Erziehungsurlaub, unbezahlter Urlaub).

Arbeitsbereicherung, → Job-Enrichment.

Arbeitsbereitschaft. A. ist eine besondere Form der Arbeitsleistung, die gegenüber der vertraglich geschuldeten Leistung in körperlicher oder geistiger Hinsicht eine mindere Leistung darstellt. Bei ihr ist der Wechsel zwischen vollem Arbeitseinsatz und bloßer Bereitschaft nicht festgelegt. Die Rechtsprechung definiert A. als Zeit wacher Achtsamkeit im Zustand der Entspannung. Sie gehört zur → Arbeitszeit, in der der Arbeitnehmer jedoch nicht seine volle angespannte Tätigkeit zu entfalten braucht, sondern an seiner Arbeitsstelle anwesend ist und jederzeit bereit sein muss, in den Arbeitsprozess bei Bedarf einzugreifen. Die → Vergütung richtet sich nach den einschlägigen Tarifverträgen; eine Pauschalabgeltung ist zulässig.

Neben der A. gehört auch der *Bereitschaftsdienst* zur Arbeitsleistung i.w.S., nicht jedoch die *Rufbereitschaft*. Bereitschaftsdienst liegt vor, wenn sich der Arbeitnehmer an einer vom Arbeitgeber bestimmten Stelle innerhalb oder außerhalb des Betriebes aufhält, um im Bedarfsfall die berufliche Tätigkeit aufzunehmen, ohne sich im Zustand wacher Achtsamkeit zu befinden. Im Unterschied dazu befindet sich der Arbeitnehmer während der Rufbereitschaft an einem von ihm dem Arbeitgeber mitgeteilten Ort. Arbeit wird erst bei Abruf des Mitarbeiters aus der Rufbereitschaft geleistet. Während des Bereitschaftsdienstes und der Rufbereitschaft unterliegt der Arbeitnehmer lediglich räumlichen Einschränkungen; im Übrigen kann er sich nach eigenem Ermessen beschäftigen. Muss sich der Arbeitnehmer bei Bereitschaftsdienst an

seinen sonst ebenfalls üblichen Arbeitsplatz aufhalten, ist umstritten, ob es sich um Ruhezeit oder Arbeitszeit handelt. Im Hinblick auf die Einschränkung der freien Dispositionsmöglichkeiten sind auch Bereitschaftsdienst und Rufbereitschaft nach Maßgabe der tarifvertraglichen Regelungen, bei deren Fehlen nach arbeitsvertraglicher Vereinbarung vergütungspflichtig. Es besteht ein Mitbestimmungsrecht des Betriebsrates bei Einführung und Gestaltung des Bereitschaftsdienstes (§ 87 Abs. 1 Nr. 3 BetrVG).
Vgl. auch → Arbeitsplatz.

Arbeitsbeschaffungsmaßnahmen. Die Bundesagentur für Arbeit kann durch finanzielle Zuschüsse die Schaffung von Arbeitsplätzen fördern und damit der Arbeitslosigkeit entgegenwirken. Die Zuschüsse werden an den Arbeitgeber gezahlt, sind abhängig von der erforderlichen Ausbildung; mittelbar begünstigen sie die betroffenen Arbeitnehmer, v.a. längerfristig Arbeitslose und Ältere.

Zur Vermeidung einer wettbewerbswidrigen Subventionierung von Arbeitsplätzen sind Fördermaßnahmen auf im öffentlichen Interesse liegende Arbeiten beschränkt, soweit diese sonst entweder gar nicht oder erst später durchgeführt werden könnten (§ 261 SGB III). Üblicherweise werden die Arbeitsverträge auf ein Jahr befristet. Ein Rechtsanspruch auf Förderung von A. besteht nicht. Insoweit verfügt die Bundesagentur für Arbeit über ein Entscheidungsermessen.

Nach der Rechtsprechung des → BAG sind auch Beschäftigte, deren Tätigkeit als A. gefördert wird, für die Wahl des → Betriebsrates wahlberechtigt (→ Betriebsratswahl).

Arbeitsbescheinigung. Die A. ist eine öffentlich-rechtliche, seitens des Arbeitgebers gegenüber dem Arbeitsamt auszustellende Bescheinigung (§ 312 SGB III). Sie wird auf einem Vordruck erteilt, aus dem sich Folgendes ergibt: Art der Tätigkeit des Arbeitnehmers; Beginn, Ende; Unterbrechungen und Grund für die Beendigung des Beschäftigungsverhältnisses; Höhe der gezahlten → Vergütung sowie noch ausstehender Vergütungsansprüche. Wegen der Bedeutung einer solchen Bescheinigung für den Arbeitnehmer ist der Arbeitgeber auch aus dem → Arbeitsvertrag zur Ausstellung verpflichtet; der Anspruch kann gerichtlich im Urteilsverfahren durchgesetzt werden (§ 2 Abs. 1 Nr. 3 e ArbGG).

Vgl. auch → Arbeitspapiere, → Arbeitszeugnis.

Arbeitsbewertung. Die A. ist von besonderer Bedeutung für die Vergütungsfindung. Bestehen keine besonderen Vereinbarungen durch → Tarifvertrag oder Betriebsvereinbarung, gilt grundsätzlich das Prinzip der → Vertragsfreiheit. Arbeitgeber und Arbeitnehmer können die → Vergütung frei festlegen und sind dabei auch hinsichtlich der Kriterien für die Vergütungsfindung nicht gebunden. Es ist daher zulässig und durchaus verbreitet, die Vergütung ohne nähere Überprüfung der Arbeitswertigkeit pauschal festzulegen, nicht zuletzt unter Berücksichtigung der Gegebenheiten auf dem Arbeitsmarkt. Für die Mehrzahl der Arbeitsverhältnisse bestehen jedoch tarifliche Regeln der Entgeltfindung, die üblicherweise auch bei fehlender → Tarifgebundenheit der Arbeitnehmer (§ 3 Abs. 1 TVG) individualvertraglich vereinbart werden. Insbesondere Tarifverträge oder Vergütungssysteme für außertariflich bezahlte Arbeitnehmer bemühen sich aus Gründen der Leistungsgerechtigkeit, der Vergleichbarkeit und der Messbarkeit von Arbeitsleistungen, die Arbeitswertigkeit näher zu erfassen und daraus ein Vergütungssystem zu entwickeln. Hierfür bestehen verschiedene Methoden.

Die *analytische Arbeitsplatzbewertung* unterteilt die Anforderungen an einen Arbeitsplatz in einzelne Gruppen, z.B. in Fachkönnen, geistige Beanspruchung, Umgebungseinflüsse und Verantwortung (so nach dem → Genfer Schema). Die Anforderungen an die Arbeitnehmer für die einzelnen Arbeitsplätze werden in einem → Punktesystem erfasst, wobei die Festlegung der Punkte regelmäßig in einem Rangreihenverfahren erfolgt. Daraus ergibt sich eine differenzierte Punkteverteilung und aus der Addition der Punkte ein Gesamtwert des Arbeitsplatzes. Wegen der unterschiedlichen Bedeutung der geschilderten Aspekte werden die Kriterien vielfach gewichtet, so dass z.B. für den Sektor „Fachkönnen" eine höhere Punktzahl erzielt werden kann als für die körperliche Belastung oder die „Umwelteinflüsse". Die in Summe erzielbaren Punkte werden in ein Vergütungssystem „übersetzt", in dem bestimmten Punktzahlen bestimmte Vergütungen zugeordnet werden.

Im Gegensatz zu dem analytischen Bewertungsverfahren erfasst die *summarische Arbeitsplatzbewertung* die Anforderungen an einen Arbeitsplatz sowie die Wertigkeit der dort erbrachten Arbeitsleistung ganzheitlich. Dies geschieht durch regelmäßig bereits im Tarifvertrag enthaltene Tätigkeitsbilder, die bestimmte Arbeitsplätze näher bezeichneten Vergütungsgruppen zuordnen. Wird auf diese Weise infolge Einbeziehung einer Vielzahl, insbesondere der für den Tarifbereich typischen Arbeitsplätze eine Vergütungsordnung geschaffen, lassen sich nicht ausdrücklich erwähnte Tätigkeiten durch analoge, d.h. an vergleichbaren Tätigkeiten ausgerichtete Einstufungen bewerten und in das System einordnen.

Während bei der analytischen Arbeitsplatzbewertung das Vergütungssystem abstrakt durch Differenzierung nach den einzelnen Anforderungen an den Arbeitsplatz, hierbei höchstmöglich zu erzielende Punkte und durch Aufstellung eines aus der Gesamtpunktzahl abgeleiteten Vergütungssystems festgelegt wird, was einen Bewertungsvorgang für konkrete Einzelfälle erfordert, führt die summarische Arbeitsplatzbewertung diesen Bewertungsvorgang selbst im Rahmen der Schaffung des Vergütungssystems durch. Der Anwender vollzieht diese Bewertung lediglich nach indem er prüft, ob der einzelne Arbeitsplatz die Elemente des Tätigkeitsbildes erfüllt. Dies bedeutet insbesondere für Tarifverträge, dass die Tarifparteien selbst ihr Ermessen für die Vergütungsfindung durch Zuordnung von typischen Arbeitsplätzen zu einem Vergütungssystem abschließend ausüben, während dieses Ermessen in analytischen Arbeitsplatzbewertungsverfahren auf die Ebene der Anwendung des Verfahrens delegiert wird. Die summarische Arbeitsplatzbewertung kann durch präzise gestaltete Tätigkeitsbilder erfolgen, die die notwendige Berufsausbildung, die erforderlichen Berufserfahrungen und die auszuübenden Tätigkeiten einschließlich der Führungsaufgaben konkret beschreiben. Stattdessen besteht auch die Möglichkeit, die Zuordnung eher allgemein aufgrund von bloßen Oberbegriffen vorzunehmen (einfache, mittlere, schwierige, sehr schwierige Aufgaben; keine, geringe, mittlere, große Führungsverantwortung etc.). Je nach der Ausgestaltung des Systems ist die Bindung für den Anwender des Vergütungssystems einerseits und die Rechtssicherheit für Arbeitgeber, Arbeitnehmer sowie für die Betriebsvertretung im Rahmen der → Mitbestimmung nach § 99 BetrVG andererseits unterschiedlich. Alle geschilderten Verfahren kommen in der Praxis vor. Die A. dient der grundsätzlichen Erfassung des Arbeitswertes einer ausgeübten Tätigkeit und differenziert nicht danach, mit welcher Qualität der einzelne Arbeitnehmer die ihm zugewiesene Aufgabe erledigt. Hier kann eine Feinabstimmung durch leistungsorientierte Elemente erfolgen, wofür insbesondere → Prämien, → Zulagen, Einmalzahlungen sowie speziell → Tantiemen in Betracht kommen.

Vgl. auch → Arbeitsplatzanalyse, → Mitarbeiterbeurteilung, → Stellenbewertung, → Zeitstudien.

Arbeitsdirektor, *Personalvorstand.* Der A. ist das für Personal- und Sozialwesen zuständige Mitglied der Unternehmensleitung (Vorstand, Geschäftsführung). Je nach Wirtschaftszweigen und Unternehmensgröße bestehen unterschiedliche gesetzliche Regelungen, die die Bestellung eines A. verpflichtend vorgeben.

Für den Bereich der → Montan-Mitbestimmung (Kohle, Eisenerz, Eisen- und Stahlerzeugung – § 1 MontMitbestG) ab 1.000 Arbeitnehmern sieht § 13 MontMitbestG die Bestellung eines A. als gleichberechtigtes Mitglied der Unternehmensleitung vor. Darüber hinaus ist die Sonderregelung wichtig, damit er nicht gegen die Mehrheit der Arbeitnehmerbank des Aufsichtsrates gewählt werden kann. Daraus erwächst in der Praxis die Gepflogenheit, dass in montanmitbestimmten Unternehmen i.d.R. Arbeitnehmervertreter zum A. bestellt werden.

Für alle anderen Wirtschaftszweige gilt das MitbestG 1976 (Gesellschaften mit mehr als 2.000 Mitarbeitern). Nach § 33 MitbestG 1976 ist der A. als gleichberechtigtes Mitglied der Unternehmensleitung zu bestellen, wobei es hier – anders als in der Montan-Mitbestimmung – keine Sonderregelung im Hinblick auf die Zustimmung der Arbeitnehmerseite gibt. Vielmehr erfolgt die Wahl wie für alle anderen Vorstandsmitglieder. Gleichwohl hat das Vertrauen der gewählten

Arbeitnehmervertreter in den A. unternehmens- und personalpolitische Bedeutung.

Der Zweck der Regelungen liegt darin, die besonderen Belange der Belegschaft zu berücksichtigen und die Zusammenarbeit mit den Mitbestimmungsgremien sicherzustellen. Darüber hinaus ist der A. im Bereich der Montan-Mitbestimmung ein Element im Rahmen des Gesamtpakets unternehmerischer und betrieblicher Mitbestimmung. Wesentliche Aufgabengebiete des A. sind Personalwirtschaft und Personalpolitik, betriebliches Sozialwesen, berufliche Bildung, Arbeitssicherheit und Arbeitsmedizin sowie Mitbestimmungsangelegenheiten. Es ist zulässig, das Personalressort mit einem anderen Ressort zu verbinden.

Arbeitsentgelt, → Vergütung.

Arbeitserlaubnis. Deutsche Arbeitnehmer benötigen für Tätigkeiten in der Bundesrepublik Deutschland keine A. Insoweit greift das Grundrecht der Berufsfreiheit (Art. 12 GG). Staatsangehörige der Staaten, die zum 30.4.2004 der EU beigetreten waren, bedürfen zur Arbeitsaufnahme keiner Zustimmung der Bundesagentur für Arbeit mehr. Ebenso sind Staatsangehörige der EWR-Staaten (Norwegen, Island und Liechtenstein) sowie der Schweiz zur Aufnahme einer Beschäftigung ohne Zustimmung seitens der Arbeitsverwaltung berechtigt.

Für Staatsangehörige aus Staaten, die der EU zum 1.5.2004 bzw. 1.1.2007 beigetreten sind, gelten Übergangsregeln. Sie bedürfen zur Arbeitsaufnahme einer Zustimmung der Bundesagentur für Arbeit (§ 284 SGB III). Arbeitnehmer, die nicht Deutsche und nicht Angehörige eines Staates der EU sind, benötigen einen Aufenthaltstitel zur Ausübung einer Beschäftigung nach §§ 4 Abs. 2, 18, 39 AufenthaltsG, der eine Zustimmung der Bundesagentur für Arbeit voraussetzt. Sie wird nach Lage und Entwicklung des Arbeitsmarktes unter Berücksichtigung der Verhältnisse des einzelnen Falles erteilt. Die A. wird grds. nur befristet gegeben. Weitere Einzelheiten regelt die Beschäftigungsverordnung des Bundesministers für Wirtschaft und Arbeit, erlassen auf der Grundlage der §§ 42 AufenthaltsG, 288 SGB III. Keine Frage der A., sondern der Berufszulassung sind die zahlreichen staatlichen Vorgaben für die Wahl und Praktizierung bestimmter Berufe, z.B. für Ärzte, Apotheker, Rechtsanwälte, Industrie- und Handwerksmeister etc. Diese Vorgaben sind mit Art. 12 GG vereinbar, wenn das damit verfolgte Ziel, regelmäßig der Schutz der Allgemeinheit vor unqualifizierter Berufsausübung, durch die Ausbildungsvorgaben gedeckt ist.

Arbeitserweiterung, → Job-Enlargement.

Arbeitsethik. A. ist ein philosophischer Begriff und zielt ab auf die für eine bestimmte Gesellschaft oder Kultur typische Einstellung zur Arbeit, insbesondere ihren Stellenwert und die normativen Aussagen über die Arbeit. Dies steht in einem engen Zusammenhang mit ideengeschichtlichen und religiösen Aussagen zur Arbeit, aber auch mit den über die jeweilige Wirtschafts- und Sozialstruktur der Gesellschaft gegebenen Existenzbedingungen. Im Laufe der historischen Entwicklung lassen sich unterschiedliche arbeitsethische Positionen feststellen. Über den sog. → Wertewandel sind jedoch diese Normen seit den 70er-Jahren des 20. Jh. einer Relativierung an mehr individuell-subjektiven Bedürfnissen ausgesetzt.
Vgl. auch → Arbeitsmoral, → Bedürfnisse.

Arbeitsgericht, → Arbeitsgerichtsbarkeit, → Bundesarbeitsgericht (BAG).

Arbeitsgerichtsbarkeit. Die A. ist ein eigenständiger Zweig der Justiz zur Entscheidung arbeitsgerichtlicher Streitigkeiten. Ohne diese Sonderzuständigkeit handelte es sich um der Zivilgerichtsbarkeit unterliegende Prozesse. Von besonderer Bedeutung neben der A. ist die Sozialgerichtsbarkeit (→ Bundessozialgericht) zur Entscheidung sozialrechtlicher Streitfälle.

Der Aufbau der A. ist dreistufig: Arbeitsgericht, Landesarbeitsgericht, Bundesarbeitsgericht. Arbeitsgericht und Landesarbeitsgericht sind mit einem Berufsrichter und zwei ehrenamtlichen Richtern besetzt (je ein Vertreter der Arbeitnehmer- und der Arbeitgeberseite). Das Bundesarbeitsgericht entscheidet mit drei Berufsrichtern und zwei ehrenamtlichen Richtern (auch hier je ein Vertreter der Arbeitnehmer- und der Arbeitgeberseite). Ehrenamtliche Richter und Berufsrichter sind gleichberechtigt.

Die Zuständigkeit der Arbeitsgerichte erstreckt sich insbesondere auf Streitigkeiten aus Arbeitsverhältnissen zwischen Arbeitnehmern und Arbeitgebern, auf Ansprüche aus betrieblicher Altersversorgung gegen den Pensionssicherungsverein, auf Streitigkeiten zwischen den Tarifparteien sowie auf mitbestimmungsrechtliche Auseinandersetzungen nach dem Betriebsverfassungs- und Sprecherausschussrecht.
Vgl. auch → Beschlussverfahren, → Urteilsverfahren

Arbeitsgesetzbuch. Das → Arbeitsrecht basiert auf unterschiedlichen Teilregelungen, verstreut über eine größere Anzahl von Gesetzen. Von besonderer Bedeutung sind §§ 611ff. BGB, das Tarifvertrags-, Sprecherausschuss- und Betriebsverfassungsgesetz, die die → Mitbestimmung auf Unternehmensebene regelnden Gesetze (MontMitbestG, MitbErgG, MitbestG 1976, BetrVG 1952) sowie zahlreiche Teilmaterien betreffende Gesetze (z.B. Arbeitszeitgesetz, Berufsbildungsgesetz, Gesetz zur Verbesserung der betrieblichen Altersversorgung, Bundesurlaubsgesetz, Entgeltfortzahlungsgesetz, Jugendarbeitsschutzgesetz, Mutterschutzgesetz etc.).

Wichtige Bereiche wie das Arbeitskampfrecht (→ Arbeitskampf) sind überhaupt nicht kodifiziert und müssen daher richterrechtlich entschieden werden. Vor diesem Hintergrund gibt es seit längerer Zeit Bemühungen, das Arbeitsrecht geschlossen in einem A. zu kodifizieren. Entwürfe eingesetzter Kommissionen sowohl zum Arbeitsvertragsrecht als auch zum Arbeitskampfrecht liegen vor, ohne Gesetzeskraft erlangt zu haben. Infolge der in weiten Bereichen kontroversen Materie, insbesondere im Arbeitskampfrecht, ist realistischerweise mit einer umfassenden Kodifizierung des Arbeitsrechts in einem geschlossenen A. nicht zu rechnen. Das → Richterrecht wird daher seinen hohen Stellenwert behalten.

In der früheren DDR bestand ein A. von 1977 mit stark sozialistisch geprägten Regelungen. Infolge des Einigungsvertrages von 1990 ist das A. nicht mehr gültig.

Arbeitskammern. A. als mit umfassenden Zuständigkeiten ausgestattete Selbstverwaltungskörperschaften der Arbeitnehmer gibt es in der Bundesrepublik Deutschland – im Gegensatz zu Österreich – nicht. In den Bundesländern Bremen und Saarland bestehen A. mit begrenzten Kompetenzen. Dies ist darauf zurückzuführen, dass die Belange der Arbeitnehmer auf überbetrieblicher Ebene durch die → Gewerkschaften, in Unternehmen und Betrieben durch die → Mitbestimmung im Aufsichtsrat sowie durch → Betriebsrat und Sprecherausschuss vertreten werden. Darüber hinaus wirken die Arbeitnehmer über ihre Gewerkschaften in den Gremien der → Selbstverwaltung der Sozialversicherungsträger mit. Auch in den Handwerkskammern stellen die Gesellen ein Drittel aller Organmitglieder. Schließlich obliegen der Bundesagentur für Arbeit besondere Zuständigkeiten für den Arbeitsmarkt. A. wirken durch Stellungnahmen und Informationen an der für die Arbeitnehmer relevanten Gesetzgebung mit, beraten die ihnen angehörigen Arbeitnehmer sowie die Gewerkschaften und entfalten Aktivitäten im Bereich der beruflichen Bildung. Die Arbeitnehmer im Zuständigkeitsbereich der A. sind Pflichtmitglieder. Leitungsorgane der A. sind Vollversammlung (Vertreterversammlung), Vorstand, Präsident und Vizepräsidenten.

Arbeitskampf. Der A. steht in engem Zusammenhang mit der → Tarifautonomie. Da staatliche Zwangsschlichtungen unzulässig sind, können Konflikte zwischen den Tarifparteien nur autonom von diesen beendet werden. A. dienen dazu, Druck auf die Gegenseite auszuüben, um die eigenen Vorstellungen über einen neuen → Tarifvertrag möglichst umfassend durchzusetzen. Mittel des A. sind auf Arbeitnehmerseite der → Streik und seit Kurzem auch sog. → Flashmob-Aktionen und auf Arbeitgeberseite die → Aussperrung. Die rechtlichen Voraussetzungen sind gesetzlich nicht geregelt, sondern werden aus der Garantie der → Koalitionsfreiheit (Art. 9 Abs. 3 GG) und richterlichen Abwägungsprozessen zwischen den wechselseitigen schutzwürdigen Belangen abgeleitet.

A. können angreifenden oder abwehrenden Charakter haben. Insofern werden Angriffs- und Abwehrstreiks auf der einen Seite und Angriffs- und Abwehraussperrungen auf der anderen Seite unterschieden, die einerseits der Durchsetzung eigener Verhandlungspositionen und andererseits der Abwehr gegnerischer Forderungen dienen.

A. sind nur zulässig, soweit sie sich auf den Abschluss eines neuen Tarifvertrages beziehen (Sonderfall → Sympathiestreik). Im Gegensatz dazu stehen politische Arbeitskämpfe (z.B. Generalstreiks), die Einfluss auf die staatliche Willensbildung bei politischen Entscheidungen nehmen wollen. Derartige Vorgänge sind durch die Meinungs- und Demonstrationsfreiheit geschützt, dürfen jedoch nicht mit Mitteln des A. verfolgt werden.

Weiterhin ist von A. zu unterscheiden die kollektive Ausübung des Zurückbehaltungsrechts durch Arbeitnehmer in Fällen, in denen der Arbeitgeber geltende Tarifverträge (oder sonstige arbeitsrechtliche Verpflichtungen) nicht erfüllt. Ein solches Vorgehen dient der Durchsetzung vorhandenen und nicht der Schaffung neuen Tarifrechts und ist nach zivilrechtlichen Grundsätzen gedeckt.

Unter arbeitsrechtlichem Aspekt sind A. nur zulässig wenn die → Friedenspflicht im Rahmen des sachlichen, räumlichen und zeitlichen Geltungsbereichs von Tarifverträgen abgelaufen ist. Weitere Voraussetzung auf Arbeitnehmerseite ist die gewerkschaftliche Steuerung des Streiks – im Gegensatz zu wilden (spontanen) Streiks, die von der → Gewerkschaft nicht getragen werden. Gewerkschaften können jedoch ursprünglich wilde Streiks nachträglich übernehmen.

Schließlich ist die Beachtung des Grundsatzes der Verhältnismäßigkeit von Bedeutung, der einen Streik erst nach Ausschöpfung der Verhandlungsmöglichkeiten gestattet. Allerdings verfügen die Gewerkschaften über einen Ermessensspielraum für die Feststellung, wann Verhandlungen gescheitert sind. Auf Arbeitgeberseite werden Aussperrungen besonders durch diesen Verhältnismäßigkeitsgrundsatz begrenzt, wonach die Zahl der von der Aussperrung betroffenen Arbeitnehmer in einem angemessenen Verhältnis zu den streikenden Arbeitnehmern stehen muss. Entsprechendes gilt für die Dauer einer Aussperrung in Relation zu einem Streik. Dadurch soll der Grundsatz der Kampfparität gewahrt werden.

Von der grundsätzlichen Zulässigkeit von Arbeitskampfmaßnahmen zu unterscheiden sind deren Modalitäten. Die Rechtmäßigkeit eines Streiks gestattet nicht die Verletzung von Straftatbeständen, die Hinderung arbeitswilliger Arbeitnehmer an der Arbeit oder Betriebsbesetzungen. Im Übrigen verfügen die Gewerkschaften über ein weitgehendes

Ermessen bezüglich Organisation und Durchführung von Streiks (Streiktaktik), z.B. bezüglich Anzahl der streikenden Mitarbeiter, der Dauer des Streiks, der betroffenen Unternehmen und Betriebsstätten sowie der Unterbrechung und Wiederaufnahme des Streiks. Warnstreiks sind nach heute auch vom BAG anerkannter Auffassung bezüglich der Voraussetzungen nicht privilegiert.

Rechtmäßige Arbeitskampfmaßnahmen verletzen den → Arbeitsvertrag weder auf Seite des Arbeitnehmers noch des Arbeitgebers. Die Arbeits- und Vergütungspflicht ruht. Organisierte Arbeitnehmer erhalten von der Gewerkschaft Streikgeld (auch bei Aussperrungen).

Der Staat ist zur Neutralität in A. verpflichtet, d.h., dass er keinen Einfluss auf den Ablauf von A. nehmen darf. Dies schließt allerdings politische Bewertungen des Verhaltens der einen oder anderen Tarifpartei nicht aus. Die Neutralitätspflicht ist insbesondere bei der Zahlung von Arbeitslosengeld zu beachten. Im Einzelnen enthält § 146 SGB III eine differenzierte Regelung, unterscheidend zwischen unmittelbar und mittelbar von A. betroffenen Arbeitnehmern sowie nach dem sachlichen und räumlichen Geltungsbereich der umkämpften Tarifverträge und der Identität erhobener Forderungen.

Die Arbeitsverträge werden durch Arbeitskampfmaßnahmen nicht beendet, sondern nur suspendiert. Nach Beendigung des A. gelten sie ohne besondere Maßnahme weiter.

Mit Hilfe der Aussperrung erreicht der Arbeitgeber, dass die Vergütungspflicht auch für nicht streikende Arbeitnehmer für die Dauer des A. erlischt. Damit wird unter Inkaufnahme eigenen Produktionsausfalls der Druck auf die Gewerkschaft infolge höherer Belastung der Streikkasse erhöht (wichtig insbesondere bei Schwerpunktstreiks, die mit wenig Arbeitnehmern eine große Wirkung erzielen).

Bedeutsam ist die Frage der Vergütungspflicht für nicht direkt am A. beteiligte Unternehmen, die infolge an anderer Stelle stattfindender A. den Betrieb vorübergehend stilllegen müssen (sog. Fernwirkungen von A.). Während grundsätzlich das → Betriebsrisiko den Arbeitgeber trifft und die Verpflichtung zur Fortzahlung der Vergütung auch bei Betriebsstörungen unberührt lässt, wird dies bei Betriebsstörungen und Betriebsstilllegungen aus Anlass von A. weitgehend auf die Arbeitnehmer verlagert. Dies gilt stets für nicht streikende Arbeitnehmer in einem bestreikten Unternehmen, ferner für A. in fremden Unternehmen, wenn die davon mittelbar betroffenen Arbeitnehmer indirekt an dem Tarifergebnis partizipieren (z.B. in Fällen gleichartiger Tarifverträge). In welchem Umfang das Vergütungsrisiko auch andere Arbeitnehmergruppen trifft, ist bisher nicht einvernehmlich geklärt. Der gesamte Problemkreis wird unter dem Titel „kalte Aussperrung" diskutiert. Die Arbeitgeberseite kann Vergütungsrisiken in Zweifelsfällen oder bei eindeutiger Vergütungspflicht dadurch beseitigen, dass sie das Mittel der Aussperrung wählt. Von Lohnausfall betroffene Arbeitnehmer sind auf Arbeitslosengeld, soweit dies nach § 146 SGB III gewährt wird, oder auf Streikgeld seitens der Gewerkschaft angewiesen (das auch in Aussperrungsfällen bezahlt wird – stets jedoch nur an Gewerkschaftsmitglieder). Der gesamte Problemkreis zeichnet sich leider durch beachtliche Rechtsunsicherheit aus, was darauf zurückzuführen ist, dass klare gesetzliche Regelungen fehlen.

Die vorstehenden Grundsätze gelten prinzipiell auch für A. im öffentlichen Dienst, soweit die Arbeitsbedingungen für Arbeiter und Angestellte tariflich geregelt sind. In für die Gemeinschaft besonders wichtigen Bereichen (Krankenhäuser, Energieversorgung) gelten Restriktionen, insbesondere Notdienstverpflichtungen. Demgegenüber sind Beamtenstreiks unzulässig, weil sie sich infolge der gesetzlichen Regelung der Arbeitsbedingungen für Beamte gegen den Gesetzgeber richten würden.

Rechtswidrige A. sind unzulässig, wobei sich die Rechtswidrigkeit insbesondere aus einem Verstoß gegen die Friedenspflicht und den Grundsatz der Verhältnismäßigkeit ergeben kann. Sie verletzten den Arbeitsvertrag. Sanktionsmittel sind zulasten der Arbeitnehmer Fortfall der Vergütungspflicht, Abmahnung und ggf. → Kündigung, ferner auch Schadensersatzansprüche (gegen einzelne Arbeitnehmer wie gegen Gewerkschaften), zulasten der Arbeitgeber die Fortzahlung der Vergütungspflicht bei rechtswidrigen Aussperrungen. Im Übrigen haben die Tarifparteien wechselseitig Unterlassungsansprüche.

Im internationalen Vergleich ist die Bundesrepublik Deutschland seit langen Jahren trotz einiger langer und harter Streiks ein im Hinblick auf A. relativ stabiles Land. Die Zahl der ausgefallenen Arbeitstage infolge von Arbeitskampfmaßnahmen ist kleiner als in der großen Mehrzahl anderer Industrienationen.

Arbeitskampf-Neutralität. Die A.-N. spricht die Verpflichtung staatlicher, kommunaler und sonstiger öffentlicher Institutionen an, auf Arbeitskämpfe keinen Einfluss zu nehmen. Sie ist Ausfluss der → Koalitionsfreiheit in Art. 9 Abs. 3 GG. Eine Ausnahme gilt naturgemäß dort, wo der Staat selbst Tarifpartei ist. Konkreter Ausfluss der Neutralitätspflicht des Staates ist die Unzulässigkeit von Zwangsschlichtungen sowie das Verbot, durch Zahlung von Arbeitslosengeld auf Arbeitskampfmaßnahmen einzuwirken. Nähere Einzelheiten sind im Sinne eines differenzierten Systems in § 146 SGB III geregelt. Danach sind Arbeitslosengeldzahlungen stets unzulässig, wenn sie sich an unmittelbar vom → Arbeitskampf betroffene Arbeitnehmer oder an durch den angestrebten Tarifabschluss begünstigte Arbeitnehmer (weil unter den Geltungsbereich des Tarifvertrages fallend) richten. Entsprechendes gilt im Ergebnis auch für Arbeitskämpfe in anderen Bereichen als dem umkämpften Tarifgebiet, wenn weitgehend ähnliche Forderungen erhoben werden und mit einer Übernahme des dortigen Tarifergebnisses zu rechnen ist. Dabei stellt sich die Problematik in den letzten beiden Fallgruppen nur, wenn die Vergütungspflicht des Arbeitgebers trotz fehlender Teilnahme an einem Arbeitskampf erlischt, weil infolge streikbedingter Auswirkungen die Arbeit in dem Betrieb nicht erbracht werden kann und die Arbeitnehmer das Vergütungsrisiko tragen.

Arbeitskleidung, *Berufsbekleidung*. A. ist eine besondere Garderobe, die der Arbeitnehmer während der Ausführung seiner Berufstätigkeit trägt. Die Motive zum Tragen von A. sind unterschiedlich: Sie reichen von der bloßen Schonung der Privatkleidung vor Abnutzung oder Schäden infolge der Berufstätigkeit über eine spezielle *Dienstkleidung*, die zur besonderen Kenntlichmachung der Arbeitnehmer nach außen getragen wird (Werbezwecke, → Corporate Identity, leichtere Identifikation der Arbeitnehmer in Betrieben mit Publikumsverkehr) bis hin zu einer besonderen *Schutzkleidung*, die für bestimmte Arbeitsplätze aus Gründen des → Arbeitssicherheitsrechts zu tragen ist.

Eine generelle Verpflichtung des Arbeitgebers, den Arbeitnehmern A. auf seine Kosten zur Verfügung zu stellen, ist gesetzlich nicht geregelt. Vielfach bestehen tarifvertragliche Vorschriften. Für das Tragen von Schutzkleidung gibt es Rechtsgrundlagen in den Unfallverhütungsvorschriften der → Berufsgenossenschaften, die der Arbeitgeber in solchen Fällen auf seine Kosten anzuschaffen hat (vgl. auch §§ 618 Abs. 1 BGB, 62 Abs. 1 HGB). Bei Beendigung des Arbeitsverhältnisses hat der Arbeitnehmer die von dem Arbeitgeber zur Verfügung gestellte A. zurückzugeben.

Arbeitsklima, → Betriebsklima.

Arbeitslohn. Der A. beinhaltet die → Vergütung, die der Arbeitnehmer für seine Arbeitsleistung erhält. Vergütungsbestandteile und Höhe richten sich regelmäßig nach Tarifverträgen, sonst nach den einzelnen Arbeitsverträgen. Für außertarifliche Mitarbeiter ist allein der → Arbeitsvertrag, ggf. ergänzt durch arbeitgeberseitige Regeln (→ Betriebsübung) maßgeblich. Die Vergütung kann sich für gewerbliche Mitarbeiter nach den gearbeiteten Stunden (Stundenlohn) oder – so die zunehmende Tendenz – als Monatsvergütung darstellen. Für → Angestellte besteht stets eine Monatsvergütung. Zu der festen Vergütung kommen variable Vergütungsbestandteile hinzu (→ Mehrarbeitsvergütung, Mehrarbeitszuschläge, Bereitschaftsvergütung, Wechselschichtzuschläge, Erschwerniszulagen), darüber hinaus ggf. Leistungsprämien und Leistungszuschläge. Neben tarifvertraglich abgesicherten Vergütungsbestandteilen können übertarifliche Zuschläge bestehen. Hinzu kommen weiterhin Einmalzahlungen, z.B. eine Weihnachtsvergütung, ein Urlaubsgeld, eine Jahresabschlussprämie oder eine Tantieme. Insbesondere im Vertrieb tätige Mitarbeiter können Ansprüche auf Umsatzbeteiligung (Provision) haben. Schließlich haben Arbeitnehmer von der Vergütung zu unterscheidende Kostenerstattungsansprüche für betrieblich entstandene Aufwendungen, insbesondere für Dienstreisen.

Vgl. auch → Arbeitsbewertung, → Vergütungspolitik.

Arbeitslosengeld, → Arbeitslosenversicherung.

Arbeitslosenversicherung. Die A. ist eine staatliche Zwangsversicherung, die von Arbeitgebern und Arbeitnehmern je zur Hälfte finanziert wird. Die Höhe der Beiträge bestimmt sich nach dem Monatseinkommen, begrenzt durch die rentenrechtliche Beitragsbemessungsgrenze. Der Beitragssatz beläuft sich auf derzeit 2,8 %. Neben Leistungen der → Arbeitsvermittlung erwirbt der Arbeitnehmer im Falle von Arbeitslosigkeit einen Anspruch auf finanzielle Leistungen der Bundesagentur für Arbeit in Form von Arbeitslosengeld (§§ 117ff. SGB III).

Anspruch auf *Arbeitslosengeld* hat der Arbeitslose, der der Arbeitsvermittlung zur Verfügung steht, die Anwartschaftszeit erfüllt, sich beim Arbeitsamt arbeitslos gemeldet und Arbeitslosengeld beantragt hat. Dabei muss die Bereitschaft des Arbeitslosen bestehen, jede zumutbare Beschäftigung auszuüben, die er ausüben kann. Lehnt er dies ab, führt dies zum Ausschluss des Anspruchs auf Arbeitslosengeld. Die Anwartschaftszeit ist erfüllt, wenn der Arbeitslose innerhalb einer Frist von zwei Jahren vor Beginn der Arbeitslosigkeit mindestens zwölf Monate beitragspflichtig beschäftigt war (§§ 123f. SGB III). Der Anspruch auf Arbeitslosengeld beläuft sich in Abhängigkeit von dem Familienstand auf 67 % (Verheiratete oder Alleinerziehende mit einem Kind), sonst auf 60 % des um die gesetzlichen Abzüge verminderten Arbeitsentgeltes (§ 129 SGB III). Es wird in Abhängigkeit von der Dauer einer beitragspflichtigen Tätigkeit vor Beginn der Arbeitslosigkeit und dem Lebensalter für eine Zeit zwischen längstens 6 und 24 Monaten gezahlt (§ 127 SGB III).

Hat der Arbeitslose ein Beschäftigungsverhältnis ohne wichtigen Grund gelöst oder durch ein arbeitsvertragswidriges Verhalten zur Lösung Anlass gegeben und ist dadurch vorsätzlich bzw. grob fahrlässig die Arbeitslosigkeit herbeigeführt worden, ruht der Anspruch auf Arbeitslosengeld für 12 Wochen, im Falle besonderer Härte für 6 Wochen (§ 144 SGB III). Weiter ruht der Anspruch auf Arbeitslosengeld in Fällen der finanziellen Urlaubsabgeltung (§ 143 SGB III) oder der Zahlung einer → Abfindung aus Anlass der Auflösung des Arbeitsvertrages nach Maßgabe des § 143a SGB III. Schließlich verbietet § 146 SGB III, durch Leistungen der Bundesagentur für Arbeit in → Arbeitskämpfe einzugreifen. *Arbeitslosengeld II* wird an erwerbsfähige Hilfsbedürftige gewährt, die keinen Anspruch auf Arbeitslosengeld nach dem SGB III haben. Entsprechend unterschiedlich sind die Anspruchsvoraussetzungen. Der Arbeitslose muss zwischen 15 und 65 Jahre alt, erwerbsfähig und hilfebedürftig sein und seinen gewöhnlichen Aufenthalt in Deutschland haben (§ 7 SGB II). Hilfebedürftig ist, wer seinen Lebensunterhalt, seine Eingliederung in Arbeit und den Lebensunterhalt der mit ihm in einer Bedarfsgemeinschaft lebenden Personen nicht oder nicht ausreichend aus eigenen Kräften und Mitteln sichern kann, insbesondere nicht durch zu berücksichtigendes Einkommen. Die Vorschriften über das zu berücksichtigende Einkommen sind in Anlehnung an das Sozialhilferecht (SGB XII) geregelt. Das Arbeitslosengeld II umfasst als Grundsicherung Dienst-, Geld- und Sachleistungen. Die Geldleistungen hängen nicht mehr von der Höhe des früher erzielten Nettoarbeitsentgeltes ab. Das Arbeitslosengeld II ist keine Versicherungsleistung, sondern eine besondere Form staatlicher Unterstützung im Rahmen des Sozialstaatsprinzips.

Arbeitslosmeldung. Seit dem Jahr 2003 sind Arbeitnehmer verpflichtet, sich bei der Agentur für Arbeit als arbeitssuchend zu melden, sobald sie davon Kenntnis haben, dass ihr Arbeitsverhältnis enden wird (z.B. durch Kündigung). Bei befristeten Arbeitsverhältnissen hat die Meldung frühestens drei Monate vor der Beendigung zu erfolgen. Kommt ein Arbeitnehmer dieser Pflicht nicht nach, meldet er sich also nicht unverzüglich arbeitssuchend, nachdem er weiß, dass sein derzeitiges Arbeitsverhältnis endet, wird das Arbeitslosengeld nach § 140 SGB III gemindert. Der Arbeitgeber soll den Arbeitnehmer über die Verpflichtung zur unverzüglichen Meldung informieren (§ 2 SGB III). Die beschriebene Rechtslage hat zur Folge, dass die Rückdatierung einer Kündigung zu einer Kürzung des Arbeitslosengeldes führt, weil der Arbeitnehmer für den Rückdatierungszeitraum seiner Verpflichtung zur unverzüglichen Meldung des Arbeitsplatzverlustes nicht nachkommen kann.

Arbeitsmängel. Erfüllt der Arbeitnehmer seine Verpflichtung aus dem → Arbeitsvertrag (Haupt- oder → Nebenpflichten) nicht, nicht vollständig oder auf eine Art und Weise, aus der dem Arbeitgeber Schäden entstehen, liegen A. vor. Die sich daran anknüpfenden Konsequenzen sind unterschiedlich. Leistet der Arbeitnehmer die geschuldete Arbeit ohne Grund nicht oder zeitlich nur unvollständig, berechtigt dies den Arbeitgeber zu einer entsprechenden Kürzung der → Vergütung. Etwas anderes gilt nur dann, wenn die Nichterbringung der Arbeitsleistung seitens des Arbeitnehmers berechtigt ist und er gleichwohl aufgrund besonderer rechtlicher Regelungen seinen Vergütungsanspruch behält (z.B. → Urlaub, → Entgeltfortzahlung im Krankheitsfalle, Inanspruchnahme von Arbeitnehmerweiterbildung, tarifvertragliche Freistellungsansprüche). Erbringt der Arbeitnehmer die Leistung, ist die Qualität jedoch unzureichend, kann er etwaige → Leistungszulagen oder Leistungsprämien verlieren. Eine Kürzung der fest zugesagten Vergütung (Grundvergütung) kommt hingegen nicht in Betracht, da der Arbeitsvertrag ein *Dienstvertrag* (§ 611 BGB) und kein *Werkvertrag* (§ 631 BGB) ist. Anders als bei Werkverträgen (vgl. §§ 633ff. BGB) berechtigen unzureichende Leistungen im Rahmen von Dienstverträgen nicht zu Vergütungsleistungen. In Betracht kommt jedoch ggf. eine → Abmahnung und bei bereits abgemahnten schlechten Leistungen eine → Kündigung unter Beachtung der kündigungsschutzrechtlichen Voraussetzungen.

Entsteht dem Arbeitgeber durch A. ein Schaden, richtet sich die Schadensersatzpflicht des Arbeitnehmers nach den speziellen arbeitsrechtlichen Grundsätzen der Arbeitnehmerhaftung (→ Haftung). Unabhängig davon, ob es sich um eine gefahrengeneigte (schadensgeneigte) Arbeit handelt oder nicht, ist insoweit wie folgt zu verfahren: Im Falle leichter Fahrlässigkeit haftet der Arbeitnehmer nicht, bei grober Fahrlässigkeit hingegen voll. Bei der zwischen leichter und grober Fahrlässigkeit liegenden mittleren Fahrlässigkeit findet eine Haftungsteilung zwischen Arbeitgeber und Arbeitnehmer unter Berücksichtigung aller Umstände des Einzelfalles statt. Diese gegenüber dem allgemeinen Zivilrecht nur beschränkte Haftung des Arbeitnehmers wurde nach früherer Rechtsprechung allein bei gefahrengeneigter Arbeit anerkannt; diese Einschränkung hat die höchstrichterliche Rechtsprechung zwi-

schenzeitlich jedoch aufgegeben. Ob eine leichte, mittlere oder grobe Fahrlässigkeit vorliegt, ist grundsätzlich eine Bewertungsfrage. Grobe Fahrlässigkeit ist gegeben, wenn die notwendigen Sorgfaltsregeln in eklatanter Weise verletzt werden. Leichte Fahrlässigkeit ist dadurch gekennzeichnet, dass auch bei prinzipiell sorgfältigem Vorgehen infolge geringfügiger Unaufmerksamkeit Fehler vorkommen. Die mittlere Fahrlässigkeit ist im Wesentlichen negativ definiert durch das Fehlen von grober bzw. leichter Fahrlässigkeit.

Vgl. auch → Kündigungsrecht, → Kündigungsschutz(gesetz).

Arbeitsmarkt. Unter A. werden sehr unterschiedliche Inhalte verstanden, sowohl in der ökonomischen Theorie als auch in der Praxis gibt es keine einheitliche Begriffsbestimmung. Annäherungsweise lässt sich A. jedoch als der Bereich oder (imaginäre) Ort bezeichnen, an dem als Akteure Anbieter (Stellungssuchende) und Nachfrager (Arbeitgeber) von Arbeit mit dem Ziel der Begründung von Beschäftigungsverhältnissen zusammentreffen. Die Lage am A. wird von der Zahl der vorhandenen besetzten und offenen Stellen sowie der Zahl der beschäftigten und arbeitslosen Personen bestimmt. Eine zwischen Anbietern und Nachfragern am A. vermittelnde Rolle können Agenturen für Arbeit, private Stellenvermittlung sowie → Personalberatung und → Executive Search spielen.

Bewertungsmaßstäbe des A. sind 1. das Verhältnis der Zahl der offenen Stellen zu den besetzten Stellen und 2. das Verhältnis der Zahl der beschäftigten Personen zu den arbeitslosen Personen. Vollbeschäftigung zeigt einen ausgewogenen A., dies gilt als erreicht, wenn die durchschnittliche Jahres-Arbeitslosenquote bei nur ca. 1,5 % liegt. Wird diese Quote unterschritten, herrscht Überbeschäftigung, viele offene Stellen lassen sich dann nicht mehr oder nur über die Anwerbung ausländischer Arbeitskräfte besetzen. Der A. ist unausgewogen oder notleidend, wenn eine große Zahl von Arbeitslosen über einen längeren Zeitraum kein Beschäftigungsverhältnis eingehen kann, weil Stellen fehlen oder die → Qualifikation der Arbeitslosen den Stellen- oder Arbeitsanforderungen nicht entspricht. Dies tritt i.d.R. in einer wirtschaftlichen Rezession oder einer strukturellen Krise ein oder auch dann, wenn die Ansprüche an den → Beruf, den → Arbeitsplatz oder die → Arbeitsbedingungen über die angebotenen Stellen und Beschäftigungsverhältnisse nicht erfüllbar sind. Der Staat wirkt über zahlreiche Gesetze (z.B. SGB III, TzBfG) und die staatliche → Arbeitsverwaltung auf den A. direkt und indirekt ein, u.a. mit dem Ziel, die Beschäftigungsstrukturen zu verbessern, einen möglichst hohen Beschäftigungsstand zu sichern und die Arbeitnehmer wirtschaftlich, sozial und rechtlich abzusichern.

Der A. ist jedoch kein starres, einheitliches Gebilde. Er weist regionale und sektorale Besonderheiten auf und zeigt unterschiedliche Vermittlungschancen je nach Qualifikation und Beruf. Ferner verändert er seine Strukturen, Stellen fallen weg, neue mit anderen Aufgaben und Anforderungen entstehen, das Beschäftigungsverhalten der Arbeitnehmer ändert sich (z.B. Wünsche nach flexiblen Arbeitszeiten, → Jobsharing und → Arbeitsplatzflexibilisierung), Strukturen und Entwicklungen unterscheiden sich nach Regionen und Branchen. Dies erschwert sowohl die Beurteilung des A. als auch den in Rezessionen häufig geforderten Einsatz sog. arbeitsmarktpolitischer Initiativen oder Hilfen seitens der Arbeitgeber und des Staates.
Vgl. auch → Arbeitsministerium, → Arbeitsvermittlung, → Personalmarkt.

Arbeitsmedizin, *Betriebsmedizin.* Die A. als besonderer Zweig der Medizin befasst sich mit den Auswirkungen und Gefahren des Arbeitslebens auf die Gesundheit der Arbeitnehmer. Teildisziplinen sind die Arbeitsphysiologie, Arbeitspathologie, Arbeitstoxikologie, Arbeitshygiene und Arbeitspsychologie. Insoweit hat sie Berührungspunkte mit der → Ergonomie, die sich als eigenständiges Gebiet der → Arbeitswissenschaft mit der Anpassung von Arbeit und Arbeitsplatz an die Bedürfnisse des Menschen befasst.

Vorrangiges Ziel der A. ist die Vermeidung von Arbeitsunfällen, Berufskrankheiten sowie von Gefährdungen der Arbeitnehmer. Im Falle einer Schädigung bemüht sich die A. um Hilfen bei der Wiederherstellung der Gesundheit und bei der Wiedereingliederung in das Arbeitsleben. Schließlich gibt es freiwillige arbeitsmedizinische Maßnahmen wie Einstellungsuntersuchungen und Hilfen bei spontanen Erkrankungen/Gesundheitsproblemen, die während der Arbeitszeit auftreten.

Die rechtliche Verankerung der A. in Unternehmen und Betrieben erfolgt durch das Arbeitsschutzrecht. Nach § 2 des Arbeitssicherheitsgesetzes (ASiG) sind *Betriebsärzte* (Werksärzte) zu bestellen, die über die besondere arbeitsmedizinische Fachkunde verfügen müssen (§ 4 ASiG). Alternativ kommt auch die Beauftragung überbetrieblicher arbeitsmedizinischer Dienste in Betracht (§ 19 ASiG). Voraussetzung ist, dass eine solche Bestellung im Hinblick auf die Betriebsart, die für die Arbeitnehmer verbundenen Unfall- und Gesundheitsgefahren, die Zahl der beschäftigten Arbeitnehmer und die Zusammensetzung der Belegschaft sowie die Betriebsorganisation erforderlich ist. Einzelheiten regeln die Unfallverhütungsvorschriften der → Berufsgenossenschaften. Aufgabe der Betriebsärzte ist es, die notwendigen arbeitsmedizinischen Untersuchungen durchzuführen und den Arbeitgeber bei der Planung und Gestaltung von Betriebsanlagen, Arbeitsplätzen, Arbeitsabläufen, Einsatzstoffen, Körperschutzmitteln umfassend zu beraten (§ 3 ASiG). Darüber hinaus besteht die Verpflichtung zur Zusammenarbeit mit dem Betriebsrat (§ 9 ASiG) sowie die Mitwirkung im Arbeitsschutzausschuss (§ 11 ASiG).

Arbeitsministerien. In allen Regierungen des Bundes und der Länder bestehen besondere Ministerien für Arbeit und Soziales, z.T. verbunden mit weiteren Zuständigkeiten. Das Bundesministerium für Arbeit und Soziales bereitet alle arbeitsrechtlichen Gesetze vor und hat umfassende Kompetenzen zum Erlass von Rechtsverordnungen auf gesetzlicher Grundlage. Es ist zuständig für die → Allgemeinverbindlichkeit von Tarifverträgen und führt das → Tarifregister. Hinzu kommt die Zuständigkeit als Dienstaufsichtsbehörde für das → Bundesarbeitsgericht (BAG) und die → Bundesagentur für Arbeit. Die Zuständigkeit der A. der Länder ist begrenzt, da der Bund die ihm zustehende sog. konkurrierende Gesetzgebung für das Arbeits- und Sozialrecht umfassend ausgenutzt hat. Neben einer begrenzten Zuständigkeit zum Erlass von Rechtsverordnungen und für die Allgemeinverbindlichkeit von → Tarifverträgen, die über den Geltungsbereich des jeweiligen Bundeslandes nicht hinausgehen, obliegen den A. der Länder die Durchführung arbeitsrechtlicher Gesetze, vielfältige Verwaltungsaufgaben sowie die Wahrnehmung der politischen Belange der Arbeits- und Sozialordnung auf Landesebene.

Arbeitsmoral. Bezeichnung für die mehr psychisch bedingte Einstellung und Haltung eines Mitarbeiters gegenüber seiner Arbeit, v.a. hinsichtlich der damit verbundenen Aufgaben, Anforderungen und Pflichten. Die A. findet ihren Ausdruck im konkreten Arbeitsverhalten, insbesondere z.B. im verantwortungsvollen Umgang mit Arbeits- und Betriebsmitteln, in der Arbeitssorgfalt, im Verhalten gegenüber Kollegen und Mitarbeitern sowie in der Einhaltung und Nutzung der betrieblichen Arbeitszeit. Ein positives Arbeitsverhalten zeugt i.d.R. von einer hohen A., eine niedrige A. hat entsprechende negative Auswirkungen.

Die A. wird beeinflusst von der → Motivation des Mitarbeiters, den jeweiligen → Arbeitsbedingungen, von gruppendynamischen Effekten am Arbeitsplatz (→ Gruppendynamik), dem im Unternehmen praktizierten → Führungsstil, vom → Betriebsklima, aber auch von gesamtgesellschaftlichen Wertvorstellungen (→ Wertewandel). In den letzten Jahren wird der Begriff A. zunehmend abgelöst durch den Begriff Arbeitseinstellung, beide lassen sich synonym benutzen.
Vgl. auch → Arbeitsethik, → Burn-out-Syndrom, → Innere Kündigung, → Mitarbeiterbewusstsein.

Arbeitsordnung, *Dienstordnung.* Die A. beschreibt den äußeren Rahmen für das Verhalten der → Arbeitnehmer im → Betrieb. Sie enthält Bestimmungen über den Zugang zum Betrieb, die Ordnung am Arbeitsplatz, die An- und Abmeldung zur Arbeit, Krankmeldungen, Kontrollen, Fragen des Tragens von Arbeitskleidung etc. In manchen Betrieben werden derartige Regelungen in einer äußerlich einheitlichen A. zusammengefasst und den Arbeitnehmern an die Hand gegeben. Auch dort, wo dies nicht geschieht, bestehen regelmäßig entsprechende Festlegungen, die sich in ihrer Zusammenfassung als A. verstehen lassen. Betriebsverfassungsrechtlich ist die Erstellung einer A. mitbestimmungspflichtig; sie bedarf der Zustim-

mung des → Betriebsrates nach § 87 Abs. 1 Nr. 1 BetrVG. Bei fehlender Einigung entscheidet der Spruch der → Einigungsstelle (§ 87 Abs. 2 BetrVG). Personalpolitisch wird der Begriff A. von manchen Betrieben heute nicht mehr verwendet, weil er sprachlich nach z.T. vertretener Auffassung nicht in eine moderne Personalpolitik, insbesondere in eine zeitgemäße Mitarbeiterführung paßt. In der Sache besteht jedoch regelmäßig auch in solchen Betrieben ein Regelungskomplex für die angesprochenen Sachverhalte, der sich inhaltlich auch ohne entsprechende Bezeichnung als A. verstehen lässt.
Vgl. auch → Mitbestimmung.

Arbeitsort. Der A. ist die Stelle, an der der Arbeitnehmer vertragsgemäß seine Arbeitsleistung zu erbringen hat. Er kann stets an derselben Stelle sein, jedoch auch Veränderungen unterliegen. Dies gilt für Mitarbeiter im Außendienst, bei „wandernden" Arbeitsplätzen (Bauwirtschaft, Montagetätigkeiten), für die Vornahme von Dienstreisen sowie bei → Versetzungen und einvernehmlichen Arbeitsvertragsänderungen. Vergütungspolitisch hat der A. Bedeutung für die Frage, wann die Arbeitstätigkeit des Mitarbeiters beginnt. Insbesondere für sehr große Betriebsanlagen, Krankenhäuser, Verwaltungskomplexe etc. stellt sich die Frage, ob der Arbeitnehmer den A. bereits mit Durchschreiten des Werkstores erreicht (mit der Konsequenz, dass von diesem Zeitpunkt an die → Arbeitszeit und damit die Vergütungspflicht beginnt) oder erst, wenn er die Stelle erreicht hat, an der er konkret seine Arbeitsleistung zu erbringen hat. Auch die Einhaltung arbeitszeitrechtlicher Vorgaben hängt davon ab. Maßgeblich hierfür sind tarifvertragliche, betriebskollektive oder individualarbeitsrechtliche Regelungen.

Eine Verlegung des A. ist, solange diese denselben Betrieb betrifft, grundsätzlich von dem → Direktionsrecht des Arbeitgebers gedeckt. Soweit damit ein Wohnsitzwechsel verbunden ist, hängt es von der Ausgestaltung des → Arbeitsvertrages ab, ob der Arbeitgeber eine entsprechende Änderung einseitig vorgeben kann oder aber ob es dazu (so die Regel) des Einvernehmens des Arbeitnehmers bedarf. Letzteres ist unabhängig von der Rechtslage personalpolitisch im Sinne der Mitarbeitermotivation anzustreben.

Vgl. auch → Arbeitsplatz, → Arbeitszeitrecht, → Vergütungspolitik, → Wegezeiten.

Arbeitspapiere. A. sind schriftliche Unterlagen, die im Zusammenhang mit der Tätigkeit in abhängiger Beschäftigung aus steuerrechtlichen, sozialrechtlichen oder arbeitsrechtlichen Gründen von Bedeutung sind. Hierzu zählen insbesondere die Lohnsteuerkarte, das Versicherungsheft, ein einfaches oder qualifiziertes Zeugnis bei Beendigung der Tätigkeit, ein Zwischenzeugnis (→ Arbeitszeugnis), ggf. eine Urlaubsbescheinigung, → Arbeitsbescheinigung und → Arbeitsunfähigkeitsbescheinigung, ferner eine → Ausgleichsquittung, aus der sich regelmäßig ergibt, dass alle wechselseitigen Ansprüche aus dem Arbeitsverhältnis mit dessen Beendigung abgegolten sind. Zu den A. gehört auch der Nachweis des Arbeitnehmers, im Falle der Befreiung von der Mitgliedschaft in einer gesetzlichen Versicherung das Bestehen der Mitgliedschaft in einer privaten Versicherung mit gleichwertigen Leistungsansprüchen zu belegen, um den Arbeitgeberzuschuss zu erhalten. Der Arbeitnehmer ist verpflichtet, Lohnsteuerkarte, Versichertenheft und die Bescheinigung dem Arbeitgeber vorzulegen. Der Arbeitgeber ist bei Beendigung des Arbeitsverhältnisses verpflichtet, dem Arbeitnehmer alle A. zurückzugeben sowie ein → Arbeitszeugnis auszustellen.
Vgl. auch → Personalakten.

Arbeitspflicht. Die A. ist die wesentliche Verpflichtung des Arbeitnehmers aufgrund des Arbeitsvertrages; sie liegt in der Erbringung der geschuldeten Arbeitsleistung. Einzelheiten hierzu ergeben sich aus dem abgeschlossenen Arbeitsvertrag in Verbindung mit für das Arbeitsverhältnis gültigen Tarifverträgen und Betriebsvereinbarungen. Der A. des Arbeitnehmers entspricht die Vergütungspflicht des Arbeitgebers. Daneben gibt es auf beiden Seiten vertragliche → Nebenpflichten (→ Fürsorgepflicht). Die A. ruht, wenn einschlägige vertragliche oder gesetzliche Regelungen eingreifen. Hier sind insbesondere → Urlaub und Krankheit zu nennen, ferner arbeitsvertragliche oder tarifvertragliche Freistellungstatbestände (z.B. für besondere familiäre Ereignisse) sowie die Inanspruchnahme von → Bildungsurlaub auf der Grundlage der landesrechtlichen Arbeitnehmerweiterbildungsgesetze. Besondere Freistellungstatbestände bestehen für Mitglieder von → Betriebsrat und → Sprecherausschuss zur Wahrnehmung ihrer Mitbestimmungsaufgaben. Schließlich gibt es vom Staat veranlasste Freistellungstatbestände (Grundwehrdienst, Wehrübung, Ersatzdienst). Ein Leistungsverweigerungsrecht des Arbeitnehmers wegen von ihm abgelehnter unternehmerischer Tätigkeiten ist grundsätzlich nicht anzuerkennen, es sei denn, es werden von ihm gesetzwidrige Handlungen verlangt (Einzelheiten sind sehr umstritten). Schließlich ruht die A. des Arbeitnehmers in Fällen des → Annahmeverzuges seitens des Arbeitgebers nach § 615 BGB.

Arbeitsplatz. Aus Sicht der Gesellschafts-, Sozial- oder Arbeitsmarktpolitik ist der A. vornehmlich Grundlage der ökonomischen Existenzsicherung des Menschen sowie originärer Bestandteil und Entfaltungsraum seiner beruflichen Arbeit und Entwicklung. Von daher kommen insbesondere der Schaffung und der Sicherung von Arbeitsplätzen sowie dem Schutz des Menschen am A. eine besondere Bedeutung zu. Aus mikroökonomischer Perspektive der Betriebs- bzw. Personalwirtschaft bezeichnet der A. den von der Unternehmens- oder Betriebsorganisation und der jeweiligen Arbeitsaufgabe veranlassten räumlichen Ort, an dem menschliche Arbeitsleistungen erbracht werden. Konstitutiv ist das Vorhandensein einer eigenständigen, von anderen abgrenzbaren Arbeitsaufgabe. Analog zur → „Stelle" als kleinster organisatorischer Einheit lässt sich der A. hier auch als kleinste räumliche Einheit des Unternehmens bezeichnen. Arbeitsleistungen am A. können sowohl von einem Mitarbeiter (Einzelarbeitsplatz) als auch von mehreren Personen, die als Team zusammenarbeiten, erbracht werden. Der A. kann sich als stationärer oder mobiler A. innerhalb der Betriebsräume oder auf dem Betriebsgelände befinden, jedoch auch außerhalb davon eingerichtet sein, z.B. Baustellen oder Montage- und Wartungsarbeiten im Freileitungsbau.
Vgl. auch → Arbeitsort, → Arbeitsplatzabbau, → Arbeitsplatzanalyse, → Arbeitsplatzflexibilisierung, → Arbeitsplatzgestaltung.

Arbeitsplatzabbau. Unter A. ist die systematische Reduzierung von Arbeitsplätzen seitens des Arbeitgebers zu verstehen, die regelmäßig aus Gründen einer Rezession, wegen sonstiger wirtschaftlicher Schwierigkeiten, aus Gründen geänderter Arbeitsorganisation, wegen gänzlicher oder teilweiser Aufgabe unternehmerischer Aktivitäten oder auch infolge der Verlagerung von Betriebsstätten in eine andere Region oder in das Ausland erfolgt. Ein solches Vorgehen ist für die betroffenen Arbeitnehmer mit erheblichen Auswirkungen verbunden und erfordert daher seitens des Arbeitgebers ein schlüssiges Konzept, eine rechtzeitige und offene Informationspolitik, Rücksichtnahme auf die Belange der Belegschaft und die Einhaltung der hierfür bestehenden rechtlichen Vorgaben. Der Ausspruch betriebsbedingter → Kündigungen richtet sich nach dem Kündigungsschutzgesetz.

Soweit der A. quantitativ den Umfang einer → Betriebsänderung erreicht, besteht die Verpflichtung nach §§ 111ff. BetrVG, bei Bestehen eines → Betriebsrates diesen umfassend zu unterrichten, den Vorgang mit ihm zu beraten, einen → Interessenausgleich sowie einen → Sozialplan zu vereinbaren. Änderungen der Arbeitsvorgaben und Arbeitsorganisation sind dem Betriebsrat mitzuteilen und mit diesem zu beraten (§ 90 BetrVG).
Vgl. auch → Personalabbauplanung.

Arbeitsplatzanalyse, *Aufgabenanalyse, Stellenanalyse, Tätigkeitsanalyse.* Die A. untersucht die arbeitsplatz- bzw. stellenspezifischen Aufgaben und Tätigkeiten sowie die darauf einwirkenden äußeren Bedingungen (z.B. Ablauforganisation, physische Einflüsse, gruppendynamische Effekte). Zweck der A. sind in der Praxis meistens die Optimierung der → Arbeitsplatzgestaltung, die Reduzierung physischer oder psychischer Arbeitsbelastungen für den Mitarbeiter, die anforderungsgerechte Arbeitsplatz-/ → Stellenbewertung, die Entwicklung arbeitsplatztypischer → Anforderungsprofile und → Stellenbeschreibungen sowie die Unterstützung der Personaleinsatz- und Personalkostenplanung. Instrumente und Methoden der A. stammen vorwiegend aus den → Arbeitswissenschaften (im Einzelnen z.B. Betriebswirtschaftslehre, → Arbeitssoziologie, → Betriebspsychologie, → Arbeitsmedizin), sie werden bei konkreten Problemstellungen i.d.R. von in deren Anwendung ausgebildeten Betriebspraktikern eingesetzt.

Vgl. auch → Arbeitsbewertung, → Arbeitsplatz, → Ergonomie, → Genfer Schema, → Stelle, → Zeitstudien.

Arbeitsplatzbewertung, → Stellenbewertung.

Arbeitsplatzflexibilisierung. Ausgangspunkt der A. (auch *„Telearbeit"*) ist die Erfahrung, dass in der heutigen Arbeitswelt manche Arbeitsaufgaben nicht unbedingt die physische Präsenz des Mitarbeiters am betrieblichen → Arbeitsplatz erfordern, sondern ebenso gut auch von einem Arbeitsplatz in der Wohnung des Mitarbeiters aus erledigt werden können. Dies trifft v.a. für Arbeitsaufgaben und -tätigkeiten zu, die primär von der Anwendung überall erreichbarer und einsetzbarer Computer- und Informationstechnik geprägt sind, z.B. Programmieraufgaben, Bildschirmarbeit u.a. Hier lässt sich häufig über Terminals, Internet u.a. moderne Arbeitsmittel und -hilfen die nötige Kommunikationsverbindung zwischen Unternehmen, dort z.B. einem Zentralcomputer, und dem häuslichen Arbeitsplatz aufbauen und sicherstellen. Die unmittelbare Präsenz des betroffenen Mitarbeiters im Unternehmen lässt sich somit auf ein unbedingt erforderliches Maß konzentrieren.
Die A. kommt den Bedürfnissen vieler Mitarbeiter nach mehr Arbeitszeit- und Arbeitsplatzsouveränität, einer besseren Koordinationsmöglichkeit beruflicher und privater Ansprüche, sehr entgegen und entlastet daneben von oft langen Fahrtzeiten zwischen Wohnung und externem Arbeitsplatz. Den beim Wegfall oder teilweisen Wegfall eines betrieblichen Arbeitsplatzes für das Unternehmen evtl. erzielbaren Kosteneinsparungen stehen die Ausstattungs- und Betriebskosten z.B. für Hardware in der Wohnung des Mitarbeiters gegenüber. Vorteile werden jedoch in einem Anstieg der Motivation und Kreativität des Mitarbeiters am häuslichen Arbeitsplatz vermutet.
Probleme bereiten in der Praxis u.a. die Regelung und Kontrolle der arbeitsvertraglichen Arbeitszeit, die innerbetriebliche Kooperation und Kommunikation, die Vergütung der betrieblichen Nutzung der Privatwohnung des Mitarbeiters sowie die angemessene Gestaltung der Mitarbeiterführung und sozialen Einbindung des Mitarbeiters ins Unternehmen. Einführung und Konkretisierung der A. können über eine Betriebsverein-

barung zur „Einrichtung einer außerbetrieblichen Arbeitsstätte" geregelt werden. Hinsichtlich des Arbeitsschutzes gelten die entsprechenden Vorschriften des Heimarbeitsgesetzes (HAG). Die A. bzw. Telearbeit dürfte in Zukunft eine ähnlich hohe Bedeutung gewinnen wie schon seit einigen Jahren die Arbeitszeitflexibilisierung.
Vgl. auch → Heimarbeit.

arbeitsplatzgebundene Weiterbildung, → Training on the Job.

Arbeitsplatzgestaltung. Fragen der A. sind vornehmlich Gegenstand der → Arbeitswissenschaft und der → Ergonomie. Auch das BetrVG fordert in § 90 die Berücksichtigung arbeitswissenschaftlicher Erkenntnisse bei der menschengerechten Gestaltung des Arbeitsplatzes. Ziel der A. ist es, den → Arbeitsplatz hinsichtlich der von ihm auf den Menschen einwirkenden Belastungen und der damit für ihn verbundenen körperlichen, geistigen und psychischen Beanspruchungen so zu gestalten, dass die Arbeitsaufgaben sowohl wirtschaftlich günstig als auch für den Menschen zumutbar, erträglich und zufriedenstellend erledigt werden können. Die A. hat eine anthropometrische, eine physiologische und eine psychologische Dimension. Die anthropometrische A. zielt auf die Anpassung des Arbeitsplatzes an die jeweils relevanten menschlichen Körpermaße und -formen, z.B. hinsichtlich von Sitzhöhen, Sehentfernungen der Arbeitsmittel oder zu bearbeitender Objekte. Die physiologische A. berücksichtigt die Auswirkungen am Arbeitsplatz auf die Körperfunktionen (z.B. Kreislauf, Nerven- und Muskelreaktionen), während die psychologische A. die mental-informatorische Beanspruchung am Arbeitsplatz der menschlichen Leistungsfähigkeit und Belastbarkeit anzupassen sucht. Hierzu zählen vorwiegend Beanspruchungen geistiger Art (z.B. Gedächtnis- und Aufmerksamkeitsleistungen), aber auch das Ausmaß der Verantwortung (z.B. für Mitarbeiter, störungsfreie Arbeitsabläufe, Arbeitssicherheit) sowie die psychosoziale Beanspruchung (z.B. Art, Häufigkeit und Intensität der Beziehungen zu anderen Personen). Konkrete Aufgabe der A. ist es i.d.R., die am Arbeitsplatz auf den Menschen wirkenden Faktoren möglichst so zu beeinflussen und zu gestalten, dass auf Dauer weder Unterforderungen (z.B. Monotonie, keine körperliche Bewegung) noch Überforderungen (z.B. → Stress, hohe, einseitige körperliche Belastung) auftreten. Wichtige Hilfen zur sinnvollen A. können Informationen aus → Arbeitsplatzanalysen, → Anforderungsprofilen, → Stellenbeschreibungen und → Stellenbewertungen sein. Die A. ist ein wichtiges Element der → Arbeitsbedingungen, jedoch nur eines neben weiteren (z.B. → Betriebsklima, → Führung), die sich auf Arbeitsleistung, → Arbeitszufriedenheit und → Motivation der Mitarbeiter auswirken. Eine optimale A. sollte von daher immer auch eine Entsprechung in den anderen Faktoren betrieblicher Arbeitsbedingungen finden.
Vgl. auch → Arbeitsstättenrichtlinien, → Bedürfnisse, → Leistungsanreize, → Motivation.

Arbeitsplatzmarketing, → Personalmarketing.

Arbeitsplatzteilung, → Arbeitsteilung, → Jobsharing.

Arbeitsproben. A. werden hin und wieder bei der Personalauswahl von den Kandidaten zur Unterstützung der Auswahlentscheidung verlangt. Sie sind allerdings nur bei Berufsgruppen oder für Tätigkeiten sinnvoll, wo bestimmte manuelle Fertigkeiten, Kenntnisse in der Bedienung technischer Arbeitsmittel o.Ä. verlangt werden (z.B. Schreibkräfte, Umgang mit Personal Computern und moderner Bürotechnik) oder geistig-schöpferische bis künstlerische Leistungen im Mittelpunkt stehen (z.B. Texte von Journalisten, Entwürfe von Designern, Arbeiten von Werbefachleuten). In der Praxis lassen sich zwei Gruppen von A. feststellen: (1) den Bewerbungsunterlagen beigefügte A., z.B. Fotos, Entwürfe, Texte; (2) unter Aufsicht anzufertigende A., z.B. Textbearbeitungen, Übersetzungen, handwerkliches Arbeiten.
Negativ zu beurteilen ist es, wenn ein Bewerber A. einreicht, die als interne und vertrauliche Unterlagen des derzeitigen Arbeitgebers einzustufen sind. Eine gewisse Rolle spielen A. auch bei der berufswahlunterstützenden Beratung von Schülern. Hier wird z.B. über leichte, praktisch-manuell mit einfachen Hilfsmitteln lösbare Aufgaben die grundsätzliche Eignung für handwerklich-gewerbliche Berufsfelder ermittelt. Eine besondere Bedeutung haben A. häufig bei praktischen Abschlussprüfungen in der Aus-

bildung des gewerblich-handwerklichen Berufsnachwuchses.

Arbeitspsychologie, → Betriebspsychologie.

Arbeitsrecht. Das A. ist ein besonderer Zweig des Privatrechts. Er betrifft die Rechtsbeziehungen zwischen Arbeitnehmern und Arbeitgebern, zwischen gewählten Arbeitnehmervertretern und Arbeitgebern (Mitbestimmungsfragen) sowie das Verhältnis der Tarifparteien zueinander und die Auswirkungen für die betroffenen Mitglieder.

Im Einzelnen sind → individuelles und → kollektives A. zu unterscheiden. Das individuelle A. betrifft die Rechtsbeziehung des einzelnen Arbeitnehmers zu seinem Arbeitgeber mit den daraus resultierenden Rechten und Pflichten. Das kollektive A. umfasst die gesamte Rechtsmaterie des Tarifvertragsrechts (einschließlich des Arbeitskampfrechts) sowie des Betriebsverfassungs- und Sprecherausschussrechts. Nicht zum A. gehört die Sondermaterie des → Sozialrechts, d.h. das Recht der Renten- und Krankenversicherung, der Unfall- und Arbeitslosenversicherung sowie das Organisationsrecht der Sozialversicherungsträger. Quellen des A. sind vereinzelt die Verfassung (insbesondere die → Koalitionsfreiheit nach Art. 9 Abs. 3 GG), Bundes- und zum Teil auch Landesgesetze, Tarifverträge (insbesondere mit dem normativen Teil des → Tarifvertrages, der Rechtswirkungen für tarifgebundene Arbeitnehmer und Arbeitgeber begründet), → Betriebsvereinbarungen zwischen Unternehmensleitung und → Betriebsrat sowie schließlich der einzelne → Arbeitsvertrag. Mangels umfassender gesetzlicher Regelungen – ein → Arbeitsgesetzbuch fehlt bis heute – spielt → Richterrecht eine erhebliche Rolle, insbesondere im Rahmen des Arbeitskampfrechts.

Zur Entscheidung über arbeitsrechtliche Streitigkeiten besteht der Spezialzweig der → Arbeitsgerichtsbarkeit mit einem dreistufigen Aufbau (Arbeitsgericht, Landesarbeitsgericht, Bundesarbeitsgericht), wobei Vertreter von Arbeitnehmern und Arbeitgebern in allen Instanzen umfassend an der Rechtsprechung beteiligt sind.

Arbeitsschutz, → Arbeitssicherheit.

Arbeitsschutzausschuss. Im Rahmen der rechtlichen Reglementierungen der → Arbeitssicherheit ist ein besonderer A. in den Betrieben vorgeschrieben, in denen Betriebsärzte oder Fachkräfte für Arbeitssicherheit bestellt sind (§ 11 ASiG). Er ersetzt dann den Sicherheitsausschuss (→ Sicherheitsbeauftragte). Mitglieder dieses Ausschusses sind der Arbeitgeber oder ein von ihm Beauftragter, zwei vom Betriebsrat bestimmte Betriebsratsmitglieder, die Fachkraft für Arbeitssicherheit und der Sicherheitsbeauftragte gemäß § 22 SGB VII. Der A. hat die Aufgabe, Anliegen des Arbeitsschutzes und der Unfallverhütung zu beraten und möglichst konkrete Lösungsvorschläge zu entwickeln. Zu diesem Zweck tritt er mindestens einmal vierteljährlich zusammen.

Arbeitsschutzrecht, → Arbeitssicherheitsrecht.

Arbeitssicherheit, *Arbeitsschutz.* A. verfolgt das Ziel, schädigende Einwirkungen auf den Mitarbeiter anlässlich der Berufstätigkeit soweit wie möglich zu vermeiden und Gefährdungen zu reduzieren. Arbeitsunfälle und Berufskrankheiten sollen so gering wie möglich gehalten werden. Humanitäre wie betriebswirtschaftliche Motive werden dabei gleichermaßen verfolgt. Der Schutz von Leben und Gesundheit des Mitarbeiters aus Anlass seiner Berufstätigkeit ist Ausfluss der sozialen Fürsorge des Arbeitgebers. Vermiedene Unfälle und Berufskrankheiten reduzieren zugleich die Fehlzeiten im Betrieb und leisten einen Beitrag zur Kosteneffizienz.

Die Bemühungen um A. sind eine wichtige Aufgabe der Unternehmensleitung, der Vorgesetzten und des einzelnen Mitarbeiters. Die Unternehmensleitung sowie die Vorgesetzten müssen die äußeren Rahmenbedingungen für eine effektive A. schaffen. Hierzu gehört eine angemessene technische Ausstattung der Produktionsmittel, Betriebsräume, die Bereithaltung von Körperschutzmitteln, sicherheitsadäquate Arbeitsstoffe, eine sachgerechte Organisation sowie eine regelmäßige Belehrung und Überwachung der mit Fragen der A. betrauten Mitarbeiter. Den einzelnen Mitarbeiter „vor Ort" trifft die Verpflichtung, die arbeitssicherheitsrechtlichen Vorgaben einzuhalten.

Rechtsquellen des Arbeitssicherheitsrechts sind staatliche Rechtsnormen und berufsgenossenschaftliche Unfallverhütungsvorschriften. Sie lassen sich inhaltlich nach Regelungen für den Betriebs- oder Gefahrenschutz oder nach dem Arbeitszeitschutz unterteilen. Darüber hinaus ist eine Abgrenzung nach spezifischen Zielgruppen möglich, die abgesehen von der Gesamtheit aller Mitarbeiter auf Frauen- und Mutterschutz, Jugendarbeitsschutz, Schwerbehindertenschutz und Heimarbeiterschutz abzielt. Berufsgenossenschaftliche Unfallverhütungsvorschriften werden von diesen im Rahmen der Satzungsautonomie mit Genehmigung durch den Bundesminister für Wirtschaft und Arbeit erlassen und wirken für den jeweiligen Zuständigkeitsbereich der → Berufsgenossenschaft wie Rechtsnormen. Soweit sich Regeln der A. für die technische Ausstattung als Handelshemmnisse für den europäischen Binnenmarkt auswirken, ist die Satzungsautonomie der Berufsgenossenschaften entsprechend eingeschränkt.

Die Umsetzung, Gewährleistung und Kontrolle der A. erfolgt einmal unternehmensintern durch Unternehmensleitung, Vorgesetzte und Mitarbeiter. Darüber hinaus besteht die duale Zuständigkeit von Gewerbeaufsichtsämtern, in manchen Berufszweigen von staatlichen Sonderaufsichtsbehörden wie Bergämtern, Seemannsämtern, Güterfernverkehrsämtern einerseits und der Berufsgenossenschaften auf der anderen Seite. Teilweise besteht eine überlappende Zuständigkeit, wobei die Kooperation durch Verwaltungsvorschriften geregelt wird. Die staatlichen Behörden und die Berufsgenossenschaften haben die Befugnis, gegen arbeitssicherheitsrechtliche Mängel hoheitlich vorzugehen und darüber hinaus bei schuldhaften Verstößen Bußgelder zu verhängen, wenn eine entsprechende gesetzliche Grundlage besteht. Schließlich existieren organisationsrechtliche Vorgaben für die A. im Arbeitssicherheitsgesetz und mitbestimmungsrechtliche Rahmenbedingungen für die Beteiligung des Betriebsrats, der in allen Belangen der A. hinzuzuziehen ist (§ 89 BetrVG) und auf die Einhaltung arbeitssicherheitsrechtlicher Vorgaben zu achten hat (§ 80 Abs. 1 Nr. 1 BetrVG).
Vgl. auch → Sicherheitsfachkraft, → Arbeitsmedizin.

Arbeitssicherheitsrecht, *Arbeitsschutzrecht, Arbeitnehmerschutzrecht.* Das A. bezweckt den Schutz des Arbeitnehmers vor Schädigungen und Gefahren am Arbeitsplatz. Damit wird ein Beitrag zur Humanisierung des Arbeitslebens geleistet. Dies kann durch technische Anforderungen an die Maschinen und Arbeitsgeräte, durch chemische Anforderungen an Arbeitsstoffe, durch organisatorische Vorgaben, Regelungen für den betrieblichen Umweltschutz sowie durch arbeitszeitrechtliche Bindungen geregelt werden. Im Einzelnen sind hier das Arbeitszeitrechtsgesetz, das Mutterschutzgesetz, Jugendarbeitsschutzgesetz sowie zahlreiche Gesetze das technische Sicherheitsrecht betreffend zu nennen. Daneben spielen Unfallverhütungsvorschriften der Berufsgenossenschaften eine große Rolle, die von diesen im Rahmen ihrer Satzungsautonomie erlassen werden und Arbeitnehmer wie Betriebe binden.
Ferner bestehen auch organisatorische Vorschriften für die Gewährleistung der Arbeitssicherheit. Nach dem Arbeitssicherheitsgesetz sind Betriebsärzte und Fachkräfte für Arbeitssicherheit (Sicherheitsingenieure, Sicherheitstechniker, Sicherheitsmeister, Sicherheitsbeauftragte) zu bestellen, die sich besonders um die Belange der Arbeitssicherheit zu kümmern haben. Die Zusammenarbeit zwischen Arbeitgeber und Betriebsrat auf dem Gebiet des Arbeitsschutzes wird durch Arbeitsschutzausschüsse gewährleistet. Gewerbeaufsichtsämter und Berufsgenossenschaften haben hoheitliche Kompetenzen gegenüber den Betrieben, um Verstöße gegen arbeitssicherheitsrechtliche Vorschriften abzustellen. Daneben gewinnt die Beratung auf dem Gebiet der Arbeitssicherheit durch Berufsgenossenschaften im Sinne einer Dienstleistung zunehmend an Bedeutung.

Arbeitssoziologie. Die A. ist eine Teildisziplin der Soziologie und in ihrem Erkenntnisinteresse häufig eng verknüpft mit der → Betriebssoziologie. Vier wesentliche Forschungs- und Arbeitsgebiete der A. lassen sich hervorheben: (1) die Wechselbeziehungen und typischen gegenseitigen Prägungen zwischen menschlicher Erwerbsarbeit und gesellschaftlich-sozialem Umfeld, (2) die auf die Erwerbsarbeit bezogenen Einstellungen und Interessen des Menschen, (3) die individuellen und kollektiven Ausprägungen des menschlichen Arbeitsverhaltens sowie (4) die von der Erwerbsarbeit und ihren technischen

wie organisatorischen Strukturen ausgehenden Qualifikations-, Kooperations- und Belastungsanforderungen für den Menschen. Über die Erforschung der hiermit angesprochenen Probleme und Zusammenhänge will die A. zur menschengerechten Gestaltung der Erwerbsarbeit beitragen.
Vgl. auch → Arbeitswissenschaft, → Betriebspsychologie, → Ergonomie, → Human Relations.

Arbeitsstättenrichtlinien. Die A. gehören zum Arbeitsschutzrecht (→ Arbeitssicherheit) und sollen eine modernen medizinischen Erkenntnissen Rechnung tragende Ausstattung der Arbeitsplätze sicherstellen. Für Arbeitsplätze im Rahmen eines Gewerbebetriebes gilt die Verordnung über Arbeitsstätten. Danach hat der Arbeitgeber die Arbeitsstätte nach der Arbeitsstättenverordnung, nach sonstigen geltenden Arbeitsschutz- und Unfallverhütungsvorschriften und nach den allgemein anerkannten sicherheitstechnischen, arbeitsmedizinischen und hygienischen Regeln sowie sonstigen gesicherten arbeitswissenschaftlichen Erkenntnissen einzurichten und zu betreiben. Weitere Anforderungen ergeben sich aus einschlägigen Spezialnormen (z.B. Chemikaliengesetz, Gefahrstoffverordnung), aus Unfallverhütungsvorschriften der → Berufsgenossenschaften und schließlich aus der → Fürsorgepflicht des Arbeitgebers für die Gesundheit seiner Mitarbeiter. Betriebsverfassungsrechtlich sind die Unterrichtungs- und Beratungsrechte des → Betriebsrates nach §§ 90, 91 BetrVG von Bedeutung. Danach hat der Arbeitgeber den Betriebsrat über die Planung von Neu-, Um- und Erweiterungsbauten von Fabrikations-, Verwaltungs- und sonstigen betrieblichen Räumen, von technischen Anlagen, von Arbeitsverfahren und Arbeitsabläufen sowie der Arbeitsplätze rechtzeitig zu unterrichten und die vorgesehenen Maßnahmen im Hinblick auf die Auswirkung für die Arbeitnehmer mit dem Betriebsrat zu beraten. Im Falle eines offensichtlichen Widerspruchs derartiger Vorhaben zu den gesicherten arbeitswissenschaftlichen Erkenntnissen über eine menschengerechte Gestaltung der Arbeit kann der Betriebsrat angemessene Maßnahmen zur Abwendung, Milderung oder zum Ausgleich der Belastung verlangen. Im Falle fehlender Einigung entscheidet die → Einigungsstelle (§ 91 BetrVG).

Vgl. auch → Arbeitsplatzgestaltung, → Arbeitswissenschaft, → Ergonomie.

Arbeitsteilung. Der Begriff der A. ist nicht eindeutig. Er kann sich auf eine gesamte Volkswirtschaft, auf einzelne Unternehmen und Betriebe sowie schließlich auf einzelne Arbeitsplätze beziehen. Der Begriff der arbeitsteiligen Wirtschaft besagt, dass die Unternehmen zur Produktion von Waren und zur Erbringung von Dienstleistungen mittels Zukauf einzelner Leistungen zusammenarbeiten. Dahinter steht die Erkenntnis, dass es vielfach unwirtschaftlich ist, sämtliche für den Produktionsprozess notwendigen Vorprodukte selbst herzustellen oder im Falle eines Dienstleistungsbündels alle einzelnen Leistungen eigenständig zu erbringen. Insoweit beschreibt der Begriff der A. zugleich die Fertigungstiefe eines Unternehmens. Wird diese durch Vergabe von bisher selbst durchgeführten Schritten an andere Unternehmen reduziert, spricht man von → Outsourcing. Arbeiten mehrere Unternehmen zur Durchführung eines Auftrages zusammen, ohne hierfür eine dauerhafte Verbindung einzugehen, liegt eine Arbeitsgemeinschaft vor. Sie ist insbesondere in der Bauwirtschaft verbreitet.
Einzelne Arbeitsplätze können durch verschiedene organisatorische Maßnahmen geteilt werden:
Eine Möglichkeit ist die Schaffung von *Teilzeitarbeitsplätzen*. Die → Arbeitszeit der Inhaber solcher Arbeitsplätze bleibt hinter der Regelarbeitszeit zurück, wobei diese Reduzierung gleichbleibend täglich, mit über die Woche hinweg unterschiedlichem Arbeitseinsatz wöchentlich (z.B. zwei Tage volle Arbeitsleistung, einen Tag halbe Arbeitsleistung) sowie schließlich auch erst mit zusätzlichen Schwankungen nach längeren Referenzzeiträumen (monatlich, vierteljährlich oder jährlich) erreicht wird. Die geleistete Arbeit wird bei schwankendem Arbeitseinsatz über ein Arbeitszeitkonto nachgehalten. Auf diese Weise leistet → Teilzeitarbeit zugleich einen Beitrag zur Vereinbarkeit von Familie und Beruf sowie zur Arbeitszeitflexibilisierung. Teilzeitarbeitsplätze sind untereinander eigenständig. Abgesehen von dem für alle Mitarbeiter bestehenden Gebot der Zusammenarbeit im Rahmen betrieblicher Notwendigkeit existieren i.d.R. keine besonderen Verknüpfungen zwischen verschiedenen Teilzeitarbeitsplätzen.

Dies ist anders beim → Jobsharing, bei welchem sich zwei Mitarbeiter einen Arbeitsplatz teilen. Die zu erledigenden Aufgaben hängen eng zusammen oder sind identisch und allein zeitlich auf mehrere Mitarbeiter verteilt, mit der Konsequenz, dass dieser Arbeitsplatz immer besetzt sein muss. § 13 TzBfG enthält insoweit verschiedene rechtliche Vorgaben. Danach ist bei Ausfall eines Arbeitnehmers der andere in die Arbeitsplatzteilung einbezogene Arbeitnehmer zu seiner Vertretung nur aufgrund einer für den einzelnen Vertretungsfall geschlossenen Vereinbarung verpflichtet. Für dringende betriebliche Erfordernisse kann die Vertretung generell geregelt werden, soweit sie dem Arbeitnehmer im Einzelfall zumutbar ist. Die → Kündigung eines Arbeitnehmers wegen des Ausscheidens eines anderen, in die Arbeitsplatzteilung einbezogenen Arbeitnehmers ist unwirksam (§ 13 Abs. 2 TzBfG). Maßnahmen der Arbeitsplatzteilung können in Grenzen einen Beitrag leisten, um die Arbeit auf mehrere Schultern zu verteilen und auf diese Weise die Arbeitslosigkeit zu vermindern. Politisch erfahren solche Konzepte daher die Unterstützung durch Staat und Tarifvertragsparteien, wobei aufgrund der betrieblichen Erfordernisse, des Wunsches vieler Arbeitnehmer nach Vollzeitarbeitsplätzen, aber auch wegen der Auswirkungen von Arbeitsplatzteilungen auf Vergütungsansprüche und → Sozialleistungen die angestrebte Verbreitung von Arbeitsplatzteilungen noch nicht erreicht worden ist. Sie ist gleichwohl wichtig und förderungsbedürftig, kann jedoch nur einen begrenzten Beitrag zur Verringerung der Arbeitslosigkeit leisten.

Arbeits- und Berufspädagogik. Die A.-u. B. ist eine Teildisziplin der Erziehungswissenschaften, vornehmlich der Andragogik, die sich mit den besonderen Bedingungen und Erfordernissen der arbeitsplatz- und berufsbezogenen Aus- und Weiterbildung von Jugendlichen und Erwachsenen befasst. Die anwendungsorientierte A.- u. B. widmet sich insbesondere der Entwicklung didaktischer Methoden und Hilfen zur zielgruppengerechten Vermittlung beruflicher oder berufsnaher Qualifikationen sowie zur Entwicklung des persönlichen Leistungsvermögens. Einen besonderen Stellenwert hat die A.- u. B. in der betrieblichen Praxis nach dem Inkrafttreten der → Ausbildereignungsverordnung (AEVO) im Jahre 1972 erhalten.

Hierin wird festgelegt, welche arbeits- und berufspädagogischen Kenntnisse die Ausbilder in der gewerblichen Wirtschaft erwerben müssen bzw. nachzuweisen haben. Entsprechende Verordnungen bestehen für den öffentlichen Dienst und das Handwerk.
Vgl. auch → Berufsausbildung, → Berufsbildung.

Arbeitsunfähigkeit, *Arbeitsverhinderung.* Im Falle der A. ist der Arbeitnehmer krankheits- oder unfallbedingt nicht in der Lage, die Arbeitsleistung zu erbringen. Nach allgemeinen vertragsrechtlichen Regelungen (§ 275 BGB) wird er dadurch von seiner Verpflichtung zur Arbeitsleistung befreit und verlöre andererseits den Anspruch auf den Arbeitslohn als Gegenleistung. Aus Gründen der sozialen Fürsorge des Arbeitgebers behält der Arbeitnehmer jedoch für eine Dauer von 6 Wochen nach dem Entgeltfortzahlungsgesetz, ggf. noch länger aufgrund tarifvertraglicher Vereinbarung, seinen Anspruch auf Fortzahlung der Vergütung. Nach Ablauf der → Entgeltfortzahlung erhält der Arbeitnehmer Krankengeld von der zuständigen Krankenkasse, wobei dieses Krankengeld nach häufig vereinbarten tarifvertraglichen Regelungen durch einen arbeitgeberseitigen Zuschuss aufgestockt wird.

Grundsätzlich ist der Arbeitnehmer verpflichtet, die A. gegenüber dem Arbeitgeber durch Vorlage eines ärztlichen Attestes nachzuweisen. Einzelheiten richten sich nach bestehenden arbeitsvertraglichen, insbesondere aber auch tarifvertraglichen Vereinbarungen. Zur Vermeidung zusätzlicher Kosten infolge von Arztbesuchen wird teilweise erst ab dem dritten oder nach dem dritten Krankheitstag die Vorlage eines Attestes verlangt, um bei ohne ärztliche Hilfe kurierbaren Kurzerkrankungen zusätzliche Kosten zu vermeiden. Einem etwaigen Missbrauch kann durch arbeitgeberseitig veranlasste Kontrollbesuche seitens der gesetzlichen Krankenkasse sowie durch → Fehlzeitengespräche zwischen Arbeitnehmer und Vorgesetztem nach Wiederaufnahme der Arbeit begegnet werden.
Vgl. auch → Entgeltfortzahlung, → Fehlzeiten, → Fehlzeitenbrief.

Arbeitsunfähigkeitsbescheinigung. Die A. ist ein medizinisches Attest, durch das der Arbeitnehmer das Bestehen einer → Arbeitsunfähigkeit und deren voraussichtliche Dauer ärztlich bescheinigen lässt. Nach § 5 Abs. 1 Satz 2 EFZG besteht die Verpflichtung zur Vorlage einer solchen Bescheinigung in Fällen der Arbeitsunfähigkeit von mehr als 3 Kalendertagen spätestens am 4. Kalendertag. Einzelheiten werden vielfach tarifvertraglich geregelt. Der Arbeitgeber ist berechtigt, die Vorlage der ärztlichen Bescheinigung früher zu verlangen. Dauert die Arbeitsunfähigkeit länger als in der Bescheinigung angegeben, ist der Arbeitnehmer verpflichtet, eine neue ärztliche Bescheinigung vorzulegen. Ist der Arbeitnehmer Mitglied einer gesetzlichen → Krankenkasse, muss die ärztliche Bescheinigung einen Vermerk des behandelnden Arztes darüber enthalten, dass der Krankenkasse unverzüglich eine Bescheinigung über die Arbeitsunfähigkeit mit Angaben über den Befund und die voraussichtliche Dauer der Arbeitsunfähigkeit übersandt wird. Demgegenüber enthält die an den Arbeitgeber gerichtete Bescheinigung keine Aussage über die Art der Erkrankung (ärztliche Schweigepflicht).

Hält sich der Arbeitnehmer bei Beginn der Arbeitsunfähigkeit im Ausland auf, so ist er verpflichtet, dem Arbeitgeber die Arbeitsunfähigkeit, deren voraussichtliche Dauer und die Adresse am Aufenthaltsort in der schnellstmöglichen Art der Übermittlung auf Kosten des Arbeitgebers mitzuteilen. Eine entsprechende Verpflichtung besteht im Falle der Mitgliedschaft in einer gesetzlichen Krankenkasse gegenüber dieser. Ärztliche Bescheinigungen haben die tatsächliche Vermutung der Richtigkeit für sich, so dass zunächst einmal von dem Nachweis der Arbeitsunfähigkeit auszugehen ist. Dies gilt nach der Rechtsprechung grundsätzlich auch für Bescheinigungen, die von ausländischen Ärzten im Ausland ausgestellt werden.

Der Arbeitgeber kann den Wert der Bescheinigung in Zweifel ziehen, wenn der Arzt den Begriff der Arbeitsunfähigkeit verkannt hat oder konkrete Tatsachen bestehen, die zu ernsthaften Zweifeln an der behaupteten Erkrankung Anlass geben (z.B. Arbeit an anderer Stelle während der behaupteten Arbeitsunfähigkeit; mit der Arbeitsunfähigkeit nicht vereinbare Freizeitaktivitäten). Der Beweiswert ist erschüttert, wenn der Arzt für längere Zeit rückwirkend oder ohne eigene Untersuchungen Atteste ausstellt, ferner wenn der Arbeitnehmer seine Arbeitsunfähigkeit angekündigt hat. Ist der Beweiswert erschüttert, muss der Arbeitnehmer weitere Beweise für die Arbeitsunfähigkeit erbringen, um eine → Entgeltfortzahlung zu erreichen. Hat der Arbeitnehmer infolge falscher Arbeitsunfähigkeitsbescheinigungen Leistungen des Arbeitgebers erschlichen, ist er zur Rückgewähr nach §§ 812ff. BGB verpflichtet. Darüber hinaus kommen Schadensersatzansprüche wegen Verletzung des → Arbeitsvertrages sowie der Ersatz besonderer Ermittlungskosten in Betracht. Das Erschleichen einer Arbeitsunfähigkeitsbescheinigung berechtigt den Arbeitgeber darüber hinaus im Regelfall zur fristlosen → Kündigung.
Vgl. auch → Absentismus, → Fehlzeiten.

Arbeitsunfall. Der A. ist ein Unfall, den ein Arbeitnehmer als Folge seiner Berufstätigkeit erleidet. Damit steht der A. in einem Gegensatz zu dem in der privaten Lebenssphäre erlittenen Unfall. Die Abgrenzung ist bedeutsam, weil A. wie → Berufskrankheiten Leistungen der → Berufsgenossenschaft zur Folge haben (Heilbehandlung, Rehabilitation, Berufshilfe, ggf. auch Rentenleistungen im Falle gravierender Einschränkungen der Erwerbsmöglichkeiten). § 2 Abs. 1 SGB VII zählt im Einzelnen auf, welcher Personenkreis im Rahmen der Unfallversicherung gegen A. versichert ist. Dies sind alle abhängig Beschäftigten, ferner diejenigen, die abhängig Beschäftigten insbesondere im Zusammenhang mit ehrenamtlichen Aktivitäten gleichgestellt werden. Ein bloßer zeitlicher Zusammenhang zwischen dem erlittenen Unfall und der Berufstätigkeit genügt als Voraussetzung für einen A. nicht. Vielmehr muss die Berufstätigkeit ursächlich für den Unfall im Sinne einer wesentlichen Bedingung sein. Neben den klassischen Unfällen, die sich bei der betrieblichen Arbeit ereignen (Arbeitsunfall, § 8 SGB VII), gibt es gleichfalls als A. anzusehende Unfälle anlässlich der Verwahrung, Beförderung, Instandhaltung und Erneuerung von Arbeitsgeräten, unabhängig davon, ob diese von dem Arbeitgeber oder dem Versicherten gestellt werden (§ 8 Abs. 2 Nr. 5 SGB VII). Schließlich sind Wegeunfälle als A. anzusehen (§ 8 Abs. 2 Ziff. 1-4 SGB VII). Wegeunfälle sind einmal Betriebswegeunfälle, die sich anlässlich einer betrieblich veranlassten Dienstreise oder eines zu Fuß zurückgelegten Dienstganges ereignen. Hinzu kommen die Wegeunfälle auf dem Weg nach und von dem Ort der Tätigkeit, also auf der Verbindungsstrecke zwischen Arbeitsplatz und Wohnung. Unterbricht der Versicherte diese Wegestrecke aus privaten Gründen, erlischt der Versicherungsschutz. Dies gilt jedoch nicht, wenn die Unterbrechung dazu dient, ein im eigenen Haushalt lebendes und vorübergehend in fremde Obhut gegebenes Kind abzuholen oder um einen mitbeförderten Arbeitskollegen zu Hause abzuholen bzw. abzusetzen. Im Einzelnen besteht eine umfangreiche, an allen Umständen des Einzelfalls orientierte Rechtsprechung des Bundessozialgerichts zur Abgrenzung privater Unfälle von den Wegeunfällen. Sozialpolitisch wird durch die Gleichstellung der Wegeunfälle mit den A. eine erhebliche Ausdehnung des berufsgenossenschaftlichen Unfallversicherungsschutzes in den persönlichen Lebensbereich hinein im Sinne einer teilweisen Abdeckung des allgemeinen Lebensrisikos erreicht. Dies ist auch deshalb bedeutsam, weil der Arbeitgeber auf Wegeunfälle anders als auf betriebliche Unfälle kaum einen Einfluss hat (von Belehrungen abgesehen). Gleichwohl muss er durch die Erstreckung des Versicherungsschutzes auf Wegeunfälle auch die daraus resultierenden Belastungen über die Beiträge an die Berufsgenossenschaften tragen, die anders als alle anderen Sozialversicherungsbeiträge nicht anteilig von Arbeitgeber und Arbeitnehmer aufgebracht werden, sondern allein dem Arbeitgeber zur Last fallen.

Arbeitsvergütung, → Vergütung.

Arbeitsverhinderung, → Arbeitsunfähigkeit.

Arbeitsvermittlung. Die A. dient dazu, Angebot und Nachfrage auf dem → Arbeitsmarkt auszugleichen. Sie erfolgt traditionell durch die Bundesagentur für Arbeit, d.h. durch die Behörden der Arbeitsverwaltung. Darüber hinaus können sich die Unternehmen Arbeitskräfte infolge privater Initiativen (z.B. Anzeigen in den Zeitungen, Auszubildenden- und Hochschulmessen, Informationsveranstaltungen und Tage der offenen Tür) beschaffen. Weder für Arbeitnehmer noch für Arbeitgeber gibt es insoweit eine Verpflichtung zur Inanspruchnahme der Arbeitsverwaltung. Über die reine Vermittlung der Arbeitsverwaltung hinaus fördert diese die Beschäftigungsmöglichkeiten durch Maßnahmen der Berufsberatung, der beruflichen Bildung einschließlich → Umschulung, durch Förderung der Arbeitsaufnahme, Rehabilitationsleistungen und Sprachlehrgänge. Hinzu kommen → Arbeitsbeschaffungsmaßnahmen insbesondere für ältere und längerfristig Arbeitslose, die sonst nur geringe Chancen haben, einen ungeförderten Arbeitsplatz zu finden. In diesen Fällen werden Zuschüsse zu den Arbeitsentgelten gezahlt.

Bei jeder Agentur für Arbeit war zudem eine *Personal-Service-Agentur* eingerichtet, deren Aufgabe es war, eine → Arbeitnehmerüberlassung zur Vermittlung von Arbeitslosen in Arbeit durchzuführen sowie ihre Beschäftigten in verleihfreien Zeiten zu qualifizieren und weiterzubilden. Diese wurden zum 1.1.2009 abgeschafft. Während früher ein Vermittlungsmonopol der Bundesagentur für Arbeit bestand, das durch einen Grauzonenbereich der Tätigkeit der Personalberater gekennzeichnet war, ist im Rahmen der Deregulierung staatlicher Tätigkeiten seit 1994 die private A. zulässig. Seit 2003 ist für die private A. auch keine spezielle Erlaubnis mehr notwendig, vielmehr unterliegen die Vermittlungsunternehmen der allgemeinen Gewerbefreiheit. Allerdings bestehen Sonderregelungen für den Vermittlungsvertrag zwischen privatem Arbeitsvermittler und Arbeitssuchendem, die insbesondere die Vergütung für die Vermittlungsleistung genau regulieren (§§ 296, 297 SGB III). Durch Wettbewerb auf diesem wichtigen Sektor sollen Leistungsangebot und Effizienz verbessert werden. Der Abschluss eines Vermittlungsvertrages mit einem privaten Arbeitsvermittler entbindet die Bundesagentur für Arbeit jedoch nicht von eigenen Vermittlungsbemühungen.

Vgl. auch → Arbeitsverwaltung, → Executive Search, → Personalberatung, → Zentralstelle für Arbeitsvermittlung (ZAV).

Arbeitsvertrag, *Dienstvertrag.* Der A. ist der Vertrag zwischen → Arbeitgeber und → Arbeitnehmer zur Regelung der beruflichen Aufgaben und der wesentlichen Arbeitsbedingungen. Es handelt sich um einen speziellen Dienstvertrag. Bedeutsam für den A. sind gesetzliche Vorschriften (z.B. Mutterschutzgesetz, Jugendarbeitsschutzgesetz, Arbeitszeitgesetz, SGB IX), ferner insbesondere Tarifverträge, soweit das einzelne Arbeitsverhältnis von dem sachlichen, räumlichen und zeitlichen Geltungsbereich betroffen ist, sowie schließlich in dem Betrieb gültige → Betriebsvereinbarungen. Tarifverträge wirken für alle tarifgebundenen Mitarbeiter und Betriebsvereinbarungen für alle nicht leitenden Arbeitnehmer eines Betriebes, ohne dass es der Zustimmung des Einzelnen bedarf.

Wie alle Verträge, so können auch A. schriftlich wie mündlich geschlossen werden, durch ausdrückliche Absprache oder auch durch konkludentes Handeln. Im Normalfall erfolgt der schriftliche Abschluss eines A. Dabei ist das Mitwirkungsrecht des → Betriebsrats für → Einstellungen nach § 99 BetrVG von Bedeutung. Im Übrigen gilt für den Abschluss von A. die → Abschlussfreiheit als Ausfluss verfassungsrechtlicher → Berufsfreiheit (Art. 12 GG): Weder für Arbeitgeber noch für Arbeitnehmer gibt es Einstellungs- oder Arbeitsaufnahmepflichten.

Auf Arbeitsverträge zwischen dem Arbeitgeber und dem einzelnen Arbeitnehmer sind auch die Regelungen über → Allgemeine Geschäftsbedingungen anwendbar, wobei jedoch die im Arbeitsrecht geltenden Besonderheiten angemessen berücksichtigt werden müssen.

Der spätere Bestand des Arbeitsverhältnisses unterliegt, anders als andere Dauerschuldverhältnisse, nur begrenzt der → Vertragsfreiheit. Zugunsten des Arbeitnehmers besteht ein umfassendes Kündigungsschutzrecht, geregelt im Kündigungsschutzgesetz, ferner in Tarifverträgen oder in Betriebsvereinbarungen. Fehlerhaft zustande gekommene A. können angefochten werden, wobei die → Anfechtung anders als im allgemeinen Zivilrecht nicht für die Vergangenheit, sondern nur für die Zukunft wirkt. In derartigen Fällen besteht für die Vergangenheit ein faktisches Arbeitsverhältnis, das im Ergebnis ebenso behandelt wird wie ein rechtlich wirksam begründetes Beschäftigungsverhältnis. Die maßgeblichen Rechte und Pflichten aus dem A. sind für den Arbeitnehmer die Arbeitspflicht sowie vertragliche → Nebenpflichten (z.B. zum sorgsamen Umgang mit Maschinen, Anlagen, Geräten und sonstigem Arbeitgebervermögen), auf Seiten des Arbeitgebers die Pflicht zur Zahlung der Vergütung, zur Lohnfortzahlung in Krankheitsfällen, zur Gewährung von → Urlaub sowie sonstige → Fürsorgepflichten.

Eine rein rechtliche Betrachtung wird dem Arbeitsverhältnis wegen des stark personalen Einschlages und der Bedeutung einer Zusammenarbeit von Kapital und Arbeit nicht gerecht. Insoweit sind die personalpolitischen Elemente zu beachten, die Gegenstand der Personalwirtschaftslehre sind. Das → Arbeitsrecht gibt insoweit nur den rechtlichen Rahmen für eine effiziente Personalpolitik.
Von besonderer Bedeutung ist ein modernes Personalmanagement mit der Gewinnung qualifizierter Mitarbeiter, der Förderung der Leistungsmotivation, einer leistungsorientierten Vergütung, Freiraum zur Entfaltung eigener Ideen, Delegation von Kompetenzen und Verantwortung, Gelegenheit zur betrieblichen Weiterbildung und einem offenen Klima für Informationen, Vorschläge sowie Innovationen. Dabei spielt insbesondere die kooperative Mitarbeiterführung eine Rolle, die weit über eine Ausübung des arbeitsrechtlichen → Direktionsrechts hinausgeht.
Vgl. auch → Nachweisgesetz.

Arbeitsvertragsbruch. Die Nichteinhaltung arbeitsvertraglicher Verpflichtungen durch eine der Vertragsparteien bedeutet einen A. Er kann von dem Arbeitgeber oder dem Arbeitnehmer ausgehen; im Sprachgebrauch der personalpolitischen Praxis wird von einem A. regelmäßig gesprochen, wenn der Arbeitnehmer einen neuen → Arbeitsvertrag abgeschlossen hat, er die Stelle jedoch nicht antritt oder aber wenn er sich aus den Bindungen eines Arbeitsvertrages faktisch einseitig löst (z.B. durch Nichteinhaltung der → Kündigung). Der A. ist eine schwerwiegende Verletzung des Arbeitsvertrages.

Verletzt der Arbeitgeber den Arbeitsvertrag, indem er dem Arbeitnehmer den Arbeitsplatz nicht zur Verfügung stellt oder ihm grundlos kündigt, kann der Arbeitnehmer Klage auf Feststellung erheben, dass ein wirksamer Arbeitsvertrag besteht, und die ihm daraus zustehenden Leistungen verlangen. Der Umstand, dass er die geschuldete Arbeitsleistung wegen der Verhaltensweise des Arbeitgebers nicht erbringt, ist nach § 615 BGB unschädlich.

Erfolgt der A. durch den Arbeitnehmer, berechtigt dies den Arbeitgeber zur Einstellung der Vergütungszahlung, zur fristlosen Kündigung sowie zur Schadensersatzforderung für die aus dem A. entstandenen Nachteile. Da der A. vorsätzlich erfolgt, greifen die arbeitsrechtlichen Haftungserleichterungen zugunsten des Arbeitnehmers nicht.

Schließlich ist eine Vertragsstrafe denkbar, wenn sie vertraglich vereinbart worden ist. Solche Vertragsstrafen sind grundsätzlich zur Vermeidung eines Vertragsbruches wirksam. Vgl. auch → Abwerbung, → Haftung, → Konkurrenzverbot, → Kündigungsrecht.

Arbeitsvertragsgesetz. Ein umfassendes A. oder → Arbeitsgesetzbuch, das in einem einheitlichen Gesetzeswerk alle Rechte und Pflichten von Arbeitgeber und Arbeitnehmer verständlich zusammenfasst, besteht nicht. Vielmehr zeichnet sich das Arbeitsvertragsrecht durch eine erhebliche Rechtszersplitterung aus, indem die Vorschriften über zahlreiche Gesetze verstreut sind (z.B. BGB, HGB, GewO, KSchG, Entgeltfortzahlungsgesetz, BUrlG, TzBfG, ArbPlSchG, BetrAVG usw.) Daher hat es in der Vergangenheit immer wieder Versuche gegeben, zu einem geschlossenen A. zu kommen. Hierzu sind vielfältige Entwürfe und Entschließungen erarbeitet worden. Gleichwohl hat der Gesetzgeber sich bisher nicht zur Verabschiedung eines solchen Gesetzes entschließen können, so dass Arbeitnehmer und Arbeitgeber, Tarifparteien, Behörden und Gerichte nach wie vor mit einer Vielzahl von nicht immer gut aufeinander abgestimmten Gesetzen leben müssen.

Arbeitsverwaltung. Die A. erfolgt durch die Bundesagentur für Arbeit. Sie ist dreigliedrig organisiert in die Hauptstelle der Bundesagentur für Arbeit in Nürnberg, die Landesagenturen für Arbeit sowie die auf kommunaler Ebene angesiedelten Agenturen für Arbeit. Für Bedürfnisse des überörtlichen Arbeitsmarktes besteht daneben die → Zentralstelle für Arbeitsvermittlung (ZAV) mit Sitz in Frankfurt/Main. Die sachliche Zuständigkeit der A. richtet sich nach dem dritten Sozialgesetzbuch (SGB III). Dabei lassen sich folgende wesentliche Aufgaben und Leistungen unterscheiden: Leistungen für Beschäftigung und Arbeitsmarkt (z.B. Berufsberatung, Arbeitsvermittlung, Förderung der beruflichen Bildung, Förderung der Arbeitsaufnahme, Rehabilitationsleistungen, Sprachlehrgänge), weiter Leistungen zur Erhaltung und Schaffung von Arbeitsplätzen (Arbeitsbeschaffungsmaßnahmen, Kurzarbeitergeld und Winterbauförderung → Wintergeld, → Winterausfallgeld), schließlich Leistungen bei Arbeitslosigkeit und Zahlungsunfähigkeit des Arbeitgebers (Arbeitslosengeld, Insolvenzgeld).

Die hauptamtliche Leitung der dreistufigen A. liegt bei dem Präsidium mit dem Präsidenten der Bundesagentur für Arbeit an der Spitze, bei den Präsidenten der Landesagenturen für Arbeit sowie den Direktoren der örtlichen Agenturen für Arbeit. Kennzeichnend ist darüber hinaus eine umfassende ehrenamtliche Selbstverwaltung mit drittelparitätischer Besetzung durch Vertreter der Arbeitnehmer, der Arbeitgeber und der öffentlichen Körperschaften. Die im Bereich der sozialen Selbstverwaltung atypische Beteiligung von Vertretern der öffentlichen Hand erklärt sich aus der besonderen arbeitsmarktpolitischen Zuständigkeit der A., die einer Abstimmung mit der staatlichen Beschäftigungs- und Wirtschaftspolitik bedarf. Organe der Bundesagentur für Arbeit sind der Verwaltungsrat, der Vorstand, die Verwaltungsausschüsse der Landesagenturen für Arbeit und der örtlichen Agenturen für Arbeit.

Arbeitsverweigerung. A. ist die arbeitnehmerseitige Ablehnung, die geforderten Arbeiten zu erbringen. Soweit der Arbeitnehmer die verlangte Arbeit aufgrund des → Arbeitsvertrages oder nach dem → Direktionsrecht des Arbeitgebers schuldet, ist die A. grundsätzlich rechtswidrig. Sie stellt eine Vertragsverletzung dar und berechtigt den Arbeitgeber zur Einstellung der Gehaltszahlung, → Abmahnung und → Kündigung. In besonders schwerwiegenden Fällen ist eine fristlose Kündigung berechtigt. Dies gilt insbesondere im Falle einer beharrlichen A., bei der der Arbeitnehmer seine → Arbeitspflicht nachhaltig verletzt. Hierzu genügt das Außerachtlassen einer einmaligen Weisung des Vorgesetzten nicht. Vielmehr muss eine intensive Weigerung des Arbeitnehmers zur Übernahme der geschuldeten Arbeit vorliegen. Keine Vertragsverletzung liegt vor, wenn die verlangte Arbeit seitens des Arbeitnehmers nicht geschuldet wird, weil sie durch den Arbeitsvertrag und das Direktionsrecht des Arbeitgebers nicht gedeckt ist.

Ausnahmsweise kann die Verweigerung der geschuldeten Arbeit gerechtfertigt sein. Hierzu zählen die Fälle, dass der Arbeitgeber seinerseits den Arbeitsvertrag verletzt (z.B. durch Nichtzahlung der Vergütung), was den Arbeitnehmer zur Ausübung seines Zurückbehaltungsrechtes bezüglich der Arbeitsleistung berechtigt (§§ 273, 320 BGB).

Darüber hinaus ist die Ablehnung der Arbeitserbringung zulässig bei rechtmäßigen Arbeitskämpfen. Ist die zu erbringende Arbeitsleistung mit dem Gewissen des Arbeitnehmers nicht vereinbar, kann er die Arbeit nur in Fällen erheblicher, objektiv nachvollziehbarer Beeinträchtigung verweigern, wenn diese Tätigkeit bei Vertragsschluss nicht vorhersehbar war. Kein Fall der A. liegt vor, wenn der Arbeitnehmer aufgrund besonderer Befreiungsgründe die Arbeit ohnehin nicht schuldet (Krankheit, → Urlaub, → Feiertagsrecht, tarifliche Freistellungsansprüche). Irrt sich der Arbeitnehmer über die Berechtigung seiner A., so entschuldigt ihn dies nur dann, wenn er nach sorgfältiger Prüfung der Rechtslage und Einholung von Erkundigungen bei rechtskundigen Personen davon ausgehen durfte, nicht zur Arbeit verpflichtet zu sein.

Arbeitswert, → Arbeitsbewertung.

Arbeitswissenschaft. Als eigenständige Wissenschaftsdisziplin, die neben einem spezifischen Forschungsobjekt auch über eine spezifische Methodologie verfügt, kann die A. nur mit Vorbehalten angesprochen werden. Sie umfasst vielmehr eine Reihe selbstständiger Disziplinen und Teildisziplinen, die sich mit interdisziplinärem Anspruch und vornehmlich unter ergonomischen Aspekten (→ Ergonomie) der Erforschung der menschlichen Arbeit in ihren vielfältigen Facetten und Bezügen widmen. Dazu zählen insbesondere die → Arbeitsmedizin, → Arbeitssoziologie, → Betriebspsychologie, Betriebswirtschaftslehre, darüber hinaus aber auch die Natur- und Ingenieurwissenschaften. Von daher wäre es zutreffender, von Arbeitswissenschaften (Plural) zu sprechen.

Im Mittelpunkt stehen Fragen nach Wirkungen und Folgen der technisch-rational geprägten Arbeitsorganisation, der Arbeitsinhalte, Arbeitsmittel, Arbeitsumgebung und -bedingungen für den Menschen in seinen individuellen wie sozialen Belangen. Ziel dabei ist, unter dem Leitbild einer optimalen Verbindung und Erfüllung von Ansprüchen nach Humanisierung und Wirtschaftlichkeit zur wechselseitigen Anpassung von Mensch und Arbeit beizutragen. Forschungsergebnisse der A. haben u.a. zu zahlreichen Verbesserungen der Arbeitsbedingungen, des Arbeitsschutzes sowie von Arbeitsmitteln und -hilfen geführt. Die Bedeutung der A. wurde auch vom Gesetzgeber gewürdigt, indem er 1972 über §§ 90, 91 BetrVG vorgeschrieben hat, bei der Planung von technischen Anlagen, Fabrikationsräumen und Arbeitsverfahren die gesicherten arbeitswissenschaftlichen Erkenntnisse über die menschengerechte Gestaltung der Arbeit zu berücksichtigen. Spätere Gesetze und Verordnungen (z.B. Arbeitssicherheitsgesetz, Arbeitsstättenverordnung) sowie auch DIN-Normen schreiben ebenfalls die Beachtung arbeitswissenschaftlicher (v.a. arbeitsmedizinischer und sicherheitstechnischer) Erkenntnisse vor.
Vgl. auch → Arbeitsplatzgestaltung, → Arbeitssicherheit, → Ergonomie.

Arbeitszeit. Die A. regelt, in welchem Umfang und zu welchem Zeitpunkt die Arbeitsleistung seitens des Arbeitnehmers zu erbringen ist. Dauer und Lage der A. werden regelmäßig tarifvertraglich, im Übrigen durch Betriebsvereinbarung und durch Einzelarbeitsvertrag, festgelegt. Die regelmäßige A. bezeichnet, in welchem Umfang üblicherweise am Tag, in der Woche, im Monat oder im Jahr – je nach Festlegung der Referenzperiode – Arbeit zu erbringen ist. Die Lage der A. kann starr oder beweglich sein. Wird dem Arbeitnehmer das Recht eingeräumt, innerhalb gewisser Grenzen Beginn und Ende der A. zu bestimmen, spricht man von → Gleitzeit. Arbeitszeitguthaben müssen in solchen Fällen in der Referenzperiode (häufig ein Monat, inzwischen mit zunehmender Tendenz auch längere Zeiträume) ausgeglichen werden. Wird die A. an den betrieblichen Arbeitsanfall angepasst, wobei die Belange des Betriebes und des Arbeitnehmers angemessene Berücksichtigung finden müssen, spricht man von flexibler Arbeitszeit. Für die Sonderform der kurzfristigen, *kapazitätsorientierten variablen Arbeitszeit* (→ Kapovaz) bestehen besondere Vorgaben nach § 12 TzBfG.

Mit dem Begriff der *Arbeitszeitdifferenzierung* wird die Möglichkeit beschrieben, die Regelarbeitszeit für unterschiedliche Mitarbeitergruppen im Rahmen von Bandbreiten unterschiedlich festzulegen. Ähnliches gilt für tarifpolitisch diskutierte, bisher kaum verwirklichte *Arbeitszeitkorridore*, die für die von einem → Tarifvertrag erfassten Unternehmen Bandbreiten von Regelarbeitszeiten zulassen.

Aus Gründen des Kostenmanagements und der Wettbewerbsfähigkeit gehen die Bemühungen der Unternehmen dahin, Möglichkeiten der *Arbeitszeitflexibilisierung* auszubauen. Dies setzt entsprechende tarifvertragliche Regelungen voraus, die in den letzten Jahren deutlich zugenommen haben.

Eine effiziente → Organisation der A. ist eine wichtige Aufgabe des *Arbeitszeitmanagements*. Über die Regelarbeitszeit in der Referenzperiode hinausgehende Arbeitsleistungen sind → Mehrarbeit, die nach den einschlägigen Tarifverträgen durch zusätzliche → Vergütung oder durch → Freizeitausgleich ausgeglichen wird. Unabhängig davon, für welche der beiden Formen sich die Vertragsparteien entscheiden (auch insoweit gibt es verschiedene Regelungen bezüglich des Bestimmungsrechts), fallen Mehrarbeitszeitzuschläge nach nahezu allen Tarifverträgen an.

Wird die Regelarbeitszeit mangels entsprechender Auslastung des Betriebes kollektiv gekürzt, liegt → Kurzarbeit vor. Besondere Formen der Arbeitsorganisation im Zusammenhang mit der A. sind → Arbeitsbereitschaft, *Bereitschaftsdienst* und *Rufbereitschaft*.

Die A. wird seitens des Staates durch das Arbeitszeitgesetz reglementiert. Es enthält im Sinne von → Arbeitssicherheitsrecht eine Festlegung der regelmäßigen Höchstarbeitszeit je Tag (§ 3), der *Ruhepausen* (→ Pause) (§ 4), der → Ruhezeit (§ 5), der Nacht- und → Schichtarbeit (§ 6), der Sonn- und Feiertagsruhe (§§ 9ff.).

Für den Bereich des Handels besteht die besondere, seit langen Jahren heftig bezüglich ihrer Berechtigung diskutierte und daher in jüngerer Vergangenheit bereits etwas liberalisierte Regelung des Ladenschlussgesetzes. Die meisten arbeitszeitrechtlichen Regelungen erfolgen in Tarifverträgen, die nach § 7 ArbZG für zahlreiche Einzelheiten auf dem Hintergrund der → Tarifautonomie von den gesetzlichen Arbeitszeitregelungen abweichen dürfen. Besondere Einschränkungen der A. bestehen für Jugendliche und belastete Personen, insbesondere Schwangere.

Betriebsverfassungsrechtlich unterliegen Arbeitszeitregelungen umfassend der → Mitbestimmung des → Betriebsrates, soweit nicht gesetzliche oder tarifvertragliche Vorgaben bestehen. Dies gilt für Beginn und Ende der täglichen A. einschließlich der Pausen sowie die Verteilung der A. auf die einzelnen Wochentage für Schichtpläne, ferner für eine vorübergehende Verkürzung oder Verlängerung der betriebsüblichen A. (§ 87 Abs. 1 Ziff. 2 und 3 BetrVG). Kommt eine Einigung zwischen *Arbeitgeber* und Betriebsrat nicht zustande, so entscheidet die → Einigungsstelle (§ 87 Abs. 2 BetrVG).

Im internationalen Vergleich ist die A. in der Bundesrepublik Deutschland aufgrund der Länge des Jahresurlaubs, einer Reihe gesetzlicher Feiertage sowie der teilweise verwirklichten, teilweise als Einstieg durchgesetzten 35-Stunden-Woche besonders kurz. Sie liegt – ohne individuelle → Fehlzeiten wegen Krankheit – bei etwa 1.580 Jahresstunden, während die Jahreszeit in anderen Industrienationen, insbesondere in den USA und in Japan, zwischen 1.800 und knapp 2.000 Jahresstunden beträgt.
Vgl. auch → Zeitsouveränität.

Arbeitszeitdifferenzierung, → Arbeitszeit, → Gleitzeit.

Arbeitszeitflexibilisierung, → Arbeitsteilung, → Arbeitszeit, → Gleitzeit, → Jobsharing, → Lebensarbeitszeit.

Arbeitszeitkorridor, → Arbeitszeit.

Arbeitszeitmanagement, → Arbeitszeit, → Lebensarbeitszeit.

Arbeitszeitrecht. Das A. reglementiert den Zeitpunkt und die Dauer der vom Arbeitnehmer zu leistenden Arbeit. Es dient der Erhaltung der Gesundheit (insbesondere durch tägliche Höchstarbeitszeiten), ferner aber auch der Persönlichkeitsentfaltung durch Gewährleistung der erforderlichen Freizeit, nicht aber arbeitsmarktpolitischen Zielen. Insoweit berührt das A. das Feiertags- und Urlaubsrecht (→ Urlaub). Rechtsgrundlage des staatlichen A. ist das 1994 in Kraft getretene Arbeitszeitgesetz, das die zuvor gültige Arbeitszeitordnung von 1938 einschließlich zahlreicher Nebengesetze abgelöst hat. Wichtige arbeitszeitrechtliche Regelungen enthalten darüber hinaus Tarifverträge, → Betriebsvereinbarungen und der für den Arbeitnehmer gültige → Arbeitsvertrag.

Mitbestimmungsrechtlich ist zu beachten, dass nach § 87 Abs. 1 Ziff. 2 BetrVG die Festlegung von Beginn und Ende der täglichen Arbeitszeit einschließlich der Pausen sowie die Verteilung der Arbeitszeit auf die einzelnen Wochentage der Zustimmung des → Betriebsrats bedürfen. Dasselbe gilt für eine vorübergehende Verkürzung oder Verlängerung der betriebsüblichen Arbeitszeit (§ 87 Abs. 1 Ziff. 3 BetrVG), wobei in beiden Fällen gesetzliche oder tarifliche Regelungen vorgehen (§ 87 Abs. 1, Einleitungssatz BetrVG).

Schwerpunkte des Arbeitszeitrechtsgesetzes sind: regelmäßige werktägliche Arbeitszeit von höchstens acht Stunden, die jedoch auf zehn Stunden verlängert werden kann, wenn innerhalb von sechs Kalendermonaten im Durchschnitt acht Stunden werktäglich nicht überschritten werden (damit Zulässigkeit der 60-Stunden-Woche); Möglichkeit der Verlängerung oder Verkürzung des Ausgleichszeitraums durch → Tarifvertrag; keine zwingende Festlegung von Mehrarbeitsvergütungen durch das Arbeitszeitgesetz (erfolgt regelmäßig durch Tarifverträge), da nur der Gesundheitsschutz und nicht finanzielle Fragen geregelt werden. Pausenrechtliche Bestimmungen: bei einer Arbeitszeit von mehr als sechs bis neun Stunden täglich eine Pause von 30 Minuten (die auch in zwei Zeitabschnitte von je 15 Minuten aufgeteilt werden können); Verlängerung der Pause auf 45 Minuten bei mehr als 9-stündiger Arbeit (aufteilbar in drei Zeitabschnitte von mindestens 15 Minuten); Ruhezeit von ununterbrochen mindestens elf Stunden nach Beendigung der täglichen Arbeit (mit branchenbezogenen und tätigkeitsspezifischen Ausnahmemöglichkeiten); Zulässigkeit von Nachtarbeit auch für Frauen; Verpflichtung, für Nachtarbeit bezahlte Freizeit oder angemessene finanzielle Zuschläge zu gewähren; grundsätzliches Beschäftigungsverbot für Sonn- und Feiertage (mit Ausnahmen für den Mehrschichtbetrieb und Tätigkeiten, die aus chemischen, biologischen, technischen oder physikalischen Gründen einen ununterbrochenen Fortgang auch an Sonn- und Feiertagen erfordern, wobei mindestens 15 Sonntage im Jahr beschäftigungsfrei bleiben müssen). Insgesamt strebt das Arbeitszeitgesetz eine Verbesserung der Flexibilität für die Arbeitszeitplanung an.

Zum A. i.w.S. gehören auch Beschäftigungsreglementierungen sowie Beschäftigungsverbote im Rahmen des Mutterschutz- und Jugendarbeitsschutzgesetzes.

Arbeitszeitverkürzung. A. ist die kollektive Reduzierung der → Arbeitszeit für die Gesamtheit der unter einen → Tarifvertrag fallenden Arbeitnehmer. Die Wochenarbeitszeit in der Bundesrepublik Deutschland ist in den Jahrzehnten nach dem Zweiten Weltkrieg in größeren Zeitabständen immer wieder verkürzt worden. Von ursprünglich regelmäßig 48 Wochenstunden erfolgte eine Verkürzung in Stufen bis zur 40-Stunden-Woche Anfang der 1970er-Jahre. Nachdem diese praktisch flächendeckend seitens der → Gewerkschaften durchgesetzt werden konnte, wurde Mitte der 1980er-Jahre der Einstieg in die 35-Stunden-Woche durchgesetzt, wobei in der Metallindustrie die 35-Stunden-Woche seit Oktober 1995 in den alten Bundesländern als Regelarbeitszeit gilt. In anderen Branchen bestehen teilweise noch längere Arbeitszeiten; für die gesamte Bundesrepublik Deutschland beträgt die durchschnittliche wöchentliche Arbeitszeit im Jahre 1996 etwa 38 Stunden. Kollektive A. wurden seitens der Gewerkschaften vielfach mit der Forderung nach vollem *Lohnausgleich* verbunden. Dies bedeutet, dass die → Vergütung der Arbeitnehmer keine entsprechende Verkürzung wie die wöchentliche Arbeitszeit erfährt. Im Hinblick darauf, dass die Folgen wirtschaftlichen Wachstums nicht zweimal über Arbeitszeit und Lohnzuwächse verteilt werden können, führten kollektive A. grundsätzlich zu einem verminderten Anstieg der Löhne. Aufgrund der wirtschaftlichen Entwicklung sind Anfang der 1990er-Jahre auch Arbeitszeitverkürzungen ohne Lohnausgleich mit der Möglichkeit später zur Regelarbeitszeit zurück zu kehren vereinbart worden (v.a. in der Metallindustrie). Damit wurden

zugleich betriebsbedingte Kündigungen verhindert. Solche Modelle stellen in der Sache kollektive Teilzeitregelungen dar. Im internationalen Vergleich liegt die Arbeitszeit in der Bundesrepublik Deutschland am unteren Ende.
Vgl. auch → Kurzarbeit.

Arbeitszeugnis. Bei Beendigung eines dauernden Arbeitsverhältnisses kann der Arbeitnehmer von dem Arbeitgeber ein schriftliches Zeugnis über das Dienstverhältnis und dessen Dauer verlangen (einfaches Zeugnis). Auf Wunsch des Arbeitnehmers ist das Zeugnis auf die Leistungen und die Führung zu erstrecken (qualifiziertes Zeugnis). Rechtsgrundlage sind §§ 630 BGB, 109 GewO und 16 BBiG, so dass im Ergebnis für alle Arbeitnehmer ein Zeugnisanspruch besteht. Der Anspruch besteht grundsätzlich – vorbehaltlich besonderer tarifvertraglicher Regelung – nur bei Beendigung des Arbeitsverhältnisses, wobei sich aus der → Fürsorgepflicht des Arbeitgebers im Hinblick auf Bemühungen des Arbeitnehmers um eine neue Arbeitsstelle eine Verpflichtung zur rechtzeitigen Ausstellung des Zeugnisses ergibt. Der Arbeitgeber ist daher gehalten, das Zeugnis auf Verlangen des Arbeitnehmers nicht erst am letzten Arbeitstag auszuhändigen.

Ein Anspruch auf Erteilung eines Zwischenzeugnisses im Rahmen künftig fortdauernder Arbeitsverhältnisse besteht grundsätzlich nicht. Etwas anderes gilt bei einer → Versetzung in einen anderen Arbeitsbereich, der mit einem Wechsel des Vorgesetzten verbunden ist, als Ausfluss der Fürsorgepflicht des Arbeitgebers. Das Zeugnis ist grundsätzlich durch den Arbeitgeber, d.h. durch entsprechend bevollmächtigte Personen im Auftrag des Unternehmens zu erstellen. Bei der äußeren Form ist darauf zu achten, dass jeder Eindruck einer Geringschätzung, z.B. durch Verwendung verschmutzten oder minderwertigen Papiers, vermieden wird. Werden vom Arbeitgeber bei schriftlichen Äußerungen üblicherweise Firmen-Briefbögen verwendet, so ist auch das A. auf einem solchen abzufassen. Rechtschreibfehler u. ä. Mängel berechtigen den Arbeitnehmer, eine korrekte Neufassung zu fordern. Vom A. zu unterscheiden ist ein persönlich von dem direkten Vorgesetzten ausgestelltes Referenz-Zeugnis (persönliches Zeugnis), das arbeitsrechtlich nicht

zur Erfüllung der Zeugniserteilungspflicht seitens des Arbeitgebers führt.

Der Inhalt des Zeugnisses muss einerseits wahr sein, soll andererseits die Würdigung eines wohlwollenden, verständigen Arbeitgebers enthalten, der die weitere berufliche Entwicklung des Mitarbeiters nicht behindert. Aus diesen Zielsetzungen ergibt sich ein Spannungsfeld zwischen wahrer und wohlwollender Bewertung, für das inzwischen eine umfangreiche Rechtsprechung besteht. Die Verpflichtung zur wohlwollenden Bewertung verbietet nicht, auch negative Aussagen zu machen und Mängel anzusprechen. Dies muss jedoch ausgewogen unter Hervorhebung auch der positiven Eigenschaften und Leistungen des Arbeitnehmers geschehen. Daraus hat sich in der Praxis eine spezifische → Zeugnissprache entwickelt, die von Laien nicht immer zutreffend eingeordnet und verstanden wird.

Sachlich unzutreffende und den vorstehenden Kriterien nicht entsprechende Zeugnisse sind auf Wunsch des Arbeitnehmers zu berichtigen. Der Berichtigungsanspruch kann durch Klage vor dem Arbeitsgericht durchgesetzt werden. Der Arbeitnehmer hat gegen den Arbeitgeber einen Schadensersatzanspruch, wenn dieser das Zeugnis nicht, verspätet oder mit unzutreffendem Inhalt erteilt und der Arbeitnehmer dadurch keine neue Arbeitsstelle findet. Die Darlegungs- und Beweislast trifft den Arbeitnehmer. Von dem Zeugnis zu unterscheiden ist eine Auskunft, die der Arbeitgeber über den Arbeitnehmer im Verhältnis zu dem neuen Arbeitgeber erteilt. Zu einer solchen Auskunft ist der Arbeitgeber nicht verpflichtet. Erteilt er die Auskunft, muss diese wahr sein und den Prinzipien der Zeugniserteilung Rechnung tragen. Unzutreffende Auskünfte und Zeugnisse können ggf. einen Schadensersatzanspruch des neuen Arbeitgebers nach § 826 BGB begründen, wenn der bisherige Arbeitgeber wissentlich unwahre Angaben macht und daraus resultierende Schäden für den neuen Arbeitgeber in Kauf nimmt. Weiterhin ist von dem Zeugnis zu unterscheiden das innerbetriebliche Beurteilungssystem. Dies ist eine Frage der Mitarbeiterbewertung und der Personalentwicklung, nicht aber des Zeugnisrechts. Rechtliche Regelungen für diese Bewertungsformen bestehen lediglich betriebsverfassungsrechtlich aufgrund des Mitbestimmungsrechts des

→ Betriebsrats für die Erstellung von Beurteilungsrichtlinien (§ 94 Abs. 2 BetrVG).

Arbeitszufriedenheit. Zur Definition und Erklärung von A. (mitunter auch als Berufszufriedenheit bezeichnet) liegen zahlreiche, höchst unterschiedliche Ansätze aus Psychologie und Soziologie vor, deren Bedeutung für die betriebliche Praxis bislang nur zurückhaltend zu bewerten ist. A. kann bezeichnet werden als positiver Eindruck, der insgesamt aus der Bewertung der eigenen → Arbeit und der → Arbeitsbedingungen entsteht. A. ist von daher ein sehr subjektiver Begriff, da jeder Mitarbeiter hier eigene individuelle Bewertungsmaßstäbe anlegt, die sich auch nach persönlicher Lebenssituation (z.B. Familienverhältnisse, Lebensalter), Bedürfnisstruktur, → Motivation und der jeweiligen Situation auf dem → Arbeitsmarkt unterscheiden und verändern können. Messungen und Analysen der A. der Mitarbeiter im Unternehmen sind verlässlich nicht möglich und Versuche hierzu, z.B. mittels dafür entwickelter schriftlicher, anonymer → Mitarbeiterbefragungen, methodisch häufig problematisch und in ihren Aussagen nur sehr bedingt tragfähig.

Das Interesse der Praxis an der A. und ihrer Messung hat vornehmlich zwei Gründe: (1) Insbesondere in der Nachfolge der Human-Relations-Bewegung (→ Human Relations) gilt das Ausmaß der A. als ein Indikator dafür, inwieweit die Unternehmen Mitarbeiterbedürfnisse befriedigen; (2) damit zusammenhängend wird davon ausgegangen, dass A. auch Leistungsbereitschaft und -fähigkeit der Mitarbeiter sowie hierüber das Erreichen der Leistungsziele des gesamten Unternehmens beeinflusst. Darüber hinaus werden aber auch Auswirkungen der A. auf → Fehlzeiten, → Fluktuation und Unfallhäufigkeit am Arbeitsplatz vermutet. Untersuchungen haben hier zwar gewisse Zusammenhänge aufgezeigt, die aber ursächlich nicht eindeutig auf die A. zurückzuführen sind. Vielmehr scheinen zahlreiche Wechselbeziehungen, auch über andere Faktoren, vorzuliegen, die insgesamt ein sehr komplexes Bild ergeben. Klare Hinweise liegen jedoch dafür vor, dass eine geringe oder fehlende A. das Entstehen psychosomatischer Krankheitssyndrome fördern kann.
Grundsätzlich gilt als ziemlich sicher, dass v.a. die folgenden fünf Faktoren sich positiv auf die A. auswirken: (1) Herausfordernde, auch geistig anspruchsvolle Arbeitsaufgaben; (2) Erfolgserlebnisse in der Arbeit, am Arbeitsplatz; (3) Möglichkeiten, Wissen und Können auch anzuwenden und weiter zu entwickeln; (4) ein als angemessen und gerecht empfundenes betriebliches → Anreizsystem, insbesondere hinsichtlich seiner Vergütungsaspekte; (5) ein → Führungsstil, der Selbstvertrauen, Selbstverantwortung und Eigeninitiative der Mitarbeiter fördert.
Die angedeuteten und z.T. belegten Zusammenhänge zwischen A. und wichtigen Elementen des → Personalmanagements und der → Personalwirtschaft lassen es durchaus sinnvoll und nötig erscheinen, durch geeignete betriebliche Maßnahmen die A. positiv zu beeinflussen. Ansatzpunkte hierzu können sich dann auch aus → Mitarbeitergesprächen, → Mitarbeiterbefragungen und Analysen des → Betriebsklimas ergeben, sofern diese durch mehr objektive Daten z.B. aus → Arbeitsplatzanalysen, → Stellenbewertungen, → Zeitstudien ergänzt werden und insgesamt Eingang in eine systematische Schwachstellenanalyse finden.
Vgl. auch → Absentismus, → Burn-out-Syndrom, → Coaching, → innere Kündigung, → Leistung, → Leistungsanreize, → Zwei-Faktoren-Theorie.

ärztliche Einstellungsuntersuchung, → Arbeitsmedizin, → ärztliche Untersuchung.

ärztliche Untersuchung. Im Rahmen der → Arbeitsmedizin finden verschiedene Formen ärztlicher Untersuchungen statt. Dabei lassen sich freiwillige und Pflichtuntersuchungen unterscheiden.

Pflichtuntersuchungen sind für bestimmte Arbeitnehmergruppen aufgrund gesetzlicher oder berufsgenossenschaftlicher Regelungen vorgeschrieben, wenn mit der beruflichen Tätigkeit spezifische Gefahren verbunden sind. Einzelheiten ergeben sich aus der Gefahrstoffverordnung, der Strahlenschutzverordnung und der Unfallverhütungsvorschrift „Arbeitsmedizinische Vorsorge" (BGV A4).

Freiwillige Untersuchungen nimmt der Arbeitgeber mit Einverständnis des Arbeitnehmers im Rahmen arbeitsmedizinischer Vorsorge vor, um medizinische Risiken einer → Einstellung zu reduzieren, die Wiederbeschäftigungsmöglichkeit für Mitarbeiter nach gesundheitsbedingtem Ausfall zu prüfen - wenn hierzu besondere Veranlassung besteht - sowie ggf. von Zeit zu Zeit, um das Gesundheitsbewusstsein der Arbeitnehmer zu unterstützen.

Darüber hinaus lassen sich *Erstuntersuchungen, Nachuntersuchungen* und *nachgehende Untersuchungen* unterscheiden. Die Erstuntersuchung erfolgt vor Beginn einer Tätigkeit zum Ausschluss einer Gefährdung, die Nachuntersuchung dient der Überwachung des Gesundheitszustandes innerhalb bestimmter Fristen und zur Feststellung des Fortbestandes der Nichtgefährdung, während die nachgehende Untersuchung nach Beendigung der Tätigkeit erfolgt, um eine rechtzeitige Erkennung einer späteren Beschädigung der Gesundheit infolge besonderer arbeitsplatzbedingter Gefahren zu ermöglichen. Die arbeitsmedizinische Tätigkeit erfolgt durch in dem Unternehmen beschäftige Arbeitsmediziner (Betriebsärzte), im Rahmen arbeitsmedizinischer Zentren oder aber durch ausdrücklich ermächtigte niedergelassene Ärzte. Die in § 2 der BGV A4 genannten Vorsorgeuntersuchungen dürfen nur durch Ärzte erfolgen, die hierzu entweder von der → Berufsgenossenschaft oder aber von der Gewerbeaufsicht ermächtigt worden sind. Voraussetzung für die Erteilung der Ermächtigung ist insbesondere, dass der betreffende Arzt über die speziellen arbeitsmedizinischen Fachkenntnisse verfügt.
Vgl. auch → Arbeitsunfall, → Berufskrankheiten.

Assessmentcenter. Der Begriff A. ist wenig präzise und wird für inhaltlich sehr unterschiedliche situative Methoden der Bewerberauswahl, i.d.R. für Führungskräftenachwuchs (sog. Auswahl-Assessment) sowie bei der Potenzialbeurteilung im Rahmen der → Führungskräfteentwicklung (sog. Entwicklungs-Assessment) benutzt. Typisch für ein A. ist jedoch eine Sequenz von an den künftigen beruflichen Tätigkeiten der A.-Teil-nehmer orientierten, fallähnlich aufgebauten, verschiedenen Problemlösungs- und Entscheidungsaufgaben mehr oder weniger komplexen Inhalts. Hiermit werden praxisbezogene Situationen simuliert, die von den Teilnehmern bzw. Kandidaten, je nach Aufgabe schwerpunktmäßig, verschiedene Fähigkeiten und Verhaltensweisen erfordern, z.B. analytisches Denken, Organisationsver-

mögen, Kooperationsbereitschaft, Kommunikations- und Argumentationsstärke, Einsatzwille u.a. Zur Differenzierung von sozialen und gruppendynamisch beeinflussten Verhaltensweisen sowie mehr individuellen Stärken oder Schwächen enthält ein A. häufig sowohl Aufgaben, die als Gruppe zu bearbeiten sind (Gruppen-Assessment), wie solche, die einzeln bearbeitet werden (Einzel-Assessment). Anliegen des A. ist es, die Kandidaten über einen längeren Zeitraum (mindestens ein Tag, häufig zwei Tage) in unterschiedlichen, standardisierten Situationen weitgehend realistischen Praxisanforderungen auszusetzen und von ihrem dort gezeigten Verhalten auf Berufseignung oder Entwicklungspotenzial zu schließen. Als Beobachter (sog. Juroren) werden hierfür geschulte, erfahrene Führungskräfte aus unterschiedlichen Fachbereichen des Unternehmens eingesetzt, i.d.R. unterstützt von internen Fachpsychologen oder externen Spezialisten. Hilfsmittel der Beobachter sind Beobachtungsbogen, Checklisten u.a., mit denen die relevanten Beobachtungsmerkmale erhoben und Beobachtungseindrücke festgehalten werden. Am Ende des A. erfolgen Auswertung, Vergleich und Bewertung der Beobachtungen mit dem Ziel, Empfehlungen für die Einstellung oder Förderung der geeignet erscheinenden Kandidaten zu geben. Beim Einzel-Assessment kommen heute mitunter auch Aufgaben zum Einsatz, die von den Kandidaten am Personal Computer zu bearbeiten sind.
Vorteile des A. sind v.a.: (1) die für alle Kandidaten gleiche Auswahlsituation, (2) praxisorientierte und inhaltlich-thematisch wechselnde Aufgaben, (3) alle Kandidaten werden aktiviert und müssen sich präsentieren, (4) langer Beobachtungszeitraum und mehrere Beobachter (anzustreben ist mindestens ein Beobachter je zwei Kandidaten), (5) die insgesamt mögliche gute Vergleichbarkeit aller Kandidaten, (6) die Teilnehmer empfinden ein A. meistens positiv und als faires, objektives Auswahlverfahren.
Probleme und Schwachpunkte des A. sind im Wesentlichen: (1) hoher zeitlicher und finanzieller Vorbereitungs- und Durchführungsaufwand, (2) oft kaum anforderungs- und teilnehmergerechte Aufgaben oder Übungen, da deren systematische Entwicklung sehr schwierig ist, (3) die Beobachter sind nur unzureichend vorbereitet und unterschätzen ihre Aufgabe, (4) die Kandidaten erkennen

erwünschtes Verhalten und „spielen" sich darauf ein, (5) häufig fehlende oder nur widerwillige Rückkopplung der A.-Ergebnisse an unterlegene Kandidaten, (6) die allen Beteiligten bewusste fiktive Situation mit ihren Auswirkungen auf das Verhalten.

Wegen des hohen methodischen, zeitlichen und somit auch finanziellen Aufwands wird das A. bis heute vorwiegend nur von größeren Unternehmen eingesetzt. Die Erfahrungen dort zeigen, dass sich mit einem systematisch angelegten A. die Auswahlsicherheit sowohl bei externer wie interner Personalbeschaffung deutlich verbessern lässt.

Vgl. auch → Bewerbungsanalyse, → Eignungsdiagnostik, → Vorstellungsgespräch.

Aufgabenanalyse, → Arbeitsplatzanalyse.

Aufgabenbereicherung, → Job-Enrichment.

Aufgabenerweiterung, → Job-Enlargement.

Aufhebungsvertrag. Der A. dient der einvernehmlichen Beendigung des Arbeitsverhältnisses. Diese kann durch den Arbeitnehmer (z.B. zur Abkürzung von Kündigungsfristen bei einem beabsichtigten Arbeitsplatzwechsel) oder durch den Arbeitgeber (insbesondere zur Vermeidung einer → Kündigung) veranlasst werden. A. sind aufgrund der → Vertragsfreiheit ohne besondere Einschränkungen zulässig. Sie unterliegen weder dem → Kündigungsschutzgesetz noch dem Mitwirkungsrecht des → Betriebsrates bzw. → Sprecherausschusses nach §§ 102 BetrVG, 31 SprAuG.

Der A. muss in schriftlicher Form geschlossen werden (§ 623 BGB), anderenfalls ist er unwirksam. Zudem gelten die allgemeinen zivilrechtlichen Grenzen für die Wirksamkeit von Verträgen. So kann dem Arbeitnehmer ein Anfechtungsrecht zustehen, wenn er sich bei Abschluss des A. in einem Irrtum befand oder durch arglistige Täuschung oder widerrechtliche Drohung zur Abgabe der Erklärung gedrängt wurde. Eine arglistige Täuschung liegt beispielsweise dann vor, wenn der Arbeitnehmer bei Vertragsschluss über den Gegenstand der Vereinbarung oder wesentliche inhaltliche Einzelheiten getäuscht wurde. Am häufigsten wird die Anfechtung jedoch mit dem Vorliegen einer widerrechtli-

chen Drohung begründet. Gedroht werden kann beispielsweise mit Kündigung, Strafanzeige oder Schadenersatzforderungen, falls der Arbeitnehmer den A. nicht abschließt. Ob eine solche Drohung auch widerrechtlich ist und damit einen Anfechtungsgrund darstellt, richtet sich nach den Umständen des jeweiligen Einzelfalles. Die Widerrechtlichkeit ist in der Regel zu verneinen, wenn die Androhung – beispielsweise der Kündigung – berechtigt war.

Wird dem Arbeitnehmer keine Bedenkzeit gegeben, so führt dies grds. nicht zur Unwirksamkeit eines A., da er den Abschluss verweigern kann.

Die Frage, ob der Arbeitnehmer den A. auch ohne besondere Vereinbarung nach Verbraucherschutzvorschriften widerrufen kann, wird vom BAG verneint, da ein A. kein Vertriebsgeschäft darstellt und daher auch das gesetzliche Verbraucherwiderrufsrecht keine Anwendung findet.

Der Abschluss eines A. kann für den Arbeitnehmer zu einer Sperrzeit für den Bezug von Arbeitslosengeld führen (§ 144 SGB III). Der Anspruch auf Arbeitslosengeld ruht während dieser Zeit, wenn der Arbeitnehmer das Beschäftigungsverhältnis ohne wichtigen Grund gelöst und dadurch vorsätzlich oder grob fahrlässig die Arbeitslosigkeit herbeigeführt hat.

Inwieweit den Arbeitgeber bei Vertragsschluss eine Hinweispflicht über die sozialrechtlichen Folgen trifft, ist rechtlich noch nicht vollständig geklärt. Grds. gilt, dass sich der Arbeitnehmer über die Konsequenzen eines A. selbst informieren muss. Allerdings kann den Arbeitgeber im Einzelfall eine Belehrungspflicht treffen. So z.B., wenn durch den Abschluss des Vertrages das Entstehen einer unverfallbaren Anwartschaft verhindert würde (→ Unverfallbarkeit). Nach der Rechtsprechung des BAG soll den Arbeitgeber auch dann eine Belehrungspflicht treffen, wenn durch den A. die Kündigungsfrist abgekürzt wird und daher mit dem Eintritt einer Sperrzeit nach § 144 SGB III zu rechnen ist.

Wenn der Arbeitgeber belehrt, dann muss die erteilte Auskunft richtig sein. Eine unterlassene oder fehlerhafte Auskunft hat zwar grds. keinen Einfluss auf die Wirksamkeit des Aufhebungsvertrages, kann aber Schadenersatzansprüche auslösen.

Aufklärungspflichten, → Offenbarungspflicht.

Auflösung (des Arbeitsverhältnisses), → Aufhebungsvertrag, → Abwicklungsvertrag, → Kündigung, → Kündigungsrecht, → Kündigungsschutz(gesetz).

Aufstieg. Als A. werden im Unternehmen i.d.R. vertikale Stellenwechsel von Mitarbeitern bezeichnet, die mit einem Zuwachs an Prestige, Entscheidungsbefugnissen, Verantwortung für Mitarbeiter und Unternehmensabläufe sowie Einkommen verbunden sind. In der Praxis ist damit meistens das Erreichen einer höheren Ebene der betrieblichen → Hierarchie verbunden. Die Aufstiegsmöglichkeiten und der konkrete Aufstieg sind für die meisten Mitarbeiter wichtige Motivationsfaktoren, denen die Unternehmen auch über Angebote interner Fort- und Weiterbildung sowie Maßnahmen der → Personalentwicklung und → Führungskräfteentwicklung mit dem Ziel der Qualifikationsanhebung der Mitarbeiter Rechnung tragen.

Konstituierend für den A. sind neben der Mitarbeiterqualifikation und den gebotenen Qualifizierungsmöglichkeiten aber auch der Entwicklungsstand des Unternehmens (z.B. Expansions-, Konsolidierungs- oder Stagnationsphase), → Leitungstiefe, → Leitungsspanne und die Auslesekriterien, nach denen Aufstiegschancen vergeben werden (z.B. fachrichtungsabhängig, primär leistungsbezogen oder primär erfahrungs- bzw. altersbezogen). Eine Fülle möglicher Aufstiegssektoren zeigt sich häufig in modernen Großunternehmen mit hochentwickelter Funktionsspezialisierung. Gleichzeitig sind ausgeprägte Fachgrenzen sowie hochspezialisierte Fachqualifikationen (z.B. im Bereich Forschung und Entwicklung) jedoch tendenziell aufstiegshemmend, insbesondere im Hinblick auf die Übernahme operativer Führungsaufgaben.

In der Praxis vorhandene Diskrepanzen zwischen hohen Aufstiegserwartungen und realen Aufstiegsmöglichkeiten (z.B. Unternehmen mit ausgeprägt flacher Hierarchie) oder Begrenzungen auf sehr schmale Aufstiegsfelder mit großer Aufstiegskonkurrenz haben zu einer Vielzahl von Aufstiegssurrogaten, Pseudohierarchien oder laufbahnähnlichen Konstrukten geführt, z.B. Differenzierung in sog. → Fachlaufbahnen und → Führungslaufbahnen. Damit wurden in manchen Unternehmen gleichsam hypothetische Aufstiegsordnungen geschaffen, die durchaus Motivationswirkungen entfalten, aber auch Enttäuschungen über faktischen Nichtaufstieg kompensieren, somit im Sinne eines internen → Personalmarketings wirken.

Vgl. auch → Karriere, → Mobilität, → Laufbahn, → Lean Management.

Aufstiegsfortbildung, → Weiterbildung.

Aufwandsentschädigung, → Aufwendungsersatz.

Aufwärtsbeurteilung, → Vorgesetztenbeurteilung.

Aufwendungsersatz, *Aufwandsentschädigung.* Der A. betrifft die Erstattung von besonderen Aufwendungen, die dem Arbeitnehmer in Ausübung seiner beruflichen Tätigkeit für den Arbeitgeber entstanden sind. Darin liegt ein grundlegender Unterschied zur → Vergütung, die der Arbeitnehmer als Gegenleistung für seine berufliche Arbeit erhält. Der grundsätzlich klare Unterschied zwischen beiden Bereichen kann in der Praxis jedoch verschwimmen, wenn die Erstattung von Aufwendungen über dasjenige hinausgeht, was dem Arbeitnehmer konkret an wirtschaftlichen Belastungen entstanden ist. In solchen Fällen erhält die Erstattungsregelung faktisch den Bestandteil einer Vergütung. In manchen Tarifverträgen, insbesondere im Bau- und Montagebereich, sind die hier als *Auslösungen* bezeichneten Erstattungsregelungen teilweise von einem solchen Charakter geprägt. Darüber hinaus empfinden Arbeitnehmer pauschalierte Aufwandserstattungen vielfach wie eine Vergütungsregelung, obwohl die Pauschalierung lediglich der vereinfachten Abrechnung dienen soll.

Der Anspruch des Arbeitnehmers auf Erstattung seiner Aufwendungen richtet sich nach den einschlägigen tarifvertraglichen oder arbeitsvertraglichen Regelungen, bei Fehlen von solchen Absprachen nach § 670 BGB. Die Vorschrift ist nach ständiger Rechtsprechung, obwohl im Rahmen des Auftragsrechts geregelt, auf Arbeitsverhältnisse anwendbar.

Typische Fälle des A. sind Kosten für Dienstreisen (öffentliche Transportmittel, Aufwand für die Benutzung des eigenen Pkw, Übernachtungs- und Verpflegungsaufwand), ferner für den Arbeitgeber geführte Telefongespräche, vorgelegte Portokosten etc. Für die → Reisekosten sieht das Steuerrecht in Abhängigkeit von der Dauer und dem räumlichen Umfang differenzierte Pauschalbeträge vor, die steuerfrei zur Vermeidung detaillierter Nachweise für Übernachtungs- und Verpflegungsaufwand angesetzt werden können. Auf diese Pauschalsätze wird in vielen Tarif- und Arbeitsverträgen Bezug genommen. Nicht zu den erstattungspflichtigen Aufwendungen gehören die persönlichen, der Sphäre des Arbeitnehmers zuzuordnenden Kosten. Hierzu zählen insbesondere Aufwendungen für Fahrten zwischen Wohnung und Arbeitsstätte, die jedoch im Rahmen der Werbungskosten des Arbeitnehmers einkommensteuerrechtlich berücksichtigungsfähig sind. Umzugskosten sind auch bei dienstlicher Veranlassung nur dann erstattungsfähige Aufwendungen, wenn entsprechende vertragliche Absprachen bestehen. Dies ist regelmäßig der Fall, insbesondere zur Unterstützung der beruflichen → Mobilität der Arbeitnehmer.

Ausbildender. A. ist derjenige, der einen anderen mit dem Ziel der → Berufsausbildung einstellt. Hiervon ist derjenige zu unterscheiden, der die Ausbildung konkret durchführt; das kann der A. selbst oder ein von ihm hierzu beauftragter → Ausbilder sein. Ausbilden darf nur, wer fachlich (→ Ausbildereignungsverordnung) und persönlich dazu geeignet ist (§§ 28 f. BBiG, § 21 HwO). Persönlich ungeeignet ist insbesondere, wer Kinder und Jugendliche nicht beschäftigen darf oder wer wiederholt und schwer gegen das BBiG, die Handwerksordnung oder die aufgrund dieser Gesetze erlassenen Vorschriften verstoßen hat. Vor Beginn einer Berufsausbildung muss zwischen dem A. und dem → Auszubildenden ein → Berufsausbildungsvertrag geschlossen werden. Der A. muss sicherstellen, dass dem Auszubildenden die Fertigkeiten und Kenntnisse vermittelt werden, die zum Erreichen des Ausbildungszieles erforderlich sind, insbesondere die Ausbildung fachlich und zeitlich so gliedern, dass sie in der vorgesehenen Zeit erfolgreich abgeschlossen werden kann (→ Ausbildungsordnung, → Ausbildungsplan). Neben die

Ausbildung im Betrieb tritt im Rahmen des dualen → Berufsbildungssystems der Unterricht in der Berufsschule.

Ausbilder. In der betrieblichen Praxis sind A. Personen, die haupt- oder nebenberuflich in der → Berufsausbildung, vornehmlich der beruflichen → Erstausbildung, fachpraktische oder fachtheoretische Ausbildungsinhalte vermitteln. A. müssen persönlich und fachlich für ihre Aufgaben geeignet sein. Welche Qualifikationen A. nachweisen müssen, ist insbesondere im Berufsbildungsgesetz BBiG (§§ 28 f.) und in der Handwerksordnung HwO (§§ 21 f.) geregelt. Für A. in der gewerblichen Wirtschaft, im öffentlichen Dienst und in der Landwirtschaft ist ein Nachweis von arbeits- und berufspädagogischen Kenntnissen vorgeschrieben (→ Ausbildereignungsverordnung (AEVO)). Vgl. auch → Ausbildender, → Ausbildungsordnung, → Ausbildungsplan, → Auszubildender, → Trainer.

Ausbildereignungsverordnung (AEVO). Ziel der im August 2009 in novellierter Form in Kraft getretenen A. von 1999 ist es, die betriebliche Ausbildung mit rechtlicher Verbindlichkeit auf der Basis fachlicher sowie arbeits- und berufspädagogischer Kenntnisse der Ausbilder didaktisch-methodisch zu verbessern. So legt die A. fest, welche pädagogische Eignung die Ausbilder in der gewerblichen Wirtschaft, im Bergwesen, der Land- und Hauswirtschaft sowie im öffentlichen Dienst nachzuweisen haben und wie der Nachweis zu erbringen ist. Die erforderliche Qualifikation (§ 2 AEVO) ist grundsätzlich durch eine schriftliche und eine praktische Prüfung nachzuweisen (§ 4 AEVO). Vgl. auch → Arbeits- und Berufspädagogik, → Ausbildender, → Ausbildungsrecht, → Berufsausbildung.

Ausbildung. A. ist der systematische, zielorientierte (z.B. Erlernen eines Berufs, Erreichen eines bestimmten Schulabschlusses) Erwerb von Wissen, Kenntnissen, Fertigkeiten und Erfahrungen in dafür geeigneten Ausbildungseinrichtungen (z.B. Schulen, Betriebe). Im Hinblick auf die berufliche A. kann unterschieden werden in → Erstausbildung, → Umschulung und – i.w.S. – → Weiterbildung.
Vgl. auch → Ausbilder, → Ausbildender, → Ausbildereignungsverordnung, → Ausbil-

dungsordnung, → Ausbildungsplan, → Ausbildungsrecht, → Auszubildende, → Berufsausbildung, → Berufsbildungssystem.

Ausbildungsordnung. Als Grundlage für eine geordnete → Berufsausbildung kann das Bundesministerium für Wirtschaft und Arbeit oder das sonst zuständige Fachministerium im Einvernehmen mit dem Bundesministerium für Bildung und Forschung für die Ausbildungsberufe Ausbildungsordnungen erlassen (§ 4 BBiG). In einem anerkannten Ausbildungsberuf darf nach der hierfür erlassenen A. ausgebildet werden. Die A. legt als Rechtsverordnung entsprechend den in § 1 BBiG formulierten Grundsätzen für eine breit angelegte berufliche Grundausbildung in einem geordneten Ausbildungsgang im Wesentlichen Folgendes verbindlich fest: die Bezeichnung des Ausbildungsberufes, die Dauer der Ausbildung, die Inhalte der Ausbildung (sog. Ausbildungsberufsbild, d.h. zu vermittelnde Kenntnisse und Fertigkeiten), Grundsätze zur sachlichen und zeitlichen Gliederung der Ausbildung in Form eines Ausbildungsrahmenplanes sowie die Prüfungsanforderungen. Die A. beschreibt die betriebliche Ausbildung nicht in allen Einzelheiten, vielmehr erstellt das ausbildende Unternehmen auf der Basis des in der A. festgelegten Ausbildungsrahmenplans einen betrieblichen Ausbildungsplan.
Vgl. auch → Berufsbild, → Erstausbildung.

Ausbildungsplan. Der A. ist eine Grundlage der beruflichen Ausbildung (→ Erstausbildung) und wird vom ausbildenden Unternehmen nach Maßgabe der für den jeweiligen Ausbildungsberuf geltenden → Ausbildungsordnung und dem darin enthaltenen Ausbildungsrahmenplan aufgestellt. Er konkretisiert die betriebliche Ausbildung insbesondere hinsichtlich des sachlichen und zeitlichen Aufbaus und Ablaufs (z.B. Zuordnung von Lerninhalten und Fachabteilungen, Zeitplan für den Besuch einzelner Fachabteilungen) sowie nach Intensität bzw. Tiefe der zu vermittelnden Ausbildungsinhalte. Unterschieden wird häufig nach vier Intensitätsstufen: (1) Vermittlung von Grundkenntnissen, (2) Vermittlung von Kenntnissen, (3) Befähigung zur Mitwirkung bei Arbeits- und Geschäftsvorfällen sowie (4) Befähigung zur selbstständigen Bearbeitung von Arbeits- und Geschäftsvorfällen. Nur ein sorgfältiger inhaltlich und zeitlich gut abgestimmter A.

kann die von den Auszubildenden mitunter beklagten Leerläufe und inhaltlichen Überschneidungen während der Ausbildung vermeiden.
Vgl. auch → Berufsausbildung, → Berufsbild, → Berufsausbildungsvertrag.

Ausbildungsrecht. Für die berufliche Ausbildung besteht ein besonderes (Berufs-) A. Einerseits ist das Berufsausbildungsverhältnis ein echtes Arbeitsverhältnis; die Auszubildenden sind → Arbeitnehmer. Andererseits unterscheidet sich das Ausbildungsverhältnis von einem gewöhnlichen Arbeitsverhältnis dadurch, dass eben die Ausbildung (duale Ausbildung durch → Betrieb und Berufsschule) und nicht die Erbringung von Arbeitsleistungen maßgebliches Ziel ist. Rechtsgrundlage ist das Berufsbildungsgesetz mit folgenden Schwerpunkten: Begründung, Inhalt und Beendigung von Ausbildungsverhältnissen, Ordnung der Berufsbildung mit Vorschriften über die Eignung der Ausbildenden und der Ausbildungsstätten, Ausbildungsordnung und Prüfungswesen sowie behördliche Überwachung.
Da Auszubildende regelmäßig Jugendliche sind, findet zusätzlich das Jugendarbeitsschutzgesetz Anwendung. Betriebsverfassungsrechtlich eröffnen §§ 96 bis 98 BetrVG Mitbestimmungsmöglichkeiten des → Betriebsrats im Rahmen der Berufsbildung, insbesondere bezüglich der Einrichtung und Maßnahmen der Berufsbildung sowie zur Durchführung betrieblicher Bildungsmaßnahmen. Schließlich enthalten zahlreiche Tarifverträge Regelungen für die Berufsausbildung.

Ausgleichsquittung. Die A. wird bei Beendigung des Arbeitsverhältnisses seitens des Arbeitnehmers zugunsten des Arbeitgebers ausgestellt. Sie bestätigt i.d.R., dass dem Arbeitnehmer weitere Ansprüche aus dem (aufgelösten) Arbeitsverhältnis nicht zustehen. Zu ihrer Wirksamkeit muss sie so bestimmt wie möglich sein. Wird sie pauschal formuliert, bezieht sie sich im Zweifel nur auf Lohnansprüche, nicht aber auf die Erhebung einer Kündigungsschutzklage und die Geltendmachung von Ruhegeld- oder Lohnfortzahlungsansprüchen wegen Krankheit. Auf tarifvertraglich begründete Ansprüche kann nicht rechtswirksam verzichtet werden (§ 4 Abs. 4 TVG), ebensowenig auf Mindesturlaubsansprüche nach dem Bundesurlaubsgesetz (§§ 7 Abs. 3, 13 Abs. 1 BUrlG).

Auslandsentsendung. Die A. ist vorwiegend für international oder global präsente Unternehmen ein bedeutsames Anliegen und ein wichtiger personalpolitischer Faktor. Die A. von Mitarbeitern zielt in der Praxis meistens auf: (1) Know-how-Transfer, (2) Sicherung einer einheitlichen Unternehmensstrategie auch bei ausländischen Niederlassungen, Werken oder Tochterunternehmen, (3) Präsenz in wichtigen internationalen Entscheidungsgremien, (4) Entwicklung internationaler Managementfähigkeiten bei Führungs- und Führungsnachwuchskräften oder (5) Kompensation fehlender einheimischer Fach- und Führungskräfte im Ausland. Die A. erfolgt i.d.R. über eine → Abordnung bis zu einem Jahr oder eine befristete → Versetzung von einem bis drei Jahren, seltener zeitlich unbefristet. Die Mitarbeiter müssen auf eine A., insbesondere eine längerfristige, sehr gründlich vorbereitet werden, dazu zählen z.B. der Erwerb nötiger sprachlicher Grundkenntnisse, realistische Informationen über die besonderen kulturellen, sozialen und politischen Bedingungen im Gastland, aber auch über die vorgesehenen Arbeitsaufgaben, die hierarchische Einbindung und wichtige Ansprechpartner im Unternehmen, über Gehaltsfragen und die wahrscheinlichen Aufgaben nach Rückkehr ins Stammhaus. Manche Unternehmen bieten vor diesem Hintergrund auch eine Vorab-Besuchsreise ins Gastland, die Teilnahme an besonderen Vorbereitungsseminaren u.ä. Hilfen an. Wird der Mitarbeiter von seiner Familie begleitet, dies geschieht oft bei längeren Entsendungen in sehr weit entfernte Länder, sollten auch die Ehefrau und ggf. die Kinder in geeigneter Weise in die Vorbereitung einbezogen werden. Art und Umfang der Vorbereitung müssen sich immer am Entsendezweck, der Entsendedauer und den kulturellen wie politischen Besonderheiten des Gastlandes orientieren. Für die Motivation des Mitarbeiters und seinen Erfolg im Ausland hat es sich, insbesondere bei Entsendezeiträumen von mehr als 1 Jahr, als sehr wichtig erwiesen, ihm für die Zeit nach seiner Rückkehr möglichst klare und verbindliche berufliche Perspektiven aufzuzeigen. Manche Widerstände gegen eine A. und viele Enttäuschungen bei der Rückkehr, sowohl seitens des Mitarbeiters wie seitens des Unternehmens, lassen sich so verhindern.

Vgl. auch → Auslandsvergütung, → Internationales Personalmanagement, → Internationales Personalmarketing, → Mobilität, → Repatriierung.

Auslandsvergütung. Grundsätzlich soll die A. von ins Ausland entsandten Mitarbeitern für den Zeitraum ihrer dortigen Beschäftigung den gewohnten Lebensstandard sichern, darüber hinaus aber auch Anreize für die Bereitschaft zur Auslandstätigkeit bieten und einen finanziellen Ausgleich für die mit einer Beschäftigung im Ausland oft verbundenen materiellen und immateriellen Nachteile gewähren.

Im Wesentlichen lassen sich hier drei Vergütungsansätze unterscheiden:

(1) Der *Home-Country-Ansatz*. Hier wird das bisherige Gehalt um für das jeweilige Gastland typische Zulagen fortgeführt und in der Heimatwährung oder z.T. in der Gastlandwährung ausgezahlt. Bei Änderungen der Wechselkurse oder im relativen Preisniveau zwischen beiden Ländern erfolgt eine Anpassung. Die Problematik besteht nunmehr grundsätzlich nur noch bei Ländern, die nicht am Euro teilnehmen. Dieser Ansatz kommt i.d.R. nur bei Auslandseinsätzen von unter einem Jahr zum Tragen.

(2) Der *Host-Country-Ansatz*. Hier erfolgt eine ausschließliche Vergütung am Gehaltsniveau des Gastlandes und damit eine absolute Gleichbehandlung mit den entsprechenden lokalen Mitarbeitern. Dieser Ansatz spielt in der Praxis nur eine Rolle bei Einsätzen in Ländern mit gleichem oder höherem Einkommensniveau im Verhältnis zu dem Entsendeland.

(3) Der *Balance-Sheet-Ansatz*. Er ist in der Praxis am gebräuchlichsten. Hier wird das Nettogehalt des Mitarbeiters im Inland um auslandsspezifische Zulagen ergänzt und unter Berücksichtigung von Kaufkraftunterschieden und Wechselkursverhältnissen in einen Nettoeinkommensanspruch im Gastland umgerechnet. Hierzu haben inzwischen einige Unternehmensberatungen länder- und branchenspezifische Vergütungsmodelle entwickelt, die von den Unternehmen – z.T. modifiziert – zugrunde gelegt werden und zu einer gewissen Vereinheitlichung der Vergütungspraxis bei Auslandsentsendungen geführt haben.

Hinsichtlich der steuerrechtlichen Aspekte der A. ist folgendes zu beachten: Deutschland hat mit über 60 Staaten sog. Doppelbesteuerungsabkommen geschlossen, in denen die Besteuerung der Bezüge geregelt wird. Hiermit soll vermieden werden, dass eine → Auslandsentsendung zu einer doppelten Besteuerung der Einkünfte (im Gastland und in Deutschland) führt. Wenn ein solches Abkommen nicht vorliegt, kann evtl. eine doppelte Steuerpflicht entstehen.

Neben grundsätzlichen Regelungen der A. haben sich in der Praxis zahlreiche Zusatzleistungen etabliert, sie reichen z.B. von der Bereitstellung eines privat nutzbaren Firmenwagens im Ausland, dem Abschluss besonderer Kranken- und Unfallversicherungen für die Zeit des Auslandseinsatzes, der Weiterzahlung der Miete für die in Deutschland nicht genutzte Wohnung, bis hin zum Ausgleich des Einkommensverlustes des Ehepartners, sofern dieser den Mitarbeiter begleitet und deshalb seine Berufstätigkeit aufgeben muss. Da die Bereitschaft vieler Mitarbeiter zu Auslandsverwendungen eher gering ist, wird von den Unternehmen häufig sehr viel Kreativität bei der Schaffung und Gestaltung von monetären und nicht monetären Anreizen gefordert.

Vgl. auch → Internationales Personalmarketing, → Repatriierung, → Schattengehalt.

Auslösungen, → Aufwendungsersatz.

Ausschreibung von Arbeitsplätzen, → Stellenausschreibung.

außerordentliche Kündigung, → Kündigung.

Aussperrung. Die A. ist die arbeitgeberseitige Maßnahme im → Arbeitskampf bei Tarifauseinandersetzungen und steht dem Streik auf Arbeitnehmerseite gegenüber. Sie ist als Abwehraussperrung gegen Forderungen der → Gewerkschaften, insbesondere als Antwort auf gewerkschaftliche Streikmaßnahmen, und als Angriffsaussperrung zur Durchsetzung arbeitgeberseitiger Tarifforderungen zulässig (Letzteres kommt allerdings in der Praxis so gut wie nicht vor). Das von den Gewerkschaften vielfach geforderte Aussperrungsverbot besteht nicht. Nach der Rechtsprechung des Bundesarbeitsgerichts gebietet die Kampfparität die Zulässigkeit der A. Die entgegenstehende Regelung in der hessischen Landesverfassung ist wegen des Grundsatzes „Bundesrecht bricht Landesrecht" (Art. 31 GG) unerheblich.

Die Zulässigkeit der A. wird durch die Beachtung der → Friedenspflicht und den Grundsatz der Verhältnismäßigkeit beschränkt, wonach die A. insbesondere als Abwehraussperrung in einem angemessenen Verhältnis zu Streikmaßnahmen stehen muss (Zahl der betroffenen Arbeitnehmer, Dauer der A.). Die A. gibt dem Arbeitgeber die Möglichkeit, über ohnehin streikende Arbeitnehmer hinaus weitere Arbeitskräfte von der Arbeit auszuschließen und dadurch die Belastungen der Gewerkschaft (Streikkasse) zu erhöhen. Die A. wirkt für die einzelnen Arbeitsverhältnisse nicht lösend (mit der Notwendigkeit einer späteren Wiedereinstellung), sondern nur suspendierend, d.h., die Rechte und Pflichten aus dem Arbeitsverhältnis werden während der A. ebenso wie während der Streikteilnahme vorübergehend außer Kraft gesetzt. Sie leben mit Abschluss der A. ohne Weiteres wieder auf.

Austrittsgespräch, → Abgangsinterview.

Auswahl-Assessment, → Assessmentcenter.

Auswahlgespräch, → Vorstellungsgespräch.

Auswahlverfahren. Bezeichnung für Inhalt und Ablauf der i.d.R. mehrstufigen Bewerberauswahl (Personalauswahl). Ein A. führt in der Praxis von der → Bewerbungsanalyse (1. Stufe) und, abhängig von den Stellenanforderungen oder der Bewerbergruppe (z.B. Auszubildende), über spezielle Eignungstests, strukturierte Diskussionsrunden mit einer Mehrzahl von Bewerbern bis hin zum → Vorstellungsgespräch. Den Abschluss des A. bildet seitens des Unternehmens die Abgabe eines Einstellungsangebotes. Bis zur Besetzung einer Stelle können allerdings mehrere A. erforderlich werden, insbesondere dann, wenn sich im Verlauf des A. alle Bewerber als ungeeignet erweisen, Bewerbungen zurückgezogen werden oder wenige hochqualifizierte Bewerber unter Einstellungsangeboten mehrerer Unternehmen wählen können. Ein A. sollte zügig durchgeführt und den Bewerbern alsbald eine Entscheidung mitgeteilt werden.

Vgl. auch → Absageschreiben, → Assessmentcenter, → Eignungsdiagnostik, → Recruiting Workshops, → Tests, → Zwischenbescheid.

Auszubildende. A. (früher Lehrlinge genannt) sind Personen, die in Betrieben der Wirtschaft, Einrichtungen des öffentlichen Dienstes, bei Angehörigen freier Berufe (z.B. Ärzte, Rechtsanwälte und Notare) oder in Haushaltungen (Ausbildung zum/zur Hauswirtschafter/in) nach den Bestimmungen des Berufsbildungsgesetzes (BBiG) und den in einem abzuschließenden schriftlichen → Berufsausbildungsvertrag festgelegten Vereinbarungen mit dem Ziel einer → Berufsausbildung beschäftigt werden. Hinsichtlich der betrieblichen → Mitbestimmung gelten einige Sonderregelungen (§§ 60ff. BetrVG, → Jugend- und Auszubildendenvertretung). Der ausbildende Betrieb muss dafür Sorge tragen, dass dem A. die notwendigen Qualifikationen zum Erreichen des Ausbildungszieles vermittelt werden (§ 14 BBiG); der A. ist gehalten, an seiner Ausbildung aktiv mitzuwirken, insbesondere sich zu bemühen, die zur Erreichung des Ausbildungszieles erforderlichen Kenntnisse und Fertigkeiten auch zu erwerben. Die Ausbildung erfolgt im Rahmen des dualen Ausbildungssystems in Betrieb und Berufsschule. Entsprechend wird die Ausbildung durch eine praktische und theoretische Prüfung abgeschlossen. Als Prüfer fungieren Beauftragte der Arbeitgeber wie der Arbeitnehmer sowie Berufsschullehrer (§§ 39ff. BBiG). Personen, die in einem öffentlich-rechtlichen Dienstverhältnis ausgebildet werden und sich als Anwärter oder Referendare z.B. auf eine Beamtenlaufbahn vorbereiten, sind keine A. Hier gelten auch nicht die Vorschriften des BBiG, sondern die einschlägigen beamtenrechtlichen Vorschriften (→ öffentlicher Dienst).

Vgl. auch → Ausbilder, → Ausbildungsordnung, → Berufsbildungssystem, → Trainee, → Volontariat.

Autorität. A. bezeichnet die Befugnis oder Chance, anderen ein bestimmtes Handeln oder Verhalten nahezulegen oder von ihnen verbindlich zu verlangen. A. beruht dabei auf der freiwilligen, nicht gewaltsam erzwungenen Akzeptanz durch die anderen. A. lässt sich unterscheiden in (1) personale (oder persönliche) A., (2) formale (oder positionale) A., (3) funktionale A. Die personale A. gründet in besonderen, von anderen geschätzten Persönlichkeitsmerkmalen, z.B. Lebenserfahrung, besondere berufliche Leistungen und Erfolge, Alter, ausgeprägte Sozialkompetenz. Die formale A. basiert auf der mit einer bestimmten hierarchischen Position in einer Organisation verbundenen Anordnungs- oder Weisungsbefugnis, z.B. eines Betriebsleiters gegenüber Mitarbeitern. Die funktionale A. hat ihre Grundlage in einem besonderen Sachverstand, Fach- oder Expertenwissen, das für die Zielerreichung von Organisationen, z.B. eines Industrieunternehmens, von besonderer Bedeutung ist.

Aufgabe der → Personalentwicklung und → Führungskräfteentwicklung sowie der → Personaleinsatzplanung im Unternehmen ist es u.a. auch, personale und funktionale A. der Mitarbeiter zu stärken und zu entwickeln sowie sicherzustellen, dass die mit einer → Stelle ggf. verbundene formale A. auch durch die jeweils notwendige, in der Person und Qualifikation des Stelleninhabers gründende persönliche und funktionale A. ergänzt und abgesichert wird. V.a. die Akzeptanz von Führungskräften bei Mitarbeitern und Arbeitnehmervertretung erfordert ein Gleichgewicht zwischen formaler A. auf der einen sowie funktionaler und persönlicher A. auf der anderen Seite.

Vgl. auch → Führung, → Hierarchie, → Kompetenz.

B

Balance-Sheet-Ansatz, → Auslandsvergütung.

Balanced Scorecard. Erstmals 1992 von Kaplan/ Norton vorgestelltes Konzept zur Transformation der Unternehmensstrategie in möglichst eindeutig formulierte qualitative und quantitative Ziele, aus denen durch Zuordnung quantitativer Kennzahlen, Mess- und Steuerungsgrößen operative Maßnahmen ableitbar sind. Die für den Unternehmenserfolg relevanten Faktoren sollen damit besser plan- und steuerbar werden. Auf Basis der jeweiligen Unternehmensstrategie sollen die Ziele ausgewogen („balanced") abgeleitet werden, indem neben den i.d.R. dominierenden finanzwirtschaftlichen Zielen auch für interne Prozesse, die Lern- und Entwicklungsfähigkeit der Mitarbeiter sowie für die Kundenperspektive (Kundenzufriedenheit, Marktausschöpfung) Ziele, Messgrößen und Sollwerte formuliert werden. Hinsichtlich der Sollwerte wird eine „balanced" Mischung schon bewährter Ergebnis-Kennzahlen und zukunftsweisender Leistungs-Kennzahlen angestrebt. Aus personalpolitischer Sicht werden in neuerer Zeit von einigen Unternehmen insbesondere die Zielfelder → Personalwirtschaft und → Personalentwicklung genannt, für die geeignete Kennzahlen und Messgrößen einer sog. „Human Recources Balanced Scorecard" entwickelt werden können. Ansätze bieten sich hier z.B. für Kennzahlen zur Optimierung des → Personalportfolios, der Mitarbeiterführung oder zur Beeinflussung von → Fehlzeiten und → Fluktuation. Bei Entwicklung und Anwendung der B. S. ist in der Praxis offenbar die Gefahr der Überregulierung und Bürokratisierung von Planungs- und Entscheidungsprozessen gegeben. Nicht zufriedenstellend ist bislang die Frage geklärt, ob es sich beim Konzept der B. C. um ein weiteres der zahlreichen „Management by Systeme" handelt (z.B. im Gefolge des → Total Quality Management (TQM)), ein neues Konzept der betrieblichen Berichterstattung bzw. des Controllings oder um eine besondere Variante der → Zielvereinbarung.
Vgl. auch → Personalcontrolling, → Personalinformationssysteme, → Personalpolitik.

Basisqualifikationen, → Schlüsselqualifikationen.

BDA-Formel. Von der → Bundesvereinigung der Deutschen Arbeitgeberverbände (BDA) zur Vereinheitlichung der → Personalstatistik vorgeschlagene Methode zur Berechnung der Fluktuationsquote (→ Fluktuation):
(Anzahl der Abgänge : durchschnittlicher Personalbestand) x 100 = Fluktuationsquote (in %).
Im Zähler der Formel wird die Zahl der in einem Zeitraum (i.d.R. Kalender- oder Geschäftsjahr) ausgeschiedenen Mitarbeiter erfasst, im Nenner der durchschnittliche Personalbestand im selben Zeitraum. Die BDA-F. wird heute von den meisten Unternehmen zur Berechnung ihrer Fluktuationsquoten genutzt. Die Fluktuationsquote kann für alle Mitarbeiter oder zur Erhöhung ihrer Aussagekraft sehr differenziert nach Mitarbeitergruppen, Organisationseinheiten, Gründen für das Ausscheiden u.a. berechnet werden.
Vgl. auch → Fluktuation, → Schlüter-Formel.

BEDAUX-System, → Akkord.

Bedürfnishierarchie, *Bedürfnispyramide, Motivpyramide.* Die B. geht zurück auf von dem amerikanischen Psychologen Abraham H. Maslow erstmalig 1954 vorgestellte motivationstheoretische Erklärungen des menschlichen Verhaltens. Danach lassen sich die Bedürfnisse (synonym: Motive) des Menschen in fünf Gruppen, hierarchie- oder pyramidenähnlich einteilen und darstellen: die unterste Ebene bilden physiologisch determinierte Bedürfnisse (z.B. nach Nahrung, Schlaf, Fortpflanzung), dann folgen

Sicherheitsbedürfnisse (Schutz vor Gefahren und Bedrohung), auf der dritten Ebene liegen soziale Bedürfnisse im Sinne von Streben nach Zuneigung, Gruppenzugehörigkeit, sozialer Nähe, dann folgen auf der vierten Ebene soziale Bedürfnisse im Sinne von Streben nach Anerkennung, Achtung, Prestige u.Ä. Die oberste Ebene bilden nach Maslow die mehr psychisch determinierten Bedürfnisse oder sog. Selbstverwirklichungsbedürfnisse, verstanden als Streben nach Entfaltung und Auslebung der vom Menschen in ihm vermuteten oder verspürten Anlagen oder Talente. Typisch an dieser B. ist nun, dass sich die Bedürfnisse von der untersten Ebene an sukzessive entfalten, d.h. die stärksten Bedürfnisse bildet zunächst die Gruppe der untersten, erst wenn diese annähernd befriedigt sind, geht ihre Bedeutung zugunsten der zweiten Gruppe zurück; sind diese annähernd befriedigt, verstärken sich diejenigen der nächsten Gruppe usw. Eine Sonderrolle spielen hier die Bedürfnisse der letzten Ebene (Selbstverwirklichung): sie gelten als sog. Wachstumsbedürfnisse, d.h. im Gegensatz zu den Bedürfnissen der vorangehenden Ebenen verlieren sie mit zunehmender Befriedigung nicht an Stärke, vielmehr nehmen sie an Intensität zu und beeinflussen das menschliche Verhalten nachhaltig.

Diese Überlegungen von Maslow und die damit verbundenen Implikationen (z.B. Bedürfnisbefriedigung als Instrument betrieblicher Motivation) fanden früh Eingang in zahlreiche theoretische Ansätze zum Verständnis von Aspekten der Mitarbeiterführung und -motivation im Unternehmen. Darüber hinaus beeinflussten sie eine Vielzahl von anwendungsbezogenen Anleitungen zur „richtigen" Mitarbeiterführung, die bis heute in vielen Führungsseminaren vermittelt werden. Inzwischen gelten die Grundlagen und Annahmen der B. allerdings als weitgehend unsicher oder widerlegt, zumindest empirisch und für die praktische Umsetzung nur sehr wenig tragfähig. Das Verdienst von Maslows B. für die betriebliche Praxis ist jedoch darin zu sehen, dass sie auf sehr unterschiedliche Bedürfnisse und damit verbundene Verhaltenswirkungen aufmerksam gemacht hat und zahlreiche Überlegungen zur optimalen, unternehmens- wie mitarbeitergerechten Gestaltung von → Leistungsanreizen und → Incentives entscheidend beeinflusst hat.

Vgl. auch → Anreizsystem, → Human Relations, → Motivation, → Wissenschaftliche Betriebsführung, → Zwei-Faktoren-Theorie.

Bedürfnispyramide, → Bedürfnishierarchie.

Bedürfnisse. Einen Versuch, die B. des Menschen zu erkennen, zu klassifizieren und ihre Bedeutung für das menschliche Handeln einzuschätzen, stellt die bekannte → Bedürfnishierarchie oder Motivpyramide von Maslow dar, die als Grundlage für eine unübersehbare Zahl von Empfehlungen und Konzepten zur → Führung und → Motivation von Mitarbeitern in der betrieblichen Praxis bis heute Resonanz gefunden hat. Der Wunsch der Praxis nach umsetzbaren Erkenntnissen über Natur und Wirken menschlicher B. unter dem Aspekt ihrer Konsequenzen für das → Personalmanagement, v.a. bei der Gestaltung von → Anreizsystemen, führt immer wieder zu Bemühungen von Wissenschaft und Praxis, insbesondere über → Mitarbeiterbefragungen, herauszufinden, welche B. für die Mitarbeiter wichtig sind, wie sie das Leistungsverhalten beeinflussen und wie → Arbeitsplatz und → Arbeitsbedingungen zur Motivbefriedigung beitragen können.

In neuerer Zeit finden diese Aspekte auch im → Personalmarketing, insbesondere bei der → Personalimageanalyse, große Beachtung. Die hierzu bislang vorliegenden Ergebnisse sind jedoch eher dürftig oder bestätigen schon bekannte, allgemeine Einsichten. So ist sicher, dass Art, Rang und Stärke der Bedürfnisse deutlich mit der individuellen Lebenslage (z.B. Alter, Familienstand, berufliche Stellung) und der Personalstruktur im Unternehmen korrelieren, dass eine als leistungsgerecht empfundene Bezahlung, ein sicherer Arbeitsplatz, ein gutes Betriebsklima, Leistungserfolg und Anerkennung der Arbeitsleistung, herausfordernde Arbeitsaufgaben sowie Chancen der beruflichen Weiterentwicklung den Bedürfnissen der meisten Menschen entgegenkommen und die Motivation der Mitarbeiter im Unternehmen erhöhen können. Von daher sollte es immer ein Ziel mitarbeiter- und unternehmensorientierter → Personalpolitik sein, sicherzustellen, dass erstens Arbeitsbedingungen und Anreizgestaltung im Unternehmen den grundlegenden, allgemeinen Bedürfnissen der Mitarbeiter entgegenkommen und zweitens über Mitarbeiterbeurteilungen, Mitarbeitergespräche u.ä. Instrumente die individuellen Motive und Ziele erkannt werden können und z.B. im Rahmen einer systematischen → Personalentwicklung und → Führungskräfteentwicklung erreichbar werden.

Vgl. auch → Absentismus, → Arbeitsplatzgestaltung, → Aufstieg, → Betriebsklima, → Burn-out-Syndrom, → Führungsmodelle, → Innere Kündigung, → Zwei-Faktoren-Theorie.

Beförderung. Als B. wird die Übertragung von Aufgaben, die Versetzung auf eine Stelle oder an einen Arbeitsplatz, die Übernahme einer Position, die Übertragung eines Amtes oder eines Dienstpostens (z.B. bei Beamten) bezeichnet, sofern dies vor dem Hintergrund der Betriebs- oder Organisationshierarchie für den Mitarbeiter mit einem → Aufstieg, einer Zunahme an Prestige bzw. Ansehen oder einem Gehaltszuwachs verbunden ist. Die B. wird i.d.R. durch den Arbeitgeber oder Dienstherrn in einem formalen Akt (bei Beamten z.B. durch Aushändigung einer Urkunde), einer besonderen Einweisung o.ä. vollzogen. Die B. ist ein wichtiges personalpolitisches Instrument zur → Motivation der Mitarbeiter und des anforderungs- und qualifikationsgerechten Mitarbeitereinsatzes. Eine B. sollte auch von daher nicht gleichsam automatisch, z.B. nach Erreichen bestimmter Dienstjahre, erfolgen, sondern sich an → Eignung und beruflichen Leistungen der Mitarbeiter orientieren. Eine am Interesse der Mitarbeiter nach beruflichem Fortkommen und Aufstieg sowie an betrieblichen Erfordernissen orientierte Beförderungspraxis bedarf immer der Unterstützung durch eine systematische → Personalentwicklung und → Führungskräfteentwicklung sowie eine konsequent gehandhabte Mitarbeiter- bzw. Leistungsbeurteilung.

Vgl. auch → Hierarchie, → Karriere, → öffentlicher Dienst.

befristete Arbeitsverhältnisse. B. A. werden abgeschlossen, wenn die Beschäftigungsmöglichkeit des Arbeitgebers wegen zeitlich begrenzten Arbeitsanfalls (z.B. Vertretungsregelung, Saisonverträge) oder zeitlich eingeschränkter Verfügbarkeit des Arbeitnehmers (z.B. anschließendes Studium, Umzug an einen anderen Ort) von vornherein begrenzt ist. Weiter gibt es besonders saisonorientierte Wirtschaftszweige (z.B. Saisonkellner, Skischulen) und zeitlich limitierte Projekte (z.B. Großbaustellen). Schließlich dienen b. A. manchmal der über ein gewöhnliches → Probearbeitsverhältnis hinausgehenden Erprobung des Arbeitnehmers.

Da b. A. mit Ablauf des vereinbarten Zeitraums ohne Weiteres enden, können sie dem schutzwürdigen Interesse des Arbeitnehmers zuwiderlaufen und die Anforderungen des Kündigungsschutzgesetzes umgehen. Aus diesem Grund verlangt eine seit langen Jahren gefestigte Rechtsprechung, dass für die Befristung ein hinreichender sachlicher Grund bestehen muss. Dies ist objektiv zu prüfen; das bloße Interesse des Arbeitgebers an einer Befristung genügt nicht, ebenso wenig kommt es auf eine subjektive Umgehungsabsicht des Arbeitgebers an. Fehlt ein sachlicher Grund, ist nicht etwa die befristete → Einstellung unwirksam; vielmehr entfällt die Befristung, so dass ein unbefristetes Arbeitsverhältnis für die Zukunft gegeben ist. Dies kann seitens des Arbeitnehmers durch arbeitsgerichtliche Feststellungsklage zur gerichtlichen Überprüfung gestellt werden.

Schließen sich mehrere befristete Arbeitsverträge lückenlos aneinander, liegt ein sog. Kettenarbeitsvertrag vor. Er legt die Vermutung nahe, dass mehrere Befristungen allein zur Verhinderung des → Kündigungsschutzes hintereinander geschaltet werden. Daher sind hier an die Prüfung des sachlichen Grundes für die Befristung besonders strenge Anforderungen zu stellen.

Aus arbeitsmarktpolitischen Gründen lässt das → Teilzeit- und Befristungsgesetz (früher Beschäftigungsförderungsgesetz) in bestimmten Fallkonstellationen die Befristung auch ohne das Vorliegen eines sachlichen Grundes zu. So ist bei Neueinstellungen eine Befristung von bis zu zwei Jahren, bei Unternehmensneugründungen, wobei es sich allerdings nicht lediglich um die bloße rechtliche Umstrukturierung bereits bestehender Unternehmen handeln darf, bis zu vier Jahren zulässig. Schließlich ist eine erleichterte Befristung auch möglich, wenn der Arbeitnehmer bei Beginn des Arbeitsvertrages das 52. Lebensjahr vollendet hat und unmittelbar vor Beginn des befristeten Arbeitsverhältnisses mindestens vier Monate beschäftigungslos gewesen ist, Transferkurzarbeitergeld bezogen oder an einer öffentlichen Beschäftigungsförderungsmaßnahme teilgenommen hat.

Damit will das Gesetz dem Grundsatz Rechnung tragen, dass eine befristete Beschäftigung besser ist als eine befristete oder unbefristete Arbeitslosigkeit. Für die Arbeitgeber soll ein Anreiz zur weitergehenden Einstellung gegeben werden, und zugleich der Auffassung von Arbeitgebern entgegengewirkt werden, nur deshalb von Neueinstellungen abzusehen, weil die Befürchtung besteht, sich von dem betreffenden Arbeitnehmer nicht zeitnah wieder trennen zu können.

Im Gegensatz zu befristeten Arbeitsverhältnissen stehen auflösend bedingte Arbeitsverträge, die mit Eintreten der auflösenden Bedingung (§158 Abs. 2 BGB) außer Kraft treten. Sie sind aus denselben Gründen, die für b. A. bestehen, nur sehr eingeschränkt zulässig, zumal für den Arbeitnehmer vielfach die Ungewissheit des späteren Bedingungseintritts hinzukommt. Die Rechtsgrundsätze für b. A. gelten entsprechend.

Beitragsbemessungsgrenze, → Altersversorgung, → Sozialversicherung.

Belegschaftsaktien. Die Ausgabe von B. ist eine Maßnahme zur Förderung der → Vermögensbildung in Arbeitnehmerhand. Sie trägt dazu bei, das Produktivvermögen breiter zu streuen. Werden Aktien des Arbeitgeberunternehmens an die Belegschaft ausgegeben, dient die Maßnahme zugleich zur Identifikation der Belegschaft mit „ihrem" Unternehmen. Insbesondere größere Publikumsgesellschaften geben seit vielen Jahren B. aus; in ihnen erreicht der Anteil der Belegschaftsaktionäre an der Gesamtzahl der Aktionäre einen erheblichen Umfang (der Anteil der Belegschaftsaktionäre an dem gesamten Aktienbesitz hingegen ist regelmäßig noch vergleichsweise gering).

Im Jahr 2001 hatten 1 Mio. Arbeitnehmer Beteiligungen von Arbeitgebern erworben. Rund 6 % aller Arbeitnehmer sind in ungefähr 2.000 Unternehmen am Kapital beteiligt.

Benchmarking. Das B. hat seinen Ursprung in der Qualitätssicherung und bezeichnet den systematischen, kritischen Vergleich eigener Produkte hinsichtlich Beschaffenheit, Fehlerfreiheit, Gebrauchsfähigkeit, Design, Kundenakzeptanz, Stand der Technik u.ä. mit denen der Wettbewerber oder des im Markt als Bester oder Marktführer geltenden Wettbewerbers. Inzwischen

wurde B. auch auf Dienstleistungen ausgeweitet.

Anliegen des B. ist es, Hinweise auf Verbesserungen oder Produkt-/ Leistungsmängel zu erhalten, die die Wettbewerbsposition stärken bzw. beeinträchtigen können. Neben dem Vergleich mit externen Wettbewerbern wird B., v.a. im Rahmen des sog. → Total Quality Management (TQM), auch als sog. internes B. eingesetzt, um im Vergleich einzelner Bereiche, Betriebe oder anderer Organisationseinheiten hinsichtlich bestimmter Leistungsmerkmale, Kennziffern (z.B. Wertschöpfungsbeiträge) o.ä. Anhaltspunkte für Schwachstellen und Leistungslücken in den einzelnen Einheiten oder bei der Organisation der Leistungstransfers zwischen ihnen zu finden. Für das Personalwesen kann externes B. z.B. hinsichtlich einer Optimierung des Lohn- und Gehaltssystems, der → Personalentwicklung, des → Personalmarketings oder der → Personalkostenplanung eingesetzt werden. In der Praxis ist es häufig nicht leicht, die dafür nötigen externen Informationen und Daten zu erhalten. Über internes B. lässt sich das Personalwesen v.a. hinsichtlich seiner Beiträge zur Gesamtwertschöpfung des Unternehmens in einen Vergleich einbeziehen. Dies kann insbesondere für Unternehmen wichtig sein, in denen der Wertschöpfungsbeitrag des Personalwesens diffus bleibt und auch ein effektives → Personalcontrolling fehlt. Das B. kann hier ggf. Optimierungspotenziale freilegen und damit langfristig auch zur Erhöhung der Akzeptanz der Personalarbeit bei anderen Funktionsbereichen beitragen. In der Praxis wird über B. häufig auch die Basis für Outsourcing-Entscheidungen (→ Outsourcing) geschaffen.

Benefits. Als Bezeichnung oft gleichgesetzt mit → Sozialleistungen oder Nebenleistungen zu Gehalt/ Lohn (sog. „2. Lohn"). Im eigentlichen Sinne zielt der Begriff jedoch mehr auf die erfolgs- oder leistungsbezogenen oder incentiveähnlichen Vergütungsbestandteile, gehaltsäquivalenten Zusatzleistungen o.Ä. für das Management oder obere Führungskräfte im Unternehmen.

Vgl. auch → Anreizsystem, → Cafeteriasystem, → Incentives, → leitende Angestellte, → Personalaufwand, → Vergütungspolitik.

Bereitschaftsdienst, → Arbeitsbereitschaft.

Beruf. Aus allgemeiner Sicht wird unter B. eine bestimmte, auf Sicherung des Unterhalts gerichtete und nicht nur vorübergehend ausgeübte Tätigkeit des Menschen verstanden, die auf hierfür geeigneten, typischen Kenntnissen, Fähigkeiten oder Fertigkeiten beruht. Im engeren, mehr praktischen Sinne bezeichnet B. jedoch eine bestimmte, auf Teilnahme am Erwerbsleben gerichtete → Qualifikation des Menschen, die über eine systematische → Ausbildung erworben und eine daran anschließende Prüfung nachgewiesen wurde. Nach Angaben der amtlichen Statistik gibt es gegenwärtig ca. 30.000 verschiedene, voneinander abgrenzbare Berufe und nahezu 400 anerkannte betriebliche Ausbildungsberufe (→ Ausbildungsordnung). Der B. ist für den Menschen eine entscheidende Basis seiner wirtschaftlichen und gesellschaftlich-sozialen Existenz. Neben seiner Bedeutung für die Sicherung der materiellen Lebensbedürfnisse hat der B. über sein Berufsprestige, d.h. sein gesellschaftliches Ansehen, eine deutliche gesellschaftliche Platzierungsfunktion, indem er das Sozialprestige (Status und Ansehen in der Gesellschaft) des Menschen stark prägt. Der Wunsch nach beruflichem Fortkommen und → Aufstieg ist daher nicht nur fachlich-beruflich begründet, sondern hat eine starke Triebfeder auch in dem Wunsch nach höherem Sozialprestige. Ein besonderes Dilemma unserer modernen Gesellschaft ist vor diesem Hintergrund darin zu sehen, dass bestimmte Berufe für die Gesellschaft, v.a. die Versorgung ihrer Menschen auf einem hohen Niveau, sehr wichtig sind, jedoch nur ein geringes Sozialprestige vermitteln, von daher kaum oder nur von hierfür wenig geeigneten Personen nachgefragt werden (→ Arbeitsmarkt). Andererseits gibt es Berufe mit einem (oder immer noch) positiven Ansehen in der Gesellschaft (Berufsprestige), die z.B. von vielen Berufsanfängern nachgefragt werden, allerdings nur wenig zukunftsträchtig sind. Dieses, häufig am Sozialprestige oder an Sozialklischees orientierte Berufswahlverhalten, aber auch der rasche technologische Wandel führen dazu, dass berufliche → Mobilität sowie die Bereitschaft zu beruflicher Fortbildung und → Umschulung im Arbeitsleben an Bedeutung immer mehr zunehmen.

Rechtlich bedeutsam ist der verfassungsrechtliche Schutz der Freiheit von Berufswahl und Berufsausübung (Art. 12 GG), der zunächst im Verhältnis Staat – Bürger gilt, jedoch über viele unbestimmte Rechtsbegriffe in das Arbeitsrecht einwirkt.
Vgl. auch → Arbeitszufriedenheit, → Berufsausbildung, → Berufsfreiheit, → Karriere.

Berufsakademie. Die B. ist eine zumeist in staatlicher Trägerschaft befindliche Einrichtung des tertiären Bildungssektors mit dem Ziel, auf wissenschaftlicher Grundlage eine stark praxisorientierte und unmittelbar berufsqualifizierende Ausbildung zu vermitteln. Die Ausbildung setzt die Hochschulreife voraus und führt in zumeist drei Jahren in den Fachrichtungen Betriebswirtschaft, Ingenieur- oder Sozialwesen zu einem Diplom- oder Bachelor-Abschluss. Typisch für die Ausbildung ist die Verzahnung von betrieblicher Ausbildung in einem Unternehmen und theoretischem Studium an der B. Von daher ist i. d. R. der Abschluss eines → Berufsausbildungsvertrages mit einem den Ausbildungsgang mittragenden Unternehmen eine Zulassungsvoraussetzung. Die Abschlüsse sind in Deutschland weitgehend denen der Fachhochschulen gleichgestellt. Die Ausbildungen an der B. werden von vielen Unternehmen sehr geschätzt, weil sie konkret auf betriebliche Anforderungen zugeschnitten sind. Die Absolventen haben daher i. d. R. gute Beschäftigungschancen.
Vgl. auch → Verwaltungs- und Wirtschafts-Akademie (VWA).

Berufsausbildung. B. wird verstanden als systematisch angelegter und auf den Erwerb unmittelbar berufspraktisch orientierter Qualifikationen gerichteter Lernprozess. Hierzu zählen die berufliche → Erstausbildung und die → Umschulung, in einem weiteren Sinne auch die → Weiterbildung. Die B. erfolgt als betrieblich-fachpraktische Ausbildung zumeist in den Unternehmen und hinsichtlich der Vermittlung fachtheoretischer oder allgemeiner fachpraktischer Inhalte i.d.R. in Berufsschulen, Fachschulen, Ausbildungseinrichtungen der Kammern o. a. geeigneten Institutionen, seit langem und mit zunehmender Bedeutung aber auch in überbetrieblich organisierten Einrichtungen von Unternehmen einer Region, einer bestimmten Branche oder Fachgruppe.
Eine Sonderrolle nehmen hier die Universitäts- und Fachhochschulausbildungen bzw. -studien ein. Diese sind i.d.R. nicht oder nur

in einem sehr mittelbaren Sinne berufspraktisch angelegt, von daher (aber auch aus mehr traditioneller Sichtweise) werden sie nicht der B. zugeordnet. Allerdings gibt es Studiengänge, insbesondere an den Fachhochschulen, die ausgesprochen anwendungs- und berufsorientierte Inhalte und Methoden vermitteln (z.B. in den Ingenieur- und Wirtschaftswissenschaften, an den Universitäten auch das Studium der Medizin und der Rechtswissenschaft), so dass hier durchaus von B. zu sprechen wäre.
Vgl. auch → Ausbildungsordnung, → Berufsbildung, → Berufsausbildungsvertrag.

Berufsausbildungsvertrag. Nach § 10 BBiG ist vor dem Beginn einer → Berufsausbildung zwischen dem ausbildenden Unternehmen (→ Ausbildender) und dem → Auszubildenden ein schriftlicher B. abzuschließen. Der B. muss mindestens folgende Angaben enthalten (§ 11 BBiG): (1) Art, sachliche und zeitliche Gliederung sowie Ziel der Berufsausbildung, insbesondere die Berufstätigkeit, für die ausgebildet wird; (2) Beginn und Dauer der Ausbildung; (3) Ausbildungsmaßnahmen außerhalb der Ausbildungsstätte (z.B. überbetriebliche Lehrwerkstatt); (4) Dauer der regelmäßigen täglichen Ausbildungszeit; (5) Dauer der Probezeit; (6) Zahlung und Höhe der Ausbildungsvergütung; (7) Dauer des Erholungsurlaubs; (8) Voraussetzungen, unter denen der B. gekündigt werden kann; (9) allgemeiner Hinweis auf die Tarifverträge, Betriebs- oder Dienstvereinbarungen, die auf das Berufsbildungsverhältnis anwendbar sind.
Die Unternehmen benutzen i.d.R. Musterverträge, die von den Kammern herausgegeben werden und über den gesetzlich vorgeschriebenen Mindestgehalt hinaus weitere wichtige Bestimmungen enthalten können.
Der B. ist vom Ausbildenden, von dem Auszubildenden und ggf. seinem gesetzlichen Vertreter zu unterschreiben und vom Ausbildenden in Kopie der zuständigen Stelle (i.d.R. Handwerkskammer, Industrie- und Handelskammer) zur Eintragung in das dort geführte Verzeichnis der Ausbildungsverhältnisse vorzulegen (§ 34 BBiG, § 30 HwO). Das Verzeichnis dient insbesondere der Überwachung der ordnungsgemäßen Ausbildung, z.B. ob der B. inhaltlich dem BBiG und der jeweiligen → Ausbildungsordnung entspricht und ob die persönliche und fachliche Eignung der mit der Ausbildung im

Unternehmen befassten Personen gegeben ist.
Vgl. auch → Ausbilder, → Ausbildungsplan, → Berufsbild.

Berufsbild. Ein B. ist eine kurze, für einen bestimmten Beruf wesentliche und typische Darstellung der mit ihm verbundenen Qualifikationsanforderungen, Arbeitsinhalte und Arbeitstätigkeiten. In Form eines Ausbildungsberufsbildes ist das B. nach § 5 BBiG und § 25 II HwO Bestandteil der für jeden von heute ca. 400 anerkannten Ausbildungsberufen zu erlassenden → Ausbildungsordnung, das die Kenntnisse, Fähigkeiten und Fertigkeiten festlegt (Ausbildungsinhalte), die in der Berufsausbildung zu vermitteln sind. B. erleichtern die Information über einzelne Berufe (z.B. für Schulabgänger) und die Aufstellung von Ausbildungsplänen und Prüfungsordnungen. Darüber hinaus dienen sie auch dem Vergleich einzelner Berufe untereinander (z.B. hinsichtlich der Qualifikationsanforderungen).
Vgl. auch → Ausbildungsplan.

Berufsbildung. Im Berufsbildungsgesetz vom 1.4.2005 (BBiG) wird B. als Oberbegriff von Berufsausbildungsvorbereitung, → Berufsausbildung, beruflicher Fortbildung (→ Weiterbildung) und → Umschulung gebraucht. Diese, dem Sprachverständnis manchmal etwas zuwiderlaufende Entscheidung, zweckhafte berufspraktische Ausbildung (= Berufsausbildung) in Verbindung zu mehr zweckfreier, häufig als Wert an sich verstandener Bildung zu bringen, entsprach nicht zuletzt politisch motivierten Bemühungen nach völliger Gleichstellung, v.a. Gleichbewertung von beruflicher Ausbildung und allgemeiner, insbesondere schulisch vermittelter Bildung (so auch schon im 1. BBiG von 1969).
Der im BBiG angelegte und in der Umgangssprache inzwischen fast übliche synonyme Gebrauch von Berufsausbildung und B. sollte allerdings nicht darüber hinwegsehen lassen, dass der Begriff B. inhaltlich auf einer etwas anderen Ebene liegt: So bezeichnet er an sich weniger die berufsfachlichen Kenntnisse und Fähigkeiten oder deren Erwerb, sondern vielmehr den darüber hinausgreifenden Aspekt der Berufspersönlichkeit, d.h. im Berufsleben erworbene und entwickelte Einstellungen und Verhaltensweisen hinsichtlich der Berufsarbeit, aber

auch Berufsinteressen und berufliches Selbstverständnis. B. ist von daher eng verknüpft mit der Persönlichkeitsentwicklung des Mitarbeiters sowie Fragen der → Arbeitsethik, → Arbeitsmoral und beruflichen → Motivation. So verstandene B. lässt sich nur in geringem Maße über Ausbildung und Schulung vermitteln, sie ist vielmehr Ergebnis zahlreicher Erfahrungen und Einflüsse individuell-persönlicher, betrieblicher und gesellschaftlicher Art.

Vgl. auch → Mitarbeiterbewusstsein.

Berufsbildungssystem. B. bezeichnet die in Deutschland überwiegend nach dem sog. dualen System organisierte und insbesondere nach den Vorschriften des Berufsbildungsgesetzes (BBiG) von 2005 geregelte → Berufsausbildung, nach der Ausbildungsbetriebe und Berufsschulen arbeitsteilig und einander ergänzend die berufliche Ausbildung durchführen. Den Betrieben obliegt die berufsbezogene fachpraktische Ausbildung während die staatlichen Berufsschulen allgemeinbildende Lerninhalte, v.a. jedoch berufsbezogene fachtheoretische Kenntnisse vermitteln. Einige Großunternehmen verfügen auch über eigene, staatlich anerkannte Werksberufsschulen, und viele andere Unternehmen ergänzen den Berufsschulunterricht durch einen eigenen fachtheoretischen Unterricht für → Auszubildende. Dieses B. hat sich bisher bei der Qualifizierung des Berufsnachwuchses sehr bewährt und wird auch im Ausland als vorbildlich und nachahmenswert angesehen. Für die Zukunft wird das duale B. die wichtigste Säule der beruflichen → Erstausbildung v.a. für den Facharbeiternachwuchs in Industrie und Handwerk bleiben. Für den kaufmännischen Nachwuchs haben sich inzwischen auch zahlreiche Misch- oder Sonderformen des dualen B. etabliert, die zwischen herkömmlicher Berufsausbildung und akademischem Studium einzustufen sind und auf die Vorbereitung für Führungsaufgaben oder herausgehobene Sachbearbeiterfunktionen zielen, so z.B. einige Ausbildungsgänge an → Berufsakademien und → Verwaltungs- und Wirtschafts-Akademien (VWA).

Vgl. auch → Ausbilder, → Ausbildungsordnung, → Ausbildungsplan, → Berufsausbildungsvertrag.

Berufsfreiheit. Die B. beinhaltet die Freiheit der Wahl der Ausbildungsstätte und des Ausbildungsgangs, des Berufes und des Arbeitsplatzes. Sie ist verfassungsrechtlich in Art. 12 Abs. 1 GG geschützt, wobei dieser Schutz im Verhältnis der Bürger zum Staat wirkt. Das bedeutet, dass der Staat nicht reglementierend auf die B. einwirken darf. Mangels unmittelbarer Drittwirkung der → Grundrechte entfaltet die B. keine unmittelbare Wirkung zwischen Privatpersonen, z.B. zwischen Arbeitnehmern und Arbeitgebern. Allerdings beinhaltet der Grundrechtsteil der Verfassung eine Wertordnung, die bei der Anwendung unbestimmter Rechtsbegriffe des Zivil- und → Arbeitsrechts heranzuziehen ist. Damit wird im Ergebnis eine mittelbare Drittwirkung der Grundrechte erreicht. Dies führt zur nur eingeschränkten Gültigkeit aller arbeitsvertraglichen Regelungen, die die Freiheit des Arbeitnehmers nachhaltig begrenzen, sich beruflich zu verändern. Hierzu zählen Wettbewerbsverbote (vgl. dazu die Spezialregelung in §§74ff. HGB), Nebentätigkeitsverbote, → Rückzahlungsklauseln für Einmalzahlungen (Weihnachtsgeld, Urlaubsgeld, → Gratifikationen) aus Anlass des Arbeitsplatzwechsels sowie Rückzahlungsverpflichtungen für Weiterbildungsmaßnahmen im Falle einer arbeitnehmerseitigen → Kündigung.

Berufsgenossenschaft. Die B. sind Träger der gesetzlichen Unfallversicherung. In der Bundesrepublik Deutschland gibt es 35 gewerbliche B. mit teils bundesweiter, teils regional eingegrenzter Zuständigkeit für näher umschriebene Wirtschaftszweige. Auf diese Weise sind Unternehmen und Betriebe eindeutig ihrer B. zugeordnet. Gemeinsame Belange werden durch den Hauptverband der gewerblichen B. vertreten.

B. sind Körperschaften öffentlichen Rechts; die Betriebe sind Zwangsmitglieder. Kennzeichnend für die Arbeit der B. ist die Selbstverwaltung in den entscheidenden Gremien. Dies sind Vorstand und Vertreterversammlung, paritätisch besetzt mit ehrenamtlichen Mitgliedern der Unternehmen und der Versicherten. Die Vertreterversammlung ist insbesondere für den Erlass von → Unfallverhütungsvorschriften und für die Genehmigung des Haushalts sowie weitere wichtige Grundsatzentscheidungen zuständig. Der Vorstand leitet die Geschäfte der B., soweit sie nicht im Rahmen der laufenden Verwaltung von der hauptamtlichen Geschäftsführung und ihren Mitarbeitern wahrgenommen werden.

Eine besondere Regelung zur Auflösung denkbarer Pattsituationen in den ehrenamtlichen Gremien gibt es nicht; daraus erwächst die Notwendigkeit der Verständigung und Kompromissfindung.

Aufgabe der B. ist die Verhinderung von → Arbeitsunfällen und → Berufskrankheiten durch geeignete Maßnahmen, insbesondere durch den Erlass von Unfallverhütungsvorschriften, durch Beratung der Betriebe einschließlich ihrer Begehung, ggf. durch Zwangsmaßnahmen zur Abstellung von arbeitssicherheitsmäßigen Defiziten und durch Erlass von Bußgeldern, soweit hierfür eine spezialgesetzliche Grundlage besteht. Insoweit stimmt die Zielsetzung der B. mit derjenigen der Unternehmen und Betriebe, Arbeitsunfälle und Berufskrankheiten zu verhindern, überein.

Sind trotz dieser Bemühungen Arbeitsunfälle oder Berufskrankheiten aufgetreten, übernehmen die B. die Behandlungskosten einschließlich der Rehabilitation, leisten Berufshilfe für die Wiedereingliederung in das Berufsleben sowie ggf. Rentenleistungen, wenn die Behinderung nicht zu beheben ist. Dabei kommen vorübergehende Renten bis zur Behebung der Behinderung und dauerhaft zu gewährende Renten in Betracht. Grundlage für die Rentenberechnung ist die Minderung der Erwerbsfähigkeit, die abstrakt nach den eingeschränkten Chancen auf dem Arbeitsmarkt berechnet wird. Es kommt daher nicht darauf an, ob und in welcher Höhe der Verletzte tatsächlich einen Ausfall in seinem Erwerbseinkommen erleidet. Zu entschädigen ist eine Minderung der Erwerbsfähigkeit nur, wenn der Arbeitsunfall oder die Berufskrankheit zu einer entsprechenden Reduzierung von mindestens 20 % geführt haben (§56 Abs. 1 SGB VII). Dabei sind frühere Arbeitsunfälle mit einer entsprechenden Beeinträchtigung von wenigstens 10 % zu berücksichtigen. Bei vollständigem Verlust der Erwerbsfähigkeit wird eine Rente von zwei Dritteln des Jahresarbeitsverdienstes geleistet (Vollrente). Bei einer Minderung der Erwerbsfähigkeit wird eine Teilrente geleistet. Diese wird in Höhe des Prozentsatzes der Vollrente festgesetzt, der dem Grad der Minderung der Erwerbsfähigkeit (MdE) entspricht. Bei einer MdE von 20, 30 oder 40 Prozent werden also 13,33, 20 oder 26,66 % des bisherigen Jahresarbeitsverdienstes gezahlt. Daneben gibt es Modifizierungen z.B. in Form einer Schwerverletztenzulage

von 10 % (§57 SGB VII). Die Rentendynamik richtet sich nach derjenigen der Renten aus der gesetzlichen Rentenversicherung. Darüber hinaus besteht eine Hinterbliebenenversorgung.

Vgl. auch → Arbeitssicherheitsrecht, → Sozialversicherung, → Übergangsgeld, → Verletztengeld.

Berufskleidung, → Arbeitskleidung.

Berufskrankheiten. B. werden sozialversicherungsrechtlich den Arbeitsunfällen gleichgestellt (§9 SGB VII). Sie führen somit zu entsprechenden Leistungen der Berufsgenossenschaften. Ähnlich wie bei den Unfällen ist auch bei den Krankheiten eine Abgrenzung zwischen den beruflich bedingten und den dem privaten Lebensbereich zuzuordnenden Krankheiten erforderlich.

Bezüglich der Ursächlichkeit der Berufstätigkeit für eine Erkrankung können erhebliche Beweisprobleme bestehen, inwieweit diese Ursache der beruflichen Sphäre oder dem privaten Lebensbereich zuzuordnen ist. Um mehr Rechtssicherheit zu erreichen, enthält die Berufskrankheitenverordnung eine Aufzählung der als B. geltenden Krankheiten. Dies sind solche Krankheiten, die nach den Erkenntnissen der medizinischen Wissenschaft durch besondere berufliche Einwirkungen verursacht sind, denen bestimmte Personengruppen durch ihre Arbeit in erheblich höherem Grade als die übrige Bevölkerung ausgesetzt werden.

Die Anlage zur Berufskrankheitenverordnung listet über 60 B. auf, die zum großen Teil auf chemische, physikalische oder vergleichbare Einwirkungen zurückzuführen sind. Erforderlich ist jedoch in jedem Falle die Ursächlichkeit der Berufstätigkeit für den Eintritt der Krankheit. Daran ändert die Aufnahme der Krankheit in die Berufskrankheitenliste nichts. Allerdings ist bei diesen Krankheiten ein erleichterter Kausalnachweis möglich, da die Wahrscheinlichkeit für eine beruflich bedingte Verursachung der Krankheit spricht. Auch wenn eine Krankheit nicht in der erwähnten Liste enthalten ist, wird sie im Einzelfall als B. anerkannt, sofern nach neuen wissenschaftlichen Erkenntnissen die Voraussetzungen für eine Aufnahme in die Liste gegeben sind (sog. Berufskrankheitenreife). Über eine weitergehende Anerkennung von arbeitsbedingten Erkrankungen, ohne dass die Aufnahme in die Berufskrankheitenliste oder aber die Berufskrankheitenreife gegeben ist, wird seit längerem kontrovers diskutiert. Vgl. auch → Arbeitsmedizin.

Berufszufriedenheit, → Arbeitszufriedenheit.

Beschäftigtenschutzgesetz. Das B. von 1994 diente dem Schutz vor sexuellen Belästigungen am Arbeitsplatz. Mit Inkrafttreten des Allgemeinen Gleichbehandlungsgesetzes (AGG) am 14.8.2006 wurde es außer Kraft gesetzt.
Vgl. auch → Mobbing.

Beschäftigungsanspruch, → Beschäftigungspflicht.

Beschäftigungsgesellschaft. B. sollen bei betriebsbedingten Entlassungen eine Alternative zur Arbeitslosigkeit bieten. Von der Entlassung betroffene Arbeitnehmer erhalten die Möglichkeit, für einen befristeten Zeitraum (innerhalb der Höchstgrenze des §14 Abs. 2 TzBfG, d.h. max. zwei Jahre → befristete Arbeitsverhältnisse) bei der B. tätig zu sein. Es handelt sich dabei um ein reguläres sozialversicherungspflichtiges Arbeitsverhältnis, dessen Zweck die Qualifizierung der Arbeitnehmer mit dem Ziel der Vermittlung in den ersten Arbeitsmarkt ist.

B. können von den Unternehmen gegründet werden, die sozialplanpflichtige Entlassungen planen; ferner existieren mittlerweile eine Vielzahl regionaler und überregionaler Anbieter.
Die Finanzierung der B. erfolgt in erster Linie durch das Transferkurzarbeitergeld nach § 216b SGB III (ersetzt seit 1.1.2004 das Strukturkurzarbeitergeld). Die darüber hinaus notwendigen Mittel muss der Arbeitgeber über Sozialplanmittel aufbringen.
B. werden oft auch als „Personalfilter" genutzt. Nach Begründung der Arbeitsverhältnisse mit der B. wird einigen dort „geparkten" Arbeitnehmern das Angebot zur Fortsetzung ihrer Tätigkeit in einer Auffanggesellschaft gemacht. Nach Ansicht des BAG stellt dies keine rechtswidrige Umgehung der Regelungen bezüglich des Betriebsüberganges oder des Kündigungsschutzes (Sozialauswahl) dar.
Vgl. auch → Betriebsübergang, → Kündigungsschutz, → Sozialplan.

Beschäftigungsmanagement. B. ist ein sehr diffuser Begriff und wird in der Personalpraxis wie in der Wissenschaft sehr verschieden benutzt und inhaltlich gefüllt. Grundsätzlich können unter B. alle Maßnahmen im Unternehmen verstanden werden, die ein Gleichgewicht zwischen → Personalbedarf und → Personalbestand anstreben, eine quantitative wie qualitative Personalunter- oder Personalüberdeckung vermeiden sollen. Darüber hinaus werden dem Begriff mitunter auch noch alle Aktivitäten im Unternehmen zugeordnet, die im Zusammenhang mit der Gestaltung von → Leistungsanreizen zu sehen sind.

Beschäftigungspflicht. Die B. hat die Frage zum Gegenstand, ob der Arbeitgeber verpflichtet ist, den Arbeitnehmer tatsächlich im Rahmen der vereinbarten Tätigkeit zu beschäftigen oder aber, ob er unter Aufrechterhaltung der Vergütungszahlungen (sowie aller sonstigen finanziellen Leistungen) von einer Beschäftigung Abstand nehmen kann. Die Frage hat nur dann praktische Bedeutung, wenn der Arbeitnehmer auf der Beschäftigung besteht. Früher wurde ein solcher Beschäftigungsanspruch mit Ausnahme von Sonderfällen, in denen die Beschäftigung in einem besonderen Interesse des Arbeitnehmers liegt (Schauspieler, Journalisten, Wissenschaftler), abgelehnt. Zutreffenderweise ist heute anerkannt, dass der → Arbeitspflicht des Arbeitnehmers ein entsprechender Beschäftigungsanspruch gegen den Arbeitgeber entspricht. Dies gilt nicht, wenn schutzwürdige Interessen des Arbeitgebers berührt sind, z.B. in Fällen von Auftragsmangel, Stilllegung von Organisationseinheiten oder bei Nachweis bzw. Verdacht schwerwiegender Verstöße des Arbeitnehmers gegen arbeitsvertragliche Pflichten.
Die Problematik hat besondere Bedeutung für die Dauer gerichtlicher Auseinandersetzungen nach Ausspruch einer arbeitgeberseitigen → Kündigung, gegen die der Arbeitnehmer Kündigungsschutzklage erhebt. Hierzu ordnet § 102 Abs. 5 BetrVG eine betriebsverfassungsrechtliche B. für den Fall an, dass der → Betriebsrat einer ordentlichen Kündigung fristgemäß widersprochen und der Arbeitnehmer Kündigungsschutzklage erhoben hat. In diesem Falle muss der Arbeitgeber auf Verlangen des Arbeitnehmers diesen nach Ablauf der Kündigungsfrist bis zum rechtskräftigen Abschluss des Rechts-

streits bei unveränderten Arbeitsbedingungen weiterbeschäftigen. Allerdings kann der Arbeitgeber beim Arbeitsgericht beantragen, ihn von dieser Verpflichtung zu entbinden, wenn die → Weiterbeschäftigung für ihn unzumutbar ist oder der Widerspruch des Betriebsrats offensichtlich unbegründet war. Über diese gesetzliche Regelung hinaus hat das BAG einen weitergehenden Beschäftigungsanspruch entwickelt. Liegt keine betriebsverfassungsrechtliche B. vor, hat der Arbeitnehmer grds. nur einen Beschäftigungsanspruch bis zum Ablauf der Kündigungsfrist. Nach Ablauf der Kündigungsfrist bzw. nach einer außerordentlichen Kündigung besteht eine B. nur, wenn die Kündigung offensichtlich unwirksam ist oder wenn der Arbeitnehmer in erster Instanz obsiegt. Dann hat der Arbeitgeber den Arbeitnehmer auch schon vor Eintritt der Rechtskraft zu unveränderten Bedingungen weiterzubeschäftigen. In allen anderen Fällen besteht keine B. Denn das Interesse des Arbeitgebers an der Nichtbeschäftigung überwiegt das Beschäftigungsinteresse des Arbeitnehmers, bis zum rechtskräftigen Abschluss des Verfahrens die Arbeit fortsetzen zu können. Mit dieser richterrechtlichen Rechtsfortbildung will das BAG den Schutz der Arbeitnehmer während des Kündigungsschutzprozesses verbessern, da die faktischen Chancen des Arbeitnehmers zur Fortsetzung des Arbeitsverhältnisses mit der Dauer des Kündigungsschutzverfahrens sinken.

Von dem Beschäftigungsanspruch ist die Frage zu unterscheiden, ob es ein → Recht auf Arbeit im Sinne eines Anspruches auf einen Arbeitsplatz gibt. Dies sieht die Verfassung – entgegen manchen Forderungen – nicht vor. Ein solcher Anspruch wäre auch nicht durchsetzbar, weil ein Schuldner für die Erfüllung fehlt.

Beschäftigungsverbote, → Einstellungshindernis.

Beschlussverfahren. Die Mehrzahl der arbeitsgerichtlichen Verfahren werden im → Urteilsverfahren entschieden. Im B. werden Angelegenheiten aus dem Betriebsverfassungsgesetz, dem Sprecherausschussgesetz, dem Mitbestimmungsgesetz, dem Europäischen Betriebsrätegesetz, dem SGB IX sowie bezüglich der Tariffähigkeit und der Tarifzuständigkeit einer Vereinigung entschieden (§ 2a ArbGG).

Besitzstand, *Bestandsschutz.* Der Begriff des B. hat sowohl eine rechtliche als auch eine tarif- und personalpolitische Dimension. Im rechtlichen Sinne wird unter B. eine abgesicherte Position des Arbeitnehmers für Ansprüche verstanden, die ihm auf vertraglicher Grundlage zustehen (→ Tarifvertrag, Betriebsvereinbarung, Individualarbeitsvertrag, Betriebsübung). In derartige B. kann nur unter Einhaltung bestimmter rechtlicher Voraussetzungen eingegriffen werden. Im Rahmen von Tarifverträgen gilt das → Günstigkeitsprinzip (§ 4 Abs. 1 TVG), das bei beiderseitiger → Tarifgebundenheit von Arbeitgeber und Arbeitnehmer nur günstigere, nicht aber ungünstigere Regelungen im Vergleich zu den Tarifabsprachen gestattet. Das Günstigkeitsprinzip gilt nicht, wenn die Tarifparteien in einem neuen Tarifvertrag Regelungen insgesamt verschlechtern, wobei jedoch in der Praxis z.T. Besitzstandsklauseln für zur Zeit der Geltung des alten Tarifvertrages bereits beschäftigte Mitarbeiter vereinbart werden.

Von besonderer Bedeutung sind Besitzstandsregelungen ferner im Rahmen der betrieblichen Altersversorgung, geregelt durch Betriebsvereinbarung. Hier hat das Bundesarbeitsgericht ein differenziertes System entwickelt, wonach eine Verschlechterung der betrieblichen Altersversorgung bezüglich der in der Vergangenheit bereits erworbenen Ansprüche nur in Ausnahmefällen in Betracht kommt (z.B. im Falle von planwidrigen Überversorgungen) und die Zuwächse für die Zukunft lediglich bei Vorliegen triftiger Gründe beschnitten werden können. Dies gilt entsprechend für andere betriebliche → Sozialleistungen. Im Rahmen von Individualverträgen können Verschlechterungen nur in engen Grenzen durch das → Direktionsrecht, im Übrigen durch → Änderungskündigung durchgesetzt werden. Diese können im Rahmen des KSchG der gerichtlichen Überprüfung unterzogen werden (→ Änderungsschutzklage).

Von besonderem Gewicht ist darüber hinaus die personalpolitische Dimension des B. So verständlich das Streben von Arbeitnehmern und ihren Interessenvertretern ist, Verschlechterungen gegenüber einem erreichten Status nicht hinzunehmen, so sehr muss andererseits der Gesichtspunkt einer Anpassung an veränderte Verhältnisse beachtet werden. Nationaler wie internationaler Wettbewerb, veränderte sachliche und räumliche

Märkte sowie neue wirtschaftliche Situationen, neue Produktionsprozesse, technische Innovationen, veränderte gesellschaftliche Einstellungen und neue gesetzliche Rahmenbedingungen machen vielfach eine Anpassung früherer Regelungen an diese Gegebenheiten erforderlich. Dies darf durch übertriebenes Besitzstandsdenken nicht verhindert werden. Insbesondere müssen vertragliche Regelungen in ihrer Gesamtheit und nicht lediglich unter isolierter Betrachtung von Einzelaspekten gesehen werden. Je mehr sich B. unabänderlich verfestigt, desto größer wird der Graben zwischen schon tätigen und neuen Mitarbeitern. Auch sinkt die Bereitschaft, künftig Neuregelungen zugunsten der Belegschaft zu vereinbaren.

Betrieb. Der Betriebsbegriff knüpft an betriebswirtschaftliche/ organisatorische Elemente an. Ein B. ist die organisatorische Einheit eines Unternehmens, die – mit einer gewissen Selbständigkeit ausgestattet, ohne dadurch Rechtspersönlichkeit zu erlangen – der Erreichung bestimmter arbeitstechnischer Zwecke dient (Bsp.: Bank- oder Kaufhausfilialen, Fertigungsstätten, Verwaltungseinheiten). Wesenselemente des B. sind Mitarbeiter und sachliche Betriebsmittel. Vom B. ist das Unternehmen zu unterscheiden, das aus einem oder mehreren B. bestehen kann. Im Gegensatz zu dem B. verfügt das Unternehmen über eine eigene Rechtspersönlichkeit entsprechend den handels- und gesellschaftsrechtlichen Formen (Einzelkaufmann, GbR, OHG, KG, GmbH, AG, KGaA, Genossenschaft). Von dem Unternehmen ist wiederum der Konzern als ein Verbund des herrschenden mit einem oder mehreren beherrschten Unternehmen unter einheitlicher Leitung zu unterscheiden (§18 AktG), wobei der Konzern keine eigene Rechtspersönlichkeit hat.
Die Anknüpfung an die genannten Begriffe ist insbesondere für die innerbetriebliche → Mitbestimmung wichtig. B. mit i.d.R. mindestens fünf ständigen wahlberechtigten Arbeitnehmern sind betriebsratsfähig (§1 BetrVG). Nicht unter das Betriebsverfassungsgesetz fällt der öffentliche Dienst; er fällt unter das → Personalvertretungsrecht (Bundespersonalvertretungsgesetz und Personalvertretungsgesetze der Länder); die Mitbestimmung obliegt hier dem Personalrat nach den Regelungen der Personalvertretungsgesetze.

Der Betriebsbegriff ist Grundlage zahlreicher Mitbestimmungsregelungen nach dem BetrVG (z.B. §§ 87, 99ff., 111ff.). Auch für andere arbeitsrechtliche Materien spielt der Betriebsbegriff eine Rolle, so für anzeigepflichtige Entlassungen (§§ 17ff. KSchG) sowie für den Ausschluss der Geltung des KSchG in kleinen B. (§ 23 Abs. 1) mit fünf oder weniger Mitarbeitern.

betriebliche Altersversorgung, → Altersversorgung, → Direktzusage.

betriebliches Vorschlagswesen. Das b. V. betrifft innerbetriebliche Regelungen über Anregungen für Verbesserungen (technisch, kaufmännisch, organisatorisch), ihre Entgegennahme, Bewertung und Prämierung. Die Gestaltung dieser Grundsätze unterliegt nach § 87 Abs. 1 Ziff. 12 BetrVG der zwingenden → Mitbestimmung des → Betriebsrates. Die Grundsätze bedürfen daher einer Vereinbarung zwischen Arbeitgeber und Arbeitnehmer; im Falle der Nichteinigung ersetzt der Spruch der → Einigungsstelle dieses Einvernehmen (§§ 87 Abs. 2 i.V.m. 76 BetrVG). Das b. V. ist personalpolitisch ein wichtiges Instrument, um Mitarbeitern in einem transparenten Verfahren mit dem Anreiz einer Prämie Gelegenheit zu geben, Verbesserungsvorschläge für das betriebliche Geschehen – in welchen Bereichen auch immer – zu machen. Diese Zielsetzung entspricht dem Anliegen einer modernen Personalpolitik, die Kreativitätspotenziale der Mitarbeiter anzusprechen und im Interesse von Mitarbeitern und → Betrieb zu nutzen. Auch ohne gesetzliche Normierung wäre das betriebliche Vorschlagswesen daher ein wichtiges Instrument im Rahmen moderner Mitarbeiterführung. Zusätzlich und unabhängig davon gibt es in dieselbe Richtung zielende personalpolitische Instrumente wie offene innerbetriebliche Kommunikation, kooperative Führung, leistungsgerechte Bezahlung, Anreizsysteme für Mitarbeiterkreativität und leistungsorientierte Führungskräfteentwicklung (→ Lernstatt).
Vgl. auch → Arbeitnehmererfindung, → Qualitätszirkel.

betriebliche Übung, *Betriebsübung.* Die b. Ü. ist die regelmäßige Praktizierung eines gleichartigen Arbeitgeberverhaltens im → Betrieb. Sie ist rechtlich in der Lage, auch ohne vertragliche Vereinbarung (Individual-

arbeitsvertrag, Betriebsvereinbarung, →
Tarifvertrag) Rechtsansprüche der Arbeitnehmer zu begründen. Dies wird arbeitsrechtlich teilweise über die konkludente
Änderung des → Arbeitsvertrages begründet,
nach einer anderen Auffassung über die
Rechtsfigur der Vertrauenshaftung erreicht.
Voraussetzung ist, dass der Arbeitnehmer auf
die Fortdauer der gleichartigen Handhabung
vertrauen kann. Im Normalfall betrifft dies
für den Arbeitnehmer günstige Folgen, während die Geltung für Folgen zuungunsten des
Arbeitnehmers nach wie vor umstritten ist.
Die Beseitigung einer betrieblichen Übung
folgt ähnlichen Grundsätzen wie die Änderung ausdrücklicher vertraglicher Absprachen; auch insoweit sind allerdings Einzelheiten noch nicht einvernehmlich geklärt.
Die Ablösung einer bestehenden b. Ü. durch
eine neue, für den Arbeitnehmer nachteilige
b. Ü. wurde vom Bundesarbeitsgericht abgelehnt.

Betriebsänderung. Das BetrVG enthält
für B. wegen ihrer im Regelfall einschneidenden Wirkungen auf die Arbeitnehmer
besondere Schutzvorschriften (§§ 111 ff.
BetrVG). B. sind die Einschränkung, Stilllegung und die Verlegung von ganzen Betrieben oder wesentlichen Betriebsteilen, der
Zusammenschluss von Betrieben, eine
grundlegende Änderung der Betriebsorganisation, des Betriebszweckes oder der Betriebsanlagen sowie die Einführung grundlegend neuer Arbeitsmethoden und Fertigungsverfahren (§ 111 Satz 2 Ziff. 1–5
BetrVG). Ferner zählen hierzu nach der
Rechtsprechung des Bundesarbeitsgerichts
Massenentlassungen i.S.d. § 17 KSchG. Sie
liegen vor, wenn in Betrieben mit 21 bis 59
Arbeitnehmern mindestens sechs, von 60 bis
499 Arbeitnehmern mindestens 26 Arbeitnehmer oder 10 % und ab 500 Arbeitnehmer
mindestens 30 Personen, betroffen sind.
Dabei sind auch Teilzeitbeschäftigte und
Arbeitnehmer, die noch nicht sechs Monate
dem Betrieb oder dem Unternehmen angehören, mitzuzählen.
Im Falle einer B. hat der Arbeitgeber in →
Betrieben mit i.d.R. mehr als 20 wahlberechtigten Arbeitnehmern den → Betriebsrat über
geplante B. einschließlich ihrer Folgen rechtzeitig und umfassend zu unterrichten und die
geplanten Änderungen mit ihm zu beraten
(§ 111 Abs. 1 BetrVG). Dabei ist ein → Interessenausgleich zwischen Unternehmen und

Betriebsrat zu versuchen, der das Ob, Wann
und Wie der Maßnahme betrifft (§ 112 Abs. 1
BetrVG). Damit soll der Versuch einer Verständigung über die Durchführung der Maßnahme überhaupt sowie über ihre organisatorischen, räumlichen und zeitlichen Aspekte
unternommen werden. Schließlich sind die
persönlichen Folgen einer B. in einem →
Sozialplan zwischen Betriebsrat und Unternehmen zu vereinbaren, der – anders als der
Interessenausgleich – im Falle einer nicht
erreichten Einigung durch einen Spruch der
Einigungsstelle ersetzt werden kann (§ 112
Abs. 4 BetrVG).

Betriebsarzt, → Arbeitsmedizin, → ärztliche Untersuchung.

Betriebsausflüge, → Betriebsfeste.

betriebsbedingte Kündigung. Das →
Kündigungsschutzgesetz (KSchG) erlaubt
Kündigungen von Arbeitnehmern nur, wenn
die Kündigung sozial gerechtfertigt ist. Die
b. K. ist dadurch gekennzeichnet, dass dringende betriebliche Erfordernisse einer Weiterbeschäftigung des Arbeitnehmers entgegenstehen. Hierzu zählen insbesondere nachhaltiger Auftragsmangel, völlige oder teilweise Stilllegung von Betrieben oder Betriebsteilen, Verlagerung von Betriebsstätten
ins Ausland, grundlegende Änderung des
Unternehmenszweckes oder Umstellung von
Fertigungsverfahren mit daraus resultierenden Möglichkeiten der Personalreduzierung.
Von der b. K. sind die → personenbedingte
und die → verhaltensbedingte Kündigung zu
unterscheiden, bei welchen der Kündigungsgrund in der Person oder in dem Verhalten
des Arbeitnehmers liegt. Hierzu zählen nachhaltige Leistungsmängel, disziplinarisches
Fehlverhalten, ferner Fälle von Erkrankungen, durch die in der Vergangenheit infolge
erheblicher Arbeitsausfälle nachhaltige Störungen im Betriebsablauf entstanden sind
und für die Zukunft mit einer deutlichen
Besserung nicht zu rechnen ist.
Die b. K. ist die Folge von unternehmenspolitischen Entscheidungen, die – mit Ausnahme von Missbrauchsfällen, insbesondere
wegen der Absicht einer Umgehung des
KSchG – nicht der Überprüfung durch die →
Arbeitsgerichtsbarkeit unterliegen. Jedoch
sind die Unternehmen bei der Auswahl der
zu kündigenden und der im Unternehmen
verbleibenden Mitarbeiter nicht frei. Viel-

mehr hat der Arbeitgeber hierbei soziale Gesichtspunkte angemessen zu berücksichtigen (§ 1 Abs. 3 KSchG). Hierzu zählen Betriebszugehörigkeit, Alter, Unterhaltspflichten und eine etwaige Schwerbehinderung. Diese Gesichtspunkte dürfen nicht allein schematisch nach Punkten erfasst werden. Erforderlich ist vielmehr eine spezifische Entscheidung jeden Einzelfalls unter Berücksichtigung seiner individuellen Gegebenheiten. Dabei sind in die Betrachtung nur diejenigen Arbeitnehmer einzubeziehen, die insgesamt von der unternehmerischen Entscheidung betroffen sind und die nach Ausbildung wie praktischer Bewährung zur weiteren Übernahme einer der reduzierten Aufgaben geeignet wären. Der Arbeitgeber ist nicht verpflichtet, sozial schutzbedürftigen Arbeitnehmern, denen es an der Qualifikation fehlt, diese erst durch Umschulung zu ermöglichen und sie so den schon qualifizierten, aber sozial weniger schutzbedürftigen Mitarbeitern vorzuziehen. Ebenfalls nicht in die Sozialauswahl mit einzubeziehen sind die sog. Leistungsträger, deren Weiterbeschäftigung im berechtigten betrieblichen Interesse liegt, insbesondere wegen ihrer Kenntnisse, Fähigkeiten und Leistungen oder zur Sicherung einer ausgewogenen Personalstruktur des Betriebes. Die Sozialauswahl wird nur auf grobe Fehlerhaftigkeit geprüft, wenn in einem Tarifvertrag, einer Betriebsvereinbarung nach § 95 BetrVG oder einer Richtlinie nach dem jeweils anwendbaren Personalvertretungsgesetz die Gewichtung der einzelnen Gesichtspunkte zueinander bestimmt ist. Besonderheiten gelten ebenfalls bei Betriebsänderungen (§ 1 Abs. 4 KSchG) und bei Verschmelzung, Spaltung oder Vermögensübertragung nach § 323 Abs. 2 UmwG.

Betriebsbuße, → Betriebsjustiz.

Betriebsferien. In einigen Unternehmen, insbesondere in der Automobilindustrie, ruht die Produktion während einiger Wochen in der Sommerzeit, z.T. auch zwischen Weihnachten und Neujahr. Die so einheitlich für alle Arbeitnehmer in der Produktion festgelegten B. dienen dazu, durch zeitgleichen → Urlaub die Betriebsorganisation zu optimieren. Die B. sind für die Arbeitnehmer Bestandteil ihres Jahresurlaubs und auf den Urlaubsanspruch anzurechnen. Mitbestimmungsrechtlich unterliegt ihre Festlegung der Einigung zwischen Arbeitgeber und → Betriebsrat (§ 87 Abs. 1 Ziff. 5 BetrVG), wobei eine fehlende Einigung durch den Spruch der → Einigungsstelle ersetzt werden kann (§ 87 Abs. 2 BetrVG).

Betriebsfeste. B. können ein Mittel der Personalpolitik sein, die Identifikation der Belegschaft mit ihrem Unternehmen zu intensivieren. Letztlich hängt dies auch von der Unternehmenstradition und Unternehmenskultur ab. Während in manchen Unternehmen B. ein wichtiger Bestandteil der Personalpolitik sind, wird in anderen Betrieben darauf bewusst verzichtet. B. können auch der Einbeziehung von Familienangehörigen, insbesondere der Ehepartner, in das Unternehmensgeschehen dienen. Vielfach werden sie nicht nur für die Belegschaft, sondern auch für die Betriebspensionäre durchgeführt, um die Bindung an das Unternehmen in den Ruhestand hinein fortzusetzen. In der Praxis gibt es vielfältige Erscheinungsformen: Tanzveranstaltungen, bunte Abende mit Varietécharakter, gemeinsame Ausflüge, ggf. mit Besichtigungen, gemeinsame Wanderungen oder Radfahrten. Nicht zu den Betriebsfesten zählen Tage der offenen Tür, die manche Unternehmen für Mitarbeiter und Familienangehörige, z.T. aber auch für Außenstehende veranstalten.

Betriebsfrieden. Ziel der betrieblichen Mitbestimmung, v.a. des BetrVG ist es, den Gedanken der Partnerschaft in Betrieben und Unternehmen durch Mitwirkungs- und Mitbestimmungsrechte der Vertretungen aller → Arbeitnehmer zu verwirklichen. → Arbeitgeber und → Betriebsrat sollen hierzu vertrauensvoll zum Wohle von Arbeitnehmer und Betrieb zusammenarbeiten. Daraus ergibt sich eine besondere Verpflichtung aller Beteiligten, Betätigungen zu unterlassen, die den Arbeitsablauf oder den Frieden des Betriebs beeinträchtigen können (§ 74 BetrVG), insbesondere zählen hierzu parteipolitische Betätigungen. Verstößt ein Arbeitnehmer gegen die in § 75 Abs. 1 BetrVG enthaltenen Grundsätze für die Behandlung der Betriebsangehörigen (z.B. Verbot unterschiedlicher Behandlung von Personen wegen ihres Geschlechts oder ihrer Nationalität), so kann er wegen Störung des B. ggf. an einen anderen → Arbeitsplatz versetzt oder – in schwerwiegenden Fällen – auch entlassen werden (§ 104 BetrVG).

Einen wichtigen Beitrag zum B. leistet die → Friedenspflicht, die Tarifverträge während ihrer Laufzeit in ihrem Geltungsumfang begründen. Dies bedeutet die Pflicht für alle Beteiligten, Arbeitskampfmaßnahmen zu unterlassen. Schließlich kann – jenseits der rechtlichen Vorgaben – ein positives → Betriebsklima wesentlich zum B. beitragen. Allerdings sind die beiden Begriffe streng voneinander zu unterscheiden: Der B. ist ein Rechtsbegriff und das Ergebnis der wechselseitigen Einhaltung der diesbezüglichen Pflichten. Ein positives Betriebsklima ist ein zentrales personalpolitisches Ziel, erreichbar z.B. durch den Einsatz moderner Instrumente der Personalwirtschaft, des Personalmanagements und der Mitarbeiterführung.

Vgl. auch → Arbeitskampf, → Arbeitsvertragsbruch, → Diskriminierungsverbot, → Fürsorgepflicht, → Konflikt, → Kündigung, → Mobbing, → Sozialpartnerschaft, → Versetzung, → Verwarnung.

Betriebsgeheimnis, → Verschwiegenheitspflicht.

Betriebsjustiz, *Betriebsbuße.* Unzureichende Leistungen im Arbeitsverhältnis oder disziplinarische Verstöße werden üblicherweise seitens des Arbeitgebers durch → Abmahnung und → Kündigung geregelt. Denkbar sind darüber hinaus durch Individualvertrag verabredete Vertragsstrafen (§339 BGB) oder von den Betriebsparteien verabredete kollektive Regelungen, die entweder tarifvertraglich oder durch die Betriebsparteien im Rahmen der zwingenden → Mitbestimmung (§87 Abs. 1 Nr. 1 BetrVG) verabredet werden. Aufgrund einer solchen B. sind insbesondere – nicht strafrechtlich zu bewertende – Geldbußen möglich. Während die Thematik früher unter rechtsstaatlichen Gesichtspunkten im Einzelnen problematisiert wurde, spielt der Problemkreis heute nur noch eine geringe Rolle. Die weitaus überwiegende Mehrzahl der Arbeitgeber verzichtet auf eine B. Soweit sie im Einzelfall gleichwohl praktiziert wird, ist sie nach der Rechtsprechung des BAG arbeitsgerichtlich überprüfbar und besonderen Anforderungen an ein gerechtes Verfahren ausgesetzt.

Betriebsklima. Im B. spiegeln sich Wahrnehmung und Bewertung der im Unternehmen oder Betrieb von den Mitarbeitern erlebten und von ihnen als typisch angesehenen sozialen Beziehungen wieder. Als bezeichnend für das B. gilt dabei nicht die Bewertung durch den einzelnen Mitarbeiter, sondern die in weitgehender Übereinstimmung aller Mitarbeiter zum Ausdruck kommende Einschätzung. Neben der → Qualität der Produkte oder Dienstleistungen eines Unternehmens und seiner davon abhängigen Wettbewerbsfähigkeit auf den Märkten gilt das B. heute vielfach als eine weitere Qualitätssäule, als Qualität der sozialen Beziehungen, die sich insbesondere auf Arbeitszufriedenheit, Leistungsbereitschaft (→ Motivation) und Leistungsergebnis (→ Leistung) der Mitarbeiter auswirkt. Von daher wird das B. zunehmend als ein zentraler Faktor des internen → Personalmarketings angesehen. So wirkt sich ein als besonders gut empfundenes B. tendenziell positiv, ein eher als schlecht eingestuftes tendenziell negativ aus (z.B. höhere Fehlerquoten, → Absentismus, hohe → Fluktuation). Die erkannten Zusammenhänge müssen jedoch nicht in jedem Fall so gegeben sein und sollten daher etwas zurückhaltend gewertet werden. So kann z.B. das B. insgesamt als schlecht gelten, dagegen das Arbeitsklima als gut (und umgekehrt). Mit Arbeitsklima lassen sich die vom einzelnen Mitarbeiter an seinem engeren → Arbeitsplatz (z.B. in seiner Arbeitsgruppe) sehr direkt und unmittelbar erlebten und bewerteten sozialen Beziehungen bezeichnen, z.B. das Verhältnis zu den nächsten Arbeitskollegen und zum eigenen Vorgesetzten. Insgesamt lässt sich das Arbeitsklima gleichsam als B. im direkten räumlich-persönlichen Umfeld des Mitarbeiters verstehen.

Manche Studien lassen erkennen, dass zwar das B. mitunter insgesamt als eher negativ bewertet wird, einzelne Mitarbeiter ihr Arbeitsklima bzw. die hierfür relevanten Faktoren jedoch als gut bewerten. Bei Analysen des B. (z.B. im Rahmen von → Mitarbeiterbefragungen) wie auch bei der Interpretation der Ergebnisse wird häufig nicht genügend zwischen B. und Arbeitsklima differenziert, d.h. nach dem Grad der sozialen Distanz bzw. nach Faktoren, die mehr mittelbaren oder mehr unmittelbaren Eindrücken und Erfahrungen zugänglich sind (z.B. das Verhalten des eigenen Vorgesetzten oder das der Führungskräfte im Unternehmen). Die Tragfähigkeit mancher B.-Studien für personalpolitische Entscheidungen oder Maßnahmen ist daher oftmals nur sehr begrenzt.

Welche Faktoren für das B. oder das Arbeitsklima von Bedeutung sind bzw. sich zu diesen Begriffen verdichten lassen, ist nicht unumstritten. So gelten im Einzelnen z.B. → Führungsstil, → Arbeitsplatzgestaltung, die Regelung der → Arbeitszeit, fachliche Fortkommensmöglichkeiten, das Informations- und Kommunikationsverhalten der Führungskräfte gegenüber Mitarbeitern, die betriebliche Informationspolitik, die Beziehungen der Mitarbeiter zueinander als konstituierende Faktoren. Als weitgehend sicher gilt, dass sich über eine systematische, mitarbeitergerechte und attraktive Gestaltung dieser Faktoren ein gutes B. und Arbeitsklima schaffen oder dauerhaft erhalten lassen. Wie die Wirkungskette aber verläuft, wo hier Schwerpunkte liegen oder Prioritäten zu setzen sind, lässt sich allgemeingültig nicht beantworten. Zu bedenken ist immer, dass es sehr subjektive Bewertungen, damit auch individuelle Ansprüche, Stimmungen u.Ä. sind, die sich hier ausdrücken – ganz abgesehen von dabei auch wirksamen Überlagerungen, die sich aus der besonderen → Unternehmenskultur, Unternehmensgeschichte sowie dem Unternehmensimage, aber auch aus den Gegebenheiten des Arbeitsmarktes ergeben können. Dies erschwert es, nach den objektiven Bedingungen oder Ursachen für ein gutes oder schlechtes B. zu suchen.
Vgl. auch → Anreizsystem, → Bedürfnisse, → Betriebsfrieden, → Burn-out-Syndrom, → Führungsmittel, → Human Relations, → Leistungsanreize, → Mitarbeiterbewusstsein, → Zwei-Faktoren-Theorie.

Betriebskrankenkasse, → Krankenkasse.

Betriebsmedizin, → Arbeitsmedizin.

Betriebsnachfolge, → Betriebsübergang.

Betriebsordnung. Die Summe der Regelungen, die das Verhalten der Arbeitnehmer in dem Betrieb regeln, bilden die B. Der Begriff ist rechtlich unscharf, weil er in dieser Form im Gesetz nicht verwendet wird. Daher werden in der Praxis zur B. z.T. auch organisatorische Regelungen gezählt.
§87 Abs. 1 Ziff. 1 BetrVG unterwirft Fragen der Ordnung des Betriebes und des Verhaltens der Arbeitnehmer im Betrieb der zwingenden → Mitbestimmung des → Betriebsrats. Im Einzelnen zählen zu einer so verstandenen B. u.a. folgende Aspekte: Torkon-

trollen, Werksausweise, Stechuhren, Dienstkleiderordnung, Parkplatzregelungen, Radiohören am Arbeitsplatz, → Rauchverbote bzw. Reglementierungen für Raucher, Alkoholverbote usw. Eine Verpflichtung des Arbeitgebers, alle so zustande gekommenen Regelungen in einer förmlichen B. zusammenzufassen, besteht nicht. Vielmehr genügt es, dass der Arbeitgeber die Mitarbeiter auf geeignete Weise über die mit dem Betriebsrat abgesprochenen Regelungen unterrichtet. Personalpolitisch ist der Trend zur förmlichen B. rückläufig, weil ein solches Regelwerk jedenfalls optisch den Anschein eines eher hoheitlichen Verhältnisses zwischen Arbeitgeber und Arbeitnehmer erweckt. Auch wenn Regelungen über die Ordnung des Betriebs und des Verhaltens der Arbeitnehmer im Betrieb in gewissen Grenzen insbesondere in größeren Unternehmen wegen der Vielzahl der Beschäftigten unvermeidbar sind, entspricht es modernem Führungsverständnis, hierarchisch-autoritär wirkende B. zu vermeiden, Regelungen nach §87 Abs. 1 Ziff. 1 BetrVG auf das Notwendige zu beschränken und eine der modernen Mitarbeiterführung angemessene Gestaltung zu wählen.
Vgl. auch → Alkohol am Arbeitsplatz.

Betriebspädagogik, → Arbeits- und Berufspädagogik.

Betriebspate, → Patensystem.

Betriebspension, → Altersversorgung.

Betriebspsychologie, *Arbeitspsychologie.* B. ist eine Teildisziplin der Psychologie, insbesondere der angewandten Psychologie. Ihr Gegenstand ist die Analyse und Erklärung der menschlichen Verhaltensweisen und Einstellungen am → Arbeitsplatz unter den dort spezifischen Bedingungen und situativen Einflüssen. Mittels psychologischer Methoden will die B. dazu beitragen, betriebliche Gegebenheiten und Maßnahmen hinsichtlich ihrer Auswirkungen auf Motivation, Leistungsbereitschaft und -verhalten der Mitarbeiter sowie gruppendynamische Prozesse und → Betriebsklima zu bewerten. Ziel ist, betriebliche Erfordernisse und individuell-persönliche Eigenarten und Bedürfnisse der Mitarbeiter möglichst für Belegschaft und Unternehmen akzeptabel in Einklang zu bringen. Etabliert hat sich die B. in der Praxis v.a. im Personalwesen, dort vornehmlich bei Aufgaben der Bewerberauswahl (→ Eignungsdiagnostik), der → Personalentwicklung und → Führungskräfteentwicklung, der Aus- und Weiterbildung, der internen → Personalforschung (z.B. Betriebsklima- und Führungsstiluntersuchungen) sowie zur Lösung besonderer Probleme (z.B. → Alkohol am Arbeitsplatz, → Mobbing). Manche Großunternehmen beschäftigen eigene Betriebspsychologen, viele andere Unternehmen nutzen bei Bedarf, auch wegen der nicht immer unproblematischen Integration von Psychologen in das Unternehmen, die Leistungen externer Fachberater.

Vgl. auch → Arbeitssoziologie, → Arbeitswissenschaft, → Betriebssoziologie, → Ergonomie.

Betriebsrat, *Mitarbeitervertretung.* Unternehmerische Betätigung ist durch die Zusammenarbeit von Kapital und Arbeit gekennzeichnet. Der Einsatz der Mitarbeiter(innen) hat maßgebliche Bedeutung für den Unternehmenserfolg. Dem entspricht es, die Belegschaft nicht nur als Kostenfaktor im Rahmen der Produktionskosten, sondern als wesentlichen Erfolgsfaktor zu verstehen. Ausdruck dieses Denkens ist im Verhältnis zu dem einzelnen Mitarbeiter die kooperative Mitarbeiterführung, die sich durch eine offene und umfassende Information über das Unternehmensgeschehen, durch Übertragung von Aufgaben zur eigenverantwortlichen Erledigung, durch ein innovatives Klima mit Gelegenheit für eigene Vorschläge und damit insgesamt durch eine partnerschaftliche Zusammenarbeit auszeichnet. Je größer Unternehmen und → Betriebe sind, desto weniger ist der Einzelne – insbesondere bei kollektiven Regelungen – zu einer wirksamen Interessenvertretung in der Lage und desto mehr besteht Bedarf für eine kollektive Wahrnehmung von Belegschaftsinteressen. Maßgebliche rechtliche Grundlage hierfür ist das Betriebsverfassungsgesetz mit der Möglichkeit zur Wahl von Betriebsräten und der Statuierung umfangreicher innerbetrieblicher Mitbestimmungsrechte.

Organisatorisch ist die Bildung von Betriebsräten zunächst und vorrangig auf Betriebsebene angesiedelt. In Betrieben mit i.d.R. mindestens fünf selbstständigen wahlberechtigten Arbeitnehmern, von denen drei wählbar sind, werden Betriebsräte gewählt (§1 BetrVG). Dies ist ein Recht, nicht jedoch eine Pflicht der Belegschaft. Sie kann daher trotz Betriebsratsfähigkeit von der Wahl eines B. absehen.

Besteht ein Unternehmen aus mehreren Betrieben und sind für mehrere Betriebe Betriebsräte gebildet worden, so ist ein → Gesamtbetriebsrat zu errichten (§47 BetrVG). Während die Wahl des B. auf Betriebsebene fakultativ ist, erklärt das Gesetz die Bildung eines Gesamtbetriebsrats bei Vorliegen der Voraussetzungen für obligatorisch. Der Gesamtbetriebsrat ist zuständig für die Behandlung von Angelegenheiten, die das Gesamtunternehmen oder mehrere Betriebe betreffen und die nicht durch die einzelnen Betriebsräte innerhalb ihrer Betriebe geregelt werden können (§ 50 Abs. 1 Satz 1 BetrVG). Als Beispiel mögen Regelungen für überbetriebliche → Sozialeinrichtungen, betriebliche Altersversorgung und Entgeltsysteme dienen. Der jeweilige Regelungsgegenstand (betrieblich/ überbetrieblich), nicht aber ein vertikales Hierarchieverhältnis kennzeichnet das Aufgabenfeld von örtlichem B. und Gesamtbetriebsrat. Daher ist der Gesamtbetriebsrat den einzelnen Betriebsräten nicht übergeordnet (§ 50 Abs. 1 Satz 2 BetrVG).

Bilden mehrere Unternehmen einen Konzern (§ 18 AktG), kann ein → Konzernbetriebsrat errichtet werden. Dieser ist fakultativ (§ 54 BetrVG).

Während die Mitglieder des B. unmittelbar von der Belegschaft gewählt werden, erfolgt die Bildung von Gesamtbetriebsrat und Konzernbetriebsrat durch Delegation von Betriebsratsmitgliedern aus den örtlichen Betriebsräten in den Gesamtbetriebsrat bzw. aus den Gesamtbetriebsräten eines Konzerns in den Konzernbetriebsrat (§§ 47, 55 BetrVG).

Die → Betriebsratswahlen werden unter Beachtung der gesetzlichen Vorgaben im BetrVG (§§ 7ff.) und der Wahlordnung von 2001 zur Durchführung des BetrVG autonom von dem Wahlvorstand durchgeführt, der bei Bestehen eines B. durch den B., sonst von der → Betriebsversammlung oder ggf. durch das Arbeitsgericht bestellt wird (vgl. im Einzelnen §§ 16, 17 BetrVG).

Das Betriebsratsamt ist ein Ehrenamt, das von den Betriebsratsmitgliedern unter Fortzahlung ihrer Bezüge ohne zusätzliches Entgelt wahrgenommen wird. In dem erforderlichen Umfang sind Betriebsratsmitglieder von ihrer beruflichen Tätigkeit freizustellen, wobei es in Abhängigkeit von der Belegschaftsgröße auch vollständige Freistellungen gibt (§§ 37 Abs. 2, 38 BetrVG). Ferner haben sie Anspruch auf → Schulung für ihre Aufgaben (§ 37 Abs. 6, 7 BetrVG).

Arbeitgeber und B. arbeiten unter Beachtung der geltenden Tarifverträge vertrauensvoll und im Zusammenwirken mit den im Betrieb vertretenen → Gewerkschaften und Arbeitgebervereinigungen zum Wohle der Arbeitnehmer des Betriebes zusammen (§ 2 Abs. 1 BetrVG). Im Rahmen der innerbetrieblichen → Mitbestimmung sind Arbeitskämpfe ebenso verboten wie parteipolitische Betätigungen (§ 74 Abs. 2 BetrVG).

Die allgemeinen Aufgaben des B. umfassen die Überwachung der Einhaltung rechtlicher, tarifvertraglicher oder betriebsvereinbarungsmäßiger Vorschriften zugunsten der Arbeitnehmer, die Beantragung von Maßnahmen zugunsten der Belegschaft, die Förderung der tatsächlichen Gleichstellung von Frauen und Männern sowie die Vereinbarkeit von Familie und Berufstätigkeit, die Eingliederung von schwerbehinderten Menschen und sonstiger besonders schutzwürdiger Personen, die Zusammenarbeit und Unterstützung der → Jugend- und Auszubildendenvertretung, die Förderung der Beschäftigung älterer Arbeitnehmer im Betrieb sowie die Eingliederung ausländischer Arbeitnehmer, die Förderung des betrieblichen Umweltschutzes und schließlich die Förderung und Sicherung der Beschäftigung im Betrieb (§80 Abs. 1 BetrVG). In Konkretisierung dieser Regelungen enthält das Gesetz einen differenzierten Katalog von Mitbestimmungsrechten, der von bloßen Unterrichtungs- über Beratungsrechte bis hin zu Vetorechten und vollen Zustimmungsrechten führt, bei denen der Arbeitgeber ohne Zustimmung des B. die Maßnahme nur dann durchführen darf, wenn die fehlende Zustimmung durch einen Spruch der → Einigungsstelle ersetzt wird (§87 Abs. 2 BetrVG).

Im Einzelnen sind von besonderer Bedeutung die Mitbestimmungsrechte des §87 Abs. 1 BetrVG. Wichtig sind daneben die Mitbestimmungsrechte bei personellen Einzelmaßnahmen, insbesondere bei → Einstellung, → Versetzung und → Kündigung (§§99 bis 105 BetrVG), ferner die Mitwirkung in allgemeinen personellen Angelegenheiten (Personalplanung, Ausschreibung von Arbeitsplätzen, Mitwirkung bei der Erstellung von Personalfragebögen und Beurteilungsgrundsätzen sowie Auswahlrichtlinien nach §§ 92 bis 95 BetrVG, die Einschaltung des B. in Fällen der beruflichen Bildung (§§ 96 bis 98 BetrVG) sowie schließlich das Mitbestimmungsrecht des B. in allen Fällen der → Betriebsänderung (Unterrichtungsrecht, → Interessenausgleich, → Sozialplan nach §§ 111ff. BetrVG).

Besondere Regelungen bestehen für die innerbetriebliche Mitbestimmung von Auszubildenden (bis zum 18. Lebensjahr) und jungen Arbeitnehmern (bis zum 25. Lebensjahr), für die eine Jugend- und Auszubildendenvertretung gebildet wird (§§ 60ff. BetrVG). Schwerbehinderte Mitarbeiter haben die Möglichkeit zur Wahl einer besonderen Schwerbehindertenvertretung (vgl. im Einzelnen §§ 94ff. SGB IX). Für → leitende Angestellte gilt die Vertretungskompetenz des B. nicht (§ 5 Abs. 3 und 4 BetrVG), weil diese soziologisch und funktional stärker der Unternehmensleitung als der übrigen Belegschaft zugeordnet werden. Zur Wahrnehmung ihrer Interessen gegenüber dem Arbeitgeber können → Sprecherausschüsse auf der Grundlage des Sprecherausschussgesetzes gebildet werden. Die Bildung eines B. unterbleibt des Weiteren in kirchlichen Betrieben, in welchen spezielle Regelungen über die Mitarbeitervertretung bestehen.

Von der innerbetrieblichen Mitbestimmung ist die Mitbestimmung in wirtschaftlichen Angelegenheiten zu unterscheiden. Sie vollzieht sich durch Entsendung von Arbeitnehmervertretern in den Aufsichtsrat.

Betriebsräteversammlung. Die B. (§53 BetrVG) tritt mindestens einmal im Kalenderjahr zusammen. An ihr nehmen die Vorsitzenden und stellvertretenden Vorsitzenden der Betriebsräte sowie die weiteren Mitglieder der Betriebsausschüsse aufgrund der Einberufung durch den → Gesamtbetriebsrat teil. In der Versammlung gibt der Gesamtbetriebsrat einen Tätigkeitsbericht und der Unternehmer einen Bericht über das Personal- und Sozialwesen sowie über die wirtschaftliche Lage und Entwicklung des Unternehmens, soweit dadurch nicht Betriebs- und Geschäftsgeheimnisse gefährdet werden. Die B. ist somit ein Gremium zur Information und Diskussion, nicht aber ein Beschlussgremium. Sie verfügt insbesondere nicht über Mitbestimmungskompetenzen, die allein dem → Betriebsrat bzw. Gesamtbetriebsrat oder → Konzernbetriebsrat zustehen.

Eine vergleichbare Versammlung von Sprecherausschussmitgliedern der → leitenden Angestellten kennt das Sprecherausschussgesetz nicht. An ihre Stelle tritt die Versammlung aller leitenden Angestellten, die der → Sprecherausschuss einmal im Kalenderjahr einberufen soll. In ihr berichtet der Sprecherausschuss über seine Tätigkeit und der Arbeitgeber über die Angelegenheiten der leitenden Angestellten sowie die wirtschaftliche Lage und Entwicklung des Betriebes (mit Ausnahme von Betriebs- oder Geschäftsgeheimnissen; §15 SprAuG).

Betriebsratsschulung, → Schulung.

Betriebsratswahl. Für die Bildung von Betriebsräten bestehen umfangreiche rechtliche Vorschriften nach §§7ff. BetrVG und der Wahlordnung zum BetrVG 2001. Die Regelungen sind z.T. sehr kompliziert, was wegen der Geltung für Millionen von Arbeitnehmern rechtspolitisch zu beanstanden ist. Die Wahlen werden von einem Wahlvorstand eingeleitet und durchgeführt, der entweder von dem amtierenden → Betriebsrat oder bei Fehlen eines Betriebsrates von der → Betriebsversammlung und ggf. auch durch das Arbeitsgericht bestellt wird (§§16, 17 BetrVG). Wahlberechtigt sind alle Arbeitnehmer, die das 18. Lebensjahr vollendet haben (§7 BetrVG), wählbar hingegen nur diejenigen, die darüber hinaus dem Betrieb oder jedenfalls einem Betrieb desselben Unternehmens oder Konzerns (§18 AktG) seit mindestens sechs Monaten angehören (§8 BetrVG), wobei leitende Angestellte weder aktiv noch passiv wahlberechtigt sind. Sonderregeln bestehen für überlassene Arbeitnehmer. Nach der Rechtsprechung des BAG sind auch Beschäftigte, deren Tätigkeit als Arbeitsbeschaffungsmaßnahme gefördert wird, wahlberechtigt. Die Zahl der Betriebsratsmitglieder hängt von der Größe der Belegschaft ab und umfasst zwischen einer und 35 Personen (§9 BetrVG). Der Betriebsrat soll sich entsprechend der Organisation und Struktur der Arbeitnehmerschaft zusammensetzen. Außerdem muss das in der Belegschaft unterrepräsentierte Geschlecht mindestens entsprechend seinem zahlenmäßigen Verhältnis im Betriebsrat vertreten sein (§ 15 BetrVG). Die Amtszeit des Betriebsrates beträgt vier Jahre; die Wahlen erfolgen im

gesamten Bundesgebiet einheitlich zwischen dem 1.3. und 31.5. des betreffenden Jahres. Zum gleichen Zeitpunkt erfolgen auch die Wahlen zum → Sprecherausschuss der → leitenden Angestellten (§5 SprAuG). In Betrieben, in denen in der Vergangenheit kein Betriebsrat bestand, können Wahlen zur Bildung eines Betriebsrates jederzeit vorgenommen werden.

Die Wahlordnung zur Durchführung des BetrVG enthält detaillierte Regelungen bezüglich der Erstellung von Wähler- und Vorschlagslisten, der Stimmabgabe und des Wahlvorgangs einschließlich der Wahlmöglichkeit im schriftlichen Verfahren sowie schließlich zur Feststellung und Bekanntgabe des Wahlergebnisses.

Vgl. auch → Betriebsverfassung, → Mitbestimmung.

Betriebsrisiko. Unternehmen und → Betriebe können aus intern oder extern angesiedelten Gründen an einer Ausübung ihrer Tätigkeit gehindert sein. Die rechtliche Kategorie des B. hat die Frage zum Gegenstand, ob in derartigen Fällen der Arbeitgeber oder der Arbeitnehmer das Risiko für den Betriebsstillstand trägt (vgl. die Regelung in § 615 S. 3 BGB). Damit ist konkret die Thematik angesprochen, ob der Arbeitgeber trotz Betriebsstillstands die vereinbarte Vergütung bezahlen muss. Während im allgemeinen Vertragsrecht bei fehlendem Verschulden für die Unmöglichkeit einer Leistung auch der Anspruch auf die Gegenleistung entfällt (§§275, 326 BGB), trägt der Arbeitgeber im → Arbeitsrecht grundsätzlich das B. Risiken und Chancen unternehmerischer Betätigung unterliegen seiner Einfluss- und Risikosphäre (Sphärentheorie). Der Arbeitgeber kann das Risiko allerdings insoweit auf die Arbeitnehmer verlagern, als er unter Beachtung tarifvertraglicher Regelungen und des Mitbestimmungsrechts des → Betriebsrats (§87 Abs. 1 Ziff. 3 BetrVG) → Kurzarbeit festlegen kann, infolge Beschäftigungsmangels betriebsbedingte → Kündigungen ausspricht (mit den Rechtsschutzmöglichkeiten des Arbeitnehmers nach dem KSchG) und schließlich bei Betroffenheit einer größeren Zahl von Belegschaftsmitgliedern → Massenentlassungen und Betriebsschließungen veranlasst (§§111ff. BetrVG), wobei insoweit die Mitbestimmungsrechte des Betriebsrats bezüglich Unterrichtung, Beratung, → Interessenausgleich und → Sozialplan greifen. Im

Übrigen jedoch liegt das B. vollständig beim Arbeitgeber, unabhängig davon, ob es auf wirtschaftlichen Gründen, Naturkatastrophen, technischen Betriebsstörungen, politischen Verhältnissen etc. beruht.

Eine besondere Behandlung erfährt der Themenkreis des B., wenn es zu Betriebseinschränkungen oder Betriebseinstellungen infolge von → Arbeitskämpfen kommt. Der Arbeitgeber kann mit Hilfe von → Aussperrungen die Arbeitsverhältnisse suspendieren und damit die Vergütungspflicht auf Zeit beenden. Betriebseinschränkungen und Betriebsausfälle infolge von Streiks gehen zulasten der Arbeitnehmer, wenn diese von dem umstrittenen Tarifabschluss erfasst werden oder wenn bei gleichartigen gewerkschaftlichen Forderungen mit der Übernahme des Tarifergebnisses in den Tarifvertrag der mit betroffenen Branche zu rechnen ist.

Betriebssoziologie. Als spezielle Teildisziplin der Soziologie erforscht die B. die Herausbildung sozialer (zwischenmenschlicher) Strukturen und Prozesse im Unternehmen, vornehmlich im Industriebetrieb, unter den Bedingungen der technisch, ökonomisch-rational und industriell orientierten Arbeitsorganisation. Im Mittelpunkt stehen dabei die betriebliche Sozialstruktur, deren Substrukturen sowie das hiervon und durch die betriebliche Organisation geprägte Handeln und Verhalten der Menschen im Betrieb. Die Befunde der B. sind häufig soziologisch-theoretisch überfrachtet und daher in ihren Aussagen von der Praxis nicht immer nachvollziehbar.

Vgl. auch → Arbeitssoziologie, → Arbeitswissenschaft, → Betriebspsychologie.

Betriebsstillegung, → Betriebsänderung.

Betriebsübergang, *Betriebsnachfolge.* Gehen → Betriebe oder Betriebsteile rechtsgeschäftlich auf einen anderen Inhaber über, sieht §613a BGB vor, dass der neue Betriebsinhaber in alle Rechte und Pflichten aus den im Zeitpunkt des Übergangs bestehenden Arbeitsverhältnissen eintritt. Dies gilt nicht nur für den Verkauf, sondern auch für die Verpachtung von Betrieben. Der neue Betriebsinhaber wird somit kraft Gesetzes Arbeitgeber der von dem B. betroffenen Arbeitnehmer. Diese Regelung gilt jedoch nur für diejenigen Arbeitnehmer, die aufgrund ihrer bisherigen Beschäftigung dem übertragenen Betrieb/ Betriebsteil zuzuordnen sind. Dies ist der Fall, wenn sie ganz oder überwiegend für diesen Betrieb/ Betriebsteil gearbeitet haben.

Der Inhalt des Arbeitsverhältnisses bleibt – zunächst – unverändert, da der neue Betriebsinhaber in das bisherige Arbeitsverhältnis eintritt. An sich würde dies auch für die durch Tarifverträge und → Betriebsvereinbarungen begründeten Regelungen gelten. Wenn jedoch in dem neuen Betrieb Tarifverträge und Betriebsvereinbarungen für denselben Regelungskomplex bestehen, entstünde eine ungleiche Behandlung der mit dem Betrieb/ Betriebsteil auf den neuen Arbeitgeber übergehenden Arbeitnehmer im Vergleich zu dessen bisherigen Arbeitnehmern. Aus diesem Grunde sieht § 613a Abs. 1 Satz 3 BGB vor, dass bei dem neuen Arbeitgeber gültige Tarifverträge und Betriebsvereinbarungen sofort an die Stelle der bisher gültigen Tarifverträge und Betriebsvereinbarungen treten. Das Gesetz gibt dem Grundsatz der kollektiven → Gleichbehandlung Vorrang vor dem Interesse des Einzelnen am Bestandsschutz (→ Besitzstand). Damit wird die Gleichbehandlung der gesamten Belegschaft bei dem neuen Arbeitgeber gewahrt. Lediglich wenn derartige Tarifverträge und Betriebsvereinbarungen nicht bestehen, begründet §613a Abs. 1 Satz 2 BGB ein Verschlechterungsverbot für die übergehenden Arbeitnehmer mit der zeitlichen Reichweite eines Jahres, wie dieses für Individualvereinbarungen gilt.

Eine Kündigung *wegen* des B. – namentlich zur Erhöhung der Attraktivität des zu übertragenden Betriebes – ist unzulässig (§613a Abs. 4 BGB). Der bisherige Arbeitgeber oder der neue Inhaber muss nach §613a Abs. 5 BGB die vom Übergang betroffenen Arbeitnehmer über den geplanten Zeitpunkt des Übergangs, den Grund für den Übergang, die rechtlichen, wirtschaftlichen und sozialen Folgen des Übergangs für die Arbeitnehmer und die hinsichtlich der Arbeitnehmer in Aussicht genommenen Maßnahmen in Textform (§126b BGB) unterrichten. Es genügt eine Unterrichtung per E-Mail. Der Arbeitnehmer kann dem Übergang innerhalb eines Monats nach Zugang der ordnungsgemäßen Unterrichtung schriftlich gegenüber dem neuen oder dem alten Arbeitgeber widersprechen (§613a Abs. 6 BGB) Erfolgt keine oder keine ausreichende Unterrichtung, besteht das Widerrufsrecht unbefristet, allerdings kann es verwirkt werden. Mit der Ausübung des Widerrufsrechts verbleibt das Arbeitsverhältnis bei dem bisherigen Arbeitgeber, allerdings für den Arbeitnehmer mit dem Risiko einer betriebsbedingten Kündigung infolge Beschäftigungsmangels.

Betriebsübung, → betriebliche Übung.

Betriebsunfall, → Arbeitsunfall.

Betriebsurlaub, → Betriebsferien, → Urlaub.

Betriebsvereinbarung. B. sind Vertragsabsprachen zwischen Arbeitgeber und → Betriebsrat zur praktischen Umsetzung der innerbetrieblichen → Mitbestimmung. Sie können zur Erfüllung zwingender Mitbestimmungsrechte des Betriebsrats (insbesondere nach § 87 Abs. 1 BetrVG) wie auch als freiwillige B. für ergänzende Maßnahmen (§ 88 BetrVG) abgeschlossen werden. Kommt in Fällen eines zwingenden Mitbestimmungsrechts eine Einigung zwischen Arbeitgeber und Betriebsrat nicht zustande, ersetzt der Spruch der → Einigungsstelle diese Einigung (z.B. nach §§ 87 Abs. 2, 112 Abs. 4 BetrVG). Ein solcher Spruch der Einigungsstelle wirkt somit wie eine B.
Soweit abschließende Regelungen in Tarifverträgen enthalten sind, stehen diese entsprechenden B. für dieselbe Materie entgegen. Dies gilt selbst dann, wenn eine tarifliche Absprache fehlt, der Regelungskomplex jedoch üblicherweise tarifvertraglich geregelt wird (§ 77 Abs. 3 BetrVG). Soweit Tarifverträge eine Kompetenz von Arbeitgeber und Betriebsrat zur betrieblichen Umsetzung/ Konkretisierung begründen, sind B. zulässig (sog. betriebsvereinbarungsoffene Tarifverträge).
Nach der Rechtsprechung des BAG können durch Individualverträge begründete Rechtsansprüche aufgrund von B. nur in engen Grenzen verschlechtert werden, nämlich abgesehen von den Fällen betriebsvereinbarungsoffener Individualabsprachen nur bei Wegfall der Geschäftsgrundlage oder im Rahmen von umstrukturierenden Regelungen, die das Leistungsniveau des Arbeitgebers insgesamt nicht beeinträchtigen (kollektiver Günstigkeitsvergleich).
B. wirken unmittelbar und zwingend auf die einzelnen Arbeitsverträge ein, auch wenn der betroffene Arbeitnehmer nicht zustimmt (§ 77 Abs. 4 BetrVG). Auf Rechte aus B. kann der Arbeitnehmer nur mit Zustimmung des Betriebsrats verzichten (§ 77 Abs. 4 Satz 2 BetrVG). Von B. sind → Regelungsabreden (Betriebsabsprachen) zu unterscheiden, die ebenfalls zwischen Arbeitgeber und Arbeitnehmer zur Erfüllung innerbetrieblicher Mitbestimmungsrechte vereinbart werden, jedoch nicht unmittelbar auf das einzelne Arbeitsverhältnis einwirken, sondern erst einer einzelvertraglichen Umsetzung bedürfen.
B. können, soweit nichts anderes geregelt ist, mit einer Frist von drei Monaten gekündigt werden (§ 77 Abs. 5 BetrVG). In allen Fällen, in denen ein Spruch der Einigungsstelle das Einvernehmen zwischen Arbeitgeber und Betriebsrat ersetzen kann – dies sind die Fälle der zwingenden Mitbestimmung z.B. nach §§ 87 I, 112 IV –, gilt die B. weiter, bis sie durch eine andere Abmachung ersetzt wird (→ Nachwirkung, derjenigen nach § 4 Abs. 5 TVG für Tarifverträge vergleichbar).

Betriebsverfassung. Unter B. wird die Gesamtheit der Vorschriften verstanden, mit denen der Gesetzgeber der Belegschaft ein Recht auf innerbetriebliche → Mitbestimmung einräumt. Das Bestehen einer B. bedeutet zugleich, dass der Gesetzgeber Organisationsstrukturen und Mitbestimmungsrechte vorgibt, die der Arbeitgeber im Rahmen der Sozialbindung des Eigentums zur Verbesserung der Zusammenarbeit von Kapital und Arbeit akzeptieren muss. Rechtsgrundlage für die Wirtschaft ist das BetrVG 2001, für den öffentlichen Dienst gelten die Personalvertretungsgesetze des Bundes und der Länder.
Von grundlegender Bedeutung ist das Recht der Belegschaft, einen → Betriebsrat (in der Wirtschaft) bzw. einen Personalrat (im öffentlichen Dienst) zu wählen, der im Interesse der Gesamtbelegschaft die in den Gesetzen im Einzelnen eingeräumten Mitwirkungsmöglichkeiten wahrnimmt. Der eindeutige Schwerpunkt der Mitwirkungsmöglichkeiten liegt im innerbetrieblichen sozialen Bereich. Als besondere Interessenvertretung bestehen neben dem Betriebsrat die Auszubildenden- und Jugendvertretung sowie die Schwerbehindertenvertretung. Ferner werden dem einzelnen Arbeitnehmer im Rahmen der B. Individualrechte gegen den Arbeitgeber eingeräumt (Unterrichtungs- und Erörterungsansprüche, Anhörungs- und Beschwer-

derechte, Einsicht in die Personalakte – §§81ff BetrVG).
Für die → leitenden Angestellten gilt das Vertretungsmandat des Betriebsrats nicht. Sie haben jedoch das Recht, ihre Belange durch → Sprecherausschüsse auf der Grundlage des SprAuG wahrnehmen zu lassen.

Betriebsversammlung. Die B. ist eine Zusammenkunft der Arbeitnehmer eines Betriebs. Kann wegen der Eigenart des Betriebs eine Versammlung aller Arbeitnehmer zum gleichen Zeitpunkt nicht stattfinden, ist statt dessen eine Teilversammlung durchzuführen (→ Abteilungsversammlung) – §§42 Abs. 1, 43 Abs. 1 BetrVG. Die Versammlungen finden im Regelfall einmal in jedem Kalendervierteljahr aufgrund einer Einberufung durch den → Betriebsrat statt. Der Arbeitgeber ist einzuladen und berechtigt, auf der Versammlung zu sprechen (§43 Abs. 2 BetrVG). Mindestens einmal in jedem Kalenderjahr ist er zur Abgabe eines Berichts über das Personal- und Sozialwesen einschließlich der Gleichstellung von Frauen und Männern im Betrieb sowie der Integration der im Betrieb beschäftigten ausländischen Arbeitnehmer, über die wirtschaftliche Lage und Entwicklung des Betriebs sowie den betrieblichen Umweltschutz verpflichtet, soweit dadurch nicht Betriebs- oder Geschäftsgeheimnisse gefährdet werden (§43 Abs. 2 BetrVG). Die in dem Betrieb vertretenen → Gewerkschaften können ebenso wie Vertreter des Arbeitgeberverbandes teilnehmen (§46 BetrVG). Die Betriebs- und Abteilungsversammlung dient allein der Information der Belegschaft einschließlich der Diskussion über betriebliche Themen. Die Behandlung allgemein-politischer Gesichtspunkte ist unzulässig (§45 BetrVG). Die Betriebsversammlung ist kein Träger der → Mitbestimmung, da ihr vom Gesetz entsprechende Kompetenzen nicht eingeräumt werden. Diese obliegen allein dem Betriebsrat.
Für → leitende Angestellte gibt es eine gesonderte, einmal im Kalenderjahr stattfindende Versammlung der leitenden Angestellten (§15 SprAuG), die gleichfalls nur der Information dient. Träger der Mitbestimmung für leitende Angestellte ist nicht die Versammlung der leitenden Angestellten, sondern der → Sprecherausschuss.

Betriebswohnung, → Werkswohnung.

Beurlaubung. Die B. steht im Gegensatz zur Urlaubsgewährung zu Erholungszwecken. Kennzeichnend für eine B. ist ein besonderer, häufig disziplinarischer Anlass. Werden gegen Arbeitnehmer Vorwürfe erhoben, die noch der näheren Überprüfung bedürfen und im Falle ihrer Berechtigung zu einer Beendigung des Arbeitsverhältnisses seitens des Arbeitgebers Anlass geben, kann eine B. im Interesse von Arbeitgeber und Arbeitnehmer liegen. Dabei einigen sich die Parteien regelmäßig, dass der Arbeitnehmer → Urlaub nimmt, um eine Überprüfung der Vorwürfe zu ermöglichen. Ist der Arbeitnehmer damit nicht einverstanden, bedeutet eine einseitige B. seitens des Arbeitgebers, dass er bezüglich der Arbeitsleistung in → Annahmeverzug gerät (§615 BGB) und daher die → Vergütung weiterzahlen muss. Allerdings wird der Arbeitnehmer zu überlegen haben, ob er den Arbeitgeber in eine solche Situation bringen will. Denn dieser hat auch ohne vollständige Aufklärung der im Raum stehenden Vorwürfe ggf. die Möglichkeit, bei schwerwiegenden Vorwürfen, eine → Verdachtskündigung auszusprechen. Schließlich wird eine B. im Arbeitsleben in manchen Fällen vorgenommen, wenn ein Arbeitsverhältnis einvernehmlich oder durch → Kündigung einer der beiden Vertragsparteien aufgelöst wird und der Arbeitgeber an der Erbringung der Arbeitsleistung durch den Arbeitnehmer bis zum endgültigen Auslaufen des → Arbeitsvertrages kein Interesse mehr hat.
Vgl. auch → Beschäftigungspflicht, → Kündigungsrecht, → Weiterbeschäftigungsanspruch.

Beurteilung, → Mitarbeiterbeurteilung.

Beurteilungsfehler. B. entstehen bei → Auswahlverfahren im Rahmen der Personalbeschaffung, hier vornehmlich beim → Vorstellungsgespräch, aber auch bei der → Mitarbeiterbeurteilung. Sie sind i.d.R. dem Beurteiler unbewusste Verzerrungen, Verfälschungen oder Fehler in der Wahrnehmung und Bewertung relevanter Merkmale der Person oder ihres Leistungsverhaltens. Es gibt zahlreiche Einteilungen oder Typisierungen solcher Wahrnehmungsfehler, sie sind oft sehr verschieden und wirken mitunter recht willkürlich.
Für die Praxis sind erfahrungsgemäß die folgenden sechs Gruppen von einiger Bedeu-

tung: (1) Die *selektive Wahrnehmung* registriert, z.B. bei einem Bewerber, vorwiegend solche Merkmale, die zu schon vorhandenen Erwartungen oder dem Bild, das aufgrund der schriftlichen Unterlagen entstanden ist, passen. (2) Beim *Critical Incident Effect* wird ein einzelnes, evtl. nur zufälliges Ereignis oder Verhalten des Mitarbeiters oder Bewerbers überbewertet und als typisch für ihn eingestuft. (3) Beim *Result Cause Effect* verfälschen einzelne Karrieremerkmale (z.B. das ungewöhnlich frühe Erreichen einer bestimmten Karrierestufe, das besonders gute oder schlechte Image eines früheren Arbeitgebers) die Beurteilung der Gesamtleistung oder -eignung. (4) *Projektive Verzerrungen* entstehen, wenn eigene Merkmale, Leistungen oder Erfahrungen des Beurteilers (z.B. ein bestimmtes Studienverhalten) zu bestimmenden Maßstäben der Beurteilung werden. (5) Der weithin bekannte *Halo-Effekt* entsteht, wenn ein bestimmtes, bei einem Mitarbeiter oder Bewerber wahrgenommenes Merkmal oder Verhalten (z.B. Redegewandtheit, Ausübung einer bestimmten Sportart), das der Beurteiler selbst sehr positiv bewertet oder zu dem er sich persönlich auch bekennt, dominant wahrgenommen und überbewertet wird und so auf die Beurteilung anderer Merkmale oder der Gesamteignung positiv abfärbt. (6) Schließlich spielen die sog. *Fehler des ersten oder letzten Eindrucks* noch eine gewisse Rolle: Beurteilungen neigen dazu, Eindrücke, die zeitlich früher, z.B. zu Anfang eines Vorstellungsgesprächs oder eines Beurteilungszeitraumes, oder zeitlich später, etwa gegen Gesprächsende oder kurz vor der Mitarbeiterbeurteilung aufgenommen wurden, stärker zu gewichten. Neben Wahrnehmungsfehlern kann es auch zu sog. Maßstabsfehlern kommen. Sie liegen vor, wenn verschiedene Beurteiler unterschiedliche Maßstäbe, z.B. an die Führungsleistung, anlegen oder z.B. ein vorhandenes Beurteilungssystem unterschiedlich interpretieren und anwenden. Hier wird die Beurteilungsgerechtigkeit verletzt, indem z.B. weitgehend gleiche Leistungen verschiedener Mitarbeiter von den jeweils zuständigen Vorgesetzten sehr unterschiedlich bewertet werden. Alle B. führen zu mehr oder weniger gravierenden Mängeln in der Objektivität, Gerechtigkeit und Tragfähigkeit von Mitarbeiter- und Bewerberbeurteilungen, damit zu personellen Fehlentscheidungen und ggf. auch zu Beeinträchtigungen des → Personal-

portfolios im Unternehmen. B. lassen sich keinesfalls völlig verhindern, jedoch sollten ihre Häufigkeit und Tragweite über regelmäßige Schulungen der mit Beurteilungen betrauten Mitarbeiter möglichst reduziert werden. Eingeschlossen sollte hier auch eine realistische Einschätzung der Möglichkeiten und Grenzen von Beurteilungen sein. Vgl. auch → Eignungsdiagnostik.

Beurteilungsgespräch. Ein B. (in manchen Unternehmen auch als → Mitarbeitergespräch oder Fördergespräch bezeichnet), findet in der Praxis periodisch, z.B. jährlich, vornehmlich mit außertariflichen Mitarbeitern statt. Häufig basiert es auf einer vorher durch den Vorgesetzten mittels eines im Unternehmen eingeführten Beurteilungssystems, z.B. formalisierter Beurteilungsbogen, vorgenommenen schriftlichen Beurteilung der beruflichen Leistungen und des Leistungspotenzials des Mitarbeiters. Das B. soll dem Mitarbeiter ein klares Bild darüber vermitteln, wie sein unmittelbarer Vorgesetzter ihn fachlich und leistungsmäßig einschätzt, zeigen, wo nach Ansicht des Vorgesetzten Stärken und Schwächen des Mitarbeiters liegen und wie sie ausgebaut bzw. abgebaut werden können. Im Besonderen soll es dem Mitarbeiter verdiente → Anerkennung für erbrachte Leistungen zukommen lassen. Das B. gibt auch dem Mitarbeiter Gelegenheit, zu seinen Leistungen Stellung zu beziehen, ggf. aus seiner Sicht falsche Beurteilungen klarzustellen oder auf besondere, ihm nicht anlastbare leistungshemmende Umstände hinzuweisen. Ein wichtiges Ziel des B. ist es darüber hinaus, das Vertrauensverhältnis zwischen Mitarbeiter und Vorgesetztem zu festigen, in der letzten Zeit evtl. entstandene Missverständnisse oder Spannungen in Ruhe anzusprechen und zu ihrer Lösung beizutragen. Von daher sollte ein B. in einer ruhigen, entspannten Atmosphäre stattfinden die von einer sachlichen, aber persönlich wohlwollenden Gesprächstechnik des Vorgesetzten geprägt ist. Ist eine schriftliche Beurteilung vorangegangen, sollte der Mitarbeiter diese einige Zeit vor dem B. einsehen und sich somit auf das Gespräch vorbereiten können. Der Vorgesetzte muss deutlich machen, dass er sich um ein objektives Urteil bemüht hat und Fragen des Mitarbeiters nach Begründungen, Schlussfolgerungen oder Konsequenzen nicht ausweichen. Nach dem B. sollte der Vorgesetzte

den Gesprächsverlauf noch einmal gedanklich nachvollziehen, dabei auch Argumente und Einwände des Mitarbeiters nachvollziehen und ggf. bereit sein, seine Beurteilung zu korrigieren. → Mitarbeiterbeurteilung und B. sind in der Praxis häufig Auslöser darauf aufbauender, gezielter individueller Personalentwicklungs- oder Fortbildungsmaßnahmen, in einigen Unternehmen auch Grundlagen für die Festlegung der Höhe individueller leistungsbezogener Gehaltskomponenten.
Vgl. auch → Beurteilungsfehler, → Kritik, → Leistungsbeurteilung, → Zielvereinbarung.

Bewerberauswahl, → Auswahlverfahren.

Bewerberbroschüre. Die B. ist ein wichtiges Instrument des externen → Personalmarketings, insbesondere der Personalwerbung. Sie stellt das Unternehmen vor, informiert über Ausbildungs-, Beschäftigungs- und Karrieremöglichkeiten, stellt ggf. besondere technologische, ökonomische, sozial- oder gesellschaftspolitische Leistungen des Unternehmens heraus. Ziel ist, zu einem positiven → Personalimage beizutragen, sowie im relevanten → Personalmarkt Bewerbungen auszulösen. Eine B. sollte immer zielgruppenspezifisch angelegt sein, d.h. sich hinsichtlich Gestaltung und Aussage an den Bedürfnissen der jeweiligen potenziellen Mitarbeitergruppe orientieren, z.B. Auszubildende, Führungskräftenachwuchs. Eine B. kann i.d.R. von Interessenten bei den Unternehmen angefordert werden, häufig wird sie mit der → Eingangsbestätigung an Bewerber geschickt oder anlässlich spezieller Informationsveranstaltungen, z.B. → Absolventenmessen, an Interessenten verteilt. In neuerer Zeit gehen Unternehmen häufig dazu über, die üblicherweise in einer B. enthaltenen Informationen zusätzlich über ihre Homepages oder sogar ausschließlich im Internet zugänglich zu machen.
Vgl. auch → E-Recruiting → Personalimageanzeige, → Personalwerbung.

Bewerberfoto. Den → Bewerbungsunterlagen ist meistens ein Lichtbild des Bewerbers beigefügt. Sein Aussagewert ist sehr zurückhaltend zu beurteilen, insbesondere sind Rückschlüsse auf Persönlichkeit oder Eignung des Bewerbers nur in ganz wenigen Ausnahmefällen möglich (z.B. dort, wo der optische Eindruck der Person, etwa in der Kundenberatung, eine Rolle spielt). Bei der Besetzung von Führungs- und Führungsnachwuchspositionen wird dem B. in der Praxis häufig Bedeutung beigemessen. Diese bewegt sich allerdings mehr im Rahmen subjektiver, spontaner Sympathie- oder Antipathiegefühle seitens des Betrachters. Die genaue, kritische Analyse der anderen Bewerbungsunterlagen sollte deshalb nicht vernachlässigt werden.
Vgl. auch → Bewerbungsanalyse.

Bewerbungsanalyse. Anhand der von den Bewerbern eingereichten → Bewerbungsunterlagen zielt die B. auf eine Vorauswahl geeigneter Bewerber. Die B. gilt als erste Phase im → Auswahlverfahren, der noch eine oder mehrere weitere Phasen folgen können, z.B. ein Eignungstest und danach das → Vorstellungsgespräch. Grundlage einer systematischen B. (wie auch der weiteren Phasen!) sollte ein möglichst klares → Anforderungsprofil sein, das z.B. über eine → Stellenbeschreibung, → Arbeitsplatzanalyse o.a., die Anforderungen an den neuen Mitarbeiter verdeutlichende Hilfsmittel er-stellt worden ist. In der Praxis der Bewerberauswahl liegen solche Anforderungsprofile häufig nicht oder inhaltlich nur wenig aussagefähig vor. Fehlen aber genaue Vorstellungen darüber, welche unabdingbaren, wichtigen und wünschenswerten Qualifikationen der gesuchte neue Mitarbeiter haben sollte, bleibt die B. oberflächlich und zufällig.
Hilfreich bei der B. ist eine Checkliste, ein Bewertungsbogen o.Ä., worin die wichtigen Aspekte des Anforderungsprofils aufgelistet und ggf. hinsichtlich ihrer geforderten Ausprägungen (z.B. Dauer der Berufserfahrung, Umfang der Führungsverantwortung) differenziert werden. Dies erleichtert den Vergleich zwischen mehreren Bewerbern.
Am Anfang einer B. steht die Überprüfung der Vollzähligkeit und Vollständigkeit der Bewerbungsunterlagen, d.h. der allgemein üblichen oder z.B. in der → Stellenanzeige erbetenen Unterlagen. Fehlen zentrale Unterlagen, etwa der Lebenslauf, oder fehlen wichtige Angaben, z.B. das Geburtsdatum, muss dies i.d.R. negativ bewertet werden, weniger wichtige, häufig z.B. das → Bewerberfoto, können bei Bedarf nachgefordert werden. Parallel hierzu erfolgt zumeist auch eine Wertung des optischen Eindrucks der Unterlagen (erfolgt die Präsentation z.B. in einer sorgfältig zusammengestellten Mappe, sind Bewerbungsschreiben und Lebenslauf

sauber, frei von Flecken oder sichtbaren Korrekturen, wirkt der tabellarische Lebenslauf textlich gut strukturiert, sind die Unterlagen individuell auf die angebotene Stelle hin zusammengestellt, offensichtlich schon mehrfach benutzt worden u.Ä.). Hier ergeben sich manchmal Rückschlüsse auf die Arbeitssorgfalt oder die Bereitschaft des Bewerbers, Aufgaben zu bearbeiten, die größere Mühe erfordern. Die Bewertung der Vollzähligkeit und Vollständigkeit, des optischen Eindrucks der Unterlagen sowie ggf. von Schreibfehlern muss sich streng an den Erfordernissen der zu besetzenden Stelle orientieren, d.h. bei der Auswahl eines Sachbearbeiters für die Personalabteilung sind z.B. andere Maßstäbe anzulegen als bei der Einstellung eines Baufacharbeiters.

Ergeben sich keine schwerwiegenden negativen Eindrücke, die schon jetzt den Bewerber als ungeeignet erscheinen lassen, erfolgt im nächsten Schritt die Überprüfung hinsichtlich der fachlichen Eignung. Eine besondere Rolle spielen dabei neben → Arbeitszeugnissen und anderen → Zeugnissen das → Bewerbungsschreiben und der → Lebenslauf. Aus dem Bewerbungsschreiben sollten schon hervorgehen: derzeitiger Arbeitgeber, jetzige Tätigkeit oder berufliche Position, ggf. Angaben über die erforderlichen Qualifikationen (z.B. Ausbildung zum Personalfachkaufmann) sowie evtl. interessante Zusatzqualifikationen. Wünschenswert ist auch eine schlüssige Begründung, weshalb sich der Bewerber für die angebotene Stelle interessiert und eignet. Fehlt die in manchen Stellenanzeigen erbetene Gehaltsvorstellung, darf dies nicht unbedingt negativ bewertet werden, da manche Bewerber diese Frage erst im Vorstellungsgespräch ansprechen möchten.

Aus dem Bewerbungsschreiben ergeben sich oft schon für die Entscheidungsfindung oder inhaltliche Bewertung der anderen beigefügten Unterlagen wichtige Eindrücke. Dem Lebenslauf kommt besondere Aufmerksamkeit zu, weil er neben den persönlichen Daten des Bewerbers in chronologischer Reihenfolge Angaben zu Schul- und Berufsausbildungen sowie Berufstätigkeiten enthält und darüber hinaus häufig Hinweise auf besondere Kenntnisse und Erfahrungen gibt. Insbesondere bei Berufsausbildungen und Berufstätigkeiten ist neben ihrer inhaltlichen Bewertung (z.B. spezielle Fach- und/ oder Branchenkenntnisse) darauf zu achten, dass jeweils angegeben wird, von wann bis wann (Monat/ Jahr) die Ausbildung verlief oder die Berufstätigkeit bei welchem Arbeitgeber ausgeübt wurde (Zeitfolgeanalyse). Zeitliche Lücken bei Ausbildungs- oder Beschäftigungszeiten, etwa von mehr als drei Monaten, sollten stets beachtet und ggf. im Vorstellungsgespräch geklärt werden. Bei manchen Lebensläufen fällt auf, dass die Zeiträume nur über Jahreszahlen, ohne die entsprechenden Monatsangaben, aufgeführt werden, hierüber wollen manche Bewerber von sehr kurzen Beschäftigungszeiten ablenken. Bei Schul- und Berufsausbildungen sollten neben der Bezeichnung der Schule und des Ausbildungsunternehmens auch Angaben zum erreichten Abschluss vorliegen. Fehlen Angaben zum Schul- und Berufsabschluss und gehen sie auch nicht aus beigefügten Kopien der Abschlussurkunden hervor, deutet dies manchmal auf eine abgebrochene oder ohne bestandene Abschlussprüfung beendete Ausbildung hin. In der Praxis zeigt sich dies hin und wieder bei Bewerbungen von Hochschulabgängern ohne bestandenes Diplom- oder Staatsexamen. Bewerbungsschreiben und Lebenslauf sollten unterschrieben sein und als Originale vorliegen, die jeweils benutzte Schreibtechnik (Schreibmaschine, Drucker, erkennbare Textverarbeitung) ist – außer bei Berufen mit hierzu vorhandener Affinität – kaum von Bedeutung.

Bei der B. muss darauf geachtet werden, Beschmutzungen, Beschriftungen der Unterlagen zu vermeiden, da Bewerbungsunterlagen, mit Ausnahme des Anschreibens, bei Nichteinstellung an den Bewerber zurückzuschicken sind oder bei Einstellung zu den Personalakten genommen werden.

Anliegen der B. muss es sein, über eine zeit-, tätigkeits- und positionsbezogene Analyse und Bewertung der Bewerbungsunterlagen das Qualifikationsspektrum der Bewerber zu erfassen und im Hinblick auf ihre grundsätzliche Eignung für die zu besetzende Stelle zu einer Entscheidung und – bei Eignung – weiterer Phase der Auswahl (z.B. Vorstellungsgespräch) zu kommen. Bei Nichteignung eines Bewerbers erfolgt eine abschließende Entscheidung und die Rücksendung seiner Bewerbungsunterlagen (→ Absageschreiben). Sofern dies sinnvoll erscheint, z.B. bei der Besetzung herausgehobener Positionen im Unternehmen, kann die B. auch durch → Referenzen unterstützt werden.

Vgl. auch → Eingangsbestätigung, → Pre-Employment-Screening, → Zwischenbescheid.

Bewerbungsgespräch, → Vorstellungsgespräch.

Bewerbungskosten, → Vorstellungskosten.

Bewerbungsschreiben. Ein B. (oder Anschreiben) ist Bestandteil der → Bewerbungsunterlagen und wird als Begleitschreiben zur Präsentation der schriftlichen Bewerbung genutzt. Aus ihm sollten neben Absender und Bewerbungsempfänger v.a. hervorgehen: Anlass der Bewerbung (z.B.→ Stellenanzeige des Unternehmens), die Bezeichnung der Stelle oder Aufgabe, für welche die Bewerbung erfolgt, der jetzige (bei nicht erwerbstätigen Bewerbern ggf. der letzte) Arbeitgeber, die derzeitige (oder letzte) Position und Tätigkeit des Bewerbers, für die zu besetzende Stelle wichtige Qualifikationen des Bewerbers sowie der mögliche Eintrittstermin. Wünschenswert ist auch eine schlüssige Begründung der Bewerbung. Der Umfang des B. sollte i.d.R. eine DIN A 4 Seite nicht überschreiten. Bei der → Bewerbungsanalyse geben Gestaltung, Form und Inhalt des B. oft schon wichtige Hinweise für die Bewertung der Bewerbung und die Eignung des Bewerbers. Von daher sollten B. immer sorgfältig geprüft werden, die Bewertungsmaßstäbe müssen sich jedoch eng an Art, Aufgaben und hierarchischer Position der zu besetzenden Stelle orientieren.
Vgl. auch → Absageschreiben, → Auswahlverfahren.

Bewerbungsunterlagen. Mit der Übersendung von B. dokumentieren Bewerber ihr Interesse an einer Beschäftigung im angeschriebenen Unternehmen. Die Übersendung kann aufgrund einer → Stellenanzeige, einer vorherigen telefonischen Anfrage des Bewerbers, Empfehlungen Dritter u.a. Anlässen erfolgen sowie als sog. „Initiativ- oder Blindbewerbung" ohne konkreten Anlass unaufgefordert erfolgen (häufig von Hochschulabsolventen). Zu den B. gehören → Bewerbungsschreiben, → Lebenslauf mit → Bewerberfoto, → Zeugnisse, ggf. → Arbeitszeugnisse sowie evtl. Nachweise über besondere, die Eignung des Bewerbers hervorhebende Qualifikationen (z.B. berufliche Fort-

bildungen, Fremdsprachenkenntnisse). Bewerbungsschreiben und Lebenslauf sollten im Original vorliegen und unterschrieben sein, für die anderen Unterlagen genügen Kopien. Auf die spätere Vorlage (z.B. im → Vorstellungsgespräch) und sorgfältige Prüfung von Originalen der wichtigsten Dokumente, z.B. Diplomzeugnisse, sollte jedoch nicht verzichtet werden (in den letzten Jahren sind vermehrt Fälle aufgetreten, bei denen gefälschte Kopien wie auch gefälschte Originale dieser Dokumente eingereicht wurden). Der Bewerber sollte umgehend eine → Eingangsbestätigung oder, sofern kein Interesse an der Bewerbung besteht, ein → Absageschreiben erhalten. B. sollten vom Empfänger sorgfältig beachtet (→ Bewerbungsanalyse) und behandelt werden, keinesfalls dürfen sie verschmutzt oder beschädigt werden. Der korrekte Umgang mit B. ist auch ein wichtiger Faktor für das → Personalimage des Unternehmens. Bei Nichtberücksichtigung der Bewerbung erfolgt die Rücksendung der B. Kommt es zu einer Einstellung des Bewerbers, werden die B. zu seinen → Personalakten genommen.
Vgl. auch → Pre-Employment-Screening, → Zwischenbescheid.

Bildschirmarbeitsplätze. B. sind Arbeitsplätze, auf denen Arbeitnehmer gewöhnlich bei einem nicht unwesentlichen Teil ihrer normalen Arbeit ein Bildschirmgerät benutzen. Unter dem Gesichtspunkt von → Arbeitssicherheit und Gesundheitsschutz werfen B. spezifische Fragen auf, die v. a. durch die Verordnung über Sicherheit und Gesundheitsschutz bei der Arbeit an Bildschirmgeräten (BildscharbV) geregelt werden. Der Arbeitgeber ist verpflichtet, die Sicherheits- und Gesundheitsbedingungen insbesondere hinsichtlich einer möglichen Gefährdung des Sehvermögens sowie körperlicher Probleme und psychischer Belastungen zu ermitteln und zu beurteilen. Auf dieser Basis sind geeignete Maßnahmen zur Ausschaltung der festgestellten Gefahren zu treffen. Der Arbeitgeber hat die Tätigkeit der Beschäftigten so zu organisieren, dass die tägliche Arbeit an Bildschirmgeräten regelmäßig durch andere Tätigkeiten oder durch Pausen unterbrochen wird, die jeweils die Belastung durch die Arbeit am Bildschirmgerät verringern. Er muss vor Aufnahme der Tätigkeit und in regelmäßigen Abständen sowie bei Auftreten von Sehbeschwerden eine angemessene Untersuchung der Augen und des Sehvermögens durch eine fachkundige Person anbieten. Im Anhang zur BildscharbV werden Anforderungen an das Bildschirmgerät, an die Tastatur und sonstige Arbeitsmittel sowie die Arbeitsumgebung und das Zusammenwirken von Mensch und Arbeitsmittel aufgestellt. Schließlich haben die Mitarbeiter einen Anspruch darauf, über alle gesundheits- und sicherheitsrelevanten Fragen im Zusammenhang mit ihrem Arbeitsplatz und über die für die Arbeitsplätze geltenden Maßnahmen zu unterrichten. Die → Arbeitnehmervertretung hat ein Mitbestimmungsrecht bei Regelungen zum Arbeitsschutz, also auch bei Fragen der Bildschirmarbeit (§87 Abs. 1 Nr. 7 BetrVG).

Bildungscontrolling. Das B. als Teilbereich des → Personalcontrollings soll im Unternehmen die Effektivität (Zielwirksamkeit) und Effizienz (Kostenwirksamkeit) seiner Maßnahmen zur beruflichen Aus- und Weiterbildung ermitteln und damit auch zur bedarfsgerechten Steuerung von Angebot und Durchführung solcher Bildungsmaßnahmen beitragen. Schwierig und in der Praxis bislang kaum zufriedenstellend erreicht ist allerdings die Ermittlung und Festlegung geeigneter Indikatoren oder Kennziffern, mit denen sich der Erfolg dieser betrieblichen Maßnahmen für das Unternehmen oder die betroffenen Mitarbeiter objektiv messen lässt. Die Kosten lassen sich i.d.R. zwar genau feststellen, jedoch liegen Nutzen oder Erträge häufig mehr im ideellen und motivatorischen Sektor oder sind erst sehr langfristig oder nur ansatzweise zu erwarten (insbesondere dann, wenn mit Bildungsmaßnahmen lang eingefahrene, tief verankerte Denk- und Verhaltensweisen, z.B. Führungsverhalten, verändert werden sollen).
Vgl. auch → Evaluierung.

Bildungsmaßnahmen. B. im Unternehmen umfassen alle Aktivitäten, die vornehmlich der berufsbezogenen Qualifizierung oder Weiterqualifizierung von Mitarbeitern dienen. Darüber hinaus gibt es in manchen, vorwiegend sehr großen Unternehmen auch B. mit allgemeinbildender Zielsetzung, z.B. den Unterhalt einer Werksbibliothek, die auch Belletristik umfasst, eines Werksorchesters oder -chors, das betriebliche Angebot von Bildungsreisen u.Ä. Berufsbezogene B. vollziehen sich entweder in eigens hierfür vorgesehenen Einrichtungen oder Maßnahmen (z.B. → Lehrwerkstatt, Fortbildungskurse) oder mehr arbeitsplatzbezogen z.B. als → Training on the Job. Ein Schwerpunkt betrieblicher B., insbesondere in Klein- und Mittelbetrieben, ist die berufliche → Erstausbildung von Jugendlichen und Heranwachsenden. Das Spektrum der B. reicht von der Erstausbildung über breit angelegte und ausdifferenzierte Formen der → Weiterbildung, → Traineeprogramme bis hin zur → Umschulung. Ziel der B. ist die Erhaltung, Entwicklung oder die zukünftige Sicherung eines möglichst optimalen → Personalportfolios. Die Notwendigkeit betrieblicher B. entsteht v.a. aus den permanenten, sich beschleunigenden technischen, organisatorischen und ökonomischen Veränderungen, aber auch aus dem gesellschaftlich-sozialen Wandel. Darüber hinaus haben Impulse durch das 1969 entstandene Berufsbildungsgesetz und die v.a. in Großunternehmen gestiegene Bedeutung der → Personalentwicklung und → Führungskräfteentwicklung Zahl und Formen betrieblicher B. stark ansteigen lassen sowie insgesamt zur Anhebung ihres Stellenwertes in vielen Unternehmen beigetragen.
Vgl. auch → Berufsbildung, → Berufsbildungssystem, → Bildungscontrolling, → Evaluierung, → Personalcontrolling, → Training.

Bildungsurlaub. Die Qualifikation der Mitarbeiter ist von entscheidender Bedeutung für den Unternehmenserfolg. Daher unternehmen heute nahezu alle Unternehmen umfangreiche Bemühungen zur Aus- und Weiterbildung der Belegschaft. Gleichwohl hat der Gesetzgeber unabhängig davon in verschiedenen Bundesländern Gesetze erlassen, die den Arbeitnehmern einen Rechtsanspruch auf B. einräumen. Einzelheiten sind landesrechtlich geregelt. Die Voraussetzungen für die Gewährung von B. gehen sehr weit; insbesondere ist es nicht erforderlich, dass die Bildungsveranstaltung unmittelbaren Bezug zu der betrieblichen Tätigkeit des Arbeitnehmers hat. Vielmehr genügt regelmäßig, dass die vermittelte Bildung dem Arbeitnehmer in seiner Stellung in der Gesellschaft zugute kommt. Soweit die Voraussetzungen vorliegen, hat der Arbeitgeber dem Arbeitnehmer bezahlte Freistellung von der Arbeit zu gewähren (im Regelfall fünf Tage im Jahr, wobei eine Zusammenfassung zu zehn Tagen im Zweijahresrhythmus zulässig ist). Die Kosten der Bildungsmaßnahme gehen zulasten des Arbeitnehmers. Die Inanspruchnahme liegt zur Zeit bundesweit noch unter 1 %, bedeutet gleichwohl einen Kostenfaktor für den Arbeitgeber. Das Bundesverfassungsgericht hat diese Belastung für zulässig erklärt.

Vom B. zu unterscheiden sind die Möglichkeiten des Betriebsrates, sich zur Ausübung seines Ehrenamtes durch geeignete Schulungsmaßnahmen zu qualifizieren (§37 Abs. 6 und 7 BetrVG).

Billigkeitskontrolle. Grundsätzlich sind die Betriebsparteien im Rahmen von → Betriebsvereinbarungen autonom bezüglich der Festlegung von deren Inhalt, solange die gesetzlichen Grenzen eingehalten sind. Gleichwohl unterwirft die Rechtsprechung sie neben der Rechtskontrolle auch einer B. Dabei wird zwischen einer abstrakten und einer konkreten B. unterschieden. Die abstrakte B. erfasst die Überprüfung nach einem generalisierenden Maßstab, während im Rahmen der konkreten B. die Auswirkungen auf den einzelnen Arbeitnehmer untersucht werden. In der Sache ist die B. weitgehend mit einer Rechtskontrolle identisch, wobei allerdings neben dem Verstoß gegen konkrete rechtliche Vorgaben auch die Einhaltung allgemeiner Rechtsgrundsätze (z.B. des Übermaßverbots und des Vertrauensschutzes) überprüft wird. Im Einzelnen besteht eine zwischen bereits erworbenen Anwartschaften und künftigen Ansprüchen differenzierende Rechtsprechung des BAG, die insbesondere die Kontrolle von Vereinbarungen bezüglich der betrieblichen Altersversorgung zum Schwerpunkt hat.

Anders als Betriebsvereinbarungen unterliegen Tarifverträge als Ausfluss der verfassungsrechtlich gewährleisteten → Tarifautonomie (Art. 9 Abs. 3 GG) keiner B. Vielmehr sind Tarifverträge nur darauf zu überprüfen, ob sie gegen verfassungsrechtliche oder einfach-gesetzliche Vorgaben verstoßen.

biografischer Fragebogen. Der b. F. hat seinen Ursprung in der klinisch-therapeutischen Diagnostik und wird seit ca. 30 Jahren vorwiegend in den USA auch bei der Bewerberauswahl eingesetzt. In Deutschland liegen bislang nur geringe Erfahrungen vor. Dem b. F. als Instrument der Bewerberauswahl liegt die Annahme zugrunde, dass sich aus einer Reihe von biografischen Merkmalen eines Bewerbers, z.B. Schul- und Berufserfahrungen, Freizeitverhalten, aus Werthaltungen, Einstellungen zu Eltern, Familie, Arbeit und Beruf, bisherigem Verhalten bei wichtigen Entscheidungen Indizien ableiten lassen, die eine Aussage über den wahrscheinlichen zukünftigen Arbeits- und Berufserfolg zulassen. In Form eines standardisierten Fragebogens (ca. 100–200 Fragen) werden Bewerbern Fragen, i.d.R. in Multiple-Choice-Form, zu diesen Merkmalen gestellt. Über den Vergleich der Bewerberantworten mit denen bisher erfolgreicher (oder nicht erfolgreicher) Mitarbeiter werden Schlüsse hinsichtlich fachlicher und persönlicher Eignung der Bewerber gezogen, d.h. je näher z.B. die Antworten der Bewerber an denen der erfolgreichen Vergleichsgruppe liegen, um so höher wird die Wahrscheinlichkeit des beruflichen Erfolgs eingeschätzt. Der Vorteil des b. F. liegt in seiner einfachen Anwendbarkeit und Auswertung. Als problematisch anzusehen sind jedoch methodische Mängel (z.B. fehlende theoretische Grundlagen, zu kleine Vergleichsgruppen und die nicht geringe Wahrscheinlichkeit, dass sehr aufmerksame Bewerber schnell ein erwünschtes Antwortverhalten erkennen). Darüber hinaus wirft das Eindringen in oft sensible persönlich-private Lebensbereiche des Bewerbers nicht unerhebliche ethische und rechtliche Vorbehalte auf.

Vgl. auch → Bewerbungsanalyse, → Eignungsdiagnostik, → Fragerecht.

Blended Learning. Methoden-Mix aus a) Lernen am Computer (z.B. über E-Learning-Module) zum Erwerb von Faktenwissen (z. B. über Produkte, Verfahren, Methoden) und b) Diskussionsrunden, Gruppenarbeit, Seminaren u.Ä., wo dieses Wissen vertieft wird oder darauf aufbauend besondere Verhaltenskompetenzen (z.B. Kommunikationsverhalten) erworben werden sollen. B. L. wird v.a. in der betrieblichen Aus- und → Weiterbildung sowie in der → Führungskräfteentwicklung genutzt.

Blindbewerbung, → Bewerbungsunterlagen.

Brainstorming. Das B. ist die am häufigsten angewandte Methode unter den sog. Kreativitätstechniken und wird vorwiegend bei der Suche nach vollkommen neuen Lösungswegen oder Ideen eingesetzt. Eine möglichst nicht homogen, sondern aus Vertretern verschiedener Fachrichtungen oder Aufgabengebiete zusammengesetzte Gruppe von ca. 5–10 Personen äußert in einer ersten Sitzungsrunde spontan Gedanken, wie sie vor dem Hintergrund der Aufgabenstellung den Teilnehmern einfallen. Eine Kritik oder Diskussion dieser Gedanken ist hier unzulässig, alle Gedanken, Ideen, Vorschläge usw. werden schriftlich festgehalten, jeder kann sich von den anderen inspirieren lassen. Diese Phase dauert i.d.R. ca. 30 Minuten, danach versiegen die Einfälle meistens. Nach einer Pause folgt die zweite Phase, jetzt werden die gesammelten Vorschläge, Ideen usw. gesichtet und thematisch gruppiert, danach gemeinsam diskutiert und bewertet. Nach einer gewissen Übung gelingt es der Gruppe meistens, mehr und qualitativ auch bessere Ideen zu entwickeln. Aus der Praxis, v.a. aus der Automobilindustrie, ist bekannt, dass über B. eine Reihe von wichtigen technischen und organisatorischen Verbesserungen und Neuerungen gefunden werden konnte.

Vgl. auch → betriebliches Vorschlagswesen, → Kreativität, → Lernstatt, → Workshop.

Bundesagentur für Arbeit, → Arbeitsverwaltung.

Bundesarbeitsgericht (BAG). Das BAG mit Sitz in Erfurt (früher Kassel) ist das höchste deutsche Arbeitsgericht im Rahmen eines dreistufigen Gerichtsaufbaues (Arbeitsgerichte, Landesarbeitsgerichte, B.). Die einzelnen Senate des B. entscheiden nach einem jeweils im Voraus festgelegten Geschäftsverteilungsplan in der Besetzung von drei Berufsrichtern (ein Vorsitzender, zwei Beisitzer) und je einem ehrenamtlichen Richter aus den Kreisen der Arbeitnehmer und der Arbeitgeber (§41 Abs. 2 ArbGG). Die Berufsrichter werden nach den Vorschriften des Richterwahlgesetzes ernannt. Die Wahl der ehrenamtlichen Richter erfolgt auf eine Dauer von fünf Jahren aufgrund von Vorschlägen der Gewerkschaften und Arbeitgeberverbände (§§42, 43 ArbGG). Das BAG als Revisionsgericht ist ausschließlich zur Entscheidung von Rechtsfragen zuständig. Hierzu zählen im sog. Urteilsverfahren Revisionen gegen Urteile von Landesarbeitsgerichten, wenn sie vom Landesarbeitsgericht wegen der grundsätzlichen Bedeutung der Angelegenheit oder einer Abweichung von einer höchstrichterlichen Entscheidung seitens des Landesarbeitsgerichts zugelassen werden, wobei gegen die Nichtzulassung einer Revision die Möglichkeit der Nichtzulassungsbeschwerde besteht (§§72, 72a ArbGG). Darüber hinaus besteht die Möglichkeit der Sprungrevision, d.h. eine rechtliche Überprüfung des Vorganges durch das BAG unter „Umgehung" des Landesarbeitsgerichts, wenn beide Prozessparteien damit einverstanden sind und die Angelegenheit tarifrechtliche Fragen von grundsätzlicher Bedeutung betrifft (§76 ArbGG). Eine prinzipiell vergleichbare Regelung besteht für das sog. Rechtsbeschwerdeverfahren im Rahmen des Beschlussverfahrens (§92 ArbGG). Das Beschlussverfahren (§2a ArbGG) betrifft Rechtsstreitigkeiten aus dem Betriebsverfassungs-, Sprecherausschuss- und Mitbestimmungsrecht sowie hinsichtlich der Tariffähigkeit und Tarifzuständigkeit einer Tarifpartei, während alle anderen Rechtsstreitigkeiten, insbesondere zwischen Arbeitgebern und Arbeitnehmern, die sog. Urteilsverfahren mit der bereits erwähnten Revisionszuständigkeit des BAG bilden.

Bundesgleichstellungsgesetz. Die Gleichberechtigung von Männern und Frauen ist sowohl ein grundsätzliches Anliegen der Verfassung (Art. 3 GG) als auch speziell des → Arbeitsrechts (§§ 1, 6,7 AGG). Ferner verbietet Art. 157 AEUV geschlechtsspezifische Diskriminierungen. Eine Reihe spezieller Gesetze soll die Vereinbarkeit von Familie und Beruf unterstützen und auf diesem Wege einen Beitrag zur Gleichberechtigung erbringen (BErzGG, §4 TzBfG). Um eine weitere Unterstützung in diese Richtung seitens des Gesetzgebers zu leisten, wurde 1994 das Gesetz zur Durchsetzung der Gleichberechtigung von Frauen und Männern (GleibG2) verabschiedet, welches im Jahr 2001 durch das Bundesgleichstellungsgesetz ersetzt wurde. Dieses Gesetz gilt für alle Beschäftigten in der unmittelbaren und mittelbaren Bundesverwaltung sowie den Gerichten des Bundes. Der Staat will in den Bereichen, in denen er als Arbeitgeber fungiert, Vorbildwirkung für die Gleichberechtigung übernehmen. Nach Maßgabe des Gesetzes sollen Frauen gefördert werden, um bestehende Benachteiligungen abzubauen, und auch die Vereinbarkeit von Familie und Beruf soll verbessert werden. Hierzu dienen die Adressierung von Stellenausschreibungen an Männer und Frauen (§6 BGleiG), bei gleicher Qualifikation die bevorzugte Berücksichtigung, wenn Frauen in einzelnen Bereichen unterrepräsentiert sind (§8 BGleiG), geeignete Fortbildungsmaßnahmen, eine familiengerechte Arbeitszeit einschließlich der Möglichkeit zur Teilzeitarbeit, sowie die Tätigkeit eines Gleichstellungsbeauftragten. Ergänzt wird das B. durch entsprechende landesrechtliche Regelungen.

Bundesinstitut für Berufsbildung. Das B. f. B. (Berlin) ist eine bundesunmittelbare Körperschaft des öffentlichen Rechts. Es unterliegt der Rechtsaufsicht des Bundesministeriums für Bildung und Forschung und findet seine Rechtsgrundlage in dem Berufsbildungsgesetz. Aufgabe des Instituts ist die Beratung und Unterstützung des Bundesarbeitsministeriums für Bildung und Forschung sowie das Betreiben von Berufsbildungsforschung nach einem von dem Hauptausschuss des Instituts zu beschließenden Forschungsprogramm. Dieser Ausschuss ist pluralistisch durch Vertreter der Gewerkschaften und der Unternehmerverbände sowie von Bund und Ländern besetzt. Besondere Bedeutung hat das Institut für die Festlegung von Inhalt und Zielen der Berufsausbildung sowie die Anpassung von Berufsbildern an technische, wirtschaftliche und gesellschaftliche Entwicklungen.

Bundesknappschaft. Die B. ist der Träger der → Knappschaftsversicherung für Bergleute. Als Sozialversicherungsträger entspricht sie insoweit den sonst für alle Wirtschaftszweige und die dortigen Beschäftigten zuständigen gesetzlichen Renten- und Krankenversicherungsträgern. Seit dem 1.10.2005 wird die B. unter dem Namen „Deutsche Rentenversicherung Knappschaft-Bahn-See" fortgeführt. Die Bahnversicherungsanstalt und die Seekasse wurden aufgelöst und gingen in der Deutschen Rentenversicherung Knappschaft-Bahn-See auf, so dass sich deren Zuständigkeitsbereich entsprechend erweitert hat. Bei der knappschaftlichen Kranken- und Pflegeversicherung bleibt allerdings auch zukünftig die B. Träger.

Bundesministerium für Arbeit und Soziales, → Arbeitsministerien.

Bundessozialgericht (BSG). Das B. mit Sitz in Kassel ist das höchste deutsche So-zialgericht. Es steht an der Spitze eines dreistufigen Gerichtsaufbaus mit den örtlichen Sozialgerichten, den Landessozialgerichten und dem B. Bei allen Sozialgerichten wirken in erheblichem Umfang ehrenamtliche Richter mit. Die Sozialgerichte entscheiden in der Besetzung mit einem Berufsrichter und zwei ehrenamtlichen Richtern, die Landessozialgerichte wie auch das B. mit drei Berufsrichtern und zwei ehrenamtlichen Richtern. Die ehrenamtlichen Richter werden je zur Hälfte von den Versicherten und den Unternehmen gestellt. Sozialgerichte sind besondere Erscheinungsformen der Verwaltungsgerichte. Sie entscheiden aufgrund spezialgesetzlicher Zuweisung über öffentlich-rechtliche Streitigkeiten auf dem Gebiet der Sozialversicherung, der Arbeitslosenversicherung, der übrigen Aufgaben der Bundesagentur für Arbeit, der Kriegsopferversorgung sowie in den ihnen sonst zugewiesenen Fällen (§41 SGG). Gegen die erstinstanzlichen Entscheidungen der Sozialgerichte ist die Berufung zum Landessozialgericht und gegen dessen Entscheidung die Revision zum B. zulässig. Die prozessrechtlichen Voraussetzungen sind weitgehend an diejenigen für das verwaltungsgerichtliche Verfahren angelehnt. Von praktischer Bedeutung ist die Notwendigkeit, in Fällen der Anfechtungs- oder Verpflichtungsklage gegen sozialbehördliche Entscheidungen vor Eröffnung des Gerichtsverfahrens das Widerspruchsverfahren als eine behördliche Vorkontrolle durchzuführen (§78 SGG). Nur in besonders geregelten Fällen, insbesondere in Klageverfahren gegen Verwaltungsakte einer obersten Bundes- oder Landesbehörde bedarf es eines Vorverfahrens nicht. Widerspruch und Anfechtungsklage haben grds. aufschiebende Wirkung, aber das Gesetz sieht auch Ausnahmen davon vor (§§86a, 86b SGG).

Bundesvereinigung der Deutschen Arbeitgeberverbände (BDA). Die BDA ist die sozialpolitische Spitzenorganisation der deutschen Wirtschaft. Ihre ca. 60 Mitglieder sind Arbeitgeberverbände oder Landesvereinigungen von Arbeitgeberverbänden; auf diese Weise sind ca. 1.000 Arbeitgeberverbände unmittelbar oder mittelbar in der BDA organisiert. Die BDA selbst ist keine Tarifpartei. Sie nimmt branchen- und länderübergreifende Arbeitgeberinteressen auf deutscher und internationaler Ebene wahr. Die BDA berät ihre Mitglieder, stellt einen Erfahrungsaustausch zwischen ihnen sicher, vertritt Arbeitgeberbelange, pflegt den sozial-po-litischen Dialog mit dem → Deutschen Gewerkschaftsbund (DGB) und nimmt zu arbeitsrechtlichen, sozial- und vergütungspolitischen Fragen im politischen Bereich Stellung. Weiter befasst sie sich mit Fragen der beruflichen Bildung. Die Leitung des Verbandes erfolgt durch Mitgliederversammlung, Vorstand und Präsidium (an der Spitze der Präsident), die alle ehrenamtlich tätig sind, sowie durch die hauptamtliche Geschäftsführung.

Bundesversicherungsanstalt für Angestellte, → Altersversorgung, → Rentenrecht.

Burn-out-Syndrom. Diesem Begriff werden heute, vorwiegend von Betriebspsychologen und Arbeitsmedizinern, verschiedene Formen von häufig auf fehlende → Arbeitszufriedenheit, fehlende → Anerkennung und → Motivation am Arbeitsplatz, berufliche Überforderung oder auf fehlenden beruflichen Erfolg zurückzuführende Reaktionen zugeordnet. Dazu werden z.B. gezählt: Neigung zu Pessimismus, starke Selbstzweifel, nachlassende Arbeitsleistung, Reizbarkeit, Reduzierung sozialer Kontakte auf das betrieblich unbedingt Notwendige, → Innere Kündigung, aber auch psychosomatische Beschwerden. Der Mitarbeiter sieht sich hier oft in einer beruflichen Sackgasse, einer Phase beruflicher Stagnation oder gar beruflichen Rückschritts, wirkt auf andere manchmal aggressiv, enttäuscht oder lustlos, zeigt mitunter auch Anzeichen von Alkoholmissbrauch (→ Alkohol am Arbeitsplatz). Diese Reaktionen müssen allerdings nicht in jedem Fall berufs- oder arbeitsplatzbedingte Ursachen haben, in der Praxis sind sie nicht selten außerberuflich verursacht (z.B. familiäre Probleme des Mitarbeiters).

Liegen Anzeichen für ein B.-o.-S. vor, sollten keine laienmedizinischen oder laienpsychologischen Erklärungs- und Lösungsversuche unternommen werden. Hier ist es Aufgabe der zuständigen Führungskraft und ggf. der Personalabteilung, im vertrauensvollen Gespräch den Mitarbeiter schon frühzeitig daraufhin anzusprechen und ihm evtl. über den werksärztlichen oder betriebspsychologischen Dienst Hilfen anzubieten. Im Unternehmen sollte jedoch weitestmöglich sichergestellt sein, dass z.B. über mitarbeiterorientierte → Führungsgrundsätze, praktizierte Mitarbeitergespräche, über ein gutes → Betriebsklima und andere für Berufszufriedenheit, Motivation und Arbeitsleistung relevante Instrumente und Faktoren möglichen betriebsbedingten Ursachen des B. entgegengewirkt wird.

Vgl. auch → Arbeitswissenschaft, → Coaching, → Mobbing.

C

Cafeteriasystem. Grundidee des – aus den USA stammenden – C. ist, dass die Mitarbeiter sich aus einem bestimmten Angebot an Vergütungsbestandteilen und → Sozialleistungen nach näher vorgegebenen Regelungen, insbesondere unter Beachtung von Dotierungsobergrenzen, ein auf ihre Bedürfnisse und Vorzüge zugeschnittenes Leistungspaket zusammenstellen können. Darauf basiert der Name in Anlehnung an die Auswahl von Menübestandteilen in einer Cafeteria. Ein solches Konzept kann dazu beitragen, die Attraktivität der Unternehmen infolge größerer Flexibilität in der Personalpolitik zu erhöhen, ohne dass dies mit einer entsprechenden Kostensteigerung vor dem Hintergrund der in der Bundesrepublik Deutschland ohnehin hohen Personalkosten (→ Personalaufwand) verbunden ist. Bestandteile eines solchen Konzeptes sind die Festlegung der austauschbaren Leistungen, deren wirtschaftliche Bewertung, die Dauer der Verbindlichkeit der Entscheidung, die Klarstellung der jeweils betroffenen Mitarbeitergruppen sowie Verfahrensregelungen. Die praktische Durchführbarkeit eines solchen Konzeptes hängt maßgeblich davon ab, wie umfassend das Leistungsspektrum eines Unternehmens bereits ist. Insbesondere Großunternehmen, die bereits umfassende Leistungen für alle Mitarbeiter erbringen, weisen vielfach wenig Spielraum für C. auf. Anders ist die Situation bei Unternehmen, die ihre Möglichkeiten insoweit noch nicht ausgeschöpft haben. Für Tarifmitarbeiter sind die Möglichkeiten des C. infolge der nur durch das → Günstigkeitsprinzip zu durchbrechenden Verbindlichkeit von Tarifverträgen begrenzt. Insgesamt fehlen bisher rechtliche Erfahrungen mit der Praktizierung eines C. Der enge arbeitsrechtliche Rahmen in der Bundesrepublik Deutschland wird allgemein als Hindernis für eine weite Verbreitung von C. angesehen, die bisher nur vereinzelt vorkommen.
Vgl. auch → Anreizsystem, → Vergütungspolitik.

Chiffreanzeige, → Stellenanzeige.

Coaching. C. kommt aus den USA und wurde dort zunächst für die psychologisch-mentale Betreuung von Spitzensportlern durch hierfür fachlich und persönlich geeignete Berater eingesetzt. Inzwischen wird dort wie in Europa unter C. auch die Unterstützung von herausgehobenen Führungskräften der Wirtschaft durch einen psychologisch geschulten, meistens externen Berater (Coach) bei der Bewältigung von bestimmten aufgabenbedingten oder persönlichen Problemen verstanden. Anwendungsgebiete liegen in der Praxis v.a. in der Hilfestellung in Situationen, die die berufliche Leistungsfähigkeit beeinträchtigen (z.B. familiäre Probleme), in der Situationsanalyse und Überwindung von → Burn-out-Syndromen, der Vorbereitung auf neue, anspruchsvollere Aufgaben, die erhöhte Ansprüche an die Stressresistenz oder Sozialkompetenz stellen (z.B. Auslandsentsendungen), aber auch in der Beratung und Hilfe bei sehr konkreten Problemen, z.B. die Vorbereitung auf richtiges Verhalten bei Rundfunk- und Fernsehinterviews, die Verbesserung der persönlichen Arbeitstechniken u.Ä.
Seit einigen Jahren wird C. auch im Rahmen von → Outplacements als Hilfe zur persönlichen wie beruflichen Neuorientierung ausscheidender Mitarbeiter eingesetzt. In neuerer Zeit wird der Begriff inhaltlich zunehmend diffus benutzt, so z.B. häufig auch für die Bezeichnung von Führungsaufgaben, welche auf die persönliche und fachliche Beratung von Mitarbeitern im Rahmen der → Personalentwicklung oder → Mitarbeiterbeurteilung zielen. Jede Führungskraft mit Mitarbeiterverantwortung wird danach auch in der Rolle eines Coaches ihrer Mitarbeiter gesehen, was mit erhöhten Anforderungen v.a. an die persönlich-sozialen Kompetenzen der Vorgesetzten verbunden ist.
Vgl. auch → Gruppendynamik, → Trainer, → Training.

Continuous Improvement Process, →
Kaizen.

Corporate Behaviour. C.B. bezeichnet ein
im Konzept zur → Corporate Identity ange-
legtes einheitliches, konsistentes Auftreten
und Verhalten der Unternehmensangehörigen, v.a. der Führungskräfte, nach außen
(z.B. gegenüber der Öffentlichkeit, Lieferanten, Kunden, Kapitalgebern). Es soll dort,
insbesondere bei den für das Unternehmen
wichtigsten Gruppen, zur positiven Wahrnehmung und Profilbildung des Unternehmens beitragen. Mitunter wird ein besonderes, einheitliches C.B. aber auch im Binnen-
verhältnis des Unternehmens angestrebt, so
etwa im Rahmen der Implementierung von →
Führungsgrundsätzen oder von Maßnahmen
zur Gestaltung einer positiven → Unternehmenskultur.

Corporate Culture, → Unternehmenskultur.

Corporate Design. Unter C. D. werden
alle visuellen Ausdrucksformen eines Unternehmens verstanden, die sein Selbstverständnis, seine Besonderheit, gleichsam seine
institutionelle Individualität nach außen wie
nach innen gestalterisch signalisieren. Dazu
zählen z.B. der Firmenname und seine grafische Darstellung, das Produktdesign, Fir-
men- und Markenzeichen, die Aufmachung
von Briefbögen und Unternehmensbroschü-
ren, die Hausarchitektur, eine evtl. firmenty-
pische Arbeitskleidung u.a. Über ein typi-
sches C. D. soll das Unternehmen als unver-
wechselbare Einheit wirken und wahrgenommen werden. Nach innen kann ein C. D.
insbesondere identitätsstiftend wirken und
zur Bildung oder Stärkung eines Gruppen-
bewusstseins beitragen, nach außen v.a. den

werblichen Auftritt unterstützen, z.B. in der
Produkt- und → Personalwerbung, aber auch
die Produkterkennung und -zuordnung positiv beeinflussen. Das C. D. wird von vielen
Unternehmen im Rahmen eines Konzeptes
der → Corporate Identity entwickelt.
Vgl. auch → Corporate Behaviour, → Unternehmenskultur.

Corporate Identity. C. I. bezeichnet ein
Konzept, das über die Klärung und Entscheidung wichtiger strategischer Grundpositio-
nen im Unternehmen (z.B. hinsichtlich der
Unternehmensziele, des Marktverhaltens, der
Mitarbeiterführung, des Auftritts in der Öffentlichkeit) ein klar konturiertes Selbstbild
und Selbstverständnis entwickelt, das unternehmensintern und -extern als Leitlinie für
einheitliches Handeln und Auftreten (→
Corporate Behaviour) dienen kann. Die C. I.
ist bewusst gestaltetes, nach innen und außen
präsentiertes sowie gelebtes Unternehmens-
verständnis mit dem Ziel, nach innen inte-
grierend und identitätsstiftend, nach außen
profilierend und imagefördernd zu wirken.
Hin und wieder wird C. I. auch als Gestaltung und Ausdruck der → Unternehmenskultur bezeichnet, eine wichtige Rolle spielt im
Konzept der C. I. auch das → Corporate
Design. Von besonderer Bedeutung ist die
Entwicklung einer C. I. für Unternehmen,
deren Personalstruktur, Produktstruktur,
Geschäftsfelder u.Ä. sehr heterogen sind
oder die sehr unterschiedliche Traditionsli-
nien aufweisen, z.B. große Konzerne oder
Unternehmen nach Fusionen oder Neugliede-
rungen.
Vgl. auch → Führungsgrundsätze.

Critical Incident Effect, → Beurteilungsfehler.

D

Datenschutz. Mittels EDV werden zahlreiche sachliche wie persönliche Daten erhoben, gespeichert und mit nahezu unbegrenzten Verknüpfungsmöglichkeiten ausgewertet. Das BVerfG leitet aus dem verfassungsrechtlichen Persönlichkeitsschutz ein Recht auf informationelle Selbstbestimmung ab (Art. 2 Abs. 1 i.V.m. Art. 1 Abs. 1 GG), das der Datennutzung Grenzen setzt und einen besonderen D. begründet. Rechtsgrundlagen sind das nicht auf das Arbeitsleben beschränkte, sondern umfassend geltende Bundesdatenschutzgesetz sowie die landesrechtlichen Datenschutzgesetze. Das Datenschutzrecht begründet einen Anspruch des Arbeitnehmers auf Sicherung personenbezogener Daten im Rahmen des Arbeitsverhältnisses gegen Missbrauch. Dies ist insbesondere für die *Personaldatenverarbeitung* von Bedeutung. Unter den Voraussetzungen des BDSG hat der Arbeitgeber einen Datenschutzbeauftragten zu bestellen, der auf die Wahrung des D. zu achten hat.

Einen sachlichen Berührungspunkt zum D. hat das Schutzbedürfnis der Arbeitnehmer vor unbeschränkter Nutzung von technischen Einrichtungen, die der Arbeitnehmerüberwachung dienen. Solche Einrichtungen dürfen nach § 87 Abs. 1 Ziff. 6 BetrVG nur mit Zustimmung des → Betriebsrats betrieben werden, wobei die Rechtsprechung des BAG die Vorschrift über den Wortlaut hinaus nicht nur auf Anlagen anwendet, die der Überwachung der Mitarbeiter dienen, sondern auch auf solche, die dazu unabhängig von der konkreten Zweckbestimmung objektiv geeignet sind.

Vgl. auch → Personalforschung, → Personalinformationssysteme, → Personalstatistik.

Dauerarbeitsverhältnis. Ein D. ist ein zeitlich unbefristetes Arbeitsverhältnis. Es erlischt somit nur durch einvernehmliche Auflösung, durch Erreichen der → Altersgrenze, durch arbeitnehmerseitige oder arbeitgeberseitige → Kündigung, wobei letztere nur unter Beachtung des → Kündigungsschutzgesetzes oder des § 626 BGB wirksam ist.

Im Gegensatz zum D. stehen befristete Arbeitsverträge, die von vornherein für einen begrenzten Zeitraum abgeschlossen werden und danach ohne weitere Maßnahme des Arbeitgebers oder des Arbeitnehmers auslaufen. → Befristete Arbeitsverhältnisse sind nur für maximal zwei Jahre nach § 14 Abs. 2 S. 1 TzBfG bei Neueinstellung des Arbeitnehmers oder bei → Weiterbeschäftigung im Anschluss an eine → Berufsausbildung zulässig.

Unabhängig von dem → Teilzeitarbeits- und Befristungsgesetz sind befristete Arbeitsverträge nur wirksam, wenn für die Befristung ein sachlicher Grund besteht.

Vgl. auch → Kündigungsrecht.

Delegation. D. bezeichnet die befristete oder unbefristete Übertragung von Aufgaben oder Entscheidungsbefugnissen aus dem Zuständigkeits- und Verantwortungsbereich eines → Vorgesetzten auf ihm nachgeordnete Mitarbeiter. In der Praxis wird D. häufig als Instrument der kooperativen Mitarbeiterführung zum Zweck der Stärkung von Engagement und Motivation der Mitarbeiter genutzt, darüber hinaus aber auch zur schrittweisen Heranführung geeigneter Mitarbeiter an anspruchsvollere Aufgaben, z.B. im Rahmen der → Personalentwicklung, → Nachfolgeplanung u.Ä. Der Vorgesetzte muss erkennen können, was er delegieren kann und was nicht. Grundsätzlich sollte gelten, dass so viel wie möglich delegiert wird und die Führungskraft sich auf ihre eigentlichen → Führungsaufgaben und die Bearbeitung solcher Aufgaben konzentriert, die ihre besondere Qualifikation erfordern. Das Ausmaß weitgehend risikofreier D. richtet sich nach den Fähigkeiten der jeweiligen Mitarbeiter.

D. darf jedoch von Vorgesetzten nicht als reine Entlastung von ihnen unliebsamen Aufgaben missverstanden werden; im Mittelpunkt sollte v.a. die Förderung des selbstständigen Arbeitens, des Selbstvertrauens und eines gesunden Ehrgeizes der Mitarbeiter stehen. Zu beachten ist, dass bei der D. von Aufgaben auch die für eine sachgerechte Bearbeitung nötigen Entscheidungsbefugnisse übertragen werden. Geschieht dies nicht, kommt es oft zu einer Demotivation der Mitarbeiter oder zu Versuchen der Rückdelegation an den Vorgesetzten. Die Verantwortlichkeit des Vorgesetzten für delegierte Aufgaben oder Entscheidungen bleibt bestehen, jedoch obliegt dem Mitarbeiter gegenüber seinem Vorgesetzten hierfür die Ausführungsverantwortung. In der Praxis nutzen manche Führungskräfte das Instrument der D. nur ungern, weil sie z.B. Autoritätsverluste befürchten, Konkurrenzangst vor guten Mitarbeitern haben oder aber vor dem Hintergrund einer Überflüssigkeitsphobie meinen, möglichst alles selbst machen zu müssen.
Vgl. auch → Führung, → Führungsgrundsätze.

Deutsche Angestellten-Gewerkschaft (DAG). Die DAG hat als Gewerkschaft ausschließlich die Interessen der Angestellten vertreten und war nach Berufsgruppen gegliedert. Im Jahr 2001 ist die DAG in der → Vereinten Dienstleistungsgewerkschaft (ver.di) aufgegangen.

Deutsche Gesellschaft für Personalführung e.V. (DGFP). Die DGFP ist eine Vereinigung von Unternehmen mit dem Ziel, durch Meinungs- und Erfahrungsaustausch sowie durch Fortbildungsmaßnahmen Unterstützung im Bereich der betrieblichen Personalarbeit zu geben. Von besonderer Bedeutung sind insoweit die Erfahrungsaustauschkreise der DGFP, die nach Größe und Schwerpunkt der unternehmerischen Betätigung der Mitgliedsfirmen zusammengesetzt sind. Ziel dieser Kreise ist es, den Mitgliedern Anregungen aus anderen Unternehmen zu vermitteln sowie aktuelle Fragen des Personalwesens zu erörtern. Seminare zu allen Fragen der Personalpolitik und des Arbeitsrechts sowie regelmäßige Kongresse runden das Leistungsangebot der DGFP ab, die sich darüber hinaus auf nationaler und internationaler Ebene als Gesprächspartner für Themen des Personalmanagements versteht.

Deutscher Beamtenbund (dbb). Der dbb ist als Spitzenverband die Interessenvertretung für die Beamten des öffentlichen Dienstes. Da deren Vergütungen und Arbeitsbedingungen in den Bundes- und Landesbeamtengesetzen, insbesondere auch in den entsprechenden Besoldungsgesetzen, festgelegt werden, ist der dbb keine Tarifpartei (→ Tarifvertrag) im Sinne des TVG. Vielmehr fungiert er, von einer Beratung seiner Mitglieder abgesehen, im politischen Bereich als Interessenvertretung der Berufsbeamten und ist insoweit Gesprächspartner des für die Beamten zuständigen Bundesinnenministers. Entsprechendes gilt für die auf Landesebene angesiedelten Interessenvertretungen, die die Belange der Landes- und Kommunalbeamten gegenüber den jeweiligen Landesinnenministern artikulieren. Unter dem Dach des dbb sind die Landesbünde in allen 16 Bundesländern, die Gewerkschaften der im Bundesdienst oder im privaten Dienstleistungssektor Beschäftigten sowie Bundesfachgewerkschaften zusammengeschlossen.

Deutscher Gewerkschaftsbund (DGB). Der DGB ist die Spitzenorganisation von acht deutschen Einzelgewerkschaften, die nach dem Prinzip der Einheitsgewerkschaft und des Industrieverbandes tätig sind. Neben den DGB-Gewerkschaften bestehen der weltanschaulich ausgerichtete christliche Gewerkschaftsbund Deutschlands (CGB) mit christlich orientierten Gewerkschaften sowie der → Deutsche Beamtenbund (dbb) als Dachorganisation verschiedener, z.T. auf Landes-, z.T. auf Bundesebene angesiedelter Interessenvertretungen der Berufsbeamten. Der DGB selbst ist nicht Tarifpartei; diese Aufgabe liegt bei den einzelnen DGB-Gewerkschaften für ihren jeweiligen Zuständigkeitsbereich. Der DGB koordiniert die politischen Interessen der Mitgliedsgewerkschaften, formuliert programmatische Aussagen und gemeinsame Standpunkte, vertritt Gewerkschaftsbelange im politischen Raum, ist Gesprächspartner für die Regierungen und die Sozialpartner; ferner äußert er sich auch zu allgemein-politischen Fragen. Darüber hinaus erbringt der DGB Dienstleistungen innerhalb der Gewerkschaftsbewegung (z.B. Rechtsberatung, Vertretung von Gewerkschaftsmitgliedern vor den Gerichten, Bildungsmaßnahmen, Versicherungsschutz, gewerkschaftliche Literatur, Hans-Böckler-Stiftung, wirtschafts- und sozialwissenschaftliches Institut des DGB). Bezüglich der jeweiligen gewerkschaftlichen Zuständigkeit der DGB-Gewerkschaften bestehen – z.T. historisch gewachsene, auf die Nachkriegszeit zurückzuführende – Absprachen. Ein Diskussionsprozess innerhalb des DGB über eine Anpassung dieser Absprachen sowie eine stärkere Konzentration hält seit Jahren an und hat in einigen Bereichen bereits zu Ergebnissen geführt (so die Fusion der Gewerkschaften IGBE, IGCPK und der Gewerkschaft Leder). Der DGB ist dreistufig organisiert (Bundesvorstand, neun Bezirkssowie Landesvorstände und 94 Regionsvorstände). Leitungsorgane sind der Bundesvorstand, vertreten durch den hauptamtlichen geschäftsführenden Bundesvorstand, Bundeskongress und Bundesausschuss.

Dienstbefreiung, → Arbeitsbefreiung.

Dienstkleidung, → Arbeitskleidung.

Dienstordnung, → Arbeitsordnung.

Dienstvertrag, → Arbeitsvertrag.

Dienstwagen, *Firmenwagen.* D. werden dem Arbeitnehmer für berufliche Zwecke zur Verfügung gestellt. In vielen Fällen wird es dem Arbeitnehmer gestattet, D. auch in angemessenem Umfang privat zu nutzen. Zwingend ist dies nicht; maßgeblich ist die vertragliche Vereinbarung. Die Motivation zur Vergabe von D. ist unterschiedlich. Sie kann einmal der Verbesserung des betrieblichen Arbeitsablaufes dienen, indem Mitarbeiter mit häufiger Reisetätigkeit auf ein speziell für sie seitens des Unternehmens bereitgestelltes Fahrzeug zurückgreifen können. Dies wird insbesondere in Betracht kommen, wenn die Inanspruchnahme öffentlicher Verkehrsmittel ungünstiger ist.

Darüber hinaus spielen wirtschaftliche Gründe für die Einräumung eines D. eine Rolle. Hinzu kommt eine zusätzliche Leistung an den Arbeitnehmer, wenn dieser zur privaten Nutzung des D. berechtigt ist. Dieses Motiv führt in der Praxis auch zur Bereitstellung von D. für solche Mitarbeiter, insbesondere für Führungskräfte, deren berufliches Aufgabenfeld nicht mit häufiger Reisetätigkeit

verbunden ist. Hier ist die Vergabe von D. Bestandteil der → Vergütungspolitik. Ein solches Vorgehen kann steuerrechtlich interessant sein. Vielfach erfolgt die Finanzierung von D. jedoch nicht aus konkret unterlassenen Gehaltserhöhungen, sondern im Rahmen des Gesamtpaketes von → Vergütungen und → Sozialleistungen ohne ausdrückliche Verrechnung. Schließlich haben D. für viele Mitarbeiter eine Bedeutung als Statussymbol, das personalpolitisch nicht unterschätzt werden darf.

Vgl. auch → Aufwendungsersatz, → Incentives.

Differenzierungsklauseln. D. verfolgen das Ziel, vom Arbeitgeber zu gewährende Leistungen auf Gewerkschaftsmitglieder zu beschränken oder aber Gewerkschaftsmitglieder besser zu stellen als Nichtgewerkschaftsmitglieder. Solche Klauseln wurden in der Vergangenheit z.T. tarifvertraglich vereinbart. Zu den D. gehören auch die sog. Spannen- oder Abstandsklauseln, die Gewerkschaftsmitgliedern stets einen bestimmten Vorsprung in ihren Ansprüchen gegenüber sog. „Außenseitern" (Nichtgewerkschaftsmitgliedern) einräumen wollen.

Die höchstrichterliche Rechtsprechung hat derartigen Klauseln eine Absage erteilt. Sie sind unzulässig, weil sie mit der → Koalitionsfreiheit nach Art. 9 Abs. 3 GG nicht vereinbar sind, die auch die Nichtmitgliedschaft in einer Gewerkschaft von negativen Konsequenzen ausschließt. Im Übrigen fehlt den Tarifparteien die Befugnis, verbindliche Regelungen für Arbeitnehmer zu schaffen, für die die Tarifbindung (→ Tarifgebundenheit) (§ 4 Abs. 1 TVG) mangels Gewerkschaftsmitgliedschaft nicht gilt. Aufgrund der eindeutigen Rechtslage spielen heute D. in der Praxis keine Rolle mehr. Die Arbeitgeber sind daher frei, ob sie Gewerkschaftsmitglieder ebenso wie Nichtgewerkschaftsmitglieder behandeln. Die Praxis der Unternehmen differenziert i.d.R. zwischen beiden Gruppierungen nicht und orientiert sich für die Vergütungsfindung allein an den von den Arbeitnehmern ausgeübten Tätigkeiten (Arbeitswert, Qualität, Einsatz, Mitarbeiterführung etc.).

Direktansprache, → Executive Search.

Direktionsrecht, *Weisungsrecht.* Der → Arbeitsvertrag begründet die Hauptpflicht des Arbeitnehmers, Arbeitsleistungen für den Arbeitgeber zu erbringen. Die Arbeitsleistung ist fremdbestimmt und unterliegt daher dem D. des Arbeitgebers. Dies gilt unabhängig davon, ob der Arbeitsvertrag ein solches Weisungsrecht ausdrücklich erwähnt oder nicht. Auch in letzterem Falle steht es dem Arbeitgeber zu. Daraus folgt, dass im Zweifel der Arbeitgeber Zeit, Art und Ort der Arbeitsleistung bestimmt. Zulässige Anweisungen muss der Arbeitnehmer befolgen, andernfalls verletzt er den Arbeitsvertrag. Unzulässige Direktiven sind hingegen unbeachtlich.

Das D. des Arbeitgebers unterliegt verschiedenen Schranken: Maßgeblich ist insbesondere die nähere Bestimmung der geschuldeten Arbeit in einem für das Arbeitsverhältnis relevanten → Tarifvertrag oder in dem Einzelarbeitsvertrag. Allerdings werden die von dem Arbeitnehmer auszuübenden Tätigkeiten regelmäßig nicht umfassend konkretisiert, so dass ein Gestaltungsspielraum des Arbeitgebers verbleibt. Innerhalb dieses Gestaltungsspielraums hat der Arbeitgeber die Grundsätze des billigen Ermessens (§ 315 BGB) zu berücksichtigen. Darüber hinaus hat sich das Weisungsrecht an dem Gesetz und den guten Sitten zu orientieren; gesetz- und sittenwidrige Anweisungen sind unzulässig. Schließlich hat der Arbeitnehmer einen Anspruch darauf, dass durch die Ausübung des D. keine Verschlechterung der Arbeitsbedingungen erfolgt. Letztere können nur durch eine Änderungskündigung mit der Überprüfungsmöglichkeit des Arbeitnehmers nach dem KSchG vorgenommen werden. Im Einzelnen besteht für die Abgrenzung zwischen dem D. einerseits und solchen Verschlechterungen des Arbeitsverhältnisses, die nur aufgrund einer Änderungskündigung bzw. einer einvernehmlichen Absprache erfolgen können, andererseits eine umfangreiche Rechtsprechung. Maßgeblich sind letztlich alle Umstände des Einzelfalls.

Das D. ist eine arbeitsrechtliche Kategorie. Nach modernem Führungsverständnis wird es durch die kooperative Führung personalpolitisch ergänzt, jedoch nicht rechtlich verdrängt.

Direktversicherung. Die D. ist eine Sonderform der betrieblichen → Altersversorgung, die im Wege einer Einzel- oder Gruppenlebensversicherung durch den Arbeitgeber bei einer privaten Versicherungsgesellschaft auf das Leben des Arbeitnehmers abgeschlossen wird. Versicherungsnehmer ist der Arbeitgeber, bezugsberechtigt sind der Arbeitnehmer oder seine von ihm bestimmten Familienangehörigen. Der Arbeitnehmer selbst kann nicht Versicherungsnehmer sein.

Die Versicherungsbeiträge werden durch den Arbeitgeber geleistet, wobei diese Leistung wirtschaftlich als zusätzliche → Sozialleistung zu seinen Lasten gehen oder aber durch Rückbelastung an den Arbeitnehmer von diesem aufgebracht werden kann.

Weit verbreitet ist die sog. gehaltsumwandelnde Lebensversicherung, indem ein Teil der → Vergütung für die Beitragszahlung eingesetzt wird. Als Leistung im Rahmen der betrieblichen Altersversorgung fällt die D. unter das Betriebsrentengesetz, insbesondere auch unter die Regelung der → Unverfallbarkeit (§ 1b Abs. 2 BetrAVG).

Personalpolitisch sind D. eine einfache Form zum Aufbau einer betrieblichen Altersversorgung, deren Belastung für den Arbeitgeber konkret bestimmbar ist, einen geringen Verwaltungsaufwand verursacht und sich damit von anderen Versorgungssystemen unterscheidet. Vgl. auch → Pensionskasse, → Direktzusage, → Unterstützungskasse

Direktzusage. Die D. bezeichnet eine besondere Form der Finanzierung der betrieblichen Altersversorgung, bei der der Arbeitnehmer einen unmittelbaren Anspruch gegen seinen Arbeitgeber auf Versorgungsleistungen im Alter, ggf. auch bei Invalidität, erwirbt. Die Finanzierung von D. erfolgt über in der Bilanz ausgewiesene → Pensionsrückstellungen. Eine andere Möglichkeit betrieblicher Altersversorgung besteht in Form von → Unterstützungskassen mit eigener Rechtspersönlichkeit oder auch durch Gemeinschaftsfonds, die im Umlageverfahren – der gesetzlichen Rentenversicherung vergleichbar – die Aufbringung der notwendigen Mittel sicherstellen. Die D. darf nicht mit der → Direktversicherung verwechselt werden.

Vgl. auch → Altersversorgung.

Diskriminierungsverbot. Unter einer Diskriminierung ist die Ungleichbehandlung von Menschen ohne sachlich gerechtfertigten Grund zu verstehen, insbesondere wegen des Geschlechts, der Abstammung, der Rasse, der Sprache, der Herkunft, des Glaubens oder der politischen Anschauung. Einen zentralen Platz hat das D. bereits in der Verfassung (Art. 3 GG). Darüber hinaus spielt es im → Arbeitsrecht eine erhebliche Rolle.

Eine innerstaatliche Ausprägung des D. findet sich in § 1 BGB bezüglich der Verpflichtung zur → Gleichbehandlung von Mann und Frau. Die Vorschrift verbietet jede Schlechterstellung allein wegen des Geschlechts und gilt auch für Arbeitnehmer, Bewerber und Auszubildende (§§ 6, 7 AGG). Ein spezielles, Teilzeitkräfte betreffendes D. begründet § 4 TzBfGG, der eine Benachteiligung von Teilzeitkräften allein wegen der Teilzeitarbeit im Verhältnis zu vollzeitbeschäftigten Arbeitnehmern untersagt, wenn hierfür nicht sachliche Gründe bestehen. Sachliche Gründe sind insbesondere gegeben, wenn die Leistungen an Teilzeitkräfte in demselben Verhältnis gekürzt werden, wie dies der Teilzeit- im Verhältnis zur Vollzeitarbeit und damit dem Arbeitseinsatz entspricht. Im Ergebnis soll auch damit insbesondere ein Schutz der Frauen erreicht werden, weil die weitaus überwiegende Mehrzahl von Teilzeitkräften weiblich ist. Auf europarechtlicher Ebene finden sich D. in Art. 18 AEUV und 157 AEUV im Hinblick auf Staatsangehörigkeit und Geschlecht. Die Rechtsprechung des EuGH zu Art. 157 AEUV (früher 141 EG) hat einen erheblichen, z.T. kritisierten Umfang eingenommen und strahlt damit auf das nationale Recht aus. Vgl. auch → Betriebsfrieden, → Gleichberechtigung.

Dreischichtbetrieb. Im D. ist die Arbeitsorganisation durch eine kontinuierliche Arbeit „rund um die Uhr" gekennzeichnet. Der einzelne Arbeitsplatz wird in Früh-, Spät- und Nachtschicht besetzt. Unter Berücksichtigung von Urlaubs- und sonstigen → Fehlzeiten ist eine Vierfachbesetzung des Arbeitsplatzes unter zusätzlicher Bereithaltung sog. Springer, die zeitliche Lücken in der Belegung des Arbeitsplatzes ausgleichen, oder eine Fünffachbesetzung notwendig.

In der Praxis bestehen vielfältige Schichtmodelle. Weit verbreitet ist heute noch die Frühschicht von 6 bis 14 Uhr, die Spätschicht von

14 bis 22 Uhr und die Nachtschicht von 22 bis 6 Uhr. In manchen D. wird das Wochenende voll einbezogen; in anderen Unternehmen beschränkt sich die Arbeit „rund um die Uhr" auf die Wochenarbeitstage, wobei je nach der betrieblichen Situation der Samstag einbezogen ist oder nicht. Maßgeblich hierfür sind die tariflichen Möglichkeiten.

Im Übrigen gelten die Regelungen des Arbeitszeitgesetzes, insbesondere §§6, 9ff. Wegen der Belastungen infolge des Schichtbetriebes erhalten Schichtmitarbeiter besondere Schichtzulagen, die pauschal je verfahrene Schicht, pauschal als Monatsbetrag oder auch als prozentualer Zuschlag je nach Lage der → Arbeitszeit berechnet werden. Die Notwendigkeit für einen D. kann sich aus sozialen Gründen (Krankenhäuser, Feuerwehr, Polizei), aus Gründen rechtlicher Vorgaben (ununterbrochene Versorgungspflicht der Energieversorgungsunternehmen), aus technischen Gründen eines nicht unterbrechbaren Produktionsprozesses (vielfach in der chemischen Industrie) sowie nicht zuletzt auch aus betriebswirtschaftlichen Gründen zur Erhaltung der internationalen Wettbewerbsfähigkeit ergeben, die eine entsprechende Auslastung der Betriebsanlagen erfordert.

Vor dem Hintergrund der Arbeitszeitflexibilisierung findet seit einiger Zeit in der Bundesrepublik Deutschland eine intensive Diskussion über die Ausweitung von Schichtbetrieb, eine Einbeziehung der Wochenenden in die Arbeitszeit und eine verbesserte Auslastung insbesondere der teuren Arbeitsplätze statt. Die → Arbeitgeberverbände sind um eine Erweiterung von Arbeitszeitflexibilisierung, insbesondere auch der → Schichtarbeit bemüht, während die → Gewerkschaften überwiegend das freie Wochenende soweit wie möglich erhalten wollen. Allerdings sind in den letzten Jahren die Möglichkeiten zur flexibleren Gestaltung der Arbeit in vielen Tarifverträgen bereits erweitert worden, wobei jedoch über die Frage gestritten wird, inwieweit dies ausreicht.

Drittelbeteiligungsgesetz. In allen Kapitalgesellschaften mit mehr als 500 Arbeitnehmern müssen diese zu einem Drittel im Aufsichtsrat beteiligt werden §§ 1, 2 DrittelbG. Handelt es sich um eine GmbH, muss dazu eigens ein Aufsichtsrat eingerichtet werden. Eine Ausnahmeregelung besteht für Aktiengesellschaften, die vor dem 10.8.1994 eingetragen wurden. Sie unterliegen dieser Regelung auch, wenn sie weniger als 500 Arbeitnehmer beschäftigen und keine Familiengesellschaften sind. Diese Regelung erklärt sich als „mitbestimmungsrechtlicher Bestandsschutz", weil der Gesetzgeber im Interesse der Arbeitnehmervertretung die drittelparitätische Beteiligung im Aufsichtsrat von alten Aktiengesellschaften (Eintragung vor dem 10.8.1994) uneingeschränkt bewahren wollte. Sie bestand für Aktiengesellschaften nach früherem Recht unabhängig von der Zahl der beschäftigten Mitarbeiter, es sei denn, es handelte sich um Familiengesellschaften. Der Stichtag 10.8.1994 erklärt sich aus der an diesem Tag in Kraft getretenen Gesetzesänderung, die für neue Gesellschaften generell mehr als 500 beschäftigte Arbeitnehmer für die Geltung der Beteiligung am Aufsichtsrat verlangt.

Druckkündigung. Das Wesensmerkmal einer D. liegt darin, dass sie ohne eigenes kündigungsrechtlich relevantes Verhalten des betroffenen Arbeitnehmers auf Verlangen von Mitarbeitern und/ oder des → Betriebsrates ausgesprochen wird. Regelmäßig geht einer solchen → Kündigung die Drohung voraus, dass ohne Ausspruch der D. andere Arbeitnehmer ihre Tätigkeit beenden, wobei der Druck auf den Arbeitgeber um so größer ist, je schwieriger sich die Beschaffung von Ersatzkräften gestaltet.

Kündigungsschutzrechtlich ist eine D. gerechtfertigt, wenn das Verhalten oder die Leistung des betroffenen Arbeitnehmers eine Kündigung rechtfertigen und das Verlangen der Belegschaft, von Teilen der Belegschaft oder des Betriebsrates nach Entlassung hinzukommt. Liegt ein Kündigungsgrund in der Person des Arbeitnehmers hingegen nicht vor, ist die Kündigung gleichwohl zulässig, wenn sich der Arbeitgeber ihr aufgrund des ausgeübten Druckes bei verständiger Würdigung seiner wirtschaftlichen Interessen nicht entziehen kann. Allerdings ist der Arbeitgeber gehalten, keinesfalls selbst den Druck der Belegschaft herbeizuführen; ferner muss er versuchen, mildere Mittel zur Abwendung des Druckes anzuwenden, falls dies möglich ist. Dies geschieht durch Überzeugungsarbeit bei der Belegschaft, bei dem Betriebsrat sowie auch bei dem betroffenen Mitarbeiter. Vgl. auch → Mobbing.

Duales System der Berufsausbildung, → Berufsbildungssystem.

E

Ecklohn. Der E. ist ein tarifpolitischer Begriff und bezeichnet die → Vergütung, die nach einem zwischen den Tarifparteien vereinbarten Tarifgefüge üblicherweise für einen Facharbeiter, meist unmittelbar im Anschluss an einen erfolgreichen Ausbildungsabschluss, gezahlt wird. In vielen Tarifverträgen bestimmt sich das gesamte Lohn- und Gehaltsgefüge nach einer näher definierten Rechenformel aus dem E. heraus, da die übrigen Vergütungsgruppen in einer festen prozentualen Relation zu dem E. stehen. Darüber hinaus ist der E. häufig Kalkulationsgrundlage für die Festlegung vertraglicher Zahlungspflichten in längerfristig laufenden Dienstleistungs-, Werk- oder Werklieferverträgen. Hier wird der Personalkostenanteil regelmäßig durch Bezugnahme auf den E. definiert.

Effektivklauseln. Das Einkommen der Arbeitnehmer beruht in der großen Mehrzahl der Fälle auf tarifvertraglicher Grundlage. Daneben werden in manchen Betrieben übertarifliche Zulagen gewährt, wobei sich die rechtliche Zulässigkeit aus dem → Günstigkeitsprinzip (§ 4 Abs. 1 TVG) ergibt. Tarifliche Vergütung und überbetriebliche Zulage ergeben zusammen den Effektivlohn. Vereinbaren die Tarifparteien eine tarifliche Vergütungserhöhung, ist tarifvertragsrechtlich eine Verrechnung dieser Erhöhung mit der bisherigen übertariflichen Zulage zulässig, so dass die Tariferhöhung sich effektiv für den Mitarbeiter nicht oder nur begrenzt auswirkt. Inwieweit eine solche Verrechnung im Ergebnis in Betracht kommt, hängt entscheidend von der Ausgestaltung der überbetrieblichen Zulage in einer Betriebsvereinbarung oder in einem Individualvertrag ab; diesbezügliche Verrechnungsvorbehalte sind zulässig.

E. in Tarifverträgen sollen bewirken, dass eine an sich nach dem → Arbeitsvertrag oder nach der gültigen Betriebsvereinbarung zulässige Verrechnung der Tariferhöhung mit der überbetrieblichen Zulage unterbleibt und die tarifliche Vergütungserhöhung dem Arbeitnehmer effektiv zugute kommt. Heute besteht Einvernehmen, dass derartige E. unzulässig sind, weil den Tarifparteien die Dispositionsbefugnis für die Ausgestaltung übertariflicher Regelungen fehlt. Teilweise in der arbeitsrechtlichen Literatur gegen die Unzulässigkeit von E. erhobene Kritik hat sich in der Praxis nicht durchgesetzt.
Vgl. auch → Lohndrift.

Eignung. Hiermit werden die spezifischen Merkmale, Eigenschaften, Verhaltensweisen und Einstellungen eines Menschen bezeichnet die ihn befähigen, beruflichen Anforderungen gerecht zu werden. Die Ermittlung und Bewertung der E. setzt daher die Kenntnis der jeweiligen beruflichen Aufgaben und Tätigkeiten sowie die aus ihnen resultierenden Anforderungen an den Mitarbeiter voraus (→ Anforderungsprofil, → Arbeitsplatzanalyse).

Der Begriff E. wird in der Praxis meistens synonym mit dem Begriff → Qualifikation benutzt. E. hat jedoch einen mehr bewertenden Bedeutungsinhalt im Sinne einer erwünschten Übereinstimmung von Qualifikation (→ Qualifikationsprofil) und Anforderung (Anforderungsprofil). Je mehr beide übereinstimmen, um so größer ist demnach die Eignung. Das Ausmaß der Eignung (Eignungsgrad), z.B. im Rahmen der Bewerberauswahl, → Personaleinsatzplanung oder der → Personalentwicklung und → Führungskräfteentwicklung, kann mit verschiedenen, mehr oder weniger aufwendigen Verfahren ermittelt werden.
Vgl. auch → Assessmentcenter, → Bewerbungsanalyse, → Eignungsdiagnostik, → Eignungsprofil, → Vorstellungsgespräch.

Eignungsdiagnostik. E. bezeichnet den Einsatz der verschiedensten psychologischen (i.w.S. auch medizinischen → Arbeitsmedizin) Methoden bei Personalauswahlverfahren und der berufswahlunterstützenden Beratung. Ziele der E. in der personalwirtschaftlichen Praxis sind vornehmlich Eignungsfeststellungen (→ Eignung) oder Erfolgsprognosen zur Unterstützung von Personalentscheidungen bei der Bewerberauswahl sowie bei Maßnahmen der → Führungskräfteentwicklung und → Personalentwicklung. Zum Instrumentarium der E. gehören hier i.d.R. → Leistungstests, → Persönlichkeitstests, → Intelligenztests, → Assessmentcenter, in einigen Unternehmen aber auch die umstrittene → Schriftanalyse (Grafologie). Von Fach- wie Laienpsychologen angewandte, methodisch-theoretisch wenig fundierte und im Aussagewert z.T. zufällige Testverfahren haben dazu geführt, dass die psychologische E. von vielen Unternehmen abgelehnt oder nur sehr zurückhaltend beurteilt wird. Zur Einführung und Sicherung gewisser Mindestqualitätsstandards sowie als Beitrag zur Professionalisierung der eigenen, vielfach noch diffusen Berufsrolle sind von wissenschaftlich orientierten und verbandlich organisierten Psychologen Grundsätze einer fachgerechten Anwendung und Durchführung der E. in der Praxis formuliert worden. Diese enthalten u.a. die folgenden drei wichtigen, an der mathematisch-statistischen Testtheorie orientierten Gütekriterien, denen eignungsdiagnostische Testverfahren genügen sollten: (1) *Objektivität*, d.h. unabhängig von den jeweiligen Anwendern oder Auswertern der Tests muss bei der gleichen Testperson oder -gruppe das gleiche Ergebnis erzielt werden können; (2) *Reliabilität*, d.h. die Tests sollten auch das untersuchen bzw. messen, was sie zu messen vorgeben, und das Testergebnis muss inhaltlich weitgehend gleich reproduzierbar sein, z.B. bei einer Wiederholung des Tests mit derselben Testgruppe; (3) *Validität*, d.h. der Test sollte treffsicher sein, die Ergebnisse sollten hinreichend verlässlich sein.

Selbst die Instrumente der wissenschaftlich-psychologischen E. erfüllen diese Anforderungen nur eingeschränkt und sind darüber hinaus in der fachwissenschaftlichen Diskussion nicht immer unumstritten. Von daher sollte in der Praxis genau abgewogen werden: (1) Welcher Zweck wird verfolgt und welche Verfahren der E. sollen eingesetzt werden? (2) Steht der häufig hohe zeitliche und finanzielle Aufwand zum erreichbaren Ergebnis und Zugewinn an Entscheidungssicherheit in einem sinnvollen Verhältnis? (3) Auf welchen anderen Wegen können zuverlässige Entscheidungskriterien gewonnen werden? Außerdem ist zu bedenken, dass manche Testverfahren (z.B. Persönlichkeitstests) recht nahe an die Intimsphäre der Testpersonen herankommen können und damit sowohl ethische als auch rechtliche Probleme aufwerfen.

Vgl. auch → ärztliche Untersuchung, → Fragerecht, → Tests.

Eignungsinterview, → Vorstellungsgespräch.

Eignungsprofil. Ein E. zeigt den Grad der → Eignung eines Mitarbeiters oder Bewerbers, die jeweils typischen beruflichen Anforderungen zu erfüllen. Es wird ermittelt über einen Vergleich von → Qualifikationsprofil und → Anforderungsprofil. Je nach Übereinstimmung zwischen den relevanten einzelnen Merkmalen der Profile ergeben sich entlang der Merkmale unterschiedlich ausgeprägte Eignungsgrade, die in der grafischen Darstellung i.d.R. eine Profilstruktur zeigen.

Vgl. auch → Eignungsdiagnostik, → Personaleinsatzplanung, → Qualifikation.

Eignungstests, → Eignungsdiagnostik, → Intelligenztests, → Leistungstests, → Persönlichkeitstests, → Tests.

Einarbeitung, → Mitarbeitereinführung.

Ein-Euro-Job. Bezieher von Arbeitslosengeld II haben die Möglichkeit, für einen befristeten Zeitraum einen so genannten E.-E.-J. (Arbeitsgelegenheit mit Mehraufwandsentschädigung) aufzunehmen. Zusätzlich zum Arbeitslosengeld II erhalten sie ein bis zwei Euro pro geleistete Stunde als Entschädigung für Mehraufwendungen. Es muss sich dabei um Tätigkeiten handeln, die im öffentlichen Interesse liegen. Welche Tätigkeiten hiervon erfasst werden, wird – zumeist auf regionaler Ebene – zwischen den beteiligten Agenturen für Arbeit, Kommunen, berufsständischen Kammern, Kirchen und Wohlfahrtsverbänden geregelt. Es handelt sich auch nicht um ein Arbeitsverhältnis sondern um ein vom öffentlichen Recht geprägtes Rechtsverhältnis.

Eingangsbestätigung. Nach Eingang der → Bewerbungsunterlagen sollte der Bewerber sofort, d.h. innerhalb einer Woche nach Erhalt der Unterlagen, eine E. erhalten (brieflich, telefonisch, Fax, evtl. auch E-Mail). Damit wird dem Bewerber für seine Bewerbung gedankt, möglichst ein Zeitraum bis zu einer ersten Vorentscheidung angegeben und für Rückfragen ein Ansprechpartner benannt.

Für sog. „Initiativ- oder Blindbewerbungen" (häufig von Hochschulabsolventen routinemäßig an zahlreiche Unternehmen versandt) ist, sofern kein Interesse an der Bewerbung besteht, eine E. nicht üblich. Hier werden die Bewerbungsunterlagen umgehend mit einem kurzen Begleitschreiben zurückgeschickt. Das Begleitschreiben sollte freundlich formuliert sein, für die Bewerbung danken und darauf hinweisen, dass kein Einstellungsbedarf besteht, ggf. kann auf Bedarf zu einem späteren Zeitpunkt verwiesen und eine erneute Bewerbung angeregt werden.
Vgl. auch → Absageschreiben, → Zwischenbescheid.

Eingruppierung. Die E. ist die nach der → Einstellung, nach einer → Versetzung oder einer Änderung der Aufgaben des Arbeitnehmers vorgenommene Einordnung der Tätigkeit in das Vergütungssystem. Grundlage hierfür ist regelmäßig der gültige → Tarifvertrag, sonst die betriebliche Vergütungsordnung. Für Beamte gelten die Besoldungsgesetze des Bundes und der Länder.

Der Arbeitnehmer hat einen Rechtsanspruch darauf, dass er entsprechend dem Wert der erbrachten Arbeit nach den Elementen der Vergütungsordnung bezahlt wird. Die E. hat insoweit – mit Ausnahme des Beamtenrechts – deklaratorische und nicht rechtskonstitutive Bedeutung. Stimmt die E. mit der Vergütungsordnung nicht überein, hat der Arbeitnehmer auch ohne den Eingruppierungsvorgang Anspruch auf zutreffende Bezahlung.

Betriebsverfassungsrechtlich unterliegt die E. dem Mitbestimmungsrecht des → Betriebsrates für personelle Einzelmaßnahmen nach §99 BetrVG.
Vgl. auch → Vergütungspolitik.

Einheitsgewerkschaft. Die Idee der E. schließt gewerkschaftliche Konkurrenz gleichartiger Gewerkschaften in demselben Wirtschaftszweig und damit auch in einem Unternehmen sowie Betrieb aus (Industrieverbandsprinzip). Damit soll einer Zersplitterung von Arbeitnehmerinteressen entgegengewirkt und die Wahrnehmung der Arbeitnehmerbelange in einer Gewerkschaft im Sinne größerer Stärke konzentriert werden. Historische Erfahrungen in Deutschland sowie Erkenntnisse aus anderen Strukturen im Ausland belegen, dass eine Vielzahl von Gewerkschaften mit Aktivitäten in denselben Unternehmen und Betrieben v.a. dann, wenn sich die Arbeitnehmerorganisationen ablehnend gegenüberstehen, Nachteile für Arbeitnehmer und Arbeitgeber haben. Es besteht die Gefahr widerstreitender Interessen, unterschiedlicher Schwerpunkte in der Wahrnehmung von Arbeitnehmerbelangen, ein möglicherweise sachwidriger Überbietungswettbewerb sowie ein erheblich längerer Zeitbedarf für Abstimmungsprozesse.

Die Idee der E. ist tragendes Organisationsprinzip der DGB-Gewerkschaften, die ihren jeweiligen Zuständigkeitsbereich untereinander durch Vereinbarungen abgegrenzt haben. Neben den DGB-Gewerkschaften (→ Deutscher Gewerkschaftsbund, DGB) gibt es jedoch weitere Gewerkschaften außerhalb des DGB, z.B. christliche Gewerkschaften. Das Organisationsprinzip der E. basiert allein auf gewerkschaftlichen Absprachen. Es ist rechtlich nicht vorgegeben. Im Gegenteil gewährleistet Art. 9 Abs. 3 GG die Freiheit, Gewerkschaften neu zu gründen und im Wettbewerb zu schon vorhandenen Gewerkschaften tätig zu werden.

Einigungsstelle. In den Fällen, in denen der → Betriebsrat ein umfassendes Mitbestimmungsrecht hat, darf der Arbeitgeber die der → Mitbestimmung unterliegenden Regelungskomplexe nur mit Zustimmung des Betriebsrates in die Praxis umsetzen (vgl. z.B. den Katalog in § 87 Abs. 1 Ziff. 1 bis 13 BetrVG, ferner die Sozialplanregelungen nach § 112 Abs. 2 bis 5 BetrVG). Können sich Arbeitgeber und Betriebsrat nicht einigen, bedarf es einer Regelung zur Konfliktlösung. Hierzu ist die E. berufen, deren Spruch die fehlende Einigung zwischen Arbeitgeber und Betriebsrat ersetzt (vgl. z.B. § 87 Abs. 2 BetrVG). Die E. ist somit eine betriebsverfassungsrechtliche Schlichtungsstelle mit streitentscheidender Befugnis. Sie wird entweder dauerhaft oder aus Anlass eines konkreten Konfliktes gebildet (§ 76 Abs. 1 BetrVG). Die E. besteht aus einer gleichen Anzahl von Beisitzern, die von Arbeitgeber und Betriebsrat bestellt werden, und aus einem unparteiischen Vorsitzenden, auf dessen Person sich beide Seiten einigen müssen. Kommt eine Einigung über die Person des Vorsitzenden nicht zustande, was gerade in Konfliktfällen wegen der letztlich für den Spruch der E. ausschlaggebenden Befugnis des Vorsitzenden häufig der Fall ist, wird der Vorsitzende auf Antrag durch das Arbeitsgericht bestellt. Dasselbe gilt, wenn sich die Parteien nicht über die Zahl der Beisitzer einigen können. Die E. fasst ihre Beschlüsse nach mündlicher Beratung mit Stimmenmehrheit. Wegen der paritätischen Besetzung der E. mit Arbeitgeber- und Arbeitnehmervertretern kommt somit der Stimme des Vorsitzenden ausschlaggebende Bedeutung zu, wenn der Meinungsunterschied der Betriebsparteien auch im Einigungsstellenverfahren fortdauert. Dies bedeutet im Ergebnis, dass die der Mitbestimmung unterliegende Materie faktisch durch einen externen Einigungsstellenvorsitzenden bestimmt wird. Wegen der großen Bedeutung, die der Materie des zwingenden Mitbestimmungsrechts insbesondere nach §87 Abs. 1 BetrVG zukommt, sind die Betriebsparteien gut beraten, sich sorgfältig zu überlegen, ob sie eine innerbetriebliche Streitfrage auf diese Weise faktisch nach außen verlagern. Trotz dieser unternehmens- und personalpolitischen Bedenken ist die Existenz der E. zur Überwindung anders nicht auflösbarer Meinungsverschiedenheiten unverzichtbar.

Einstellung. Der Abschluss eines → Arbeitsvertrages wird als E. bezeichnet. Individual-arbeitsrechtlich handelt es sich um die Begründung eines Arbeitsverhältnisses mit einem Arbeitnehmer, der bisher bei dem Arbeitgeber nicht beschäftigt war. Betriebsverfassungsrechtlich liegt eine E. allerdings auch dann vor, wenn ein Arbeitnehmer aus einem → Betrieb desselben Unternehmens in einen anderen Betrieb versetzt wird. Dies ist aus der Sicht des aufnehmenden Betriebes eine E., aus der Sicht des abgebenden Betriebes eine → Versetzung. Die Frage ist bedeutsam für die Beteiligung der jeweiligen Betriebsratskörper (§99 BetrVG).
Die E. hat personalwirtschaftliche/ -politische und arbeitsrechtliche Bedeutung. Personalwirtschaftlich/ -politisch ist die Gewinnung qualifizierter Mitarbeiter von ausschlaggebender Bedeutung für den Unternehmenserfolg. Insoweit ist die E. im Zusammenhang zu sehen mit Maßnahmen des → Personalmarketings, der Auswahl des künftigen Mitarbeiters aus der Gruppe der Bewerber mit den dabei zur Verfügung stehenden personalwirtschaftlichen Instrumenten sowie mit den arbeitgeberseitigen Instrumenten zur Aufrechterhaltung der Arbeitsfähigkeit, Arbeitswilligkeit und Motivation der Mitarbeiter (insbesondere kooperative Führung, Weiterbildungsmaßnahmen, leistungsgerechte Vergütung, wirtschaftliche und ideelle Anreize zur Leistungssteigerung). Arbeitsrechtlich hat der Einstellungsvorgang eine individuell-arbeitsrechtliche und eine kollektiv-arbeitsrechtliche Dimension. Im Rahmen des Individualarbeitsrechts geht es um die Begründung des Arbeitsvertrages zwischen Arbeitgeber und Arbeitnehmer. Maßgeblich hierfür sind die §§611ff. BGB, wobei sich die Inhalte des Arbeitsverhältnisses insbesondere nach gültigen Tarifverträgen bestimmen, soweit es sich nicht um eine Beschäftigung im außertariflichen Arbeitsverhältnis handelt.
Kollektiv-rechtlich unterliegt die E. der → Mitbestimmung des → Betriebsrats nach §99 BetrVG. Danach bedarf die E. der Zustimmung des Betriebsrats des betroffenen Betriebes (bei Versetzungen von einem Betrieb zu einem anderen Betrieb desselben Unternehmens sowohl der Zustimmung des Betriebsrats des abgebenden als auch derjenigen des aufnehmenden Betriebes). Der Betriebsrat kann die Zustimmung allerdings nur verweigern, wenn einer der Gründe des §99 Abs. 2 BetrVG vorliegt (z.B. Verstoß gegen gesetzliche Regelungen, gegen Auswahlrichtlinien nach §95 BetrVG, gegen eine von dem Betriebsrat verlangte innerbetriebliche Ausschreibung nach §93 BetrVG, ferner in Fällen, in denen durch die E. ein im Betrieb beschäftigter Arbeitnehmer benachteiligt oder gar gekündigt wird). Verweigert der Betriebsrat seine Zustimmung, hat er dies unter Angabe von Gründen innerhalb von einer Woche nach Unterrichtung durch den Arbeitgeber schriftlich mitzuteilen. Nach Ablauf dieser Frist gilt die Zustimmung als erteilt (§99 Abs. 3 BetrVG). Eine fristgemäß verweigerte Zustimmung kann das Arbeitsgericht auf Antrag des Arbeitgebers im Rahmen einer Rechtskontrolle für die Zustimmungsverweigerung ersetzen (§99 Abs. 4

BetrVG). In begründeten Eilfällen kann der Arbeitgeber die E. auch ohne Zustimmung des Betriebsrats vornehmen. Bestreitet der Betriebsrat die Eilbedürftigkeit, hat der Arbeitgeber innerhalb einer Frist von 3 Tagen die Ersetzung der Zustimmung des Betriebsrats durch das Arbeitsgericht zu beantragen (§ 100 Abs. 2 BetrVG).

Ein trotz verweigerten Einverständnisses des Betriebsrats abgeschlossener Arbeitsvertrag ist dennoch rechtsgültig, hingegen ist die tatsächliche Beschäftigung des betreffenden Arbeitnehmers rechtswidrig (→ Einstellungshindernis).

Vgl. auch → Auswahlverfahren, → Personalbedarf, → Personalbeschaffung.

Einstellungsfragebogen, → Personalfragebogen.

Einstellungshindernis. Ein E. ist ein Grund, der einer → Einstellung eines Bewerbers rechtlich entgegensteht. Betriebsverfassungsrechtlich gibt § 99 Abs. 2 BetrVG dem → Betriebsrat die Möglichkeit, einer Einstellung zu widersprechen, wenn die Maßnahme gegen ein Gesetz, eine Verordnung, eine Unfallverhütungsvorschrift, einen → Tarifvertrag, eine Betriebsvereinbarung, eine gerichtliche Entscheidung oder eine behördliche Anordnung verstößt, wenn Auswahlrichtlinien nach § 95 BetrVG missachtet werden, wenn die durch Tatsachen begründete Besorgnis besteht, dass infolge der Einstellung einem im Betrieb beschäftigten Arbeitnehmer ohne sachliche Rechtfertigung gekündigt wird oder er sonstige Nachteile erleidet, wenn eine von dem Betriebsrat verlangte Ausschreibung nach § 93 BetrVG unterblieben ist oder wenn die durch Tatsachen begründete Besorgnis besteht, dass der für die personelle Maßnahme in Aussicht genommene Bewerber den Betriebsfrieden durch gesetzwidriges Verhalten oder Verstöße gegen § 75 BetrVG stören würde.

Darüber hinaus können sich E. aus *Beschäftigungsverboten* ergeben. Hierzu zählen: das Verbot der Kinderarbeit (§§ 5ff. JASchG), Verbot und Einschränkung der Beschäftigung von Jugendlichen (§§ 7ff., 22 ff. JASchG), Beachtung des → Mutterschutzes für schwangere Frauen nach dem Mutterschutzgesetz, spezielle gewerberechtliche Beschäftigungsverbote für Jugendliche und Frauen, ausländerrechtliche Regelungen für Bewerber, die nicht aus der Europäischen Union

stammen. E. führen aber i.d.R. nicht zur Unwirksamkeit des Arbeitsvertrages, sondern verbieten dem Arbeitgeber lediglich die Beschäftigung des Arbeitnehmers. Besteht ein dauerhaftes Einstellungshindernis, kann der Arbeitgeber ordentlich kündigen. E. und Beschäftigungsverbote können ausnahmsweise auch zur Unwirksamkeit des Arbeitsvertrages führen, wenn dies der Zweck des E. gebietet, so z.B. bei §§ 2, 5, 7 JArbSchG. Für die Aufnahme einer → Nebentätigkeit bestehen beamten- und richterrechtliche Nebentätigkeitsverbote, daneben ggf. aus dem → Konkurrenzverbot fließende (§§ 74ff. HGB) oder individualrechtlich vereinbarte Verbote. Letztere werden von den Gerichten im Hinblick auf ihre Vereinbarkeit mit dem Grundsatz der → Berufsfreiheit (Art. 12 GG) geprüft.

Vgl. auch → Berufsfreiheit, → Offenbarungspflicht.

Einstellungspflicht. Eine E. gibt es grundsätzlich nicht. Der Abschluss eines → Arbeitsvertrages steht im Ermessen von Arbeitgeber und Arbeitnehmer, während für die Fortsetzung aus der Sicht des Arbeitgebers wichtige Einschränkungen aus dem Kündigungsschutzgesetz resultieren. Auch eine Verletzung des → Diskriminierungsverbotes gibt dem (der) davon Betroffenen keinen Einstellungsanspruch, sondern lediglich einen Schadensersatzanspruch in Höhe von höchstens drei Monatsverdiensten (§ 15 AGG). Das → Schwerbehindertenrecht begründet keine E. gegenüber schwerbehinderten Bewerbern, sondern die Pflicht zur Zahlung einer Ausgleichsabgabe von 105 Euro (bei einer jahresdurchschnittlichen Beschäftigungsquote von 3 % bis weniger als dem geltenden Pflichtsatz), 180 Euro (bei einer Beschäftigungsquote von 2 % bis weniger als 3 %) bzw. 260 Euro (bei weniger als 2 %) je nicht mit einem Schwerbehinderten besetzten Arbeitsplatz (§ 77 Abs. 2 S. 1 SGB IX). Die einzuhaltende Beschäftigungsquote beträgt wenigstens 5 % (§ 71 Abs. 1 SGB IX).

Im Bereich des öffentlichen Dienstes gilt Art. 33 Abs. 2 GG, wonach der grundsätzliche Zugang zum öffentlichen Dienst eröffnet ist und Bewerber nur nach Eignung, Befähigung und Leistung ausgewählt und beurteilt werden dürfen. Bei einer Verletzung dieser Grundsätze erwächst ebenfalls grundsätzlich kein Einstellungsanspruch, sondern nur ein

Anspruch auf neue Prüfung und neue Bescheidung des Bewerbungsgesuches. Nur dann, wenn jede andere Entscheidung als eine → Einstellung ermessenswidrig ist, lässt sich aus Art. 33 Abs. 2 GG eine E. des öffentlichen Arbeitgebers herleiten.

Tarifvertraglich bestehen vielfach E., wenn nach einer befristeten Berufs- oder Erwerbsunfähigkeit mit entsprechend befristetem Rentenbezug (→ Rentenrecht) die Arbeitsfähigkeit wieder gegeben ist. Für Auszubildende, die die Aufgabe des Jugendsprechers wahrgenommen haben, führt §78a Abs. 2 BetrVG zu einem ähnlichen Ergebnis wie eine E. Der Arbeitgeber ist gehalten, diesem Personenkreis spätestens drei Monate vor Ablauf der Berufsausbildung die Absicht mitzuteilen, den Betreffenden nicht als Arbeitnehmer zu beschäftigen (§78a Abs. 1 BetrVG). Verlangt der Auszubildende in diesem Zeitraum schriftlich von dem Arbeitgeber die → Weiterbeschäftigung, so gilt zwischen Auszubildendem und Arbeitgeber im Anschluss an das Berufsausbildungsverhältnis ein auf unbestimmte Zeit abgeschlossenes Arbeitsverhältnis als begründet (§78a Abs. 2 BetrVG). Der rechtskonstruktive Weg ist somit nicht derjenige einer E. des Arbeitgebers, die erst noch durch Abschluss eines Arbeitsvertrages umgesetzt werden müsste. Vielmehr genügt die einseitige Erklärung des Jugendsprechers, die jedoch im praktischen Ergebnis einer E. des Arbeitgebers gleichkommt. Er hat jedoch nach §78a Abs. 4 BetrVG die Möglichkeit, spätestens zwei Wochen nach Beendigung des Berufsausbildungsverhältnisses beim Arbeitsgericht (→ Bundesarbeitsgericht (BAG)) den Antrag auf Auflösung des Arbeitsverhältnisses zu stellen. Voraussetzung für einen Erfolg dieses Antrages ist, dass dem Arbeitgeber die Weiterbeschäftigung nicht zugemutet werden kann. Dies ist insbesondere der Fall, wenn ein Arbeitsplatz für den Auszubildenden fehlt, wobei der Umfang der verfügbaren Arbeitsplätze in die Dispositionsbefugnis des Arbeitgebers fällt.
Vgl. auch → Wiedereinstellungsanspruch

Einstellungsstopp. Der E. ist eine Maßnahme zur Begrenzung des → Personalaufwands. Er erfolgt in der Praxis vielfach im Zusammenhang mit weiteren personalpolitischen Maßnahmen insbesondere in Krisenzeiten für das Unternehmen oder in Rezessi-

onen für gesamte Branchen. Hierzu zählen: Abbau von → Mehrarbeit, Einführung von → Kurzarbeit, keine Verlängerung von zeitlich befristeten Arbeitsverhältnissen, keine oder nur begrenzte Übernahme von Auszubildenden nach Abschluss der Berufsausbildung, → Vorruhestand/ Frühpensionierung, Stilllegung von Betrieben/ Betriebsteilen in Verbindung mit → Massenentlassungen. Ein E. kann sich auf alle denkbaren Formen der Neueinstellungen, also auf Ersatz- wie auf Zusatzbedarf beziehen, ggf. jedoch auch auf Zusatzbedarf oder Ersatzbedarf in bestimmten Bereichen beschränken. Als Bestandteil einer Personalplanung ist ein E. nach §92 BetrVG dem → Betriebsrat rechtzeitig bekanntzugeben; Art und Umfang der erforderlichen Maßnahmen sowie Möglichkeiten zur Vermeidung von Härten sind mit ihm zu beraten. Auch kann der Betriebsrat dem Arbeitgeber Vorschläge für eine entsprechende Personalplanung oder ihre Durchführung machen (§92 Abs. 2 BetrVG). Eine Möglichkeit, einen E. zu verhindern, hat der Betriebsrat nicht, solange der Arbeitgeber §92 BetrVG beachtet.
Vgl. auch → Personalabbauplanung.

Einwirkungspflicht. Die E. begründet die Verpflichtung, im Falle der Nichteinhaltung des → Tarifvertrages seitens der jeweiligen → Tarifpartei auf ihre Mitglieder im Sinne einer Erfüllung einzuwirken. Diese Pflicht ergibt sich unmittelbar aus dem Tarifvertrag.

Tarifverträge enthalten einen schuldrechtlichen und einen normativen Teil. Der schuldrechtliche Teil begründet Rechtsbeziehungen zwischen den → Tarifparteien (→ Gewerkschaft und → Arbeitgeberverbände, ggf. auch ein einzelner Arbeitgeber – vgl. §2 Abs. 1 TVG). Der normative Teil regelt Rechte und Pflichten der tarifgebundenen Arbeitgeber und Arbeitnehmer.

Zu den wesentlichen Wirkungen des schuldrechtlichen Teils gehört neben der → Friedenspflicht die Durchführungspflicht. Danach sind die Tarifparteien gehalten, alles in ihrer Macht Stehende zu tun, damit der → Tarifvertrag korrekt erfüllt wird. Dies gilt für → Arbeitgeberverbände wie für Gewerkschaften gleichermaßen. Dazu zählt insbesondere, auf vertragsbrüchige Mitglieder zuzugehen, sie auf die Rechtslage hinzuweisen und mit Nachdruck zur Einhaltung des

Tarifvertrages anzuhalten. Zum Ausschluss aus dem Arbeitgeberverband bzw. aus der Gewerkschaft als dem stärksten Mittel muss die Tarifpartei nur bei besonders schwerwiegenden Verstößen greifen. Weiter gilt die E. nur in Fällen einer eindeutigen Rechtslage. Eine Tarifpartei kann mittels der E. den Vertragspartner nicht dazu anhalten, eine von diesem nicht geteilte Auslegung des Tarifvertrags zulasten seiner Mitglieder durchzusetzen.

Einzelakkord, → Akkord.

Einzel-Assessment, → Assessmentcenter.

Elementarzeitverfahren, → Zeitstudien.

Elterngeld. Mit Wirkung zum 1.1.07 ist das Gesetz zum Elterngeld und zur Elternzeit (Bundeselterngeld- und Elternzeitgesetz – BEEG) in Kraft getreten. Danach haben Eltern für Kinder die ab dem 1.1.2007 geboren wurden Anspruch auf Elterngeld. Die Stichtagsregelung wurde vom Bundesverfassungsgericht für verfassungsgemäß befunden. Anspruchberechtigt sind Personen, die ihren Wohnsitz oder gewöhnlichen Aufenthalt in Deutschland haben, mit ihrem Kind in einem Haushalt leben, es selbst betreuen und entweder gar keine Erwerbstätigkeit ausüben oder aber sich auf eine teilweise Erwerbstätigkeit beschränkt, die 30 Wochenstunden als → Arbeitszeit nicht übersteigt.

Da Elterngeld als Entgeltersatzleistung konzipiert ist, wird bezüglich der Höhe an das bisher erzielte Einkommen angeknüpft. Elterngeld wird in Höhe von 67 v. H. des in den zwölf Kalendermonaten vor Geburt des Kindes durchschnittlich erzielten monatlichen Einkommens bis zum Höchstbetrag von 1.800 Euro gezahlt. Wird die Erwerbstätigkeit nicht vollständig unterbrochen sondern nur eingeschränkt, ist ebenfalls der tatsächliche Einkommensausfall maßgeblich. Der Mindestbetrag des Elterngeldes beträgt 300 Euro.
Ein Elternteil kann grundsätzlich für zwölf Monate Elterngeld beziehen. Der Bezugszeitraum verlängert sich auf insgesamt 14 Monate, wenn auch der andere Elternteil für mindestens zwei Monate seine Erwerbstätigkeit unterbricht oder einschränkt.

Elternzeit. E. und Elterngeld verfolgen sozialpolitisch die Zielsetzung, die Vereinbarkeit von Familie und Beruf zu fördern, indem einerseits ein Rechtsanspruch auf unbezahlte Freistellung von der Arbeit in Verbindung mit einer begrenzten finanziellen Unterstützung gewährt wird und andererseits der Arbeitsplatz erhalten bleibt. Er kann nach Ablauf der Elternzeit wieder in Anspruch genommen werden. Für die Dauer der Elternzeit ruht das Arbeitsverhältnis und genießt nach §18 BEEG → Kündigungsschutz. In der praktischen Auswirkung ist diese Möglichkeit bisher insbesondere für berufstätige Mütter von Bedeutung, auch wenn sie für Männer und Frauen gleichermaßen gilt.

Employer Branding. E. B. zielt auf die Schaffung (oder positive Beeinflussung) eines für potenzielle wie im Unternehmen schon beschäftigte Mitarbeiter attraktiven → Personalimages (Arbeitgeberimage) vorwiegend mit den Instrumenten und Methoden des → Personalmarketings. Insbesondere soll das Unternehmen im für ihn relevanten externen → Personalmarkt als verlässlicher und vertrauenswürdiger Arbeitgeber positioniert werden. In Analogie zum Product Branding geht es beim E. B. gleichsam um den Aufbau oder Erhalt einer mit positiven Assoziationen verbundenen „Arbeitgebermarke" mit dem Ziel, Mitarbeiter („Kunden") zu gewinnen und ans Unternehmen zu binden. Die zuweilen in der Praxis zu beobachtende Gleichsetzung von E. B. mit → Personalmarketing übersieht deren inhaltliche Unterschiede. Vgl. auch → Personalforschung, → Personalimageanalyse, → Personalmarketingstrategie.

Entgeltfortzahlung. Die E. ist seit 1994 im Entgeltfortzahlungsgesetz geregelt. Das Gesetz regelt die Zahlung des → Arbeitsentgelts an gesetzlichen Feiertagen und die Fortzahlung im Krankheitsfall der Arbeitnehmer. Für → Arbeitszeit, die infolge eines gesetzlichen Feiertages ausfällt, hat der Arbeitgeber dem Arbeitnehmer das Arbeitsentgelt zu zahlen, das er ohne den Arbeitsausfall erhalten hätte (§2 Abs. 1 EFZG). Wird der Arbeitnehmer durch → Arbeitsunfähigkeit infolge Krankheit an seiner Arbeitsleistung gehindert, ohne dass ihn ein Verschulden trifft, verliert er nach dem Lohnausfallprinzip nicht den Anspruch auf Arbeitsentgelt für die Zeit der Arbeitsunfähigkeit bis zu einer Dauer von sechs Wochen (§3 Abs. 1 EFZG). Diese Dauer ist in vielen Tarifverträgen verlängert worden, teilweise in Abhängigkeit von der Betriebszugehörigkeit bis zu einem halben Jahr und mehr. Von besonderer Bedeutung ist die Frage, inwieweit eine spätere Erkrankung mit der Ersterkrankung in einem inneren Zusammenhang steht und welche Konsequenzen dies hat. Im Falle unterschiedlicher Erkrankungen findet keine Anrechnung der ersten E. auf die zweite E. statt. Wird der Arbeitnehmer hingegen infolge derselben Krankheit ein zweites Mal arbeitsunfähig, so verliert er wegen der erneuten Arbeitsunfähigkeit den Anspruch auf volle E. dann nicht, wenn er entweder vor der erneuten Arbeitsunfähigkeit mindestens sechs Monate nicht infolge derselben Krankheit arbeitsunfähig war oder wenn seit Beginn der ersten Arbeitsunfähigkeit infolge derselben Erkrankung eine Frist von zwölf Monaten abgelaufen ist. In allen anderen Fällen einer erneuten Erkrankung liegt eine Fortsetzungserkrankung vor, bei der alle Ausfallzeiten entgeltfortzahlungsrechtlich zusammenzuzählen sind. Nach Ablauf der sechs Wochen hat der gesetzlich krankenversicherte Arbeitnehmer einen Anspruch gegen seine Krankenversicherung auf Zahlung von Krankengeld (§§44 ff. SGB V). Das Krankengeld beträgt 70 vom Hundert des erzielten regelmäßigen Arbeitsentgelts (Einzelheiten dazu in §47 SGB V). Manche Tarifverträge sehen für die Zeit nach Ablauf der E. eine arbeitgeberseitige Aufstockung des Krankengeldes vor. Die längste Bezugsdauer des Krankengeldes beträgt 78 Wochen in 3 Jahren (§48 SGB V). Dauert die Krankheit über diesen Zeitraum hinaus, besteht die Vermutung, dass der Versicherte dauerhaft krank und damit auf unabsehbare Zeit arbeitsunfähig ist. Folglich wird das Risiko nicht mehr der Krankenversicherung, sondern im Falle von Erwerbsunfähigkeit der Rentenversicherung (→ Rentenrecht) sowie bei → Berufskrankheiten und → Arbeitsunfällen der Unfallversicherung (→ Berufsgenossenschaft) zugeordnet. Das Krankengeld ist gegenüber dem arbeitsrechtlichen Anspruch auf E. nachrangig (§49 SGB V), kommt also nur zur Auszahlung, wenn ein Anspruch auf E. nicht besteht

Eine Arbeitsunfähigkeit hat der betroffene Arbeitnehmer unverzüglich, bei längerer Dauer spätestens nach dem dritten Tag in Verbindung mit einem ärztlichen Attest mitzuteilen. Die Höhe der fortzuzahlenden Bezüge richtet sich nach dem Arbeitsentgelt für die regelmäßige Arbeitszeit.

Von besonderer Bedeutung ist schließlich der Umstand, dass ein Schadensersatzanspruch des Arbeitnehmers infolge der Verletzung durch einen Dritten auf den Arbeitgeber kraft Gesetzes übergeht (§6 EFZG). Auf diese Weise kann der Arbeitgeber den wirtschaftlichen Nachteil infolge der E. durch eine Schadensersatzforderung gegen den Schädiger ausgleichen.

Entgeltumwandlung. Um die betriebliche Altersversorgung zu stärken wurde ein individueller Anspruch des Arbeitnehmers auf betriebliche → Altersversorgung durch E. geschaffen. Dabei ist zwischen zwei Arten der E. zu unterscheiden. Zum einen die Netto-E., hier stammen die Beiträge aus dem bereits versteuerten und in der Sozialversicherung verbeitragten Einkommen des Arbeitnehmers und zum anderen die Brutto-E. Beiträge zur betrieblichen Altersvorsorge durch Netto-E. können die sog. Riester-Förderung erhalten. Vgl. auch → Riester-Rente.

Entlassung, → Kündigung.

Entlohnungsgrundsätze, → Arbeitsbewertung, → Vergütungspolitik.

Entsendegesetz, → Arbeitnehmerentsendegesetz.

Entwicklungs-Assessment, → Assessmentcenter.

E-Recruiting, *Electronic Recruiting.* E. R. bezeichnet alle internetgestützten Maßnahmen der → Personalwerbung, Bewerberansprache, Bewerberauswahl und Bewerbungsbearbeitung. Hierzu werden unternehmenseigene Homepages – sog. „HR-(Human Resources) Homepage" – sowie Internet-Jobbörsen genutzt, die über das suchende Unternehmen, vakante Stellen, erwünschte Bewerberqualifikationen, Bewerbungsverfahren usw. informieren. Einige Unternehmen ermöglichen den Interessenten hier über Online-Bewerberfragebogen auch die unmittelbare Online-Bewerbung. Im Vergleich zur klassischen Personalbeschaffung, z.B. über

→ Stellenanzeigen, bietet das E.R. v.a. bei der Ansprache von Hochschulabsolventen (→ Führungsnachwuchs) Zeit- und Kostenvorteile, da diese Gruppe das Internet zum Erstkontakt und als Bewerbungsmedium gern nutzt. Wichtig ist, dass E. R. einem schlüssigen Konzept folgt, das u.a. eine intelligente Balance zwischen nötiger Information und der für potenzielle Bewerber auch wichtigen Emotion ermöglicht. Die zunächst erwartete Verdrängung der Printmedien als wichtige Träger der → Personalwerbung durch das Internet ist bis heute ausgeblieben, beide Medien werden gleichermaßen genutzt. Nicht zuletzt wegen der größeren Bandbreite der gedruckten Stellenanzeige hinsichtlich des möglichen zielgruppengerechten Aufbaus von → Personalimage und Bewerberansprache sind die Printmedien im externen → Personalmarketing weiterhin von großer Bedeutung.
Vgl. auch → Jobbörsen.

Ergebnisbeteiligung. Die E. zielt darauf ab, die Mitarbeiter am wirtschaftlichen Ergebnis des Unternehmens teilhaben zu lassen. Diese Zielsetzung führt bei guten Jahresabschlüssen zu höheren und bei ungünstigen Abschlüssen zu niedrigeren, ggf. auch gänzlich ausfallenden Vergütungsbestandteilen. Die E. erfolgt regelmäßig in Form variabler, einmal im Jahr vorgenommener Sonderzahlungen. Die Höhe ergibt sich vielfach aus bestimmten Rechenformeln, die an konkrete Faktoren anknüpfen (Umsatz, Gewinn, Dividende). Während in der amerikanischen Personalpolitik für Führungskräfte im Rahmen der E. insbesondere Anteile an dem Unternehmen (stock options) angeboten werden, vorrangig Aktien, gibt es diese Form der E. in der Bundesrepublik Deutschland nicht. Eine allein an dem Unternehmensergebnis ausgerichtete Zahlung variabler → Vergütungen berücksichtigt vielfach nicht ausreichend den unterschiedlichen Beitrag, den der einzelne Mitarbeiter leistet. So kann in florierenden Unternehmen die Leistung einzelner Mitarbeiter gering und in mit wirtschaftlichen Schwierigkeiten kämpfenden Unternehmen die Leistung verschiedener Arbeitnehmer oder ganzer Arbeitnehmergruppen erheblich sein. Deshalb werden E. zweckmäßigerweise mit leistungsorientierten Elementen verknüpft, indem sich ein Teil der Sonderzahlung aus dem wirtschaftlichen Ergebnis des Unternehmens und ein zweiter Teil aus dem individuellen Beitrag des einzelnen Mitarbeiters ergibt.
Vgl. auch → Vermögensbildung.

Ergonomie. Der Begriff E. wurde erstmals 1950 in Großbritannien auf einer Tagung von Arbeitswissenschaftlern eingeführt. Seine Wurzeln sind die griechischen Worte Ergon (Arbeit, Leistung) und Nomos (Gesetz, Regel). Bezeichnet wird damit jedoch keine (wie oft fälschlich angenommen) arbeitswissenschaftliche Disziplin, sondern mehr eine Aufgabe oder ein Programm mit dem Anliegen, über gesicherte arbeitswissenschaftliche Methoden und Erkenntnisse eine optimale Anpassung von Arbeitsinhalten, Arbeitsformen, Arbeitsmitteln und -hilfen sowie Arbeitsumgebung und → Arbeitsbedingungen an die geistigen, physischen und psychischen Eigenschaften des Menschen zu erreichen. Ziel ist somit die Erhaltung und Steigerung des menschlichen Wohlbefindens am → Arbeitsplatz sowie eine damit verbundene Sicherung und Verbesserung der Arbeitsleistung. Vor diesem Hintergrund sind, in Analogie z.B. zu Sicherheitsnormen, inzwischen zahlreiche DIN-Ergonomienormen entstanden.
Vgl. auch → Arbeitsmedizin, → Arbeitsplatzgestaltung, → Arbeitswissenschaft.

Erholzeit, → Pause.

Ermahnung, → Verwarnung.

Ersatzkasse, → Krankenkasse.

Erschwerniszulage. Viele → Tarifverträge sehen besondere E. vor, wenn die Arbeit unter besonderen Belastungen erledigt werden muss. Hierzu zählen üblicherweise Hitze, Kälte, Schmutz, Arbeiten in großer Höhe etc. Die Höhe der E. hängt regelmäßig von der Intensität und Dauer der Belastung ab. Vielfach enthalten Tarifverträge → Öffnungsklauseln, damit die Betriebsparteien die tarifliche Regelung in Abhängigkeit von den konkreten Bedingungen des Betriebes einsetzen können, regelmäßig durch → Betriebsvereinbarung.
Vgl. auch → Vergütung, → Vergütungspolitik, → Zulage.

Erstausbildung. E. bezeichnet die i.d.R. nach Beendigung des Besuchs allgemeinbildender oder berufsvorbereitender Schulen

folgende systematische → Berufsausbildung im Rahmen eines → Berufsausbildungsvertrages. In einem weiteren Sinne aber ist E. auch die auf ein Hochschulstudium folgende berufliche Tätigkeit, die dem Erwerb unmittelbar praxisbezogener Kenntnisse und Erfahrungen oder der praktischen Vertiefung und Anwendung des im Studium erworbenen Wissens dient. Die E. gilt als Basis des beruflichen Werdegangs und → Aufstiegs des Menschen und hat daher grundlegende Bedeutung. Von daher sollten → Eignung und Neigung (→ Bedürfnisse, → Motivation) zur Vermeidung späterer beruflicher Enttäuschungen und Unzufriedenheit vor Beginn einer E. möglichst gründlich bedacht werden, auch seitens des ausbildenden Unternehmens über geeignete Verfahren (→ Auswahlverfahren, → Eignungsdiagnostik) soweit wie möglich ermittelt werden. Bezeichnend für die den einzelnen, die ausbildenden Unternehmen wie die gesamte Volkswirtschaft besondere belastende Problematik ist, dass ca. ein Viertel der in einer E. befindlichen Auszubildenden sie vorzeitig, ohne Abschluss abbricht und ca. 10 - 20 % nach erfolgreichem Abschluss meinen, den falschen Beruf erlernt zu haben. Zu bedenken ist allerdings auch, dass die über eine E. erworbenen beruflichen Qualifikationen heute weniger denn je für ein ganzes Berufsleben Bestand haben, sondern infolge der großen technischen und ökonomischen Dynamik in der Arbeitswelt permanent aktualisiert oder gänzlich andere, neue erworben werden müssen. Insoweit gilt das Erfordernis des lebenslangen Lernens.
Vgl. auch → Trainee, → Umschulung, → Volontariat, → Weiterbildung.

Erstuntersuchung, → ärztliche Untersuchung.

Erwachsenenbildung, *Andragogik.* Die E. spielt in der betrieblichen Praxis vorwiegend bei Maßnahmen der → Weiterbildung, der → Umschulung sowie der → Führungskräfteentwicklung und → Personalentwicklung eine Rolle. Bei Umschulungsmaßnahmen schreibt §§ 58 ff. BBiG ausdrücklich vor, dass sie nach Art, Ziel und Dauer den Erfordernissen der beruflichen E. entsprechen müssen. Die Methoden der E. beziehen zur Vermittlung von Kenntnissen oder Fähigkeiten den beruflichen Erfahrungshintergrund der Mitarbeiter, konkrete Arbeitsaufgaben oder daraus resultierende Probleme verstärkt in den pädagogisch-didaktischen Lehr-/ Lernprozess ein. Darüber hinaus nutzt die E. insbesondere teilnehmerorientierte und sehr aktivierende Lehrmethoden (z.B. Gruppenarbeit, → Brainstorming, Rollenspiele) sowie Lernhilfen, die auch in eigenverantwortlicher Weise bearbeitet werden können (z.B. schriftliche Materialien sowie Lehrbriefe und computergestützte Materialien beim Fernunterricht).
Vgl. auch → Ausbildung, → Arbeits- und Berufspädagogik, → Training.

Erwerbsunfähigkeit, → Rentenrecht.

Europäischer Betriebsrat. Das deutsche Betriebsverfassungsrecht enthält detaillierte Regelungen bezüglich Wahl und Kompetenzen des Betriebsrates auf Betriebs-, Unternehmens- und Konzernebene. Vergleichbare Regelungen mit einer entsprechend weitreichenden innerbetrieblichen Mitbestimmung bestehen in den Staaten der Europäischen Union nicht. Vielmehr weisen die entsprechenden Rechtsmaterien beachtliche inhaltliche und strukturelle Unterschiede auf. Vor diesem Hintergrund ist als Beitrag für eine Intensivierung der Europäischen Sozialunion im Oktober 1994 eine Richtlinie der Europäischen Union in Kraft gesetzt worden, die 1996 innerdeutsch in das Gesetz über Europäische Betriebsräte (Europäische Betriebsräte-Gesetz) umgesetzt wurde. Gegenstand der Regelung ist insbesondere eine angemessene Beteiligung der Arbeitnehmervertreter in den Fällen, in denen unternehmerische Entscheidungen zur Verlagerung von Arbeitsplätzen zwischen Standorten in verschiedenen Staaten der Europäischen Union führen. Das Gesetz ist anwendbar auf gemeinschaftsweit tätige Unternehmen bzw. eine Unternehmensgruppe (Konzerne) mit insgesamt mindestens 1.000 Beschäftigten, wobei in zwei Staaten der Europäischen Union jeweils mindestens 150 Mitarbeiter tätig sind. Soweit diese Voraussetzungen erfüllt sind, bestehen verschiedene Möglichkeiten der Beteiligung von Arbeitnehmervertretern. Vorrang haben zunächst freiwillige Vereinbarungen zwischen der zentralen Unternehmensleitung und der Arbeitnehmervertretung. Eine Verständigung zwischen den Betriebsparteien hat dabei Vorrang vor den gesetzlich vorgegebenen Mitwirkungsansprüchen. Anders als bei den vor Inkrafttreten des Gesetzes getroffenen Vereinbarungen müssen jedoch in diesem Falle Mindestvoraussetzungen bezüglich des Zustandekommens der Absprache eingehalten werden. Hierzu zählt insbesondere die Wahl eines entsprechenden Verhandlungsgremiums unter Beteiligung von Vertretern aus allen Staaten, in denen das Unternehmen bzw. die Unternehmensgruppe in der Europäischen Union vertreten ist. Die Wahl erfolgt nach den jeweiligen nationalrechtlichen Vorschriften. Der Inhalt der Absprache ist weitgehend der Disposition der Vertragsparteien ausgesetzt und muss nur gewissen Mindeststandards bezüglich des Vertragsinhalts genügen. Hierzu zählen die betroffenen Unternehmen, die Zusammensetzung des E. B. und seine Befugnisse, die Gestaltung der Sitzungen und die Laufzeit der Abrede. Im Übrigen ist der Vertragsinhalt zur Disposition der Parteien gestellt. Nur für den Fall, dass die Unternehmensseite die Aufnahme von Verhandlungen über eine Absprache innerhalb von sechs Monaten verweigert oder aber nach drei Jahren noch kein Ergebnis der Verhandlungen feststeht, gelten die subsidiären gesetzlichen Regelungen. Diese regeln Berichtspflichten u.a. über die wirtschaftliche Lage der Unternehmen bzw. der Unternehmensgruppe, Investitionsvorhaben, Fusionen, Massenentlassungen, Arbeits- und Fertigungsverfahren und Informationen insbesondere bezüglich geplanter Arbeitsplatzverschiebungen zwischen Standorten in verschiedenen Staaten der Europäischen Union.

Die Rechtsstellung der Mitglieder des E. B. richtet sich nach dem jeweiligen nationalen Recht. Die Arbeitnehmervertretung hat die Möglichkeit, auf die Installation eines E. B. zu verzichten. Seine Ansiedlung erfolgt typischerweise auf der Ebene der Konzernspitze; im Rahmen von Vertragsabsprachen kann jedoch auch eine Delegation auf die Ebene der einzelnen Unternehmen erfolgen. Die genannten Gremien tagen im Regelfall einmal jährlich, sonst bei Bedarf. Sie können Ausschüsse errichten. Die Kosten trägt der Arbeitgeber.

Europäischer Gewerkschaftsbund (EGB).
Der EGB ist ein Dachverband der in der Europäischen Union tätigen Gewerkschaften. Er vertritt gewerkschaftliche Interessen im politischen Raum auf europäischer Ebene, insbesondere gegenüber den Organen der Europäischen Union. Sein Sitz ist Brüssel.

Europäisches Arbeitsrecht. Auf nationalrechtlicher Ebene besteht eine große Vielfalt individual- und kollektivrechtlicher Normen des Arbeitsrechts. Die Regulierungsdichte ist beachtlich. Gesetze, Verordnungen, Tarifverträge, ferner → Betriebsvereinbarungen als innerbetriebliche Rechtsnormen wirken in erheblichem Umfang auf das Arbeitsleben ein. Entsprechendes gilt für das → Sozialrecht. Neben geschriebenes Recht tritt in großem Umfang → Richterrecht, insbesondere für den Bereich des → Arbeitskampfes mangels gesetzlicher Vorgaben. Demgegenüber ist die arbeitsrechtliche Durchdringung des Europarechts wesentlich weniger ausgeprägt. Gerade das Arbeits- und Sozialrecht ist vor dem Hintergrund unterschiedlicher geschichtlicher Entwicklungen, Traditionen und Rahmenbedingungen ein wichtiger Anwendungsbereich für das Subsidiaritätsprinzip. Entsprechend gering ausgeprägt sind die unmittelbar im EGV enthaltenen materiellen Regeln des europäischen Arbeitsrechts. Hierzu zählt das Recht der → Freizügigkeit nach Art. 45 AEUV und die Garantie der → Lohngleichheit von Männern und Frauen nach Art. 157 AEUV (→ Diskriminierungsverbot), das infolge einer sehr weitreichenden Rechtsprechung des EuGH in erheblichem Umfang in das nationale Arbeitsrecht einwirkt. Darüber hinaus verfügt die Europäische Union allerdings über bisher nicht ausgeschöpfte Rechtssetzungskompetenzen. Sie betreffen insbesondere den Bereich der → Arbeitssicherheit (Art. 151 ff. AEUV). Ferner schreibt Art. 151 AEUV den Grundkonsens der Mitgliedsstaaten fest, auf eine Verbesserung der Lebens- und Arbeitsbedingungen der Arbeitskräfte hinzuwirken. Rechtssetzungsmittel sind die Verordnung und die Richtlinie (Art. 288 ff. AEUV). Während die Verordnung unmittelbar geltende Rechtswirkungen in jedem Mitgliedsstaat der EU entfaltet, ist die Richtlinie lediglich an den einzelnen Mitgliedsstaat adressiert und bedarf zu ihrer Wirksamkeit der Umsetzung in innerstaatliches Recht. Allerdings können sich Bürger gegenüber ihrem Heimatstaat auf Richtlinien der EU berufen, wenn dieser die Richtlinie nicht ausreichend und fristgemäß in innerstaatliches Recht umgesetzt hat (unmittelbare vertikale Direktwirkung). Dies hat der EuGH ausdrücklich anerkannt.

Insgesamt ist festzustellen, dass die Europäisierung des Arbeitsrechtes in den letzten Jahren bereits in erheblichem Umfang zugenommen hat; die Tendenz wird anhalten. Zahlreiche Grundsatzentscheidungen des EuGH wirken auf das deutsche Arbeitsrecht, auch auf die Rechtsprechung des BAG, ein. Dies hat zwingend zur Folge, bei der Prüfung arbeitsrechtlicher Fragen neben der nationalen die internationale Facette zu beachten.

Evaluierung. Aus personalwirtschaftlicher Sicht sind unter dem Begriff E. alle Maßnahmen zu verstehen, die der Erfolgskontrolle der Personalarbeit dienen, z.B. auch in ein Konzept des → Personalcontrolling einfließen können. In der betrieblichen Praxis bezieht sich der Begriff allerdings vornehmlich auf die Ermittlung der Effektivität und Effizienz der Personalentwicklung sowie der betrieblichen Aus- und Weiterbildung. Im Einzelnen geht es dabei um die Frage, ob und wieweit die eingesetzten Instrumente und Maßnahmen (z.B. → Jobrotation, Führungstraining) die Erreichung der damit verfolgten Ziele gewährleisten, insbesondere ob und wieweit sie zur Festigung oder Stärkung von → Qualifikation und → Motivation der Mitarbeiter im Unternehmen beitragen. Eine verlässliche E., d.h. Ermittlung und Bewertung von Nutzen und Zielerreichung ist bislang nur ansatzweise möglich, da sich die in lange Zeiträume eingebundene Verknüpfung von Ursache und Wirkung kaum objektiv quantifizieren lässt.
Vgl. auch → Bildungscontrolling.

Executive-Education-Programme. Mitunter von Business Schools u.ä. Organisationen angebotene Möglichkeiten des moderierten, meistens unternehmensübergreifenden Erfahrungsaustausches in kleinen Gruppen für obere und oberste Führungskräfte mit dem Ziel, allen gemeinsame Problemstellungen zu diskutieren, besondere Fachkenntnisse zu aktualisieren oder das Selbstmanagement zu

stärken. Moderatoren sind i.d.R. Hochschullehrer der anbietenden Organisationen. Eingesetzt werden dabei zumeist Fallstudien, Planspiele u.a. praxisnahe Lehr-/ Lernmethoden. Vgl. auch → Gruppendynamik, → Seminaranbieter, → Seminare.

Executive Search, *Direktansprache, Direct Search, Headhunting.* E. S. ist die systematische Suche von Führungskräften für i.d.R. obere und oberste Führungsebenen über eine aktive, direkte Kontaktaufnahme zu potenziellen Kandidaten. Im Vorfeld sind meistens aufwendige Eingrenzungen und Analysen des infrage kommenden → Personalmarktes mit dem Ziel der Konzentration auf die geeignete Zielgruppe erforderlich. E. S. wird häufig genutzt, wenn die Suche ein diskretes, besonders behutsames Vorgehen erfordert und von daher z.B. eine öffentlichkeitswirksame Suche über → Stellenanzeigen ausgeschlossen ist, darüber hinaus aber auch bei der Besetzung von Führungspositionen, für die es bei konventionellen Stellenausschreibungen erfahrungsgemäß keine geeigneten Bewerber gibt oder die relevante Zielgruppe so nicht ansprechbar ist. Die lange umstrittene Frage, ob die telefonische Kontaktaufnahme am Arbeitsplatz geeigneter Kandidaten erlaubt ist oder nicht (→ Abwerbung), ist inzwischen durch den BGH höchstrichterlich entschieden. Danach ist z.B. einem Personalberater vorab die kurze telefonische Klärung der Wechselwilligkeit eines geeigneten Kandidaten auch an dessen Arbeitsplatz erlaubt. S. wird heute von vielen Personal- und Unternehmensberatungen, aber auch von darauf spezialisierten Einzelpersonen angeboten.
Vgl. auch → Arbeitsvermittlung, → Personalberatung.

externe Personalbeschaffung, → Personalbeschaffung.

extrafunktionale Qualifikationen, → Schlüsselqualifikationen.

F

Fachaufgaben. Der Begriff dient meistens zur Bezeichnung von Arbeitsaufgaben, die nicht → Führungsaufgaben im Sinne von Mitarbeiterführung (→ Führung, → Vorgesetzter) sind, in deren Mittelpunkt vielmehr die Erledigung sachbezogener Aufgaben steht. Dies können sowohl einfache, wenig anspruchsvolle Aufgaben sein, für die nur eine sehr geringe → Qualifikation erforderlich ist, aber auch sehr schwierige, komplizierte Aufgaben, deren Bearbeitung und Lösung hohe Ansprüche an die berufliche → Eignung der Mitarbeiter stellen oder ein besonderes Expertenwissen erfordern.
Vgl. auch → Fachkraft, → Fachlaufbahn, → Führungskraft, → Führungslaufbahn, → Leitung.

Fachkompetenz, → Kompetenz.

Fachkraft. Als F. werden vornehmlich Mitarbeiter bezeichnet, die nach einer abgeschlossenen beruflichen Ausbildung (i.d.R. → Erstausbildung, aber auch → Umschulung) zur Wahrnehmung entsprechender beruflicher Aufgaben (→ Beruf) befähigt sind, z.B. Facharbeiter in Industrie und Handwerk, Fachangestellte im öffentlichen Dienst. Daneben wird der Begriff zur Bezeichnung von Mitarbeitern benutzt, die eine über die berufliche Grundausbildung hinausgehende Qualifikation aufweisen, z.B. Meister, Techniker, Fachkaufleute, Fachwirte (→ Weiterbildung). Der Begriff F. dient häufig auch zur Abgrenzung gegenüber Mitarbeitergruppen, die als angelernte Kräfte oder Hilfskräfte nicht über eine Berufsausbildung verfügen. In einer weiteren Bedeutung bezeichnet F. in der betrieblichen Praxis mitunter solche Mitarbeiter, die im Gegensatz zu → Führungskräften keine → Führungsaufgaben wahrnehmen, insbesondere nicht als Vorgesetzte Mitarbeiterverantwortung tragen.
Vgl. auch → Arbeitnehmer, → Berufsbildungssystem, → Fachlaufbahn.

Fachlaufbahn. F. oder Parallelhierarchie bezeichnet im Gegensatz zur → Führungslaufbahn eine Stellenhierarchie im Unternehmen, bei der mit den einzelnen Stellenaufgaben keine, nur sporadische oder sehr geringe Führungs- bzw. Vorgesetztenfunktionen verbunden sind. Im Mittelpunkt stehen stattdessen Experten- oder Spezialistenfunktionen, z.B. als Berater in Stäben, als Wissenschaftler in der Forschung und Entwicklung, als interner → Trainer in der → Weiterbildung. Für diese Mitarbeiter ist häufig wegen ihres hohen fachlichen Spezialisierungsgrades der → Aufstieg innerhalb der traditionellen betrieblichen Führungshierarchie erschwert oder nicht vorgesehen, so dass zur Verhinderung von Motivationsdefiziten, einer unerwünschten → Fluktuation sowie zur Förderung und Anerkennung guter fachlicher Leistungen v.a. in größeren Unternehmen neben der Führungslaufbahn oft auch eine F. zu finden ist. Die F. soll attraktive fachliche Entwicklungs- und Aufstiegsmöglichkeiten bieten, ohne damit Führungsverantwortung für Mitarbeiter zu verbinden. Auch für Mitarbeiter, die zwar fachlich gute oder herausragende Leistungen erbringen, jedoch wegen mangelnder → Führungsfähigkeiten nicht für Vorgesetztenpositionen geeignet sind, kann eine F. als Alternative zur Führungslaufbahn infrage kommen. In der Praxis zeigt sich aber nicht selten, dass die F. hinsichtlich Entgelt und Status/ Prestige im Vergleich zur Führungslaufbahn unterbewertet und mitunter als Karriere-Sackgasse empfunden wird.
Vgl. auch → Fachaufgaben, → Führungsaufgaben, → Führungskraft, → Hierarchie, → Innere Kündigung, → Laufbahn, → Vorgesetzter.

Fachvorgesetzter, → Vorgesetzter.

faktisches Arbeitsverhältnis. Nach allgemeinen zivilrechtlichen Regeln sind

Verträge, die wegen formeller oder materieller Gesetzesverstöße unwirksam sind, nichtig und entfalten keinerlei Rechtswirkungen. Faktische Vertragswirkungen gibt es im Vertragsrecht grundsätzlich nicht. Anders ist die Situation im → Arbeitsrecht. Ist ein → Arbeitsvertrag nicht wirksam zustande gekommen, hat jedoch der Arbeitnehmer gleichwohl die Arbeit aufgenommen und stellt sich die Unwirksamkeit des Arbeitsverhältnisses erst später heraus, lässt sich das tatsächlich praktizierte Arbeitsverhältnis nicht nachträglich ignorieren. Entsprechendes gilt im Falle der → Anfechtung von Arbeitsverträgen (§§119ff., 142 BGB). Im Ergebnis bedeutet dies, dass die Unwirksamkeit des Arbeitsverhältnisses nicht rückwirkend, sondern nur für die Zukunft – ohne Geltung des KSchG – geltend gemacht werden kann. Für die Vergangenheit werden die Rechte und Pflichten von Arbeitgeber und Arbeitnehmer aufgrund der Rechtsfigur des faktischen Arbeitsverhältnisses nach den vertraglichen Regelungen abgewickelt. Damit wird den Besonderheiten des Arbeitslebens Rechnung getragen. Teilweise findet sich für diese Fälle auch die Terminologie „fehlerhaftes Arbeitsverhältnis".

Fehlzeiten. F. sind alle durch Gesetz, → Tarifvertrag, Betriebsvereinbarung oder Einzelarbeitsvertrag begründeten Abwesenheiten. Gesetzliche, tarifliche oder einzelarbeitsvertragliche Urlaubs-, Bildungsurlaubs- und Freistellungsansprüche sind seitens des Arbeitgebers, abgesehen von einem Bemühen um Änderung der Verträge, nicht beeinflussbar. Sie treffen im Übrigen alle vergleichbaren Betriebe. Unterschiedlich sind hingegen die krankheitsbedingten F. Sie werden regelmäßig in einem Prozentsatz zur Sollarbeitszeit angegeben und ermöglichen damit einen Vergleich des unterschiedlichen Krankenstandes in verschiedenen Betrieben, Unternehmen und Wirtschaftszweigen. Die Gründe für einen unterschiedlichen Krankenstand können in besonderen Gesundheitsgefahren der beruflichen Tätigkeit, aber auch in dem Betriebs- und Führungsklima liegen. Schlechte Führungsleistungen, Unzufriedenheit mit der Arbeit und ein negatives → Betriebsklima erhöhen die F. In solchen Betrieben neigen die Mitarbeiter nicht selten dazu, kleine gesundheitliche Unpässlichkeiten zum Anlass zu nehmen, krankheitsbedingt zu Hause zu bleiben. Zur Senkung der

F. müssen daher Betriebsklima, Führungsverhalten und Mitarbeitermotivation verbessert werden. Darüber hinaus sind → Fehlzeitengespräche nach Abschluss der Krankheit wichtig. Betriebswirtschaftlich bewirken hohe F. insbesondere in personalintensiven Betrieben eine deutliche Verschlechterung der Wettbewerbsfähigkeit.
Vgl. auch → Absentismus, → Entgeltfortzahlung, → Fehlzeitenbrief, → Führungsstil.

Fehlzeitenbrief. Der F. wird von einigen Unternehmen als ein Instrument zur Reduzierung von → Fehlzeiten, insbesondere motivationsbedingter Fehlzeiten (→ Absentismus), eingesetzt. Mitarbeiter, die krankheitsbedingt fehlen, erhalten hier i.d.R. von der Personalabteilung nach einigen Tagen einen Brief, der ihnen signalisieren soll, dass sie für das Unternehmen wichtig und nicht leicht zu ersetzen sind und auch die Kollegen auf die Rückkehr warten. Der F. soll die fehlenden Mitarbeiter zur baldigen Rückkehr an ihre Arbeitsplätze motivieren, sie in die Verantwortung zur Senkung der Fehlzeiten einbeziehen und zeigen, dass Fehlzeiten vom Unternehmen erkannt und sehr ernstgenommen werden. Stil und Inhalt des F. sollten freundlich gehalten sein und auch den Wunsch nach baldiger, guter Genesung des Mitarbeiters ausdrücken, keinesfalls sollte der Eindruck von Misstrauen oder Vorwürfen entstehen.
Vgl. auch → Fehlzeitengespräch.

Fehlzeitengespräch, *Rückkehrgespräch.* Das F. wird in der Praxis häufig in Unternehmen mit überdurchschnittlich hohen → Fehlzeiten vom direkten Vorgesetzten (z.B. Meister) oder der Personalabteilung mit Mitarbeitern geführt, die nach krankheitsbedingter Abwesenheit an den Arbeitsplatz zurückkehren. Das F. soll dem Mitarbeiter zeigen, dass seine Rückkehr bemerkt wird und für das Unternehmen wie die Kollegen wichtig ist. Das F. kann mit allen Mitarbeitern, nur mit bestimmten Mitarbeitergruppen (z.B. mit besonders hohen Fehlzeiten) oder nur mit Mitarbeitern geführt werden, die besonders häufig fehlen. Anliegen des F. ist es auch, vom Mitarbeiter zu erfahren, ob neben einer Erkrankung evtl. auch andere, betriebsbedingte Einflüsse die Fehlzeit begünstigt oder sogar verursacht haben, so z.B. ein schlechtes → Betriebsklima, mangelnde → Anerkennung der Arbeitsleistungen, ein nicht qualifikationsgerechter Arbeitseinsatz (ggf. Über- oder Unterforderung des Mitarbeiters!), physische Arbeitserschwernisse, ein gestörtes Vertrauensverhältnis zwischen Mitarbeitern und Führungskräften u.a. Das F. sollte unmittelbar nach Rückkehr des Mitarbeiters, am ersten Arbeitstag, in einer freundlichen, vorwurfsfreien Weise geführt werden. Manche Unternehmen setzen hier einen kurzen Gesprächsleitfaden ein, in dem der Vorgesetzte wichtige Gesprächspunkte findet und in dem mitunter auch die vom Mitarbeiter erhaltenen Angaben stichwortartig erfasst werden können. Diese Aufzeichnung wird von einigen Unternehmen in die → Personalakte des Mitarbeiters aufgenommen.

Die Führung eines F. setzt seitens des Vorgesetzten eine besondere Sensibilität und kommunikative Kompetenz voraus, daher werden Vorgesetzte, v.a. im gewerblichen Bereich, i.d.R. über spezielle Seminare in der Vorbereitung und Durchführung von Fehlzeitengesprächen geschult. Gut geführte und systematisch von der Personalabteilung wie den Vorgesetzten ausgewertete Fehlzeitengespräche können wichtige Hinweise sowohl auf Motivationsdefizite der Mitarbeiter als auch auf Fehler oder Schwachstellen vornehmlich der Mitarbeiterführung, des Personaleinsatzes und der → Arbeitsplatzgestaltung geben. Erfahrungen vieler Unternehmen zeigen, dass über die Einführung des F. v.a. motivationsbedingte Fehlzeiten (→ Absentismus) deutlich gesenkt werden können. Allerdings gibt es auch Belege dafür, dass nach zunächst sinkenden Fehlzeiten nach einigen Monaten wieder ein Anstieg erfolgen kann. Dies zeigt, dass neben dem F. weitere, langfristiger wirksame Maßnahmen wichtig sind, so z.B. die Steigerung der Führungsqualifikationen der Vorgesetzten, Programme der → Mitarbeitereinführung, eine betriebs- und mitarbeiterorientierte → Personaleinsatzplanung und → Personalentwicklung sowie effektive → Auswahlverfahren bei der → Personalbeschaffung. Betriebsverfassungsrechtlich ist für Regelungen über F. die Mitbestimmungspflicht nach § 87 Abs. 1 Nr. 1 BetrVG zu beachten.
Vgl. auch → Fehlzeitenbrief.

Fehlzeitenquote. Die F. gibt rechnerisch an, welcher Prozentsatz der an sich von den → Arbeitnehmern zu erbringenden Arbeitsleistung (Soll-Arbeitszeit) durch → Fehlzei-

ten ausfällt. Die F. ist folglich die Differenz zwischen der Ist- und der Soll-Arbeitszeit. Da zu den Fehlzeiten → Urlaub, sonstige bezahlte Freistellungsansprüche nach Tarif- oder → Arbeitsvertrag (runde Geburtstage, Silberhochzeit etc.), → Bildungsurlaub, → Arbeitsbefreiung an Feiertagen, Krankheit sowie alle sonstigen Fälle zählen, in denen der Arbeitgeber trotz nicht erbrachter Arbeitsleistung Lohn/ Gehalt weiterzahlen muss, ist die F. beträchtlich. Sie beläuft sich auf rund 25 %, so dass der Arbeitgeber für je drei Tage mit Arbeitsleistung einen vierten Tag ohne Arbeitsleistung bezahlen muss. Im internationalen Vergleich ist die F. in Deutschland hoch, auch bedingt durch die Zahl der Feiertage und die Urlaubsdauer. Steuerbar seitens der Unternehmen sind die Fehlzeiten nur in engen Grenzen, da gesetzliche und tarifvertragliche Freistellungsansprüche zwingend gelten. Krankheitsbedingte Fehlzeiten hingegen hängen u. a. vom Grad der Arbeitssicherheit, insbesondere aber auch vom Betriebsklima und von der Führungskultur ab. Zur Reduzierung einer hohen F. kann hier angesetzt werden.
Vgl. auch → Absentismus, → Arbeitszeit, → Gleitzeit, → Lebensarbeitszeit, → Fehlzeitenbrief, → Fehlzeitengespräch.

Feiertagsrecht. Gesetzliche Feiertage dienen der Bewahrung religiösen Brauchtums oder der Besinnung auf historische Gegebenheiten. Für Arbeitnehmer bedeuten gesetzliche Feiertage die Freistellung von der Arbeit unter Fortzahlung der Bezüge. Einzelheiten sind regelmäßig in Tarifverträgen, im Übrigen aber im Entgeltfortzahlungsgesetz geregelt. In vielen Bereichen des Berufslebens ist eine Freistellung von der Arbeit an gesetzlichen Feiertagen jedoch nicht möglich. Dies gilt einmal für Arbeit im Schichtbetrieb, insbesondere in der vollkontinuierlichen Wechselschicht, im Übrigen aber für solche Gewerbezweige, deren Leistungen gerade an Feiertagen verlangt wird (z.B. Gastronomie). Die Zulässigkeit der Arbeit an Feiertagen bestimmt sich gleichfalls nach Tarifverträgen, ggf. auch nach Individualarbeitsverträgen nach dem Arbeitszeitgesetz vom 1.7.1994. Vor dem Hintergrund eines grundsätzlichen Beschäftigungsverbotes in der Zeit von 0 bis 24 Uhr an Sonn- und Feiertagen bestehen Ausnahmen für den Schichtbetrieb, für Arbeiten, die aufgrund chemischer, biologischer, technischer oder physikalischer Gründe einen ununterbrochenen Fortgang auch an Sonn- und Feiertagen erfordern, sowie für lebensnotwendige Einrichtungen (z.B. Krankenhäuser) und für die „Freizeitindustrie". Im Einzelnen enthält das F. Ausgleichsregelungen durch Ersatzruhetage sowie durch die Verpflichtung des Arbeitgebers, mindestens 15 Sonntage im Jahr beschäftigungsfrei zu lassen.

Feiertagsvergütung, → Feiertagsrecht.

fingiertes Arbeitsverhältnis. Von einem f. A. wird gesprochen, wenn ein → Arbeitsvertrag nicht durch entsprechende Einigung der Vertragsparteien zustande kommt, sondern aufgrund besonderer Umstände in einer spezialgesetzlichen Regelung als bestehend bezeichnet wird, obwohl es an den vertraglichen Voraussetzungen fehlt. Dies gilt einmal, wenn ein Jugendsprecher gegen den Willen des Arbeitgebers durch einseitige Erklärung die → Weiterbeschäftigung innerhalb von drei Monaten vor Beendigung des Ausbildungsverhältnisses verlangt. Nach § 78a Abs. 2 BetrVG führt diese Erklärung zu dem Zustandekommen eines Arbeitsvertrages, obwohl es an einer Zustimmung des Arbeitgebers fehlt. Letzterer hat allerdings die Möglichkeit, im Falle der Unzumutbarkeit die Auflösung durch das Arbeitsgericht zu verlangen (§ 78a Abs. 4 BetrVG). Eine ähnliche Rechtsfolge bestimmt § 10 AÜG im Falle verbotener → Arbeitnehmerüberlassung. Verträge zwischen Verleihern und Entleihern sowie zwischen Verleihern und Leiharbeitnehmern sind unwirksam, wenn der Verleiher nicht die nach §1 AÜG vorgeschriebene Erlaubnis zur Arbeitnehmerüberlassung hat (§ 9 Ziff. 1 AÜG). Kommt es gleichwohl zu einer Vertragspraktizierung, so gilt nach § 10 Abs. 1 AÜG ein Arbeitsverhältnis zwischen dem Entleiher und dem Leiharbeitnehmer zu dem zwischen dem Entleiher und dem Verleiher für den Beginn der Tätigkeit vorgesehenen Zeitpunkt als zustande gekommen. Auch hier ordnet das Gesetz das Bestehen eines Arbeitsvertrages an, obwohl zwischen den Vertragsparteien entsprechende Erklärungen nicht abgegeben worden sind und diese möglicherweise kein Bewusstsein haben, arbeitsvertraglich verbunden zu sein. Dies kann insbesondere bei lang andauernden Fällen der Arbeitnehmerüberlassung zu erheblichen Konsequenzen für den Entleiher führen.

Vgl. auch → Einstellungspflicht, → Jugend- und Auszubildendenvertretung.

Firmentarifvertrag. Tarifvertragsparteien sind üblicherweise → Gewerkschaften und → Arbeitgeberverbände (§ 2 Abs. 1 TVG). Darüber hinaus lässt die Vorschrift jedoch auch zu, dass einzelne Arbeitgeber einen → Tarifvertrag mit der Gewerkschaft abschließen (Firmen- oder Haustarifvertrag). Auf Arbeitnehmerseite ist Vertragspartner stets die Gewerkschaft, nicht aber der → Betriebsrat, obwohl sich bei F. die Regelungen nur auf die Belegschaft des einzelnen Arbeitgebers beziehen. F. werden vielfach auch als Haustarifverträge bezeichnet. Der Arbeitgeber kann den Tarifvertrag selbst verhandeln und abschließen; daneben besteht auch die Möglichkeit, dass er den Arbeitgeberverband beauftragt, dies für ihn zu tun.

Tarifpolitisch lassen sich die Vor- und Nachteile von F. im Vergleich zu Haustarifverträgen wie folgt umschreiben: Haustarifverträge bieten die Möglichkeit, auf das jeweilige Unternehmen zugeschnittene Spezialregelungen zu vereinbaren, während Verbandstarifverträge notwendigerweise generalisierend konzipiert sein müssen, um der großen Zahl der tarifgebundenen Arbeitgeber Rechnung zu tragen. Seit einiger Zeit wird allerdings die Frage diskutiert, in stärkerem Umfange Öffnungsklauseln in Tarifverträgen zugunsten betrieblicher Präzisierung zuzulassen. Dem Vorteil größerer Flexibilität steht arbeitgeberseitig der Nachteil gegenüber, im Rahmen von F. ggf. günstigere Konditionen als die Wettbewerber in Verbandstarifverträgen zugestehen zu müssen. Auch konzentrieren sich bei F. die Mittel des → Arbeitskampfes aus der Natur der Sache allein auf das betroffene Unternehmen. Daraus erwachsende Konflikte werden direkter. In der Praxis überwiegt die Zahl der Verbandstarifverträge diejenigen der Haustarifverträge bei weitem. Scheidet ein Unternehmen aus einem Arbeitgeberverband aus, um sich den tariflichen Wirkungen des Verbandstarifvertrages zu entziehen, bleibt die → Tarifgebundenheit für die Dauer des Tarifvertrages gleichwohl bestehen (§ 3 Abs. 3 TVG). Selbst nach Ablauf des Tarifvertrages gilt dieser im Rahmen der → Nachwirkung weiter, bis eine andere Abmachung vereinbart wurde (§ 4 Abs. 5 TVG).

Flächenakkord, → Akkord.

Flashmob-Aktion. Unter einer F.-A. versteht man eine streikbegleitende Aktion, mit der eine Gewerkschaft in einem öffentlich zugänglichen Betrieb kurzfristig und überraschend eine Störung betrieblicher Abläufe hervorrufend will, um zur Durchsetzung tariflicher Ziele Druck auf die Arbeitgeberseite ausüben will. So wurden möglichst viele Menschen z.B. dazu aufgerufen, in einer Supermarktfiliale möglichst viele Pfennig-Artikel einzukaufen um dadurch für längere Zeit den Kassenbereich zu blockieren oder den Einkaufswagen mit (unverderblicher) Ware voll zu packen und dann stehen zu lassen.
Das Bundesarbeitsgericht sieht darin zwar einen Eingriff in den eingerichteten und ausgeübten Gewerbebetrieb, dies sei jedoch aus Gründen des Arbeitskampfrechts gerechtfertigt sein. Auch F.-A. können daher dem Schutz des Art. 9 Abs. 3 GG unterfallen, da es zur verfassungsrechtlich geschützten Freiheit gehöre, die Arbeitskampfmittel den sich wandelnden Umständen anzupassen.
Der Arbeitgeber kann zur Verteidigung gegen eine F.-A. von seinem Hausrecht Gebrauch machen oder den Betrieb vorübergehend schließen.

flexible Altersgrenze. → Rentenrecht.

Fluktuation. F. bezeichnet den Wechsel eines Arbeitnehmers von einem Arbeitsplatz zu einem anderen. Die F. kann Vorgänge innerhalb eines Unternehmens oder Betriebes erfassen; in diesem Falle ist sie Ausdruck der innerbetrieblichen Flexibilität und Mobilität. Bezieht sich die F. hingegen auf den Wechsel der Mitarbeiter zu einem anderen Unternehmen, hat sie einen gänzlich anderen Inhalt: Hohe Fluktuationsraten können Ausdruck unvorteilhafter Arbeitsbedingungen, schlechten Betriebsklimas oder schlechter wirtschaftlicher Verhältnisse sein. In Konzernen kann darüber hinaus zwischen konzerninterner F. im Rahmen eines konzerninternen Arbeitsmarktes und konzernexterner F. unterschieden werden. Der Begriff der natürlichen F. erfasst das altersbedingte Ausscheiden von Mitarbeitern. Weitere Fluktuationsgründe sind Tod, einvernehmliche Vertragsauflösung sowie arbeitgeberseitige und arbeitnehmerseitige → Kündigung. Das Ausmaß der F. wird mit Hilfe von Fluktuationskennziffern gemessen; auf diese Weise ist die F. verschiedener Unternehmen miteinander vergleichbar. Die Fluktuationsquote – ausgedrückt als das Verhältnis der ausscheidenden Mitarbeiter zur Gesamtbelegschaft, üblicherweise angegeben in Prozent – verdeutlicht das Fluktuationsverhalten der Mitarbeiter. Höhere Fluktuationsquoten geben Veranlassung, über das Betriebsklima, die Angemessenheit der Leistungen an die Belegschaft, das Führungsverhalten, die Attraktivität der Arbeitsplätze und damit das Personalimage nachzudenken sowie verbessernde Maßnahmen einzuleiten.
Vgl. auch → BDA-Formel, → Führungsstil, → Schlüter-Formel, → Vergütungspolitik.

Fortbildung, → Weiterbildung.

Fragebogen, → Personalfragebogen.

Fragerecht. Im Rahmen von Einstellungsgesprächen ist der Arbeitgeber daran interessiert, möglichst umfangreiche Informationen über die Ausbildung, berufliche Fähigkeiten und Erfahrungen sowie insgesamt über die Eignung eines Bewerbers im Hinblick auf den in Rede stehenden Arbeitsplatz zu erhalten. In diesem Zusammenhang ist der Arbeitgeber grundsätzlich berechtigt, schriftlich in Personalfragebögen (die der Zustimmung des → Betriebsrats nach § 94 Abs. 1 BetrVG bedürfen) oder mündlich im Gespräch mit dem Bewerber Fragen zu stellen. Das F. ist jedoch nicht grenzenlos gegeben, sondern wird durch den Schutz der Persönlichkeit des Arbeitnehmers auf solche Themen beschränkt, an denen im Hinblick auf die in Aussicht genommene Tätigkeit bei objektiver Würdigung ein berechtigtes Interesse des Arbeitgebers besteht. Da in → Vorstellungsgesprächen ein Bewerber eine unter diesem Aspekt unzulässige Frage regelmäßig nicht zurückweisen wird, liegt die Bedeutung der Grenzen des F. in den Rechtsfolgen im Falle unrichtiger Beantwortung. An sich steht dem Arbeitgeber ein Anfechtungsrecht nach §§ 119, 123 BGB zu, wenn sich nach Abschluss des → Arbeitsvertrages eine Antwort als falsch herausstellt und diese zur Einstellung des Arbeitnehmers geführt hat. Die falsche Antwort auf unzulässige Fragen löst diese Rechtsfolgen jedoch nicht aus und lässt das begründete Arbeitsverhältnis somit unberührt. Im Einzelnen besteht zu den Grenzen zwischen zulässigen und unzulässigen Fragen eine umfangreiche höchstrichterliche Rechtsprechung. Danach sind Fragen nach

der Religion, nach persönlichen Beziehungen sowie nach neuerer Judikatur auch bezüglich des Bestehens einer → Schwangerschaft unzulässig. Erlaubt ist hingegen – nach der gegenwärtigen Rechtsprechung - die Frage nach einer etwaigen Schwerbehinderung. Sie sollte jedoch diskriminierungsfrei formuliert werden.
Vgl. auch → Offenbarungspflicht.

Frauenfördergesetz. Das Frauenfördergesetz wurde im Jahr 2001 durch das → Bundesgleichstellungsgesetz ersetzt. Vgl. auch→ Gleichstellungsbeauftragte.

Frauenförderung. In den letzten zwei Jahrzehnten haben Frauen verstärkt ihre schulischen und beruflichen Ausbildungschancen zu andauernder, qualifizierter Berufstätigkeit genutzt. Qualifikationsunterschiede zwischen Frauen und Männern sind geringer geworden und werden sich mittelfristig noch mehr verringern. Darüber hinaus betrachten Frauen eine Berufstätigkeit immer weniger nur als Übergangszeit bis zur Familiengründung, sondern als langfristige Lebensperspektive. Die Vereinbarkeit von Familie und Beruf wird angestrebt und immer mehr zur Selbstverständlichkeit. Begünstigt wird dies auch durch den Umschichtungsprozess in den Beschäftigungsstrukturen vom Produktions- hin zum Dienstleistungssektor, den Frauen bei der Berufswahl häufig bevorzugen. Die Anteile der Frauen in besonders qualifizierten Fach- und herausgehobenen Führungspositionen sind allerdings in vielen Branchen und Unternehmen noch gering. Bei den Führungsnachwuchskräften, z.B. in → Traineeprogrammen, repräsentieren Frauen heute aber oft schon Anteile von 50 % und mehr, von daher wird sich auch ihr Anteil an Leitungs- und Führungspositionen zunehmend erhöhen. Die Stärkung der Chancengleichheit von Frauen im Erwerbsleben ist seit Jahren auch ein wichtiges Thema von Politik, Unternehmen, Wirtschaftsverbänden und Gewerkschaften. Sie hat zu zahlreichen Vorschlägen und Konzepten zur F. in den Unternehmen geführt, die sich inhaltlich im Wesentlichen auf drei Hauptforderungen an die → Personalpolitik konzentrieren: (1) Bei gleichen Qualifikationsvoraussetzungen Frauen bevorzugt, zumindest gleichrangig, Zugang zu Fach- und Führungspositionen zu verschaffen; (2) Fort- und Weiterbildungsaktivitäten in den Unternehmen stärker auf die

Belange von Frauen auszurichten; (3) Maßnahmen zu realisieren, die Frauen eine Verbindung von Beruf und Familie erleichtern, z.B. Angebot von → Teilzeitarbeit, → Arbeitsplatzflexibilisierung, Tagesbetreuungsplätze für Kinder, Rückkehrprogramme nach einer sog. Familienpause (→ Replacement) u.a. Aber auch gesetzliche Regelungen stellen schon seit langem eine wichtige Grundlage der F. dar, so z.B. zum → Mutterschutz, → Erziehungsurlaub, Erziehungsgeld und in zahlreichen → Tarifverträgen und → Betriebsvereinbarungen finden sich Regelungen, die unmittelbar der F. zugute kommen (z.B. Arbeitsplatzgarantie bei verlängertem Erziehungsurlaub). Von besonderer Bedeutung ist jedoch eine vorurteilsfreie Haltung zur Berufstätigkeit der Frauen und die konsequente Absicht ihrer Förderung. Grenze der Frauenförderung ist das ggf. auch zugunsten von Männern geltende Diskriminierungsverbot des § 1 AGG.
Vgl. auch → Gleichbehandlung, → Gleichberechtigungsgesetz, → Gleichstellungsbeauftragte, → Weiterbeschäftigung, → Wiedereinstellungsklausel.

freie Mitarbeiter. Arbeitnehmer sind unselbständig und weisungsgebunden für den Arbeitgeber tätig. Kennzeichnend ist die Eingliederung in den Betrieb. Im Gegensatz dazu stehen f. M., die auf werkvertraglicher oder dienstvertraglicher Basis selbstständig für das Unternehmen tätig werden (z.B. fremde Handwerksbetriebe, Reinigungsunternehmen, Vorlieferanten, Subunternehmer, Rechtsanwälte und Steuerberater, Werbeagenturen, Unternehmens- und Personalberater). F. M. sind in den Betrieb nicht eingegliedert, unterliegen nicht der arbeitsrechtlichen Weisungsbefugnis des Arbeitgebers (wohl aber der werkvertraglichen Dispositionsbefugnis); sie erhalten keine betrieblichen → Sozialleistungen und sind weder aktiv noch passiv wahlberechtigt zum → Betriebsrat bzw. zum → Sprecherausschuss. Entsprechend fehlen die Versicherungspflicht in der Sozialversicherung und die Lohnsteuerpflicht. Für die Abgrenzung freier Mitarbeiter von Arbeitnehmern hat die Rechtsprechung Abgrenzungskriterien entwickelt, die sich nach der tatsächlichen Praktizierung der Arbeit und nur nachrangig nach der Vertragsgestaltung richten. Diese Abgrenzungskriterien sind weitgehend mit denjenigen identisch, die für Werkverträge im Verhältnis zur → Arbeitnehmerüberlassung nach dem AÜG gelten. Maßgeblich sind insbesondere die Eingliederung in einen fremden Betrieb, die Teilnahme an betrieblichen Leistungen, Art und Umfang der Ausübung des Weisungsrechts sowie die Arbeitszeitdisposition. Ort und Dauer der Tätigkeit spielen hingegen keine Rolle; auch bei langjähriger Tätigkeit auf dem Betriebsgelände des fremden Unternehmens kann freie Mitarbeit vorliegen (Beispiel: regelmäßige Tätigkeit eines Reinigungsunternehmens oder eines Malerbetriebes). Vgl. auch → Scheinselbständigkeit.

Freischichtenmodell. Das F. bezeichnet eine bestimmte Form der Umsetzung von → Arbeitszeitverkürzungen, die vielfach nach Verkürzung der Wochenarbeitszeit auf weniger als 40 Stunden vereinbart wurde. Dieses Konzept der Arbeitszeitorganisation ist dadurch gekennzeichnet, dass die Reduzierung der Wochenarbeitszeit nicht über eine tägliche oder wöchentliche Verkürzung der → Arbeitszeit erfolgt, sondern – ganz oder teilweise – durch die Gewährung zusätzlicher freier Tage. So lässt sich z.B. eine Verkürzung der Wochenarbeitszeit von 40 auf 38 Stunden durch Beibehaltung der 40-Stunden-Woche und Gewährung zusätzlicher 11 (abgerundet) oder 12 (aufgerundet) freier Arbeitstage umsetzen. In der Sache bedeutet dies eine Vor- oder Nacharbeit gegenüber der tariflichen Wochenarbeitszeit, die durch bezahlte freie Tage ausgeglichen wird. Zur Vermeidung von Streitigkeiten ist es sinnvoll, Regelungen für die Bemessung der Urlaubsvergütung, der → Mehrarbeit, der → Entgeltfortzahlung im Krankheitsfall und ähnlicher Fragen vorzunehmen, um zu verhindern, dass Meinungsunterschiede darüber entstehen, ob eine ausgefallene und vergütungspflichtige Arbeitsleistung mit der tatsächlichen oder mit der rechnerischen Tages-/ Monatsarbeitszeit zu ermitteln ist. Der Zweck eines F. liegt in einer gegenüber der täglichen Arbeitszeitverkürzung besseren Betriebsorganisation, effektiveren Ausnutzung der Produktionsmittel oder auch einer günstigeren Ansprechbarkeit für die Kunden. Darüber hinaus lassen sich auch längere Freizeiträume „herausarbeiten", z.B. zur Nutzung für persönliche Interessen oder Bildungsaktivitäten (→ Sabbatical). Äußerstenfalls kann durch langjährige Vorarbeit eine frühere Inanspruchnahme des Ruhestandes ermöglicht werden, indem für die Zeit vor dem Bezug

der eigentlichen → Altersversorgung die → Vergütung ohne Arbeitsleistung fortgezahlt wird. Auf diese Weise wird die frühere Mehrarbeit gegenüber der Regelarbeitszeit ausgeglichen.

Freistellungsanspruch. Eine Freistellung von der Arbeit ist die Entbindung von der → Arbeitspflicht unter Fortzahlung der Vergütung. Rechtsgrundlage können gesetzliche, tarifliche oder individualarbeitsrechtliche Regelungen sein. Die bekanntesten, für alle Arbeitnehmer gültigen Regelungen betreffen den Urlaubsanspruch (→ Urlaub), die Fortzahlung der Vergütung im Falle von Krankheit und von gesetzlichen Feiertagen (Entgeltfortzahlungsgesetz) sowie spezielle, insbesondere tarifliche Regelungen für Gerichtstermine, Behördenbesuche, besondere Familienfeste, ernste Erkrankung von pflegebedürftigen Familienangehörigen usw. Weiter gibt es Freistellungsregelungen zur Erfüllung der Wehrpflicht sowie für bürgerliche Ehrenämter (Wahlhelfer, Schöffe, Mitglied des Gemeinderates etc.). Besondere Freistellungsregelungen gelten für Betriebsratsmitglieder, die nach §37 Abs. 2 BetrVG zur Ausübung ihres Betriebsratsamtes in dem notwendigen Umfang von der beruflichen Tätigkeit ohne Minderung des Arbeitsentgeltes zu befreien sind.

In Abhängigkeit von der Beschäftigtenzahl begründet §38 BetrVG Regel-Freistellungsansprüche, wofür es eines konkreten Nachweises des Erfordernisses der Freistellung nicht bedarf (Freistellung für ein bis zwölf Betriebsratsmitglieder mit den entsprechenden Zwischenwerten für Unternehmen von 200 bis 10.000 Mitarbeitern). In Betrieben mit über 10.000 Arbeitnehmern ist für je angefangene weitere 2.000 Arbeitnehmer ein weiteres Betriebsratsmitglied freizustellen. Die freizustellenden Betriebsratsmitglieder werden nach Beratung mit dem Arbeitgeber vom → Betriebsrat aus seiner Mitte in geheimer Wahl und nach den Grundsätzen der Verhältniswahl gewählt (§38 Abs. 2 BetrVG). Schließlich beinhalten Abs. 6 und 7 des §37 BetrVG besondere Freistellungsansprüche von Betriebsratsmitgliedern für Bildungsmaßnahmen, die der Ausübung des Betriebsratsamtes dienen.

Freizeitausgleich. Unter F. ist die vorübergehende Freistellung von der beruflichen

Tätigkeit unter Fortzahlung der Bezüge zu verstehen, die als Ausgleich für besondere berufliche Belastungen zu gewähren ist. Der wichtigste Anwendungsbereich besteht für tarifliche → Mehrarbeit. Regelmäßig sehen die Tarifverträge vor, dass über die tarifliche Arbeitszeit hinaus geleistete Arbeit – abgesehen von Mehrarbeitszuschlägen – dadurch auszugleichen ist, dass die betreffenden Stunden entweder zusätzlich bezahlt oder aber durch F. abgegolten werden. Dabei gibt es in der Praxis sowohl Wahlrechte zwischen beiden Formen als auch vorrangige Regelungen (z.B. F. vor Bezahlung der Mehrarbeitsstunden). Neben tarifvertraglichen Regelungen ergeben sich Arbeitszeitreglementierungen aus dem Arbeitszeitrechtsgesetz. Einen besonderen Freizeitausgleichsanspruch sieht §37 Abs. 3 für Betriebsratsmitglieder vor. Zum Ausgleich für Betriebsrattätigkeit, die aus betriebsbedingten Gründen außerhalb der Arbeitszeit durchzuführen ist, hat das Betriebsratsmitglied einen Anspruch auf entsprechende Arbeitsbefreiung unter Fortzahlung des Arbeitsentgelts.

Freizügigkeit. Der EG-Vertrag gewährt den Arbeitnehmern in den Staaten der Europäischen Union F. für alle nicht hoheitlichen Tätigkeiten (Art. 45 AEUV). Dies bedeutet, dass sich die Arbeitnehmer ihren Arbeitsplatz frei von staatlichen Vorgaben in einem der Staaten der Europäischen Union wählen können, wobei sie zusätzlich vor Diskriminierungen aus Gründen der Nationalität oder Religion geschützt sind. Dies ist im Bereich des europäischen → Arbeitsrechts ein wichtiger Beitrag zum Zusammenwachsen der Staaten zur Europäischen Union.

Friedenspflicht. Tarifverträge entfalten eine schuldrechtliche Wirkung zwischen den Tarifvertragsparteien und eine normative Wirkung im Verhältnis zu den Mitgliedern der Tarifparteien (Arbeitgeber, gewerkschaftsangehörige Arbeitnehmer). Die F. ist von besonderer Bedeutung im Rahmen der schuldrechtlichen Folgen des → Tarifvertrages. In dem zeitlichen, sachlichen und räumlichen Geltungsbereich eines Tarifvertrages sind Arbeitskampfmaßnahmen (→ Arbeitskampf) beider Tarifparteien ausgeschlossen. Dies gilt unabhängig davon, ob eine F. ausdrücklich tarifvertraglich vereinbart wird (was selten ist) oder nicht. Dort, wo keine Tarifverträge bestehen oder aber Tarifverträ-

ge ausgelaufen sind, endet die F., d.h., dass die Tarifparteien unter Beachtung des Verhältnismäßigkeitsgrundsatzes Arbeitskampfmaßnahmen ergreifen können. Z.T. bestehen in der Praxis besondere Regelungen zur Konkretisierung der F., insbesondere Schlichtungsvereinbarungen. Eine Verletzung der F. kann von der gegnerischen Tarifpartei mit einem Unterlassungsanspruch (auch im Rahmen eines gerichtlichen Eilverfahrens) bekämpft werden. Daneben lösen Verstöße gegen die F. Schadensersatzansprüche aus, und zwar sowohl gegen die vertragswidrige Tarifpartei als auch gegen deren Mitglieder, die sich an unzulässigen Arbeitskampfmaßnahmen beteiligen. Tarifpolitisch ist die F. ein unverzichtbares Element des Tarifvertrages, der gerade auf Begründung des sozialen Friedens zwischen den Sozialpartnern für die Dauer und den sachlichen/räumlichen Umfang der tariflichen Einigung abzielt.
Vgl. auch → Betriebsfrieden.

Fringe Benefits. Einkommensleistungen, die über den Rahmen (fringe = Rand, Rahmen) des Grundgehaltes hinausgehen, z.B. variable, leistungsabhängige Zusatzleistungen, unbare Zusatzleistungen.
Vgl. auch → Anreizsystem, → Benefits, → Cafeteriasystem, → Incentives, → Leistungszulage, → Personalaufwand, → Zulage.

Frühpensionierung. Grundsätzlich besteht die Möglichkeit, aus Altersgründen Rente zu beziehen, mit Vollendung des 65. Lebensjahres, zwischen 2012 und 2029 schrittweise Heraufsetzung auf 67 (feste → Altersgrenze), ab Vollendung des 63. Lebensjahres (flexible Altersgrenze), wenn der Versicherte mindestens 35 Versicherungsjahre aufweist (Wartezeit), § 236 SGB VI, sowie vorzeitig mit Vollendung des 60. Lebensjahres für Schwerbehinderte, wenn ebenfalls die Wartezeit von 35 Jahren erfüllt ist. Frauen können mit 60 Jahren in den Ruhestand gehen, wenn sie vor dem 1.1.1952 geboren sind, nach Vollendung des 40. Lebensjahres mehr als zehn Jahre Pflichtbeiträge für eine versicherte Beschäftigung oder Tätigkeit und insgesamt eine Versicherungszeit von 15 Jahren aufweisen (§237a SGB VI). Vergleichbare Regelungen bestehen im Beamtenrecht. Zur Entlastung der Renten- und Staatskassen hat der Gesetzgeber im Rahmen der Rentenreform von 1989 – mit langfristigen Übergangsregelungen – versicherungsmathematische Abschläge mit dem vorzeitigen Rentenbezug vor der Regelaltersgrenze verbunden.

Von einer F. wird gesprochen, wenn der Beginn des Ruhestandes vor den genannten regelmäßigen Altersgrenzen liegt, wobei der Begriff der „F." nicht gesetzlich definiert ist. Daher lässt sich auch die Beendigung des Arbeitslebens wegen Erwerbsunfähigkeit als F. verstehen. Für sie besteht keine Altersgrenze, vielmehr hängt die Verrentung allein davon ab, ob der Arbeitnehmer erwerbsunfähig ist. Darüber hinaus hat der Gesetzgeber zur Entlastung des Arbeitsmarktes die Möglichkeit eröffnet, mit Vollendung des 60. Lebensjahres Rente zu beziehen, wenn der Versicherte vor dem 1.1.1952 geboren ist, mindestens ein Jahr arbeitslos war und eine Versicherungszeit von mindestens 15 Jahren zurückgelegt hat (§ 237 SGB VI). Damit soll erreicht werden, dass arbeitslose ältere Arbeitnehmer vorzeitig aus dem Arbeitsleben ausscheiden, um die Vermittlungschancen jüngerer Arbeitnehmer zu verbessern. In der Praxis führt diese Regelung in vielen Unternehmen und Betrieben, die vor der Notwendigkeit von Personalanpassungsmaßnahmen stehen, zu F.-Programmen. Für den Arbeitgeber bedeutsam ist dabei die Verpflichtung aus §147a SGB III, das von dem Arbeitnehmer bezogene Arbeitslosengeld (→ Arbeitslosenversicherung) unter dessen Voraussetzungen zu erstatten. Die Erstattungspflicht besteht für Arbeitgeber, bei denen der Arbeitslose innerhalb der letzten vier Jahre vor dem Tag der Arbeitslosigkeit mindestens 24 Monate in einer die Beitragspflicht begründenden Beschäftigung gestanden hat. Sie tritt nicht ein, wenn das Arbeitsverhältnis vor Vollendung des 55. Lebensjahres des Arbeitslosen beendet worden ist oder wenn die Voraussetzungen für den Bezug einer Rente wegen Berufsunfähigkeit bestehen. Darüber hinaus gibt es einen weiteren umfassenden Katalog von Ausschlussgründen nach §147a Abs. 1 S. 2 Ziff. 1–7 SGB III und nach Abs. 2 des §147a SGB III. Die Erstattungspflicht führt dazu, die Belastung der Bundesagentur für Arbeit infolge Arbeitslosengeldbezuges entsprechend zu reduzieren. Sie ändert jedoch nichts an der zusätzlichen Belastung des Rentenversicherungsträgers infolge der Möglichkeit, bereits mit vollendetem 60. Lebensjahr Rente zu beziehen. In der Praxis werden die Leistungen der Bundesagentur

für Arbeit im Rahmen von F.-Programmen regelmäßig durch freiwillige Leistungen der Unternehmen aufgestockt, so dass die Versorgung des vorzeitig aus dem Arbeitsleben ausscheidenden Mitarbeiters durch Arbeitslosengeld und arbeitgeberseitige Aufstockungsbeträge zwischen 80 und 90 % der früheren Nettoeinkünfte betragen. Einzelheiten werden zwischen Arbeitgeber und → Betriebsrat in einer Betriebsvereinbarung geregelt, um den Mitbestimmungsrechten nach §§ 102, 111ff. BetrVG Genüge zu tun. Für derartige Aufstockungsbeträge sind jedoch die Anrechnungsregelungen des §143a SGB III sowie die Sperrzeit nach §144 SGB III zu beachten. In der Privatwirtschaft bestehen unabhängig von den gesetzlichen Modellen noch weitergehende Frühpensionierungsmodelle.

Vgl. auch → Altersversorgung, → Rentenrecht, → Vorruhestand.

Führung. F. im Sinne von Mitarbeiterführung ist ein vielschichtiger Begriff, dem in Theorie wie Praxis unterschiedliche Inhalte und Funktionen zugeordnet werden, mitunter wird F. auch synonym für → Leitung verwendet. Eine gewisse grundsätzliche Übereinstimmung besteht darin, dass F. eine an betrieblichen Zielen und Sachaufgaben sowie an Mitarbeiterqualifikationen und – bedürfnissen orientierte Steuerung und Beeinflussung des Verhaltens von Mitarbeitern bezeichnet. Dieser auch als Prozess der Mitarbeiterführung im Unternehmen bezeichnete Vorgang vollzieht sich zwischen Vorgesetzten bzw. Führungsebene und Mitarbeitern bzw. Ausführungsebene. Die Führungsrealität ist hier jedoch nicht im Sinne einer einseitigen, nur auf die Ausführungsebene gerichteten Wirkung zu sehen, sondern mehr als ein Geflecht zahlreicher Interaktionen und Wechselwirkungen zwischen beiden Ebenen. In der betrieblichen Praxis hat F. eine strukturell-organisatorische und eine personell-interaktive Dimension. Zur strukturell-organisatorischen zählen insbesondere personalpolitische Rahmenbedingungen, → Führungsmittel und Regelungen, die zur Vereinheitlichung, Organisation, Gestaltung oder Erfolgsicherung der F. und der Führungsprozesse beitragen sollen, z.B. → Führungsgrundsätze, → Führungsmodelle, Konzepte zur → Mitarbeiterbeurteilung, → Zielvereinbarungen, → Personalentwicklung, aber auch → Anreizsysteme o.Ä. Die perso-

nell-interaktive Dimension ergibt sich aus dem konkreten Führungsverhalten der Vorgesetzten und der Umsetzung ihrer → Führungsaufgaben in der realen Führungssituation. Hiermit werden Faktoren angesprochen wie individuelle → Führungsfähigkeit, praktizierter → Führungsstil und Vorbildwirkung der Vorgesetzten. Nicht zuletzt wegen der großen Bedeutung richtiger Mitarbeiterführung für die Leistungsbereitschaft (→ Motivation) und Leistungsfähigkeit der Mitarbeiter, damit auch für den Unternehmenserfolg insgesamt, ist die F. im Unternehmen seit Jahrzehnten auch Objekt betriebswirtschaftlich-pragmatisch, sozialpsychologisch oder sozialpolitisch orientierter Forschungen. Ziel ist hier v.a., Voraussetzungen, Hintergründe, Prozesse und Auswirkungen erfolgreicher Mitarbeiterführung zu erklären und daraus Konsequenzen oder Empfehlungen für die betriebliche Praxis abzuleiten (→ Führungsverhaltensgitter, → Human Relations, → Wissenschaftliche Betriebsführung, → Zwei-Faktoren-Theorie). Entstanden ist daraus bis heute eine unüberschaubare Anzahl von führungstheoretischen Ansätzen, Konzepten und Modellen zur Mitarbeiterführung, von Führungstechniken u.Ä. Weitgehend gemeinsam ist ihnen allen, dass sie entweder empirisch nur sehr wenig fundiert, theoretisch-methodisch zweifelhaft oder wegen ihrer sehr allgemeinen, wenig konkreten Inhalte nur schwer in die Praxis umsetzbar sind.
Vgl. auch → Arbeitssoziologie, → Betriebspsychologie, → Betriebssoziologie, → Führungserfolg, → Führungsfehler, → Führungskraft, → Hierarchie, → Vorgesetzter.

Führungsaufgaben. Zu den F. werden in der betrieblichen Praxis vornehmlich Aufgaben der Mitarbeiterführung (→ Führung) gezählt; demnach solche, die Führungskräften in ihrer besonderen Rolle und Verantwortung als → Vorgesetzte von Mitarbeitern obliegen. Je nach Vorverständnis von Führung, → Unternehmenskultur oder personalpolitischen Rahmenbedingungen (z.B. → Führungsgrundsätze) werden im Einzelnen sehr unterschiedliche Aufgaben als F. begriffen, meistens aber solche, die im Sinne der Unternehmensziele unmittelbar oder mittelbar auf die Verhaltensbeeinflussung der Mitarbeiter zielen. Dazu gehören z.B.: (1) Das aufgabengerechte sowie an Qualifikation und Leistung der Mitarbeiter orientierte

Setzen von Zielen (→ Zielvereinbarung); (2) die Förderung und Stärkung von → Leistung und → Motivation der Mitarbeiter über sinnvolle → Leistungsanreize; (3) die leistungsfördernde Gestaltung der → Arbeitsbedingungen; (4) die Sicherung des aufgaben- und anforderungsgerechten Verhaltens der Mitarbeiter, z.B. über → Mitarbeitergespräche, → Kontrolle, → Kritik, → Mitarbeiterbeurteilung; (5) die Förderung von → Qualifikation und → Karriere der Mitarbeiter über angemessene Maßnahmen der → Weiterbildung, → Personalentwicklung oder → Führungskräfteentwicklung; (6) im Rahmen der → Fürsorgepflicht Mitarbeiter im Unternehmen vor Gefahren und Schäden, z.B. für die Gesundheit, vor → Mobbing u.Ä. zu schützen. Je nach hierarchischer Position des Vorgesetzten, → Leitungsspanne oder Qualifikation der Mitarbeiter zeigen sich zumeist Unterschiede in Art und Stellenwert der F. So gilt i.d.R., dass Anteil und Stellenwert der F. im Verhältnis zu → Fachaufgaben zur Spitze der betrieblichen → Hierarchie hin zunehmen, z.B. auf Geschäftsführungs- oder Vorstandsebene Zeitanteile von weit über 50 % an den Gesamtaufgaben erreichen können. Unternehmenserfolg und Wettbewerbsfähigkeit, damit auch die Arbeitsplatzsicherheit, hängen in allen Unternehmen entscheidend davon ab, wie die Vorgesetzten ihre F. wahrnehmen. Daher ist es heute ein ganz besonderes Anliegen moderner → Personalpolitik, die → Führungsfähigkeit der Führungskräfte aller Ebenen über eine systematische Führungskräfteentwicklung zu stärken.
Vgl. auch → Führungserfolg, → Führungsfehler, → Führungskraft, → Führungsmittel, → Führungsmodelle, → Führungsstil.

Führungsebenen, → Hierarchie, → Leitungstiefe.

Führungserfolg. Die Ermittlung von Ursachen und Bedingungen sowie von Kriterien des F. ist sehr schwierig und in Wissenschaft wie Praxis nicht unumstritten. So kann der F. an ökonomischen Kriterien wie z.B. an Produktivität, Quantität, Qualität oder Zeitaufwand der erbrachten Arbeitsleistungen der Mitarbeiter einer Führungskraft bzw. eines Vorgesetzten gemessen werden. Daneben sind aber auch mehr psychosoziale Aspekte wie → Arbeitszufriedenheit der Mitarbeiter, das → Betriebsklima, Ergebnisse aus → Vorgesetztenbeurteilungen oder aus → Mitarbeiterbefragungen u.Ä. als Indikatoren des F. durchaus sinnvoll. In einem mehr mittelbaren Zusammenhang können auch die Quoten der → Fluktuation und → Fehlzeiten, z.B. im Verantwortungsbereich eines bestimmten Vorgesetzten, Indizien für dessen individuellen F. sein. In der betrieblichen Praxis dürften Kombinationen mehrerer Kriterien und daraus abzuleitende Kennziffern am ehesten Hinweise auf den konkreten F. einzelner Vorgesetzter oder im gesamten Unternehmen liefern. Problematisch bleibt jedoch immer die damit verbundene monokausale Zuordnung von Führungsleistung und Erfolgskriterien. Realistisch muss davon ausgegangen werden, dass neben der Führungsleistung auch von dieser unabhängige oder nur wenig beeinflussbare Faktoren entscheidende Wirkungen entfalten, so z.B. technisch-organisatorische → Arbeitsbedingungen, Markt- und Konjunkturlage, personalpolitisch gesetzte Rahmenbedingungen u.a.

Vgl. auch → Führung, → Führungsaufgaben, → Führungsfähigkeit, → Führungsfehler, → Führungsgrundsätze, → Führungskraft.

Führungsfähigkeit. F. bezeichnet die → Eignung von → Führungskräften oder Vorgesetzten, → Führungsaufgaben zu übernehmen und erfolgreich zu bewältigen. Die Stärkung und Förderung der F. ist heute ein zentrales personalpolitisches Anliegen der meisten Unternehmen und erfolgt i.d.R. über zahlreiche und vielfältige Maßnahmen der Fort- und → Weiterbildung, der → Führungskräfteentwicklung sowie über → Jobrotation, → Training on the Job, → Laufbahnplanung u.a. Darüber hinaus dienen aber auch zahlreiche → Führungsmittel im Unternehmen (z.B. → Führungsgrundsätze, → Anreizsysteme) der Unterstützung und institutionell-organisatorischen Absicherung der F. Sie ist allerdings nicht nur über Qualifizierungsmaßnahmen oder gesammelte Führungserfahrungen gleichsam vermittelbar oder erlernbar, sondern auch abhängig von Faktoren, die mehr in der → Persönlichkeit, hier fixierten, ziemlich stabilen Eigenschaften, Merkmalen und Einstellungen verankert sind. So lassen sich für die F. wichtige Fähigkeiten und Eigenschaften wie z.B. soziale → Kompetenz, Durchsetzungsfähigkeit, Frustrationstoleranz, → Selbstmanagement, Motivationsfähigkeit, → Kreativität häufig nur bis zu einem gewissen Grade entwickeln und beeinflussen, etwa über → Coaching, → Training usw. Von

daher ist es in der Praxis sehr wichtig zu erkennen, ob F. auch im Sinne einer geeigneten Persönlichkeitsdisposition gegeben ist und wo und inwieweit hier eine Weiterentwicklung nötig und möglich ist. Werden diese Aspekte vernachlässigt, kommt es i.d.R. zu personellen Fehlentscheidungen mit oft negativen Auswirkungen auf Führungskräfte und Mitarbeiter, → Führungserfolg, → Betriebsklima u.a.

Vgl. auch → Burn-out-Syndrom, → Führung, → Führungsfehler, → Innere Kündigung, → Motivation.

Führungsfehler. F. sind Mängel oder Schwächen in der → Führung von Mitarbeitern, die den angestrebten → Führungserfolg beeinträchtigen oder verhindern und sich darüber hinaus häufig negativ auswirken auf → Betriebsklima, → Fluktuation, → Fehlzeiten sowie die → Arbeitsmoral im Unternehmen. Unterschieden werden kann i.d.R. nach struktur- und verhaltensbedingten F. Strukturbedingte F. sind zurückzuführen entweder auf nicht ausreichende, nicht vorhandene oder auf nicht unternehmens- und mitarbeitergerechte formelle, administrativ-organisatorische → Führungsmittel, z.B. → Führungsgrundsätze, Systeme zur → Mitarbeiterbeurteilung und → Leistungsbeurteilung, → Anreizsysteme u.a. Verhaltensbedingte F. können entstehen über Schwächen oder Fehler in der konkreten Mitarbeiterführung durch den Vorgesetzten. Sie beruhen in der Praxis meistens auf mangelnder → Führungsfähigkeit, geringer → Motivation oder → innerer Kündigung der Vorgesetzten, sie können aber auch durch strukturbedingte F. ausgelöst oder begünstigt werden. Typische verhaltensbedingte F.: Ein klarer, für die Mitarbeiter erkennbarer und nachvollziehbarer → Führungsstil fehlt, persönlichdestruktive statt sachlich-konstruktiver → Kritik, → Anerkennung für gute Leistungen wird nur ausnahmsweise oder gar nicht ausgesprochen, Zielvorgaben oder Anweisungen erfolgen zu wenig klar und eindeutig (→ Zielvereinbarung), der Vorgesetzte hält für Mitarbeiter wichtige Informationen zurück, Anregungen und Vorschläge von Mitarbeitern werden zu wenig ernstgenommen, leistungsfähige und motivierte Mitarbeiter werden nicht gefördert. Fehler in der Mitarbeiterführung können sich für das Unternehmen sehr nachteilig auswirken, indem sie Leistungsfähigkeit und -motivation (→ Leis-

tung) der Mitarbeiter blockieren, qualifizierte Mitarbeiter zur → Kündigung veranlassen oder das → Personalimage des Unternehmens im externen → Personalmarkt negativ beeinflussen, somit ggf. die Gewinnung neuer Mitarbeiter erschweren. Schätzungen von verschiedenen Seiten legen die Vermutung nahe, dass ca. die Hälfte aller ernsthaften Probleme oder Krisen, in die Unternehmen geraten, allein auf nachhaltige F. in der Mitarbeiterführung zurückgeführt werden kann. Von daher ist die Unterstützung und Stärkung der Führungsfähigkeiten aller Führungs- und Führungsnachwuchskräfte im Unternehmen ein sehr wichtiges, unverzichtbares personalpolitisches Anliegen.
Vgl. auch → Burn-out-Syndrom, → Coaching, → Führungskräfteentwicklung, → Training, → Vorgesetzter.

Führungsgrundsätze, *Führungsleitlinien, Führungsrichtlinien.* F. enthalten schriftlich fixierte Aussagen über die im Unternehmen erwünschte grundsätzliche Regelung der Beziehungen zwischen Führungskräften und ihren Mitarbeitern. F. können als eigenständige Regeln konzipiert, aber auch Bestandteil umfassender Unternehmensgrundsätze oder Leitbilder sein. Sie beruhen i.d.R. auf der Entscheidung für einen kooperativen, mitarbeiterorientierten → Führungsstil und beschreiben in der Praxis meistens Instrumente (z.B. → Delegation, → Mitarbeitergespräch, → Zielvereinbarung), welche eine optimale Mitarbeiterführung sicherstellen sollen. F. streben eine gewisse Vereinheitlichung der im Unternehmen praktizierten Mitarbeiterführung sowie eine größere Transparenz der Führungssituation und Erwartungssicherheit hinsichtlich der Führungsleistung für die Mitarbeiter an. Das Spektrum in der Praxis bekannter F. reicht von wenigen, sehr allgemein und eher unverbindlich, thesenartig formulierten Kernsätzen oder Führungsforderungen bis hin zu umfangreichen, detaillierten Broschüren mit Führungsanweisungscharakter. Grundsätzlich sollten sich F. auf wenige, entscheidende Aussagen konzentrieren, welche die individuellen Führungsstile und Führungssituationen nicht korsettartig einengen, jedoch so viele Impulse vermitteln, dass die erwünschten einheitlichen Führungsstrukturen entstehen und → Führungserfolge sowohl individuell wie aus der Unternehmensperspektive erleichtert werden. Wichtig bei Formulierung und Implementie-

rung der F. ist die Beteiligung der betroffenen Führungskräfte, z.B. in Form einer Arbeits- oder Projektgruppe mit dem Ziel, F. zu entwerfen. Keinesfalls sollten F. von der Unternehmensleitung gleichsam verfügt werden oder von anderen Unternehmen lediglich übernommen werden. F. sollten immer die spezifischen Unternehmensstrukturen und unternehmenskulturellen Bedingungen beachten und widerspiegeln, aber auch offen sein für notwendige Anpassungen an veränderte oder sich ändernde betriebliche und gesellschaftliche Bedingungen, d.h. sie sind regelmäßig auf Aktualität und Wirksamkeit zu überprüfen und ggf. weiterzuentwickeln. Zur Förderung der Akzeptanz von F. bei Mitarbeitern und Führungskräften sollten darüber hinaus über geeignete Informations- und Schulungsveranstaltungen Sinn und Ziele der F. sowie, insbesondere für personalverantwortliche Führungskräfte, Anwendung und Umsetzung vermittelt werden. Personalpolitisches Anliegen muss es sein, F. mit Leben zu erfüllen, zu bewirken, dass Führungskräfte auf allen Ebenen in ihrem konkreten Führungsverhalten die F. gleichsam vorleben. Dann können F. auch einen wichtigen Beitrag zur → Corporate Identity leisten. Geschieht dies nicht oder nur halbherzig, sind F. häufig nur Makulatur und wirken evtl. sogar kontraproduktiv, sie signalisieren dann vielmehr einen Bruch zwischen Führungsanspruch und Führungswirklichkeit. Vgl. auch → Führungsmittel, → Führungsmodelle.

Führungsinstrumente, → Führungsmittel.

Führungskonzepte, → Führungsmodelle.

Führungskraft. Der Begriff F. ist recht unklar und wird in den Unternehmen auch sehr verschieden benutzt. Eine gewisse grundsätzliche Übereinstimmung besteht darin, dass unter F. Mitarbeiter im Unternehmen zu verstehen sind, die Personalverantwortung tragen, für das Unternehmen insgesamt oder eine größere Organisationseinheit hierarchisch herausgehobene Leitungsfunktionen wahrnehmen und deren Entscheidungen für das Unternehmen oder Teile davon von besonderer Tragweite sein können. In der Praxis zählen hierzu v.a. die Angehörigen der Unternehmens- bzw. Geschäftsleitung sowie die Leiter direkt nachgeordneter Organisationseinheiten. In sehr großen und hierarchisch stark differenzierten Unternehmen (→ Leitungstiefe) können auch die Leiter von Organisationseinheiten weiterer, nachgeordneter Ebenen zum Kreis der Führungskräfte zählen. Hin und wieder gelten auch besondere, herausgehobene Vertretungsbefugnisse (z.B. Prokura) oder die Verleihung einer bestimmten Positionsbezeichnung o.Ä. (z.B. Abteilungsdirektor, Direktor) als konstitutiv für die Eigenschaft als F. Sehr oft findet sich auch eine synonyme Verwendung der Begriffe F. und → leitende Angestellte.

In neuerer Zeit zeichnet sich eine Tendenz ab, den Begriff F. auf alle Mitarbeiter im Unternehmen zu beziehen, die – unabhängig von ihrer hierarchischen Eingliederung – über besondere, herausragende und für das Unternehmen sehr wichtige fachliche Qualifikationen verfügen, d.h. als Spezialisten oder hochqualifizierte Fachkräfte (z.B. in der Datenverarbeitung, der Forschung und Entwicklung, im Patentwesen) mit der Bearbeitung fachlich sehr anspruchsvoller Aufgaben betraut sind. Personalpolitisch werden manchmal die Begriffe F. und → Vorgesetzter gegenübergestellt. Damit soll ausgedrückt werden, dass ein Vorgesetzter eine formale Führungsaufgabe wahrnimmt. Erst durch einen an modernen → Führungsgrundsätzen orientierten → Führungsstil wird er zur F.
Vgl. auch → Arbeitnehmer, → Autorität, → Beförderung, → Fachkraft, → Führungskräfteentwicklung, → Hierarchie, → Laufbahn.

Führungskräfteentwicklung. Über Aufgaben und Ziele der F. bestehen in der betrieblichen Praxis unterschiedliche Vorstellungen. Dies zeigt sich z.B. darin, dass viele Unternehmen sie als Teilfunktion der → Personalentwicklung begreifen, während andere (v.a. Großunternehmen) sie neben der Personalentwicklung als eigenständige Funktion und Aufgabe betrachten, mitunter auch als eigene organisatorische Einheit (etwa als Abteilung) innerhalb des Personalbereichs hervorheben. Grundsätzlich ist die F. ein wichtiges Instrument der modernen → Personalpolitik zur Heranbildung qualifizierten → Führungsnachwuchses sowie zur Stärkung und Förderung der → Führungsfähigkeiten der → Führungskräfte im Unternehmen. Im Einzelnen kann die F. folgenden Zielen dienen: (1) Gezielte Vorbereitung von Mitarbeitern auf → Führungsaufgaben; (2) Verbrei-

terung der personellen Basis und Verbesserung der Auswahlsicherheit bei der Besetzung von Führungspositionen; (3) Besetzung von Führungspositionen möglichst aus eigenen Reihen (→ Selbstrekrutierung); (4) Schaffung von Transparenz und Nachvollziehbarkeit hinsichtlich der Bedingungen und Entscheidungen für → Aufstieg und → Karriere der Mitarbeiter im Unternehmen; (5) Steigerung der Mitarbeitermotivation über das Aufzeigen und Anbieten von Entwicklungsmöglichkeiten; (6) Steigerung des → Personalimages und damit Erhöhung der Attraktivität des Unternehmens für potenzielle Mitarbeiter, z.B. Hochschulabsolventen; (7) insbesondere für große, sehr diversifizierte Unternehmen (z.B. Konzerne) kann die F. auch als übergreifende, die einzelnen Bereiche, Betriebe oder Unternehmen integrierende Klammer wirken und zum Aufbau einer gemeinsamen → Unternehmenskultur oder → Corporate Identity beitragen. F. kann jedoch nicht losgelöst von anderen personalpolitischen Instrumenten betrieben werden, sie muss v.a. mit der → Personalplanung (besonders mit Personalbedarfs-, Personaleinsatzund Laufbahnplanung) systematisch verbunden werden. In der Praxis fehlt diese Voraussetzung oft oder es gelingt nicht, die notwendigen Abstimmungen sicherzustellen; eine wirklich systematische F. liegt dann nicht vor. F. wird häufig nur im Sinne einer begrifflichen Bezeichnung des Angebotes von Maßnahmen zur Fort- und → Weiterbildung für Führungskräfte verwendet. Solche Maßnahmen gehören zwar auch in ein Konzept zur F., z.B. → Seminare zur Erweiterung fachlicher → Kompetenzen oder → Trainings zur Vermittlung und Stärkung sozialer Kompetenzen von Führungskräften. Systematische F. greift allerdings darüber hinaus: so gehören eine gezielte → Jobrotation (die nicht mit einem Aufstieg verbunden sein muss), anderweitige, auch befristete Arbeitsplatzwechsel im Unternehmen zur Gewinnung neuer Eindrücke und Erfahrungen (→ Abordnung), die befristete Übernahme anspruchsvollerer Arbeitsaufgaben (z.B. als Stellvertreter), aber auch Auslandsentsendungen und die neben- oder ehrenamtliche Wahrnehmung externer, unternehmensbezogener Aufgaben (z.B. in Kammern, Verbänden, in der Arbeitsgerichtsbarkeit, als Lehrbeauftragter) zu einem zielorientierten, modernen System der F. Zuständig und verantwortlich für eine unternehmens- wie mitarbeitergerechte F. sind die Vorgesetzten, die über → Mitarbeitergespräche und → Mitarbeiterbeurteilungen geeignete Mitarbeiter erkennen und in Absprache mit ihnen Maßnahmen der F. vorschlagen oder einleiten müssen. Unterstützt werden sollte dies z.B. durch jährliche Führungskräfte- oder Potenzialentwicklungsberichte an die Personal- oder Unternehmensleitung. Damit kann verhindert werden, dass die F. von den Vorgesetzten zu wenig ernstgenommen wird, indem z.B. aus Abteilungsegoismus geeignete, gute Mitarbeiter nicht für höherwertige Aufgaben an anderer Stelle im Unternehmen vorgeschlagen werden. Von besonderer Bedeutung sind → Anforderungsprofile für Führungspositionen im Sinne einer Definition und Gewichtung der wünschenswerten Kenntnisse, Erfahrungen und Fähigkeiten (auch wesentlicher sog. „weicher" Faktoren wie Kontaktfähigkeit, → Kreativität, Durchsetzungsvermögen usw.). Je präziser solche Anforderungsprofile gestaltet sind, desto konkreter lassen sich Maßnahmen der F. zielorientiert und nachvollziehbar durchführen. In der Praxis ist aber die objektive Auswahl zur F. geeigneter Mitarbeiter und der für sie am besten geeigneten Maßnahmen der F. immer sehr schwierig. Zunehmend werden hier inzwischen zahlreiche eignungsdiagnostische Instrumente zur → Potenzialdiagnose (→ Eignungsdiagnostik) wie → Persönlichkeitstests u.Ä., aber auch → Assessmentcenter eingesetzt. Ein weiteres Problem ergibt sich aus bestimmten Erwartungshaltungen gegenüber der F.: So erwarten die meisten Mitarbeiter oder Führungskräfte davon eine Vorbereitung auf den Aufstieg im Unternehmen oder die Fortsetzung ihres bisherigen Aufstiegs. Es muss dagegen deutlich sein, dass F. nicht unbedingt mit Aufstieg gleichzusetzen ist, sondern neben ihrer Rolle als Vorbereitung für den Aufstieg oder die Übernahme anspruchsvollerer Aufgaben auch die Fähigkeit stärken soll, den Herausforderungen auf der jetzigen → Stelle, am derzeitigen → Arbeitsplatz erfolgreich zu begegnen.

Vgl. auch → Anreizsystem, → Coaching, → Trainee, → Traineeprogramm, → Training on the Job.

Führungskräftenachwuchs, → Führungsnachwuchs.

Führungslaufbahn. F. bezeichnet die in der betrieblichen → Hierarchie erreichbaren Führungspositionen (→ Aufstieg), die insbesondere durch zunehmende Führungsverantwortung für den Mitarbeiter und damit durch Vorgesetztenfunktionen (→ Vorgesetzter) gekennzeichnet sind. Neben die → Fachaufgaben treten hier → Führungsaufgaben, die mit dem Erreichen höherer hierarchischer Stufen meistens anspruchsvoller werden, qualitativ und oft auch quantitativ zunehmen. Die Vorbereitung von → Führungsnachwuchs auf eine F. sowie von Führungskräften auf neue Herausforderungen innerhalb einer F. gehört heute zu den wichtigsten personalpolitischen Aufgaben im Unternehmen. Im Zuge der Abflachung von Hierarchien und des sog. → Lean Managements verringert sich jedoch häufig auch das Angebot an Führungspositionen in den Unternehmen (→ Leitungstiefe), d.h. die Zahl der Führungslaufbahnen und ihre Hierarchiestufen nehmen ab. In diesen Fällen kann es dann Aufgabe der → Personalpolitik werden, das Fehlen faktischer Aufstiegsmöglichkeiten (und der damit auch verbundenen → Leistungsanreize) gleichsam über Aufstiegssurrogate zu kompensieren, z.B. → Incentives, Mitarbeit an interessanten Projekten, attraktive Angebote betrieblicher Weiterbildung, herausfordernde → Auslandsentsendungen, auch die Einrichtung einer zur F. gleichwertigen → Fachlaufbahn kann hier infrage kommen.

Vgl. auch → Führungsfähigkeit, → Führungskräfteentwicklung, → Karriere, → Laufbahn, → Leitungsspanne, → Traineeprogramm.

Führungsleitlinien, → Führungsgrundsätze.

Führungsmittel, *Führungsinstrumente.* F. sind formelle und informelle Hilfsmittel der Mitarbeiterführung, die den Vorgesetzten bei der Wahrnehmung ihrer → Führungsaufgaben und zum Erreichen des angestrebten → Führungserfolges zur Verfügung stehen. Formelle F. ergeben sich i.d.R. aus den im Unternehmen praktizierten → Führungsgrundsätzen oder → Führungsmodellen, aber auch aus ungeschriebenen Regeln folgender Führungspraxis im Unternehmen. Zu den formellen F. zählen vorwiegend die mehr administrativ-organisatorischen Hilfsmittel wie standardisierte Mitarbeiter- und Leistungsbeurteilungen, → Stellenbeschreibungen, → Stel-

lenbewertungen, → Anforderungsprofile und → Eignungsprofile, → Anreizsysteme, → Incentives, → Zielvereinbarungen u.a., darüber hinaus aber auch die von den Vorgesetzten persönlich-unmittelbar einsetzbaren Hilfsmittel wie → Mitarbeitergespräche und → Beurteilungsgespräche, → Kritik, → Führungsstil u.a. Informelle F. umfassen das breite Spektrum der bei Vorgesetzten mehr oder weniger stark ausgeprägten persönlichen → Führungsfähigkeiten und der über sie möglichen Verhaltensbeeinflussung von Mitarbeitern. Hiermit werden Faktoren angesprochen, wie sie z.B. im Zusammenhang mit persönlicher → Autorität, Motivationsfähigkeit und sozialer → Kompetenz der Führungskräfte eine Rolle spielen. Davon hängt auch ganz entscheidend die Wirksamkeit der formellen F. ab. So ist z.B. die Implementierung von Führungsgrundsätzen und damit verbundener F. mittel- bis langfristig fast immer erfolglos, wenn sie die Führungsfähigkeiten der Vorgesetzten im Unternehmen überfordern oder von ihnen nicht getragen und sinnvoll umgesetzt werden.
Vgl. auch → Betriebsklima, → Führung, → Führungskräfteentwicklung, → Motivation, → Unternehmenskultur.

Führungsmodelle, *Führungskonzepte, Management-by-Konzepte.* F. enthalten (1) Grundannahmen über die → Bedürfnisse der Mitarbeiter im Unternehmen und ihre Erwartungen an das Führungsverhalten von Vorgesetzten und (2) meistens pragmatische, nachvollziehbare und praktisch umsetzbar erscheinende Empfehlungen zur mitarbeiter- wie unternehmensgerechten → Führung und → Motivation von Mitarbeitern (häufig unter dem Begriff Führungstechniken zusammengefasst). Die Zahl der z.T. auch von den unterschiedlichen psychologischen oder soziologischen Hypothesen und Theorien inspirierten F. ist heute kaum noch übersehbar. Viele Anbieter aus dem Bereich der Unternehmens- und Managementberatung, aber auch aus dem akademischen Sektor konkurrieren hier um Einfluss auf die betriebliche Führungspraxis. Entstehung und Präsentation von F. sind häufig nicht frei von als modisch zu bezeichnenden Strömungen, was auch durch ein gleichsam konjunkturhaftes Kommen und Gehen der verschiedenen, sich mitunter vollkommen widersprechenden F. unterstrichen wird. Begünstigt wird dies nicht unerheblich von einer betrieblichen

Praxis, die sich oftmals auf einer Dauersuche nach Orientierungsmustern oder leicht anwendbaren Instrumenten der Mitarbeiterführung befindet sowie diese zu unkritisch aufgreift. In der Praxis haben als F. bis heute v.a. eine größere Resonanz gefunden: Management by Objectives (MbO), Management by Exception (MbE), Management by Delegation (MbD) und Management by Motivation (MbM), die sich wie folgt kurz skizzieren lassen:
Management by Objectives (MbO), auch in zahlreichen Varianten und Mischformen, ist das am weitesten verbreitete F. Es basiert auf zwischen Vorgesetzten und Mitarbeitern auf allen Ebenen der → Hierarchie gemeinsam erarbeiteten → Zielvereinbarungen, die aus Sicht des Unternehmens praktisch eine Zielpyramide darstellen. Im Rahmen der Zielvereinbarungen arbeiten die Mitarbeiter selbstständig an der Erreichung dieser Ziele, den Vorgesetzten obliegt im Rahmen ihrer Führungsverantwortung die Aufgabe, das zielgerechte Verhalten der Mitarbeiter sicherzustellen. Nach bestimmten Zeitabschnitten, z.B. Ende des Geschäftsjahres, erfolgt über eine Analyse und Bewertung der Zielerreichung i.d.R. die Beurteilung der Arbeitsleistung des Mitarbeiters sowie des Führungsverhaltens des Vorgesetzten. MbO sieht gleichsam in einem Regelkreis von Zielfindung, Zielsetzung, Kontrolle der Zielerreichung und ggf. Zielkorrektur den Kern der Führung bzw. der Führungsaufgaben. MbO gilt als F., das insbesondere Bedürfnissen der Mitarbeiter nach Selbstentfaltung, Freiräumen und Verantwortungsübernahme am → Arbeitsplatz entgegenkommt. Nicht unproblematisch ist in der Praxis allerdings die operationalisierbare, handlungsleitende Zielformulierung, die Zielsetzung bei Routineaufgaben, die Gewährleistung der → Kontrolle durch den Vorgesetzten sowie die inhaltliche Abstimmung der aufwendigen, mehrgliedrigen Zielbildungsprozesse im Unternehmen.
Management by Exception (MbE) ist ein F., nach dem die Mitarbeiter innerhalb eines bestimmten, vorgegebenen Rahmens in ihren Aufgabenbereichen selbstständig entscheiden dürfen. Der Entscheidungsrahmen kann definiert werden über bestimmte Kosten- oder Budgetvolumina, den Bedeutungs- oder Schwierigkeitsgrad von Vorgängen, den Stellenwert von Kunden u.Ä. Wird der gegebene Rahmen überschritten, muss der Mitarbeiter den Vorgang zur Bearbeitung oder

Entscheidung seinem Vorgesetzten vorlegen. Auch hier sollen selbstständiges Handeln und Verantwortung der Mitarbeiter gestärkt werden, darüber hinaus aber auch die Vorgesetzten von Routineaufgaben entlastet werden. Schwierig sind in der Praxis jedoch die Definition und Festlegung des Handlungs- bzw. Entscheidungsrahmens sowie die Festlegung von Art und Ausmaß des Eingreifens durch den Vorgesetzten.

Management by Delegation (MbD) zielt auf eine weitgehende Verlagerung von Zuständigkeiten, Verantwortung und Entscheidungsbefugnissen von den Vorgesetzten auf die Mitarbeiter. Grundsätzlich sollen Vorgesetzte sich hier auf ihre besonderen → Führungsaufgaben und solche Aufgaben konzentrieren, die nach Art und Schwierigkeit die Mitarbeiter überfordern würden. Voraussetzung für ein sinnvolles MbD sind allerdings geeignete, qualifizierte und motivierte Mitarbeiter sowie auch Vorgesetzte, die delegationsfähig sind. In der Praxis zeigt sich oft, dass Mitarbeiter von diesem F. schnell überfordert werden und zur Rückdelegation neigen, andererseits Vorgesetzte dazu tendieren, nur wenig attraktive oder solche Aufgaben zu delegieren, die ihnen selbst lästig oder unangenehm sind (→ Delegation). Im Prinzip ist dieses F. aber sehr geeignet, Bedürfnissen der Mitarbeiter nach Selbständigkeit, → Anerkennung, Eigeninitiative und Verantwortung entgegenzukommen.

Stark an verhaltenswissenschaftlichen Ansätzen orientiert (→ Bedürfnishierarchie, → Human Relations, → Zwei-Faktoren-Theorie) will *Management by Motivation (MbM)* über eine bedürfnisgerechte Gestaltung von → Anreizsystemen und → Leistungsanreizen, die Mitarbeiter im Unternehmen motivieren und aktivieren. Die Verfügung über angemessene Mittel zur Befriedigung von Mitarbeiterbedürfnissen und deren leistungsgerechter Einsatz werden hier zur zentralen Grundlage der Mitarbeiterführung. Ungelöst ist aber bisher die Beantwortung der Frage, welche Bedürfnisse der Mitarbeiter im Einzelnen wirklich relevant sind, wie sie erkannt werden können sowie über welche Leistungsanreize sie erreichbar und sinnvoll erfüllt werden.

Die in F. enthaltenen Annahmen und Regeln sind durchweg kombinierbar und austauschbar, mitunter implizieren sie einander, z.B. MbE und MbD. Dies hat auch dazu geführt, dass in der Praxis zahlreiche Mischformen, Kombinationen oder Fragmente einzelner F. zu finden sind oder als neue F. angeboten werden. Gemeinsam ist den meisten F., dass sie eine Abkehr von autoritären Alleinentscheidungen und Zielvorgaben, nur eindimensionalen Leistungsanreizen sowie ausgeprägt hierarchieorientiertem Denken und Handeln propagieren. Nicht zu übersehen ist jedoch eine mehr oder weniger ausgeprägte Tendenz bei allen F., nicht genügend belegte (oder belegbare) oder nur triviale Erkenntnisse zu anspruchsvoll wirkenden Modellen oder Konzepten hochzustilisieren.

Führungsmonitoring, → Führungsstilanalyse.

Führungsnachwuchs, *Führungskräftenachwuchs.* F. sind jüngere Mitarbeiter im Unternehmen, die aufgrund ihrer Qualifikationen zur Übernahme besonders anspruchsvoller und hierarchisch häufig herausgehobener Aufgaben (→ Hierarchie) geeignet erscheinen oder auf deren Übernahme vorbereitet werden. Der besondere Anspruch der Aufgaben kann fachlich begründet sein, aber auch auf hohen Anforderungen hinsichtlich der Mitarbeiterführung beruhen (→ Kompetenz). In der Praxis werden insbesondere Hochschulabsolventen als F. eingestellt und über unterschiedliche Aus- und Weiterbildungsprogramme, ein → Training on the Job u.a. Maßnahmen auf ihre Aufgaben vorbereitet. Darüber hinaus bieten viele Unternehmen aber auch Mitarbeitern ohne Studium, die sich über eine betriebliche Ausbildung, daran anschließende berufspraktische Erfahrungen sowie fachliche Fortbildung qualifiziert haben, Möglichkeiten, → Führungsaufgaben zu übernehmen. Insbesondere mittelständische Unternehmen neigen dazu, F. intern aus diesem Personenkreis zu rekrutieren. Eine Ursache dafür ist die hier oft geäußerte Befürchtung, dass Hochschulabsolventen zu theorielastig ausgebildet sind und im Betrieb Akzeptanzprobleme haben. Die gezielte Förderung von F. trägt der Erkenntnis Rechnung, dass → Führungsfähigkeiten nur begrenzt erlernt werden können und entsprechende Anlagen bereits vorhanden sein müssen. Es kommt daher entscheidend darauf an, Mitarbeiter mit Führungspotenzial herauszufinden und über systematische → Führungskräfteentwicklung auf spätere Führungsaufgaben vorzubereiten.

Vgl. auch → Aufstieg, → Führungskraft, → Führungskräfteentwicklung, → Mentor-Konzept, → Personalentwicklung, → Trainee, → Traineeprogramm, → Training, → Young Professionals.

Führungsrichtlinien, → Führungsgrundsätze.

Führungsspanne, → Leitungsspanne.

Führungsstil. Unter F. wird weithin die einem → Vorgesetzten eigene, weitestgehend konstante und für ihn typisch erscheinende Art und Weise verstanden, sich seinen Mitarbeitern gegenüber zu verhalten bzw. seine → Führungsaufgaben wahrzunehmen. In der Literatur über → Führung von Mitarbeitern werden zahlreiche, kaum mehr überblickbare F. unterschieden und beschrieben, von denen viele auch als Empfehlungen zur Führungspraxis Eingang in sog. → Führungsmodelle u.Ä. gefunden haben. Zur Beschreibung und Typisierung von F. werden überwiegend drei Hauptmerkmale benutzt: (1) Das Ausmaß ihrer Aufgaben- bzw. Unternehmensorientierung; (2) das Ausmaß ihrer Mitarbeiterorientierung; (3) das Ausmaß ihrer Partizipationsorientierung. Partizipationsorientierung charakterisiert den F. hinsichtlich der vom Vorgesetzten den Mitarbeitern gewährten Teilnahme an Entscheidungen. Am bekanntesten und in zahlreichen Überlegungen und Modellen zur Führung enthalten ist hier der von Schmidt und Tannenbaum 1958 in den USA vorgestellte Ansatz, der entlang einer Partizipationsskala vom autokratischen oder autoritären F. (der Vorgesetzte trifft alle Entscheidungen allein), über einen kooperativen F. bis hin zu einem Laissez-faire-F. (die Mitarbeiter haben weitestgehende Entscheidungs- und Handlungsfreiheiten) sieben verschiedene F. unterscheidet.
Die Dimensionen Unternehmens-/ Mitarbeiterorientierung dagegen finden sich sehr ausgeprägt und mit großen Nachwirkungen auf theoretische und praktische Überlegungen zum F. im von Blake und Mouton 1964 publizierten sog. → Führungsverhaltensgitter. Insbesondere das von der Praxis bekundete Interesse am Thema F. wird stark von der Frage nach einem wirksamen und von Unternehmen wie Mitarbeitern akzeptierbaren F. getragen. Grundsätzlich ist bis heute aber festzustellen, dass es einen bestimmten, von jeder Führungskraft auf alle Mitarbeiter anwendbaren oder in allen Situationen optimalen F. nicht gibt. Der F. wird von vielen Faktoren geprägt und beeinflusst, hierzu zählen v.a. die → Persönlichkeit des Vorgesetzten (z.B. sein Menschenbild, seine Motive), → Qualifikationsprofil, → Bedürfnisse und Führungserwartungen der Mitarbeiter, → Arbeitsbedingungen und → Unternehmenskultur, → Führungsgrundsätze und daraus abgeleitete → Führungsmittel, aber auch das gesellschaftliche Wertesystem (→ Wertewandel) und Zeitgeistströmungen. Wirksam im Sinne der Erfüllung von Führungsaufgaben ist ein F. meistens nur dann, wenn er sich an der besonderen, aktuellen Führungssituation orientiert, d.h., z.B. die jeweiligen Arbeitsaufgaben, die Qualifikationen und Motivationen der Mitarbeiter sowie die Stellenanforderungen (→ Anforderungsprofil) berücksichtigt. Von daher rührt auch die sich in den letzten Jahren durchsetzende Einsicht, dass Vorgesetzte zwar über einen erkennbaren und konsistenten F. verfügen sollten, diesen aber nicht statisch und undifferenziert, sondern dynamisch, flexibel und situationsgerecht umsetzen müssen.
Vgl. auch → Autorität, → Führungserfolg, → Führungsfähigkeit, → Führungsfehler, → Führungskraft, → Führungsstilanalyse.

Führungsstilanalyse, *auch Führungsstilbewertung, Führungsmonitoring.* Die F. ist ein Instrument der → Personalforschung im Unternehmen mit dem Ziel herauszufinden, wie der → Führungsstil der → Vorgesetzten von Mitarbeitern wahrgenommen und bewertet wird, wie er sich auf das → Betriebsklima, die → Motivation der Mitarbeiter, deren Leistungsverhalten und auf für den → Führungserfolg wichtige Faktoren auswirkt. F. sind meistens keine Einzelaktionen, sondern häufig eingebunden in übergreifende Betriebsklimastudien oder → Mitarbeiterbefragungen, oft auch Bestandteil von → Vorgesetztenbeurteilungen. Die F. kann wichtige Eindrücke über die → Führungsfähigkeiten der Vorgesetzten und mögliche → Führungsfehler im Unternehmen vermitteln, von daher z.B. auch einer sinnvollen Fortbildung der → Führungskräfte oder systematischen → Führungskräfteentwicklung Impulse geben.
Vgl. auch → Coaching, → Führung, → Total Quality Management (TQM), → Training.

Führungsstilbewertung, → Führungsstilanalyse.

Führungsverhaltensgitter, *Managerial Grid.* Das F. beruht auf von Robert Blake und Jane Mouton in den USA Anfang der sechziger Jahre vorgestellten Führungsstilanalysen. Danach orientiert sich das konkrete Führungsverhalten an zwei Dimensionen: (1) An den von den Mitarbeitern an die Führungskraft gerichteten Erwartungen (Personenorientierung der Führung) und (2) an den vom Unternehmensziel abzuleitenden, sachlich-zweckhaft geprägten Erwartungen an die Führungskraft (Aufgabenorientierung der Führung). Der konkrete Führungsstil kann sich somit mehr oder weniger ausgeprägt an diesen Erwartungen orientieren. Blake/Mouton skalieren jede der beiden Dimensionen in neun Stufen, so dass sich (theoretisch) 9 x 9 = 81 verschiedene Führungsstile ergeben können, Stufe 1 signalisiert dabei die schwächste, Stufe 9 die stärkste Ausprägung. Innerhalb dieses Rasters werden fünf Führungsstile diskutiert, wobei nach Blake/Mouton allein der sog. Führungsstil 9/9, der Mitarbeiter- und Unternehmenserwartungen jeweils maximal integriert, effektiv und langfristig erfolgreich ist. Basis des F. sollen Erfahrungen von 5.000 amerikanischen Führungskräften aus Industrie und Verwaltung sein, die von den Autoren ausdrücklich verallgemeinert und als repräsentativ für Führungssituationen und -probleme unter allen kulturellen, gesellschaftlichen und politischen Bedingungen angesehen werden. Neben einer diffusen theoretischen und empirischen Grundlage hat v.a. diese Globalisierung Kritik gefunden. Das F. findet sich, zumindest in Ansätzen, bis heute in einer unübersehbaren Zahl von führungsmodellähnlichen Ansätzen und wird als ganzheitliches Führungssystem in Führungsseminaren u.Ä. mitunter formelhaft vermittelt und geschult. Der Vorteil, damit zugleich auch die Schwäche des F. liegen darin, dass es die Führungsrealität auf (scheinbare) Grundeinsichten reduziert und verschiedene Führungsstile mit den jeweiligen Vor- und Nachteilen transparent macht.
Vgl. auch → Führungsmodelle.

Funktionsbeschreibung, → Stellenbeschreibung.

Fürsorgepflicht. Arbeitsverträge begründen für Arbeitgeber und Arbeitnehmer Haupt- und → Nebenpflichten. Hauptpflicht des Arbeitnehmers ist die Erbringung der geschuldeten Arbeitsleistung, Hauptpflicht des Arbeitgebers die Zahlung der vereinbarten Vergütung einschließlich aller Nebenleistungen. Daneben tritt auf Arbeitgeberseite eine F., der auf Arbeitnehmerseite Rücksichtnahmepflichten auf die berechtigten Belange des Arbeitgebers (z.B. pfleglicher Umgang mit dessen Betriebsvermögen) gegenüberstehen. Die F. des Arbeitgebers ist der Ausgleich dafür, dass sich der Arbeitnehmer in den Organisationsbereich des Betriebes einschließlich der Direktionsbefugnis des Arbeitgebers einordnet. Diese Pflichten sind z.T. gesetzlich oder vertraglich ausgeprägt (z.B. Gewährung von Erholungsurlaub, Entgeltfortzahlung bei Krankheit und an gesetzlichen Feiertagen, betriebliche Altersversorgung). Besondere Bedeutung hat die F. des Arbeitgebers im Rahmen des Arbeitssicherheits- und Arbeitsschutzrechts, das durch Gesetze und Unfallverhütungsvorschriften geprägt wird. Hinzu kommen Verschwiegenheitspflichten im Hinblick auf persönliche Daten des Arbeitnehmers, die Pflicht zum Schutz der vom Arbeitnehmer eingebrachten Sachen und zur Achtung seiner Persönlichkeit. Die Treuepflicht des Arbeitnehmers artikuliert sich insbesondere durch Informationspflichten im Falle drohender Schäden für das Betriebsvermögen des Arbeitgebers, ferner in spezialgesetzlichen → Konkurrenzverboten (vgl. §§60, 61 HGB) sowie auch in Verschwiegenheitspflichten. Der Umfang der wechselseitigen Treuepflicht ist maßgeblich unter Berücksichtigung der Position, des Aufgaben- und Verantwortungsbereichs des Arbeitnehmers zu bestimmen.
Der Gesetzgeber hat in §241 Abs. 2 BGB nunmehr den Begriff der → Rücksichtnahmepflicht eingeführt. Dieser soll den Begriff der Fürsorgepflicht insgesamt für das Schuldrecht – und damit auch für das Arbeitsrecht – ablösen.

G

Gefahrengeneigte Arbeit, → Haftung.

Gegnerfreiheit, → Gewerkschaften und → Arbeitgeberverbände, aber auch das einzelne Unternehmen sind nach §2 Abs. 1 TVG zum Abschluss von Tarifverträgen befugt (Koalitionsfähigkeit). Für die Tarifvertragsfähigkeit sind in Rechtsprechung und Rechtswissenschaft Voraussetzungen entwickelt worden. Hierzu zählt u.a. die G. Sie besagt, dass Arbeitgeberverbände nur Arbeitgeber und Gewerkschaften nur Arbeitnehmer als Mitglieder aufnehmen dürfen. Gemischte Vereinigungen, die Arbeitgeber und Arbeitnehmer unter ihren Mitgliedern haben (z.B. die sog. Harmonie-„Verbände" aus der Weimarer Zeit), sind nicht tarifvertragsfähig. Die G. soll eine unter der Zielrichtung des jeweiligen Tarifverbandes eindeutige Willensbildung ermöglichen und verhindern, dass Interessen und Standpunkte des Tarifpartners einfließen. Der Ausgleich der unterschiedlichen Interessen ist Aufgabe der Tarifverhandlungen und Tarifverträge, nicht aber der verbandsinternen Willensbildung. Von besonderer Bedeutung ist die Beurteilung der G. im Rahmen der gesellschaftsrechtlichen → Mitbestimmung in den Unternehmen nach dem MontanMitbestG und dem MitbestG 1976. Aufgrund einer Gesamtbetrachtung der mitbestimmungsrechtlichen Regelungen ergibt sich, dass die G. gewahrt ist. Dieser Standpunkt wird insbesondere von der Praxis geteilt.

Gehalt, → Vergütung.

Gehaltsabrechnung, → Vergütungsabrechnung.

Gehaltsbandbreiten. Die Schaffung von G. dient einerseits dazu, bestimmten Positionen Arbeitswerte und auf diese Weise eine → Vergütung zuzuordnen. Andererseits wird durch die Festlegung einer G. für bestimmte Arbeitsaufgaben anstelle konkret fixierter Vergütungshöhen erreicht, dass neben der grundsätzlichen Festlegung der Wertigkeit einer bestimmten Aufgabe die konkrete Qualität der geleisteten Arbeit durch den einzelnen Arbeitnehmer Eingang in die Vergütungsbemessung findet. G. kombinieren folglich Arbeitswertigkeit und individuelle Leistung. Kriterien für die Festlegung der konkreten Vergütung im Rahmen von G. sind z.B. Arbeitseinsatz, Arbeitsqualität, Kreativität, erzielte wirtschaftliche Ergebnisse, Förderung und Entwicklung eigener Mitarbeiter, über die Arbeitszeit hinausgehender Arbeitseinsatz durch Mitwirkung in Ausschüssen, Verbandsgremien, Übernahme besonderer situationsspezifischer Belastungen, Bereitschaft zur eigenen Weiterqualifizierung etc. Die Findung der konkreten Vergütung im Rahmen von G. ist vielfach mit Beurteilungsverfahren verknüpft. Tarifverträge enthalten regelmäßig keine G., sondern konkret fixierte Vergütungen. Demgegenüber finden sich G. vielfach in Vergütungsregelungen für außertariflich bezahlte Mitarbeiter. Für nicht leitende Arbeitnehmer unterliegen die Regelungen zur Gehaltsfindung der → Mitbestimmung des → Betriebsrates nach § 87 Abs. 1 Nr. 10 BetrVG, wobei die fehlende Einigung zwischen → Arbeitgeber und Betriebsrat durch den Spruch der → Einigungsstelle ersetzt wird (§ 87 Abs. 2 BetrVG). Für → leitende Angestellte sind Änderungen der Gehaltsgestaltung vor Inkraftsetzung nach entsprechender Unterrichtung des Sprecherausschusses mit diesem zu beraten (§ 30 Ziff. 1 SprAuG).

Gehaltsgleichheit, → Lohngleichheit.

Gehaltspolitik, → Vergütungspolitik.

Geheimcode, → Offenheitsgebot, → Zeugnissprache.

Geldakkord, → Akkord.

Generationenmix. Im Personalwesen bezeichnet G. häufig zwei Sachverhalte: 1. Das Ziel einer systematischen → Personalplanung, insbesondere in Großunternehmen, eine möglichst ausgewogene Altersstruktur der Belegschaft sicherzustellen um so → Personalbedarf sowie Maßnahmen der → Personaleinsatzplanung und der → Personalbeschaffung hinsichtlich absehbarer altersbedingter Abgänge vorausschauend zu koordinieren. Ein optimaler G. kann dazu beitragen, mit dem Ausscheiden älterer Mitarbeiter evtl. verbundene Personalengpässe und unerwartete Qualifikationsdefizite in der Belegschaft zu vermeiden. 2. Darüber hinaus bezeichnet G. ein Konzept, in Projektgruppen, Abteilungen o.ä. Einheiten systematisch und gezielt junge und ältere Mitarbeiter gemeinsam einzusetzen, so dass z.B. jüngere von den Erfahrungen älterer Mitarbeiter profitieren können oder evtl. Vorurteile jüngerer hinsichtlich der Leistungsfähigkeit der älteren abgebaut werden können. Eine besondere Bedeutung bekommt der G. vor dem Hintergrund der aktuellen wie absehbaren demografischen Entwicklung, die auch die Altersstrukturen in den Unternehmen deutlich beeinflussen wird und den Stellenwert älterer Mitarbeiter anheben dürfte. Vgl. auch → Personalstatistik, → Personalstruktur.

Generationenvertrag. Das gesetzliche → Rentenrecht ist als G. ausgestaltet. Die von Arbeitgebern und Arbeitnehmern geleisteten Beiträge dienen zwar dazu, eine Versorgungsanwartschaft aus der gesetzlichen Rentenversicherung zu erwerben. Die auf diese Weise aufgebrachten Finanzmittel werden jedoch zur Finanzierung der → Altersversorgung der im Ruhestand lebenden früheren Arbeitnehmer eingesetzt. Auf diese Weise bringt die arbeitende Generation die Altersversorgung für die Ruheständler auf. Dies geschieht auf dem Hintergrund der rechtlichen Absicherung, im Falle des späteren eigenen Ruhestandes gleichfalls durch die dann aktive Arbeitnehmergeneration einschließlich der Arbeitgeberbeiträge finanziert zu werden. Trotz dieser Sicherheit liegen Elemente der Ungewissheit in dem System, da die künftige Entwicklung der Bevölkerungsstruktur, insbesondere des Anteils von Aktiven und Ruheständlern maßgeblichen Einfluss auf die Finanzierbarkeit der Altersversorgung hat. Die staatliche Rentenpolitik diskutiert die Thematik seit langem und hat mit dem Rentenversicherungs-Altersgrenzenanpassungsgesetz vom 20.4.2007 die Regelaltersgrenzen schrittweise von 65 auf 67 Jahre angehoben um einen Beitrag zur Lösung zu leisten. Nach Einschätzung von Experten wird dies auf Dauer nicht ausreichen, die stark steigenden Belastungen der gesetzlichen Altersversicherung wegen steigender Lebenserwartung und eines zunehmenden Übergewichts von Rentnern im Vergleich zu Aktiven auszugleichen. Entsprechendes wird für die aus dem Staatshaushalt finanzierten Beamtenpensionen erörtert. In diesem Zusammenhang gewinnt die Altersversorgung aus Betriebsrenten und Eigenversorgung zunehmend an Bedeutung.

Genfer Schema. Das G. Sch. ist ein Instrument vornehmlich der analytischen Arbeitsplatz- oder → Stellenbewertung. Es wurde 1950 in Genf von Arbeitswissenschaftlern auf einer internationalen Tagung entwickelt und ist inzwischen Grundlage vieler in der Praxis gebräuchlicher Bewertungssysteme. Das G. Sch. beruht auf der Differenzierung der Arbeitsschwierigkeit nach den Anforderungsarten geistige Anforderungen (z.B. Wissen, Denkfähigkeit), körperliche Anforderungen (z.B. Kraft, Ausdauer), Verantwortung (z.B. für Mitarbeiter, störungsfreie Arbeitsabläufe) sowie Arbeitsbedingungen (Umgebungseinflüsse wie z.B. Lärm, Hitze, Unfallgefahren, aber auch geforderte soziale Kompetenzen, z.B. im Umgang mit Mitarbeitern und Kunden). Der eigentliche Bewertungsvorgang liegt darin, zu untersuchen, welche dieser Anforderungsarten, in welcher Weise und in welchem Ausmaß durch den konkreten Arbeitsplatz bzw. die Stelle in Anspruch genommen werden. Dies setzt jedoch voraus, dass für jede Anforderung, ihre Ausprägungsgrade und deren Gewichtung innerhalb der jeweiligen Anforderungsart sowie der Gewichtung der einzelnen Anforderungsarten zueinander (z.B. geistige/ körperliche Anforderungen) klare Definitionen, Erläuterungen und Bewertungsskalen festgelegt werden. Hierbei handelt es sich häufig um Ermessensentscheidungen, da eine wissenschaftliche, objektive Abstützung nur ansatzweise möglich ist.
Vgl. auch → Arbeitsplatzanalyse, → Zeitstudien.

geringfügige Beschäftigung. Die g. B. hat arbeitsrechtliche, sozialrechtliche und lohnsteuerrechtliche Bedeutung. Gleichwohl existiert keine arbeitsrechtliche Definition des Begriffs, da es keine arbeitsrechtlichen Besonderheiten gibt. Geringfügig Beschäftigte haben dieselben Rechte und Pflichten wie jeden anderen Arbeitnehmer. Im Sinne größerer Flexibilität, der Vermeidung von Bürokratie und auch der Förderung einer → Nebentätigkeit werden rechtliche Erleichterungen gewährt.

Um eine g. B. handelt es sich, wenn das Arbeitsentgelt für diese Beschäftigung 400 Euro im Monat nicht übersteigt (geringfügig entlohnte Beschäftigung) oder die Beschäftigung innerhalb eines Kalenderjahres längstens auf zwei Monate oder fünfzig Arbeitstage begrenzt ist, es sei denn, es handelt sich um eine berufsmäßig ausgeübte Beschäftigung und das Entgelt übersteigt 400 Euro im Monat (§ 8 SGB IV).

Bei Entgelten bis 400 Euro im Monat besteht grundsätzlich in der Arbeitslosenversicherung, der Pflegeversicherung, Rentenversicherung und Krankenversicherung Beitragsfreiheit (§ 27 Abs. 2 SGB III). Für das Recht der Unfallversicherung hat die g. B. keine eigenständige Bedeutung. Die betroffenen Arbeitnehmer sind uneingeschränkt unfallversichert; die Beiträge gehen – wie generell für die Mitgliedschaft in der → Berufsgenossenschaft – allein zulasten des Arbeitgebers.

Mehrere geringfügige Beschäftigungen werden zusammengerechnet (§ 8 SGB IV). Wenn die Entgeltsumme aus mehreren geringfügigen Beschäftigungen die Grenze der Geringfügigkeit überschreitet, besteht Versicherungspflicht.

Lohnsteuerrechtlich besteht nach § 40a Abs. 2 EStG die Möglichkeit der Lohnsteuerpauschalierung. Der Pauschalsteuersatz beträgt 2 %, wobei allein der Arbeitgeber gegenüber der Finanzverwaltung Steuerschuldner ist. Falls nicht eine besondere → Nettolohnvereinbarung besteht, ist der Arbeitgeber berechtigt, die Steuerbelastung an den Arbeitnehmer weiterzugeben.

§ 23 Abs. 1 S. 2 KSchG erklärt das KSchG für unanwendbar, soweit Kleinbetriebe mit i.d.R. fünf oder weniger Arbeitnehmern betroffen sind. Bei der Festlegung der Zahl der Arbeitnehmer werden geringfügig Beschäftigte mit einer wöchentlichen Arbeitszeit von höchstens 20 Stunden mit dem Faktor 0,5 berücksichtigt.

Sozialpolitisch werden die Sonderregelungen für g. B. immer wieder, insbesondere von den → Gewerkschaften, problematisiert, weil sie die betroffenen Arbeitnehmer von dem Schutz des Sozialversicherungssystems ausnehmen und den Arbeitgebern durch Aufteilung der Arbeitsplätze auf viele Fälle der g. B. die Möglichkeit der Lohnnebenkostensenkung geben (Vorwurf des „Sozialdumping"). Dem wird jedoch entgegengehalten, dass durch die Privilegierung der g. B. zusätzliche Arbeitsplätze entstehen und dass die Versicherungsfreiheit in vielen Fällen einem Bedürfnis der betroffenen, ganz überwiegend weiblichen Arbeitnehmer entspricht, für ihre Tätigkeit einen möglichst hohen Nettoverdienst zu erhalten. Vgl. auch → Sozialversicherung, → Teilzeitarbeit.

Gesamtbetriebsrat. Der → Betriebsrat als Interessenvertretung aller nicht leitenden Mitarbeiter ist grundsätzlich auf der Ebene des → Betriebes, nicht auf der Ebene des gesamten Unternehmens angesiedelt. Dies ist bedeutsam, wenn ein Unternehmen mehrere Betriebe, Nebenbetriebe und Betriebsteile hat. Bestehen in mehreren Betrieben Betriebsräte, so ist zwingend ein G. zu errichten (§ 47 BetrVG). Die Mitglieder des G. sind Delegierte der jeweils örtlichen, auf Betriebsebene angesiedelten Betriebsräte; eine Direktwahl durch die Belegschaft erfolgt insoweit nicht. Der G. ist dem örtlichen Betriebsrat nicht übergeordnet (§ 50 Abs. 1 Satz 2 BetrVG). Vielmehr haben Betriebsrat und G. jeweils eigenständige, sich nicht überlagernde Zuständigkeiten. Der G. ist zuständig für die Behandlung von Angelegenheiten, die das Gesamtunternehmen oder mehrere Betriebe betreffen und nicht durch einzelne Betriebsräte innerhalb ihrer Betriebe geregelt werden können. Liegen diese Voraussetzungen nicht vor, ist jeweils der örtliche Betriebsrat zuständig. Eine Vereinbarung über abweichende Zuständigkeitsregelungen zwischen Betriebsrat und G. ist nicht zulässig.

Gesamt-Jugend- und Auszubildendenvertretung. In Betrieben mit i.d.R. mindestens fünf Arbeitnehmern, die das 18. Lebensjahr noch nicht vollendet haben (jugendliche Arbeitnehmer) oder die zu ihrer Berufsausbildung beschäftigt sind und das 25. Lebensjahr noch nicht vollendet haben, werden → Jugend- und Auszubildendenvertretungen gewählt (§60 BetrVG). Diese sind auf Betriebsebene angesiedelt und entsprechen damit dem örtlichen → Betriebsrat. Bestehen in einem Unternehmen mehrere Betriebe und entsprechend mehrere Jugend- und Auszubildendenvertretungen, so ist – entsprechend dem → Gesamtbetriebsrat – eine G.-J.- u. A. zu errichten (§72 Abs. 1 BetrVG). Auch sie wird durch Delegation aus den örtlichen Jugendvertretungen, und zwar von jeweils einem Mitglied, und nicht durch Direktwahl gebildet (§72Abs. 2 BetrVG).

Gesamtversorgung. Die G. ist eine besondere Form der betrieblichen → Altersversorgung, bei der unter Einbeziehung der gesetzlichen Rente ein bestimmter Versorgungsgrad für den Mitarbeiter im Falle von Alter oder Erwerbsunfähigkeit zugesagt wird. Die Zusage ist regelmäßig abhängig von dem ruhegeldfähigen Diensteinkommen und den bei dem Arbeitgeber verbrachten Dienstjahren. Vielfach besteht eine beamtenähnliche Versorgungszusage. Der Vorteil für die Mitarbeiter liegt in einer berechenbaren Altersversorgung unabhängig von der Entwicklung der gesetzlichen Rente, da etwaige Kürzungen im gesetzlichen Rentenniveau durch entsprechende Mehrleistungen der betrieblichen Altersversorgung ausgeglichen werden müssen. Gerade hier liegt der Nachteil für den Arbeitgeber, der bei solchen Entwicklungen in die Rolle eines Ausfallbürgen für die gesetzliche Rente kommt. Die Altersversorgung ist wegen der Abhängigkeit von der gesetzlichen Rente kaum kalkulierbar. Darüber hinaus haben solche Systeme den personalpolitischen Nachteil geringer Leistungsgerechtigkeit, da wegen der Abhängigkeit von der gesetzlichen Rente Mitarbeiter mit höherem ruhegeldfähigen Einkommen und längerer Dienstzeit ggf. eine geringere Betriebsrente erhalten als Mitarbeiter mit niedrigerem Einkommen und/oder kürzerer Dienstzeit. Der eindeutige Trend geht zur Ablösung solcher Versorgungssysteme und zur Schaffung von Regelungen unabhängig von der gesetzlichen Rente (sog. abgekoppelte Systeme, z.B. Festbetragssysteme in Zuordnung zu bestimmten Gehaltsstaffeln, dynamische Systeme mit Versorgungsleistungen in Abhängigkeit von dem ruhegeldfähigen Einkommen und den verbrachten Dienstjahren ohne jede Bezugnahme auf die gesetzliche Rente). Die Rechtsprechung des BAG hat für die Reform solcher Versorgungssysteme strenge Regeln bezüglich der erforderlichen Voraussetzungen aufgestellt.

Gesamtzusage. Rechtsansprüche der Arbeitnehmer gegen den Arbeitgeber ergeben sich aus Gesetz, → Tarifvertrag, → Betriebsvereinbarung, → Arbeitsvertrag oder betrieblicher Übung (die rechtlich als Vertragsanspruch zu würdigen ist). Hinzu kommt die in vielen Unternehmen und Betrieben verbreitete Praxis, Zusagen einseitig seitens des Arbeitgebers an die Gesamtheit der Arbeitnehmer oder an bestimmte Arbeitnehmergruppen zu machen. Dies geschieht durch Aushang am Schwarzen Brett, durch Rundschreiben oder auch durch mündliche Bekanntgabe z.B. auf der → Betriebsversammlung. Vielfach lässt sich die G. als Angebot des Arbeitgebers auf Verbesserung der Vertragssituation der Arbeitnehmer verstehen, die von den Arbeitnehmern stillschweigend, insbesondere im Rahmen der betrieblichen Praktizierung der G., angenommen wird. Dann handelt es sich um eine durch schlüssiges Verhalten zustande gekommene Ergänzung der schriftlichen Arbeitsverträge. In der Wirkung ähneln G. damit vertraglichen Einheitsregelungen. Vielfach werden G. mit einem Freiwilligkeitsvorbehalt oder mit einem Widerrufsvorbehalt verbunden. Auch in solchen Fällen sind Widerruf und Rücknahme der einseitig zugesagten Leistungen nicht schrankenlos möglich. Vielmehr wird von den Gerichten überprüft, ob dies dem billigen Ermessen entspricht. Dies ist unproblematisch, wenn der Widerrufsvorbehalt eindeutig formuliert ist und seine Voraussetzungen vorliegen. Bei pauschalen Regelungen ist das Interesse des Arbeitgebers an einer Änderung gegen das Interesse des Arbeitnehmers an einem Fortbestand der Regelung (Vertrauensschutz) abzuwägen (bedeutsam insbesondere für wirtschaftliche Notlagen). Freiwilligkeitsvorbehalte erkennt die Rechtsprechung nur an, wenn sie regelmäßig bei Vergabe der Leistungen wiederholt werden.

Liegen die geschilderten Voraussetzungen nicht vor, ist eine Verschlechterung zulasten der Arbeitnehmer nur durch einvernehmliche Regelung, durch → Änderungskündigung unter Beachtung des KSchG, im Falle beiderseitiger Tarifbindung (→ Tarifgebundenheit) ferner durch (zulässige) verschlechternde Tarifverträge sowie schließlich in engen Grenzen durch Betriebsvereinbarung möglich. Während Betriebsvereinbarungen durch spätere Betriebsvereinbarungen auch zu ungünstigeren Regelungen für die Arbeitnehmer führen können, verlangt die Rechtsprechung für eine Änderung von G. oder vertraglichen Einheitsregelungen, dass die Änderung durch spätere Betriebsvereinbarungen entweder vorbehalten ist, dass die Geschäftsgrundlage für den Fortbestand der Regelung wegfällt oder aber dass die Gesamtheit der neuen Regelungen im Verhältnis zur Gesamtheit der vorhergehenden Regelungen (wobei nur vergleichbare Leistungen gegenübergestellt werden) kollektiv günstiger ist (kollektiver Günstigkeitsvergleich).

Gewerkschaft. Die G. ist ein freiwilliger Zusammenschluss von Arbeitnehmern mit dem Ziel, die Vergütungs- und sonstigen Arbeitsbedingungen der Mitglieder zu verbessern (in Erfüllung von Art. 9 Abs. 3 GG). Die vorrangige Aufgabe besteht darin, Tarifverträge für die Gewerkschaftsmitglieder abzuschließen. Daneben bieten die G. ihren Mitgliedern weitere Leistungen, z.B. Rechtsberatung, Unterstützung bei arbeitsgerichtlichen Auseinandersetzungen, → Schulungen, Versicherungen, Unterstützung der Betriebsräte bei ihrer Tätigkeit sowie z.T. auch in den Freizeitbereich hineinreichende Veranstaltungen. Weiter nehmen sie an politischen Meinungsbildungsprozessen durch Stellungnahmen, Diskussionen, Gespräche etc. teil. Die Mehrzahl der G. ist nach dem freiwillig vereinbarten Industrieverbandsprinzip organisiert, wonach für bestimmte Wirtschaftszweige ausschließlich eine G. zuständig ist („ein Betrieb – eine Gewerkschaft"). Dies gilt für die im → Deutschen Gewerkschaftsbund zusammengeschlossenen G. Die DGB-G. haben untereinander abgestimmt, welche G. für welchen Wirtschaftssektor zuständig ist. 2001 schlossen sich fünf Gewerkschaften des Dienstleistungs- und Medienbereiches zur → Vereinten Dienstleistungsgewerkschaft zusammen. Darüber hinaus gibt es christliche G., ausschließlich für bestimmte Berufsgruppen tätige G. (z.B. der Marburger Bund für angestellte Ärzte) sowie → Organisationen für Beamtenverbände (z.B. → Deutscher Beamtenbund als Spitzenverband des öffentlichen Dienstes, Gewerkschaft der Polizei). In den letzten Jahren haben die Gewerkschaften mit sinkenden Mitgliederzahlen zu kämpfen, so verzeichnete der DGB im Jahr 2004 nur noch 7 Millionen Mitglieder (1994: 9,7 Millionen), der deutsche Beamtenbund als gewerkschaftliche Spitzenorganisation des öffentlichen Dienstes 1,2 Millionen; sie gehören jedoch noch immer unbestritten zu den gesellschaftlich wie politisch wichtigen Institutionen.

gewerkschaftliche Vertrauensleute. G. V. sind Arbeitnehmer eines Unternehmens, die Mitglieder einer → Gewerkschaft sind und unabhängig von der betriebsverfassungsrechtlichen Vertretung Gewerkschaftsinteressen im Betrieb wahrnehmen (Mitgliederwerbung, Information über gewerkschaftliche Belange im Betrieb, Information der Gewerkschaften über betriebliche Vorgänge). Teils sind gewerkschaftliche Vertrauensleute zugleich Betriebsratsmitglieder, teils bilden sie einen bewussten Gegensatz dazu, um eine unabhängig vom → Betriebsrat arbeitende gewerkschaftliche Interessenvertretung einsetzen zu können. Im Einzelnen ist die Praxis und Intensität der Tätigkeit g. V. in den verschiedenen Gewerkschaften nicht einheitlich. Eine besondere gesetzliche Regelung für die Tätigkeit von g. V. gibt es nicht; deshalb ist ihre Bevorzugung gegenüber anderen Arbeitnehmern nicht zulässig.

Gewerkschaftsrechte (im Betrieb). Die Interessenvertretung der Arbeitnehmer im Betrieb erfolgt umfassend durch den → Betriebsrat. Rechtlich ist der Betriebsrat die von den Mitarbeitern gewählte Interessenvertretung. Mitglieder des Betriebsrates können alle Arbeitnehmer sein, die das 18. Lebensjahr vollendet haben (§7 BetrVG) und dem Betrieb mindestens sechs Monate angehören (§8 BetrVG). Die Beschränkung der Wählbarkeit auf Gewerkschaftsmitglieder wäre verfassungswidrig (Art. 9 Abs. 3 GG). Tatsächlich gehört die überwiegende Mehrheit der Betriebsratsmitglieder einer → Gewerkschaft an.

Eine Betriebsgewerkschaftsleitung als Organisationseinheit der Gewerkschaft im Betrieb, wie sie in der früheren DDR bekannt war und z.T. auch im westlichen Ausland in ähnlicher Form existiert, kennt das deutsche Recht nicht. Stattdessen verfügen die Gewerkschaften als überbetriebliche Interessenvertretungen der Arbeitnehmer über eine Reihe von Betätigungsrechten im Betrieb. Hierzu zählt die Möglichkeit, Wahlen zum Betriebsrat sowie zur → Jugend- und Auszubildendenvertretung aktiv zu betreiben

(§§14, 16 bis 19, 63 BetrVG), die Einberufung zu einer → Betriebsversammlung (§43 Abs. 4 BetrVG), die Überwachung der ordnungsgemäßen Durchführung des Betriebsverfassungsgesetzes durch Arbeitgeber und Betriebsrat (§§23, 48, 56, 65 Abs. 1, 73 Abs. 2, 119 Abs. 2 BetrVG), die beratende Teilnahme an Betriebs- und → Abteilungsversammlungen sowie an Betriebsrätevollkonferenzen (§§46, 53 BetrVG). Der Betriebsrat kann die Gewerkschaften zu Betriebsratssitzungen hinzuziehen; ein eigenständiges Recht der Gewerkschaften zur Teilnahme besteht insoweit nicht. Jedoch sieht §31 BetrVG vor, dass auf Antrag von einem Viertel der Mitglieder oder der Mehrheit einer Gruppe des Betriebsrats ein Beauftragter einer im Betriebsrat vertretenen Gewerkschaft an der Sitzung beratend teilnehmen kann. Im Rahmen des Gebotes der vertrauensvollen Zusammenarbeit zwischen Arbeitgeber und Betriebsrat sind auch die im Betrieb vertretenen Gewerkschaften und Arbeitgebervereinigungen in die Kooperation einbezogen (§2 Abs. 1 BetrVG). Als im Betrieb vertreten gilt eine Gewerkschaft, wenn mindestens ein Arbeitnehmer (nicht leitender Angestellter) des Betriebes Mitglied ist. Zur Wahrnehmung der im Betriebsverfassungsgesetz genannten Aufgaben ist den Beauftragten der im Betrieb vertretenen Gewerkschaften Zugang zu dem Betrieb zu gewähren (§2 Abs. 2 BetrVG). Die Verteilung gewerkschaftlicher Werbe- und Informationsschriften ist möglich, jedoch auf die Zeit außerhalb der Arbeitszeit zu beschränken. Auf Mitgliederwerbung gerichtete Plakate der Gewerkschaften sind zulässig. Die Gewerkschaft darf auch ohne die Einwilligung des Arbeitgebers bzw. ohne ausdrückliche Aufforderung seitens der Arbeitnehmer an die betriebliche E-Mail-Adresse der Arbeitnehmer E-Mails versenden. Die Werbung darf allerdings nicht mit unlauteren Mitteln betrieben werden oder auf die Vernichtung einer konkurrierenden Gewerkschaft gerichtet sein. Gewerkschaftliche Betätigung im Betrieb erfolgt vielfach nicht nur über Betriebsratsmitglieder und sonstige Arbeitnehmer, die Mitglieder der Gewerkschaft sind, sondern aktiv über → gewerkschaftliche Vertrauensleute, die mit einem gewerkschaftlichen Wahlmandat ausgestattet aktiv gewerkschaftliche Belange im Betrieb im Rahmen der gesetzlichen Grenzen verfolgen. Die gewerkschaftliche Betätigung im Betrieb

unterliegt einem betriebsverfassungsrechtlichen (§75 BetrVG) und individualarbeitsrechtlichen (§612a BGB) Benachteiligungsverbot.

Gewichtsakkord, → Akkord.

Gewinnbeteiligung, → Tantieme.

Gleichbehandlung. Der Grundsatz der G. ist bereits verfassungsrechtlich in Art. 3 GG verankert. Er beinhaltet keine Pflicht zur undifferenzierten G., sondern lediglich ein Verbot zur Ungleichbehandlung ohne sachlich gerechtfertigten Grund. Eine arbeitsrechtliche Ausprägung findet sich in §§ 1, 6,7 AGG, der eine geschlechtsspezifische Ungleichbehandlung ohne sachlichen Grund untersagt und in § 15 AGG eine Schadensersatzpflicht für den Fall begründet, dass der Arbeitnehmer in seinem Vertrauen auf die Einhaltung der Gleichbehandlungspflicht enttäuscht wird. § 4 TzBfG verbietet die sachwidrige Benachteiligung von Teilzeitkräften, soweit diese über geringere Leistungen des Arbeitgebers wegen zeitlich verminderter Arbeitsleistung des Arbeitnehmers hinausgeht. Betriebsverfassungsrechtlich verpflichtet §75 Abs. 1 Arbeitgeber und → Betriebsrat zur Überwachung, dass alle im Betrieb tätigen Personen nach den Grundsätzen von Recht und Billigkeit behandelt werden und eine unterschiedliche Behandlung wegen Abstammung, Religion, Nationalität, Herkunft, politischen oder gewerkschaftlichen Betätigungen und Einstellungen sowie wegen des Geschlechts unterbleibt. Auf europarechtlicher Ebene ist das → Diskriminierungsverbot nach Art. 157 AEUV bedeutsam, das Diskriminierungen aufgrund der Rasse, ethnischen Herkunft, Abstammung oder sonstiger Herkunft, Nationalität, Religion, Weltanschauung, Behinderung, Alters, politischer oder gewerkschaftlicher Betätigung oder Einstellung, Geschlecht oder sexueller Identität verbietet. Über die spezialgesetzlichen Regelungen hinaus ist heute der Grundsatz der G. als Gebot der Verwirklichung von Verteilungsgerechtigkeit allgemein anerkannt und über die sog. Blankettnormen (Grundsätze sittengemäßen Verhaltens sowie von Treu und Glauben und Billigkeit, §§138, 242, 315 BGB) durchsetzungsfähig. Betroffen sind Individualarbeitsverträge, → Betriebsvereinbarungen und → Tarifverträge wie auch einzelne Verhaltensweisen

des Arbeitgebers jenseits der Vertragsinhalte. Personalpolitisch hat das Gleichbehandlungsprinzip einschließlich sachgerechter, insbesondere leistungsorientierter Differenzierungen einen hohen Stellenwert für die Akzeptanz und Effizienz der Mitarbeiterführung. Dazu gehört die Vermeidung sachwidriger Ungleichbehandlung ebenso wie die konsequente Differenzierung nach Leistung, insbesondere bezüglich der Vergütung, Mitarbeiterförderung, Führungskräfteentwicklung und der Beförderung bis hin zur Besetzung oberer Führungspositionen.
Vgl. auch → Bundesgleichstellungsgesetz.

Gleichberechtigung. Die Gleichberechtigung von Männern und Frauen ist sowohl ein grundsätzliches Anliegen der Verfassung (Art. 3 GG) als auch speziell des → Arbeitsrechts (§§ 1, 6,7 AGG). Ferner verbietet Art. 157 AEUV geschlechtsspezifische Diskriminierungen. Eine Reihe spezieller Gesetze soll die Vereinbarkeit von Familie und Beruf unterstützen und auf diesem Wege einen Beitrag zur Gleichberechtigung erbringen.
Vgl. auch → Bundesgleichstellungsgesetz → Frauenförderung, → Gleichbehandlung, → Gleichstellungsbeauftragte.

Gleichstellungsbeauftragte. Zur Sicherstellung der beruflichen Gleichberechtigung und Gleichstellung von Frauen und Männern in der Bundesverwaltung dient nach dem Bundesgleichstellungsgesetz ebenso wie bereits nach dem Gleichberechtigungsgesetz die Regelungen über Gleichstellungsbeauftragte.

Danach ist in jeder Dienststelle mit mindestens 100 Beschäftigten eine G. zu bestellen. Die G. wirkt bei allen personellen, organisatorischen und sozialen Maßnahmen der Dienstelle mit, welche die Gleichstellung von Frauen und Männern, die Vereinbarkeit von Familie und Beruf sowie den Schutz vor sexueller Belästigung am Arbeitsplatz betreffen. Zu den Aufgaben gehört zudem die Beratung und Unterstützung in Einzelfällen. Die G. ist nach Art und Umfang ihrer jeweiligen Aufgaben vom Dienst freizustellen und in Ausübung ihrer Tätigkeit nicht weisungsgebunden (§18 BGleiG). Sie ist zur Durchführung ihrer Aufgaben unverzüglich und umfassend zu unterrichten und sie hat ein Recht auf Akteneinsicht und Beanstandung.

Die einzelnen Bundesländer haben größtenteils eigene Landesgesetze zur Gleichstellung von Frauen und Männern im öffentlichen Dienst der Länder die ähnliche Regelungen enthalten.

Die Frauenförderung stößt an rechtliche Grenzen aus der national- wie europarechtlich verankerten Gleichbehandlungspflicht bzw. aus dem Diskriminierungsverbot (Art. 3 GG, 157 AEUV). Eine pauschale Bevorzugung von Frauen gegenüber Männern, die nicht durch Eignung und Leistung getragen wird, ist unzulässig.
Vgl. auch → Frauenförderung, → Gleichbehandlung, → Bundesgleichstellungsgesetz → Gleichberechtigungsgesetz.

gleitende Arbeitszeit, → Gleitzeit.

Gleitzeit. G. ist durch den Gegensatz zu starren → Arbeitszeiten gekennzeichnet. Gleitzeitsysteme haben regelmäßig eine Kernzeit, in der eine Anwesenheits- und → Arbeitspflicht für den Mitarbeiter besteht. Der Kernzeit vor- und nachgeschaltet ist die eigentliche G. mit einem Zeitrahmen, der die früheste und die späteste Erfassung der täglichen Arbeitszeit festlegt. Vor und nach diesem Zeitpunkt verrichtete Arbeit wird von dem System nicht berücksichtigt. Durch die Dispositionsbefugnis des Mitarbeiters, inwieweit er in den Gleitzeitphasen vor und nach der Kernzeit arbeitet, entstehen Arbeitszeitschulden und Arbeitszeitguthaben. Diese können nach Maßgabe der jeweils vereinbarten Regelung übertragen werden. Während ältere Gleitzeitsysteme einen möglichst kurzfristigen Ausgleich vorsahen, geht die Tendenz im Sinne von mehr Arbeitszeitflexibilisierung zu längeren Referenzperioden mit Ausgleichsmöglichkeit. Regelmäßig wird das zulässige Arbeitszeitguthaben und die mögliche Arbeitszeitschuld auf einen Höchstbetrag begrenzt. Eine darüber hinausgehend erbrachte Arbeitsleistung ist nicht übertragbar; eine weitergehende Unterschreitung der Arbeitsleistung im Sinne einer höheren Arbeitszeitschuld führt zu einer entsprechenden Vergütungsreduzierung. Manche Gleitzeitsysteme gestatten, Arbeitszeitguthaben in einem gewissen Umfang anzusammeln, um sie gebündelt zu ganzen oder halben freien Tagen zu nutzen. G. ist zusammen mit einem Bündel anderer Maßnahmen eine Möglichkeit der flexiblen Gestaltung der Arbeitszeit.

Sie ist grundsätzlich mitarbeiterorientiert, weil der Mitarbeiter unter Berücksichtigung der betrieblichen Gegebenheiten bestimmt, in welchem Volumen er die Möglichkeiten der G. nutzt. Dabei können nicht nur betriebliche, sondern auch persönliche Motive des Mitarbeiters eine erhebliche Rolle spielen. Stehen die persönlichen Wünsche zu den betrieblichen Erfordernissen im Widerspruch, kann ein Gleitzeitsystem sich aus der Sicht des Arbeitgebers negativ auswirken. Eine weitere Gefahr besteht in einer verminderten Ansprechbarkeit der Arbeitnehmer für Außenkontakte sowie in einer Reduzierung der innerbetrieblichen Kommunikation, da die Arbeitszeit planbar nur in der Kernzeit zur Verfügung steht. Für den Arbeitgeber haben solche Systeme den Vorteil, dass → Mehrarbeitsvergütungen in weitem Umfang entfallen. Darüber hinaus gestaltet sich die An- und Abfahrt zum Arbeitsplatz einfacher, insbesondere wenn die Betriebsstätte in Ballungsgebieten liegt. Wegen der angesprochenen Nachteile von Gleitzeitsystemen gehen viele Bemühungen dahin, statt G. Arbeitszeitflexibilisierung i.e.S. zu praktizieren, indem eine stärkere Deckung von Arbeitsanfall und Arbeitsverfügbarkeit erreicht wird. Auch dabei ist es möglich, die Vorteile für den Arbeitgeber und den Arbeitnehmer angemessen aufzuteilen, indem die stärkere Inanspruchnahme des Mitarbeiters in Zeiten höheren Arbeitsanfalls zu einer für diesen attraktiven „Rückgabe" der zusätzlich erbrachten Arbeitszeit führt. Gelingt es, diese Rückgabe einerseits für den Mitarbeiter interessant zu gestalten, sie andererseits in einen Zeitraum zu legen, in dem sie betrieblich verkraftet werden kann, partizipieren Arbeitgeber und Arbeitnehmer gleichermaßen an den Vorteilen moderner Arbeitszeitmanagements. Für die Gesamtbelegschaft eröffnen Modelle der Arbeitszeitdifferenzierung und Arbeitszeitkorridore weitere Möglichkeiten.
Vgl. auch → Arbeitszeitrecht, → Kapovaz.

Grafologie, → Schriftanalyse.

Gratifikation. Als G. werden zusätzliche Vergütungsbestandteile bezeichnet, die neben dem monatlichen Entgelt aus besonderen Anlässen gezahlt werden (Weihnachtsgeld, Urlaubsgeld, Jubiläumsprämie, Jahressondervergütung). Insoweit besteht Identität mit Begriffen wie Einmalzahlungen, Sonderleis-

tungen, Sonderzulagen. Leistungsabhängige Vergütungsbestandteile, die einmal jährlich zahlbar sind, werden üblicherweise den Tantiemen zugeordnet. Rechtlich bedeutsam für alle diese Leistungen sind die Beachtung des → Diskriminierungsverbotes sowie betriebsverfassungsrechtlich das Mitbestimmungsrecht des Betriebsrates für nicht leitende Mitarbeiter nach §87 Abs. 1 Ziff. 10 BetrVG, soweit nicht der tarifvertragliche Vorrang des §77 Abs. 3 BetrVG Platz greift.
Zahlt der Arbeitgeber dreimal hintereinander eine G., so entsteht ein Zahlungsanspruch aus betrieblicher Übung. Will der Arbeitgeber dies vermeiden, so muss er bei der Zahlung der G. deutlich machen, dass es sich um eine freiwillige Leistung handelt, deren Zahlung von der jeweiligen Situation des Unternehmens abhängig ist.

Für vielfach vereinbarte → Rückzahlungsklauseln insbesondere im Hinblick auf Weihnachts- und Urlaubsgeld, die regelmäßig auf das Bestehen eines ungekündigten Arbeitsverhältnisses zu einem Stichtag abstellen, gibt es seit langem eine gefestigte Rechtsprechung des BAG. Danach entfällt für Zuwendungen bis 200,- DM (entsprechende Vorgaben in €-Beträgen fehlen, da es sich um Richterrecht handelt, jedoch dürfte in derartigen Fällen mit einer Umrechnung im Verhältnis 1:2 zu rechnen sein) jede Rückzahlungspflicht. Für Weihnachtsgeld bis zu einem Monatsgehalt wird das Erfordernis eines ungekündigten Arbeitsverhältnisses zum 31.3. des nächsten Jahres anerkannt. Längerfristige Bindungen sind nur bei entsprechend höheren G. zulässig, wobei die Höhe der G. und die Dauer der Bindung in einem angemessenen Verhältnis zueinander stehen müssen. Vergütungspolitisch ist das Prinzip bedeutsam, die Mitarbeitermotivation, Leistungsbereitschaft und den erzielten Arbeitserfolg bei der Vergütung auch im Rahmen von G. angemessen zu berücksichtigen. Dem tragen viele Vergütungssysteme nicht hinreichend Rechnung.
Vgl. auch → Vergütungspolitik.

Grundrechte. Die G. sind ein elementarer Teil der Verfassung (Art. 1 bis 19 GG) und haben in ähnlicher Form auch Eingang in die meisten Landesverfassungen gefunden. Sie entfalten unmittelbare Wirkung zunächst allein gegen den Staat, und zwar sowohl als Abwehr- als auch als Teilhaberechte. Eine unmittelbare Geltung der G. im Bereich des Zivil- und → Arbeitsrechts wird von der herrschenden Auffassung in der Rechtswissenschaft, insbesondere von der höchstrichterlichen Rechtsprechung abgelehnt. Allerdings begründen die G. in ihrer Summe eine Wertordnung, die für die Konkretisierung unbestimmter zivil- und arbeitsrechtlicher Rechtsbegriffe entscheidend zu beachten ist. Im Ergebnis sind die G. folglich auch für das Arbeitsleben bedeutsam. Einen besonderen Stellenwert haben insoweit der Schutz der Menschenwürde (Art. 1 GG), das Recht auf freie Entfaltung der Persönlichkeit (Art. 2 GG), das Gleichbehandlungsprinzip (Art. 3 GG), die Meinungsfreiheit (Art. 5 GG) sowie die → Berufsfreiheit (Art. 12 GG), ohne dass die übrigen G. deshalb bedeutungslos wären. Teils erfahren die G. spezialgesetzliche Präzisierungen, wie z.B. das Gleichbehandlungsgebot in §§1, 6,7 AGG, 4 TzBfG, teilweise werden aus den G. Wertungen zur Überprüfung von Arbeitsverträgen, → Betriebsvereinbarungen und auch Tarifverträgen entnommen (z.B. für → Rückzahlungsklauseln bezüglich → Gratifikationen und Weiterbildungskosten auf dem Hintergrund von Art. 12 GG). Der Schutz der Menschenwürde, die freie Entfaltung der Persönlichkeit und der Grundsatz der → Gleichbehandlung haben neben der rechtlichen auch eine wichtige personalpolitische Dimension im Rahmen moderner Mitarbeiterführung und Mitarbeiterförderung. Diese Prinzipien im Rahmen des kooperativen Führungsstils mit Leben zu erfüllen ist bedeutsam, wobei es nicht nur um die Umsetzung einer Rechtspflicht geht, sondern um einen Rahmen für die berufliche Tätigkeit, der Raum für Motivation, Leistungsanreize und Kreativität gibt.

Gruppe. Neben seiner Verwendung als statistische Kategorie wird der Begriff G. v.a. im soziologischen Sinne zur Bezeichnung der sozialen G. benutzt. Als soziale Gruppen gelten Personenmehrheiten, die folgende Merkmale aufweisen: (1) Verfolgung bestimmter, gemeinsamer Ziele; (2) direkte Kommunikations- und Interaktionsbeziehungen zwischen den Mitgliedern der G.; (3) überschaubare Anzahl von Mitgliedern; (4) Zusammengehörigkeitsgefühl der Mitglieder (sog. Wir-Bewusstsein); (5) an den Gruppenzielen orientierte gemeinsame Verhaltensnormen der Mitglieder; (6) auf Dauer angelegte, d.h. nicht nur vorübergehend-

kurzfristige Existenz. Die soziale G. lässt sich einteilen in formelle und informelle Gruppen. Die formelle G. wird gegründet, entsteht geplant und ist oft zweckhaft organisiert, z.B. eine Arbeitsgruppe in einem Betrieb. Die informelle G. dagegen entsteht mehr zufällig, spontan, häufig aufgrund füreinander gehegter Sympathien oder entdeckter gemeinsamer Interessen; sie ist nicht oder nur wenig organisiert und wird vornehmlich von der gegenseitigen Zuneigung ihrer Mitglieder getragen.

Aus Sicht der → Personalwirtschaft oder des → Personalmanagements wird unter G. vornehmlich die Arbeitsgruppe (synonym auch Team) verstanden. Die Arbeitsgruppe kann als soziale G. angesehen werden, die von der Organisationsstruktur des Betriebes vorgegeben ist oder unter Gesichtspunkten der betrieblichen Aufgabenerledigung und Leistungserbringung sowie der → Qualifikation und → Eignung der Mitarbeiter zusammengestellt wird. Arbeitsgruppen und → Gruppenarbeit werden insbesondere als moderne Formen der Arbeitsorganisation und → Arbeitsplatzgestaltung in den Betrieben zunehmend gefördert und eingeführt. Überwiegend werden hier auf den Ausführungsebenen sog. teilautonome oder sich selbst steuernde Gruppen installiert. Das sind in ihrer personellen Zusammensetzung weitgehend stabile Gruppen von ca. fünf – zehn Mitarbeitern, die für eine klar umrissene, komplexe Arbeitsaufgabe zuständig sind und ihre Arbeitsergebnisse i.d.R. an einen internen, mitunter auch externen Kunden weitergeben. Dabei werden häufig auch Leitungsaufgaben (→ Leitung) wie Arbeitsablaufplanung, Arbeitsorganisation und Arbeitsergebniskontrolle an die G. delegiert. Die Gruppenmitglieder müssen eng miteinander kooperieren, gemeinsam und weitgehend selbstständig Entscheidungen treffen (z.B. konkrete Aufgabenverteilung in der G., Vertretungsregelungen, Wahl eines Gruppensprechers als Koordinator innerhalb der G. und Ansprechpartner nach außen, zu anderen Gruppen und zur Betriebsleitung). Jedes einzelne Gruppenmitglied hat hier die Möglichkeit zur Mitgestaltung des Arbeitsprozesses, seine fachliche Einsatzfähigkeit wird erhöht, aber auch Mitsprache und Verantwortungsbewusstsein am Arbeitsplatz werden gestärkt. Dieser erweiterte Handlungs- und Entscheidungsspielraum kann zu einer Steigerung der → Arbeitszufriedenheit und → Motivation der

Mitarbeiter beitragen, bedarf jedoch auch solcher Mitarbeiter, die fachlich gut qualifiziert, teamfähig und kreativ sind (→ Personalentwicklung). In der Praxis hat sich gezeigt, dass die Einführung teilautonomer Arbeitsgruppen auch die Bemühungen zu einem → Lean Management unterstützen kann.

Vgl. auch → Arbeitssoziologie, → Arbeitswissenschaft, → Betriebspsychologie, → Betriebssoziologie, → Gruppendynamik, → Hawthorne-Effekt, → Qualitätszirkel.

Gruppenakkord, → Akkord.

Gruppenarbeit. In manchen Unternehmen werden soweit wie möglich Einzeltätigkeiten systematisch durch die Einführung von G. (synonym Teamarbeit) in einen größeren Aufgaben- und Arbeitszusammenhang integriert. Im gewerblichen Bereich ist hier v.a. die Automobilindustrie zu nennen, welche die mit der weitgehenden Arbeitszerlegung oft verbundenen Nachteile wie z.B. Monotonie, soziale Isolierung, geringes Verantwortungsbewusstsein, Leistungsmängel u.a. dadurch aufhebt oder verringert, dass im Fertigungsprozess zunehmend G. erprobt und eingesetzt wird. G. führt dabei häufig zu einer Steigerung der Flexibilität der Mitarbeiter, indem jeder die Arbeitsaufgaben seiner Kollegen in der Gruppe, mitunter auch die von Mitarbeitern benachbarter Arbeitsgruppen beherrscht. In der Praxis kann G. ferner Ergebnis von Maßnahmen des → Job-Enlargement und → Job-Enrichment sein und damit dem Ziel dienen, die → Arbeitsbedingungen und somit die → Arbeitszufriedenheit zu verbessern. Erfahrungen zeigen, dass G. die Leistungsmotivation und → Arbeitsmoral der in einer Arbeitsgruppe zusammenarbeitenden Mitarbeiter steigern und zu einem Leistungsvorteil der G. insbesondere hinsichtlich der Arbeits- und Ergebnisqualität führen kann. Der Leistungsvorteil der G. im Vergleich mit summierten Einzelleistungen hängt jedoch von einer Reihe von Bedingungen ab. Als Determinanten des Erfolgs von G. gelten z.B.: die Gruppengröße (so sind Gruppen von ca. fünf - zehn Mitgliedern häufig effektiver als kleinere oder größere), das fachliche Qualifikationsniveau der Gruppenmitglieder, die Kooperations- und Kommunikationsbereitschaft sowie das Zusammengehörigkeitsgefühl der Gruppenmitglieder. Die Führung der Gruppe erfolgt z.T.

durch von ihr gewählte, z.T. durch seitens der Betriebsleitung eingesetzte Gruppenführer oder Gruppensprecher. Diese haben i.d.R. keine Meisterstelle inne, vielmehr berichten häufig mehrere Gruppensprecher an einen Meister. Auf diese Weise hat die G. Führungsstrukturen im gewerblichen Bereich verändert. In Experimenten lässt sich zeigen, dass G. wegen der Möglichkeit interner Fehlerausgleiche und der höheren Wahrscheinlichkeit des Findens von Problemlösungen für manche Aufgaben (z.B. in der Forschung und Entwicklung, bei der → Weiterbildung von Mitarbeitern) der Einzelarbeit überlegen sein kann. Eigentliche Gruppenvorteile entstehen v.a. durch die motivierende, stimulierende und kontrollierende Funktion der Anwesenheit anderer am gemeinsamen → Arbeitsplatz und bei der gemeinsamen Bewältigung von Arbeitsaufgaben. Diese Effekte müssen allerdings nicht in jedem Fall eine höhere Arbeitszufriedenheit und Leistungsbereitschaft sowie bessere Leistungen bewirken. Gruppendynamische Wirkungen wie Überaktivierung einzelner, Angst vor Blamage, sozialer → Stress und Gruppendruck, aber auch Koordinationsschwierigkeiten können Leistungsvorteile der G. beeinträchtigen oder sogar aufheben.

Vgl. auch → Arbeitsteilung, → Brainstorming, → Gruppe, → Gruppendynamik, → Hawthorne-Effekt, → Human Relations, → Qualitätszirkel.

Gruppen-Assessment, → Assessmentcenter.

Gruppendynamik. Als G. wird eine Vielzahl sehr unterschiedlicher Methoden (auch im Rahmen klinischer Diagnostik und Therapie) verstanden, die den Menschen befähigen sollen, Gruppenprozesse zu erkennen und zu verstehen, Einsichten in die eigene Rolle innerhalb solcher Prozesse zu gewinnen sowie das Einfühlungsvermögen hinsichtlich zwischenmenschlicher Phänomene zu stärken. In der Praxis werden hier häufig im Rahmen von Trainingsseminaren über Rollenspiele, Situations-Simulationen, Gruppendiskussionen u.ä. entsprechende Fähigkeiten vermittelt und geschult (z.B. Verbesserung der Team- oder Führungsfähigkeiten). In den letzten Jahren haben gruppendynamische Trainingsmethoden und Seminare insbesondere innerhalb von Maßnahmen zur Personal- und Führungskräfteentwicklung eine weite Verbreitung gefunden. Dabei ist jedoch hin und wieder zu beobachten, dass dubiose Methoden oder → Trainer mit fragwürdigen fachlichen Qualifikationen eingesetzt werden, die bei manchen Seminarteilnehmern z.B. erhebliche emotionale Verunsicherungen hervorrufen.

Darüber hinaus werden mit G. auch die Einflüsse und Wirkungen bezeichnet, denen Menschen als Mitglieder von Gruppen oder gruppenähnlichen Gebilden akut in konkreten Gruppensituationen ausgesetzt sind und die hier ein bestimmtes Verhalten oder bestimmte Einstellungen bei den Gruppenmitgliedern auslösen können. Diese G. kann positiv wirken, z.B. Problemlösungen, → Kreativität o.Ä. stimulieren, andererseits aber auch negativ, z.B. den einzelnen unter Anpassungsdruck setzen, ihn zu unbedachten Handlungen verleiten o.Ä. Gruppendynamische Wirkungen können das Verhalten des Menschen in einer Gruppe u.U. so beeinflussen, dass es sogar in Gegensatz zu seinen sonstigen, individuellen Verhaltensmustern oder Verhaltensweisen gerät.

Vgl. auch → Brainstorming, → Coaching, → Gruppe, → Gruppenarbeit,→ Hawthorne-Effekt, → Mobbing.

Günstigkeitsprinzip. Kollektive Regelungen (→ Tarifverträge und → Betriebsvereinbarungen) beinhalten rechtliche Mindeststandards für die davon betroffenen Arbeitnehmer. Daher werden Verschlechterungen nur in engen Grenzen zugelassen, auch wenn sie vertraglich vereinbart sind. Dahinter steht die Überlegung, dass der einer Verschlechterung zustimmende Mitarbeiter sich möglicherweise einem besonderen Druck zur Zustimmung ausgesetzt sehen kann, der das Prinzip der Freiwilligkeit infrage stellt (Schutzprinzip). Bessere Regelungen als der → Tarifvertrag beinhaltet sind hingegen zulässig. Dieser Grundsatz ist uneingeschränkt in §4 Abs. 3 TVG für Tarifverträge verwirklicht. Allerdings gilt das G. insoweit nur für das Verhältnis von Tarifverträgen zu Betriebsvereinbarungen und einzelvertraglichen Absprachen, nicht aber im Hinblick auf einen späteren Tarifvertrag, für dessen inhalt-

liche Gestaltung die Tarifparteien uneingeschränkt frei sind. Für Betriebsvereinbarungen erklärt §77 Abs. 4 Satz 2 BetrVG einen Verzicht auf dadurch begründete Rechte nur mit Zustimmung des Betriebsrats als zulässig. Zur Geltung des G. muss jeweils ermittelt werden, welche Regelungsbereiche miteinander zu vergleichen sind. Für vergleichbare Regelungen (nur Vergütungen oder nur Arbeitszeitregelungen) ist dies regelmäßig unproblematisch. Schwieriger ist die Situation, wenn Nachteilen auf der einen Seite Vorteile auf der anderen Seite gegenüberstehen (z.B. die Pflicht zu längerer Arbeit mit einer entsprechend höheren Vergütung). Die Rechtsprechung des BAG lässt nur eine Gegenüberstellung gleichartiger, zusammengehöriger Regelungen zu (Gruppenvergleich) und schränkt die Geltung des G. auf diese Weise ein. Tarifpolitisch wird dieser Ansatz seit einiger Zeit problematisiert und zur Diskussion gestellt.

Güteverhandlung. In arbeitsgerichtlichen Urteilsverfahren, insbesondere in Kündigungsschutzstreitigkeiten, ist eine sog. G. zwingend vorgeschrieben (§54 Abs. 1 ArbGG). Sie findet vor dem Vorsitzenden des Arbeitsgerichts ohne Beisitzer statt und dient der Prüfung, inwieweit eine gütliche Beilegung des Rechtsstreits möglich ist. Sie ist durch das Gericht zu fördern. Das Gesetz geht davon aus, dass die neutrale Funktion des Gerichtsvorsitzenden mit der möglicherweise für die streitigen Parteien bereits erkennbaren Tendenz des Gerichts zur Beurteilung des Rechtsstreits einen Beitrag dazu leisten kann, sich gütlich zu einigen. Gelingt dies nicht, nimmt das weitere Verfahren seinen Gang, wobei der vollständige Spruchkörper (Berufsrichter und Beisitzer) beteiligt ist und den Rechtsstreit entscheiden. Nur auf besonderen Antrag beider (anwesender!) Parteien kann der Vorsitzende allein entscheiden (§55 Abs. 3 ArbGG), was in der Praxis sehr selten vorkommt.

Basierend auf den positiven arbeitsgerichtlichen Erfahrungen wurde die Güteverhandlung nunmehr auch im allgemeinen Zivilprozess (§ 278 Abs. 2 ZPO) eingeführt.

H

Haftung. Ist durch ein bestimmtes Verhalten bei einem Dritten ein Schaden eingetreten, so stellt sich die Frage nach der H. im Sinne einer Schadensersatzpflicht des Schadensverursachers für den eingetretenen Schaden. Nach dem Haftungssystem des deutschen Zivilrechts wird, von Sonderfällen einer verschuldensunabhängigen Verursachungs- oder Gefährdungshaftung abgesehen, nur für schuldhaft verursachte Schäden eine H. begründet. Ein Verschulden kann in Form des Vorsatzes oder der Fahrlässigkeit gegeben sein (§276 BGB). Dieses Haftungskonzept gilt uneingeschränkt für Verträge; bestehen zwischen dem Schädiger und dem Geschädigten keine Vertragsbeziehungen, kommt allein eine H. aus unerlaubter Handlung durch schuldhafte Verletzung von Leben, Gesundheit oder Eigentum in Betracht (§823 BGB), daneben wegen vorsätzlich-sittenwidriger Schädigung (§826 BGB). Diese allgemeinen Regeln gelten grundsätzlich auch im → Arbeitsrecht und damit an sich für Schadensersatzansprüche des Arbeitgebers gegen den Arbeitnehmer. Da es berufliche Tätigkeiten gibt, die in besonderem Maße die Gefahr eines Schadens mit sich bringen (schadens- oder gefahrengeneigte Arbeiten), hat die Rechtsprechung seit Jahren – wenn auch mit mehrfach unterschiedlichen Entwicklungen – Erleichterungen zugunsten des Arbeitnehmers im Verhältnis zur allgemeinen zivilrechtlichen H. begründet. Heute stellt sich diese H. nach der höchstrichterlichen Rechtsprechung wie folgt dar: Auf die Unterscheidung zwischen schadens- oder gefahrengeneigten Arbeiten einerseits und solchen Tätigkeiten, die dieser Rubrik nicht zuzuordnen sind, kommt es nicht mehr an. Vielmehr ist zugunsten der Arbeitnehmer generell eine Haftungserleichterung gegeben, wonach der Arbeitnehmer bei Vorsatz und grober Fahrlässigkeit voll, bei mittlerer Fahrlässigkeit anteilig (im Übrigen verbleibt der Schaden bei dem Arbeitgeber) und bei leichter Fahrlässigkeit gar

nicht haftet. Für die Haftungsverteilung sind alle Umstände des Einzelfalles heranzuziehen (Schadensart, Stellung und Qualifikation des Arbeitnehmers, Schadenshöhe, Verdienst), so dass sich hieraus in besonderen Fällen Abweichungen von der grundsätzlichen Haftungsverteilung ergeben können.

Die Haftungserleichterung wird mit der Fürsorgepflicht des Arbeitgebers und einer ungleichen wirtschaftlichen Lastenverteilung begründet. Auch für den umgekehrten Fall der H. des Arbeitgebers gegenüber dem Arbeitnehmer bestehen Sonderregeln. Für betrieblich verursachte Personenschäden (Verletzung, Berufskrankheit, Todesfall) haftet der Arbeitgeber nicht; stattdessen treten die Leistungen der Berufsgenossenschaft (§§ 104, 105 SGB VII) ein, für die allein der Arbeitgeber Beiträge entrichtet. Ein Anspruch auf Schmerzensgeld ist ausgeschlossen auch wenn er nach allgemeinem Zivilrecht (§ 253 BGB) bestünde.

Für Sachschäden des Arbeitnehmers gelten die allgemeinen zivilrechtlichen Haftungsregeln ohne Haftungserleichterung des Arbeitgebers.

Vgl. auch → Leistungsstörungen.

Halo Effekt, → Beurteilungsfehler.

Hauptfürsorgestelle, → Integrationsamt.

Haushaltszulage, *Hausstandszulage.* Eine Reihe von Tarifverträgen sieht eine besondere H. vor. Sie wird dem Mitarbeiter in einem bestimmten Prozentsatz von einer näher definierten Vergütungsregelung oder als Festbetrag gewährt. Damit sollen die spezifischen Aufwendungen teilweise ausgeglichen werden, die den Arbeitnehmern durch die Führung eines eigenen Haushaltes entstehen. H. sind somit keine → Sozialleistungen und keine leistungsorientierten → Vergütungen, die irgend etwas mit der → Arbeitsbewertung zu tun haben. Tarifpolitisch sind H. nicht unproblematisch, weil sie jedenfalls im Falle von einheitlichen Festbeträgen wie ein Sockelbetrag für alle Arbeitnehmer wirken. Werden sie als prozentualer Zuschlag gewährt, weisen sie Elemente des Verheiratetenzuschlags z.B. im Rahmen der Beamtenbesoldung auf. Schließlich ist zu sehen, dass das Bestehen oder Nichtbestehen eines eigenen Haushaltes in die private Disposition des Mitarbeiters fällt.

Hausstandszulage, → Haushaltszulage.

Haustarif. Parteien eines → Tarifvertrages sind auf Arbeitnehmerseite stets → Gewerkschaften, auf Arbeitgeberseite Arbeitgeberverbände (Vereinigungen von Arbeitgebern) oder auch ein einzelner Arbeitgeber. Im letzteren Falle wird der abgeschlossene Tarifvertrag als Haus- oder → Firmentarifvertrag bezeichnet.

Hawthorne-Effekt. Als H.-E. werden vornehmlich in der → Betriebssoziologie und → Betriebspsychologie Änderungen im Arbeitsverhalten (z.B. Leistungsverbesserungen) bezeichnet, die nicht auf technische, organisatorische oder finanzielle Einflüsse zurückzuführen sind, sondern über soziale oder gruppendynamische Faktoren bewirkt werden. Im Rahmen arbeitswissenschaftlicher Untersuchungen, die 1924 in den Hawthorne-Werken der General Electric Company, Chicago, begannen, wurde die große Bedeutung dieser Faktoren erstmalig beobachtet und systematisch analysiert. Dies gilt heute als Beginn der sog. → Human Relations, die im Gegensatz zu den bis dahin verfolgten Prinzipien der → Wissenschaftlichen Betriebsführung den sozialen Strukturen und Prozessen im Unternehmen sowie den nicht materiellen Motiven der Mitarbeiter eine besondere Rolle für Arbeitsmotivation und -leistung beimessen.
Vgl. auch → Bedürfnishierarchie, → Führung, → Gruppendynamik, → Leistung, → Motivation, → Zwei-Faktoren-Theorie.

Headhunting, → Abwerbung, → Executive Search, → Personalberatung.

Heimarbeit. H. ist durch die Erledigung der geschuldeten Arbeit im häuslichen Umfeld des Heimarbeiters gekennzeichnet. Die rechtliche Tätigkeit kann die Qualität eines → Arbeitsvertrages, vielfach aber auch eines Werkvertrages haben, wenn der Heimarbeiter

nicht die Voraussetzungen der abhängigen Beschäftigung erfüllt. Gleichwohl sind Heimarbeiter wegen ihrer wirtschaftlichen Abhängigkeit von ihrem Vertragspartner im besonderen Maße schutzwürdig. Dem trägt das Heimarbeitsgesetz (HAG) Rechnung, das einen besonderen Arbeitszeit-, Gefahren-, Entgelt- und → Kündigungsschutz sicherstellt (§§10 ff. HAG). Darüber hinaus finden sich Schutzregelungen im BUrlG (§12), im Entgeltfortzahlungsgesetz (§§10 f.) und im SGB IX (§127).

Betriebsverfassungsrechtlich werden Heimarbeiter den betriebsangehörigen Arbeitnehmern des Betriebes, für den sie arbeiten, gleichgestellt (§5 Abs. 1 S. 2 BetrVG). Personal- und sozialpolitisch war H. lange Zeit durch Tätigkeiten gekennzeichnet, für die eher ein geringeres Qualitätsniveau bestand. Seit einiger Zeit werden jedoch zunehmend auch anspruchsvolle Tätigkeiten wie Bildschirmarbeitsplätze in Form der H. diskutiert und z.T. im Rahmen von Arbeitszeitflexibilisierung in der Praxis erprobt, da solche Arbeiten infolge des heutigen Standes der EDV im Onlinebetrieb zu Hause wie im Büro gleichwertig erfüllt werden können. Allerdings ist der bereits vor einigen Jahren prognostizierte erhebliche Anstieg dieser Beschäftigungsform bisher nicht erkennbar; die Gesamtzahl der Heimarbeiter liegt bei knapp 200.000.
Vgl. auch → Arbeitsplatzflexibilisierung.

Hierarchie. H. bezeichnet die vertikale Gliederung eines Unternehmens in Leitungsebenen (Führungsebenen, Instanzen), verbunden mit unterschiedlichen Befugnissen und Verantwortlichkeiten auf den einzelnen Ebenen. Typisch ist hier die Zunahme von Leitungs- und Führungsaufgaben, damit auch der Befugnisse und Verantwortungsbreite zur Spitze der H. hin, während sie hierarchieabwärts abnehmen. Hierarchisch sehr ausgeprägte Unternehmen (→ Leitungstiefe) weisen zwischen der obersten Leitungsebene (Unternehmensleitung) und der untersten mehrere Ebenen bzw. Instanzen auf (in einzelnen Fällen fünf und mehr), Unternehmen mit einer flacheren H. dagegen nur wenige (i.d.R. eine bis drei). Eine ausgeprägte H. behindert in der Praxis häufig die notwendigen raschen, sachnahen Kommunikations- und Entscheidungsprozesse und kann damit, insbesondere bei Unternehmen, die in sehr

dynamischen Märkten operieren, zu Verzögerungen oder gar Blockaden flexibler, problemnaher Reaktionen führen. Viele Unternehmen verringern daher seit einigen Jahren die Hierarchieebenen und schaffen so flachere Hierarchien. Unternehmen mit wenig ausgeprägter, flacher H. benötigen allerdings mehr noch als andere sehr qualifizierte Mitarbeiter, die selbstständig und eigenverantwortlich arbeiten können (→ Delegation), dies auch in abteilungs- und hierarchieübergreifenden Teams. Es bleibt abzuwarten, ob es in solchen Unternehmen in einigen Jahren unter dem Aspekt der Begrenzung der → Leitungsspanne nicht doch wieder zu einer stärkeren Gliederung kommt. Aus Sicht mancher Mitarbeiter bieten hierarchisch ausgeprägt gegliederte Unternehmen allerdings größere Möglichkeiten eines laufbahnartigen beruflichen → Aufstiegs.
Vgl. auch → Beförderung, → Führungskräfteentwicklung, → Laufbahn, → Lean Management.

Hinterbliebenenversorgung, → Altersversorgung, → Rentenrecht.

Hochschulmarketing. H. ist ein Element einer Personalmarketingstrategie mit dem Ziel, potenziellem Führungskräftenachwuchs schon während der letzten zwei bis drei Studiensemester das Unternehmen als attraktiven Arbeitgeber vorzustellen und ein positives → Personalimage aufzubauen oder zu pflegen. H. geht von der Annahme aus, dass v.a. hochqualifizierter Führungsnachwuchs in dieser Studienphase die entscheidenden Berufs- und Arbeitsplatzorientierungen vornimmt und daher Informations- und Rekrutierungsaktivitäten der Unternehmen hier besonders effektiv ansetzen können. Mittel des H. sind u.a. zielgruppenspezifische Informationsveranstaltungen (z.B. bei studentischen Organisationen, in Hochschulen, auf eigens hierfür organisierten sog. → „Absolventenmessen"), in Zusammenarbeit mit dem betreuenden Hochschullehrer die Vergabe praxisnaher Themen für Diplomarbeiten, die Übernahme von Lehraufträgen an Universitäten und Fachhochschulen durch geeignete Unternehmensangehörige. Als besonders interessant für Studenten und Unternehmen hat sich in der Praxis das Angebot von Praktikumsplätzen – evtl. auch in Zusammenhang mit einer empirischen Studienarbeit in den Semesterferien – erwiesen.

Wichtig ist, Aktivitäten des H. unter realitätsnahen Kosten-Nutzen-Erwägungen zu betrachten; manche Unternehmen vernachlässigen die auch hier angebrachte systematische Erfolgskontrolle.
Vgl. auch → Personalcontrolling, → Personalimageanzeige, → Personalmarketing.

Hochschulmessen, → Absolventenmessen.

Home Country Ansatz, → Auslandsvergütung.

Host Country Ansatz, → Auslandsvergütung.

HR-Homepage, → E-Recruiting.

Human Capital, *Humankapital, Human Resources.* H. C. ist ein neuerer Begriff, der die große Bedeutung qualifizierter und motivierter Mitarbeiter für die Wettbewerbsfähigkeit der Unternehmen umschreibt. Der Begriff soll eine wesentliche Grundlage moderner → Personalpolitik verdeutlichen: Mitarbeiter sind mehr als nur reine Produktions- und Kostenfaktoren. Damit werden Leistungsbereitschaft und Know-how der Mitarbeiter sowie alle Mittel und Bemühungen, diese zu erhalten und zu stärken, mehr als bisher neben der materiell-sachlichen Dimension der Unternehmen (z.B. technische Produktionsanlagen, Finanzmittel) in den Mittelpunkt unternehmens- und personalpolitischer Zielsetzungen gerückt. Für manche Unternehmen soll die Benutzung dieses Begriffs auch eine neue, stärker mitarbeiterorientierte Denkweise (internes → Personalmarketing) signalisieren, die z.B. in der Einführung und systematischen Anwendung von → Führungsgrundsätzen, einem kooperativen → Führungsstil, Instrumenten der → Personalentwicklung u.Ä. ihren Niederschlag findet.
Vgl. auch → Human Resources Management, → Personalportfolio, → Personalstruktur.

Humankapital, → Human Capital.

Human Relations. Die sog. H. R. entstanden als Human-Relations-Schule und Human-Relations-Bewegung im Anschluss an in den 1920er-Jahren unter Leitung des Psychologen Elton Mayo in den Hawthorne-Werken der General Electric Company,

Chicago, begonnene arbeitswissenschaftliche Forschungen. Im Mittelpunkt steht hier die These, dass die betriebliche Organisation und die Mitarbeiterführung in erster Linie dazu beitragen müssen, ein Höchstmaß an Befriedigung sozialer Bedürfnisse (→ Bedürfnishierarchie) der Mitarbeiter sicherzustellen (z.B. → Anerkennung, Akzeptanz durch die Gruppe). Damit werde es möglich, eine hohe Arbeitszufriedenheit sowie Identifizierung mit den Unternehmenszielen und Arbeitsaufgaben zu erreichen, was letztlich zu einer optimalen Arbeitsleistung hinführe. Z.T. auch weltanschaulich geprägt und gleichsam missionarisch vertraten die Anhänger der H. R. ihre Ansichten v.a. gegenüber der sog. → Wissenschaftlichen Betriebsführung (Taylorismus), bei der Arbeitsteilung, Technik und rationale Organisationsprinzipien als betriebliche Gestaltungs- und Führungsinstrumente im Vordergrund stehen. In den sechziger Jahren wurden die H. R. zunehmend kritisiert als zu einseitig auf für alle Menschen gleich unterstellte Bedürfnisse fixiert, wobei individuelle Motive und Bedürfnisstrukturen vernachlässigt werden. Ein Schwerpunkt der Kritik an den H. R. richtet sich bis heute besonders auf zwei Punkte: (1) Die unbewiesene und von der Praxis z.T. infrage gestellte Annahme, dass zwischen hoher → Arbeitszufriedenheit und hoher → Leistung oder Leistungsbereitschaft ein starker Zusammenhang bestehe, (2) auf ein zu ausgeprägtes Harmoniedenken der H. R., das den Betrieb zu sehr einer großen, fast konfliktfreien Familie ähnlich erscheinen lässt. Das Verdienst der H. R. ist allerdings darin zu sehen, dass sie erstmalig soziale und gruppendynamische Phänomene im Unternehmen erkannt und auf deren Bedeutung hingewiesen hat. Damit wurden neben betriebssoziologischen und betriebspsychologischen, theorieorientierten Forschungen auch in der betrieblichen Praxis zahlreiche Impulse zur Verbesserung der → Arbeitsbedingungen, des → Betriebsklimas, der Mitarbeiterführung u.a. ausgelöst.

Vgl. auch → Arbeitswissenschaft, → Betriebspsychologie, → Betriebssoziologie, → Führungsstil, → Hawthorne-Effekt.

Human Resources, → Human Capital.

Human Resources Management. Bezeichnung für die Gesamtheit aller Aufgaben im Unternehmen, die sich auf Personalbeschaffung, Personalauswahl, Personaleinsatz, Personalführung und Personalentwicklung beziehen. Hin und wieder wird H. R. M. auch synonym mit → Personalmanagement, → Personalwesen oder → Personalpolitik benutzt. Der Begriff H. R. M. zielt jedoch weniger auf die operativen Komponenten dieser Aufgaben, sondern vielmehr auf die grundsätzliche, strategisch und langfristig angelegte Steuerung der → Personalstruktur und des → Personalportfolios im Unternehmen. Ähnlich wie der Begriff → Human Capital soll die Benutzung des Begriffs H. R. M. häufig auch den hohen Stellenwert signalisieren, den Unternehmens- und Personalpolitik heute hoch qualifizierten und motivierten Mitarbeitern für die Leistungsfähigkeit der Unternehmen beimessen. Damit wird dieser strategische Aspekt der Personalarbeit im Gegensatz zu den mehr administrativen Aufgaben der → Personalverwaltung verdeutlicht.

Hygienefaktoren, → Zwei-Faktoren-Theorie.

I

Incentives. Aus allgemeiner personalwirtschaftlicher Sicht werden mit I. alle Formen betrieblicher → Leistungsanreize, z.B. Gehalt, freiwillige → Sozialleistungen, Arbeitsplatzsicherheit, Aufstiegsmöglichkeiten (→ Aufstieg) usw. bezeichnet. Inzwischen hat sich jedoch weitgehend eine Eingrenzung des Begriffs I. auf nicht materielle Leistungsanreize durchgesetzt. Unter I. werden demnach heute i.d.R. Leistungsanreize in Form nicht materieller Auszeichnungen für Mitarbeiter verstanden, die besondere, herausragende Leistungen erbracht haben. Typisch für I. sind Auszeichnungen, die für den Mitarbeiter einen hohen Erinnerungswert haben, einen ideellen oder symbolischen Wert verkörpern und ihn vor anderen (insbesondere Kollegen) positiv und nachahmenswert herausstellen. Beispiele aus der Praxis sind Erlebnisreisen, Wochenendaufenthalte in landschaftlich reizvoll gelegenen, attraktiven Hotels sowie die Teilnahme an herausragenden kulturellen Veranstaltungen. Eine besondere Rolle spielen I. im Bereich des Direktvertriebs (z.B. Versicherungen, Anlageberatungen) und dort, wo Mitarbeiter ein vorwiegend leistungs- und ergebnisbezogenes Einkommen beziehen. Eine Bedeutung haben I. jedoch nicht nur als Auszeichnung, sondern auch als Motivatoren für nicht oder weniger erfolgreiche Mitarbeiter: indem die besonders Erfolgreichen ausgezeichnet und hervorgehoben werden, wird den anderen signalisiert, dass es (bei richtigem Einsatz) möglich ist, besondere Leistungen zu erbringen und gesteckte Ziele zu erreichen oder sogar über zu erfüllen. Schwierig ist es in der Praxis oft, I. zu finden, die attraktiv sind, von den Mitarbeitern geschätzt werden und darüber hinaus auch unterschiedliche Erfolge hinreichend differenziert ausweisen. Auch besteht die Gefahr von Gewöhnungseffekten und einer Vermischung der betrieblichen mit der privaten Lebenssphäre.

Vgl. auch → Anreizsystem, → Leistungsbeurteilung, → Leistungszulage, → Mitarbeiterbeurteilung.

individuelles Arbeitsrecht. Der Gesamtbereich des → Arbeitsrechts wird in individuelles und → kollektives Arbeitsrecht unterschieden. Während sich das i. A. mit den Rechten und Pflichten der einzelnen Arbeitnehmer und Arbeitgeber beschäftigt, die insbesondere durch Einzelarbeitsverträge begründet werden, hat das kollektive Arbeitsrecht die Rechtslage für die Gesamtheit der Arbeitnehmer eines Betriebsteils, eines → Betriebes, eines → Unternehmens oder ggf. auch eines Konzerns zum Gegenstand. Prägend für das kollektive Arbeitsrecht sind somit der → Tarifvertrag und die → Betriebsvereinbarung, bezüglich der Rechtsmaterie das Tarifvertrags-, Betriebsverfassungs- und Sprecherausschussrecht. Neben dem Begriffspaar individuelles/ kollektives Arbeitsrecht sind zwei weitere Unterscheidungsmöglichkeiten zu sehen. Hier sind einmal nationales und internationales, insbesondere europäisches Arbeitsrecht zu nennen. Daneben ist kodifiziertes, d.h. durch Gesetz oder Rechtsverordnung fixiertes Arbeitsrecht von → Richterrecht abzugrenzen, wie es sich wegen gänzlichen Fehlens gesetzlicher Grundlagen (insbesondere zum Arbeitskampfrecht, → Arbeitskampf), aber auch in Fortentwicklung und Konkretisierung unbestimmter Gesetzesbegriffe entwickelt.

Industrieverbandsprinzip, → Einheitsgewerkschaft.

Informationsrecht. Für Arbeitnehmer und → Arbeitnehmervertretungen bestehen vielfältige I., die auf gesetzlicher, aber auch auf tarifvertraglicher, betriebsvereinbarungsmäßiger oder individualarbeitsvertraglicher Grundlage basieren können. Dem I. des Berechtigten entspricht eine entsprechende Informationspflicht des Arbeitgebers. Jeder

Arbeitnehmer ist nach §81 BetrVG über seinen Arbeitsbereich und insbesondere über Gesundheitsgefahren und ihre Vermeidung umfassend zu unterrichten. Entsprechendes ergibt sich aus der individualarbeitsrechtlichen Schutz- und → Fürsorgepflicht des Arbeitgebers als Nebenpflicht zum → Arbeitsvertrag (§611 BGB). §82 BetrVG gewährt dem Arbeitnehmer das Recht, in den ihn betreffenden betrieblichen Angelegenheiten gehört zu werden, Stellung zu nehmen und Vorschläge für die Gestaltung des Arbeitsplatzes und den Arbeitsablauf machen zu können. Ein Recht auf Einsichtnahme in die Personalakte gewährt §83 BetrVG. Die genannten Regelungen sind eine Selbstverständlichkeit; personalpolitisch sind sie unverzichtbarer Bestandteil moderner Mitarbeiterführung. Zugunsten von → Betriebsrat und → Sprecherausschuss bestehen gleichfalls I. auf kollektivrechtlicher Basis. Sie ergeben sich allgemein bereits aus dem Grundsatz der vertrauensvollen Zusammenarbeit zwischen Arbeitgeber und Betriebsrat (§§2, 74 BetrVG). Daneben bestehen spezialgesetzliche Informationspflichten des Arbeitgebers für Neu-, Um- und Erweiterungsbauten von Fabrikations- und Verwaltungsgebäuden, von technischen Anlagen, von Arbeitsverfahren und Arbeitsabläufen sowie schließlich der Arbeitsplätze selbst (§90 BetrVG), in Fällen der Personalplanung (§92 BetrVG), für personelle Einzelmaßnahmen (§§99, 102 BetrVG), in wirtschaftlichen Angelegenheiten zugunsten des Wirtschaftsausschusses (§§106ff. BetrVG) sowie im Falle von → Betriebsänderungen (§§111ff. BetrVG). Ferner ergeben sich I. als Vorstufe von umfassenden Mitbestimmungsrechten des Betriebsrates (Zustimmungsrechten), also insbesondere im Rahmen des Mitbestimmungskataloges des §87 BetrVG.

Zugunsten des Sprecherausschusses bestehen Informationsansprüche in wirtschaftlichen Angelegenheiten (§32 SprAuG), für die Änderung der Gehaltsgestaltung und allgemeiner Arbeitsbedingungen, für die Einführung und Änderung allgemeiner Beurteilungsgrundsätze (§30 SprAuG) sowie schließlich im Falle personeller Einzelmaßnahmen für → leitende Angestellte (§31 SprAuG).

Inhouse-Seminare. Im Gegensatz zu offenen Seminar- oder Trainingsveranstaltungen, die auf dem „Bildungsmarkt" angeboten werden und bei denen die Teilnehmer aus verschiedenen Unternehmen kommen, werden I. ausschließlich für Mitarbeiter eines bestimmten Unternehmens durchgeführt. Das Seminar kann extern, in einem Seminarhotel oder in geeigneten Räumen im Unternehmen stattfinden. Seit einigen Jahren lässt sich ein deutlicher Trend hin zu Inhouse-Seminaren beobachten. Vorteile werden v.a. in der für das Unternehmen besseren Möglichkeit, Seminarinhalte und -konzepte entsprechend seinen spezifischen Bedürfnissen festzulegen sowie in den i.d.R. geringeren Seminarkosten gesehen. Andererseits besteht bei diesen Seminaren die Gefahr, dass z.B. aus dem betrieblichen Arbeitsalltag resultierende Problemlagen oder Konflikte sich negativ auf Seminarklima und Seminarerfolg auswirken können. Darüber hinaus fehlt der von vielen Seminarteilnehmern oft geschätzte Meinungs- und Erfahrungsaustausch mit Fachkollegen aus anderen Unternehmen.
Vgl. auch → Seminare, → Training.

Initiativbewerbung, → Bewerbungsunterlagen.

Initiativrecht. Das BetrVG begründet eine Reihe umfassender Mitbestimmungsrechte des → Betriebsrates, so dass der Arbeitgeber die betreffenden Maßnahmen nur mit Zustimmung des Betriebsrates umsetzen kann. Dies gilt insbesondere für den Katalog des §87 Abs. 1 BetrVG, ferner für Arbeitsplatzveränderungen, Personalfragebögen, Beurteilungsgrundsätze und Auswahlrichtlinien (§§91, 94, 95 Abs. 2 BetrVG) sowie schließlich für die Aufstellung von Sozialplänen (§112 Abs.2 bis 5 BetrVG). Will der Arbeitgeber eine der in den genannten Vorschriften angesprochenen Maßnahmen ergreifen, ist er gehalten, auf den Betriebsrat zuzugehen und sich um dessen Zustimmung zu bemühen, die im Falle der Nichteinigung durch den Spruch der → Einigungsstelle ersetzt werden kann. Daneben besteht auch ein I. des Betriebsrates. Dies bedeutet, dass der Betriebsrat nicht auf Aktivitäten des Arbeitgebers warten muss, sondern von sich aus den entsprechenden Fragenkomplex an den Arbeitgeber mit dem Ziel einer Veränderung des bestehenden Zustandes herantragen kann. Da es sich um eine mitbestimmungspflichtige Materie handelt, muss der Arbeitgeber sich auf die Verhandlung mit dem Betriebsrat einlassen.

Kommt es nicht zu einer Einigung, kann auch der Betriebsrat die Einigungsstelle anrufen, um über deren Spruch die fehlende Einigung mit dem Arbeitgeber zu ersetzen (§76, insbesondere Abs. 5 BetrVG).

innere Kündigung. i. K. bezeichnet ein sehr vielschichtiges Phänomen, über dessen Erscheinungsformen, Ausmaß, Ursachen und Bekämpfungsmöglichkeiten tragfähige empirische Erkenntnisse nicht vorliegen. In der Praxis wie in der Literatur gibt es hierüber lediglich begrenzt belegbare Erfahrungen, Vermutungen und Meinungen. Als i. K. gilt meistens ein Verhalten von Führungskräften oder Mitarbeitern, das über einen längeren Zeitraum durch eines oder mehrere der folgenden Merkmale gekennzeichnet ist: (1) Mangelnde Leistungs- und Einsatzbereitschaft, damit verbunden oft auch häufige demotivationsbedingte Fehlzeiten (→ Absentismus); (2) weitgehendes Fehlen jeglicher Eigeninitiative; (3) Verzicht auf Widerspruch und Hinnahme selbst von ungerechtfertigter Kritik, Eingriffen in den eigenen Kompetenzbereich u.Ä. durch den Vorgesetzten; (4) Rückzug auf ein vom Unternehmen gerade noch tolerierbares Maß an quantitativer oder qualitativer Leistungserbringung; (5) fehlende Identifikation mit dem Unternehmen oder den Arbeitsaufgaben; (6) fehlendes Interesse an fachlicher Weiterbildung oder beruflichem Fortkommen; (7) Vermeidung von Kontakten zu Kollegen oder Mitarbeitern, die über das beruflich unbedingt Notwendige hinausgehen (z.B. anlässlich von Feiern, Betriebsfesten u.Ä.).

Insgesamt handelt es sich um einen Rückzug, eine Art „innere Emigration", mitunter auch verbunden mit einer Verlagerung von Interesse und Engagement in außerbetriebliche oder außerberufliche Aktivitäten. Der Schritt in die offene, endgültige → Kündigung wird aus verschiedenen Gründen meistens nicht vollzogen, z.B. wegen ungünstiger Arbeitsmarktchancen, mangelnder Mobilitätsbereitschaft, langer Betriebszugehörigkeit und damit evtl. verbundener materieller Vorteile, absoluter Arbeitsplatzsicherheit (etwa im öffentlichen Dienst). Mögliche, mit der inneren Kündigung evtl. verbundene Nachteile, z.B. soziale Isolierung am Arbeitsplatz, schlechte Beurteilungen, psychosomatische Beschwerden (→ Stress) werden meistens von den Betroffenen in Kauf genommen oder verdrängt. Für die Unternehmen ist die i. K.

ein sehr ernstzunehmendes Problem, da hiermit Leistungspotenziale von Mitarbeitern brachliegen, nicht optimal genutzt werden können und Arbeitsplätze letztlich von Leistungsverweigerern blockiert werden. Über das Ausmaß der i. K. wird oft diskutiert, aber auch spekuliert, so gibt es Schätzungen, nach denen sich in manchen Unternehmen zwischen 5 und 50 Prozent der Mitarbeiter in einer Phase der i. K. befinden. Als ziemlich sicher gilt jedoch, dass in Großunternehmen, in vielen Bereichen des öffentlichen Dienstes, bei Mitarbeitern mit geringer beruflicher → Qualifikation oder auf wenig herausfordernden, unattraktiven Arbeitsplätzen sowie bei Führungskräften mittlerer Hierarchieebenen die i. K. stärker verbreitet ist. Selbst wenn die i. K. im Betrieb nur ein geringes Ausmaß hat, können mit ihr aber auch negative Wirkungen auf andere, engagierte Mitarbeiter verbunden sein, z.B. über die Beeinträchtigung des Arbeits- oder → Betriebsklimas.

Die Ursachen für die i. K. lassen sich nach bisherigen Erfahrungen v.a. drei Problemgruppen zuordnen: (1) Probleme im privatpersönlichen Bereich des Mitarbeiters (z.B. Familienprobleme, mangelndes Integrationsvermögen, mangelnde Teamfähigkeit, übersteigertes Selbstbewusstsein oder unrealistische Karriereerwartungen); (2) Probleme im betrieblich-sozialen Umfeld (z.B. → Führungsfehler der Vorgesetzten, fehlende → Leistungsanreize, schlechtes Betriebsklima); (3) Probleme im betrieblich-materiellen Umfeld (z.B. schlechte physische → Arbeitsbedingungen wie körperlich schwere, schmutzige oder sehr monotone Arbeiten, unzureichende Arbeitsmittel oder -hilfen, ungerechte Entlohnung). Eine große Bedeutung kommt nach überwiegender Ansicht dem betrieblich-sozialen Umfeld, insbesondere dem Faktor → Mitarbeiterführung zu. Führungsfehler sind hiernach Hauptursache der i. K. Der Weg in die i. K. erfüllt dabei für die Mitarbeiter gleichsam eine Schutz- oder Ausweichfunktion, über die sie sich gegen Führungsfehler ihrer Vorgesetzten und eine als nicht (positiv) veränderbar erscheinende Arbeitssituation wehren. Dementsprechend setzen die meisten Empfehlungen zur Vermeidung oder Verringerung der i. K. auf die Stärkung der → Führungsfähigkeiten der Vorgesetzten sowie die Einführung und Realisierung moderner, kooperativer → Führungsgrundsätze. Allerdings ist davor zu warnen, der i. K. zu einseitig mit einigen Führungsmitteln zu begegnen. Einzusetzen ist vielmehr eine möglichst breite Palette von Maßnahmen des internen → Personalmarketings, dazu zählen auch attraktive, leistungsgerechte Vergütungssysteme (→ Arbeitsbewertung), weitere zeitgemäße Leistungsanreize (z.B. → Incentives, berufliche Entwicklungsmöglichkeiten), herausfordernde Arbeitsaufgaben (→ Job-Enrichment, → Job-Enlargement), aber auch eine sehr sorgfältige Personalauswahl und → Personaleinsatzplanung sowie eine → Personalforschung, die z.B. über systematische → Mitarbeiterbefragungen oder strukturierte → Mitarbeitergespräche Führungs- oder Motivationsdefizite frühzeitig erkennbar werden lässt.

Vgl. auch → Arbeitsmoral, → Arbeitszufriedenheit, → Bedürfnisse, → Burn-out-Syndrom, → Führung, → Mitarbeiterbewusstsein, → Motivation.

Insolvenzschutz. Wird der Arbeitgeber zahlungsunfähig, drohen erhebliche wirtschaftliche Nachteile für den Arbeitnehmer, der mit der Arbeitsleistung die Gegenleistung für die → Vergütung bereits erbracht hat. Das Insolvenzrecht vermag die wirtschaftlichen Bedürfnisse der Arbeitnehmer, die mangels Vermögens vielfach auf den zeitgerechten Erhalt der arbeitgeberseitigen Leistung angewiesen sind, nicht sicherzustellen. Aus diesem Grunde gibt es einen speziellen I. Er betrifft einmal Ansprüche aus der betrieblichen Altersversorgung. Werden Versorgungsleistungen aus einer Versorgungszusage wegen Eröffnung des Konkursverfahrens nicht erfüllt, tritt der *Pensionssicherungsverein* als Träger der → Insolvenzsicherung in die Zahlungspflicht ein (§7 Abs. 1 BetrAVG). Neben laufenden Versorgungsansprüchen sind auch Versorgungsanwartschaften bei Eintritt der Fälligkeit geschützt (§7 Abs. 2 BetrAVG). Die Mittel für den Pensionssicherungsverein werden von allen Arbeitgebern im Wege einer öffentlich-rechtlichen Umlage aufgebracht, die Leistungen der betrieblichen Altersversorgung unmittelbar zugesagt haben oder hierfür eine → Unterstützungskasse oder eine Direktversicherung durchführen (§10 Abs. 1 BetrAVG).

Vergütungsansprüche wegen erbrachter Arbeitsleistungen begründen bei Zahlungsunfähigkeit des Arbeitgebers einen Anspruch auf Insolvenzgeld (§§ 183 ff. SGB III). Die Höhe des Insolvenzgeldes richtet sich nach dem Nettoarbeitsentgelt (§185 SGB III). Das Insolvenzgeld wird vom zuständigen Arbeitsamt auf Antrag gewährt (§323 SGB III). Die Beiträge werden von allen Arbeitgebern im Rahmen einer Solidarhaftung für zahlungsunfähig werdende Arbeitgeber aufgebracht und von den → Berufsgenossenschaften (!) im Zusammenhang mit den Beiträgen zur Unfallversicherung erhoben sowie an die → Arbeitsverwaltung weitergeleitet. Im Übrigen besteht für die Behandlung von Vergütungsforderungen in der Insolvenz eine differenzierte insolvenzrechtliche Regelung.

Ein weiterer Insolvenzschutz erfolgt durch die spezielle sozialversicherungsrechtliche Regelung in § 7d SGB IV.

Insolvenzsicherung, → Insolvenzschutz.

Instanz, → Hierarchie.

Instanzentiefe, → Leitungstiefe.

Integrationsamt. Die abhängige Tätigkeit von schwerbehinderten Menschen wird durch das SGB IX (früher: Schwerbehindertengesetz) besonders geschützt. Die Durchführung des Schwerbehindertenschutzes obliegt auf staatlicher Seite dem I., daneben der Bundesagentur für Arbeit. Das I. hat gemäß §102 Abs. 1 SGB IX folgende Aufgaben:

Erhebung und Verwendung der Ausgleichsabgabe im Falle nicht ausreichender Beschäftigung von Schwerbehinderten (§ 77 Abs. 2 SGB IX), den → Kündigungsschutz (§§85ff. SGB IX), die begleitende Hilfe im Arbeitsleben sowie die zeitweilige Entziehung der besonderen Hilfe für schwerbehinderte Menschen (§117 SGB IX).

Von großer praktischer Bedeutung ist die Mitwirkung des I. bei → Kündigungen von schwerbehinderten Mitarbeitern. Sie bedarf der vorherigen Zustimmung des I. (§85 SGB IX), die auf Antrag des Arbeitgebers tätig wird (§87 SGB IX). Erst nach Erteilung der Zustimmung ist der Ausspruch der arbeitsrechtlichen Kündigung zulässig (§88 SGB IX). Das grundsätzlich bestehende Ermessen des I. ist nach Maßgabe des §89 SGB IX eingeschränkt, wenn der betreffende Betrieb die Tätigkeit nicht nur vorübergehend einstellt (Abs. 1) oder wenn der Erhalt eines anderen angemessenen und zumutbaren Arbeitsplatzes für den Schwerbehinderten gesichert ist (Abs. 2).

Für außerordentliche Kündigungen gelten Sonderregelungen (§91 SGB IX). Hier kann die Zustimmung zur Kündigung nur innerhalb von zwei Wochen beantragt werden (Abs. 2), wobei das I. die Entscheidung innerhalb von zwei weiteren Wochen ab Antragseingang zu treffen hat (Abs. 3). Geschieht dies nicht, gilt die Zustimmung als erteilt. Das I. soll die Zustimmung erteilen, wenn die Kündigung aus einem Grunde erfolgt, der nicht im Zusammenhang mit der Behinderung steht (§91 Abs. 4 SGB IX). Erteilt das I. eine erforderliche Zustimmung zur Kündigung nicht, ist der Arbeitgeber gehalten, zunächst die Erteilung der Zustimmung verwaltungsgerichtlich einzuklagen, bevor er anschließend die notwendigen arbeitsrechtlichen Schritte unter Beachtung des KSchG vornehmen kann.

Intelligenztests. I. ermitteln und messen vornehmlich die geistig-intellektuellen Problemlösungsfähigkeiten. Im Einzelnen beziehen sie i.d.R. ein: (1) logisch-kombinatorisches Denkvermögen, (2) analytisch-problemorientiertes Denkvermögen, (3) Konzentrations- und Merkfähigkeit, (4) räumliches Vorstellungsvermögen, (5) Verständnis von sprachlicher Bedeutung (sog. sprachliche Intelligenz). Je nach Testergebnis können die Testteilnehmer bestimmten Intelligenzklassen zugeordnet werden, die von extrem niedriger oder durchschnittlicher bis hin zu extrem hoher Intelligenz reichen.
In der Praxis werden I. vorwiegend bei der Auswahl des Berufsnachwuchses zur Ermittlung der Berufseignung (→ Eignung) und Beurteilung des möglichen Ausbildungserfolges eingesetzt. Verbreitet sind z.B. der Intelligenz-Struktur-Test (IST 2000), der Mannheimer-Intelligenz-Test (MIT) und der Hamburg-Wechsler-Intelligenztest (HAWIE). Sie sind in Durchführung wie Auswertung relativ einfach zu handhaben und gelten als weithin erprobte, zuverlässige Testinstrumente. Die Beurteilung der Testergebnisse sollte immer zurückhaltend erfolgen, da zwar das aktuelle Potenzial geistiger Fähigkeiten hinreichend aufgezeigt wird, eine Prognose des künftigen Leistungs- oder Berufserfolges damit aber nur mehr spekulativ verknüpfbar ist. Ferner können die Testergebnisse nicht unerheblich von der Übung oder Vertrautheit der Testperson mit der Testmethodik abhängen. Aus rechtlicher Sicht ist zu bedenken, dass die Einwilligung der zu testenden Person (oder ihrer Erziehungsberechtigten) vorliegen muss, die aber durch Testteilnahme ohne Widerspruch konkludent vorliegen kann.
Vgl. auch → Eignungsdiagnostik, → Leistungstests, → Persönlichkeitstests, → Tests.

Interessenausgleich. Im Falle von → Betriebsänderungen mit möglichen wesentlichen Nachteilen für die Belegschaft oder erhebliche Teile der Belegschaft (§111 BetrVG) hat der Arbeitgeber den → Betriebsrat umfassend zu unterrichten, die geplanten Betriebsänderungen mit ihm zu beraten sowie einen I. zu versuchen (§112 Abs. 1 und 2 BetrVG). Der I. betrifft das Ob, Wann und Wie der geplanten Maßnahme. Der Arbeitgeber soll somit eine Verständigung mit dem Betriebsrat anstreben, ob die geplante Maßnahme überhaupt durchgeführt wird sowie zu welchem Zeitpunkt und mit welchen konkreten Modalitäten dies geschieht. Gelingt der I., ist dieser schriftlich niederzulegen und von Unternehmer und Betriebsrat zu unterschreiben (§112 Abs. 1 BetrVG). Kommt ein I. nicht zustande, können Unternehmer oder Betriebsrat den Präsidenten des Landesarbeitsamtes und die → Einigungsstelle anrufen (§112 Abs. 2 BetrVG). Allerdings ist die Einigungsstelle nicht in der Lage, eine fehlende Einigung zwischen Arbeitgeber und Betriebsrat zu ersetzen. Insofern handelt es sich nur um das Bemühen einer Verständigung. Scheitert dieses, ist das Einigungsstellenverfahren einzustellen. Dies bedeutet, dass der Arbeitgeber durch den Betriebsrat im Ergebnis nicht gehindert werden kann, die geplante Betriebsänderung durchzuführen. Dies entspricht der Verantwortung des Arbeitgebers für die Wirtschaftlichkeit des Unternehmens. Unterbleibt das Interessenausgleichsverfahren gänzlich oder weicht der Unternehmer von einem vereinbarten I. ohne zwingenden Grund ab, hat dies entscheidende Folgen. Nach §113 BetrVG bestehen Schadensersatz- und Abfindungsansprüche der betroffenen Arbeitnehmer. Der I. darf nicht mit dem → Sozialplan verwechselt werden. Der Sozialplan hat die Folgen einer Betriebsänderung für die betroffenen Arbeitnehmer zum Gegenstand, also Auswahlkriterien für betriebsbedingte Kündigungen, Umschulungsansprüche, Versetzungsregelungen, Abfindungsregelungen und ggf. auch Vereinbarungen über eine Frühpensionierung. Die Regelungen des Sozialplanes unterliegen der uneingeschränkten → Mitbestimmung des Betriebsrates. Kommt eine Einigung über den Sozialplan nicht zustande, entscheidet somit die Einigungsstelle, deren Spruch die Einigung zwischen Arbeitgeber und Betriebsrat ersetzt (§112 Abs. 4 BetrVG).

Internationales Personalmanagement. Als Folge zunehmender Internationalisierung und Globalisierung der Marktbeziehungen sowie im Ausland oft günstigerer Kostenstrukturen verstärken viele Unternehmen über Niederlassungen, Tochterunternehmen u.a. ihre Präsenz in den für sie wichtigsten Ländern der Erde; bedeutende Anteile der Wertschöpfung vieler Unternehmen werden heute dort erwirtschaftet. Für die → Personalpolitik und das → Personalmanagement sind damit neue Herausforderungen und Aufgaben entstanden, die v.a. die Gestaltung folgender drei Problembereiche betreffen: (1) Trotz internationaler Dislozierung müssen gewisse einheitliche, auch in unterschiedlichen Kulturen akzeptierbare und wirksame personalpolitische Rahmenbedingungen und Standards entwickelt werden, z.B. hinsichtlich der → Führungsgrundsätze, der → Anreizsysteme, der → Personalentwicklung. (2) Die internationale Verwendung von Fach- und Führungskräften über geeignete Maßnahmen der → Personalplanung, insbesondere der → Personaleinsatzplanung, ist systematisch vorzubereiten und zu organisieren, einschließlich geeigneter Maßnahmen und Hilfen zur → Repatriierung. (3) Fach- und Führungskräfte sind über sinnvolle Maßnahmen der Personal- und → Führungskräfteentwicklung zu befähigen, auch unter kulturell anderen, z.T. erschwerten Bedingungen im Ausland erfolgreich zu arbeiten, z.B. dort → Führungsaufgaben wahrzunehmen.

Viele Unternehmen unterschätzen aber noch die mit I. P. verbundenen personalpolitischen Aufgaben und Probleme, so verlaufen z.B. manche → Auslandsentsendungen von Mitarbeitern noch allzu oft wenig erfolgreich. Gesicherte Erkenntnisse der Betriebswirtschaftslehre o.a. hier relevanter Disziplinen (z.B. Psychologie, Soziologie, Ethnologie) zur spezifischen Unterstützung eines wirksamen I. P. liegen bis heute nicht vor. Andererseits verfügen einige wenige inter- oder multinationale Großunternehmen inzwischen aber über einen recht breiten Erfahrungshin-

tergrund zum I. P., der mitunter dort auch in Form hilfreicher interner Regeln oder Leitfäden vorliegt.

Vgl. auch → Auslandsvergütung, → Internationales Personalmarketing.

Internationales Personalmarketing. Auf der Basis von Strategien und Methoden des allgemeinen → Personalmarketings konzentriert sich das I. P. auf drei Aufgabenfelder: (1) Aufbau eines geeigneten Bewerberpotenzials im Ausland mit dem Ziel, qualifizierte Mitarbeiter für eine Beschäftigung in ausländischen Tochterunternehmen, Niederlassungen usw. des deutschen Stammunternehmens zu gewinnen, (2) Schaffung eines Bewerberpotenzials im Inland mit dem Ziel der sofortigen oder späteren internationalen Einsetzbarkeit der Bewerber bzw. Mitarbeiter, (3) Entwicklung eines Potenzials von schon im inländischen Unternehmen beschäftigten Fach- und Führungskräften, die bereit und fähig sind, Aufgaben im internationalen Rahmen zu übernehmen. In Anbetracht des meistens sehr begrenzten Bewerber- und Mitarbeiterpotenzials wird das I. P. in der Praxis mit folgenden Herausforderungen konfrontiert: (1) Die spezifischen Bedingungen ausländischer Personalmärkte oder einer Beschäftigung im Ausland zu erkennen und daraus entsprechende Personalmarketing-Strategien und → Anforderungsprofile abzuleiten, (2) Anreize für Auslandseinsätze zu schaffen, einschließlich einer Beantwortung der Frage, was der Mitarbeiter nach Ablauf seiner Auslandsentsendung im Stammhaus erwarten kann, (3) Mitarbeiter oder Bewerber zu finden, die neben den erforderlichen fachlichen Qualifikationen auch über die für erfolgreiche Auslandseinsätze notwendigen psycho-sozialen Eigenschaften verfügen, die Leben und Arbeiten unter z.T. sehr ungewohnten kulturellen und sozialen Bedingungen erfordern, (4) Auswahlverfahren einzusetzen, die den wahrscheinlichen Erfolg von Mitarbeitern auch in fremden Kulturen hinreichend verlässlich abschätzen lassen, (5) Auswahlverfahren zu entwickeln, die kulturell weitestgehend neutral sind, d.h. auch bei Bewerbergruppen sehr unterschiedlicher kultureller Hintergründe die erwünschten Qualifikationen hinreichend objektiv erfassen und differenzieren (so sind z.B. die meisten in der Praxis eingesetzten Eignungstests oder Assessmentcenter-Übungen kulturspezifisch, d.h. nur für kulturell homogene Be-

werber- oder Mitarbeitergruppen einsetzbar). Im Zuge der weiteren Internationalisierung und Globalisierung der Märkte für Waren und Dienstleistungen sowie der damit einhergehenden Forderung nach Führungskräften, die lokal wie international denken, handeln und arbeiten können, hat sich I. P. in den letzten Jahren insbesondere in multinationalen Konzernen und international präsenten Großunternehmen etabliert.
Vgl. auch → Auslandsentsendung, → Internationales Personalmanagement.

interne Personalbeschaffung, → Personalbeschaffung, → Selbstrekrutierung.

Intrapreneur. Die Bezeichnung I. lässt sich zurückführen auf den aus Intraorganizational Entrepreneuring gebildeten Begriff Intrapreneuring. Damit ist ein in den achtziger Jahren entstandenes Konzept gemeint, das besonders kreative sowie unternehmerisch denkende und handelnde Mitarbeiter im Unternehmen fördern und innovierend einsetzen will. Diese Mitarbeiter, sog. Intrapreneure, sollen gleichsam als Unternehmer im Unternehmen (interne Unternehmer) mit den entsprechenden Handlungsfreiräumen agieren und neue Entwicklungen aufgreifen, für das Unternehmen und die Steigerung seiner Wettbewerbsfähigkeit wichtige Ideen umsetzen, z.B. Ergebnisse der Grundlagenforschung in marktfähige Produktideen umsetzen oder Produktideen zur Marktreife führen. Auch im Rahmen des sog. New Venture Management, wo das Unternehmen neue und evtl. besonders risikohafte Aktivitäten, Geschäfte u.Ä. eingehen muss (z.B. Aufbau eines neuen Geschäftsfeldes, Restrukturierungen), sollen Intrapreneure stimulierend und steuernd einbezogen werden. Der I. ist damit quasi auch zu einer Symbolfigur für Bestrebungen geworden, unternehmerisches Denken und Handeln überall im Unterneh-

men zum unternehmens- und personalpolitischen Anliegen zu machen.
Vgl. auch → Kaizen, → Kreativität, → Organisationsentwicklung, → Total Quality Management.

Invalidität, → Rentenrecht.

Investivlohn. Die Beteiligung der Arbeitnehmer am Produktivvermögen ist ein wichtiges personal- und gesellschaftspolitisches Anliegen. Zur Verwirklichung dienen verschiedene Modelle, z.B. die Ausgabe von Belegschaftsaktien einmal jährlich sowie aus Anlass von persönlichen oder Unternehmensjubiläen, ferner eine fest verzinsliche Kapitalanlage im Unternehmen durch Mitarbeiterdarlehen. Die Konzeption eines I. geht davon aus, einen Teil der Vergütung, insbesondere von Vergütungserhöhungen, nicht an den Mitarbeiter auszuzahlen, sondern als Produktivvermögen im Unternehmen anzulegen. Je nach Rechtsform und Beteiligungsverhältnissen kommen dabei betriebliche oder überbetriebliche Anlageformen in Betracht. Letztere sind z.B. als Tariffonds denkbar, über deren Verwaltung im Rahmen von Tarifverträgen zu entscheiden ist. Ein I. wäre geeignet, einerseits eine breitere Streuung des Produktivvermögens vorzunehmen, insbesondere die Vermögensbildung in Arbeitnehmerhand zu intensivieren. Andererseits aber werden auch wirtschaftliche Vorteile für die Unternehmen begründet, indem die Kostenbelastungen aus Vergütungsanpassungen zunächst nicht voll wirksam werden, sondern ein Teil des Geldes weiterhin im Unternehmen – wenn auch zinswirksam – angelegt wird. Obwohl ein solches Konzept von verschiedenen Seiten in die tarifpolitische Diskussion eingebracht wurde, ist es bisher ohne praktische Bedeutung geblieben.
Vgl. auch → Vermögensbildung.

J

Jahresabschlussgratifikation, → Abschlussgratifikation.

Jahresarbeitszeitkonto. Das J. ist eine besondere Form der Arbeitszeitflexibilisierung mit Festlegung der zu leistenden Jahresarbeitszeit und ihrer variablen Verteilung über die Tage, Wochen und Monate hinweg. Damit kommt ihr der Charakter einer besonderen Form der seit langem bekannten → Gleitzeit zu, die sich mit entsprechender Zielrichtung i.d.R. auf einen kürzeren Zeitraum (i.d.R. ein Monat mit Übertragungsmöglichkeit von Arbeitszeitschulden und Gleitzeitguthaben auf den nächsten Monat) bezieht. Der Arbeitseinsatz wird in Abhängigkeit von dem Arbeitsanfall (konjunkturell, saisonal) einerseits und den Mitarbeiterinteressen andererseits festgelegt. Auch gemischte Modelle mit fester und variabler → Arbeitszeit sind denkbar. Derartige Regelungen unterliegen der → Mitbestimmung des → Betriebsrates (§87 Abs. 1 Nr. 2 BetrVG).
Der Vorteil für den Arbeitnehmer liegt in größerer Flexibilität und einer Optimierung betrieblicher Anforderungen mit den privaten Belangen. Der Arbeitgeber kann Betriebszeiten und individuelle Arbeitszeiten im Sinne einer besseren Anlagenauslastung entkoppeln, Arbeitseinsatz und Arbeitsbedarf vorteilhaft in Deckung bringen und auf diese Weise auch die → Mehrarbeit mit den daraus resultierenden Kosten reduzieren. Jahresarbeitszeitkonten sind eine besondere Form des Arbeitszeitmanagements als Beitrag zur Steigerung der Unternehmenseffizienz.
Solche Formen der Arbeitszeitregelung sind in den USA, Frankreich, Schweden und in der Schweiz bereits erprobt worden. Die Praktizierung in Deutschland ist noch sehr gering, nicht zuletzt wegen tarifvertraglicher Sperren. Die Thematik gewinnt an Bedeutung, auch vor dem Hintergrund des im internationalen Vergleich hohen Lohnkostenniveaus einschließlich der Personalzusatzkosten sowie der ebenfalls im internationalen Vergleich geringen Jahresarbeitszeit in Deutschland.

Jobbörsen, *Karrierebörsen.* J. sind neben den unternehmenseigenen Homepages ein weiteres Element des → E-Recruitings im Internet. Hierzu zählt eine Vielzahl kommerzieller und nicht kommerzieller J., die branchen- oder berufsübergreifende sowie branchen- oder berufsspezifische Stellenangebote von Unternehmen enthalten und von Interessenten online eingesehen werden können. In einem weiteren Sinne zählen zu den J. auch solche, die von potenziellen Bewerbern → Stellengesuche enthalten. Manche J. haben sich zu Bewerbungsservice-Agenturen entwickelt, die sowohl Unternehmen als auch Stellensuchenden ein weites Spektrum von Diensten anbieten, z.B. bei Personalauswahl oder Bewerbung.

Job-Enlargement, *Arbeitserweiterung, Aufgabenerweiterung.* J.-E. bezeichnet die Bündelung verschiedener, inhaltlich aber weitgehend zusammengehörender Teilaufgaben mit etwa gleichem Anforderungsniveau zu einem Aufgabenkomplex an einem Arbeitsplatz. J.-E. soll der mit betrieblicher → Arbeitsteilung und fachlicher Spezialisierung häufig verbundenen Monotonie oder Einseitigkeit in der körperlichen und geistigen Beanspruchung der Mitarbeiter entgegenwirken, aber auch die von ihnen häufig gewünschten Einblicke in größere Arbeits- und Aufgabenzusammenhänge ermöglichen. J.-E. kann, ähnlich wie auch → Job-Enrichment, den Mitarbeitern die Nutzung eines breiteren Qualifikationsspektrums erlauben sowie sich auf Verantwortungsbewusstsein und → Motivation positiv auswirken. In der betrieblichen Praxis sind mit der erstmaligen Einführung des J.-E. oft Maßnahmen zur Qualifikationsanhebung der davon betroffenen Mitarbeiter oder Mitarbeitergruppen erforderlich.

Vgl. auch → Anforderungsprofil, → Arbeitsbedingungen, → Arbeitsplatzgestaltung, → Ergonomie.

Job-Enrichment, *Arbeitsbereicherung, Aufgabenbereicherung.* J.-E. bezeichnet die Vergrößerung des Dispositionsspielraumes für den Mitarbeiter am Arbeitsplatz im Sinne einer Zunahme seiner Entscheidungsbefugnisse oder Verantwortung, z.B. hinsichtlich Arbeitsplanung und -gestaltung, Kontrolle von Arbeitsabläufen und -ergebnissen, Budgetplanung u.Ä. J.-E. ist nicht mit einem → Aufstieg oder einer → Beförderung gleichzusetzen, sondern soll – ähnlich wie → Job-Enlargement – dem Mitarbeiter die Nutzung eines breiteren Qualifikationsspektrums erlauben sowie Verantwortungsbewusstsein und → Motivation stärken. Sie ist auch Ausdruck der → Delegation von Kompetenzen seitens des Vorgesetzten auf den Mitarbeiter. Mitunter wird J.-E. im Sinne eines → Training on the Job zur Vorbereitung auf neue, anspruchsvollere Aufgaben oder zur Erprobung der Eignung des Mitarbeiters für solche Aufgaben eingesetzt (z.B. im Rahmen der → Nachfolgeplanung). Einem J.-E. können Maßnahmen zur Qualifikationsanhebung der davon betroffenen Mitarbeiter oder Mitarbeitergruppen vorausgehen, insofern kann J.-E. Element einer → Personalentwicklung sein.
Vgl. auch → Anforderungsprofil, → Arbeitsbedingungen, → Arbeitsplatzgestaltung, → Eignung, → Weiterbildung.

Jobrotation. J., fälschlich oft auch als Arbeitsplatztausch bezeichnet, ist vornehmlich ein Konzept der → Personalentwicklung und → Führungskräfteentwicklung mit dem Ziel, Mitarbeiter systematisch auch auf anderen Stellen bzw. an anderen Arbeitsplätzen im Unternehmen zur Erweiterung ihrer beruflichen Qualifikationen, zur Verhinderung von Betriebsblindheit und zur Erhöhung ihrer fachlichen Einsetzbarkeit zu beschäftigen. Für den Mitarbeiter sind damit neue Herausforderungen verbunden (Einarbeitung in neue Aufgabenstellungen, Einstellung auf andere Kollegen, Mitarbeiter oder Vorgesetzte), die von leistungs- und aufstiegsorientierten Mitarbeitern häufig als motivationsfördernd, positiv empfunden werden. Andererseits gibt es Mitarbeiter im Unternehmen, für die J. mehr belastend wirkt, die möglichst langfristig die gleichen Aufgaben bearbeiten wollen und die hier gewonnene Routine und

Verhaltenssicherheit einer J. vorziehen. Die J. erfolgt i.d.R. auf der gleichen hierarchischen Ebene, kann aber, insbesondere bei Führungs- und Führungsnachwuchskräften, vor dem Hintergrund individueller Planung (→ Laufbahnplanung, → Nachfolgeplanung) mit der – ggf. späteren – Übernahme anspruchsvollerer und hierarchisch höher eingestufter Aufgaben verbunden sein oder der Überprüfung der → Eignung des Mitarbeiters für die Übernahme solcher Aufgaben dienen. Die Grenzen einer J. liegen einmal in den beruflich-fachlichen Basisqualifikationen der Mitarbeiter, zum anderen in der fachlichen Eignung und im Wollen (→ Bedürfnisse, → Motivation) der Mitarbeiter sowie in der betrieblichen Organisierbarkeit. So macht z.B. für einen Ingenieur eine J. auf eine Stelle, die ein juristisches Studium voraussetzt, keinen Sinn, und Mitarbeiter, die gegen ihren Willen, ohne Überzeugung zu einer J. veranlasst werden, können danach motivationsbedingte Leistungsmängel zeigen (→ Absentismus, → innere Kündigung). Die J. sollte im Unternehmen nie planlos oder nur von plötzlichen Stellenvakanzen diktiert erfolgen. Vielmehr sollte ein klares Konzept vorliegen, das den Interessen des Unternehmens wie den Wünschen der Mitarbeiter Rechnung trägt, insbesondere auch die über → Mitarbeitergespräche, → Mitarbeiterbeurteilungen, → Eignungsprofile u.ä. erzielbaren Eindrücke berücksichtigt. Viele in der Praxis zu beobachtende Vorbehalte der Mitarbeiter gegenüber einer J. sind auf Konzeptmängel oder sogar auf das Fehlen eines Konzeptes in den Unternehmen zurückzuführen.
Vgl. auch → Aufstieg, → Karriere, → Mobilität, → Umsetzung.

Jobsharing, *Arbeitsplatzteilung.* Unter J. versteht man die Aufteilung eines Arbeitsplatzes zwischen zwei oder mehr Mitarbeitern in der Form, dass diese weitgehend autonom den jeweiligen Arbeitseinsatz und die Vertretung bei Krankheit und Urlaub regeln. Der Vorteil für den Arbeitnehmer liegt in einer erhöhten Flexibilität und Arbeitszeitsouveränität, ein möglicher Nachteil in nicht planbaren Vertretungslasten für den J.-Partner. Aus der Sicht des Arbeitgebers ist die jederzeitige Besetzung des Arbeitsplatzes weitgehend gewährleistet (Ausnahme: Krankheit aller J.-Partner). Mögliche Nachteile liegen in einer ggf. notwendigen Koordination bei fehlendem Einvernehmen der J.-

Partner, und in Problemen bei der ständig notwendigen Arbeitsübergabe. Das J. ist in § 13 TzBfG geregelt.

Im Einzelnen gibt es verschiedene Varianten: Einerseits die Wahrnehmung eines Arbeitsplatzes durch zwei oder mehr Mitarbeiter im Sinne eines einheitlichen und damit in dem wechselseitigen Bestand voneinander abhängigen Arbeitsverhältnisses, andererseits die Aufteilung eines Vollzeitarbeitsplatzes in zwei getrennte Arbeitsplätze ganz oder überwiegend ohne wechselbezügliche Abhängigkeit (Job-Splitting). Bei dieser Form besteht ein fließender Übergang zur gewöhnlichen Teilzeitarbeit. Inhaltlich können Arbeitsplätze rein zeitlich aufgeteilt werden (z.B. zwischen Vormittag und Nachmittag, zwischen der ersten und der zweiten Wochenhälfte etc.). Ferner ist eine funktionale Teilung des Arbeitsplatzes nach verschiedenen Tätigkeitselementen möglich, die regelmäßig mit einer zeitlichen Aufteilung einhergeht.

Vgl. auch → Arbeitsteilung.

Jubiläumsgabe, → Jubiläumszuwendung.

Jubiläumszuwendung, *Jubiläumsgabe.* J. sind Leistungen des Arbeitgebers aus Anlass des Arbeitsjubiläums eines Mitarbeiters oder auch eines Firmenjubiläums. Auf derartige Zahlungen besteht teilweise ein tarifvertraglicher oder arbeitsvertraglicher Rechtsanspruch; vielfach werden Leistungen auch auf freiwilliger Basis erbracht. In der Praxis überwiegen Geldleistungen, sei es als Festbeträge, sei es als prozentuale Beträge in Abhängigkeit von der monatlichen → Vergütung, wobei üblicherweise mit steigender Betriebszugehörigkeit des Mitarbeiters unter dem Treueaspekt auch die Jubiläumsleistungen steigen. Neben Geldzuwendungen gibt es Sachgeschenke (z.B. eine goldene Uhr). Darüber hinaus spielen Maßnahmen der Vermögensbildung in Arbeitnehmerhand eine Rolle, insbesondere die Ausgabe von → Belegschaftsaktien bei börsennotierten Aktiengesellschaften zu einem sehr günstigen Bezugspreis. Leistungen aus Anlass eines Firmenjubiläums werden vielfach bei 100-jährigem, aber auch bei 25-, 50-, 75-, 125-jährigem usw. Firmenjubiläum gewährt. Derartige Leistungen differieren regelmäßig gleichfalls nach der jeweiligen Zugehörigkeit des Mitarbeiters zum Unternehmen. Auch anlässlich von Firmenjubiläen werden Sachleistungen (Gedenkmünzen, Bildbände), Maßnahmen der Vermögensbildung in Arbeitnehmerhand sowie besondere Jubiläumsveranstaltungen für die Belegschaft durchgeführt. Für die steuerliche Behandlung bestehen z.T. Sonderregeln.

Vgl. auch → Vergütungspolitik.

Jugendarbeitsschutz. Jugendliche bedürfen wegen ihrer noch nicht abgeschlossenen körperlichen und seelischen Entwicklung eines besonderen Schutzes vor Gefahren und Schäden durch das Arbeitsleben. Dieses Ziel zu verwirklichen ist Aufgabe des Jugendarbeitsschutzgesetzes. Für Kinder bis zum vollendeten 15. Lebensjahr ist eine berufliche Arbeit grundsätzlich verboten (Verbot der Kinderarbeit, §§ 5, 2 JArbSchG). Nur in engen Ausnahmen ist eine Tätigkeit von Kindern bis zum 15. Lebensjahr erlaubt; so z.B. die geringfügige und gelegentliche Hilfeleistung aus Gefälligkeit, aufgrund familienrechtlicher Vorschriften, in Einrichtungen der Jugendhilfe oder Einrichtungen zur Eingliederung Behinderter. Ein Betriebspraktikum während der Vollzeitschulpflicht ist zulässig. §§ 5, 6 JArbSchG sehen weitere Ausnahmen vor. Nicht vollzeitschulpflichtige Kinder unter 15 Jahren dürfen außerhalb eines Berufsausbildungsverhältnisses nur mit leichten und für sie geeigneten Tätigkeiten bis zu sieben Stunden täglich und 35 Stunden wöchentlich beschäftigt werden. Vollzeitschulpflichtige Jugendliche zwischen 15 und 18 Jahren unterliegen denselben Beschränkungen wie Kinder. Besteht keine Vollzeitschulpflicht mehr, darf der Jugendliche über 15 Jahre grundsätzlich bis zu acht Stunden täglich, wöchentlich bis zu 40 Stunden (§ 8 JArbSchG) beschäftigt werden. Gefährliche Arbeiten, Akkordarbeit, tempoabhängige Arbeiten und Arbeiten unter Tage sind unzulässig (§ 22-24 JArbSchG). Darüber hinaus bestehen besondere Regelungen bezüglich der Arbeitszeit von Jugendlichen unter 15 Jahren (für 16- bzw. 17-jährige Jugendliche bestehen z.T. Sonderregeln, § 14 JArbSchG), so z.B. eine Beschäftigungsbegrenzung auf die Zeit zwischen 6 bis 20 Uhr (§14 JArbSchG), ein Beschäftigungsverbot an Samstagen und Sonntagen (§§ 16, 17 JArbSchG) sowie eine Spezialregelung für den Berufsschulunterricht (§ 9 JArbSchG). Auch besteht eine deutlich höhere Mindesturlaubsdauer (§ 19 JArbSchG) im Vergleich zu §3 BUrlG. Durch besondere Einstellungs-

und Nachuntersuchungen wird der Gesundheitszustand von Jugendlichen untersucht, um rechtzeitig medizinischen Gefahren durch das Arbeitsleben entgegenzuwirken (§§ 32ff. JArbSchG). Betriebsverfassungsrechtlich werden die Belange der Jugendlichen durch die → Jugend- und Auszubildendenvertretung wahrgenommen (§ 60ff., 72ff. BetrVG).

Jugend- und Auszubildendenvertretung Die J.- u. A. nimmt die spezifischen Interessen junger Arbeitnehmer bis zum vollendeten 18. Lebensjahr sowie Auszubildender bis zur Vollendung des 25. Lebensjahres wahr (§ 60 Abs. 1 BetrVG). Zu diesem Zweck wird von den genannten Personengruppen die J.- u. A. gewählt, die ähnlich wie der → Betriebsrat auf Betriebsebene angesiedelt ist, wobei in Unternehmen mit mehreren Betrieben zusätzlich eine durch Delegierte aus den einzelnen J.- u. A. besetzte → Gesamt-Jugend- und Auszubildendenvertretung gebildet wird (§ 72 BetrVG). Die Wahlen finden in regelmäßigen Abständen alle zwei Jahre in der Zeit vom 1.10 bis 30.11. statt (§ 64 Abs. 1 BetrVG). Der im Vergleich zu den → Betriebsratswahlen (alle vier Jahre) wesentlich kürzere Wahlzyklus trägt dem Umstand Rechnung, dass sich die Interessen der Auszubildenden nach Abschluss der Ausbildung grundsätzlich ändern, was auch durch die Begrenzung des aktiven Wahlrechts auf Auszubildende bis 25 Jahre und Arbeitnehmer bis zum vollendeten 18. Lebensjahr seinen Ausdruck findet. Die J.- u. A. nimmt ihre Rechte vorrangig durch Unterstützung des Betriebsrats wahr. Hierzu dient das Recht, Maßnahmen zugunsten junger Arbeitnehmer und Auszubildender beim Betriebsrat zu beantragen (§ 70 Abs. 1 Ziff. 1 BetrVG), Beschlüsse des Betriebsrats, welche die Belange junger Arbeitnehmer nicht hinreichend beachten, aussetzen zu lassen (§ 66 BetrVG) und an allen Betriebsratssitzungen teilnehmen zu können (§ 67 BetrVG). Daneben hat der Betriebsrat Jugend- und Auszubildendenvertreter zur Besprechung mit dem Arbeitgeber beizuziehen, wenn die Belange junger Arbeitnehmer besprochen werden sollen (§ 68 BetrVG). Schließlich können Sprechstunden abgehalten werden (§ 69 BetrVG); ferner gibt es Jugend- und Auszubildendenversammlungen, an denen alle jungen Arbeitnehmer teilnehmen (§ 71 BetrVG). Die grundsätzliche Aufgabenstellung der J.- u. A. beschreibt § 70 BetrVG dahingehend, alle spezifischen Interessen des betroffenen Personenkreises zu vertreten.

K

Kaizen. Der aus dem Japanischen stammende Begriff bedeutet soviel wie „Veränderung zum Besseren" und soll ein Streben nach ständiger, nie abgeschlossener Verbesserung ausdrücken. K. ist jedoch nicht als eine bestimmte Methode zu verstehen, sondern mehr im Sinne einer Einstellung oder Geisteshaltung, welche alle Verhaltensweisen des Menschen im täglichen Leben, eingeschlossen das Arbeitsleben, leiten soll. K. hat inzwischen als Denkweise oder Programm Eingang gefunden in die Bemühungen vieler Unternehmen, ein hohes Qualitätsniveau ihrer Produkte und Dienstleistungen zu erreichen. Danach wird K. als das gesamte Unternehmen und alle seine internen wie externen Aktivitäten umfassende Anstrengung zur Verbesserung betrachtet, die ausschließlich auf das Qualitätsziel hin orientiert sind, denn nur so kann ein Unternehmen erfolgreich sein und auch in Zukunft weiterbestehen. Der Qualitätsbegriff wird hier definiert bzw. → Qualität gemessen an der Eignung der Produkte oder Dienstleistungen, die Anforderungen der Kunden höchstmöglich zu erfüllen. Mit inhaltlich gleicher Bedeutung wird in den USA und in Europa oft auch von *Continuous Improvement Process (CIP)* gesprochen. V.a. im Rahmen des sog. → Total Quality Managements (TQM) wird versucht, K. bzw. CIP als alle Mitarbeiter, jeden einzelnen → Arbeitsplatz und alle Führungsebenen betreffende Denk- und Verhaltensweise zu implementieren.
Vgl. auch → Benchmarking, → Qualitätszirkel.

Kapitalbeteiligung, → Vermögensbildung.

Kapovaz. K. steht als Abkürzung für kapazitätsorientierte variable Arbeitszeit. Die K. lässt sich den Modellen zur Flexibilisierung der → Arbeitszeit zuordnen und sieht vor dass die in einem bestimmten Zeitraum, z.B. Jahr, Monat, feststehende Arbeitszeit des Mitarbeiters je nach Arbeitsanfall im Unternehmen kurzfristig eingeteilt und abgerufen werden kann. Wochentag, Uhrzeit und Dauer der Arbeitsleistung werden demnach vom Arbeitgeber entsprechend der Auftragslage oder produktionstechnischen Notwendigkeiten, Absprachen mit dem Kunden o.Ä. festgelegt (vgl. § 12 Abs. 1 TzBfG). Bestehen über Lage und Dauer der Arbeitszeit keine Vereinbarungen, z.B. in einem Tarifvertrag, ist nach § 12 Abs. 2 TzBfG dem Mitarbeiter mindestens vier Tage im voraus die Lage seiner Arbeitszeit mitzuteilen und je Tag der Inanspruchnahme des Mitarbeiters eine Mindestarbeitszeit von drei aufeinanderfolgenden Stunden vorzusehen, je Woche ist der Mitarbeiter nach diesem Gesetz mindestens zehn Stunden zu beschäftigen (§ 12 Abs. 1 TzBfG). Die entsprechenden gesetzlichen Regelungen sind nach § 12 Abs. 3 TzBfG tarifdispositiv. Eine Vereinbarung der Geltung abweichender tarifvertraglicher Regelungen auch auf nicht tarifgebundene Arbeitnehmer ist möglich.
Vgl. auch → Jahresarbeitszeitkonto.

Karenzentschädigung. Arbeitsverträge enthalten z.T. → Konkurrenzverbote, und zwar nicht nur für die Dauer der Beschäftigung, sondern auch für die Zeit danach (nachvertragliches Konkurrenz- oder Wettbewerbsverbot). Voraussetzung für die Wirksamkeit einer solchen Klausel ist die Verpflichtung des Arbeitgebers zur Zahlung einer Vergütung für die Einhaltung des Wettbewerbsverbotes; diese Vergütung wird als K. bezeichnet. §§ 74ff. HGB enthalten hierzu verschiedene Voraussetzungen, die von der Rechtsprechung über den kaufmännischen Anwendungsbereich hinaus auf alle Arbeitnehmer analog angewendet werden. Im Einzelnen verlangt § 74 Abs. 2 HGB, dass der Arbeitgeber für die Dauer des Wettbewerbsverbotes eine Entschädigung zahlt, die für jedes Jahr des Verbotes mindestens die Hälfte der von dem Arbeitnehmer zuletzt bezogenen vertragsmäßigen Leistungen erreicht. Der Arbeitgeber kann vor Beendigung des Arbeitsverhältnisses durch schriftliche Erklärung auf das Wettbewerbsverbot mit der Wirkung verzichten, dass er mit Ablauf eines Jahres seit der Erklärung von der Verpflichtung zur Zahlung der Entschädigung frei wird (§ 75a HGB). Sonderregelungen für den Fall der → Kündigung des Arbeitsverhältnisses im Hinblick auf das Wettbewerbsverbot enthält darüber hinaus § 75 HGB. Auf die zu zahlende Entschädigung hat sich der Arbeitnehmer dasjenige anrechnen zu lassen, das er durch anderweitige Verwertung seiner Arbeitskraft erwirbt oder zu erwerben böswillig unterlässt, soweit die Entschädigung unter Hinzurechnung dieses Betrages die zuletzt bezogenen vertragsgemäßen Leistungen um mehr als 10 % übersteigt (§ 74 c HGB). Von besonderer praktischer Bedeutung ist, dass die dargestellten Regelungen nicht durch vertragliche Vereinbarung zum Nachteil des Arbeitnehmers geändert werden können (§ 75d HGB).

Karriere. Der Begriff K. wird häufig synonym mit → Aufstieg gebraucht und soll eine berufliche Entwicklung bezeichnen, die durch das Erreichen herausgehobener Führungspositionen in der betrieblichen → Hierarchie oder/ und den Erwerb besonderer, höherwertiger Qualifikationen (z.B. Fortbildung vom Facharbeiter zum Diplom-Ingenieur) gekennzeichnet ist. Neben dieser deutlich aufstiegsorientierten Bedeutung wird der Begriff heute auch zur Bezeichnung des Ausbildungs- und Berufsweges oder der gesamten beruflichen Entwicklung eines Menschen benutzt, unabhängig von einer Bewertung im Sinne eines Auf- oder Abstiegs.
Vgl. auch → Beförderung, → Laufbahn, → Laufbahnplanung, → Mobilität.

Karrierebörsen, → Jobbörsen.

Kennzahlenmethode. Die K. ist ein Hilfsmittel der → Personalplanung zur Ermittlung oder Prognose des → Personalbedarfs. Kennzahlen sind Bezugszahlen, die Abhängigkeiten des Personalbedarfs von anderen betriebswirtschaftlichen Größen darstellen, z.B. Auftragsvolumen, produzierte Einheiten, Umsatz, Arbeitszeit, Arbeitsproduktivität. Voraussetzung zur Planung mit Kennzahlen ist, dass weitgehend stabile Beziehungen zwischen der Entwicklung dieser Größen und dem Personalbedarf bestehen und Scheinkorrelationen ausgeschlossen werden können. Die K. kann i.d.R. sinnvoll angewandt werden, wenn der Personalbedarf weitgehend von der Zahl produzierter oder bearbeiteter quantitativer Einheiten bestimmt wird. Hier lassen sich am ehesten Zusammenhänge zwischen Bezugsgröße und Personalbedarf darstellen, eine wichtige Größe dabei ist die Arbeitsproduktivität.
Vgl. auch → Stellenplanmethode.

Kettenarbeitsverhältnis. Werden befristete Arbeitsverhältnisse nach ihrem Ablauf durch ein erneutes befristetes Arbeitsverhältnis fortgesetzt (u.U. mehrfach), spricht man von einem K. → Befristete Arbeitsverhältnisse sind grundsätzlich nur zulässig, wenn entweder ein sachlicher Grund für die Befristung nach §14 Abs. 1 TzBfG vorliegt oder ausnahmsweise nach §14 Abs. 2 TzBfG kein Sachgrund vorliegen muss. Das ist der Fall, wenn es sich um eine Neueinstellung handelt, der Arbeitnehmer noch nie bei diesem Arbeitgeber beschäftigt war und eine Maximaldauer von zwei Jahren nicht überschritten wird. Innerhalb dieser Zwei-Jahresfrist darf ein befristeter Arbeitsvertrag höchstens dreimal verlängert werden K. können somit nicht nach dem TzBfG gerechtfertigt werden. Soweit die Zulässigkeit auf das Bestehen eines sachlich gerechtfertigten Grundes gestützt wird, gilt dies auch für K. Auch die Aneinanderreihung mehrfach mit Sachgrund befristeter Arbeitsverträge soll nach neuer Rechtsprechung des BAG nicht dazu führen, dass an die Prüfung der Sachgründe besonders hohe Anforderungen zu stellen wären.

Kinderzuschlag. Die → Vergütung für die geleistete Arbeit orientiert sich üblicherweise unabhängig davon, ob sie tarifvertraglich oder individualarbeitsvertraglich geregelt ist, an dem Wert der geleisteten Arbeit, ermittelt nach den verschiedenen Methoden der → Arbeitsbewertung. Dies hat zur Konsequenz, dass die familiäre Situation des Arbeitnehmers für die Vergütungsfindung ohne Bedeutung ist. Allerdings kennen einige Tarifverträge in Abweichung von dieser vergütungspolitischen Ausrichtung Einkommenszulagen in Abhängigkeit von der familiären Situation. Dies gilt insbesondere für die Tarifverträge des öffentlichen Dienstes und der dem öffentlichen Dienst nahestehenden Einrichtungen. Sie sehen – wie auch das Beamtenrecht – eine Grundvergütung vor, die für verheiratete Mitarbeiter durch einen Verheiratetenzuschlag und für jedes Kind durch einen Kinderzuschlag erhöht wird. Mit derartigen, auf den Bedarf des Mitarbeiters und nicht auf seine Arbeitsleistung ausgerichteten Gehaltsbestandteilen übernimmt die → Vergütungspolitik Aufgaben, die an sich der staatlichen Familienpolitik vorbehalten sind. Auch außerhalb des öffentlichen Dienstes gibt es in Einzelfällen besondere → Haushaltszulagen, die – entweder in einem Festbetrag oder aber in einem bestimmten Prozentsatz des Einkommens – bei Unterhaltung eines eigenen Hausstandes gezahlt werden.

Kleinbetriebe. Eine Reihe von arbeitsrechtlichen Schutzvorschriften gilt nicht für K., um deren Tätigkeit nicht zu erschweren und insbesondere auch die Gründung neuer K. nicht zu behindern. Die Errichtung eines → Betriebsrates kommt nur für → Betriebe mit i.d.R. mindestens fünf ständig wahlberechtigten Arbeitnehmern in Betracht (§1 BetrVG). Die Regelfreistellung von Betriebsratsmitgliedern setzt mindestens 200 Arbeitnehmer voraus (§38 Abs. 1 BetrVG). Unterhalb dieser Schwelle gilt allerdings die allgemeine Freistellungsregelung des §37 Abs. 2 BetrVG, wonach der Arbeitgeber die Betriebsratsmitglieder für die Ausübung der Betriebsratstätigkeit in dem notwendigen Umfang zu befreien hat. Die → Mitbestimmung bei personellen Einzelmaßnahmen gemäß §99 BetrVG gilt nur für Betriebe mit i.d.R. mehr als 20 wahlberechtigten Arbeitnehmern. Die Aufstellung von Auswahlrichtlinien kann der Betriebsrat nur in Betrieben mit mehr als 500 Arbeitnehmern verlangen (§95 Abs. 2 BetrVG). Die Einrichtung eines Wirtschaftsausschusses setzt voraus, dass das betreffende Unternehmen regelmäßig mehr als 100 Mitarbeiter ständig beschäftigt (§106 Abs. 1 BetrVG). Nur in Unternehmen mit i.d.R. mehr als 1.000 ständig beschäftigten Arbeitnehmern hat der Unternehmer mindestens einmal in jedem Kalendervierteljahr die einzelnen Arbeitnehmer schriftlich über die wirtschaftliche Lage und Entwicklung des Unternehmens zu unterrichten (§110 Abs. 1 BetrVG). Wesentliche Nachteile für die Belegschaft im Sinne des §111 BetrVG liegen nur vor, wenn die Voraussetzungen des §17 Abs. 1 KSchG gegeben sind (in Betrieben bei 21 bis 59 Arbeitnehmern mehr als fünf betroffene Arbeitnehmer, von 60 bis 499 Arbeitnehmern mindestens 10 % oder mehr als 25 Arbeitnehmer, in Betrieben mit mindestens 500 Arbeitnehmern mindestens 30 Arbeitnehmer). Für die Erzwingung eines → Sozialplans als Folge einer → Betriebsänderung sieht §112a BetrVG in vergleichbarer (jedoch nicht identischer) Form Ausnahmeregelungen in Abhängigkeit von der Betriebsgröße vor.

Die Wahl eines Sprecherausschusses setzt nach §1 SprAuG voraus, dass mindestens zehn → leitende Angestellte in dem betreffenden Betrieb tätig sind. Schließlich kennt das KSchG in §23 Abs. 1 eine wichtige Ausnahme, wonach der → Kündigungsschutz für Betriebe mit i.d.R. fünf oder weniger Arbeitnehmern nicht gilt.

Knappschaftsversicherung. Die K. ist ein spezieller Zweig der gesetzlichen → Sozialversicherung. Sie ist für die Kranken- und → Pflegeversicherung der in Bergbauunternehmen sowie in bergbaulichen Nebenbetrieben beschäftigten Arbeitnehmer zuständig. Für die Rentenversicherung ist seit dem 1.10.2005 die Deutsche Rentenversicherung Knappschaft-Bahn-See zuständig. Ihre Leistungen sind traditionell höher als diejenigen der vergleichbaren Versicherungsträger, was durch entsprechend höhere Beiträge finanziert wird. Die gesetzliche Beitragsbemessungsgrenze in der K. ist höher als in der gesetzlichen Versicherung, wobei die Abgaben für die gesetzliche Rente nicht zur Hälfte vom Arbeitgeber und den Arbeitnehmern, sondern zu knapp zwei Drittel von dem Arbeitgeber und nur zu gut einem Drittel von den Arbeitnehmern aufgebracht werden. Das beruht darauf, dass der Beitragssatz zur knappschaftlichen Rentenversicherung insgesamt um ca. ein Drittel höher ist und der erhöhte Anteil allein von dem Arbeitgeber getragen wird. Von besonderer Bedeutung sind die vorgezogenen Rentenleistungen, insbesondere die Bergmannsrente wegen verminderter bergmännischer Berufsfähigkeit. Im Bereich der → Krankenversicherung liegt ein Schwerpunkt der Tätigkeit neben den typischen krankenversicherungsrechtlichen Leistungen in der Vorbeugung vor (→ Berufskrankheiten).
Vgl. auch → Rentenrecht.

Koalition. Der arbeitsrechtliche Koalitionsbegriff stimmt mit dem wortgleichen politischen Begriff nur äußerlich überein. Arbeitsrechtliche K. sind → Gewerkschaften und →

Arbeitgeberverbände. Ihr entscheidendes Wesensmerkmal ist die Tarifvertragsfähigkeit nach §2 Abs. 1 TVG, wobei auf Arbeitgeberseite neben den Arbeitgeberverbänden das einzelne Unternehmen zum Abschluss von Tarifverträgen befugt ist. Neben der arbeitsrechtlichen Bedeutung sind die K. auch in sonstiger Hinsicht Interessenvertreter ihrer Mitglieder, sei es nach innen (Beratung, Vertretung in Gerichtsverfahren, Serviceleistungen verschiedener Art), sei es nach außen durch Abgabe von Stellungnahmen zu Themen, die die Belange der Arbeitnehmer bzw. Arbeitgeber berühren. Darüber hinaus koordinieren die K. die Tätigkeit in den Selbstverwaltungsgremien der Sozialversicherungsträger (Arbeitslosenversicherung, Rentenversicherung, Krankenversicherung, Unfallversicherung). Schließlich nehmen die K. zu Themen Stellung, die keinen unmittelbaren Bezug zu den direkt von ihnen zu verantwortenden Interessen ihrer Mitglieder haben (z.B. Sozialpolitik, Innenpolitik, Bildungspolitik, Familienpolitik, Kulturpolitik). Vgl. auch → Tarifvertrag.

Koalitionsfreiheit, *Vereinigungsfreiheit.* Das Grundgesetz (Art. 9 Abs. 3 GG) enthält eine umfassende Garantie der K. Die positive K. umfasst das Recht, → Koalitionen zu gründen, als Koalition tätig zu werden (insbesondere zum Abschluss von Tarifverträgen, aber auch zur Wahrung der Belange der Mitglieder), sich in Koalitionen zu organisieren und infolge des Engagements für eine Koalition keine negativen Beeinträchtigungen zu erfahren. Dies ist insbesondere wichtig für die Mitarbeit von Arbeitnehmern in → Gewerkschaften, die der Arbeitgeber nicht zum Anlass von Schlechterstellungen nehmen darf. Auch die negative K. ist gewährleistet; dies bedeutet den verfassungsrechtlichen Schutz, einer Koalition fernzubleiben und hierfür ebenso wenig Nachteile zu erfahren wie für das Engagement in einer Koalition. Regelungen wie in den USA, die bei einer mehrheitlichen Entscheidung der Belegschaft eines Betriebes für eine Gewerkschaft faktisch einen Beitrittszwang des einzelnen, anders votierenden Mitarbeiters beinhalten, wären in Deutschland verfassungswidrig. Rechtswidrig sind damit alle Klauseln, die direkt oder indirekt einen Druck zum Beitritt in eine Gewerkschaft ausüben oder die Inkaufnahme von Nachteilen bei Nichtbeitritt begründen. Hierzu zäh-

len z.B. tarifvertragliche Differenzierungs- oder Abstandsklauseln, die für Gewerkschaftsmitglieder eine Besserstellung im Vergleich zu Nichtgewerkschaftsmitgliedern bewirken sollen, indem den Arbeitgebern verboten wird, tarifvertragliche Regelungen auf die von der rechtlichen Bindungswirkung nicht erfassten Außenseiter zu übertragen. Unzulässig ist auch ein von dem Arbeitgeber oder dem → Betriebsrat ausgeübter Druck, als Voraussetzung für eine Einstellung einen Aufnahmeantrag in die Gewerkschaft zu unterschreiben. Mangels eines kodifizierten Arbeitskampfrechts ist Art. 9 Abs. 3 GG in Verbindung mit daraus höchstrichterlich abgeleiteten allgemeinen Rechtsprinzipien die maßgebliche Rechtsgrundlage für die Abgrenzung zulässiger von unzulässigen Arbeitskämpfen und einzelnen Arbeitskampfmaßnahmen.

kollektives Arbeitsrecht. Das → Arbeitsrecht lässt sich in individuelles und k. A. unterteilen. Während das individuelle Arbeitsrecht die Rechte und Pflichten der Arbeitnehmer und Arbeitgeber als Individualpersonen betrifft, richtet sich das kollektive Arbeitsrecht an die Gesamtheit oder wesentliche Teile von Arbeitnehmern und Arbeitgebern. Hierzu zählen das Tarifvertragsrecht einschließlich des Arbeitskampfrechts, das Betriebsverfassungs-, Personalvertretungs- und das Sprecherausschussrecht. Während das Betriebsverfassungs-, Personalvertretungs- und Sprecherausschussrecht durchgehend kodifiziert ist (BetrVG, PersVG, SprAuG), enthält das Tarifvertragsgesetz nur Einzelregelungen für das Zustandekommen und die Wirkung von Tarifverträgen. Das Arbeitskampfrecht ist nicht gesetzlich geregelt, sondern – abgesehen von der verfassungsrechtlichen Koalitionsgarantie einschließlich der daraus abzuleitenden Befugnis für Arbeitskämpfe (Art. 9 Abs. 3 GG) – nur in Einzelregelungen erwähnt (vgl. das Verbot von Arbeitskämpfen für Betriebsräte nach §74 Abs. 2 BetrVG und die Rechtsfolgen von Arbeitskämpfen bezüglich der Zahlung von Arbeitslosengeld in § 146 SGB III). Es ist daher Aufgabe der Rechtsprechung, hierfür Regeln im Rahmen richterlicher Rechtsfortbildung zu entwickeln. Trotz verschiedener in der Rechtswissenschaft erarbeiteter Gesetzentwürfe für ein Arbeitskampfrecht ist aus politischen Gründen mit einer Kodifizierung nicht zu rechnen.

Kombilohn. Löhne und Gehälter umfassen je nach dem gültigen → Tarifvertrag oder dem innerbetrieblichen Vergütungssystem verschiedene Bestandteile. Hierzu zählen die fest vereinbarte Bezahlung (das Grundgehalt), bemessen als Monats- oder Stundenvergütung, ferner unregelmäßige Bestandteile für geleistete → Wechselschicht, → Mehrarbeit, für Erschwernisse bei der Arbeit sowie für Ruf- oder → Arbeitsbereitschaft. Hinzu kommen Einmalzahlungen (Weihnachtsgeld, Urlaubsgeld) sowie ggf. leistungsabhängige Vergütungsbestandteile wie → Leistungszulagen, → Prämien oder → Tantiemen. Insofern bestehen Löhne und Gehälter regelmäßig aus „kombinierten" Vergütungselementen, ohne dass sie als solche bezeichnet werden. In neuerer Zeit wird jedoch tarif- und vergütungspolitisch die Frage eines K. insbesondere von Arbeitgebervertretern in die Diskussion eingeführt. Dabei wird unter einem K. eine Mitarbeiterbezahlung verstanden, die sich in drei Elemente unterteilt: Eine fest vereinbarte, insbesondere tarifvertraglich geregelte → Vergütung, eine leistungsabhängige Zulage sowie eine weitere arbeitgeberseitige Zahlung, die von dem wirtschaftlichen Erfolg des Unternehmens abhängt. Damit soll erreicht werden, dass Arbeitnehmer in stärkerem Umfang leistungsabhängig bezahlt werden und darüber hinaus in positivem wie in negativem Sinne an dem wirtschaftlichen Ergebnis ihres Unternehmens teilhaben. Auf diese Weise würde eine in Zeiten wirtschaftlicher Prosperität zugesagte Vergütungserhöhung nicht in allen Punkten den Charakter einer dauerhaften Zusage haben. Eine solche Umstrukturierung der Vergütung wäre praktisch dadurch zu erreichen, dass künftige Tariflohnsteigerungen nur teilweise die Festgehälter betreffen, im Übrigen aber für die genannten → Zulagen eingesetzt würden. Die → Gewerkschaften haben eine solche Regelung bisher abgelehnt, weil sie darin eine unangemessene Risikoverlagerung auf die Arbeitnehmer sehen.

Da der Begriff des K. gesetzlich nicht definiert ist, wird er teilweise auch in politischen Diskussionen mit einem anderen Begriffsverständnis benutzt. Dabei geht es einmal um eine Unterstützung für Neueinstellungen seitens der Bundesagentur für Arbeit (Arbeitsverwaltung), die zusätzlich zu einem – als Anreiz für Neueinstellungen gedachten – niedrigeren Gehalt, zahlbar durch den Arbeitgeber, einen Zuschuss leistet, so dass der Arbeitnehmer beide Zahlungen „kombiniert" erhält. Elemente solcher Lohnkostensubventionierung enthält das SGB III (Arbeitsförderun) für → Arbeitsbeschaffungsmaßnahmen, die dazu dienen, Arbeitslosigkeit abzubauen und den arbeitslosen Arbeitnehmern die Wiedereingliederung zu ermöglichen, und mit denen zusätzliche und im öffentlichen Interesse liegende Arbeiten durchgeführt werden (§§260 ff. SGB III). Die Zuschüsse an den Arbeitgeber zu den Lohnkosten werden pauschal je nach der erforderlichen Qualifizierung gezahlt und betragen zwischen 900 und 1.300 Euro monatlich (§264 SGB III). Daneben gibt es für den Arbeitgeber u.U. auch sog. Eingliederungszuschüsse für die Eingliederung von Arbeitnehmern mit Vermittlungshemmnissen (§§217 ff. SGB III). Forderungen nach Einführung eines K. bedeuten eine Erweiterung dieses arbeitsförderungsrechtlichen Instrumentariums mit allen Fragen, die eine Lohnsubvention aufwirft. Schließlich wird der Begriff K. auch benutzt, um eine Aufteilung der Vergütung in eine an den Arbeitnehmer auszahlbare Leistung als „normales" Gehalt und einen darüber hinaus im Unternehmen verbleibenden, dort investierten Vergütungsbestandteil zu verdeutlichen. In diesem Sinne ist der Anlageteil des K. gleichzusetzen mit einem → Investivlohn, der das Ziel verfolgt, die Lohnkostenbelastung des Arbeitgebers im Zeitpunkt der Auszahlung zu reduzieren und zugleich einen Anreiz für die Arbeitnehmer zu schaffen, ihr Einkommen teilweise im eigenen Unternehmen zu investieren. Auch solche Modelle sind bisher nicht verwirklicht worden. Das Angebot von → Belegschaftsaktien zählt nicht dazu, da es sich insoweit um eine zusätzliche Sozialleistung, nicht aber um die Umwandlung von Lohn und Gehalt in Bezugsrechte handelt.

Vgl. auch → Vergütungspolitik, → Ein-Euro-Job.

Kommunikation. Fast jede Tätigkeit in Betrieben und Unternehmen erfordert den Austausch von Informationen zwischen Mitarbeitern aller Funktionsbereiche und -ebenen. Unter K. wird hier ein Austausch von Informationen verstanden, der sich als formelle K. analog der organisatorischen Gliederung über vertikale, horizontale und diagonale Kommunikationskanäle oder -wege vollzieht. Vertikale Kommunikationswege verbinden die in einem direkten Vorgesetzten-/ Mitarbeiterverhältnis zueinander stehenden Personen (oft auch als Dienstweg bezeichnet). Horizontale Kommunikationswege dienen der Informationsübermittlung zwischen Mitarbeitern auf derselben Hierarchieebene, sie ermöglichen die erforderlichen Querinformationen, beschleunigen den Informationsfluss und entlasten überdies häufig die → Hierarchie. Diagonale Kommunikationswege verbinden Stelleninhaber auf unterschiedlichen Hierarchieebenen miteinander, die nicht in einem direkten Vorgesetzten-/ Mitarbeiterverhältnis zueinander stehen. Sie dienen wie die horizontale K. der Informationsbeschleunigung und Entlastung des Dienstweges. Die Gesamtheit der in einem Unternehmen, Bereich, Betrieb oder in einer Abteilung bestehenden Kommunikationswege wird als deren Kommunikationsstruktur bezeichnet. Die Praxis und zahlreiche experimentelle Studien zeigen, dass die jeweiligen Kommunikationsstrukuren entscheidend die → Motivation und → Leistung aller Mitarbeiter im Unternehmen beeinflussen und sich damit auch auf die Leistungs- und Wettbewerbsfähigkeit des Unternehmens insgesamt auswirken. Von daher zählt eine effektive Gestaltung der Kommunikationsstrukturen mit zu den Führungsaufgaben jedes Vorgesetzten, v.a. muss dies jedoch ein unternehmens- und personalpolitisches Anliegen sein. Insbesondere sind lange, überdehnte, aufgaben- oder problemferne horizontale und vertikale Kommunikations- und Entscheidungswege auf ein wirklich erforderliches Ausmaß zu reduzieren (→ Lean Management).

Neben dieser, mehr organisatorisch-strukturellen Dimension der K. sind aber auch die menschlich-persönlichen Aspekte der K. zu bedenken: Kommunikationsfähigkeit und -bereitschaft sowie der Wille zu offener und fairer K. bei allen Unternehmensangehörigen müssen ebenfalls vorhanden sein, insoweit ist K. auch ein Führungsinstrument. Fehlt es daran, kommt sinnvolle K. entweder nicht zustande, werden notwendige Informationen (fahrlässig oder absichtlich) zurückgehalten, verzögert oder K. degeneriert quasi zu einem mikropolitischen, taktisch eingesetzten Machtinstrument – mit meistens negativen Folgen v.a. für die Leistungsbereitschaft der Mitarbeiter und das → Betriebsklima. Hier ist es u.a. Aufgabe von → Führungsgrundsätzen, der → Personalent-

wicklung und → Führungskräfteentwicklung sowie der betrieblichen → Weiterbildung, Ansprüche an eine positive K. zu formulieren sowie Führungskräfte und Mitarbeiter zu positiver K. zu befähigen. Schließlich ist K. im Rahmen der innerbetrieblichen Mitbestimmung rechtlich geboten, da der Betriebsrat in zahlreichen Fällen einen Informations- und Beratungsanspruch hat (§§ 74 Abs. 1, 80 Abs. 2, 89, 90, 92, 96, 97, 98, 106, 111 BetrVG). Entsprechendes gilt für das Verhältnis des Arbeitgebers zu dem Sprecherausschuss (§§ 25 Abs. 2, 30, 31, 32 SprAuG). Im Übrigen ist eine offene, als Daueraufgabe verstandene Informations- und Kommunikationsbereitschaft eine wesentliche Voraussetzung für eine vertrauensvolle Zusammenarbeit der Betriebsparteien (§§ 2 BetrVG, 2 SprAuG) und für eine effiziente Gestaltung der innerbetrieblichen Mitbestimmung im Interesse aller Beteiligten.

Vgl. auch → Führungsfähigkeit, → Mitarbeiterinformation, → Mitarbeitergespräch, → Werkszeitung.

Kompetenz. Der Begriff zielt auf zwei Sachverhalte: a) *Ursprünglich* meint K. die mit einer bestimmten hierarchischen Position in Organisationen (z.B. in einem Unternehmen) verbundene Anordnungs- oder Weisungsbefugnis des Stelleninhabers gegenüber anderen, z.B. Mitarbeitern (funktionale oder positionale → Autorität), oder aber die damit verbundene Befugnis bzw. Berechtigung, innerhalb eines bestimmten Entscheidungsrahmens für die Organisation verbindliche Entscheidungen zu treffen.

b) *In den vergangenen Jahren* hat sich die inhaltliche Bedeutung von K. aber mehr in Richtung eines Synonyms für → Qualifikation verschoben. Unterschieden wird hier häufig nach fünf K.-Formen: (1) Fachkompetenz, (2) Sozialkompetenz, (3) Methodenkompetenz, (4) Führungskompetenz und (5) Repräsentationskompetenz. Fachkompetenz umfasst die berufsfachlichen Kenntnisse und Erfahrungen, die jemanden in die Lage versetzen, die mit einer → Stelle oder einem → Arbeitsplatz verbundenen fachlich-sachlichen Aufgaben angemessen zu bewältigen (→ Anforderungsprofil, → Qualifikationsprofil). Sozialkompetenz bezeichnet die Fähigkeit, konstruktiv mit anderen zusammenzuarbeiten, z.B. mit Kollegen oder Kunden. In vielen Bereichen der modernen Arbeitswelt werden teamartige Arbeitsweisen immer wichtiger, so dass die Entwicklung und Förderung der Sozialkompetenz heute zu einem besonderen personalpolitischen Anliegen geworden ist. Methodenkompetenz bezeichnet die Fähigkeit, die zur Lösung von Arbeitsaufgaben geeigneten Problemlösungsstrategien und -wege zu finden und einzusetzen, auch Lernfähigkeit und → Kreativität, die Suche nach neuen Lösungswegen sowie synergetisches Denken sind damit angesprochen. Führungskompetenz umfasst alle Fähigkeiten, die eine Führungskraft zur zielorientierten → Motivation und → Führung von Mitarbeitern benötigt, z.B. Überzeugungs- und Durchsetzungskraft, Konflikthandhabungs- und Konfliktlösungsfähigkeiten, aber auch Kommunikations-, Entscheidungs- und Moderationsfähigkeiten. Die Repräsentationskompetenz zielt auf die insbesondere heute und in Zukunft für die Unternehmen immer wichtiger werdenden Fähigkeiten v.a. der obersten Führungskräfte, das Unternehmen nach innen und nach außen (auch gegenüber einer kritischen Öffentlichkeit) überzeugend zu vertreten. Dazu zählen z.B. souveräner Umgang mit Medien (Presse, Rundfunk, Fernsehen), rhetorische Fähigkeiten, ein Gespür für Faktoren und Wirkungen hinsichtlich des Unternehmens- oder → Personalimages, die wirksame Mitarbeit in wichtigen Verbänden oder für das Unternehmen interessanten Organisationen. Die Identifizierung, Stärkung und Weiterentwicklung der in den einzelnen Aufgabenbereichen des Unternehmens jeweils relevanten Kompetenzen von Mitarbeitern und Führungskräften ist eine unabdingbare personalpolitische Pflicht, insbesondere aber auch Hauptanliegen einer systematischen → Führungskräfte- und → Personalentwicklung.

Konflikt. Individuen, Gruppen und Organisationen haben Bedürfnisse, Interessen und Ziele, bei deren Verfolgung sie in unterschiedlicher Weise in Gegensatz zu denen anderer Personen, Gruppen oder Organisationen geraten können. K. sind Ausdruck solcher Gegensätze oder Widersprüche. Dies zeigt sich auch in Unternehmen, z.B. Konflikte zwischen einzelnen Bereichen um die Zuweisung begrenzter Investitionsmittel, zwischen Vorgesetzten und Mitarbeitern bei der → Mitarbeiterbeurteilung, aber auch zwischen einzelnen Mitarbeitern einer Arbeitsgruppe, schließlich zwischen Betriebsrat bzw. Sprecherausschuss und dem Arbeitgeber im Rahmen der innerbetrieblichen Mitbestimmung. Insbesondere in der → Betriebssoziologie und → Betriebspsychologie werden zahlreiche Modelle diskutiert, die Kon-flikte nach Art, Ursachen, Erscheinungs- und Verlaufsformen differenzieren und typisieren.

Aus personalwirtschaftlicher Sicht interessieren v.a. die Konfliktursachen im Unternehmen, als wichtigste lassen sich hier unterscheiden: (1) Persönliche Probleme zwischen einzelnen Mitarbeitern, z.B. aufgrund von Antipathie oder einer Konkurrenzsituation (→ Mobbing). (2) Probleme in der Organisation, z.B. widersprüchliche Zuständigkeiten, unklare Kommunikations- und Entscheidungswege. (3) Technische Entwicklungen, z.B. mit der Einführung neuer Arbeitsmittel oder -methoden verbundene Herausforderungen an die Lern- und Umstellungsbereitschaft der Mitarbeiter. (4) → Arbeitsbedingungen, z.B. → Führungsfehler der Vorgesetzten, physische oder psychische Überforderung (→ Stress), schlechtes Betriebsklima. (5) Lohn- und Gehaltsstruktur, z.B. als zu niedrig oder ungerecht empfundene Vergütung, Zuschläge u.Ä. (6) Fehlverständnis der innerbetrieblichen Mitbestimmung, z.B. infolge Gegnerschaft statt → Sozialpartnerschaft. (7) Herrschaftsverhältnisse. Hier werden betriebliche Konflikte als Folge einer in der einseitigen Verfügung über die Produktionsmittel begründeten unüberbrückbaren Divergenz zwischen Kapital- bzw. Arbeitgeberinteressen und den Interessen der Arbeitnehmer bzw. der Betriebsvertretung gedeutet. Häufig findet sich auch eine Einteilung der Konflikte in strukturinduzierte und verhaltensinduzierte Konflikte. Danach sind wesentliche Konfliktquellen schon in den betrieblichen Strukturen angelegt, z.B. in → Personalstruktur, Aufgabenstruktur und Führungsorganisation. Verhaltensinduzierte Konflikte beruhen hiernach vorwiegend auf unterschiedlichen Werthaltungen und Interessenlagen der Betriebsangehörigen sowie daraus resultierenden unterschiedlichen Wahrnehmungen und Interpretationen der Situation im Betrieb oder am → Arbeitsplatz. Da es unmöglich ist, ein Unternehmen (wie auch andere Organisationen o.ä. Gebilde) als konfliktfreie Systeme zu gestalten, kommt es darauf an, Konfliktkontrolle und Konflikthandhabung zu organisieren und damit Möglichkeiten und Formen zu institutionalisieren, Konflikte für alle Beteiligten tragbar und sachlich auszutragen. Über den schon vom

Gesetzgeber hierzu verbindlich gesetzten Rahmen (z.B. zur → Mitbestimmung) hinaus muss es dabei ein Hauptanliegen gestaltender → Personalpolitik sein, die hierfür geeigneten Voraussetzungen zu schaffen. Maßgeblich für den konstruktiven Umgang mit K. sind positive Rahmenbedingungen im Unternehmen, wie ein gutes → Betriebsklima, ausgeprägte → Führungsfähigkeiten der Vorgesetzten, v.a. aber eine von Vertrauen, offener Kommunikation und Fairness geprägte → Unternehmenskultur.

Konkurrentenklage. Die K. ist ein Rechtsinstitut, mit welchem ein übergangener Bewerber für eine Stelle im → öffentlichen Dienst gegen den öffentlichen Arbeitgeber vorgehen kann. Sie wurde ursprünglich im Beamtenrecht entwickelt.
Geht es um die Besetzung einer Beamtenstelle, so besteht die Besonderheit, dass eine einmal vorgenommene Ernennung zum Beamten von einem erfolglosen Mitbewerber nicht mehr angefochten werden kann. Deshalb muss der Rechtsschutz vorverlegt werden. Dazu wird die Auswahlentscheidung dem erfolglosen Mitbewerber mitgeteilt. Dieser muss dann zum einen gegen seine Ablehnung vorgehen und zum anderen die Ernennung des erfolgreichen Kandidaten per einstweiliger Verfügung verhindern. Zuständig sind die Verwaltungsgerichte.
Geht es um die Besetzung einer Angestelltenstelle im öffentlichen Dienst, gelten überwiegend die gleichen Grundsätze, allerdings ist das Verfahren dann vor den Arbeitsgerichten zu führen.
In beiden Fällen können dem rechtswidrig übergangenen Bewerber Schadenersatzansprüche zustehen.

Konkurrenzverbot, *Wettbewerbsverbot.* Das K. beinhaltet die regelmäßig einzelvertraglich begründete Pflicht, Wettbewerbshandlungen im Verhältnis zu dem Arbeitgeber zu unterlassen. Regelmäßig ist sowohl eine abhängige als auch eine selbstständige Tätigkeit erfasst. Eine solche Pflicht kann sowohl für die Zeit des Bestehens des Arbeitsverhältnisses als auch für die nachvertragliche Phase gelten. Im ersteren Falle ist das K. vielfach eine selbstverständliche Ausprägung der arbeitsrechtlichen Treuepflicht (→ Fürsorgepflicht) des Arbeitnehmers. Nachvertragliche K. beeinträchtigen die freie Wahl des Arbeitsplatzes und sind

daher vor dem Hintergrund der → Berufsfreiheit (Art. 12 GG) zu würdigen. Insbesondere in Fällen, in denen dem Arbeitnehmer aufgrund seiner Tätigkeit besondere Kenntnisse und Erfahrungen zufließen, die nicht allgemein zugänglich sind, kann ein schutzwürdiges Interesse des Arbeitgebers an einer nachvertraglichen Verpflichtung des Arbeitnehmers zur Unterlassung der Tätigkeit bei einem Wettbewerber oder auch als selbstständiger Konkurrent bestehen. §§74ff. HGB enthalten einen spezialgesetzlichen Ausgleich der unterschiedlichen Interessen von Arbeitgeber und Arbeitnehmer, der nach der Rechtsprechung auch außerhalb des eigentlichen Geltungsbereichs (nur für Handlungsgehilfen) anzuwenden ist. Hierzu zählt insbesondere die Verpflichtung zur Zahlung einer → Karenzentschädigung (§§74 Abs. 2, 74 b HGB).

Konkursausfallgeld, → Insolvenzschutz.

Konkurs im Arbeitsrecht, → Insolvenzschutz.

Kontischicht. Die K. ist eine – abgekürzte – Ausdrucksweise für vollkontinuierliche Wechselschicht, also eine Arbeitsplatzbesetzung mit mehreren Mitarbeitern „rund um die Uhr".
Vgl. auch → Dreischichtbetrieb, → Schichtarbeit.

Kontoführungsgebühren. K. werden vielen Mitarbeitern im Zusammenhang mit der bargeldlosen Vergütungsauszahlung erstattet. Die diesbezüglichen Zusagen erfolgten regelmäßig bei Übergang der Barauszahlung der Arbeitsentgelte zur Überweisung auf ein Mitarbeiterkonto Ende der 1950er-, Anfang der 1960er-Jahre. Die Art der Auszahlung der Arbeitsentgelte unterliegt ebenso wie Zeit und Ort der → Mitbestimmung des → Betriebsrates nach §87 Abs. 1 Ziff. 4 BetrVG, wobei eine fehlende Einigung zwischen Arbeitgeber und Betriebsrat durch Spruch der → Einigungsstelle ersetzt werden kann (§87 Abs. 2 BetrVG).

Kontrolle. K. ist ein Element der Mitarbeiterführung und gehört zu den zentralen → Führungsaufgaben der Vorgesetzten. Der Vorgesetzte muss gleichsam im Wege eines Soll-Ist-Vergleichs nach bestimmten Zeitabschnitten prüfen, ob die von seinen Mitarbeitern erbrachten Arbeitsleistungen und Arbeitsergebnisse aufgabengerecht erbracht werden, z.B. im Rahmen der → Zielvereinbarung liegen, der → Stellenbeschreibung entsprechen, bestimmte Auftragsvorgaben beachten u.a. Etwaige Mitbestimmungsrechte des Betriebsrates (§87 Abs. 1 Nr. 6 BetrVG) müssen vom Arbeitgeber beachtet werden. So ist beispielsweise für die Einführung einer Videoüberwachung am Arbeitsplatz zur Leistungsüberwachung eine Einigung mit dem Betriebsrat erforderlich, die durch die → Einigungsstelle ersetzt werden kann (§87 Abs. 2 BetrVG) Nach der Häufigkeit (Kontrollfrequenz) lässt sich K. einteilen in (1) begleitende K., (2) Stichprobenkontrolle, (3) Ergebniskontrolle. Die begleitende K. ist praktisch eine ständige, z.B. tägliche, überwachungsähnliche K. von Arbeitsleistung und -ergebnis. Sie ist nur angebracht bei sehr unsicheren oder sehr leistungsschwachen Mitarbeitern, darüber hinaus noch in prekären oder besonderen Situationen, z.B. bei → Zeitstudien. Stichprobenkontrolle beschränkt sich auf gelegentliche, stichprobenartige K., die sich hinsichtlich ihrer Frequenz an der → Qualifikation oder am Leistungsbild des Mitarbeiters orientieren. Die Stichprobenkontrolle sollte, von wenigen Ausnahmen abgesehen (z.B. bei einem Verdacht schwerwiegender Verfehlungen eines Mitarbeiters), nicht überraschend erfolgen, sondern z.B. als Termin für eine Rücksprache, einen mündlichen oder schriftlichen Zwischen- oder Sachstandsbericht mit dem Mitarbeiter vereinbart werden. Die Ergebniskontrolle überprüft das jeweilige Arbeitsergebnis der Arbeitsleistung eines Mitarbeiters, entweder fall- bzw. aufgabenbezogen, z.B. den Entwurf einer Stellenbeschreibung, ein abgeschlossenes Projekt, oder periodenbezogen, z.B. am Ende des Geschäftsjahres. Die Ergebniskontrolle dient mehr einer allgemeinen Rückkopplung auf Arbeitsweise und Leistungsfähigkeit des Mitarbeiters. Sie ist von daher i.d.R. keine Alternative zur Stichprobenkontrolle, weil sie Fehler, Schwächen u.Ä., die im Verlauf der Leistungserbringung entstehen können, häufig nicht erfasst. Im Prinzip soll K. das ziel-, aufgaben- oder weisungsgerechte Arbeitsverhalten der Mitarbeiter sicherstellen, dem Vorgesetzten damit auch zeigen, ob seine eigenen Dispositionen, z.B. im Rahmen seiner Zielvereinbarungen mit seinem Vorgesetzten, noch realitätsgerecht sind sowie Mängel frühzeitig

erkennen und korrigieren lassen. In jedem Unternehmen ist K. auch mit menschlichen Empfindlichkeiten verbunden. Probleme daraus lassen sich verringern, wenn beachtet wird, dass K. sachlich angemessen erfolgt und es für Führungskräfte wie Mitarbeiter deutlich ist, dass K. Bestandteil jeder Leistungserbringung ist und nicht mit kleinlicher, misstrauischer oder schadenfroher Fehlersuche gleichgesetzt werden darf. Darüber hinaus muss K. den Mitarbeitern auch Maßstäbe für richtig oder falsch geben, an denen sie sich orientieren können.
Vgl. auch → Kritik, → Mitarbeitergespräch.

Kontrollspanne, → Leitungsspanne.

Konzentrationstests, → Leistungstests.

Konzernarbeitsrecht. Das K. regelt die besonderen Rechtsfragen, die sich aufgrund des Konzernverbundes mehrerer Unternehmen (§18 AktG) stellen. Im Bereich des kollektiven Arbeitsrechts betrifft dies insbesondere die Regelung über den → Konzernbetriebsrat nach §§54ff. BetrVG und den → Konzernsprecherausschuss gemäß §§21ff. SprAuG. Auch im Tarifvertragsrecht kann das K. eine besondere Bedeutung erlangen, indem Konzerntarifverträge als besondere Form der Firmentarifverträge (Haustarifverträge) abgeschlossen werden. Zwar ist der Konzern insgesamt nicht tariffähig; jedoch kann die Konzernobergesellschaft Tarifverträge auch mit Wirkung für die konzernzugehörigen Unternehmen oder Teile davon abschließen. Auf individualrechtlicher Ebene ist der Gesamtkonzern gleichfalls nicht rechtsfähig, sondern nur das einzelne konzernangehörige Unternehmen. Der Konzern scheidet daher als Arbeitgeber aus. In den Arbeitsverträgen können sich jedoch besondere Versetzungs- und Entsendungsregelungen zu konzernzugehörigen Unternehmen finden, ferner Vorschriften über die Anrechnung von Vordienstzeiten im Falle des konzerninternen Arbeitgeberwechsels sowie sonstige konzernbezogene Sonderregelungen. Je nach Vertragsgestaltung kann der → Kündigungsschutz eine Konzerndimension haben (mit der Konsequenz, im Falle betriebsbedingter → Kündigungen eine Einsatzmöglichkeit in einem anderen Konzernunternehmen zu suchen); auch kann die wirtschaftliche Lage des Gesamtkonzerns bei der Dynamisierung von Leistungen der betrieblichen Altersversorgung eine Rolle spielen. Das Streben, unterschiedliche Regelungen in einem Konzern zu vereinheitlichen, wird von der Rechtsprechung grundsätzlich als sachgerechter Grund für die Änderung von Zusagen an Arbeitnehmer angesehen, wenn damit insgesamt keine Verschlechterung der Leistungen verbunden ist. Im Einzelnen gibt es hierzu eine differenzierte Rechtsprechung.

Im Grenzbereich von K. und Gesellschaftsrecht liegen die Fragen der Unternehmensmitbestimmung. Das Mitbestimmungsgesetz 1976 ist konzernorientiert, mit der Konsequenz, dass alle konzernverbundenen Arbeitnehmer nicht nur die Arbeitnehmervertreter für den Aufsichtsrat „ihrer" Gesellschaft, sondern auch diejenigen für den Aufsichtsrat der Konzernobergesellschaft wählen. Eine entsprechende Konzernorientierung der unternehmerischen → Mitbestimmung enthalten §§1 Abs. 4 MontMitbestG, 2ff. MitbestErgG.

Die Rechtsfigur des Konzerns im Konzern ist im → Arbeitsrecht zwar grundsätzlich anerkannt, unterliegt jedoch nach der Rechtsprechung strengen Voraussetzungen. Die sind erfüllt, wenn die Konzernobergesellschaft ihre Leitungskompetenzen umfassend an eine nachgeordnete Gesellschaft mit dem Ziel abtritt, dass diese die Leitungsmacht anstelle der Konzernobergesellschaft im Verhältnis zu den ihr nachgeordneten konzernverbundenen Unternehmen ausübt. In einem solchen Falle entstehen arbeitsrechtliche Teilkonzerne, mit der Konsequenz, dass Konzernbetriebsräte und Konzernsprecherausschüsse gebildet werden können. Ferner wird ein Wahlrecht der Arbeitnehmer aus nachgeschalteten Konzerngesellschaften für den Aufsichtsrat der unterhalb der Konzernobergesellschaft angesiedelten „Konzernzwischenobergesellschaft" begründet. Die Voraussetzungen für eine solche Abtretung von Leitungsmacht liegen in der Praxis nur selten vor.

Konzernbetriebsrat. Bestehen in einem Konzern mehrere Unternehmen mit Gesamtbetriebsräten, so kann ein K. gebildet werden (§54 BetrVG). Voraussetzung ist die Zustimmung der Gesamtbetriebsräte der Konzernunternehmen, in denen insgesamt mindestens 50 % der Arbeitnehmer der Kon-

zernunternehmen beschäftigt sind. Der K. setzt sich durch Entsendung von regelmäßig zwei Mitgliedern jedes → Gesamtbetriebsrats zusammen (§55 Abs. 1 BetrVG). Jedes Mitglied des K. hat so viele Stimmen, wie die Mitglieder seiner Gruppe im Gesamtbetriebsrat insgesamt Stimmen haben. Der K. ist zuständig für die Behandlung von Angelegenheiten, die den Gesamtkonzern oder mehrere Konzernunternehmen betreffen und nicht durch die einzelnen Gesamtbetriebsräte innerhalb ihrer Unternehmen geregelt werden können. Er ist den einzelnen Gesamtbetriebsräten nicht übergeordnet (§58 BetrVG). Eine vergleichbare Regelung enthalten §§21ff. SprAuG für den → Konzernsprecherausschuss.

konzerninterner Arbeitsmarkt. Der k. A. betrifft eine besondere Organisationsform der → Personalbeschaffung in Konzernen. Je größer die Zahl der konzernangehörigen Mitarbeiter und der konzernverbundenen Unternehmen ist, desto größer ist zugleich die Chance, dass aus Arbeitgebersicht interessante Bewerbungen zwar nicht an der angesprochenen Stelle des Konzerns, jedoch für ein anderes Konzernunternehmen Berücksichtigung finden können. Darüber hinaus gilt es, einen konzerninternen Arbeitgeberwechsel zu erleichtern, sei es im Rahmen einer → Personalentwicklung und → Führungskräfteentwicklung, sei es bei einem aus persönlichen Gründen des Mitarbeiters angestrebten Arbeitsplatzwechsel. Schließlich kann in Fällen von → Betriebsänderungen und damit verbundenen Personalfreisetzungen (§111 BetrVG) die Möglichkeit bestehen, dass dieses Personal auf freien Arbeitsplätzen an anderer Stelle des Konzerns weiterbeschäftigt wird. Der k. A. entwickelt Verfahren und inhaltliche Regelungen zur Förderung eines solchen Arbeitgeberwechsels im Konzern. Er nutzt Mitarbeitern und konzernangehörigen Unternehmen gleichermaßen: Die Chancen zur Aufnahme hochqualifizierter Bewerber steigen bei Berücksichtigung des gesamten Arbeitgeberspektrums im Konzern, die Möglichkeiten der Personal- und Führungskräfteentwicklung werden durch Chancen des Fortkommens an anderer Stelle verbessert, die sozialen und wirtschaftlichen Folgen von Betriebsänderungen können gemildert werden und für die jeweiligen Konzernunternehmen erweitern sich die Besetzungsalternativen, insbesondere auch bei Personalentscheidungen im Führungsbereich.

Konzernpersonalpolitik. Die K. beschreibt die Summe personalpolitischer Maßnahmen, die im Hinblick auf den Konzernverbund verschiedener Unternehmen ergriffen werden. Die Art der K. hängt maßgeblich von der Konzernstruktur ab. Insoweit sind Stammhaus- und Holdingkonzerne zu unterscheiden, in der Sache ferner horizontal und vertikal integrierte Unternehmen, diversifizierte sowie konglomerate Konzerne. Vielfach gibt es Mischformen. Bezüglich der Art der Konzernführung gibt es zentral und dezentral geführte Unternehmen; in manchen Fällen beschränkt sich die Konzernführung auf die Aufgaben einer Finanzholding, während in anderen Konzernen die Konzernobergesellschaft als strategische Managementholding fungiert. In Abhängigkeit von diesen Facetten stellt sich die K. unterschiedlich dar, wobei in Wissenschaft und Praxis die einschlägigen Fragen bisher nur vereinzelt durchdrungen worden sind. Typische Arbeitsfelder einer modernen K. sind: → Personalmarketing, Förderung des → konzerninternen Arbeitsmarktes, Vertretung des Konzerns in Personalfragen nach außen, Erfahrungs- und Meinungsaustausch, konzernweite → Führungskräfteentwicklung, konzernweites Bildungsangebot im Bereich der Weiterbildung, konzernweite Sondermaßnahmen zur Nachwuchsförderung, konzernweites Auftreten und konzernweite Kontakte im Bereich der → Personalbeschaffung, Zusammenarbeit mit Universitäten etc. Eine auf Synergieeffekte ausgerichtete Konzernpolitik darf den Personalbereich nicht vernachlässigen, wie es vielfach geschieht. Im Gegenteil gilt es, gerade die im Bereich der Personalarbeit liegenden Vorteile einer Zusammenarbeit der Personalbereiche des Konzerns zu nutzen. Eine auf Einheitlichkeit der wesentlichen personalpolitischen Regelungen ausgerichtete K. ist nur in horizontal integrierten Konzernen sinnvoll. Vertikal integrierte, diversifizierte und konglomerate Konzerne werden auf unterschiedlichen Märkten und auch Arbeitsmärkten tätig; ferner unterliegen sie verschiedenartigen tarifvertraglichen Bindungen. Die Gepflogenheiten, Traditionen und Wettbewerbsbedingungen sind i.d.R. ebenfalls differenziert. Eine der Einheitlichkeit verpflichtete K. wirkt eher als Hemmschuh als ein Vorteil.

Konsequente Nutzung von Synergieeffekten und Förderung des → konzerninternen Arbeitsmarktes, nicht aber Einheitlichkeit um ihrer selbst willen sind Ziele einer modernen K.

Konzernsprecherausschuss. Der K. vertritt die Belange der leitenden Angestellten auf Konzernebene. Er ist zuständig für die Behandlung von Angelegenheiten, die den Konzern oder mehrere Konzernunternehmen betreffen und nicht durch einzelne Gesamtsprecherausschüsse innerhalb ihrer Unternehmen geregelt werden können. Dabei ist der K. den einzelnen Gesamtsprecherausschüssen nicht übergeordnet (§23 Abs. 1 S. 2 SprAuG). Die Errichtung eines Konzernsprecherausschusses ist fakultativ. Sie erfordert die Zustimmung der Gesamtsprecherausschüsse der Konzernunternehmen, in denen insgesamt mindestens 75 % der leitenden Angestellten des Konzerns beschäftigt sind (§21 Abs. 1 SprAuG). Soweit in einzelnen Konzernunternehmen nur ein Sprecherausschuss oder ein Unternehmenssprecherausschuss besteht, tritt er an die Stelle des Gesamtsprecherausschusses. Ähnlich wie im Falle des Konzernbetriebsrates werden die Mitglieder des Konzernsprecherausschusses nicht unmittelbar gewählt. Vielmehr entsendet jeder Gesamtsprecherausschuss ein Mitglied in den K.

Krankengeld, → Krankenvergütung.

Krankenkasse. In Deutschland besteht ein gegliedertes System der Krankenversicherung. Zu den gesetzlichen K. gehören die Allgemeinen Ortskrankenkassen, Betriebskrankenkassen, Innungskrankenkassen, die See-K., landwirtschaftliche K. und die Bundesknappschaft als Träger der knappschaftlichen Krankenversicherung. Der allgemeine Beitragssatz setzt sich aus einem hälftig von Arbeitgeber und Arbeitnehmer finanzierten Anteil und einem allein durch den versicherten Arbeitnehmer finanzierten Anteil von 0,9 % zusammen. Der Arbeitgeber ist verpflichtet, die Beiträge richtig zu berechnen und abzuführen. Neben den gesetzlichen K. bestehen die privaten K., für die sich der Arbeitnehmer entscheiden kann, wenn seine Vergütung die krankenkassenrechtliche Beitragsbemessungsgrenze (= ca. zwei Drittel der rentenrechtlichen Beitragsbemessungsgrenze) übersteigt. In diesen Fällen wird der

Beitrag nicht von der Vergütung einbehalten, sondern durch den Arbeitnehmer eigenständig an die K. überwiesen, wobei er bei einem der gesetzlichen Krankenversicherung vergleichbaren Versicherungsschutz einen Zuschuss des Arbeitgebers in Höhe des hälftigen Versicherungsbeitrages, höchstens des halben Durchschnittsbeitrages für die gesetzlichen Versicherungen erhält.

Kennzeichnend für die gesetzlichen Kassen ist das Prinzip der Selbstverwaltung durch Arbeitgeber- und Arbeitnehmervertreter (bei den Ersatzkassen aufgrund historischer Entwicklungsprozesse allein durch Versichertenvertreter). Der Verwaltungsrat ist das wichtigste Organ der Selbstverwaltung. Er wählt und kontrolliert den Vorstand, bestimmt die sozial- und unternehmenspolitische Ausrichtung, legt den Haushaltsplan fest und bestimmt die Satzung. Die Mitglieder des Verwaltungsrates werden ehrenamtlich tätig. Der Vorstand ist demgegenüber hauptamtlich tätig. Er vertritt die K. nach außen und setzt die vom Verwaltungsrat beschlossenen Grundsätze und Ziele um.
Vgl. auch → Arbeitgeberbeiträge.

Krankenstand, → Absentismus, → Fehlzeiten.

Krankenvergütung, → Entgeltfortzahlung.

Krankenversicherung, → Sozialversicherung.

Krankenversicherungszuschuss, → Arbeitgeberbeiträge.

Kreativität. Unter K. werden Fähigkeiten des Menschen wie Einfallsreichtum, das Finden neuer Lösungswege, unkonventionelles, bisherige Schemata verlassendes Denken, Flexibilität im Denken und Handeln, das Erkennen und originelle Lösen von Problemen u.Ä. verstanden. Die meisten Unternehmen sehen heute insbesondere vor dem Hintergrund beschleunigter technologischer Innovationszyklen, des verstärkten internationalen Wettbewerbsdrucks und anspruchsvoller, kritischer reagierender Kunden in der systematischen Aktivierung der K. ihrer Mitarbeiter eine große Möglichkeit, Wettbewerbsvorteile zu gewinnen. Dies hat dazu geführt, dass bei Mitarbeiterbeschaffung und -auswahl immer häufiger neben der Identifi-

zierung fachbezogener → Kompetenzen die Ermittlung jeweils wichtiger kreativer Eigenschaften von Bedeutung ist. Die Mitarbeiter im Unternehmen werden vielfach, z.T. über besondere Aktionen und Instrumente (z.B. → betriebliches Vorschlagswesen, → Total Quality Management (TQM)), dazu an-gehalten, K. zu entwickeln. K. kann jedoch nicht gleichsam initiiert oder abgerufen werden, sondern bedarf im Unternehmen immer auch der Bedingungen, die sie fördern, Mitarbeiter ermuntern, kreativ zu sein. Hierzu gehören v.a. ein durch Vertrauen, Offenheit und faire Kommunikation zwischen Mitarbeitern aller Ebenen geprägtes → Betriebsklima, eine kooperative Mitarbeiterführung, die Anerkennung guter Leistungen und realistische Chancen, im Unternehmen das berufliche Fortkommen zu sichern. Wo diese Bedingungen nicht vorhanden sind, wird sich K. nur wenig entfalten können und auch über die Vermittlung sog. Kreativitätstechniken nicht erlernbar oder einführbar wie eine technische Neuerung. Die Entfaltung der K. kann in den Unternehmen von verschiedenen Faktoren gehemmt werden, z.B. von voreiliger (negativer) Beurteilung neuer Ideen, Überbetonung des bisher Sicheren und Bewährten, von festgefahrenem Expertenwissen, zu steiler → Hierarchie. K. im Unternehmen darf nicht mit verantwortungsloser, künstlerisch-freischaffender Unbekümmertheit verwechselt werden, es geht vielmehr um die Nutzbarmachung des geistigen Potenzials aller Mitarbeiter im Sinne der unternehmerischen Zielsetzungen und des Interesses der Mitarbeiter an sicheren, wettbewerbsfähigen Arbeitsplätzen.
Vgl. auch → Brainstorming, → Burn-out-Syndrom, → Eignungsdiagnostik, → Kaizen.

Kritik. K. bzw. ein K.-Gespräch (in manchen Unternehmen auch Korrekturgespräch) findet statt, wenn der Vorgesetzte den Eindruck hat, dass der Mitarbeiter Leistungsmängel zeigt oder ein Verhalten, das die Arbeitsdisziplin, → Arbeitsordnung, das Arbeits- oder → Betriebsklima, die → Arbeitssicherheit, das Leistungsverhalten anderer o.Ä. beeinträchtigt oder beeinträchtigen könnte. Nicht jede Kleinigkeit sollte der Vorgesetzte zum Gegenstand einer besonderen K. machen, in den meisten Fällen genügt ein einfacher Hinweis o.Ä. zur Klärung der Situation. Wenn jedoch nach den besonderen Umständen, betrieblichen Verhältnissen usw. erforderlich, sollte deutliche und sachliche K. geübt werden. In die K. sollten seitens des Vorgesetzten positive, konstruktive Elemente einbezogen werden, die geeignet sind, das kritisierte Verhalten o.Ä. in Zukunft abzustellen bzw. zu verbessern.

Ein systematisch geführtes K.-Gespräch weist meistens sechs Phasen auf: a) *Herstellung der Gesprächsbereitschaft auf Seiten des Mitarbeiters*: Die K. wird hier i.d.R. zunächst als belastend, unangenehm empfunden. Deshalb sollte der Vorgesetzte vorweg alles tun, um eine positive Gesprächsatmosphäre herzustellen (z.B. Gespräch unter vier Augen, Störungen vermeiden, kein verhörähnliches Verhalten).

b) *Anlass darstellen*: Der Anlass für K. sollte tatsachengemäß und für den Mitarbeiter nachvollziehbar dargestellt werden. Nur Beweisbares sollte angesprochen werden, auf Gerüchte oder ungenannte Zuträger möglichst nicht verwiesen werden.

c) *Sachverhalt darstellen lassen*: Hier ist dem Mitarbeiter ausreichend Gelegenheit zu geben, aus seiner Sicht den Sachverhalt bzw. Gesprächsanlass darzustellen. Daraus ergeben sich für den Vorgesetzten Eindrücke, die für seine Einschätzung wichtig sein können, u.U. den Anlass zur K. hinfällig werden lassen.

d) *Zukünftige Arbeitsweise vereinbaren*: Nachdem beide Seiten genügend Gelegenheit hatten, den Sachverhalt, das Problem o.Ä. darzustellen und zu bewerten, sollte das künftige Verhalten, die bessere Arbeitsweise o.Ä. vereinbart und festgelegt werden. Je größer hier der wirkliche (nicht nur scheinbare oder augenblickliche) Grad der Zustimmung des Mitarbeiters ist, um so besser sind auch die Erfolgsaussichten.

e) *Kontrollen ankündigen*: Auf der Grundlage der o.g. Vereinbarung sollte der Vorgesetzte im Rahmen seiner Möglichkeiten Kontrollen ankündigen um festzustellen, inwieweit z.B. die Arbeitsweise besser wird. Je nach Anlass der K. kann die Kontrolle auch darin bestehen, für einen späteren Zeitpunkt ein weiteres Gespräch zu vereinbaren.

f) *Vertrauensbasis erhalten oder wiederherstellen*: Auch ein seitens des Vorgesetzten gut geführtes K.-Gespräch stellt für den Mitarbeiter häufig ein mehr oder weniger großes Misserfolgserlebnis dar, das je nach Persönlichkeit mit verschiedenen Effekten nachwirken kann. Daher muss am Schluss des K.-Gesprächs das Vertrauensverhältnis zwischen beiden weitestgehend gesichert und nicht noch weiter belastet worden sein. Vieles hängt auch davon ab, wie sich der Vorgesetzte in den Tagen und Wochen nach der K. gegenüber dem Mitarbeiter verhält (z.B. ihn durch Unfreundlichkeit oder bewusstes Übersehen im Nachhinein gleichsam straft). K. erfordert eine gute, einfühlsame Gesprächstechnik, die einerseits Sachverhalte, Motive, Konsequenzen u.Ä. klärt, andererseits aber Lösungswege finden und positive Verhaltensänderungen herbeiführen soll, um den Grundstein für eine zukünftige tragfähige Zusammenarbeit zu legen.

Vgl. auch → Anerkennung, → Fehlzeitengespräch, → Kontrolle, → Mitarbeitergespräch.

Kündigung. Die K. ist ein rechtlicher Gestaltungsakt mit dem Ziel der Beendigung oder grundlegenden Veränderung des Arbeitsverhältnisses. Die K. kann durch den Arbeitnehmer oder durch den Arbeitgeber ausgesprochen werden. K. durch den Arbeitnehmer sind – abgesehen von Regelungen bezüglich der Form (die Einhaltung der Schriftform ist zwingende Voraussetzung, § 623 BGB) und Frist – ohne besondere Voraussetzungen zulässig. Das → Kündigungsrecht des Arbeitgebers ist durch das → Kündigungsschutzgesetz entscheidend eingeschränkt. Arbeitgeberseitig sind die Beendigungskündigung und die → Änderungskündigung zu unterscheiden. Die Beendigungskündigung (Entlassung) zielt auf die endgültige Beendigung des Arbeitsverhältnisses ab, während die Änderungskündigung Verschlechterungen des Arbeitsverhältnisses aus der Sicht des Arbeitnehmers zum Inhalt hat, die mit dem → Direktionsrecht nicht durchgesetzt werden können. Für den Fall einer Änderungskündigung besteht ein besonderer Rechtsschutz des Arbeitnehmers: Anstatt die K. zurückzuweisen und arbeitsgerichtlich überprüfen zu lassen (mit dem Risiko eines Verlustes des Arbeitsplatzes, falls sich die Änderungskündigung als begründet erweist), kann der Arbeitnehmer den mit der Änderungskündigung angebotenen ungünstigeren Arbeitsplatz unter dem Vorbehalt annehmen, dass sich die Änderung der Arbeitsbedingungen durch arbeitsgerichtliche Überprüfung als sozial gerechtfertigt erweist (→ Änderungsschutzklage, §2 KSchG). Schließlich sind ordentliche und außerordentliche K. zu unterscheiden. Während *ordentliche K.* die vereinbarten *Kündigungsfristen* einhalten, sollen *außerordentliche K.* in der Regel als fristlose Kündigungen die sofortige Beendigung des Arbeitsverhältnisses zur Folge haben. Voraussetzung ist nach §626 BGB, dass Tatsachen vorliegen, die die Einhaltung der Kündigungsfrist unzumutbar machen. Eine solche außerordentliche K. kann nur innerhalb von zwei Wochen nach Kenntnis der die außerordentliche K. rechtfertigenden Gründe ausgesprochen werden (§626 Abs. 2 BGB).

Auch im kollektiven Arbeitsrecht sind K. bedeutsam. Nach §77 Abs. 5 BetrVG können → Betriebsvereinbarungen, wenn nichts anderes vereinbart worden ist, mit einer Frist von drei Monaten gekündigt werden. In mitbestimmungspflichtigen Angelegenheiten laufen in diesem Fall die vereinbarten Regelungen so lange weiter, bis sie durch eine andere Abmachung ersetzt werden (§77 Abs. 6 BetrVG). Die K. von Tarifverträgen richtet sich nach dem schuldrechtlichen Teil des → Tarifvertrages (§1 Abs. 1 TVG). Nach Ablauf des Tarifvertrages gelten seine Rechtsnormen weiter, bis sie durch eine andere Abmachung ersetzt werden (→ Nachwirkung nach §4 Abs. 5 TVG). Die außerordentliche K. von Tarifverträgen ist auch ohne ausdrückliche Vereinbarung zulässig, wenn die Geschäftsgrundlage für den Abschluss des Tarifvertrages weggefallen ist und der kündigenden Tarifpartei das Festhalten an dem Tarifvertrag nicht zugemutet werden kann.

Kündigungsfrist, → Kündigung, → Kündigungsrecht, → Kündigungsschutzgesetz.

Kündigungsgespräch, → Abgangsinterview.

Kündigungsgrund, → Kündigung, → Kündigungsrecht, → Kündigungsschutzgesetz.

Kündigungsrecht. Das K. umfasst alle formellen und materiellen Vorschriften, deren Einhaltung Wirksamkeitsvoraussetzung für eine → Kündigung ist. Einschlägig sind das KSchG sowie §626 BGB im Individualarbeitsrecht, ergänzt um die Regelungen des allgemeinen Teils des BGB bezüglich des Zugangs von Willenserklärungen. Darüber hinaus gelten für die Kündigung eines Arbeitsverhältnisses vertragliche Vereinbarungen bezüglich einzuhaltender Form- und Fristerfordernisse (→ Tarifverträge, → Be-

triebsvereinbarungen, Individualarbeitsverträge), im Übrigen die Regelungen der §§621, 622 BGB. So ist die Kündigungsfrist abhängig von der Dauer des Arbeitsverhältnisses (§§622, 624 BGB). Sonderregelungen für das kollektive Arbeitsrecht enthalten §§77 Abs. 4 und 6 BetrVG, 4 Abs. 5 TVG. Vgl. auch → betriebsbedingte Kündigung, → personenbedingte Kündigung, → verhaltensbedingte Kündigung, → Abfindung, → Anhörung, → Arbeitslosmeldung.

Kündigungsschutz(gesetz). Während die → Kündigung von Arbeitsverhältnissen durch Arbeitnehmer, abgesehen von der Einhaltung vereinbarter Formen und Fristen, ohne besondere Voraussetzung zulässig ist, besteht für arbeitgeberseitige Kündigungen ein besonderer Kündigungsschutz zugunsten des Arbeitnehmers. Er ist im KSchG verankert und schränkt die nach allgemeinem Zivilrecht sonst gegebene → Vertragsfreiheit zur Beendigung von Arbeitsverhältnissen maßgeblich ein. Nach §1 KSchG sind Kündigungen nur zulässig, wenn die Kündigung sozial gerechtfertigt ist. Dies wird durch das Gesetz nicht positiv, sondern negativ definiert: §1 Abs. 2 KSchG erklärt Kündigungen für sozial ungerechtfertigt, wenn sie nicht durch Gründe, die in der Person oder in dem Verhalten des Arbeitnehmers liegen, oder durch dringende betriebliche Erfordernisse, die einer → Weiterbeschäftigung des Arbeitnehmers in diesem Betrieb entgegenstehen, bedingt sind. Somit sind → personenbedingte, → verhaltensbedingte und → betriebsbedingte Kündigungen zu unterscheiden. Im Falle der personenbedingten Kündigungen können die *Kündigungsgründe* im Leistungs- oder Gesundheitsbereich des Arbeitnehmers liegen. Im disziplinarischen Bereich ist die verhaltensbedingte Kündigung einschlägig. Im Falle disziplinarischer Verstöße oder schlechter Leistungen ist nach der Rechtsprechung, bedingt durch den Verhältnismäßigkeitsgrundsatz, vor einer Kündigung grundsätzlich eine → Abmahnung erforderlich, die dem Arbeitnehmer verdeutlicht, dass der Bestand des Arbeitsverhältnisses gefährdet ist. → Änderungskündigungen (§2 KSchG) haben aufgrund des Verhältnismäßigkeitsgrundsatzes Vorrang vor Beendigungskündigungen.

Gegen eine ausgesprochene Kündigung kann der Arbeitnehmer das Arbeitsgericht anrufen

(§§4ff. KSchG). Betriebsverfassungsrechtlich bedeutsam ist die Pflicht des Arbeitgebers, den → Betriebsrat vor jeder Kündigung
zu hören (§102 BetrVG). Entsprechendes gilt
für Kündigungen von → leitenden Angestellten im Hinblick auf den Sprecherauschuss
(§31 SprAuG). Eine ohne → Anhörung des
Betriebsrates bzw. des Sprecherausschusses
ausgesprochene Kündigung ist unwirksam.
Nach der Rechtsprechung steht die unterlassene Anhörung einer Anhörung auf unvoll-
ständiger Informationsbasis der Arbeitnehmervertretung gleich; beides macht Kündigungen betriebsverfassungsrechtlich unwirksam. Daraus erwächst praktisch die Pflicht
des Arbeitgebers, zur Vermeidung der Un-
wirksamkeitsfolge den Betriebsrat vollständig und termingerecht zu unterrichten. Personalpolitisch ist der Kündigungsschutz der
Arbeitnehmer ein Ausgleich für ihre im
Regelfall bestehende wirtschaftliche Abhängigkeit vom Arbeitgeber, die allerdings je
nach den Verhältnissen des Arbeitsmarktes
deutlich abgeschwächt sein kann. Andere
Möglichkeiten der Beendigung von Arbeitsverhältnissen sind deren Befristung, einvernehmliche Aufhebung (→ Aufhebungsvertrag) oder vertragliche Beendigung (z.B.
wegen Erreichung der → Altersgrenze). →
befristete Arbeitsverhältnisse sind nur in
engen Grenzen zulässig (→ Sozialwidrigkeit).

Kurzarbeit. Die Dauer der regelmäßigen
täglichen, wöchentlichen oder monatlichen
Arbeitszeit ist normalerweise vertraglich
vereinbart, überwiegend in Tarifverträgen.
Wird diese Dauer der Arbeitszeit verringert,
liegt K vor. K. bietet die Möglichkeit, die
Arbeitszeit vorübergehend zu vermindern um
Arbeitsplätze zu erhalten. Wird die Arbeit
vollständig eingestellt, spricht man von K.
Null. Die Voraussetzungen für die Einführung von K. sind häufig tarifvertraglich
geregelt (insbesondere im Falle von auf-
tragsbedingtem Beschäftigungsmangel). K.
kann aber auch durch eine Betriebsvereinbarung eingeführt werden (§87 Abs. 1 Nr. 3

BetrVG); denkbar ist auch eine Vereinbarung
auf individualvertraglicher Ebene bzw. eine
Änderungskündigung. In §19 KSchG ist
vorgesehen, dass der Arbeitgeber die Zulassung von K. bei der Bundesagentur für Arbeit beantragen kann, wenn er innerhalb der
einmonatigen Entlassungssperre (§18 Abs. 1
und 2 KSchG) nach einer Massenentlas-
sungsanzeige die Arbeitnehmer nicht voll
beschäftigen kann (→ Massenentlassungen).
Im Falle der K. ist der Arbeitgeber berechtigt, die Vergütung der mit verkürzter Arbeitszeit beschäftigten Arbeitnehmer entsprechend zu kürzen (§19 Abs. 2 KSchG), wobei
die Kürzung erst wirksam wird zu dem Zeitpunkt, zu dem das Arbeitsverhältnis nach den
allgemeinen gesetzlichen oder vereinbarten
Bestimmungen enden würde. Tarifvertragliche Regelungen haben Vorrang (§19 Abs. 3
KSchG). Um die Arbeitnehmer vor Ein-
kommensverlusten zu schützen, wird als
besondere Art der Entgeltersatzleistung
Kurzarbeitergeld gewährt (§§169 ff. SGB
III). Die Auszahlung erfolgt aus Vereinfa-
chungsgründen an den Arbeitgeber, der zur
unentgeltlichen Weiterleitung an die betroffenen Arbeitnehmer verpflichtet ist. Der
Antrag auf Auszahlung des Kurzarbeitergel-
des ist durch den Arbeitgeber oder den →
Betriebsrat, nicht aber durch den einzelnen
Arbeitnehmer zu stellen. Entsprechend ist die
Klagebefugnis vor den Sozialgerichten beschränkt. In seinem Volumen entspricht das
Kurzarbeitergeld für den Verdienstausfall
infolge K. dem Prozentsatz, der bei vollstän-
diger Arbeitslosigkeit gilt. Schließlich ist
betriebsverfassungsrechtlich das Mitbestimmungsrecht des Betriebsrats nach §87 Abs. 1
Ziff. 3 bei Einführung einer vorübergehenden
Verkürzung der betriebsüblichen Arbeitszeit
zu beachten. Es umfasst nicht nur die Neu-
festlegung der Lage der Arbeitszeit, sondern
auch den Umfang der Verkürzung. Besonders
umstritten ist die Frage, ob dem Betriebsrat
auch für arbeitskampfbedingte K. ein Mitbestimmungsrecht zusteht, was das BAG bejaht.

L

Landesarbeitsgericht, → Bundesarbeitsgericht (BAG).

Landessozialgericht, → Bundessozialgericht.

Landesversicherungsanstalt, → Altersversorgung, → Rentenrecht.

Laufbahn. Der Begriff L. wird vornehmlich im → öffentlichen Dienst hinsichtlich der Dienstverhältnisse der Beamten und Soldaten verwendet. Er bezeichnet hier die je nach geforderter Schul- oder Hochschulausbildung und abgeschlossener laufbahntypischer Ausbildung in einer besonderen L. zusammengefassten, hierarchisch gegliederten Ämter oder Dienstgrade, die der Beamte oder Soldat vom Eintritt in eine bestimmte L. an über Beförderungen bis zur Versetzung in den Ruhestand durchlaufen kann. Unterschieden wird bei den Beamten nach technischen und nicht technischen Laufbahnen des einfachen, mittleren, gehobenen und höheren Dienstes sowie bei Soldaten nach den Laufbahnen der Mannschaften, Unteroffiziere, Offiziere und höheren Offiziere einschließlich der Generäle.
Beförderungen innerhalb einer L. erfolgen i.d.R. bei fachlicher Bewährung nach Ablauf bestimmter Dienstzeiten und abhängig von den Ergebnissen der bei Beamten und Soldaten nach bestimmten Zeiträumen vorgeschriebenen dienstlichen Beurteilungen. Mit dem Begriff L. werden außerhalb des öffentlichen Dienstes häufig Starrheit, Beförderungsautomatik und geringes Leistungsbewusstsein verbunden. Inzwischen werden auch seitens des öffentlichen Dienstes gewisse Nachteile des Laufbahnprinzips kritisiert, die insbesondere in seiner starken Fixierung auf schulische Eingangsqualifikationen und daraus folgende geringe Durchlässigkeit für berufspraktisch qualifizierte Mitarbeiter v.a. zwischen gehobenen und höheren Laufbahnen sowie in einer Überbetonung der Dienstalterskomponente bei Einkommenshöhe und Beförderungspraxis gesehen werden. Über eine Dienstrechtsreform wurden hier aber in den letzten Jahren gewisse Verbesserungen angelegt.
In der Privatwirtschaft gibt es in diesem Sinne keine Laufbahnen, jedoch in manchen größeren Unternehmen die Bezeichnungen Fach- und Führungslaufbahn (→ Aufstieg). Hin und wieder wird in der Privatwirtschaft aber ein sog. Laufbahndenken deutlich. Dies zeigt sich darin, dass Mitarbeiter meinen, allein aus der Tatsache einer bestimmten Dauer der Unternehmenszugehörigkeit Ansprüche auf Beförderungen, Gehaltserhöhungen, Vergünstigungen o.Ä. ableiten zu können. Auch Berufsanfänger, vorwiegend Hochschulabsolventen, erwarten häufig von den Unternehmen die Eröffnung laufbahnartiger Entwicklungsperspektiven.
Vgl. auch → Beförderung, → Fachlaufbahn, → Führungslaufbahn, → Karriere, → Laufbahnplanung, → Nachfolgeplanung.

Laufbahnplanung. Die L. erfolgt mitarbeiterbezogen und zeigt, welche Positionen die Mitarbeiter im Unternehmen unter den Bedingungen positiver Qualifikationsentwicklung im Laufe ihres Arbeitslebens normalerweise erreichen können. L. ist jedoch nicht gleichzusetzen mit Aufstiegs- oder Beförderungsplanung, sie kann vielmehr auch neue Aufgaben, andere Positionen oder eine → Jobrotation auf gleicher hierarchischer Ebene vorsehen. I.d.R. kombinieren Laufbahnpläne auf einer Zeitachse aufstiegs- und nicht aufstiegsorientierte Aufgaben- und Positionswechsel. L. sollte sich jedoch nicht über unüberschaubar lange Zeiträume erstrecken oder unrealistische Karriereerwartungen hervorrufen. Laufbahnpläne entfalten v.a. bei Führungsnachwuchskräften eine hohe Motivationswirkung. Wichtig ist eine Abstimmung mit Maßnahmen der → Personalentwicklung, der → Führungskräfteentwicklung und der → Nachfolgeplanung.

Vgl. auch → Aufstieg, → Karriere, → Laufbahnplanung.

Lean Management, *Lean Organization.* Grundsätzlich lassen sich mit L. M. alle Aktivitäten bezeichnen, die dazu dienen, Kommunikations-, Entscheidungs- und Führungsstrukturen in Unternehmen möglichst dezentral und flexibel zu gestalten, um damit die Unternehmen insgesamt leistungs- und wettbewerbsfähiger zu machen. Häufig sind Bestrebungen zu einem L. M. auch eingebunden in ein Konzept des → Total Quality Management (TQM) oder werden hierüber ausgelöst.
In der Praxis werden unter L. M. i.d.R. alle Bemühungen verstanden, welche die folgenden drei Ziele anstreben: (1) Abbau einer zu hohen → Leitungstiefe bzw. Abflachung der → Hierarchie; (2) weitgehende Dezentralisierung bzw. Verlagerung fachlicher Entscheidungskompetenzen auf die Ausführungsebenen; (3) Abbau unnötiger Kosten innerhalb der Wertschöpfungskette des Unternehmens (z.B. Abgabe ineffektiver oder ineffizienter Eigenleistungen im Rahmen eines → Outsourcing) und Konzentration der Leistungserbringung auf die relevanten Kernkompetenzen des Unternehmens. Dem L. M. als ein Maßstab der Unternehmensorganisation komplementär ist die kooperative Mitarbeiterführung mit → Zielvereinbarung und → Delegation von Kompetenzen. Beides hat dieselben geistigen Wurzeln: Stärkung und Unterstützung der „vor Ort" handelnden Bereiche und Personen im Unternehmen.
Vgl. auch → Management Audit, → Organisationsentwicklung.

Lebensarbeitszeit. Die L. beschreibt Umfang und Verteilung der während eines Arbeitslebens erbrachten, insoweit lebenslangen Arbeitsleistung. Der Begriff hat eine doppelte Bedeutung. Einmal findet er Verwendung um den Übergang aus dem Arbeitsleben in den Ruhestand unter dem Aspekt der während des Arbeitslebens erbrachten Arbeitsleistung zu beschreiben. Damit werden zugleich die Zeitpunkte markiert, zu denen üblicherweise ein Übertritt in den Ruhestand erfolgt. Insoweit ist die → Altersgrenze angesprochen.
Im Sinne modernen Arbeitszeitmanagements spielt der Begriff der L. unter dem Aspekt eines längerfristig angelegten Arbeitszeitkontos eine Rolle. Dabei besteht die Vorstellung,

Mitarbeitern über einen längeren Zeitraum die Möglichkeit von Arbeitstätigkeit über die Regelarbeitszeit hinaus zu geben. Anstelle einer besonderen → Vergütung für die geleistete → Mehrarbeit oder aber der Inanspruchnahme zeitnahen → Freizeitausgleichs erfolgt ein Ansparen auf einem Arbeitszeitkonto. Ist die L. in dem Umfang erbracht, wie sie bei Leistung der Regelarbeitszeit bis zur Altersgrenze zu erbringen gewesen wäre, geht der Mitarbeiter vorzeitig in den Ruhestand. Von diesem Zeitpunkt an bis zum Erreichen der Altersgrenze erhält er als Ausgleich für die geleistete „Vorarbeit" die ihm zustehende Jahresvergütung ungeschmälert weiter. Da diese Jahresvergütung der üblichen Vergütungsentwicklung angepasst wird, liegt darin zugleich eine Verzinsung der erbrachten Vorleistungen. Auf diese Weise besteht – je nach Möglichkeiten der betrieblichen → Organisation und Interessenlage des Mitarbeiters – die Chance vorzeitigen Ruhestandes, ohne auf die klassischen Modelle der Frühpensionierung oder des → Vorruhestandes zurückgreifen zu müssen. Ein solches Konzept stellt zugleich eine Alternative für eine → Altersteilzeit oder eine Inanspruchnahme der flexiblen Altersgrenze für den Übertritt in den Ruhestand dar. Insoweit gehört die L. zu dem wichtigen Komplex der Arbeitszeitflexibilisierung. Sie hat jedoch bisher keine besondere Verbreitung gefunden.
Vgl. auch → Sabbatical.

Lebenslauf. Der L. wird vom Bewerber i.d.R. in tabellarischer und maschinenschriftlicher Form den → Bewerbungsunterlagen beigefügt. Der handgeschriebene, aufsatzähnlich formulierte L. sollte nicht mehr erwartet werden, in der Praxis wird er heute nur noch von wenigen Unternehmen und einigen Behörden bevorzugt, in der Privatwirtschaft hin und wieder bei der Besetzung herausgehobener Positionen zum Zweck einer → Schriftanalyse genutzt. Der L. sollte die wichtigsten persönlichen Daten des Bewerbers (einschließlich Familienstand und ggf. Zahl seiner Kinder) enthalten sowie den schulischen und beruflichen Ausbildungs- und Werdegang und bisherige Beschäftigungsverhältnisse chronologisch unter Angabe der jeweiligen Zeiträume (Monate und Jahre) darstellen. Eher negativ zu werten ist die mitunter bevorzugte „antichronologische" oder sog. „Rückwärtsdarstellung".

Diese lässt insbesondere die berufliche Entwicklung häufig nicht klar genug erkennen und wird darüber hinaus oft zur „Schönung" oder „Glättung" eines wenig überzeugenden Werdegangs genutzt. Im L. können auch besondere, für die Bewertung der Qualifikation des Bewerbers interessante Kenntnisse und Erfahrungen, beruflich sinnvolle Weiterbildungen u. ä. angegeben werden. Hinweise auf Hobbys oder Freizeitaktivitäten sowie Namen und Beruf der Eltern sollten nur in Lebensläufen jugendlicher Bewerber (Auszubildende) erwartet und bei der → Bewerbungsanalyse zurückhaltend beurteilt werden (ggf. ist im → Vorstellungsgespräch hierauf näher einzugehen). Der L. sollte sachlichnüchtern abgefasst sein und nicht zu detailliert auf nebensächliche Punkte hinweisen, z.B. auf irrelevante ehrenamtliche Tätigkeiten. Vom Umfang her sind beim tabellarischen, maschinenschriftlichen L. i.d.R. bis zwei Seiten angemessen (abhängig von Alter und Berufserfahrung des Bewerbers!). Der L. muss im Original vorliegen und am Schluss unterschrieben sein. Der L. ist als Kernstück der Bewerbungsunterlagen anzusehen, ihm muss bei der Bewerbungsanalyse große Aufmerksamkeit zuteil werden.
Vgl. auch → Pre-Employment-Screening.

Lehrlinge, → Auszubildende.

Lehrwerkstatt. Die L. ist i.d.R. ein außerhalb der üblichen Betriebsabläufe angelegter Bereich in der betrieblichen Organisation zur Vermittlung grundlegender berufspraktischer Fähigkeiten und Fertigkeiten im Rahmen der gewerblichen → Berufsausbildung. Die Unterweisung erfolgt durch hierfür qualifizierte → Ausbilder. Die Konzentration der Qualifikationsvermittlung in einer L. soll einer vom betrieblichen Tagesgeschehen ungestörten, systematischen und ordnungsgemäßen (→ Ausbildungsplan) Ausbildung dienen sowie alle hierzu jeweils benötigten Lehr-, Lernund Arbeitsmittel oder -hilfen überschaubar und direkt zugänglich machen. Neben L. in den jeweiligen Ausbildungsunternehmen gibt es, v.a. im Handwerk und im Mittelstand, zahlreiche überbetriebliche L., z.B. für Auszubildende aus Unternehmen der gleichen Branche einer bestimmten Region.
Vgl. auch → Ausbildungsordnung.

Leiharbeit, → Arbeitnehmerüberlassung.

Leistung. Aus mehr allgemeiner Sicht kann unter L. die Erfüllung der arbeitsvertraglichen Pflichten oder der mit dem → Arbeitsplatz oder der → Stelle verbundenen Arbeitsanforderungen (→ Anforderungsprofil) durch den Mitarbeiter verstanden werden. Unter personalwirtschaftlichem Aspekt bezeichnet L. jedoch das im Hinblick auf Quantität, Qualität und Zeitaufwand bewertete Ergebnis des menschlichen Arbeitseinsatzes im Unternehmen (= Arbeitsleistung).
Die Arbeitsleistung der Mitarbeiter im Unternehmen wird von zahlreichen Faktoren bestimmt und beeinflusst, die i.d.R. in zwei Gruppen zusammengefasst werden können: (1) Leistungsfähigkeit; (2) Leistungsbereitschaft. Die Leistungsfähigkeit ergibt sich v.a. aus der beruflich-fachlichen → Qualifikation, während die Leistungsbereitschaft insbesondere über materielle und immaterielle → Leistungsanreize und → Arbeitsbedingungen sowie über → Bedürfnisse und → Motivation der Mitarbeiter beeinflusst wird.
Zwischen einzelnen Elementen der Leistungsfähigkeit und der Leistungsbereitschaft bestehen z.T. deutliche Wechselwirkungen, z.B. zwischen Leistungsanreizen, Arbeitsbedingungen und Leistungsmotivation. Aus dem Zusammenwirken von Leistungsfähigkeit und Leistungsbereitschaft entsteht das konkrete Leistungsverhalten der Mitarbeiter im Unternehmen. Daraus ergibt sich für die Praxis, dass z.B. eine ausgeprägte, hohe Leistungsfähigkeit der Mitarbeiter allein nur wenig wirksam ist, sondern von einer entsprechenden Leistungsbereitschaft gleichsam getragen werden muss. Die Konsequenz hieraus ist, dass Maßnahmen zur Steigerung der Leistungsfähigkeit (z.B. → Personalentwicklung, → Weiterbildung) wenig sinnvoll sind, wenn nicht gleichzeitig auch personalpolitische Konzepte zur Förderung der Leistungsbereitschaft wirksam eingesetzt werden, z.B. attraktive → Anreizsysteme, zeitgemäße → Führungsgrundsätze.
Vgl. auch → Arbeitsbewertung, → Arbeitsethik, → Arbeitsmoral, → Aufstieg, → Beruf, → Eignung, → Karriere, → Leistungsbeurteilung, → Mitarbeiterbewusstsein, → Verantwortung.

Leistungsanreize. L. sind gleichsam ein Versprechen von Organisationen, z.B. Wirtschaftsunternehmen, ihren Organisationsmitgliedern, z.B. Mitarbeitern, bei bestimmten, an den Organisationszielen orientierten Verhaltensweisen eine Belohnung (z.B. Gehaltserhöhung, → Leistungszulage, → Prämien, → Aufstieg, Arbeitsplatzsicherheit) zu gewähren. L. haben somit einen Aufforderungscharakter, der → Motivation und → Leistung erzeugen soll. In den Unternehmen sind L. Bestandteile des betrieblichen → Anreizsystems.

L. lassen sich in unterschiedliche Gruppen und Formen einteilen, vorwiegend werden die folgenden fünf Anreizarten unterschieden: (1) Materielle (z.B. Einkommen und Einkommenshöhe) und immaterielle L. (z.B. → Betriebsklima, Karrieremöglichkeiten). (2) Unmittelbare und mittelbare L. Unmittelbare L. sind direkt mit der Zielerreichung oder Aufgabenerledigung verbunden, z.B. herausfordernde, interessante Aufgaben, Lob und → Anerkennung bei guten Leistungen durch den Vorgesetzten, während mittelbare L. lediglich instrumentell wirken, d.h. Mittel zur Befriedigung von nur außerhalb des Unternehmens oder der Arbeitsaufgabe erfüllbaren → Bedürfnissen der Mitarbeiter anbieten, hierzu zählen v.a. finanzielle L. (3) Positive und negative L. Während positive L. im Sinne des Unternehmens und seiner Ziele erwünschtes Verhalten auslösen sollen, haben negative L. einen Vermeidungscharakter, indem sie negative Sanktionen im Falle unerwünschten Verhaltens in Aussicht stellen, z.B. Fortfall von Leistungszulagen, → Kritik, → Versetzung, → Abmahnung, ggf. → Kündigung. (4) Teilnahme- oder Bleibeanreize und Leistungsverhaltensanreize. Teilnahme- bzw. Bleibeanreize sollen zum Eintritt in das Unternehmen motivieren (externes → Personalmarketing) und unerwünschte → Fluktuation verhindern, dazu zählen z.B. Arbeitsplatzsicherheit, → Werkswohnungen, betriebliche → Sozialleistungen u.ä., Leistungsverhaltensanreize dagegen sollen die eigentliche Leistungserbringung am → Arbeitsplatz beeinflussen. (5) Intrinsische und extrinsische L. Diese, wesentlich auf die → Human Relations und → Zwei-Faktoren-Theorie zurückgehende Einteilung bezeichnet in der Person selbst liegende Anreize, z.B. besonderes persönliches Interesse an einer bestimmten Arbeit, Wunsch nach Erfolgserlebnissen oder sog. → Selbstverwirklichung als intrinsisch, von der Organisation in Aussicht gestellte L. dagegen als extrinsisch. Voraussetzung für die Wirksamkeit und den angestrebten Erfolg von L. im Unternehmen ist, dass sie von den Mitarbeitern auch wahr

genommen werden, vorhandene Bedürfnisse ansprechen und genügend attraktiv sind, die angezielten Einstellungen oder Verhaltensweisen auszulösen oder dauerhaft sicherzustellen. Dies hängt stark von den jeweiligen persönlichen Lebensumständen, Erwartungen und Ansprüchen des einzelnen Mitarbeiters ab, aber auch vom allgemeinen gesellschaftlichen Wohlstandsniveau sowie den gesellschaftlich vermittelten Wertvorstellungen (→ Wertewandel). So werden z.B. heute manche betrieblichen Sozialleistungen, die ursprünglich auch als L. wirken sollten, häufig nicht mehr als solche wahrgenommen oder sind in ihrer Wirkung inzwischen zweifelhaft (z.B. verbilligter Bezug von Unternehmensprodukten, Teilnahme an Betriebsausflügen oder Betriebsfesten). Deutlich zeigt sich dies heute auch in der anhaltenden Diskussion zur Gestaltung und Wirksamkeit der sog. → Incentives. Ein mitarbeiter-, unternehmensund zeitgerechtes Angebot betrieblicher L., einschl. ihrer sinnvollen Strukturierung, wird immer mehr zu einer zentralen personalpolitischen Herausforderung sowie einer schwierigen Aufgabe des internen und externen Personalmarketings.

Vgl. auch → Arbeitsbedingungen, → Arbeitsmoral, → Bedürfnishierarchie, → Cafeteriasystem, → Mitarbeiterbewusstsein, → Personalaufwand, → Sachbezüge, → Vergütungspolitik.

Leistungsbereitschaft, → Leistung, → Motivation.

Leistungsbeurteilung. In Literatur und betrieblicher Praxis finden sich hinsichtlich der begrifflichen und inhaltlichen Festlegung von L. sehr vielfältige und kaum überschaubare Eingrenzungen. Häufig sind auch Vermischungen oder synonyme Verwendungen von L. mit → Mitarbeiterbeurteilung, → Mitarbeitergespräch, → Arbeitsbewertung, Personalbeurteilung, Persönlichkeitsbeurteilung u.a. festzustellen. Die L. ist Grundlage oder Element einer Mitarbeiterbeurteilung, sie vergleicht die individuelle Arbeitsleistung (→ Leistung) des Mitarbeiters mit einer Bezugsgröße und ermittelt davon Abweichungen nach unten oder nach oben. Bezugsgrößen können z.B. sein: im → Arbeitsvertrag enthaltene Zielvorgaben, Inhalte von → Zielvereinbarungen, Leistungen anderer Mitarbeiter mit gleichen Aufgaben, in einer

→ Stellenbeschreibung enthaltene Leistungsstandards, Ergebnisse von → Zeitstudien u.a. Eine L. umfasst demnach im Prinzip drei Schritte: (1) Festlegung der Bezugsgrößen (oder -normen), (2) Erfassung, (3) Bewertung der individuellen Leistung, z.B. als Soll-Ist-Vergleich. Die L. kann unterschiedlichen Zwecken dienen, im Vordergrund stehen i.d.R. die Ermittlung leistungsabhängiger Einkommensbestandteile, Zulagen o.Ä. (→ Leistungszulage), leistungsgerechte Gehaltsoder Lohndifferenzierungen im Unternehmen (→ Gehaltsbandbreiten), die → Potenzialdiagnose, die Einleitung oder Unterstützung von Maßnahmen der → Personalentwicklung und → Führungskräfteentwicklung, konkrete Personalentscheidungen (z.B. Beförderung, Versetzung, Jobrotation), die Ausstellung von → Arbeitszeugnissen u.a.

Die praktizierten Methoden zur L. sind sehr unterschiedlich und zahlreich, in manchen Unternehmen haben sich hierzu gleichsam „Hausregeln" herausgebildet, nach § 94 Abs. 2 BetrVG bedarf die Aufstellung allgemeiner Beurteilungsgrundsätze in den Unternehmen der Zustimmung des Betriebsrats. Darüber hinaus finden sich auch in einigen Tarifverträgen Vereinbarungen zur L. Grundsätzlich lassen sich aber die summarische und die analytische L. unterscheiden. Eine summarische L. liegt vor, wenn die Leistung als Ganzes, pauschal beurteilt wird. Bei den häufiger verbreiteten analytischen Beurteilungsmethoden erfolgt die L. anhand vorher festgelegter, einzelner Beurteilungs- bzw. Leistungsmerkmale. In der Praxis zeigt sich hinsichtlich der Zahl der in Systeme zur analytischen L. aufgenommenen Merkmale oder Merkmalsgruppen eine sehr breite Streuung, so sind Systeme von weniger als fünf bis hin zu fünfzig gebräuchlich.

Die sachgerechte Auswahl dieser Merkmale ist meistens sehr problematisch. Zu fordern ist, dass diese Merkmale auch mit der Leistungserbringung unmittelbar zusammenhängen und diese ausreichend repräsentieren, genügend voneinander abgrenzbar und operationalisierbar sind sowie von allen Beurteilern erkannt und gleich verstanden werden können, d.h. eindeutig sind. Den einzelnen Merkmalen kommt meistens für die Leistungserbringung oder deren Feststellung eine unterschiedliche Bedeutung zu, so dass sich ein weiteres Problem darin zeigt, die relative Gewichtung der Merkmale untereinander und die Gewichtung einzelner Merkmalsausprägungen angemessen vorzunehmen. Sollen Systeme zur L. den Anforderungen von Unternehmen und Mitarbeitern genügen, den Leistungsbeitrag des einzelnen in möglichst nachvollziehbarer und genauer Weise zu bestimmen und zu bewerten, müssen sie allerdings die methodischen Probleme zumindest annähernd lösen. Hier kann jedoch nicht eine Lösung im wissenschaftlich-exakten Sinne, etwa nach Maßstäben der → Eignungsdiagnostik angestrebt oder gar erreicht werden, sondern nur im Sinne einer breiten Akzeptanz seitens aller Beteiligten im Unternehmen. Hierzu trägt v.a. die Einsichtigkeit/ Nachvollziehbarkeit des Systems und dessen einfache, unbürokratische Handhabbarkeit bei.

Vgl. auch → Anforderungsprofil, → Arbeitsbewertung, → Arbeitsplatzanalyse, → Beurteilungsfehler, → Beurteilungsgespräch, → Eignungsprofil, → Kritik, → Mitarbeiterbeurteilung, → Stellenbewertung.

Leistungslohn, → Akkord, → Leistungszulage, → Provision, → Tantieme, → Vergütungspolitik.

Leistungsstörungen. Die Nichterfüllung, die verspätete Erfüllung oder die mit der vertraglichen Absprache nicht übereinstimmende Qualität der Erfüllung vertraglicher Verpflichtungen wird als Leistungsstörung bezeichnet. Die hierfür nach allgemeinem Zivilrecht bestehenden Sonderregelungen werden durch zahlreiche arbeitsrechtliche Spezialvorschriften zu einem großen Teil verdrängt. In einem Überblick lässt sich die Rechtslage wie folgt beschreiben: Erbringt der Arbeitnehmer die geschuldete Leistung nicht und hat er dies zu vertreten (Vorsatz, Fahrlässigkeit), macht er sich schadensersatzpflichtig (§ 325 BGB). Darüber hinaus ist der Arbeitgeber berechtigt, für die Zeit der Nichtleistung die Vergütung einzubehalten. Schließlich kommen → Abmahnung und → Kündigung unter Beachtung des KSchG in Betracht. Hat der Arbeitnehmer die Nichterbringung der Leistung nicht zu vertreten oder ist sie aufgrund besonderer gesetzlicher bzw. vertraglicher Regelungen gerechtfertigt (Krankheit, Urlaub, Dienstbefreiung, Arbeitnehmerweiterbildung), wird er von der Verpflichtung zur Leistung frei (§ 275 BGB). Die Gegenleistung behält er in diesen Fällen aufgrund des Entgeltfortzahlungsgesetzes, BUrlG und der bestehenden Verträge, insbesondere Tarifverträge. Erbringt der Arbeitnehmer die geschuldete Leistung schlecht, ist zu unterscheiden: Für die schlechte Qualität der Arbeit kommt eine Kürzung der Vergütung nicht in Betracht, weil bei Dienstverträgen (§§ 611ff. BGB) anders als bei Werkverträgen (§§ 631ff. BGB) nicht ein bestimmter Erfolg, sondern die vereinbarte Tätigkeit geschuldet wird. Jedoch kann der Arbeitgeber mit Abmahnung und Kündigung (Beendigungs-, ggf. auch → Änderungskündigung) unter Beachtung des KSchG reagieren. Fügt der Arbeitnehmer dem Arbeitgeber im Zusammenhang mit der Arbeitsleistung einen Schaden zu, erfährt er gegenüber dem allgemeinen Zivilrecht Haftungserleichterungen, die im Zusammenhang mit den besonderen Grundsätzen der Arbeitnehmerhaftung (→ Haftung) zu sehen sind.

Leistungstests. L. werden zumeist als kombinierte Leistungs- und Konzentrationstests durchgeführt mit dem Ziel, das aktuelle Leistungsniveau und dessen Beanspruchbarkeit, z.B. unter Zeitdruck, in einem bestimmten Fähigkeitsbereich (z.B. Arbeitssorgfalt, Merkfähigkeit) zu messen. Hierzu gibt es eine unüberschaubare Vielzahl von methodisch-fachlich seriösen bis hin zu dubiosen Tests. In der Praxis werden L. bei der Bewerberauswahl (vorwiegend Auszubildende), der Optimierung des Personaleinsatzes sowie im Rahmen der → Personalentwicklung eingesetzt. Terminologisch ist die Abgrenzung von L., → Persönlichkeitstests und → Intelligenztests umstritten, so werden z.B. Intelligenztests häufig den L. zugeordnet. Verbreitet und von einer gewissen personalwirtschaftlichen Relevanz sind z.B. der PAULI-Test, der Konzentrations-Leistungs-Test (KLT) sowie der Aufmerksamkeits-Belastungs-Test (d2-Test). Zur speziellen Erfassung sensorischer (z.B. Hören), motorischer (z.B. manuelle Geschicklichkeit) oder technischer Fähigkeiten und Leistungen gibt es weitere, zahlreiche Spezialtests von z.T. jedoch fragwürdiger Güte. Grundsätzlich sollten L. wegen ihrer mehr oder weniger großen methodischen Unzulänglichkeiten nur zurückhaltend eingesetzt und bewertet werden. Dem steht leider eine in der Praxis, v.a. bei der Auswahl des Berufsnachwuchses, nicht selten zu beobachtende unkritische Testgläubigkeit gegenüber. Aus rechtlicher Sicht ist darauf zu achten, dass die Einwilligung der zu testenden Personen vorliegen muss, die jedoch durch Testteilnahme ohne Widerspruch (sog. konkludentes Handeln) als gegeben gilt.

Vgl. auch → Eignungsdiagnostik, → Intelligenztests, → Persönlichkeitstests, → Tests.

Leistungsverweigerungsrecht. Grundsätzlich besteht ein L., wenn aufgrund des Rechtsverhältnisses, auf dem eine Verpflichtung zur Leistung beruht, zugleich ein fälliger Anspruch gegen den Gläubiger der Leistung besteht und der Gläubiger diesen bisher nicht erfüllt hat (§§273, 320 BGB). Damit wird das Prinzip gewahrt, dass Leistung und Gegenleistung in einem wechselseitigen Abhängigkeitsverhältnis stehen. Dieses Prinzip gilt auch im → Arbeitsrecht, z.B. zugunsten des Arbeitnehmers, wenn der Arbeitgeber die vereinbarte Vergütung nicht zahlt oder aber von dem Arbeitnehmer eine unzumutbare Arbeit verlangt wird (wegen vertraglich nicht vereinbarter, von den Normen des → Arbeitssicherheitsrechts nicht gedeckter Gefahren für Leben oder Gesundheit, in besonders gelagerten Fällen auch wegen schwerwiegender Gewissenskonflikte aufgrund der Aufforderung zur Erledigung vertraglich nicht vereinbarter Arbeiten). Die Vergütungspflicht des Arbeitgebers bleibt in diesen Fällen unberührt. Erfüllt der Arbeitnehmer die ihm obliegende Leistung nicht und existiert kein besonderer Arbeitsbefreiungs- bzw. Lohnfortzahlungsgrund wegen Urlaub, Krankheit, Arbeitnehmerweiterbildung, tariflicher Freistellung oder sonstiger arbeitsvertraglicher Absprachen, ist der Arbeitgeber zum Einbehalt der auf die entsprechende Zeit entfallenden Vergütung berechtigt. Führt die Verletzung der → Arbeitspflicht zur rechtlichen Unmöglichkeit der Arbeitsleistung, was vielfach wegen fehlender Nachholbarkeit der Fall ist, erlischt der Vergütungsanspruch des Arbeitnehmers auf Dauer (§323 BGB).

Vgl. auch → Zurückbehaltungsrecht.

Leistungszulage. Die L. wird zusätzlich zu der fest vereinbarten → Vergütung gezahlt. Ihre Rechtsgrundlage kann in einem → Tarifvertrag, in einer arbeitsvertraglichen Zusage, in einer Betriebsübung sowie in einer Betriebsvereinbarung (vgl. §§ 87 Abs. 1 Ziff. 10, 77 BetrVG) liegen. Auch kann sie vom Arbeitgeber ohne Rechtspflicht gezahlt werden, woraus jedoch regelmäßig – sofern der Arbeitgeber die Leistung nicht als freiwillig und unverbindlich bezeichnet hat – für die Zukunft Rechtsansprüche erwachsen. Vergütungspolitisch hat die L. die Funktion, besondere Leistungsanreize über die Möglichkeit zusätzlicher Einkünfte zu geben. Dabei dient sie der Feinabstimmung der im Ausgangspunkt an der Festlegung des Arbeitswertes für eine Arbeitsleistung orientierten Vergütungsbemessung. Der Arbeitswert, je nach vertraglicher Grundlage analytisch bewertet, durch Tätigkeitsmerkmale einer bestimmten Vergütungsgruppe zugeordnet oder aufgrund von Oberbegriffen zu finden, richtet sich nach der grundsätzlichen Bewertung einer Aufgabe durch die Tarifparteien, die Betriebspartner oder die Parteien des → Arbeitsvertrages. Die Art und Weise, wie eine Tätigkeit ausgeübt wird, findet dabei regelmäßig keine Berücksichtigung, weil sich die Festlegung des Arbeitswertes nach aufgaben- oder positionsorientierten Kriterien richtet.

Die L. dient dazu, die vergütungsmäßige → Gleichbehandlung aller Arbeitnehmer mit vergleichbaren Aufgaben/ Positionen zu verhindern, indem die Qualität der erbrachten Leistungen zusätzlich abgegolten werden kann. Die Kriterien bestimmen sich nach der vertraglichen Festlegung.

Üblicherweise sind von besonderer Bedeutung: Arbeitseinsatz, Zahl der bearbeiteten Vorgänge, wirtschaftlich nach Umsatz oder Gewinn bemessene Ergebnisse, Bemühungen um die eigene Weiterbildung, Mitarbeiterführung, Kreativität, Vertretung des Unternehmens nach innen und/ oder außen, Zusammenarbeit mit den betrieblichen Sozialpartnern, Inkaufnahme besonderer Belastungen etc.

Die L. kann als – monatlich oder jährlich zu zahlender – Zuschlag zu der festen Vergütung oder als Festbetrag gestaltet sein. Entscheidend ist ihr variabler Charakter, der durch die vertragsrechtliche wie faktische Ausgestaltung keine Verstetigung unabhängig von den konkreten Leistungen erfahren darf. Letzteres ist in der Praxis häufig der Fall, da die getroffenen Regelungen oder die Unternehmenskultur eine Rücknahme oder völlige Streichung der L. trotz sachlicher Veranlassung ausschließen, jedenfalls aber erschweren.

Vgl. auch → Leistungsbeurteilung, → Prämien.

leitende Angestellte. L. A. nehmen soziologisch und rechtlich in der Gesamtheit aller abhängig Beschäftigten eine Sonderstellung ein. Aufgrund ihrer spezifischen Aufgaben, nämlich Wahrnehmung der vonseiten der Unternehmensleitung an sie delegierten Führungsfunktionen einerseits, Mitwirkung an und Vorbereitung von qualifizierten unternehmerischen Entscheidungen andererseits, weisen l. A. eine größere Nähe zur Unternehmensleitung als zu der übrigen Belegschaft auf, zumal die Mehrzahl der Mitarbeiter nicht direkt durch die Unternehmensleitung, sondern eben durch l. A. geführt wird. Dies hat den Gesetzgeber zu einer Reihe von Spezialregelungen für den Kreis der leitenden Angestellten veranlasst. Nach §5 Abs. 3 BetrVG gilt dieses Gesetz nicht für l. A., es sei denn, es findet sich eine ausdrückliche Sonderregelung (z.B. die Verpflichtung, eine beabsichtigte → Einstellung oder personelle Veränderung eines leitenden Angestellten dem → Betriebsrat rechtzeitig nach §105 BetrVG mitzuteilen). L. A. sind somit weder aktiv noch passiv für den Betriebsrat wahlberechtigt. Regelungen und → Betriebsvereinbarungen, die Betriebsrat und Arbeitgeber vereinbaren, gelten für sie daher nicht. Das BetrVG sieht einzig im Wirtschaftsausschuss gemäß § 107 Abs. 1 BetrVG ihre Beteiligung vor.

Die kollektive Interessenvertretung richtet sich allein nach dem SprAuG. Eine weitere Sonderregelung gilt für die → Mitbestimmung auf unternehmensrechtlicher Ebene. Das MitbestG 1976 sieht für die Bildung des Aufsichtsrates der von ihm erfassten Unternehmen (AG, GmbH, KGaA, bergrechtliche → Gewerkschaft, Erwerbs- und Wirtschaftsgenossenschaft – alle mit i.d.R. mehr als 2.000 Arbeitnehmern) einen Vertreter der leitenden Angestellten auf der Arbeitnehmerbank vor (§§3 Abs. 1 Ziff. 2, 7, 15 Abs. 2 Satz 2 Ziff. 2 MitbestG). Eine entsprechende Vertretung der leitenden Angestellten in den unter das Montan-MitbestG oder das BetrVG 1952 fallenden Unternehmen besteht nicht.

Schließlich ist der → Kündigungsschutz für l. A. vor dem Hintergrund des besonderen Vertrauensverhältnisses nach §14 Abs. 2 KSchG eingeschränkt: In einem Kündigungsschutzverfahren eines leitenden Angestellten kann der Arbeitgeber für den Fall, dass das Arbeitsgericht die geltend gemachten Kündigungsgründe nicht akzeptiert, den Antrag auf Auflösung des Arbeitsverhältnisses stellen, ohne dass dies der an sich nach §9 Abs. 1 Satz 2 KSchG erforderlichen Begründung bedarf. In solchen Fällen scheidet der l. A. mit → Abfindung aus dem Unternehmen aus, so dass der Kündigungsschutz im Hinblick auf den Bestand des Arbeitsverhältnisses leerläuft. Auch von den Schutzbestimmungen des → Arbeitszeitrechts sind sie weitgehend ausgenommen.

Das BetrVG enthält in §5 Abs. 3 und 4 eine Definition des leitenden Angestellten. Danach sind kennzeichnend die Berechtigung zu selbstständiger Einstellung oder Entlassung von Arbeitnehmern (§5 Abs. 3 Ziff. 1 BetrVG), das Innehaben von Generalvollmacht und Prokura mit einer im Verhältnis zum Arbeitgeber nicht unbedeutenden Wirkung (Ziff. 2) oder die regelmäßige Wahrnehmung sonstiger Aufgaben, die für den Bestand und die Entwicklung des Unternehmens oder eines Betriebes von Bedeutung sind und deren Erfüllung besondere Erfahrung und Kenntnisse voraussetzt (Ziff. 3). Im letzteren Falle ist zusätzlich erforderlich, dass der l. A. entweder die Entscheidung im Wesentlichen frei von Weisungen trifft oder aber er sie maßgeblich beeinflusst. V.a. diese letzte Definitionskomponente ist in der Praxis immer wieder Grund für Rechtsunsicherheit. Allerdings ist der Gesetzgeber zu einer für alle Unternehmen und Betriebe geltenden konkreten Definition in Anbetracht der organisatorischen und personalpolitischen Vielfalt unternehmerischer Strukturen kaum in der Lage. Zur Erreichung von mehr Rechtssicherheit enthält §5 Abs. 4 BetrVG einen Vermutungskatalog für die l. A., die ihre Position nicht der selbstständigen Einstellung oder Entlassung bzw. einer Generalvollmacht oder Prokura verdanken (§5 Abs. 3 Ziff. 1, 2 BetrVG). Das Gesetz stellt einmal auf die Abgrenzung anlässlich der letzten Wahlen zum Betriebsrat, → Sprecherausschuss oder Aufsichtsrat ab (§5 Abs. 4 Ziff. 1 BetrVG; vgl. auch § 18a BetrVG), auf die Zugehörigkeit zu einer Leitungsebene, auf der überwiegend l. A. vertreten sind (Ziff. 2), auf ein regelmäßiges Jahresgehalt, das für l. A. des Unternehmens üblich ist (Ziff. 3) und schließlich als Unterfall der letztgenannten Vermutung auch noch darauf, ob das regelmäßige Jahresgehalt das Dreifache der Bezugsgröße nach §18 SGB IV überschreitet.

In der Praxis kann die Frage der zutreffenden Abgrenzung leitender von nicht leitenden Angestellten im Rahmen von Wahlanfech-

tungen für Wahlen zum Betriebsrat, Sprecherausschuss oder Aufsichtsrat überprüft werden, ferner in sog. arbeitsgerichtlichen Statusverfahren und schließlich als Vorfrage in einem Kündigungsschutzprozess, z.B. aufgrund des Einwandes eines leitenden Mitarbeiters, der Status eines l. A. liege nicht vor und daher sei die erforderliche → Anhörung des Betriebsrates nach §102 BetrVG mit der Rechtsfolge der Nichtigkeit unterblieben.

Vgl. auch → Angestellte, → Arbeitnehmer.

Leitung. L. wird häufig synonym mit *Führung* verwendet, meint inhaltlich, besonders aus theoretisch-analytischer Perspektive, jedoch etwas anderes: Mit L. werden sachbezogene Entscheidungsfunktionen bezeichnet, die sich auf den Einsatz und die Steuerung von Betriebs- und Sachmitteln, Werkstoffen, Methoden, Verfahren, Abläufen, sachlichtechnischen Hilfsmitteln u.ä. beziehen. Leitungsaufgaben sind somit vorwiegend auf die Lösung von Sachproblemen bei der betrieblichen Leistungserstellung und in der betrieblichen Organisation gerichtet, während Führung unmittelbar mitarbeiterbezogenes Handeln und Entscheiden umfasst. Aufgaben der L. und der Führung lassen sich i.d.R. in der Praxis kaum unterscheiden, sie sind miteinander vielfach verbunden oder bedingen einander, zum Ausdruck kommt dies z.B. auch in den Begriffen → Leitungsspanne und → Leitungstiefe.

Leitungsspanne, *Führungsspanne, Kontrollspanne.* Die L. drückt aus, wie viele Stellen oder Mitarbeiter einer Instanz oder einer Führungskraft direkt unterstellt sind. Unternehmen mit einer flachen → Hierarchie haben i.d.R. eine größere L. als hierarchisch stark differenzierte Unternehmen. Die betriebswirtschaftlich orientierte Organisationslehre hat immer wieder versucht, praktisch nutzbare Empfehlungen für die optimale Festlegung der L. zu geben. Je nach Art des Unternehmens, Qualifikationsgrad und Aufgaben der jeweiligen Mitarbeiter werden sehr unterschiedliche Zahlen genannt. Es hat sich in der Praxis allerdings herausgestellt, dass solche Empfehlungen zu pauschal sind, dass auch die → Führungsfähigkeit der Vorgesetzten, die jeweilige Ebene der Hierarchie, Art der wahrzunehmenden Aufgaben und der dabei eingesetzten technischen Arbeitsmittel und -hilfen sowie sozialstrukturelle und gruppendynamische Aspekte bei der Festlegung der L. beachtet werden müssen. Eine optimale L. lässt sich demnach nur einzelfallmäßig ermitteln und festlegen.

Vgl. auch → Führungskraft, → Lean Man-agement, → Leitung, → Leitungstiefe.

Leitungstiefe, *Instanzentiefe.* Die L. drückt die Anzahl der Leitungsebenen (Führungsebenen) bzw. Instanzen in einem Unternehmen aus (→ Hierarchie). Die Bestimmung der L. ist, ähnlich wie bei der → Leitungsspanne, u.a. abhängig von der Art der im Unternehmen produzierten Güter oder erbrachten Dienstleistungen, der Anzahl der Stellen und Mitarbeiter, der → Qualifikation der benötigten Mitarbeiter sowie den praktizierten → Führungsgrundsätzen und der → Führungsfähigkeit der Vorgesetzten. Die Erfahrung zeigt, dass Unternehmen der Hochtechnologie oder im Dienstleistungssektor mit einem großen Anteil überdurchschnittlich qualifizierter Mitarbeiter eher geringe L. aufweisen. Typisch für eine ausgeprägte L. sind v.a. Einrichtungen des → öffentlichen Dienstes, hier insbesondere große Behörden wie Ministerien o.Ä. Die optimale Gestaltung der L. ist nicht nur ein Erfordernis der organisatorischen Effektivität (z.B. kurze, flexible Kommunikations- und Entscheidungswege), sondern auch unter dem Aspekt der Schaffung motivierender, leistungsfördernder → Arbeitsbedingungen zu sehen.

Vgl. auch → Laufbahn, → Lean Management.

Lernstatt. Der Begriff L. leitet sich ab aus den Worten Lernen und Werkstatt, er soll die aktive Rolle der Lernenden im Lernprozess im Gegensatz zur passiven Entgegennahme deutlich machen. L. zielt auf die seit den siebziger Jahren verstärkten Bemühungen (v.a. im Rahmen des → betrieblichen Vorschlagswesens und der Idee der → Qualitätszirkel), insbesondere die gewerblichen Mitarbeiter stärker an der Identifizierung und Lösung arbeitsplatznaher technischer oder organisatorischer Probleme zu beteiligen. Darüber hinaus wird die L. in der Praxis oft auch zur Vermittlung unmittelbar arbeitsplatz- und aufgabenbezogener Qualifikationen bei der Einarbeitung neuer Mitarbeiter oder zur Einweisung in neue Arbeitshilfen, Arbeitstechniken u.ä. genutzt.

Die L. existiert i.d.R. als Gruppe von ca. fünf Mitarbeitern, die sich regelmäßig (wöchentlich oder ein- bis zweimal im Monat) während der Arbeitszeit freiwillig zusammenfinden, um bestimmte, aus dem gemeinsamen Arbeitsgebiet stammende besondere Aufgaben und Probleme zu besprechen, nach Lösungswegen zu suchen, Vorschläge zu erarbeiten, sich mit Neuerungen vertraut zu machen usw. Ein Gruppenmitglied übernimmt, meistens nach einer entsprechenden Ausbildung, die Rolle eines Moderators. Die Mitglieder der L. gehören zumeist der gleichen hierarchischen Ebene an, in der Praxis ist häufig ein Meister oder eine andere Führungskraft Ansprechpartner und Bindeglied zur Betriebsleitung. Viele Unternehmen haben mit der L. gute Erfahrungen gemacht, auch mehrere Lernstätten initiiert und in einigen Fällen zu einem Lernstattzentrum zusammengefasst. Die L. kann dazu beitragen, bei den Mitarbeitern vorhandenes Know-how besser zu nutzen, ihr Verantwortungsbewusstsein am → Arbeitsplatz zu erhöhen (→ Arbeitsmoral), sie zu eigenverantwortlich gesteuertem Handeln und Lernen zu motivieren und sie damit auch an einer sinnvollen Gestaltung ihrer → Arbeitsbedingungen zu beteiligen.

Vgl. auch → Brainstorming, → Gruppendynamik, → Kreativität.

Lichtbild, → Bewerberfoto.

Lob, → Anerkennung.

Lohn, → Vergütung.

Lohnausgleich, → Arbeitszeitverkürzung.

Lohnbandbreiten, → Gehaltsbandbreiten.

Lohndrift, *Wage Drift.* Die L. bezeichnet eine vorhandene Differenz zwischen dem tariflich vereinbarten Entgelt und dem von den Unternehmen tatsächlich (effektiv) gezahlten höheren Entgelt (Effektivlohn). Die L. ist ein wichtiger Indikator für die Verfügbarkeit bzw. Knappheit von Arbeitskräften bestimmter Qualifikationen v.a. in den regionalen Personalmärkten. So signalisiert eine hohe oder steigende L. häufig ein nur unzureichendes Angebot bestimmter Fachkräfte oder deren geringe Bereitschaft zur regionalen → Mobilität, so dass über die Zahlung übertariflicher Entgelte besondere

Anreize geschaffen werden sollen. Entspannt sich die Lage in den betroffenen Personalmärkten wieder, ist es in der Praxis für die Unternehmen sehr schwierig, die L. wieder abzubauen. Die Anrechnung der übertariflich gezahlten Entgeltbestandteile auf Lohn- und Gehaltserhöhungen ist dann häufig auch ein Thema der tariflichen und betrieblichen → Vergütungspolitik.

Vgl. auch → Tarifvertrag.

Lohnfindung, → Arbeitsbewertung, → Vergütungspolitik, → Zeitstudien.

Lohnfindungssysteme, → Arbeitsbewertung, → Vergütungspolitik.

Lohnfortzahlung, → Entgeltfortzahlung.

Lohngleichheit. Der Begriff der L. hat eine rechtliche und eine vergütungspolitische Komponente. Rechtlich wird L. grundsätzlich für tarifgebundene Mitarbeiter (§ 3 Abs. 1 TVG) durch Anwendung der Tarifverträge erreicht (gleicher Lohn für gleiche Arbeit). Da die in einem Unternehmen/ Betrieb gültigen Tarifverträge durch Inbezugnahme im Einzelarbeitsvertrag auch für die Nichtgewerkschaftsmitglieder zur Anwendung kommen, besteht insoweit Lohngleichheit unabhängig von der Gewerkschaftsmitgliedschaft. Rechtlich ist diese → Gleichbehandlung nicht geboten, jedoch personalpolitisch üblich und sinnvoll. Die insbesondere in den 1950er- und 1960er-Jahren unternommenen gewerkschaftlichen Versuche, ein tarifvertragliches Verbot der Gleichbehandlung von Nichtgewerkschaftsmitgliedern oder aber bei Anwendung der Tarifverträge Vorteile für die tarifgebundenen Mitarbeiter durchzusetzen, sind aus rechtlichen Gründen wegen fehlender Vertretungskompetenz der Tarifparteien für Nichtgewerkschaftsmitglieder und im Hinblick auf die verfassungsrechtliche Gewährleistung der negativen → Koalitionsfreiheit (Art. 9 Abs. 3 GG) gescheitert.

Jenseits der tarifverträglichen Regelungen begründet das Benachteiligungsverbot der §§ 1, 6, 7 AGG ein Verbot der Ungleichbehandlung in der → Vergütung wegen des Geschlechts. Eine entsprechende Regelung enthält das Europarecht in Art. 157 AEUV. Speziell für Betriebsräte statuiert § 78 BetrVG ein Verbot der Benachteiligung aus Anlass der Betriebsratstätigkeit, wozu auch Nachteile in der Entlohnung zählen. Jenseits der spezialgesetzlichen Regelungen hat das BAG einen Grundsatz der Gleichbehandlung in Vergütungsfragen aus § 242 BGB entwickelt. Er gilt insbesondere für den außertariflichen Bereich, für außertarifliche → Leistungszulagen sowie für freiwillige Gehaltserhöhungen. Im Ergebnis bedeutet diese Rechtsprechung keine pauschale Verpflichtung zur Gleichbehandlung, sondern lediglich ein Verbot der Ungleichbehandlung ohne sachlichen Grund.

Enthält eine für alle außertariflichen Mitarbeiter beschlossene Vergütungserhöhung einen (festen oder in Prozent bemessenen) Grundbetrag zum Ausgleich der Inflation und einen darüber hinausgehenden individuell leistungsorientiert festzusetzenden Anpassungsbetrag, so gilt nur für den Grundbetrag die Gleichbehandlungspflicht. Im Übrigen sind an Leistungsunterschieden orientierte Differenzierungen in der Gehaltserhöhung zulässig. Die Festlegung des Prozentsatzes oder des Festbetrages, der einem Inflationsausgleich dient, liegt grundsätzlich in dem Ermessen des Arbeitgebers. Er ist nicht verpflichtet, sich hierbei strikt an die konkrete Inflationsrate zu halten, zumal auch die Tarifanpassungen keineswegs stets diesen Wert erreichen. Vergütungspolitisch entspricht die L. einer gerechten Behandlung und Führung der Mitarbeiter. Sie hat ebenso große Bedeutung für das Betriebsklima wie ein leistungsorientiertes Vergütungssystem mit seinen Motivationsanreizen.

Vgl. auch → Vergütungspolitik.

Lohnsteuer. Die L. ist eine besondere Form der Einkommensteuer. Sie unterscheidet sich von der Einkommensteuer nicht bezüglich der materiellen Regelungen, sondern allein im Hinblick auf die Form der Abführung. Der Arbeitgeber ist gehalten, die L. an das Finanzamt abzuführen (einschließlich der Kirchenlohnsteuer). Mit der Abführung tilgt der Arbeitgeber die Lohnsteuerschuld des Arbeitnehmers. Der Arbeitnehmer ist auch im Rahmen des Lohnsteuerabzugsverfahrens Steuerschuldner, wobei der Arbeitgeber im Verhältnis zur Finanzverwaltung für die Einbehaltung und Abführung der L. des Arbeitnehmers haftet (§38 EStG). Arbeitnehmer und Arbeitgeber sind insoweit Gesamtschuldner (§42d EStG). Dies ist bedeutsam für Nachforderungen bezüglich der Lohnsteuerschuld, z.B. bei Sachleistungen des Arbeitgebers. Hier kann sich die Finanzverwaltung stets an den Arbeitgeber halten. Inwieweit der Arbeitgeber Rückgriff bei dem Arbeitnehmer nimmt, richtet sich nach der entsprechenden arbeitsvertraglichen Lage einerseits und der personalpolitischen Ermessensentscheidung des Arbeitgebers andererseits. Fehlt eine besondere Vereinbarung, ist eine Weiterbelastung der Nachforderung an den Arbeitnehmer möglich, weil alle Arbeitgeberleistungen als Bruttoleistungen mit Steuerpflicht des Arbeitnehmers zu verstehen sind.

Hat der Arbeitnehmer neben den Einkünften aus unselbstständiger Tätigkeit weiteres Einkommen (z.B. Einkünfte aus Vermietung und Verpachtung, aus Kapitalvermögen), ist er gehalten, insoweit eine Einkommensteuererklärung abzugeben und die entsprechenden Steuern im Rahmen des einkommensteuerrechtlichen Veranlagungsverfahrens abzuführen. Die Lohnsteuer- bzw. Einkommensteuerschuld bemisst sich nach den Bruttoeinkünften abzüglich absetzungsfähiger Werbungskosten und Sonderausgaben (§§2, 9 ff. EStG). Soweit derartige Beträge nicht als sog. Freibeträge auf der Lohnsteuerkarte eingetragen sind, können sie von dem Arbeitnehmer nur im Rahmen des Lohnsteuerjahresausgleiches oder des Einkommensteuerveranlagungsverfahren geltend gemacht werden. Aus sozialen Erwägungen sind einige an sich lohnsteuerpflichtige Bezüge von der L. befreit oder aber steuerprivilegiert. Hierzu zählen z.B. Berufskleidung, die der Arbeitgeber dem Arbeitnehmer unentgeltlich oder verbilligt überlässt (§3 Abs.1 Nr. 31), die Arbeitgeberbeiträge zur Sozialversicherung (§3 Nr. 62 EStG), sowie schließlich Zuschläge für die Feiertags- und Nachtarbeit, sofern bestimmte Einkommensgrenzen nicht überschritten werden (§3 b Abs. 1 EStG). Der Arbeitgeber ist gehalten, diese Regelungen im Rahmen des Lohnsteuerabführungsverfahrens zu beachten.

Neben der L. hat der Arbeitgeber auch die Arbeitnehmerbeiträge für die gesetzliche Sozialversicherung (Rentenversicherung, Arbeitslosenversicherung, Kranken- und Pflegeversicherung, sofern insoweit nicht eine private Versicherung des Arbeitnehmers vorliegt) einzubehalten und zusammen mit den Arbeitgeberbeiträgen abzuführen. Der alleinigen Beitragslast des Arbeitgebers unterliegen die Beiträge zur Berufsgenossenschaft (→ Unfallversicherung).

Lohnsteuerpauschalierung. Grundsätzlich wird die → Lohnsteuer konkret unter Anwendung der Lohnsteuertabelle auf die Einkünfte aus abhängiger Beschäftigung ermittelt. Steuerschuldner gegenüber der Finanzverwaltung sind der Arbeitgeber und der Arbeitnehmer, wobei der Arbeitgeber die Steuerschuld durch Einbehalt der Lohnsteuer von dem Arbeitseinkommen des Arbeitnehmers und Abführung an die Finanzkasse erfüllt. Abweichend von diesem Grundsatz ist in einigen Fällen eine L. nach §§ 40, 40a, 40 b EStG möglich. Bei Erfüllung der Steuerpflicht durch L. ist allein der Arbeitgeber Steuerschuldner. Inwieweit er im Innenverhältnis zu dem Arbeitnehmer die Pauschalsteuer trägt oder von dem Arbeitseinkommen des Arbeitnehmers abziehen kann, ist eine Frage der arbeitsvertraglichen Vereinbarung. Grundsätzlich geht die Steuer zulasten des Arbeitnehmers, es sei denn, dass eine → Nettolohnvereinbarung getroffen wurde. Der Arbeitnehmer hat stets das Recht, eine für ihn im Verhältnis zur Pauschalbesteuerung günstigere Einzelbesteuerung unter Vorlage der Steuerkarte zu verlangen. Dieses steuerrechtliche Wahlrecht besteht im Verhältnis zwischen dem steuerpflichtigen Arbeitnehmer und der Finanzverwaltung. Es kann durch Betriebsvereinbarung nicht ausgeschlossen werden, da die Betriebsparteien insoweit keine Dispositionsbefugnis über die steuerlichen Gestaltungsmöglichkeiten haben. Der pauschal besteuerte → Arbeitslohn ist wegen seines Pauschalcharakters bei der Einkommensteuerveranlagung des Arbeitnehmers für den Fall sonstiger Einkünfte nicht heranzuziehen (§ 40 Abs. 3 Satz 3 EStG). Übernimmt der Arbeitgeber aufgrund einer Nettolohnvereinbarung die Steuer, besteht insoweit ein geldwerter Vorteil für den Arbeitnehmer, der versteuert werden muss. Die Fälle einer zulässigen L. sind in §§ 40, 40a, 40 b EStG abschließend geregelt. Von besonderer Bedeutung sind Zuwendungen zum Aufbau einer nicht kapitalgedeckten Altersvorsorge an eine Pensionskasse mit einem Pauschalsteuersatz von 20 % (§40b EStG).

Wichtig ist darüber hinaus die Möglichkeit der pauschalierten Lohnsteuerzahlung in den Fällen der → geringfügigen Beschäftigung. Übersteigt der Arbeitslohn bei laufender Beschäftigung die Grenze von 400 Euro nicht (geringfügig entlohnte Beschäftigung), beläuft sich der Pauschalsteuersatz auf 2 %

(§ 40a Abs. 2 EStG). Bei einer kurzfristigen Beschäftigung beträgt der Pauschalsteuersatz 25 %. Voraussetzung ist, dass der Arbeitnehmer nur gelegentlich und nicht regelmäßig beschäftigt wird und die Beschäftigungsdauer 18 zusammenhängende Arbeitstage nicht übersteigt. Außerdem darf der Arbeitslohn maximal 62 Euro pro Beschäftigungstag nicht übersteigen oder die Beschäftigung muss zu einem unvorhergesehenen Zeitpunkt sofort erforderlich werden.

Lohn- und Gehaltsabrechnung, → Vergütungsabrechnung.

Lost-Order-Analyse. Aus dem Produktmarketing übernommenes Instrument zur Bewertung der Effektivität bestimmter Maßnahmen des → Personalmarketings, insbesondere der → Personalwerbung. Damit soll herausgefunden werden, welche Personen oder Gruppen im jeweils relevanten → Personalmarkt aus welchen Gründen das Unternehmen als potenziellen Arbeitgeber ablehnen oder auf seine → Personalmarketingstrategie indifferent oder negativ reagieren. Sie wird darüber hinaus auch genutzt zur Ermittlung der Gründe, die bei für das Unternehmen interessanten Bewerbern zur Ablehnung eines konkreten Beschäftigungsangebots geführt haben. Die L.-O.-A. kann wichtige Einsichten über den Stellenwert des Unternehmens in seinen relevanten Personalmärkten vermitteln sowie auch über Personalmarketingstrategien anderer Unter-nehmen (z.B. Wettbewerber) und deren Wirkungen bei den angesprochenen Ziel-gruppen Aufschluss geben. Hierüber können Impulse bis hin zu nötigen Korrekturen des externen oder internen Personalmarketings ausgelöst werden. Die L.-O.-A. ist somit auch ein Instrument zur Kosten-Nutzen-Analyse des Personalmarketings, das allerdings in der Praxis noch zu wenig genutzt wird.

Vgl. auch → Personalcontrolling, → Personalimage, → Personalimageanalyse.

M

Management Audit. M. A. ist eine neuere Bezeichnung für die systematische Analyse und Bewertung der Fähigkeiten oberster Führungskräfte im Unternehmen (Vorstand, Geschäftsführung oder direkt nachgeordnete Ebene), neuen Herausforderungen an ihre Führungsaufgaben gerecht zu werden. Anlässe für ein M. A. sind in der Praxis oft Marktanteil- oder Ergebnisverluste des Unternehmens, die Absicht, in neue Geschäftsfelder zu investieren, Restrukturierungsvorhaben (z.B. im Zuge der Übernahme durch ein anderes Unternehmen), grundsätzliche Änderungen der Unternehmensstrategie, anstehende personelle Nachfolgeentscheidungen in Führungsgremien o.a. wichtige Herausforderungen, denen sich das Unternehmen stellen muss. Methodisch ist das M. A. als Überprüfung des aktuellen Erfahrungs- und Leistungsprofils der wichtigsten Führungskräfte, auch vor dem Hintergrund ihrer bisherigen Erfolge oder Misserfolge sowie als Projektion in die absehbare, über bekannte oder geplante Entwicklungen einschätzbare Zukunft angelegt. Mit einem M. A. werden darauf spezialisierte Unternehmensberater beauftragt in Einzelinterviews mit den betroffenen Führungskräften, über Analysen der bisherigen Unternehmensstrategie oder einzelner Unternehmensbereiche, Klausurtagungen und Diskussionen mit Führungskräften u.a. Erhebungsverfahren das im Unternehmen vorhandene Führungspotenzial zu ermitteln. Ein M. A. dauert viele Wochen bis zu mehreren Monaten und endet mit einer Dokumentation der Ergebnisse, deren Präsentation beim Auftraggeber sowie häufig auch einer Diskussion der Beraterempfehlungen mit dem Auftraggeber und den einbezogenen Führungskräften (oder einzelnen von ihnen). In den meisten Fällen führen die Ergebnisse eines M. A. zu organisatorischen oder personalpolitischen Konsequenzen mit dem Ziel, das Unternehmen insgesamt für neue Herausforderungen zu stärken.

Vgl. auch → Coaching, → Führungskräfteentwicklung, → Führungsstilanalyse, → Lean Management, → Personalabbau.

Management-by-Konzepte, → Führungsmodelle.

Management Development, → Führungskräfteentwicklung.

Managerial Grid, → Führungsverhaltensgitter.

Manteltarifvertrag, *Rahmentarifvertrag.* Der M. ist eine typische Form des Tarifvertrages gemäß §1 TVG. Er ist im Zusammenhang mit dem Entgelttarifvertrag zu sehen. Während Entgelttarifverträge sich auf die – i.d.R. jährliche, teilweise jedoch auch länger laufende – Vergütungsanpassung beschränken, enthält der M. alle grundlegenden Normen bezüglich des Abschlusses von Arbeitsverträgen und ihrer Beendigung, des Vergütungssystems, der Urlaubsansprüche, etwaiger Freistellungsregelung aus besonderem Anlass, der Behandlung von Schichtarbeit, Arbeitsbereitschaft, Rufbereitschaft und Mehrarbeit, ggf. auch die Regelung eines 13. und 14. Monatseinkommens und vermögenswirksamer Leistungen. Die Regelungsdichte von Manteltarifverträgen ist je nach Branche und Tradition sehr unterschiedlich. Je umfassender das Tarifwerk ist, desto weniger Raum bleibt für betriebliche Vereinbarungen. Von besonderer Bedeutung sind die Festlegung der Arbeitszeit einschließlich ihrer Verteilung über den einzelnen Arbeitstag, Arbeitswochen und -monate ggf. bis hin zu einem Arbeitsjahr (Arbeitszeitkonto) sowie Kündigungsfristen. Manteltarifvertragliche Regelungen verdrängen entsprechende betriebliche Gestaltungsmöglichkeiten, auch durch → Betriebsvereinbarungen (§77 Abs. 3 BetrVG), es sei denn, diese sind „betriebsvereinbarungsoffen", d.h. delegieren konkretisierende Regelungskompetenzen auf die

Betriebsparteien, oder sie begründen günstigere Regelungen als der Tarifvertrag. Von Öffnungsklauseln wird seit einiger Zeit verstärkt Gebrauch gemacht. Die Diskussion einer Erweiterung solcher Öffnungen für betriebliche Regelungen (mehr Flexibilisierung) einschließlich der Grenzen derartiger Gestaltungsmodalitäten hält nach wie vor an.

Massenentlassungen. Wird eine größere Zahl von Arbeitnehmern zeitgleich oder innerhalb eines kürzeren Zeitraums entlassen, liegt eine M. vor. M. in diesem Sinne sind nach §17 KSchG gegeben, wenn in Betrieben mit mehr als 20 und weniger als 60 Arbeitnehmern mehr als fünf Arbeitnehmer, in Betrieben mit mindestens 60 und weniger als 500 Arbeitnehmern 10 % der Belegschaft oder mehr als 25 Arbeitnehmer und schließlich in Betrieben mit mindestens 500 Arbeitnehmern mindestens 30 Arbeitnehmer innerhalb von 30 Kalendertagen entlassen werden. M. lösen verschiedene Rechtsfolgen aus: einmal die Anzeigepflicht an die örtliche Agentur für Arbeit (§17 KSchG), um die Arbeitsverwaltung in die Lage zu versetzen, sachgerechte arbeitsmarktpolitische und arbeitsmarktverwaltende Maßnahmen vorzubereiten und in Kraft zu setzen. Unterlässt der Arbeitgeber eine solche Information, führt dies nach Maßgabe des § 18 KSchG zur Unwirksamkeit der → Kündigung. Die Anzeige bei der Agentur für Arbeit muss nach jüngster EuGH-Rechtsprechung bereits vor Ausspruch der Kündigung erfolgen. Ebenso muss zu diesem Zeitpunkt die Beratung mit dem Betriebsrat nach §17 Abs. 2 KSchG darüber abgeschlossen sein, wie Entlassungen zu vermeiden oder einzuschränken und ihre Folgen abzumildern sind. Wenn eine Einigung nicht gelingt, wird von §17 Abs. 2 KSchG nicht die Anrufung der Einigungsstelle verlangt. Scheitern die Beratungen, kann der Arbeitgeber Kündigungen aussprechen.

Darüber hinaus bedingen M. Beteiligungsrechte des → Betriebsrates nach §§92 (Personalplanung), 102 (Information des Betriebsrates vor Ausspruch der Kündigung) und 111ff. BetrVG. Nach §111 BetrVG hat der Arbeitgeber den Betriebsrat vor Ausspruch der M. rechtzeitig und umfassend über seine Absicht zu unterrichten und die geplanten Entlassungen mit dem Betriebsrat zu beraten. Das Beratungsverfahren nach §17 Abs. 2 KSchG muss dabei deutlich vom Interessen-

ausgleichs- und Sozialplanverfahren nach §§111 f. BetrVG getrennt werden, auch wenn es inhaltlich Überschneidungen gibt. Der Arbeitgeber ist gehalten, mit dem Betriebsrat einen → Interessenausgleich über das Ob, Wann und Wie der M. zu versuchen. Kommt eine Einigung nicht zustande, können der Arbeitgeber oder der Betriebsrat den Vorstand der Bundesagentur für Arbeit um Vermittlung ersuchen (§112 Abs. 2 BetrVG). Bleibt auch das erfolglos oder unterbleibt das Vermittlungsersuchen, können der Arbeitgeber oder der Betriebsrat die Einigungsstelle anrufen. Bei einem → Interessenausgleich kann die Einigungsstelle die fehlende Einigung zwischen Arbeitgeber und Betriebsrat nicht ersetzen, da die M. eine in den Verantwortungsbereich des Arbeitgebers fallende Maßnahme ist. Weicht der Arbeitgeber ohne zwingenden Grund vom Interessenausgleich ab, entstehen Schadensersatz- und Abfindungsansprüche der betroffenen Arbeitnehmer (§113 BetrVG). Die Folgen der M. (Abfindungsansprüche, Umschulungsmaßnahmen, ggf. → Vorruhestand, Auswahlkriterien für die zu entlassenden und die im Unternehmen verbleibenden Mitarbeiter) sind im Rahmen eines → Sozialplans festzulegen. Der Sozialplan begründet unmittelbare Rechtsansprüche der davon betroffenen Mitarbeiter. Kommt eine Einigung zwischen Arbeitgeber und Betriebsrat über den Sozialplan nicht zustande, entscheidet die Einigungsstelle, die die fehlende Einigung ersetzt (§112 Abs. 4 BetrVG). Ein vergleichbares Instrumentarium besteht für den → Sprecherausschuss im Hinblick auf → leitende Angestellte nicht, die von den Regelungen eines Sozialplanes nicht erfasst werden (§5 Abs. 3 BetrVG).

Personalpolitisch sind M. für Arbeitnehmer und Arbeitgeber ein ebenso schwieriges wie sensibel zu handhabendes Problem. Für die betroffenen Mitarbeiter bedeuten sie einen schwerwiegenden Eingriff in ihre Lebensplanung, für den Arbeitgeber den Verlust von Erfahrungen und Know-how, die Gefahr erheblicher Demotivation der Belegschaft sowie den Verlust der Leistungsträger. Die ernsthafte Suche nach Alternativen, eine offene und rechtzeitige Informationspolitik, eine → vertrauensvolle Zusammenarbeit mit Betriebsrat und Sprecherausschuss sowie faire Regelungen für die zu entlassenden Mitarbeiter sind unverzichtbar.

Vgl. auch → Personalabbauplanung.

Maßregelungsverbot. Das Arbeitsrecht gewährt den einzelnen Arbeitnehmern zu deren Schutz umfangreiche Rechte gegen den Arbeitgeber. Die Durchsetzung der Rechte birgt die Gefahr negativer Reaktionen des Arbeitgebers. Das M. verbietet dem Arbeitgeber die Benachteiligung des Arbeitnehmers anlässlich einer Vereinbarung oder Maßnahme aus dem Grund, dass der Arbeitnehmer seine Rechte in zulässiger Weise ausübt (§612a BGB). Verstöße führen zur Unwirksamkeit entsprechender Vereinbarungen (§134 BGB), zu verschuldensunabhängigen Unterlassungsansprüchen des Arbeitnehmers sowie bei schuldhaftem Handeln des Arbeitgebers zu Schadensersatzansprüchen (§§ 280, 611 sowie 612a, 823 Abs. 2 BGB).

Mehrarbeit, *Überstunden*. M. liegt vor, wenn die regelmäßige betriebliche Arbeitszeit überschritten wird. Der Umfang der betrieblichen Arbeitszeit richtet sich i.d.R. nach tarifvertraglichen Vereinbarungen, sonst nach → Betriebsvereinbarungen und Individualarbeitsverträgen. Der zeitliche Umfang der M. wird durch das Arbeitszeitgesetz beschränkt, welches eine Schutzfunktion für die Arbeitnehmer hat. Vergütungsregelungen enthält das Arbeitszeitgesetz – anders als sein Vorläufer, die Arbeitszeitordnung – zutreffenderweise nicht. Allerdings wird in Tarifverträgen regelmäßig festgelegt, welche Folgen sich an M. knüpfen. Hierfür kommen Überstundenzuschläge (ggf. gestaffelt nach der Dauer der M. in der zeitlichen Referenzperiode), eine Vergütung der M. dem Grunde nach mit dem festgelegten oder auszurechnenden Stundensatz und schließlich das „Abfeiern" der M. durch Gewährung von → Freizeitausgleich in Betracht. Manche Tarifverträge stellen die Bezahlung von M. und Freizeitausgleich (bei dessen Inanspruchnahme regelmäßig gleichwohl die Zuschläge für die geleistete M. zu zahlen sind) gleichwertig nebeneinander; etliche Verträge verlangen aus arbeitsmarktpolitischen und humanitären Gründen vorrangig die Gewährung von Freizeitausgleich.
Schließlich ist betriebsverfassungsrechtlich das Mitbestimmungsrecht des → Betriebsrats nach §87 Abs. 1 Ziff. 3 BetrVG zu beachten, das jedoch nur gilt, wenn die gesamte Belegschaft, wesentliche Teile oder jedenfalls Mitarbeitergruppen (Organisationseinheiten) von der M. betroffen sind. In diesen Fällen besteht das Mitbestimmungsrecht des Betriebsrats unabhängig davon, ob der Mitarbeiter mit der Leistung von M. einverstanden ist und von wem die Initiative dazu ausgeht. Betrifft die Mehrarbeitsleistung nur einzelne Mitarbeiter ohne kollektiven Bezug (z.B. die Sekretärin des Abteilungsleiters), scheidet das Mitbestimmungsrecht des Betriebsrates aus. Arbeitsmarktpolitisch erfolgt vielfach eine Umrechnung geleisteter Mehrarbeitsstunden in hypothetische, neu zu schaffende Arbeitsplätze. Dies ist jedoch nur mathematisch möglich. Es zu berücksichtigen, dass es saisonal, konjunkturell oder durch Revisionsarbeiten und Betriebsstörungen bedingte M. gibt, deren Umfang von vornherein zeitlich begrenzt ist und für deren Leistung daher nur das vorhandene Personal in Betracht kommt. Ferner kann es unter dem Aspekt der Mitarbeiterqualifikation Grenzen dafür geben, zusätzliche Aufgaben auf neu einzustellende Mitarbeiter zu delegieren. Eine längerfristige, in die regelmäßige Arbeitszeitplanung einbezogene M. hingegen ist in Zeiten, in denen Arbeitslosigkeit besteht und entsprechend qualifizierte Arbeitskräfte auf dem Arbeitsmarkt verfügbar sind, beschäftigungspolitisch abzulehnen.

Mehrarbeitspauschale. Die M. ist eine Pauschalvergütung für in einer Referenzperiode, regelmäßig in einem Monat, geleistete → Mehrarbeit. Der Begriff ist ungenau bzw. unvollständig, weil nicht nur die Festlegung der Mehrarbeit, sondern zugleich ihre → Vergütung pauschaliert wird. In der Praxis geschieht dies in der Form, dass aufgrund von Erfahrungswerten die regelmäßig geleistete Mehrarbeit geschätzt und als auch in Zukunft anfallend unterstellt wird. Daraus errechnet sich unter Berücksichtigung der bestehenden Vergütungsregelungen ein Gesamtbetrag für die so pauschalierte Mehrarbeit, die als regelmäßiger Vergütungsbestandteil gewährt wird und alle Mehrarbeitsleistungen unabhängig von den konkret angefallenen Mehrarbeitsstunden abgilt. Auf diese Weise ersparen sich Arbeitgeber und Arbeitnehmer die genaue Aufschreibung und Vergütung der geleisteten Mehrarbeit. Voraussetzung für eine solche Praxis ist tarifvertragsrechtlich die Zulassung in dem → Tarifvertrag.
Personalpolitisch ist die Vereinbarung einer Pauschalvergütung für Mehrarbeit nur dort sinnvoll, wo es erfahrungsgemäß stets in

einem vergleichbaren Umfang zu Mehrarbeit kommt. Reduziert sich die anfallende Mehrarbeit oder aber entfällt sie vollständig, ist die vertragliche Vereinbarung entsprechend anzupassen. Um dies rechtlich abzusichern, empfiehlt sich ein entsprechender Änderungsvorbehalt. Fehlt es daran, ist eine Vertragsanpassung nach den Grundsätzen des Wegfalls der Geschäftsgrundlage, ggf. durch → Änderungskündigung, möglich.
Vgl. auch → Vergütungspolitik.

Mehrarbeitsvergütung. M. wird für über die Regelarbeitszeit hinaus geleistete → Mehrarbeit gezahlt. Sie wird insbesondere an tariflich eingestufte Mitarbeiter gewährt, während für außertariflich bezahlte Arbeitnehmer, insbesondere für Führungskräfte, eine etwaige Mehrarbeit nach der vertraglichen Vereinbarung üblicherweise mit der Monatsvergütung abgegolten ist. Referenzperiode für die Frage, wann Mehrarbeit vorliegt, ist in vielen Fällen der jeweilige Arbeitstag, nach manchen Tarifverträgen auch die Arbeitswoche oder der Arbeitsmonat.
Im Zuge der Arbeitszeitflexibilisierung geht das Bemühen dahin, die Referenzperiode zu verlängern, um Arbeitsanfall und Arbeitsverfügbarkeit weitergehend in Deckung zu bringen. Für eine tarifvertraglich zu vergütende Mehrarbeit ist einmal die Stundenvergütung anzusetzen, die sich bei nach Stunden zu bezahlenden Mitarbeitern ohne Weiteres, bei Mitarbeitern mit Monatsvergütung aus dem Monatsverdienst, dividiert durch die monatlich zu leistenden (regelmäßig tarifvertraglich festgelegten) Arbeitsstunden ergibt. Zusätzlich zu dieser Grundvergütung ist üblicherweise ein Mehrarbeitszuschlag zu zahlen, dessen Höhe von den Tarifvertragsparteien bestimmt wird. Vielfach beträgt dieser Zuschlag in den beiden ersten Mehrarbeitsstunden je 25 % und ab der dritten Mehrarbeitsstunde 50 %. Alternativ zu einer M. kommt eine Abgeltung der geleisteten Mehrarbeit durch → Freizeitausgleich in Betracht. Die Wahl zwischen beiden Varianten obliegt je nach der tarifvertraglichen Regelung dem Arbeitnehmer oder dem Arbeitgeber; in manchen Fällen ist eine einvernehmliche Regelung zwischen beiden erforderlich. Kommt es zu Freizeitausgleich, ist überwiegend gleichwohl der Mehrarbeitszuschlag zu zahlen.
Vgl. auch → Vergütungspolitik.

Mentor-Konzept. Das M.-K. ist in der Praxis vorwiegend von Bedeutung bei der Einarbeitung oder Entwicklung von Führungsnachwuchskräften. Dem Mitarbeiter wird hier i.d.R. eine erfahrene Führungskraft (Mentor) als Berater, Ansprechpartner, Förderer o.ä. zur Erleichterung seiner fachlichen und sozialen Integration im Unternehmen oder in einem neuen Arbeitsgebiet zur Seite gegeben. Zur Absicherung der Personalplanung, z.B. im Rahmen einer → Laufbahnplanung oder → Nachfolgeplanung, kann die Rolle des Mentors zusätzlich darin gesehen werden, die Eignung der Nachwuchskraft für die Übernahme bestimmter Aufgaben zu beurteilen. Der Mentor sollte nicht identisch mit dem direkten Vorgesetzten des Mitarbeiters sein, sondern eher als neutraler Dritter gesehen werden können, der ggf. auch bei Problemen zwischen Mitarbeiter und Vorgesetztem vermittelnd wirken kann. V.a. bei → Traineeprogrammen für Hochschulabsolventen hat sich das M.-K. auch zur Verhinderung oder Minderung des sog. Praxisschocks bewährt.
Vgl. auch → Führungsnachwuchs, → Mitarbeitereinführung, → Patensystem, → Trainee.

Methodenkompetenz, → Kompetenz.

Methods-Time-Measurement-Verfahren (MTM-Verfahren), → Zeitstudien.

Minderleistung, → Haftung.

Mitarbeiter, → Arbeitnehmer.

Mitarbeiterbefragung. Die M. ist ein Instrument der → Personalforschung, das in der Praxis meistens eines oder mehrere der folgenden Ziele verfolgt: (1) Informationen über die Bewertung bestimmter → Arbeitsbedingungen, z.B. Leistungsanforderungen, → Betriebsklima, → Arbeitsplatzgestaltung, → Anreizsysteme (Lohn- und Gehaltsstruktur, → Incentives o.Ä.) zu gewinnen; (2) das Ausmaß der → Arbeitszufriedenheit festzustellen; (3) Akzeptanz und Wirkung von → Führungsgrundsätzen, praktiziertem → Führungsstil u.Ä. zu ermitteln; (4) Meinungen zu bestimmten geplanten personalpolitischen, organisatorischen o.a. Maßnahmen (z.B. Einführung flexibler Arbeitszeiten) zu ermitteln; (5) Anregungen für Änderungen oder Verbesserungen von Arbeitsbedingungen, Arbeitsabläufen u.Ä. zu gewinnen.

Eine M. kann je nach Anlass und Ziel im gesamten Unternehmen oder in einzelnen Organisationseinheiten, bei allen Mitarbeitern oder bei bestimmten Mitarbeitergruppen durchgeführt werden. Sie erfolgt fast immer, mit Ausnahme besonderer Fälle (z.B. bei einem → Management Audit), schriftlich über einen i.d.R. standardisierten, mitunter auch halbstandardisierten Fragebogen. Die Teilnahme an einer M. sollte den Mitarbeitern freigestellt sein und auf jeden Fall die Anonymität der Teilnehmer und Ergebnisse sicherstellen. Obwohl schon seit den 1970er-Jahren viele Unternehmen M. sporadisch (einige auch regelmäßig) durchführen, gibt es bei allen Beteiligten noch zahlreiche, z.T. emotionsbedingte Widerstände gegen die M. So befürchten die befragten Mitarbeiter oft, dass die Anonymität nicht gewährleistet wird und bei einem bestimmten Antwortverhalten Sanktionen möglich sind. Auch wird manchmal bezweifelt, dass von einer M. für sie positive Wirkungen ausgehen können und eine grundsätzliche Bereitschaft der Unternehmensleitung für Veränderungen besteht. Unternehmensleitung und Vorgesetzte befürchten von einer M. häufig, dass sie Probleme erst schafft oder manifest werden lässt, Unruhe ins Unternehmen trage, unnötige Kosten verursache und sie evtl. durch deren Ergebnisse in einen unerwünschten Zugzwang geraten könnten. Die Belegschaftsvertretungen schließlich vermuten z.T., dass diese Form eines Dialogs zwischen Unternehmensleitung und Mitarbeitern ihre Rolle als Interessenvertretung beeinträchtigen oder dass positive Befragungsergebnisse die Durchsetzung mancher Forderungen erschweren könnte.

Zu überwinden sind solche Befürchtungen und Vorbehalte jedoch, wenn insbesondere folgende fünf Voraussetzungen erfüllt werden: (1) eine rechtzeitige, intensive Aufklärung aller Zielgruppen über Anlass und Ziele der M., (2) eine angemessene Einbeziehung aller Beteiligten von der Planungsphase bis zur Ergebnisanalyse der M., (3) die absolute Wahrung der Anonymität, (4) die Zusicherung, dass die Ergebnisse allen Mitarbeitern, zumindest den in die Befragung einbezogenen, zugänglich gemacht werden sowie (5) die grundsätzliche Bereitschaft, aufgrund berechtigter Kritik entsprechende Veränderungen einzuleiten. Insbesondere die beiden letztgenannten Voraussetzungen sind oft nicht gegeben, v.a. bei negativen Ergebnissen

einer M. werden diese von manchen Unternehmensleitungen nicht, sehr verspätet oder nur auszugsweise veröffentlicht oder sie bleiben ohne jede Konsequenz.

Eine M. bedarf nicht der ausdrücklichen Zustimmung des Betriebsrates, da es sich hier nicht um einen → Personalfragebogen im Sinne von § 94 BetrVG handelt. Auch nach § 87 BetrVG ergibt sich keine Mitbestimmungspflicht, da die M. keine soziale Angelegenheit und keine gestaltende Maßnahme im dortigen Sinne darstellt. Unabhängig davon ist es jedoch zur Wahrung der vertrauensvollen Zusammenarbeit zwischen Unternehmensleitung und Belegschaftsvertretung sowie zur Erhöhung der Akzeptanz einer M. sinnvoll, die Unterstützung durch den Betriebsrat anzustreben.

Die methodische Anlage der M., insbesondere die Entwicklung des Fragebogens, sollte nach den Standards der empirischen Sozialforschung erfolgen. Zu manchen Themen einer M., z.B. Analysen des Betriebsklimas, Bewertung des Führungsverhaltens der Vorgesetzten, liegen bei manchen Verbänden, Kammern oder Unternehmensberatungen geeignete Fragebögen vor. Allerdings ist es stets notwendig, diese auf die konkrete Situation und Zielsetzung in den einzelnen Unternehmen auszurichten. Erfahrungen von Unternehmen, die seit langem und regelmäßig M. durchführen, zeigen, dass bei konsequenter Beachtung der oben genannten Voraussetzungen, v.a. bei Unterstützung und Interesse aller Beteiligten sowie einer angemessenen Umsetzung der Befragungsergebnisse (sehr wichtig bei regelmäßigen M.), die Akzeptanz einer M. hoch ist und Teilnehmerquoten von 75 bis 90 % erreichbar sind. Damit kann die M. erheblich dazu beitragen, für die Unternehmens- oder → Personalpolitik tragfähige Entscheidungsgrundlagen zu gewinnen.

Vgl. auch → Kommunikation, → Mitarbeiterinformation, → Stellenumfeldbefragung, → Vorgesetztenbeurteilung.

Mitarbeiterbeurteilung. Die M. gilt als ein wichtiges Instrument der Mitarbeiterführung mit dem Ziel, über eine systematische Erfassung und Bewertung von Leistungen, Eignung und Potenzial der Mitarbeiter (→ Potenzialdiagnose) Aufschlüsse über den richtigen Mitarbeitereinsatz, angemessene Maßnahmen der Fort- und Weiterbildung, der → Führungskräfteentwicklung und → Personalentwicklung sowie einer leistungsgerechten Vergütung zu erhalten. Damit ist die M. auch Grundlage wie Hilfsmittel für eine Optimierung des → Personalportfolios, für Leistungsvergleiche im Unternehmen (z.B. zwischen einzelnen Werken, Betrieben oder Abteilungen) für eine ausgewogene, leistungsgerechte Gehaltsstruktur im Unternehmen, für die Auslese und Förderung besonders qualifizierter Mitarbeiter und nicht zuletzt auch für die Erstellung von → Arbeitszeugnissen. Eine regelmäßige und systematisch durchgeführte M. liegt auch im Interesse der Mitarbeiter. Sie wollen wissen, wie sie von ihren Vorgesetzten eingeschätzt werden, sicher sein, dass ihr Können und ihre Leistungen erkannt und gewürdigt werden. In der Praxis wird die M. sehr unterschiedlich gehandhabt: von der Anwendung nur bei bestimmten Mitarbeitergruppen (z.B. außertarifliche Mitarbeiter) bis hin zu nach Standardisierungs- und Formalisierungsgrad, nach Beurteilungsumfang, -inhalten und Bewertungsmaßstäben sehr verschiedenen Systemen reicht das Spektrum. Vielfach erfolgt die M. auch im Rahmen strukturierter → Mitarbeitergespräche. Z.T. enthalten auch → Tarifverträge Aussagen zur M., die Aufstellung allgemeiner Beurteilungsgrundsätze im Unternehmen bedarf darüber hinaus der Zustimmung des Betriebsrates (§ 94 BetrVG).

Grundsätzlich sollte eine systematische M. den folgenden neun Bedingungen genügen: (1) Sie sollte auf der Grundlage eines Beurteilungssystems (z.B. in Form eines Beurteilungsbogens) erfolgen, das den besonderen Strukturen des Unternehmens und der zu beurteilenden Mitarbeitergruppe angepasst ist sowie eine objektive Beurteilung und Vergleichbarkeit der Mitarbeiter erleichtert. (2) Die M. muss von dem Vorgesetzten abgegeben werden, der für den konkreten Arbeitseinsatz des Mitarbeiters verantwortlich ist, dessen Leistungen auch erkennen und beurteilen kann (dies ist bei fachlich/ disziplinarischer Doppelunterstellung häufig schwierig). (3) Die Beurteilung sollte in regelmäßigen Abständen, i.d.R. jährlich oder aus besonderem Anlass (z.B. vor der Übertragung höherwertiger Aufgaben) erfolgen. (4) Die Beurteilung eines Mitarbeiters muss sich an den besonderen Anforderungen der Stelle, des Arbeitsplatzes, der Aufgaben und etwa getroffener → Zielvereinbarungen orientieren. Dabei sind auch Arbeitsumstände

oder -bedingungen zu berücksichtigen, welche die Leistungserbringung im Beurteilungszeitraum ggf. erschwert oder erleichtert haben. (5) Die Beurteilung muss mit dem Mitarbeiter offen besprochen werden (→ Beurteilungsgespräch). Beim Vorliegen eines speziellen Beurteilungsbogens sollte der Mitarbeiter die Möglichkeit haben darin, sofern er dies wünscht, schriftlich zur Beurteilung Stellung zu nehmen. (6) Der gemeinsame, Mitarbeiter und Führungskraft übergeordnete Vorgesetzte sollte die M. inhaltlich zur Kenntnis nehmen. (7) Die M. sollte immer mit für den Mitarbeiter erkennbaren Konsequenzen verbunden sein, z.B. bei fachlichen Leistungsmängeln zu einer geeigneten Fortbildung, bei zufriedenstellenden oder besonders herausragenden Leistungen zu angemessener → Anerkennung führen. Geschieht dies nicht, degeneriert die M. schnell zum reinen Selbstzweck oder bei Mitarbeitern wie Führungskräften zu einem nicht ernstgenommenen, routineartigen Ritual. (8) Alle Beurteilungen müssen von der Personalabteilung individuell wie in ihrer Gesamtheit ausgewertet werden, sie können wichtige Hinweise und Entscheidungsgrundlagen z.B. für die Personalplanung, das interne Personalmarketing, die Personalentwicklung oder Anreizgestaltung vermitteln. (9) Alle Mitarbeiterbeurteilungen sollten auch hinsichtlich des Beurteilungsverhaltens der Beurteiler ausgewertet werden. Nur so kann erreicht werden, dass die Beurteiler in Anwendung und Interpretation des Beurteilungssystems, v.a. im Hinblick auf die Bewertungsmaßstäbe, nicht zu sehr abweichen, womit eine weitgehend einheitliche Handhabung gewährleistet wird (→ Beurteilungsfehler). In manchen Unternehmen werden deshalb Vorgesetzte mit Aufgaben der M. in gewissen Zeitabständen in deren einheitlicher Anwendung geschult.

Vgl. auch → Leistungsbeurteilung, → Vorgesetztenbeurteilung.

Mitarbeiterbewusstsein. Der Begriff spielt vorwiegend im Rahmen soziologischer und psychologischer Forschungen eine Rolle und bezeichnet die von den jeweiligen gesellschaftlichen Verhältnissen, von der Erwerbsarbeit, dem → Beruf, der Stellung in der betrieblichen → Hierarchie, der betrieblichen Sozialstruktur und den → Arbeitsbedingungen geprägte Einstellung des Mitarbeiters zu seiner individuellen gesellschaftlichen

Lage und seinen Möglichkeiten, diese für sich positiv zu verändern. Das M. beeinflusst in starkem Maße → Arbeitszufriedenheit, → Motivation, → Arbeitsmoral und Leistungsverhalten sowie Aufstiegs- und Karriereerwartungen der Mitarbeiter. Ein z.B. von Enttäuschungen, Pessimismus, Misserfolgen o.Ä. gekennzeichnetes M. wirkt tendenziell demotivierend, begünstigt → Absentismus und → Fluktuation.
Vgl. auch → Arbeitsethik, → Arbeitssoziologie, → Bedürfnisse, → Betriebspsychologie.

Mitarbeitereinführung. Die Einführung und Einarbeitung neuer Mitarbeiter, damit die Basis ihrer sozialen und fachlichen Integration ins Unternehmen, in die jeweilige Organisationseinheit und am → Arbeitsplatz hat einen großen, manchmal noch unterschätzten Einfluss auf die Leistungsmotivation, → Arbeitszufriedenheit und zukünftige → Leistung dieser Mitarbeiter. Dies gilt sowohl für schon berufserfahrene Arbeitnehmer, wie v.a. aber für Berufsanfänger, z.B. → Auszubildende und → Trainees.
Verschiedene Studien lassen es als ziemlich sicher erscheinen, dass bei ca. der Hälfte aller Mitarbeiter, die das Unternehmen schon vor Ablauf eines Jahres freiwillig verlassen, die Gründe vorwiegend in einer unzureichenden M. zu suchen sind. Auch zur Senkung fluktuationsbedingten → Personalaufwands muss eine systematische M. daher im Interesse der Unternehmen liegen. Neue Mitarbeiter sind gerade in den ersten Tagen und Wochen besonders offen und sensibel für Eindrücke aus ihrer neuen Umgebung und suchen häufig nach Belegen dafür, dass ihre Berufs- oder Arbeitsplatzwahl richtig war (→ Selbstselektion). Ergeben sich hier Enttäuschungen oder → Konflikte, wirken diese oft nachhaltiger als solche in späteren Phasen der Betriebszugehörigkeit oder des Arbeitslebens.
Es ist Aufgabe von Personalpolitik und Mitarbeiterführung, geeignete, den jeweiligen Arbeitsaufgaben oder Entwicklungszielen der neuen Mitarbeiter entsprechende Konzepte zur M. zu erarbeiten und umzusetzen. In der Praxis finden sich solche z.B. als → Patensystem (vornehmlich für Auszubildende, aber auch für andere neue Mitarbeiter) und → Mentor-Konzept (für Hochschulabsolventen und → Trainees). Vorwiegend im gewerblichen Bereich kann auch die → Lernstatt Funktionen der M. erfüllen. Ein großes

Anliegen jeder M. muss es sein, beim neuen Mitarbeiter dem Eindruck entgegenzuwirken, dass er störe, im Grunde genommen überflüssig sei, alle bisherigen Erfahrungen oder Kenntnisse erst einmal zu „vergessen" habe, nicht ernstgenommen, ins „kalte Wasser geworfen" werde, nur nebensächliche, unwichtige Aufgaben erhalte usw. Eine besondere Verantwortung kommt stets dem direkten Vorgesetzten zu, der für neue Mitarbeiter gerade am Anfang genügend Zeit für Erläuterungen und Beratung haben sollte.
Ein in der Praxis verbreitetes Grundschema zur Einführung schon berufserfahrener Mitarbeiter unterscheidet sechs Phasen der M.: (1) Vorbereitung auf den neuen Mitarbeiter, z.B. Vorbereitung des Arbeitsplatzes, Bereitstellung nötiger Arbeitsmittel und -hilfen, Information der künftigen Kollegen. (2) Begrüßung des neuen Mitarbeiters, d.h. Führung eines Begrüßungsgesprächs durch den direkten Vorgesetzten oder/ und einen Vertreter der Personalabteilung, Vorstellung der unmittelbaren Arbeitskollegen und Mitarbeiter. (3) Information über die Organisation und die besonderen Verhältnisse des Bereichs, Betriebes, der Abteilung oder Gruppe. (4) Einführung in die Arbeitsaufgaben, z.B. Erklärung der Hauptaufgaben und ihrer Zusammenhänge mit denen von Kollegen und/ oder Mitarbeitern. (5) Anlernen am eigenen Arbeitsplatz, evtl. auch an Arbeitsplätzen von Kollegen oder Mitarbeitern. (6) Beobachtung und Kontrolle der Arbeitsleistungen und Lernfortschritte sowie begleitende Feedback-Gespräche des Vorgesetzten mit dem neuen Mitarbeiter. Die inhaltliche Ausgestaltung und zeitliche Dauer der einzelnen Phasen richtet sich nach Anforderung und Bedeutung der Stelle/ des Arbeitsplatzes sowie dem → Qualifikationsprofil des Mitarbeiters. Eine vorgesehene Probezeit (→ Probearbeitsverhältnis) sollte immer systematisch mit den Erfordernissen der M. verknüpft werden.
Vgl. auch → Führungsnachwuchs, → Mitarbeiterinformation, → Mobbing, → Probearbeitstag, → Training on the Job.

Mitarbeiterführung, → Führung, → Führungsaufgaben, → Führungserfolg, → Führungsfähigkeit, → Führungsfehler, → Führungsgrundsätze, → Führungsmittel, → Führungsmodelle, → Führungsstil.

Mitarbeitergespräch. Unter M. werden bestimmte, im Unternehmen institutionalisierte (z.B. über → Führungsgrundsätze) Gesprächsanlässe zwischen Führungskräften bzw. Vorgesetzten und ihren Mitarbeitern verstanden. In einigen Unternehmen wird M. synonym für → Beurteilungsgespräch benutzt. Grundsätzlich ist das M. ein ganz entscheidendes Führungsmittel von Vorgesetzten aller Ebenen und Organisationseinheiten im Unternehmen und nimmt im Arbeitsalltag auch zeitlich häufig einen hohen Stellenwert ein. Die mit einem M. verfolgten Ziele werden allerdings nur dann erreichbar, wenn neben kommunikativer → Kompetenz auch eine mitarbeiteroffene, diskussionsbereite Grundeinstellung der Führungskräfte vorhanden ist. Von besonderer Bedeutung ist dabei auch die Einnahme positiver Gesprächshaltungen, die sich sowohl auf die Person des Gesprächspartners wie auf das Gespräch selbst beziehen. Diese werden beeinflusst durch den jeweiligen persönlichen Gesprächsstil, augenblickliche Stimmungen und Reaktionen sowie von Motiven und Zielen der Gesprächspartner.

Für ein erfolgreiches M. sind seitens des Vorgesetzten v.a. die folgenden vier Gesprächshaltungen von Bedeutung: (1) *Wechselseitigkeit und Umkehrbarkeit*: Gemeint ist damit die grundsätzliche Dialogfähigkeit, die sich durch ein Geben und Nehmen, einen Austausch, auszeichnet. Nicht wechselseitig ist derjenige, der immer das Wort führen will, aber auch der, der lieber schweigt, zum Gespräch nichts beiträgt. Umkehrbarkeit heißt, dass in einem M. nur Formulierungen gebraucht werden sollten, die umkehrbar sind, die man auch auf sich bezogen gelten lassen würde, die nicht verletzend oder herabsetzend sind. (2) *Authentizität*: Was gesagt wird, sollte ehrlich und aufrichtig gemeint sein, nicht täuschen oder unwahr sein. Das heißt nicht, dass alles gesagt werden muss, aber was gesagt wird, muss stimmen. (3) *Sensibilität und soziales Gespür*: Es bedarf eines guten Gespürs seitens der Führungskraft um zu erkennen, welche Bemerkung, welche Gesprächsführung usw. angebracht ist oder nicht. Der eine Mitarbeiter empfindet z.B. eine zurückhaltende Gesprächsführung als angemessen, der andere glaubt, der Vorgesetzte zeige damit wenig Interesse oder gar Ablehnung. (4) *Glaubwürdigkeit*: Glaubwürdig sind Vorgesetzte, die für den Mitarbeiter erkennbar sachlich, informiert und kompetent wirken sowie zu dem stehen, was sie zugesagt oder versprochen haben, darüber hinaus auch eigene Fehler offen eingestehen, ohne für sich besondere Entlastungsgründe geltend zu machen. Die sachlichen und z.T. auch emotionalen Anliegen, die im M. eine Rolle spielen können sehr unterschiedlich sein. In erster Linie hängen sie von der Interessenlage ab, die von den Gesprächspartnern eingebracht wird, und von den Vorgaben des Unternehmens, das über die z.T. recht zeitaufwendigen Gespräche auch bestimmte Ziele z.B. im Rahmen der → Führungskräfteentwicklung, des Mitarbeitereinsatzes, der Transformation von Unternehmenszielen in einzelne Unternehmenseinheiten usw. erreichen will.

Hervorzuheben und von praktischer Bedeutung sind als M. i.d.R. das → Beurteilungsgespräch und das Personalentwicklungsgespräch sowie das Gespräch zwischen Vorgesetzten und Mitarbeitern aus Anlass der → Zielvereinbarung und der → Kritik. Von manchen Unternehmen werden zum M. aber auch das → Fehlzeitengespräch und das → Abgangsinterview gezählt.

Mitarbeiterinformation. Die M. ist heute in den meisten Unternehmen zu einem bedeutsamen Anliegen einer zeitgemäßen Unternehmens- und Personalpolitik sowie Mitarbeiterführung geworden. Zu unterscheiden ist hier in eine mehr allgemeine Information über das Unternehmen, seine Entwicklung und wirtschaftliche Lage sowie in eine Information über alle Sachverhalte, Anforderungen, Bedingungen u.Ä., die für den Mitarbeiter am → Arbeitsplatz zur Erfüllung seiner Arbeitsaufgaben von Bedeutung sind. Besondere Verpflichtungen zur M. können sich aus gesetzlichen Bestimmungen ergeben, so hat z.B. nach §81 BetrVG der Arbeitgeber den Arbeitnehmer über seine Aufgaben, die Art seiner Tätigkeit, ihre Einordnung in den betrieblichen Arbeitsablauf sowie mit der Beschäftigung ggf. verbundene Unfall- und Gesundheitsgefahren zu unterrichten.

In Unternehmen mit i.d.R. mehr als 1.000 ständig beschäftigten Arbeitnehmern hat der Unternehmer einmal im Quartal die Arbeitnehmer schriftlich über die wirtschaftliche Lage und Entwicklung des Unternehmens zu unterrichten (§110 Abs. 1 BetrVG), in Unternehmen mit mehr als 20 wahlberechtigten Arbeitnehmern geschieht dies mündlich

(§110 Abs. 2 BetrVG). Eine große Rolle bei der allgemeinen Information der Mitarbeiter spielen Werks- oder Betriebszeitschriften (→ Werkszeitung), aber auch regelmäßig oder sporadisch erscheinende sog. Mitarbeiterbriefe o.ä. schriftliche Informationen, die sich an alle Mitarbeiter oder zielgruppenorientiert an bestimmte Mitarbeiter richten. Oft genutzt werden Aushänge an den sog. Schwarzen Brettern. Eine zunehmende Rolle, v.a. bei Informationen über → Arbeitssicherheit oder neue Arbeitstechniken und Arbeitsmittel, spielen neben schriftlicher M. bildliche Darstellungen (u.a. Schaubilder, Piktogramme, Videofilme sowie Informationen über Arbeitsplatzcomputer). Als besondere Form der M. sind mündliche Informationen der Unternehmensleitung im Rahmen von → Betriebsversammlungen oder von Gesprächskreisen für bestimmte Mitarbeitergruppen, i.d.R. leitende Mitarbeiter, obere Führungskräfte u.ä., anzusehen. Diese Anlässe bieten v.a. die Möglichkeit, grundsätzliche Positionen, Entwicklungen o.Ä. deutlich darzustellen oder in einem kleineren Kreis bestimmte Themen nicht nur zu referieren, sondern auch zu diskutieren. Die individuelle, mehr aufgaben- oder arbeitsplatzbezogene M. obliegt den Vorgesetzten als eine ihrer zentralen → Führungsaufgaben. Hierzu zählen alle Anlässe und Formen der → Mitarbeitergespräche, v.a. aber Informationen anlässlich von → Zielvereinbarungen, → Kritik, → Mitarbeiterbeurteilung, → Anerkennung, Maßnahmen zur → Personalentwicklung u.a. Trotz allgemeiner Einsicht in die Notwendigkeit rechtzeitiger und umfassender M. bestehen in der Praxis noch Informationsmängel. So ergeben z.B. → Mitarbeiterbefragungen oft, dass eine nur geringe Informationsbereitschaft, v.a. der → Vorgesetzten, beklagt wird. Es kommt nicht nur darauf an, im Unternehmen Kommunikationssysteme zu installieren und Kommunikationswege zu organisieren, sondern auch darauf, die Bereitschaft zur M. zu entwickeln. M. ist nicht allein eine „Holschuld" der Mitarbeiter, sondern zunächst eine „Bringschuld" des Unternehmens, insbesondere von Führungskräften und Vorgesetzten. Mitarbeiter, die sich auf Dauer nicht oder nur unzureichend informiert fühlen, werden demotiviert, zeigen häufiger eine geringe Leistungsbereitschaft (→ Motivation) oder reagieren sogar mit → innerer Kündigung. Eine rechtzeitige, glaubwürdige und umfassende M. stärkt das

Vertrauensverhältnis zwischen Mitarbeitern und Vorgesetzten, darüber hinaus die → Motivation und → Arbeitsmoral der Mitarbeiter auf allen Ebenen im Unternehmen.
Vgl. auch → Führungsgrundsätze, → Kommunikation, → Mitarbeitereinführung, → Verschwiegenheitspflicht.

Mitarbeitervertretung, Unter M. i.e.S. versteht man die Vertretungen von Arbeitnehmern in kirchlichen Betrieben nach MAVO (katholische Kirche) und MVG (evangelische Kirche).
M. i.w.S. ist der Oberbegriff für alle Arten von Organen zur kollektiven Interessenwahrnehmung der Arbeitnehmerseite, vgl. dazu → Betriebsrat, → Gewerkschaft, → Mitbestimmung, → Personalvertretungsrecht, → Sprecherausschuss.

Mitarbeiterzeitschrift, → Werkszeitung.

Mitbestimmung. M. oder Mitwirkung von Arbeitnehmern und ihren gewählten Vertretern in Belangen des Arbeitslebens sowie der Unternehmensführung hat eine gesetzliche und eine personalpolitische Komponente. Rechtlich werden bereits dem einzelnen Arbeitnehmer Informations- und Mitwirkungsrechte eingeräumt (§§81ff. BetrVG), so bezüglich seiner Aufgaben, Verantwortung und Art der Tätigkeit einschließlich der Einordnung in den Arbeitsablauf; darüber hinaus hat der Arbeitgeber den Arbeitnehmer in allen Angelegenheiten anzuhören, die seine Person betreffen. Auch gibt es Ansprüche auf Einsicht in die → Personalakten und ein Recht zur Beschwerde, wenn sich der Arbeitnehmer benachteiligt, ungerecht behandelt oder in sonstiger Weise beeinträchtigt fühlt. Weitere Regelungen können durch Betriebsvereinbarung oder → Arbeitsvertrag festgelegt sein. Kollektiv werden die Belange der Belegschaft durch die von ihr gewählten Betriebsräte und Sprecherausschüsse vertreten, die über umfassende Informations-, Erörterungs-, Veto- und volle Zustimmungsrechte verfügen.
Von besonderer Bedeutung sind der Katalog der Mitbestimmungsrechte in sozialen Angelegenheiten nach §87 BetrVG, die Mitwirkung in personellen Einzelentscheidungen nach §§99, 102 BetrVG sowie der Themenbereich der Personalplanung, → Stellenausschreibung, → Personalfragebögen, Beurteilungsgrundsätze und Auswahlrichtlinien ein-

schließlich der beruflichen Bildung (§§92ff. BetrVG). Hinzu kommt das Unterrichtungsrecht in wirtschaftlichen Angelegenheiten (§§106ff. BetrVG) sowie die Mitwirkung im Falle von → Betriebsänderungen (§§111 BetrVG). Auch jenseits dieses Kataloges besteht der Grundsatz der → vertrauensvollen Zusammenarbeit zwischen → Betriebsrat und Arbeitgeber (§§2, 74 BetrVG). Je nach den Auswirkungen der Maßnahme vollzieht sich diese Form der M. auf Betriebs-, Unternehmens- und Konzernebene.

Für → leitende Angestellte hat der Betriebsrat keine Vertretungskompetenz; leitende Angestellte sind zum Betriebsrat weder aktiv noch passiv wahlberechtigt. An die Stelle des Betriebsrates tritt insoweit die Möglichkeit zur Bildung eines Sprecherausschusses, dessen Kompetenzen jedoch deutlich hinter denjenigen des Betriebsrats zurückbleiben.

Schließlich gibt es auf Unternehmensebene die Mitwirkung in den Aufsichtsräten, die sich je nach Tätigkeitsfeld und Unternehmensgröße nach dem MontMitbestG einschließlich des MitbestErgG, nach dem MitbestG 1976 und im Übrigen nach dem BetrVG 1952 richtet. Soweit nach diesen Gesetzen Arbeitnehmervertreter in die Aufsichtsräte zu entsenden sind, haben diese ohne Einschränkung dieselben Rechte und Pflichten wie alle anderen Aufsichtsratsmitglieder.

Nicht als M. i.e.S. (nämlich als Mitwirkung an unternehmerischen Angelegenheiten), sondern als volle paritätische Partnerschaft sind die Rechte der Arbeitnehmer beim Abschluss von Tarifverträgen zu sehen. → Gewerkschaften und → Arbeitgeberverbände wie Einzelunternehmen sind insoweit in jeder Hinsicht gleichberechtigte Vertragspartner. Schließlich gibt es eine M. der Arbeitnehmer im Rahmen der sozialen Selbstverwaltung, indem Arbeitgeber- und Arbeitnehmervertreter in den ehrenamtlichen Gremien der Arbeitsverwaltung, der Rentenversicherung, der Krankenversicherung und der Berufsgenossenschaften gleichberechtigt mitarbeiten.

Mobbing. M. ist das systematische Anfeinden, Schikanieren oder Diskriminieren von Arbeitnehmern untereinander oder durch Vorgesetzte. Die mit M. bezeichneten Phänomene sind nicht neu und mehr oder weniger ausgeprägt überall dort zu beobachten, wo Menschen in Organisationen, Gruppen o.ä. sozialen Gebilden miteinander umgehen. Die Erscheinungsformen des M. sind vielfältig: Verweigerung der Kommunikation und Kooperation, Nichtbeachtung, Nichteinbeziehung in besondere betriebliche Veranstaltungen (z.B. Dienstjubiläen, Geburtstagsfeiern), vorsätzliche Verbreitung unzutreffender Behauptungen über dienstliche oder private Belange des Arbeitnehmers, „Anschwärzen" bei Vorgesetzten, Verfälschung und Verschlechterung von Arbeitsergebnissen usw.

In neuerer Zeit werden Ursachen, Erscheinungsformen und Abhilfemöglichkeiten im Zusammenhang mit M. breiter diskutiert. Die Thematik hat rechtliche, insbesondere aber personalpolitische Aspekte. Die juristische Umsetzung von Maßnahmen gegen M. und gegen M. ausübende Personen wird dadurch erschwert, dass sich M. aus mehreren Teilakten zusammensetzt und die einzelnen Teilakte sowie deren systematische Zusammensetzung oft nur schwer beweisbar sind. Strafrechtlich kommt ein Vorgehen wegen Beleidigung oder übler Nachrede in Betracht. Zivilrechtlich bestehen u.U. Ansprüche auf Schadensersatz, Unterlassung, Widerruf und Schmerzensgeld gegen die mobbenden Kollegen, aber auch gegen den untätigen Arbeitgeber. Der Arbeitgeber ist im Rahmen seiner → Fürsorgepflicht gehalten, seine Arbeitnehmer vor M. zu bewahren, z.B. durch → Abmahnung des mobbenden Kollegen, ggf. durch Ausspruch einer → verhaltensbedingten Kündigung wegen Störung des Betriebsfriedens. Auch eine → Versetzung kann geboten sein. Handlungspflichten resultieren insbesondere aus § 12 AGG. Unterbleibt dies, haftet er wegen der Verletzung von Organisations- und Schutzpflichten. Der gemobbte Arbeitnehmer kann ein Zurückbehaltungsrecht an seiner Arbeitsleistung ausüben und hat das Recht zur → außerordentlichen Kündigung. Hinzu kommt die betriebsverfassungsrechtliche Pflicht (§75 Abs. 2 BetrVG), den Arbeitnehmer in der freien Entfaltung der Persönlichkeit zu schützen und zu fördern. Schließlich sind auch Betriebsrat und Sprecherausschuss gehalten, im Rahmen ihrer Möglichkeiten gegen die M. ausübenden Arbeitnehmer vorzugehen.

Im Prozess kann sich der Arbeitnehmer nicht auf die Behauptung beschränken, gemobbt worden zu sein. Er trägt vielmehr die volle Darlegungs- und Beweislast.

Personalpolitisch ist bedeutsam, die Mobbing-Maßnahmen auf ihre Ursache hin zu überprüfen. Auch wenn es Anlässe für M. gibt, ist das M. selbst nicht akzeptabel; jedoch kann ein Abstellen der Anlässe den Betroffenen helfen, ggf. ist die Versetzung in einen anderen Aufgabenbereich sinnvoll. Im Übrigen ist M. auch ein Führungsproblem, indem die Führungskräfte der betroffenen Arbeitnehmer deutlich und mit Nachdruck darauf hinwirken, dass M. abgestellt wird. Die betroffenen Arbeitnehmer können durch M. physisch und psychisch nachhaltig beeinträchtigt werden. Häufige → Fehlzeiten (→ Absentismus), Leistungsmängel, sinkende → Arbeitszufriedenheit, aber auch die arbeitnehmerseitige Kündigung des Arbeitsverhältnisses sind vielfach die Folge.
Vgl. auch → Gruppendynamik, → innere Kündigung.

Mobilität. Aus personalwirtschaftlicher Perspektive sind v.a. die regionale oder räumliche und die vertikale soziale M. von Bedeutung. Regionale M. liegt vor, wenn über Wohnungs-, Berufs-, Stellenwechsel oder → Versetzung ein Wohnortwechsel ausgelöst wird. Die moderne Arbeitswelt, v.a. regional bis international weit gestreute Unternehmen oder Geschäftsaktivitäten, aber auch der Wunsch nach beruflichem → Aufstieg gehen häufig mit dem Erfordernis erhöhter räumlicher M. einher. In der Praxis zeigen sich jedoch zahlreiche Mobilitätshemmnisse, die in der Person des Berufsanfängers oder Mitarbeiters, aber auch in seinem sozialen Umfeld begründet sind (z.B. fehlende Bereitschaft, sich in neuer Umgebung einzuleben, Berufstätigkeit des Ehepartners, schulpflichtige Kinder, Hausbesitz). Selbst bei Berufsanfängern, z.B. Hochschulabsolventen, ist die Bereitschaft zu räumlicher M. oft wenig ausgeprägt und es werden solche Arbeitsplätze bevorzugt, die keinen oder zumindest keinen allzu weiten Umzug erfordern. → Personalbeschaffung wie → Personalplanung, hier insbesondere die → Personaleinsatzplanung, darüber hinaus auch Maßnahmen der → Führungskräfteentwicklung stehen dabei häufig vor der Aufgabe, z.B. über geeignete Maßnahmen des externen oder internen → Personalmarketings die Mobilitätsbereitschaft zu erhöhen. Unter vertikaler sozialer M. werden Auf- oder Abstiegsvorgänge verstanden, die sich zwischen Positionen mit unterschiedlicher sozia-

ler Bewertung (Ansehen, Status) innerhalb einer Organisation oder innerhalb der Gesellschaft vor dem Hintergrund dort gültiger Wert- oder Prestigevorstellungen abspielen. Zwischen beiden Mobilitätszonen bestehen i.d.R. enge Wechselbeziehungen, insbesondere zwischen beruflichem Auf- oder Abstieg und gesellschaftlichem Auf- oder Abstieg. Die soziale M. kann individuell erfolgen, aber auch Teil kollektiver Auf- oder Abstiegsprozesse sein, z.B. verringertes Ansehen einer ganzen Berufsgruppe (z.B. Lehrer). Vgl. auch → Beruf, → Internationales Personalmarketing, → Karriere, → Laufbahn.

Moderation. M. ist die bewusste Steuerung von Gruppenprozessen (→ Gruppendynamik) in → Seminaren, Lerngruppen, → Workshops, Konferenzen u.ä. Formen der Kooperation oder Kommunikation durch einen Moderator. Die Aufgaben des Moderators liegen im Einzelnen v.a. in der Motivierung und Aktivierung der Teilnehmer zur Mitarbeit, der Sicherung und Präsentation von Ergebnissen, der Steuerung möglicher Konflikte zwischen den Teilnehmern sowie der Schaffung eines positiven Gesprächs- und Arbeitsklimas. Unterstützt wird eine M. i.d.R. durch technische Arbeitshilfen, den Einsatz besonderer Moderations- und Kreativitätstechniken o.Ä. Eine M. stellt hohe Anforderungen an die soziale Kompetenz des Moderators sowie seine psychische und soziale Belastbarkeit. Der Moderator sollte nicht zum eigentlichen Teilnehmerkreis (z.B. eines Workshops) gehören, sondern als neutraler, ggf. auch externer Dritter wirken können.

Monatsvergütung, → Zeitvergütung.

Montan-Mitbestimmung. Die M.-M. nach dem MontMitbestG von 1951 für die Unternehmen der Förderung und Aufbereitung von Steinkohle, Braunkohle, Eisenerz sowie der eisen- und stahlerzeugenden Industrie ist die älteste Form der → Mitbestimmung auf Unternehmensebene. Die Aufsichtsräte dieser Gesellschaften setzen sich paritätisch durch Arbeitnehmer und Anteilseignervertreter zusammen; hinzu kommt als „neutraler Vertreter" ein weiteres Mitglied, um Pattsituationen zu vermeiden. Die Gesamtzahl der Aufsichtsratsmitglieder ist folglich stets ungerade und beläuft sich je nach Zahl der Beschäftigten zwischen elf und 21 Mitgliedern. Die M.-M. greift nur, wenn die Gesamtzahl der Mitarbeiter der betroffenen Unternehmen mindestens 1.000 beträgt (§1 Abs. 2 MontMitbestG). Die → Betriebsräte der Betriebe des Unternehmens wählen zwei Arbeitnehmer und teilen das Wahlergebnis den in den Betrieben des Unternehmens vertretenen → Gewerkschaften und deren Spitzenorganisationen mit und beraten es mit ihnen. Die Spitzenorganisationen können innerhalb einer zweiwöchigen Frist Einspruch gegen diese Wahl einlegen (§6 Abs. 2 MontMitbestG), der von den Betriebsräten abgelehnt werden kann. Dann entscheidet das Bundesministerium für Arbeit und Soziales auf Antrag endgültig über die Wahl. Die Wahl des Aufsichtsrates einschließlich der Arbeitnehmervertreter erfolgt bei der AG durch die Hauptversammlung, bei der GmbH durch die Gesellschafterversammlung. Bezüglich der Arbeitnehmervertreter ist das Wahlorgan an die Wahlvorschläge der Betriebsräte gebunden (§6 Abs. 6 MontMitbestG). Im Falle des MitbestG 1976 werden die Arbeitnehmervertreter durch die Belegschaft in einem eigenständigen Wahlverfahren gewählt. Eine besondere Interessenvertretung der → leitenden Angestellten erfolgt im Rahmen der M.-M. anders als nach dem MitbestG 1976 nicht.

Weiterhin ist von Bedeutung, dass montanmitbestimmte Unternehmen als gleichberechtigtes Mitglied der Unternehmensleitung einen → Arbeitsdirektor zu bestellen haben, der nicht gegen die Stimmen der Arbeitnehmervertreter im Aufsichtsrat gewählt werden kann. Das Gleiche gilt für den Widerruf der Bestellung. In der Praxis führt dies i.d.R. dazu, dass Arbeitsdirektoren montanmitbestimmter Unternehmen Arbeitnehmervertreter sind. Auch insoweit besteht ein Unterschied zu dem MitbestG 1976, wo ein Widerspruchsrecht oder Vorschlagsrecht der Arbeitnehmerseite für den Arbeitsdirektor nicht gegeben ist und der Arbeitsdirektor insoweit, abgesehen von dem gesetzlich abgesicherten Bestand seiner Kompetenzen in Angelegenheiten des Personal- und Sozialwesens (§33 MitbestG), ein in jeder Hinsicht gleichberechtigtes und nach demselben Verfahren zu wählendes Mitglied der Unternehmensleitung ist.

Um zu verhindern, dass montanmitbestimmte Unternehmen infolge einer Änderung des Unternehmensgegenstandes aus der M.-M. „herauswachsen", sieht §1 Abs. 3 MontMitbestG eine 6-jährige Übergangsfrist zur Erhaltung der M.-M. vor. Weitere Übergangsregelungen bei einem „Herauswachsen" von Unternehmen aus der M.-M. durch geänderten Unternehmenszweck enthält das Gesetz zur Sicherung der M.-M. von 1988. Für den Fall der Konzernverbindung montanmitbestimmter mit nicht montanmitbestimmten Unternehmen gilt die M.-M. für die Konzernobergesellschaft, wenn das herrschende Unternehmen unter das MontMitbestG fällt (§§2ff. MitbestErgG von 1956). Liegen bei dem herrschenden Unternehmen die Voraussetzungen für die Anwendung des MontMitbestG nicht vor, wird jedoch der Unternehmenszweck des Konzerns durch Konzernunternehmen und abhängige Unternehmen mit Geltung des MontMitbestG gekennzeichnet, so gelten die Regelungen für die Bildung des Aufsichtsrates nach dem MontMitbestG auch für das herrschende Unternehmen (§3 Abs. 2 MitbestErgG). §4 MitbestErgG enthält nähere Regelungen für die Berechnung der Bestimmung des Unternehmenszwecks nach den Umsätzen.

Die betriebsverfassungsrechtliche Form der Mitbestimmung ist von der unternehmensrechtlichen streng zu trennen; BetrVG und SprAuG gelten ohne Differenzierungen für montanmitbestimmte wie für nicht montanmitbestimmte Unternehmen gleichermaßen. Vgl. auch → Drittelbeteiligungsgesetz.

Motivation. M. ist ein sehr unpräziser und facettenreicher Begriff, der weder in der Wissenschaft (z.B. Psychologie, Pädagogik) noch in der Praxis einheitlich benutzt wird und dessen inhaltliche Bedeutung und Tragweite bislang noch weitgehend ungeklärt ist. Häufig findet sich auch das Begriffspaar Motivation – Motive (→ Bedürfnisse) oder beides wird synonym gebraucht. Unter personalwirtschaftlichen oder Führungsaspekten kann M. als die Bereitschaft der Mitarbeiter im Unternehmen verstanden werden, gute → Leistungen zu erbringen bzw. die Anforderungen und Aufgaben am → Arbeitsplatz bestmöglich zu erfüllen. Neben der fachlichen → Qualifikation (Wissen, Können) ist die Motivation (Leistungsbereitschaft) eine wichtige Voraussetzung zur Erfüllung der Arbeitsanforderungen und -aufgaben (→ Eignung). Pointiert ausgedrückt entscheidet sie darüber, ob und wieweit der Mitarbeiter sein Wissen und Können tatsächlich einsetzt. Überlegungen zur Motivation gehen hier i.d.R. davon aus, dass genügende und attraktive Möglichkeiten und Bedingungen zur Bedürfnisbefriedigung motivierend wirken, d.h. als → Leistungsanreize M. hervorrufen oder verstärken und sich damit positiv auf Arbeitsverhalten und Arbeitsergebnis auswirken. Fehlende oder unattraktive Leistungsanreize hingegen schwächen die M. (demotivieren), mit möglichen negativen Auswirkungen auf Arbeitsleistung, → Arbeitszufriedenheit, → Betriebsklima, Fehlzeiten (→ Absentismus), → Fluktuation bis hin zur Auslösung einer → inneren Kündigung. Die hier angesprochenen Zusammenhänge gelten als weitgehend sicher und belegt. Dies hat zunehmend dazu geführt, dass die Unternehmen die M. der Mitarbeiter als wichtigen Faktor bei allen personellen Maßnahmen beachten, insbesondere über mitarbeitergerechte → Arbeitsbedingungen, → Anreizsysteme, Führungs- und Kommunikationsstrukturen (→ Führungsgrundsätze), → Führungsstile sowie Chancen zur fachlichen und persönlichen Weiterentwicklung Motivationspotenziale der Mitarbeiter zu stärken und zu aktivieren suchen. Von daher hat M. zwei Aspekte: (1) Die sich in der Ausprägung der Leistungsbereitschaft der Mitarbeiter manifestierende Einstellung zu den Arbeitsaufgaben; (2) alle Aktivitäten seitens des Unternehmens, diese Leistungsbereitschaft im Sinne der Bedürfnisse der Mitarbeiter und der Unternehmensziele positiv zu beeinflussen.

Vgl. auch → Arbeitsmoral, → Bedürfnishierarchie, → Betriebspsychologie, → Führung, → Human Relations, → Wissenschaftliche Betriebsführung, → Zwei-Faktoren-Theorie.

Motivatoren, → Zwei-Faktoren-Theorie.

Motive, → Bedürfnisse.

Motivpyramide, → Bedürfnishierarchie.

multifunktionelle Qualifikationen, → Schlüsselqualifikationen.

Multimoment-Verfahren, → Zeitstudien.

Mutterschaftsgeld, → Mutterschutz.

Mutterschaftsurlaub, → Mutterschutz.

Mutterschutz. Werdende und stillende Mütter in abhängiger Beschäftigung unterliegen den Schutzvorschriften des Mutter-

schutzgesetzes. Es enthält im Einzelnen Beschäftigungsverbote für besonders belastende Tätigkeiten werdender Mütter (Tragen von Lasten, Akkordarbeit, Fließbandarbeit etc.) und ein vollständiges Beschäftigungsverbot unabhängig von der Art der Tätigkeit für die Zeit der letzten sechs Wochen vor der Entbindung (§ 3 Abs. 2 MuSchG; Ausnahme bei Einverständnis, welches jederzeit widerruflich ist) und den anschließenden acht Wochen danach, in Sonderfällen zwölf Wochen (§6 Abs. 1 MuSchG) – sog. Schutzfristen. Die Schutzfristen nach §§3 Abs. 2, 6 Abs.1 MuSchG werden in der Praxis teilweise – juristisch ungenau – als „Mutterschaftsurlaub" bezeichnet. Frauen, die Mitglied einer Krankenkasse sind, erhalten in dieser Zeit *Mutterschaftsgeld* (§§13, 14 MuSchG). Dies beträgt 13 Euro pro Tag. Frauen, die nicht Mitglied einer gesetzlichen Krankenkasse sind, erhalten ein Mutterschaftsgeld zulasten des Bundes in Höhe von derzeit 210 Euro. Zum Mutterschaftsgeld zahlt der Arbeitgeber einen Zuschuss in Höhe der Differenz zum durchschnittlichen kalendertäglichen Nettoentgelt (§14 MuSchG). Auf Elterngeld werden sowohl das gezahlte Mutterschaftsgeld (Ausnahme §13 Abs. 2 MuSchG) als auch der Zuschuss des Arbeitgebers angerechnet. Darüber hinaus besteht ein beschränktes Beschäftigungsverbot bei eingeschränkter Leistungsfähigkeit in den ersten Monaten nach der Entbindung und für stillende Mütter. → Mehrarbeit ist verboten, → Sonn- und Feiertagsarbeit nur in Ausnahmefällen zulässig. Ergänzend dazu treten die Regelungen für → Elternzeit und → Elterngeld nach dem BEEG für die Zeit nach Ablauf der Schutzfrist. §9 MuSchG begründet einen besonderen → Kündigungsschutz während der gesamten → Schwangerschaft bis zum Ablauf von vier Monaten nach der Entbindung; in dieser Zeit sind → Kündigungen unzulässig. Nur in besonders gelagerten Ausnahmefällen, in denen eine außerordentliche Kündigung (§626 BGB) möglich wäre, kann eine solche mit Zustimmung der obersten Arbeitsbehörde oder einer von ihr bestimmten Stelle (§9 Abs. 3 MuSchG) ausgesprochen werden. §18 BEEG verlängert den Kündigungsschutz auf die Zeit der Elternzeit. In der Zeit bis zur Vollendung des 2. Lebensjahres des Kindes erhalten Elternteile, die sich um die Pflege des Kindes kümmern und dafür auf eine Erwerbstätigkeit verzichten, Erziehungsgeld von 300 Euro monatlich bzw.

450 Euro monatlich für ein Jahr. Personal- und gesellschaftspolitisch ist die Vereinbarkeit von Familie und Beruf ein wichtiges Anliegen. Aufgrund eines Wertewandels in der Gesellschaft und eines veränderten Selbstverständnisses junger Frauen ist das Nebeneinander von Familie und Beruf zunehmend der Normalfall. Der Anteil der Frauen unter 30 Jahren mit Berufstätigkeit liegt bei über 60 %, mit steigender Tendenz. Die geschilderten gesetzlichen Regelungen leisten einen Mindestbeitrag dazu, Familie und Beruf nebeneinander zu ermöglichen. In Ergänzung dieser Regelungen sind die Arbeitgeber gefordert, durch eine kreative Personalpolitik Erleichterungen für die Berufstätigkeit junger Mütter zu geben. Hierzu

zählen unbezahlte Beurlaubungen über den Zeitrahmen des BEEG hinaus, Möglichkeiten zur Weiterbildung und Urlaubsvertretung mit dem Ziel einer Erhaltung der Kontakte zum Beruf und der beruflichen Fertigkeiten sowie moderne Formen der Arbeitszeitgestaltung (Teilzeitmodelle in verschiedener Form, Arbeitszeitflexibilisierung). Die Vereinbarkeit von Familie und Beruf kann in der heutigen gesamtgesellschaftlichen Situation nicht allein eine von staatlichen Instanzen zu leistende Aufgabe sein. Andererseits begrenzen die organisatorischen Gestaltungsmöglichkeiten des Betriebes, seine Eigenarten und Abläufe sowie ggf. zusätzliche Personalkosten die Möglichkeiten von Unternehmen und Betrieben zur Unterstützung.

N

Nachfolgeplanung. Die N. basiert auf den im Unternehmen zu besetzenden Stellen und zeigt, welche Stelle von welchem Mitarbeiter zu welchem Zeitpunkt besetzt werden soll. Voraussetzung ist die terminbezogene Erfassung absehbarer oder geplanter personeller Veränderungen (z.B. Ruhestand, Sabbaticals, Versetzungen, Beförderungen) sowie die Ermittlung und Auswahl geeigneter Nachfolgekandidaten im Unternehmen oder ggf. über externe Beschaffung. Zur optimalen Nutzung interner personeller Kapazitäten sollte die N. eng mit der → Personalentwicklung abgestimmt werden.
Vgl. auch → Laufbahnplanung, → Schattenliste.

Nachtarbeit. N. unterliegt arbeitszeitgesetzlichen (§ 6) und vielfach auch tarifvertraglichen Einschränkungen, die darauf abzielen, die mit der N. verbundenen Belastungen einzuschränken. Ein früher bestehendes grundsätzliches Nachtarbeitsverbot für Frauen ist von dem Bundesverfassungsgericht wegen Verstoßes gegen den Gleichheitsgrundsatz für verfassungswidrig erklärt worden. Die werktägliche → Arbeitszeit der Nachtarbeitnehmer darf acht Stunden nicht überschreiten. Sie kann nur dann auf bis zu zehn Stunden verlängert werden, wenn innerhalb von vier Wochen im Durchschnitt acht Stunden werktäglich nicht überschritten werden (§ 6 Abs. 2 ArbZG). Nachtarbeitnehmer sind berechtigt, sich vor Beginn der Beschäftigung und danach in regelmäßigen Zeitabständen von nicht weniger als drei Jahren arbeitsmedizinisch untersuchen zu lassen. Nach Vollendung des 50. Lebensjahres steht dieses Recht Nachtarbeitern jährlich zu. Die Kosten hat der Arbeitgeber zu tragen, sofern die Untersuchungen nicht ohnehin bei dem unternehmensangehörigen Betriebsarzt oder einem überbetrieblichen Dienst erfolgt (§ 6 Abs. 3 ArbZG). Im Falle gesundheitlicher Gefährdung der Nachtarbeitnehmer bei Fortsetzung der N., bei Zusammenleben in einem Haushalt mit einem Kind von unter zwölf Jahren oder bei Versorgung von schwer pflegebedürftigen Angehörigen hat der Arbeitgeber den Nachtarbeitnehmer auf dessen Verlangen auf einen für ihn geeigneten Tagesarbeitsplatz umzusetzen (§ 6 Abs.4 ArbZG). Soweit keine tarifvertraglichen Ausgleichsregelungen bestehen, hat der Arbeitgeber dem Nachtarbeitnehmer für die während der Nachtzeit geleisteten Arbeitsstunden eine angemessene Zahl bezahlter freier Tage oder einen angemessenen Vergütungszuschlag zu gewähren (§ 6 Abs. 5 ArbZG). Regelmäßig enthalten jedoch die Tarifverträge detaillierte Vereinbarungen. Der Zugang zu Maßnahmen der betrieblichen Weiterbildung ist sicherzustellen (§ 6 Abs. 6 ArbZG).
Über allem schwebt der Grundsatz, die Arbeitszeit der Nachtarbeiter nach den gesicherten arbeitswissenschaftlichen Erkenntnissen über die menschengerechte Gestaltung der Arbeit festzulegen (§ 6 Abs. 1 ArbZG). N. wird insbesondere im Rahmen vollkontinuierlicher Wechselschicht (Dreifachschicht) geleistet. Darüber hinaus gibt es spezifische Nachtarbeitsplätze, z.B. im Sicherheitsgewerbe.
Vgl. auch → Dreischichtbetrieb, → Schichtarbeit.

Nachteilsausgleich, → Sozialplan.

Nachuntersuchung, → ärztliche Untersuchung.

Nachweisgesetz. Das N. verpflichtet die Arbeitgeber, die Arbeitnehmer spätestens einen Monat nach dem vereinbarten Beginn des Arbeitsverhältnisses über die wesentlichen Bedingungen des Arbeitsverhältnisses zu informieren und dies schriftlich durch eine vom Arbeitgeber unterzeichnete Niederschrift festzuhalten. Dies geht zurück auf eine Richtlinie des Rates der Europäischen Union von 1991. Die Pflicht besteht gegenüber allen Arbeitnehmern einschließlich der leitenden Angestellten, es sei denn, der Arbeitnehmer ist nur zur vorübergehenden Aushilfe von höchstens einem Monat eingestellt worden. Die Informationen und deren schriftliche Fixierung beziehen sich auf Name und Anschrift der Vertragsparteien, ferner auf den Beginn des Arbeitsverhältnisses und den Arbeitsort, die Bezeichnung oder eine allgemeine Beschreibung der zu leistenden Tätigkeit, die Dauer des jährlichen Erholungsurlaubs sowie auf die einschlägigen Kündigungsfristen. Von besonderer Bedeutung ist weiter die Angabe des Grundgehaltes sowie aller Zuschläge, → Zulagen, Prämien, Sonderzahlungen sowie sonstige Vergütungsbestandteile. Im Falle befristeter → Arbeitsverträge ist auch die Dauer der Befristung mitzuteilen. Sind die Arbeitsbedingungen in → Tarifverträgen oder → Betriebsvereinbarungen niedergelegt, hat der Arbeitgeber darauf in allgemeiner Form hinzuweisen.

Von besonderer Bedeutung für die Praxis ist der Umstand, dass die Pflicht zur Aushändigung einer Niederschrift entfällt, wenn ein schriftlicher Arbeitsvertrag mit den angesprochenen Regelungsgegenständen abgeschlossen worden ist. In diesem Falle verfügt der Arbeitnehmer über alle notwendigen Informationen durch den Vertrag, so dass es einer zusätzlichen Niederschrift nicht bedarf. Da in nahezu allen Unternehmen schriftliche Verträge üblich sind, hat die Ausnahmeregelung einen breiten Anwendungsbereich. Sie wirkt jedoch mittelbar auf den Umfang schriftlicher Arbeitsverträge ein, da letztere nur dann eine zusätzliche Beachtung des Nachweisgesetzes entbehrlich machen, wenn alle dort geforderten Informationen im Arbeitsvertrag geregelt sind.

Nachwirkung. Die N. einer vertraglichen Absprache ist dadurch gekennzeichnet, dass deren Wirkungen auch über das rechtliche Ende der Absprache hinaus zunächst fortgelten. Dabei spielt es keine Rolle, ob eine Abrede den von vornherein vereinbarten Endtermin erreicht (zeitlich befristete Abreden) oder aber eine zulässige → Kündigung für eine zunächst längerfristige vertragliche Regelung ausgesprochen wurde. Derartige N. können – was jedoch selten ist – im Rahmen der → Vertragsfreiheit besonders vereinbart werden.

Darüber hinaus gibt es gesetzlich angeordnete N. für Tarifverträge und → Betriebsvereinbarungen. Nach §4 Abs. 5 TVG gelten die Rechtsnormen eines → Tarifvertrages, also sein normativer Teil (§1 Abs. 1 TVG) mit der Begründung von Rechten und Pflichten für die tarifgebundenen Arbeitgeber und Arbeitnehmer, weiter, bis sie durch eine andere Abmachung ersetzt werden. Eine andere Abmachung im Sinne des §4 Abs. 5 TVG ist nicht nur ein neuer Tarifvertrag, sondern auch eine individualarbeitsvertragliche Regelung. Die Vorschrift bezweckt die Verhinderung einer tarifvertraglichen Lücke, die sich insbesondere bei längerfristigen Tarifverhandlungen nach Ablauf eines Tarifvertrages ergeben kann. Sie beschränkt sich daher auf die z.Zt. der Geltung des Tarifvertrages bereits bestehenden Arbeitsverhältnisse. Die N. gilt auch, wenn es infolge Verbandsaustritts des Arbeitgebers nicht zu einem neuen Tarifvertrag (ggf. jedoch zu einem Haustarifvertrag) kommt. In diesen Fällen gelten die Tarifnormen für die Dauer der tarifvertraglichen Vereinbarung trotz Verbandsaustritts nach §3 Abs. 3 TVG weiter, wenn der betreffende Tarifvertrag noch zu der Zeit der Verbandszugehörigkeit des aus dem Arbeitgeberverband austretenden Unternehmens abgeschlossen wurde. Nach Ablauf dieser Bindungsfrist greift auch hier die N. nach §4 Abs. 5 TVG ein, die durch Abschluss neuer Arbeitsverträge beendet werden kann. Die Tarifparteien können die N. vertraglich ausschließen.

Eine ähnliche N. gibt es für Betriebsvereinbarungen über Angelegenheiten, in denen ein Spruch der → Einigungsstelle die Einigung zwischen Arbeitgeber und → Betriebsrat ersetzen kann (§77 Abs. 6 BetrVG), also in den uneingeschränkt mitbestimmungspflichtigen Fragen (§§87, 94, 95, 112 Abs. 4 BetrVG). Damit wird das Entstehen von „Mitbestimmungslücken" verhindert, z.B. in Fällen, in denen die Betriebsvereinbarung über Beginn und Ende der täglichen Arbeitszeit und die Verteilung der Arbeitszeit auf die einzelnen Wochentage (§87 Abs. 1 Ziff. 2 BetrVG) endet und eine neue Arbeitszeitregelung zwischen Arbeitgeber und Betriebsrat noch nicht gefunden wurde.

Nachwuchsförderungsprogramm. Viele Unternehmen praktizieren besondere N. Sie dienen dazu, qualifizierten Nachwuchs durch systematisch aufeinander abgestimmte

Schritte im praktischen Arbeitseinsatz wie in der betrieblichen Weiterbildung zu fördern und auf höherwertige Aufgaben vorzubereiten. Hierzu zählen → Traineeprogramme, Förderkreise, Projektarbeit, → Jobrotation, Nachwuchsseminare zu einschlägigen Themen wie Managementwissen, Mitarbeiterführung, darüber hinaus auch je nach unternehmerischer Ausrichtung Auslandseinsätze. Insoweit sind N. Bestandteil einer umfassend angelegten → Personalentwicklung und → Führungskräfteentwicklung. In vielen Fällen beginnen solche Programme nicht erst mit der → Einstellung jüngerer Mitarbeiter, sondern schon vorher im Rahmen von Kontakten zu Universitäten, Fachhochschulen und Schulen. In diesem Zusammenhang werden Ferienarbeitsplätze und Praktika angeboten sowie die Möglichkeit geschaffen, Diplomarbeiten mit Praxisbezug zu schreiben. Hinzu kommen Exkursionen in Betriebe, Wochenendseminare für Schüler und Studenten, die zeitlich begrenzte Einrichtung einer Ferienakademie sowie die Mitarbeit von Unternehmensvertretern bei Veranstaltungen an Hochschulen.

Vgl. auch → Führungsnachwuchs, → Hochschulmarketing, → Trainee.

Nebenabrede. Die N. ist eine zusätzliche arbeitsvertragliche Absprache, die nicht Bestandteil des schriftlichen → Arbeitsvertrages geworden ist. Die Aufnahme in den schriftlichen Arbeitsvertrag schließt die Charakterisierung als N. aus. N. sind zu unterscheiden von → Nebenpflichten. Nebenpflichten regeln die im Gegensatz zu den Hauptpflichten (Erbringung der Arbeitsleistung, Zahlung der → Vergütung) stehenden Verpflichtungen von Arbeitgeber und Arbeitnehmer. Hierzu zählen insbesondere wechselseitige Treue- und → Fürsorgepflichten. Nebenpflichten können in dem schriftlichen Arbeitsvertrag fixiert und präzisiert sein, jedoch auch durch N. vereinbart werden.

Da der Abschluss von Arbeitsverträgen kraft Gesetzes keiner besonderen Form unterliegt, sind N. grundsätzlich ebenso wirksam wie die Hauptabreden. Allerdings begründet das Nachweisgesetz von 1995 die Verpflichtung des Arbeitgebers, den Arbeitnehmer über seine wesentlichen Rechte und Pflichten zu informieren und dies bei nur mündlich abgeschlossenen Arbeitsverträgen zu protokollieren. Ist jedoch in dem → Tarifvertrag, in einer Betriebsvereinbarung oder in dem Arbeitsvertrag selbst Schriftform vereinbart, so führt die Missachtung der Schriftform – insbesondere die nur mündliche Vereinbarung einer N. – zur Unwirksamkeit (§ 125 BGB). Dies gilt jedoch nur, wenn das Formerfordernis konstitutive Bedeutung haben soll, was im Wege der Auslegung zu ermitteln ist. Kommt ihm nur deklaratorische Bedeutung zu, indem nur für Beweiszwecke eine schriftliche Fixierung erfolgt, führt eine Missachtung der Form nicht zur Unwirksamkeit der Abrede. Allerdings muss dann derjenige, der aus einer strittigen N. für sich günstige Konsequenzen ableiten will, deren Absprache beweisen. Was den sachlichen Gehalt der Vereinbarung betrifft, so beziehen sich N. regelmäßig nicht auf die wechselseitigen Hauptleistungen, die in einem Gegenseitigkeitsverhältnis zueinander stehen, sondern auf Nebenpflichten. Insofern berühren sich N. und Nebenpflichten, ohne dass damit der beschriebene Unterschied verwischt wird.

Nebenbeschäftigung, → Nebentätigkeit.

Nebenleistungen. N. verstehen sich in ihrem Unterschied zu den Hauptleistungen (Arbeitsleistung, → Vergütung). Dazu zählen auf Seiten des Arbeitgebers → Sozialleistungen, → Aufwendungsersatz, auf Seiten des Arbeitnehmers Pflichten zur Rücksichtnahme auf die Interessen des Arbeitgebers. Der Unterschied zwischen Haupt- und Nebenleistungen ist nicht von besonderer Bedeutung. Abgesehen davon, dass eine eindeutige Grenzziehung vielfach problematisch ist, ändert die Klassifizierung nichts daran, dass N. genauso korrekt zu erfüllen sind wie Hauptleistungen. An ihre Verletzung knüpfen sich grundsätzlich dieselben Konsequenzen wie an eine Verletzung der Hauptleistungspflicht.

Vgl. auch → Fürsorgepflicht, → Nebenabreden, → Nebenpflichten.

Nebenpflichten. Arbeitsverträge begründen Haupt- und Nebenpflichten. Die Hauptpflicht des Arbeitnehmers besteht darin, die geschuldete Arbeitsleistung zu erbringen, wofür ihm der Arbeitgeber die vereinbarte Vergütung als hauptsächliche Gegenleistung zu zahlen hat. Darüber hinaus gibt es gesetzliche, speziell vereinbarte oder auch von der Rechtsprechung entwickelte N. Auf Arbeitgeberseite sind zu nennen die Verpflichtung zur Gewährung von Urlaub und sonst vereinbarten vertraglichen Freistellungen von der Arbeit, die Stellung von Schutzkleidung und Schaffung sonstiger Schutzmaßnahmen (§618 BGB), die Zahlung von vermögenswirksamen Leistungen, die Ermöglichung der Teilnahme am Kantinenessen usw. Die vertraglichen N. des Arbeitnehmers richten sich nach den konkreten Vereinbarungen.

Unabhängig davon bestehen wechselseitige Treue- und → Fürsorgepflichten. Sie bedingen für den Arbeitnehmer die Verpflichtung zum schonenden Umgang mit dem Vermögen des Arbeitgebers, die Einhaltung von Betriebsgeheimnissen und sonstigen → Verschwiegenheitspflichten und ggf. Informationspflichten über drohende Nachteile. Arbeitgeberseitig erwachsen aus der Treue- und Fürsorgepflicht insbesondere Schutzpflichten für Leben und Gesundheit des Arbeitnehmers, die sich allerdings in zahlreichen Spezialregelungen (Gesetzen, Rechtsverordnungen und Unfallverhütungsvorschriften des → Arbeitssicherheitsrechts) konkretisieren. Auch eine Förderpflicht für die berufliche Entwicklung ist daraus abzuleiten. Eine Verletzung von Treue- und Fürsorgepflichten seitens des Arbeitnehmers kann zur → Abmahnung und → Kündigung unter Einhaltung des KSchG führen, seitens des Arbeitgebers zu Schadensersatzansprüchen und Zurückbehaltungsrechten des Arbeitnehmers bezüglich der auszuübenden beruflichen Tätigkeit.

Nebentätigkeit. Die N. ist eine Tätigkeit, sei es selbstständig, sei es in abhängiger Beschäftigung, die ein Arbeitnehmer zusätzlich zu seiner in dem Hauptarbeitsverhältnis geleisteten Berufstätigkeit erbringt. Üblicherweise erfolgen Haupt- und Nebentätigkeit bei verschiedenen Arbeitgebern; denkbar sind jedoch auch zwei Beschäftigungsverhältnisse bei demselben Arbeitgeber (Beispiel: der Handwerker übernimmt am Wochenende den Pförtnerdienst). Grundsätzlich gelten für Haupt- und Nebentätigkeit die allgemeinen arbeitsrechtlichen Kriterien gleichermaßen; die N. ist arbeitsrechtlich nicht geringer geschützt. Handelt es sich bei der N. um eine geringfügig entlohnte Beschäftigung, so kann diese neben der sozialversicherungspflichtigen Hauptbeschäftigung ausgeübt werden, ohne der Versicherungspflicht zu unterliegen. Eine Zusammenrechnung der Haupt- und N. findet unter sozialversicherungsrechtlichen Aspekten nicht mehr statt (→ geringfügige Beschäftigung).

Gesetzliche Grenzen für eine N. ergeben sich aus dem Arbeitszeitrecht und aus dem Verbot der Schwarzarbeit. Die Zulässigkeit einer N. richtet sich nach den vertraglichen Vereinbarungen (→ Tarifvertrag, → Arbeitsvertrag). Fehlen entsprechende Regelungen, steht es dem Arbeitnehmer grundsätzlich frei, ohne Zustimmung des Arbeitgebers eine Nebenbeschäftigung aufzunehmen. Der Arbeitnehmer ist allerdings verpflichtet, dem Arbeitnehmer die N. anzuzeigen, wenn dadurch Interessen des Arbeitgebers berührt werden. Folglich bildet eine solche Tätigkeit mangels Verletzung des Hauptarbeitsvertrages keinen Anlass zu einer ordentlichen oder außerordentlichen → Kündigung. Etwas anderes gilt nur dann, wenn Art und Dauer der N. mit der Haupttätigkeit nicht vereinbar sind oder wenn sie gegen die arbeitszeitrechtlichen Vorgaben des Arbeitszeitgesetzes verstößt. Können die zugesagten arbeitsvertraglichen Leistungen des Hauptarbeitsverhältnisses aus der Natur der Sache heraus nur erbracht werden, wenn der Arbeitnehmer sich ausschließlich der Tätigkeit für diesen Arbeitgeber widmet, ergibt sich aus den Umständen auch ohne ausdrückliche Vereinbarung ein Nebentätigkeitsverbot. Dies ist vielfach für in Vollzeit tätige Führungskräfte der Fall.

Unzulässig ist eine N. auch, wenn sie während des → Urlaubs ausgeführt wird, der für die Haupterwerbstätigkeit genommen wird. Denn der Urlaub dient der Erholung für die Berufstätigkeit (§ 8 BUrlG). Allerdings entfallen bei einem Verstoß weder der Urlaubs- noch der Entgeltanspruch. Zur Vermeidung von Auseinandersetzungen empfiehlt sich insoweit eine eindeutige vertragliche Regelung.

Spezielle Verbote für N. können sich unter Wettbewerbsaspekten aus der Treuepflicht (→ Fürsorgepflicht) des Arbeitnehmers ergeben. Sie verbieten es dem Arbeitnehmer, im Wege einer Nebenbeschäftigung für einen Konkurrenten des Hauptarbeitgebers tätig zu werden, wenn dieser dabei den Übergang von Betriebsgeheimnissen (→ Verschwiegenheitspflicht) oder auch nur Abfluss von betrieblichem Know-how befürchten muss. Maßgeblich sind insoweit stets alle Umstände des Einzelfalls.

Nettolohnvereinbarung. Die von den Vertragsparteien vereinbarte → Vergütung als Gegenleistung für die von dem Arbeitnehmer erbrachte Arbeit ist grundsätzlich eine Brut-

tolohnvereinbarung. Dies gilt auch dann, wenn die Abrede nicht als solche bezeichnet ist. Der Arbeitgeber behält somit Steuern und Sozialabgaben (→ Sozialversicherung) von der Vergütung ein und führt sie an das Finanzamt bzw. an die Sozialversicherungsträger ab. Zur Auszahlung gelangt allein der Nettolohn. Es ist jedoch im Rahmen der → Vertragsfreiheit zulässig, dass die Parteien die geschuldete Vergütung netto festsetzen. Da die Parteien über Steuern und Sozialabgaben nicht verfügen können, bedeutet eine N. im Ergebnis die Notwendigkeit der Umrechnung in eine entsprechend höhere Bruttolohnvereinbarung. Aus dem geschuldeten Nettolohn muss das Bruttogehalt in der Form errechnet werden, dass sich daraus nach Abzug von → Lohnsteuer und Sozialabgaben die netto festgelegte Vergütung ergibt. Vergütungspolitisch sind derartige Absprachen ebenso unüblich wie unzweckmäßig. Sie kommen teilweise bei Beschäftigung von Berufssportlern, Künstlern, Mitarbeitern von Varietés u.Ä. vor. Die Unzweckmäßigkeit der Vereinbarung ergibt sich daraus, dass jede Änderung der Steuern und Abgaben notwendigerweise zu einer Änderung des Bruttoverdienstes führt, also indirekt zu einer Vergütungsanpassung, ohne dass die Parteien dies konkret vereinbart haben. Dies gilt insbesondere bezüglich der jährlichen Änderung der Beitragsbemessungsgrenze im Hinblick auf das Übersteigen dieser Grenze durch den Verdienst, der Änderung im Beitragssatz der Sozialversicherungsträger sowie auch für die häufig vorkommenden Novellierungen in der Steuergesetzgebung.
Vgl. auch → Vergütungspolitik.

Newplacement. N. ist eine neuere Bezeichnung für den geplanten, systematischen Wechsel von einem Beruf in einen anderen, neuen Beruf. Auslöser für N. können sein: (1) Ungünstige Zukunftsaussichten im erlernten oder ausgeübten Beruf bis hin zum durch den technischen Fortschritt bedingten praktischen Wegfall des Berufs, (2) gesundheitlich bedingtes Unvermögen, den ausgeübten Beruf weiterhin auszuüben, (3) fehlende Berufszufriedenheit, d.h. das Gefühl, den falschen Beruf auszuüben. So haben nach verschiedenen Erhebungen ca. 10 – 20 % der Auszubildenden nach Abschluss ihrer Berufsausbildung den Eindruck, nicht den für sie richtigen Beruf gewählt zu haben, und ca.

25 % der Auszubildenden brechen die Berufsausbildung vorzeitig ab.
N. bedeutet nicht nur für den Betroffenen eine oft mühsame berufliche Neuorientierung, sondern insbesondere hinsichtlich des Faktors Berufszufriedenheit auch für das Personalmanagement eine Herausforderung. Hier muss z.B. über effektive → Auswahlverfahren sowie systematische → Personaleinsatzplanung und → Personalentwicklung einer beruflichen Fehllenkung so früh und soweit wie möglich entgegengewirkt werden. Besonders gravierend zeigt sich N. seit einigen Jahren für viele Hochschulabsolventen, die ein Studium abgeschlossen haben, mit dem sie keinen praktischen Berufseinstieg finden. Davon wird eine große Zahl auf Kosten der Arbeitsverwaltung in Umschulungsmaßnahmen für Berufe ausgebildet, die sie schon einige Jahre früher hätten ergreifen können – volkswirtschaftlich ein teurer Umweg und für den Einzelnen oft eine tiefe Enttäuschung.
Vgl. auch → Outplacement, → Replacement, → Umschulung.

Nichtigkeit von Arbeitsverhältnissen. Der Abschluss von Arbeitsverträgen ist infolge der → Vertragsfreiheit grundsätzlich wirksam. Nichtig und damit unwirksam sind Arbeitsverträge, wenn sie gegen gesetzliche Regelungen verstoßen, die das Zustandekommen des Arbeitsverhältnisses überhaupt oder seinen Inhalt verbieten. Hierzu zählen zunächst die allgemeinen Normen des Zivilrechts über die Voraussetzungen wirksamer Verträge, insbesondere die Geschäftsfähigkeit des Arbeitnehmers. Beschränkt geschäftsfähige Arbeitnehmer, insbesondere Minderjährige können ein Beschäftigungsverhältnis nur mit Zustimmung des gesetzlichen Vertreters eingehen. Insoweit ist die Sonderregelung des §113 BGB von Bedeutung, wonach die Ermächtigung des Minderjährigen, in Dienst und Arbeit zu treten, die Eingehung oder Aufhebung eines Dienst- oder Arbeitsverhältnisses der gestatteten Art oder die Erfüllung der sich aus einem solchen Verhältnis ergebenden Verpflichtungen einschließt.

Unwirksam sind Arbeitsverträge, wenn die vereinbarte Tätigkeit gesetzlich verboten oder sittenwidrig ist (z.B. Verpflichtung zu strafbaren Handlungen, Schwarzarbeit, Kinderarbeit, Verträge über die Ausübung gewerblicher Unzucht).

Arbeitsverträge, die nur wegen eines Irrtums des Arbeitgebers über wesentliche Eigenschaften des Arbeitnehmers, insbesondere aufgrund einer arglistigen Täuschung des Arbeitnehmers zustande kommen (§§ 119, 123 BGB), sind nicht nichtig, sondern seitens des Arbeitgebers anfechtbar. Erst die termingerechte (§§ 121, 124 BGB) Ausübung des Anfechtungsrechts führt zur Beseitigung des Arbeitsverhältnisses (§ 142 BGB). Nichtige wie erfolgreich angefochtene Arbeitsverhältnisse bewirken nicht die rückwirkende Beseitigung des → Arbeitsvertrages bzw. die Unwirksamkeit auch für die Vergangenheit, sondern aufgrund der Rechtsfigur des → faktischen Arbeitsverhältnisses nur eine Beseitigung für die Zukunft. Die in der Vergangenheit praktizierte Beschäftigung bleibt wirksam, da der Arbeitgeber die Arbeitsleistung des Arbeitnehmers erhalten hat. Daher muss er dafür auch die vereinbarte Vergütung zahlen. Die Geltendmachung des Nichtigkeitsgrundes oder die Ausübung des Anfechtungsrechtes mit Wirkung für die Zukunft unterliegt nicht dem KSchG.

O

Offenbarungspflicht. Im Rahmen der Personalauswahl haben Bewerber die Pflicht, darauf hinzuweisen (z.B. im → Vorstellungsgespräch), wenn in ihrer Person begründete Hindernisse vorliegen, die einer Aufnahme oder angemessenen Ausübung des in Aussicht genommenen Arbeitsverhältnisses entgegenstehen (→ Fragerecht, → Personalfragebogen). Der O. unterliegen z.B. Gesundheitsmängel, die eine Berufsausübung unmöglich machen, ein zum Zeitpunkt der geplanten Arbeitsaufnahme noch bestehendes → Konkurrenzverbot, Vorstrafen (auch eine noch zu verbüßende Strafe), wenn die Art des Deliktes die Berufsausübung ausschließt (z.B. ein aus der Strafe folgender Entzug der Zulassung als Arzt oder Rechtsanwalt). Genügt ein Bewerber seiner O. nicht und kommt ein Arbeitsvertrag zustande, kann das Unternehmen den Vertrag anfechten und ggf. Schadenersatzansprüche stellen. Eine der O. vergleichbare Informationspflicht besteht auch für das Unternehmen: So sind Bewerber vor Abschluss des Arbeitsvertrages z.B. darauf hinzuweisen, wenn die in Aussicht stehende Tätigkeit mit besonderen Gefahren für Gesundheit oder Leben verbunden ist, eine besondere Arbeits- oder Schutzkleidung zu tragen ist, ein Insolvenzverfahren droht oder der Arbeitsplatz sich voraussichtlich an einem anderen als dem derzeitigen Standort befinden wird.

Offenheitsgebot. Als ein Grundsatz der Erteilung eines → Arbeitszeugnisses, insbesondere des qualifizierten Arbeitszeugnisses, gilt, dass keine missverständlichen Formulierungen, keine Geheimcodes, geheimcodeähnlichen o.a. Formulierungen aufgenommen werden dürfen, die nur einem bestimmten Personenkreis (z.B. Personalleitern einer bestimmten Branche) vertraut sind. Damit soll die hin und wieder geübte Praxis erschwert werden, über derartige Formulierungen verdeckte, für den Mitarbeiter als solche nicht erkennbare Kritik an seinen Leistungen, seinem Verhalten usw. gegenüber einem möglichen neuen Arbeitgeber anzudeuten. Vgl. auch → Vollständigkeitsgebot, → Wahrheitsgebot, → Wohlwollensgebot, → Zeugnissprache.

öffentlicher Dienst. Von der abhängigen Beschäftigung in der Privatwirtschaft ist eine Tätigkeit im ö. D. zu unterscheiden. Sie ist dadurch gekennzeichnet, dass Arbeitgeber Bund, Länder und Gemeinden, öffentliche Körperschaften und Anstalten oder vergleichbare Institutionen sind. Die Beschäftigten des ö. D. sind entweder Beamte, → Angestellte oder Arbeiter.
Für Beamte gilt das Beamtenrecht des Bundes und der Länder (für die Landesbeamtengesetze besteht nur ein begrenzter politischer Spielraum zur Gestaltung aufgrund des Beamtenrechtsrahmengesetzes). Dies bedeutet, dass die Arbeitsbedingungen für Beamte durch den Gesetzgeber festgelegt werden. Das Beamtenrecht unterscheidet sich in wesentlichen Punkten von dem → Arbeitsrecht, u.a. durch einen prinzipiellen Zugang jedes Deutschen zu einem öffentlichen Amt nach Eignung, Befähigung und fachlicher Leistung (Art. 33 Abs. 2 GG), durch das Prinzip der lebenslangen Anstellung für Beamte auf Lebenszeit (unter Zulässigkeit eines vorherigen Beamtenverhältnisses auf Probe), durch die Philosophie einer Alimentation des Beamten durch den Dienstherrn anstelle der Zahlung einer Vergütung für geleistete Arbeit (mit der Konsequenz der Zahlung der Beamtenbezüge im voraus und nicht, wie im Arbeitsrecht üblich, nachträglich), durch die allein seitens des öffentlichen Arbeitgebers zu leistende Pension, eine besondere Form der Unterstützung im Krankheitsfalle im Rahmen eines staatliches Beihilfensystems anstelle von Arbeitgeberzuschüssen zur Krankenversicherung und eine sehr ausgeprägte → Fürsorgepflicht. Das Beamtenrecht wird allgemein als sehr starr empfunden; seine Reform ist Gegenstand

langjähriger politischer Debatte, ohne dass bisher konkrete Ergebnisse zu verzeichnen wären. Wegen der Festlegung der Arbeitsbedingungen für Beamte durch den Gesetzgeber steht diesen kein Streikrecht zu, da Arbeitskämpfe sich gegen das Parlament richten würden.

Demgegenüber unterliegen Arbeiter und Angestellte des ö. D. dem Arbeitsrecht. Ihre Arbeitsbedingungen werden in Tarifverträgen zwischen den öffentlichen Arbeitgebern und der Gewerkschaft ver.di festgelegt (Bundesangestelltentarif, Bundesmanteltarif für gewerbliche Arbeitnehmer), die auch mittels → Arbeitskampf durchgesetzt werden können. In den letzten 20 Jahren gab es mehrere große Streiks im ö. D. Dabei dürfen Beamte nicht als „Streikbrecher" eingesetzt werden. Kennzeichnend für die tarifvertraglichen Regelungen ist deren bundeseinheitliche Geltung, während in der Privatwirtschaft Tarifverträge üblicherweise in ihrem Geltungsbereich regional begrenzt sind.

Arbeiter und Angestellte des ö. D. unterliegen wie die Arbeitnehmer der gewerblichen Wirtschaft den einschlägigen Sozialversicherungssystemen (Rentenversicherung, Arbeitslosenversicherung, Krankenversicherung, Pflegeversicherung). Allerdings erhalten sie zur weitgehenden Gleichstellung mit den Beamten eine Zusatzversorgung zur gesetzlichen Rentenversicherung, die der betrieblichen Altersversorgung entspricht (in der grundsätzlichen Qualität, keineswegs in der finanziellen Ausstattung, die im ö. D. besonders weitgehend ist). Arbeiter und Angestellte des ö. D. unterliegen grundsätzlich auch dem KSchG.

Mitbestimmungsrechtlich gilt für den ö. D. nicht das BetrVG, sondern das PersVG des Bundes bzw. der Länder. Personalrat und Gesamtpersonalrat (anstelle von → Betriebsrat und → Gesamtbetriebsrat) vertreten die Interessen aller Mitarbeiter des ö. D. unabhängig von ihrer dienstrechtlichen Stellung. Entsprechend sind alle öffentlich Bediensteten aktiv und passiv wahlberechtigt. Zwischen dem Personalvertretungs- und dem Betriebsverfassungsrecht bestehen einige Unterschiede, die sich aus dem Prinzip begründen lassen, dass der ö. D. verfassungsrechtlich vorgegebene Aufgaben zu erfüllen hat, die eine gegenüber der betriebsverfassungsrechtlichen Regelung differenzierte Mitbestimmungslage teilweise erforderlich machen. Schwerpunkte der personalvertretungsrechtlichen → Mitbestimmung sind Einzelpersonalangelegenheiten (→ Einstellung, Umgruppierung, Beförderung, → Versetzung, Abordnung, Nebentätigkeitsfragen), organisatorische Fragen (Auflösung, Verlegung, Zusammenlegung von Dienststellen) und soziale Belange vergleichbar §87 BetrVG. Insbesondere von Seiten der → Gewerkschaft wird seit Jahren eine Reform des öffentlichen Dienstrechtes im Sinne einer Vereinheitlichung unter Beseitigung der Unterschiede für Beamte einerseits und Angestellte/ Arbeiter andererseits gefordert. Neben einer → Gleichbehandlung der öffentlich Bediensteten zielt diese Forderung auch darauf ab, für alle Mitarbeiter des ö. D. ein Streikrecht zu erreichen.

Öffnungsklauseln. Ö. gestatten den Betriebsparteien, bei Vorliegen der in der Ö. näher geregelten Voraussetzungen von tariflichen Regelungen abzuweichen. Hintergrund ist die zwingende Wirkung von Tarifverträgen im Falle beiderseitiger → Tarifgebundenheit (§ 3 Abs. 1 TVG), die Abweichungen nur zulässt, wenn sie zugunsten des Arbeitnehmers erfolgen (§4 Abs. 3 TVG) → Günstigkeitsprinzip. Die Rechtsprechung interpretiert die Vorschrift sehr streng, indem nur sektoral günstigere Regelungen für zulässig erklärt werden (höhere → Vergütung; niedrigere → Arbeitszeit), nicht aber Abweichungen durch eine Kombination von Regelungen (längere Arbeitszeit mit entsprechend höherem Lohn), selbst wenn sie von Arbeitgeber und Arbeitnehmer als günstiger empfunden werden. Auch Absprachen zwischen Arbeitgeber und → Betriebsrat dürfen von tariflich vereinbarten Regelungen nicht abweichen (§ 77 Abs. 3 BetrVG).

Aus der dargestellten Rechtslage erwächst vielfach eine erhebliche Starrheit tariflicher Vereinbarungen. Dies gilt insbesondere für Verbandstarifverträge, die infolge ihres umfangreichen sachlichen und räumlichen Geltungsbereiches zahlreiche Unternehmen in ggf. unterschiedlichen Wirtschaftszweigen mit verschiedener Größe und strukturbedingten Abweichungen für die Tätigkeit erfassen. Um hier mehr Flexibilität zu erreichen, können die Tarifparteien Ö. vereinbaren. Dies ist in der Praxis bereits verbreitet für Regelungen der Arbeitszeit, sei es für Absprachen zur Arbeitszeitflexibilisierung im Sinne einer ungleichmäßigen Verteilung, sei es für differenzierte Arbeitszeitregelungen bezüglich der Länge der Arbeitszeit für verschiedene Mitarbeitergruppen. Auch im Vergütungsbereich gibt es vereinzelt bereits Ö. im Sinne von Einstiegstarifen, die bei Neueinstellungen – insbesondere von bisher Arbeitslosen – für eine Dauer von 12 Monaten eine Unterschreitung des üblichen Tarifgehaltes gestatten.

Über weitergehende Ö., insbesondere für Unternehmen und Betriebe mit wirtschaftlichen Schwierigkeiten, wird seit einiger Zeit in Theorie und Praxis intensiv diskutiert. Derartige Ö. können bei sachgerechter Ausgestaltung dazu beitragen, das grundsätzlich bewährte System der Verbandstarifverträge mit ihren positiven Wirkungen beizubehalten und die negativen Konsequenzen einer Starrheit solcher Regelungen bei großem räumlichen und sachlichen Geltungsbereich der Tarifvereinbarung zu vermeiden. In der Praxis sind Ö. über die dargestellten Anwendungsfälle hinaus bisher nicht vereinbart worden. Ein grundlegendes Problem besteht bezüglich der Mechanismen zur Konfliktlösung. Können sich die Parteien innerbetrieblich für die Konkretisierung der Ö. nicht einigen, scheiden Streik und → Aussperrung aus, da sie nach § 74 Abs. 2 BetrVG ausdrücklich ausgeschlossen sind. In Betracht kommen daher nur Schiedsklauseln, die bereits im → Tarifvertrag vereinbart sind. Vgl. auch → Arbeitskampf.

ordentliche Kündigung, → Kündigung.

Organisation. Der Begriff der O. ist im → Arbeitsrecht und im Arbeitsleben doppeldeutig. Er umfasst einmal die O. von Unternehmen und Betrieben im Sinne ihrer Strukturierung, Gliederung, Ordnung und der Vorgabe bestimmter Regeln für betriebsinterne Abläufe (Aufbau- und Ablauforganisation). Grundsätzlich ist die O. von Unternehmen und Betrieben Angelegenheit des Arbeitgebers. Dabei können jedoch wichtige Mitbestimmungsrechte betroffen sein, insbesondere im Falle von → Betriebsänderungen mit der Gefahr wesentlicher Nachteile für die Belegschaft gemäß §§ 111ff. BetrVG (Unterrichtungs- und Beratungsanspruch des → Betriebsrats, → Interessenausgleich, → Sozialplan), in Fragen der Ordnung des Betriebs und des Verhaltens der Arbeitnehmer im Betrieb das Mitbestimmungsrecht nach §87 Abs. 1 Ziff. 1 BetrVG sowie schließlich zahlreiche weitere Mitbestimmungsrechte für

organisatorische Maßnahmen im Rahmen des Katalogs des §87 BetrVG. Hierzu zählen die Einführung und Anwendung von technischen Einrichtungen, die dazu bestimmt sind, das Verhalten und die Leistung der Arbeitnehmer zu überwachen (§87 Abs. 1 Ziff. 6 BetrVG), die Aufstellung allgemeiner Urlaubsgrundsätze und des Urlaubsplans (§87 Abs. 1 Ziff. 5 BetrVG), Form, Ausgestaltung und Verwaltung von → Sozialeinrichtungen (§87 Abs. 1 Ziff. 8 BetrVG), spezielle personalpolitische Maßnahmen wie Personalplanung, → Stellenausschreibung, Erstellung von Personalfragebögen und Beurteilungsgrundsätzen, Auswahlrichtlinien (§§92ff. BetrVG) sowie auch die Planung baulicher Vorhaben, von technischen Anlagen, von Arbeitsverfahren und Arbeitsabläufen und der Arbeitsplätze selbst (§90 BetrVG).

Völlig unabhängig davon ist der gewerkschaftliche Organisationsbegriff zu sehen. Er versteht unter O. die Mitgliedschaft von Arbeitnehmern in einer → Gewerkschaft. Organisieren in diesem Sinne bedeutet Werben und Aufnehmen neuer Gewerkschaftsmitglieder; der Organisationsgrad drückt aus, wie viel Prozent der Arbeitnehmer eines Betriebes, eines Unternehmens, eines Konzerns oder auch eines Wirtschaftszweiges Mitglied in einer Gewerkschaft sind.

Organisationsentwicklung. Über Begriff, Inhalte und Ziele der O. bestehen bis heute sehr unterschiedliche Vorstellungen nicht nur in der betrieblichen Praxis, sondern auch in der relevanten, vorwiegend sozialwissenschaftlich orientierten Literatur. Grundsätzlich wird unter O. die systematische Planung, Auslösung und Realisierung von Änderungsprozessen in Organisationen, z.B. Unternehmen, verstanden. Diese beziehen sich auf die Organisation in ihrer Gesamtheit, schließen neben organisationsstrukturellen Aspekten (z.B. → Hierarchie, Aufbau- und Ablauforganisation) daher auch Aspekte der → Personalstruktur und → Personalentwicklung mit ein. Als Ziele der O. werden zumeist die Steigerung der Leistungsfähigkeit der Organisation (z.B. höhere Flexibilität bei Änderungen in für die Organisation wichtigen externen Faktoren) sowie die Stärkung ihrer Möglichkeiten, → Bedürfnisse der Organisationsmitglieder (z.B. nach → Selbstverwirklichung) zu erfüllen, genannt. Im Hintergrund vieler Ideen und Konzepte zur O. steht das Menschenbild der sog. → Human Relations und die Forderung, zunächst Werte, Einstellungen und Verhalten der Menschen in den Organisationen zu ändern, denn nur über die Organisationsmitglieder lasse sich auch die Organisation als solche verändern. Dementsprechend umfasst O. primär Ansätze, über → Training, → Gruppendynamik u.Ä. Denken und Verhalten der Organisationsmitglieder entsprechend zu beeinflussen. Hier ergeben sich auch zahlreiche Berührungspunkte zur Personalentwicklung, → Führungskräfteentwicklung und zu Maßnahmen der betrieblichen → Weiterbildung. O. wird in der Praxis i.d.R. als langfristig angelegter Versuch betrachtet, unternehmens- oder betriebsumfassende Lernprozesse zur Verbesserung des gesamten Leistungspotenzials, z.B. auch im Rahmen des → Total Quality Management (TQM), in Gang zu setzen.

Vgl. auch → Intrapreneur, → Kaizen, → Kreativität, → Qualität.

Organisationskultur, → Unternehmenskultur.

Ortskrankenkasse, → Krankenkasse.

Outplacement. Vor dem Hintergrund der Trennung von Mitarbeitern (→ Kündigung) bezeichnet O. die vom Unternehmen ausgehende und i.d.R. finanzierte Beratung und Hilfe bei der Suche nach einem neuen Arbeitsplatz. In der Praxis wird O. vornehmlich Führungskräften angeboten, deren Aufgabengebiet wegen Neustrukturierungen (z.B. bei Unternehmensübernahmen), Aufgabe eines Geschäftszweiges, Abflachung der Unternehmenshierarchie (→ Lean Management) o.Ä. – i.d.R. nicht in Leistungsmängeln der Führungskraft begründeten – Ursachen wegfällt oder anderen eingegliedert wird.

O. soll eine für beide Seiten akzeptierbare Trennung ermöglichen oder erleichtern, indem eine bisher bewährte Führungskraft bei den nach längeren Berufsjahren oft ungewohnten Aktivitäten der beruflichen Neuorientierung und Stellensuche aktiv materiell und immateriell unterstützt wird. Eine Rolle dabei spielt auch die Einsicht vieler Unternehmen, dass die Art und Weise, wie man sich von Mitarbeitern trennt, ein nicht zu unterschätzender Faktor für das interne wie externe → Personalimage ist. Meistens wird von den Unternehmen ein auf O.-Beratung spezialisiertes Beratungsunternehmen mit der konkreten konzeptionellen und inhaltlichen Durchführung des O. beauftragt. Die Berater können, je nach vereinbartem Umfang der O.-Leistung, den ausscheidenden Mitarbeiter sehr umfassend betreuen, z.B. vom Aushandeln der Modalitäten des Ausscheidens, von Abfindungen bis hin zur Entwicklung eines individuellen Qualifikationsprofils, zur Stellensuche, Abfassung schriftlicher Bewerbungen und Vorbereitung auf Vorstellungsgespräche. In der Praxis bezieht sich die Beratungsleistung meistens auf die Unterstützung bei der Ermittlung der persönlichen beruflichen Stärken und Neigungen, der Stellensuche und bei Bewerbungen. Neben der Sicherung einer zügigen, angemessenen beruflichen Wiedereingliederung des Betroffenen liegt ein besonderes Ziel des O. auch darin, sein oft beschädigtes berufliches und persönliches Selbstwertgefühl zu stärken. Dies ist gerade bei betroffenen älteren Führungskräften mit eher geringen Chancen eines für sie akzeptablen Wiedereinstiegs nicht unproblematisch. Auch von daher sollte darauf geachtet werden, mit einem O. nur solche Berater zu beauftragen, die neben professionellem Vorgehen auch psychosoziales Einfühlungsvermögen mitbringen. Deshalb ist es ratsam, den ausscheidenden Mitarbeiter an der Auswahl des Beraters zu beteiligen, keinesfalls sollte ein bestimmter Berater dem Betroffenen aufgedrängt werden.

Vgl. auch → Coaching, → Replacement.

Outsourcing. Mit O. werden Bestrebungen von Unternehmen bezeichnet, Funktionen und Aufgaben, die effizienter von anderen Leistungsanbietern extern wahrgenommen werden können, an diese abzugeben und von dort als Produkt- oder Dienstleistung kostengünstiger hinzuzukaufen. Typische Beispiele hierfür sind die Einstellung des eigenen Werksküchenbetriebs und der Bezug von Mitarbeiterverpflegung über darauf spezialisierte Großküchen (Catering), die Abgabe technischer Entwicklungsarbeiten, der Erstellung von Software, von Aufgaben des Werkschutzes u.a. Im → Personalwesen zeigen sich Tendenzen zum O. insbesondere bei einigen Aufgaben der → Personalverwaltung (z.B. Lohn- und Gehaltsabrechnung) sowie bei der betrieblichen → Weiterbildung, v.a. in Großunternehmen. Aufgaben der Weiterbildung werden dort mitunter eigens hierzu gegründeten Tochterunternehmen übertragen, die häufig als Profitcenter geführt werden und ihre Leistungen auch anderen Unternehmen anbieten können. Weit verbreitet ist die Beschäftigung selbstständiger Trainer/ Referenten im Rahmen eigener Weiterbildungsaktivitäten. Auf diese Weise konzentriert sich die Weiterbildungsaktivität im Unternehmen auf die Festlegung der Inhalte, die Verzahnung mit der Personalentwicklung, Beratung der Fachbereiche und das Management der Bildungsorganisation. I.w.S. zum O. zählt hier aber auch die seit langem geübte Praxis, die Personalbeschaffung und Personalauswahl, z.B. von Führungskräften, Eignungstests für Auszubildende und Hochschulabsolventen, Führungskräftetrainings u.Ä. von dafür geeigneten externen Beratern und Instituten vornehmen zu lassen.

Vgl. auch → Arbeitnehmerüberlassung, → Arbeitsplatzflexibilisierung, → Freie Mitarbeiter, → Heimarbeit, → Lean Management, → Personalabbau, → Werkvertrag.

P

Parallelhierarchie, → Fachlaufbahn.

Patensystem. Das P. ist ein Instrument der → Mitarbeitereinführung, in der Praxis häufig genutzt im Rahmen der Ausbildung (Auszubildende) oder des Anlernens neuer Mitarbeiter. Dem Mitarbeiter wird hier zur Erleichterung seiner fachlichen und v.a. sozialen Integration für einige Zeit (i.d.R. ein bis drei Monate) ein erfahrener Kollege (bei Auszubildenden meistens ein älterer Auszubildender) als sog. Pate zur Seite gestellt. Dieser hat – neben seinen eigentlichen Arbeitsaufgaben – zusätzlich die Aufgabe, den Neuen mit Kollegen und anderen für ihn wichtigen Personen bekannt zu machen, ihm wichtige betriebliche Einrichtungen zu zeigen, mit wichtigen formellen Regeln (z.B. → Arbeitssicherheit), ggf. auch informellen Regeln vertraut zu machen. Hin und wieder ist der Pate auch für die fachliche Einarbeitung ganz oder teilweise zuständig. Bei fachlichen Schwierigkeiten oder kleineren persönlichen, betrieblich bedingten Problemen soll der Pate Ansprechpartner sein, ermutigen und nach Möglichkeit Hilfen anbieten.
Der Pate ist nicht identisch mit dem Vorgesetzten des neuen Mitarbeiters, er kann diesen aber in der Einführungsphase in seiner Führungsaufgabe unterstützen, jedoch sollte der Pate nicht die Rolle eines Ersatz- oder stellvertretenden Vorgesetzten übernehmen. Der Erfolg des Patens hängt stark von dem Engagement und der sozialen → Kompetenz ab, z.B. seinem Einfühlungsvermögen, aber auch seiner menschlich-persönlichen Akzeptanz durch den neuen Mitarbeiter. Von daher sollten Paten sorgfältig ausgewählt und auf ihre Aufgaben psychologisch-pädagogisch vorbereitet werden.
Vgl. auch → Mentor-Konzept.

Pauschalvergütung. Die P. hat insbesondere Bedeutung für die Abgeltung von geleisteter → Mehrarbeit über die regelmäßige → Arbeitszeit hinaus. Üblicherweise erfolgt die Bezahlung von nach → Tarifvertrag vergüteten Mitarbeitern in der Form, dass für die Regelarbeitszeit die sog. Grundvergütung und für darüber hinaus geleistete Arbeitsstunden Grundvergütung zuzüglich Mehrbeitszuschläge gezahlt werden. Statt der Grundvergütung kommt auch ein entsprechender → Freizeitausgleich in Betracht, nach manchen Tarifverträgen vorrangig vor der Bezahlung. Üblich ist dabei, bei einer nach Arbeitstagen erfassten Mehrarbeit für die ersten beiden Mehrarbeitsstunden einen Mehrarbeitszuschlag von 25 % und ab der dritten Mehrarbeitsstunde einen Zuschlag von 50 % zu zahlen. Aufgrund des Bestrebens, im Rahmen der Arbeitszeitflexibilisierung Arbeitsanfall und Arbeitsverfügbarkeit besser in Deckung zu bringen, angestrebte Arbeitszeitkonten auf Wochen-, Monats- oder Jahresbasis einzuführen, ändert sich notwendigerweise der Bezugspunkt für die Feststellung, wann Mehrarbeit vorliegt. Je länger die Referenzperiode ist, um so eher können vorübergehende Arbeitsleistungen über die Regelarbeitszeit hinaus durch entsprechende zeitliche Minderleistungen an anderer Stelle ausgeglichen werden, so dass es insoweit nicht zu einer → Mehrarbeitsvergütung kommt.
Anstelle einer konkreten Berechnung der Mehrarbeitsvergütung kommt eine P. in Betracht. Hierbei wird der üblicherweise bestehende Anfall von Mehrarbeitsleistung geschätzt und in eine pauschale Mehrarbeitsvergütung überführt. Im Falle einer solchen Vereinbarung, deren Zulässigkeit von den tariflichen Gegebenheiten abhängt, bedarf es keiner konkreten Erfassung der Mehrarbeitsstunden und ihrer Umrechnung in eine Mehrarbeitsvergütung. Mit einer P. nehmen die Vertragsparteien gewisse Schwankungen in Kauf, so dass die Risiken einer Unterschreitung der geschätzten Mehrarbeitsleistung zulasten des Arbeitgebers und eine Überschreitung zulasten des Arbeitnehmers gehen. Nach Maßgabe der vertraglichen Ver-

einbarungen kommt bei schwerwiegender Veränderung der geleisteten Mehrarbeit eine Anpassung, ggf. auch eine völlige Streichung der P. in Betracht. Fehlt eine solche Absprache, kann die Änderung der Abrede nach den Grundsätzen der Störung der Geschäftsgrundlage, sonst auch durch → Änderungskündigung erreicht werden. P. haben allein vergütungsrechtliche Bedeutung; an der Notwendigkeit, die arbeitszeitrechtlichen Vorgaben nach dem Arbeitszeitgesetz zu beachten, ändern sie nichts.

Pause. Einschlägige Regelungen finden sich insbesondere in Tarifverträgen. Von P. sind → Ruhezeiten zu unterscheiden, die dem Arbeitnehmer nach Beendigung der täglichen Arbeitszeit in ununterbrochener Form als Freizeit gewährt werden müssen. Das Arbeitszeitgesetz enthält in §4 die Regelung, dass durch im Voraus feststehende Ruhepausenregelungen bei einer Arbeitszeit von sechs bis neun Stunden eine *Erholzeit* von mindestens 30 Minuten gewährt werden muss. Geht die Arbeitszeit über neun Stunden hinaus, beträgt die P. mindestens 45 Minuten. Es ist zulässig, die P. in Zeitabschnitte von mindestens 15 Minuten aufzuteilen. Eine längere Beschäftigung der Arbeitnehmer als sechs Stunden ohne P. ist unzulässig (§4 Satz 3 ArbZG).
Für Ruhezeit sieht §5 ArbZG vor, dass diese nach Beendigung der Arbeit ununterbrochen mindestens elf Stunden betragen muss. Für Krankenhäuser, Pflegeeinrichtungen, Verkehrsbetriebe, Rundfunkanstalten, Landwirtschaft, tierhaltende Betriebe und im gastronomischen Bereich ist eine Verkürzung dieser Ruhezeit um eine Stunde zulässig, wenn innerhalb von vier Wochen eine Verlängerung anderer Ruhezeiten auf mindestens zwölf Stunden erfolgt. Darüber hinaus können Krankenhäuser und Pflegeeinrichtungen Kürzungen der Ruhezeit durch Inanspruchnahme während der Rufbereitschaft, die nicht mehr als die Hälfte der Ruhezeit betragen, zu anderen Zeiten ausgleichen (§5 Abs. 3 ArbZG, → Arbeitsbereitschaft).
Vgl. auch → Arbeitszeit, → Arbeitszeitrecht, → Verteilzeit.

Pension, → Altersversorgung.

Pensionierung. Der Begriff der P. beinhaltet – sprachlich ungenau – einen aktiven Vorgang des Arbeitgebers, den Arbeitnehmer wegen Erreichens der → Altersgrenze oder aus Gründen einer Berufs- bzw. Erwerbsunfähigkeit in den Ruhestand zu versetzen. Rechtlich bedarf es eines solchen Vorgangs üblicherweise nicht, da das Arbeitsverhältnis nach den einschlägigen Tarifverträgen, → Betriebsvereinbarungen oder Individualarbeitsverträgen bei Erreichen der Altersgrenze „automatisch", d.h. ohne eine zusätzliche Maßnahme des Arbeitnehmers oder des Arbeitgebers endet. §41 S. 2 SGB VI gestattet solche Regelungen, wenn sie ein Ende der Berufstätigkeit bei Vollendung des 65. Lebensjahres vorsehen.
Gleichwohl wird in der personalwirtschaftlichen Praxis allgemein von einer P. oder „Versetzung in den Ruhestand" gesprochen. Von diesem Zeitpunkt an erhält der Mitarbeiter bei Vorliegen der Voraussetzungen eine gesetzliche Rente, darüber hinaus bei Bestehen betrieblicher Versorgungswerke Leistungen aus der betrieblichen Altersversorgung. Viele Unternehmen fördern die Tätigkeit von Pensionärsvereinigungen durch Ausflüge, jährliche Feste, Weihnachtsfeiern etc. Ferner erhalten Pensionäre solcher Unternehmen, die über → Werkszeitungen verfügen, vielfach Werkszeitschriften weiter. Entsprechendes gilt für Deputatleistungen. Im Einzelnen kommt es hier jedoch allein auf die bestehenden vertraglichen Absprachen an. Nur wenige Unternehmen bieten Unterstützung bei der Vorbereitung auf den Lebensabend an, indem z.B. in Seminaren Anregungen für die Gestaltung des Ruhestandes gegeben werden. Grundsätzlich wird dies als eine in die private Lebenssphäre der Mitarbeiter fallende Aufgabe angesehen.
Vgl. auch → Altersversorgung, → Lebensarbeitszeit, → Rentenrecht.

Pensionskasse. Die P. dient als Träger für die → Altersversorgung. Ein oder mehrere Unternehmen gründen zu diesem Zweck die P., sie unterliegen der allgemeinen Versicherungsaufsicht. Sie gewährt den Arbeitnehmern des (der) die P. tragenden Unternehmen(s) Rechtsansprüche auf Versorgungsleistung (§1b Abs. 3 BetrAVG). Die Voraussetzungen und die Leistungen werden in der Satzung der Kasse geregelt. Die Finanzierung erfolgt durch Zuwendungen der Trägerunternehmen, deren Höhe versicherungsrechtlichen Grundsätzen entsprechen muss. Die Beiträge können entweder ausschließlich durch den Arbeitgeber oder durch Arbeitge-

ber und Arbeitnehmer aufgebracht werden. Mitbestimmungsrechtlich setzen Form, Ausgestaltung und Verwaltung einer P. die Zustimmung des → Betriebsrats voraus, wenn deren Wirkungsbereich auf den Betrieb, das Unternehmen oder den betreffenden Konzern beschränkt ist (§87 Abs. 1 Nr. 8 BetrVG). Eine fehlende Einigung zwischen Arbeitgeber und Betriebsrat kann durch einen Spruch der → Einigungsstelle ersetzt werden (§87 Abs. 2 BetrVG).
Vgl. auch → Unterstützungskasse.

Pensionsrückstellung. P. sind bilanzrechtlich Rückstellungen für Verbindlichkeiten, die in dem jeweiligen Jahresabschluss aufgrund der bei Fälligkeit der betrieblichen → Altersversorgung voraussichtlich an den Mitarbeiter zu zahlenden Pensionsleistungen gebildet werden müssen. Sie dienen der Finanzierung der betrieblichen Altersversorgung. Die hierfür gebildeten Mittel stehen dem Unternehmen als Finanzierungsmittel zur Verfügung. Die Höhe der P. ist nach finanz- und versicherungsmathematischen Verfahren zu berechnen. Die P. wird jährlich unter Berücksichtigung der Vergütungsentwicklung und in größeren Zeitabständen wegen einer veränderten Lebenserwartung für die gesamte Bevölkerung (Sterbetafeln) angepasst. In der Steuerbilanz darf nach §6a Abs. 3 EStG höchstens der Teilwert angesetzt werden. Ansprüche des Arbeitnehmers aus betrieblicher Altersversorgung sind ungewisse Verbindlichkeiten, es besteht daher Passivierungspflicht (§249 Abs. 1 HGB).

Pensionssicherungsverein,   →   Insolvenzschutz.

Personalabbau. P. ist die gezielte Verminderung der Belegschaft. Sie kann durch Ausnutzen der natürlichen Fluktuation (Pensionierungsfälle, arbeitnehmerseitige → Kündigung) und Nichtersetzen der ausscheidenden Mitarbeiter, Einstellungsstopp, durch Frühpensionierungsprogramme und arbeitgeberseitige Kündigungen erfolgen. In den Fällen, in denen wegen Beschäftigungsmangels, notwendiger Umstrukturierungs- und Kostensenkungsmaßnahmen o.ä. Gründen ein gezielter P. betrieben wird, werden häufig die geschilderten Maßnahmen zeitgleich ergriffen. Dabei ist es ein wichtiges Ziel der → Gewerkschaften, Betriebsräte und Arbeitnehmer, aber auch von sozial verantwortlich

handelnden Arbeitgebern, den P. sozialverträglich zu gestalten.
In rechtlicher Hinsicht bestehen für einen P. eine Reihe wichtiger Vorgaben. Regelmäßig geht ein P. mit einer Personalplanung einher, über die der Arbeitgeber den → Betriebsrat nach §92 BetrVG umfassend zu unterrichten und mit dem er Art und Umfang der erforderlichen Maßnahmen zu beraten hat. Soll der P. über Kündigungen, ggf. auch über innerbetriebliche Versetzungen als ergänzende Maßnahmen, erreicht werden, sind die Mitbestimmungsrechte des Betriebsrates nach §§99, 102 BetrVG zu beachten. Kommt es zu → Massenentlassungen (vgl. auch § 17 KSchG), greifen §§111ff. BetrVG mit dem Unterrichtungs- und Beratungsanspruch des Betriebsrats, dem Interessenausgleichs- und Sozialplanverfahren (mit den Ausnahmen des §112a BetrVG).
→ Leitende Angestellte werden von dem genannten Instrumentarium nicht erfasst (§5 Abs. 3 BetrVG). Für sie gilt das SprAuG, wonach der → Sprecherausschuss im Falle personeller Maßnahmen bezüglich leitender Angestellter rechtzeitig zu unterrichten ist (§31 SprAuG). Darüber hinaus können Arbeitgeber und Sprecherausschuss Richtlinien über die Beendigung von Arbeitsverhältnissen der leitenden Angestellten vereinbaren, die dann unmittelbar und zwingend auf die einzelnen Arbeitsverträge einwirken (§28 SprAuG). Schließlich sind Kündigungsmaßnahmen seitens der betroffenen Arbeitnehmer nach dem KSchG überprüfbar.
Personalpolitisch erfordern Personalabbaumaßnahmen, abgesehen von der Einhaltung der rechtlichen Vorgaben, eine umfassende und rechtzeitige Informationspolitik gegenüber allen Betroffenen, ggf. auch gegenüber der Öffentlichkeit, Fairness und soziale Verantwortung sowie soziales Fingerspitzengefühl der Unternehmensvertreter. Maßnahmen des P. begründen zugleich Gefahren großer Schäden durch eine Demotivation der Belegschaft, einen Verlust von Erfahrung und Know-how, eine Abkehr der Leistungsträger, aber auch für das Unternehmens- und → Personalimage mit ggf. nachhaltiger Wirkung, wenn die genannten Vorgaben nicht eingehalten werden.

Personalabbauplanung. Die P. befasst sich grundsätzlich mit drei Fragen: (1) Auf welche Ursachen sind verringerter → Personalbedarf und die Notwendigkeit der Personalbestandsverminderung zurückzuführen, (2) auf welche Mitarbeiter und Unternehmen am wenigsten belastende Weise kann die Verminderung erreicht werden und (3) wie sind die Informations- und Mitwirkungsrechte der Belegschaft bzw. Belegschaftsvertretung zu wahren? (→ Personalabbau). In der Praxis geht es zumeist um Personalabbau in betrieblichen Teilbereichen oder einzelnen Arbeitsgebieten, z.T. jedoch auch um eine unternehmensweite, breite Rückführung des → Personalbestands bis hin zur Schließung ganzer Betriebe. Eine systematische, streng bedarfsorientierte → Personalplanung sollte immer bemüht sein, Veränderungen in den relevanten betrieblichen, konjunkturellen oder strukturellen Grunddaten, die eine Personalbestandsverminderung bzw. Personalkostensenkung bedingen, so früh wie möglich zu erfassen. Dies ist eine wichtige Basis für die langfristige Sicherung der Arbeitsplätze, selbst wenn kurzfristig einzelne Arbeitsplätze zur Disposition stehen müssen.

Die planvolle Verminderung des Personalbestands verläuft i.d.R. in vier Phasen:

a) In der ersten Phase erfolgen die Analyse der eingetretenen Situation und eine realistische Orientierung über die zur Verfügung stehenden betrieblichen Möglichkeiten. Hier wird der Rahmen ermittelt, in dem sich der Personalabbau bewegen sollte, v.a. verbunden mit der Ermittlung der betroffenen Funktionen, Betriebsteile o.Ä. sowie der Zahl der betroffenen Mitarbeiter und ihrer Struktur (z.B. Altersgliederung, Qualifikation). Sinnvoll ist es hier, zunächst die besonders geschützten Mitarbeitergruppen zu ermitteln, z.B. nach den Kriterien längere Kündigungsfristen, Jugendliche und Auszubildende, Schwerbehinderung u.a. (Sozialauswahl).

b) In der nächsten Phase sollten die Information der Belegschaft und die Abstimmung mit der Belegschaftsvertretung erfolgen. Empfehlenswert ist es, rechtzeitig und offen über Gründe und Auswirkungen der eingetretenen Lage zu informieren. Nur so kann entgegengewirkt werden, dass über Gerüchte Unsicherheiten und Falsches im Unternehmen oder in der Öffentlichkeit verbreitet werden. Auch die individuelle Beratung der Maßnahmen mit den betroffenen Mitarbeitern kann hilfreich sein.

c) Parallel hierzu werden von Unternehmensleitung und Personalabteilung die Voraussetzungen, Realisierungsmöglichkeiten und Auswirkungen geeignet erscheinender Personalabbaumaßnahmen geprüft.

Bei Vorliegen der Voraussetzungen des §111 BetrVG stehen auch Verhandlungen mit dem Betriebsrat über → Interessenausgleich und → Sozialplan an. Grundsätzlich stehen drei Maßnahmenbündel zur Anpassung an einen verringerten Personalbedarf zur Auswahl: (1) vorbeugende Maßnahmen zur Vermeidung eines direkten Personalabbaus, z.B. → Kurzarbeit, Verbot neuer Mehrarbeit, Auslaufen befristeter Arbeitsverträge, Arbeitszeitflexibilisierung (z.B. Angebot von Halbtagsbeschäftigung), → Umsetzungen und → Versetzungen. V.a. die Möglichkeiten von Umsetzungen und Versetzungen im Betrieb und ggf. im gesamten Unternehmen sollten nachdrücklich geprüft werden. (2) Sofortmaßnahmen zum Personalabbau, die jedoch eine Trennung oder eine Kündigung von Mitarbeitern vermeiden sollen, z.B. Überstundenabbau, Einstellungsstopp, keine Wiederbesetzung durch Fluktuation freiwerdender Stellen, Abbau oder Verbot von Fremdfirmenarbeit, sowie (3) die Trennung von Mitarbeitern, entweder als einvernehmliche Trennung (z.B. über → Aufhebungsverträge, Abfindungsangebote (→ Abfindung), Frühpensionierung) oder im Wege der → Kündigung.

d) Die 4. Phase schließlich umfasst die konkrete Umsetzung der Personalabbaumaßnahmen bis hin zum Abschluss der erforderlichen Personalanpassung. In der Praxis wird i.d.R. eine Kombination verschiedener Maßnahmen erforderlich, um dieses Ziel sowohl im betriebs- und personalwirtschaftlich gebotenen Umfang wie für die betroffenen Mitarbeiter sozialverträglich zu erreichen.

Vgl. auch → Kündigung, → Massenentlassung, → Personalkostenplanung.

Personalabrechnung, → Vergütungsabrechnung.

Personalabteilung. Die P. ist die für die Belange des Personal- und Sozialwesens zuständige Organisationseinheit in Unternehmen und Betrieben. Je nach Größe und Struktur des Unternehmens wie auch in Abhängigkeit von der Bedeutung der Personalarbeit in dem Unternehmen sind Umfang und Aufgabenbereich der P. unterschiedlich. Entsprechendes gilt für die Anbindung an die Unternehmensleitung. Sie ist im Regelfall unmittelbar gegeben, in Unternehmen mit einem → Arbeitsdirektor diesem verantwortlich, sonst dem Mitglied der Unternehmensleitung, das neben anderen Aufgaben für das Personalressort zuständig ist (vielfach Vorsitzender oder kaufmännisches Geschäftsleitungsmitglied). In manchen Unternehmen, insbesondere im Bereich der Montan-Mitbestimmung, wird die Personalarbeit für leitende Angestellte nicht von der P., sondern von einem besonderen Personalressort für Führungskräfte wahrgenommen, das dann vielfach dem Vorsitzenden des Vorstandes oder der Geschäftsführung untersteht. In neuerer Zeit gibt es in manchen Unternehmen Tendenzen, den Begriff P. zu vermeiden und durch → Human Resources Management zu ersetzen.

Zu den klassischen Aufgaben der P. gehören insbesondere folgende Felder: Personalbeschaffung und -betreuung, Personalentwicklung einschließlich Führungskräfteentwicklung, innerbetriebliche Aus- und Weiterbildung, Entwicklung personalwirtschaftlicher Konzepte (z.B. Vergütungsfindung, Arbeitsverträge, Einarbeitung, Jobrotation), betriebliche Sozialleistungen, Arbeitssicherheit und Arbeitsmedizin, externes Personalmarketing, Zusammenarbeit mit einschlägigen externen Institutionen (Arbeitsverwaltung, Krankenkassen, Renten- und Sozialversicherungsträger, Schulen, Universitäten, sonstige staatliche Bildungseinrichtungen). Weiter obliegt der P. die Wahrnehmung der innerbetrieblichen Mitbestimmung im Verhältnis zu Betriebsrat und Sprecherausschuss, soweit diese sich die Unternehmensleitung nicht selbst vorbehält. Hinzu kommt die Verantwortung für Sozialeinrichtungen (Küche, Kantine, Betriebssport, betriebliche Erholungsheime, Werkszeitschrift, Unterstützungseinrichtung). Soweit Betriebskrankenkassen vorhanden sind, sind diese im Hinblick auf die Vertraulichkeit der Daten eigenständig außerhalb der P. angesiedelt. Die Zuständigkeit für Arbeits- und Sozialrecht wird teilweise von Juristen innerhalb der P., teilweise – soweit vorhanden – von der Rechtsabteilung des Unternehmens wahrgenommen.

Vgl. auch → Personalleiter, → Personalreferent, → Profitcenter.

Personalakten. P. sind die geordneten Unterlagen, die über den einzelnen Arbeitnehmer bezüglich seines Arbeitsverhältnisses im Betrieb angelegt werden (Bewerbungsunterlagen, Anstellungsvertrag, Unterlagen über die berufliche Entwicklung einschließlich der Vergütung, über Versetzungen, Abstellungen, Unterbrechungen des Arbeitsverhältnisses, Beurlaubungen, Weiterbildungsmaßnahmen, Beurteilungen etc.). Die P. werden üblicherweise in der Personalabteilung geführt. Der Arbeitnehmer hat das Recht, in die über ihn geführten P. Einsicht zu nehmen und hierzu ein Mitglied des → Betriebsrats hinzuzuziehen (§83 Abs. 1 BetrVG). Darüber hinaus kann er verlangen, Erklärungen oder Stellungnahmen zum Inhalt der Personalakte (z.B. zu Beurteilungen) in diese aufzunehmen. Personalfragebögen unterliegen der → Mitbestimmung nach §94 BetrVG. Eingang in die Personalakte finden auch etwaige → Abmahnungen des Mitarbeiters. Wegen der Sensibilität der aus P. ersichtlichen Informationen hat der Arbeitgeber die P. so aufzubewahren, dass die Einsichtnahme Unbefugter ausgeschlossen ist.

Vgl. auch → Datenschutz, → Kündigung.

Personalanpassung, → Personalabbau, → Personalabbauplanung, → Personalbedarf.

Personalanzeige, → Personalimageanzeige, → Stellenanzeige.

Personalaufwand, *Personalkosten.* P. ist der Teil des Aufwandes eines Unternehmens im Rahmen der Gewinn- und Verlustrechnung, der für die Mitarbeiter und damit für die Ressource Personal geleistet wird. Grundsätzlich gilt auch hier der allgemein anerkannte betriebswirtschaftliche Aufwandsbegriff (sachzielbezogener bewerteter Güterverzehr in einem Geschäftsjahr). Der in §275 Abs. 2 HGB geregelte rechtliche Rahmen für die Darstellung des P. im Rahmen der Gewinn- und Verlustrechnung umfasst (1) Löhne und Gehälter sowie (2) soziale Abgaben und Aufwendungen für Altersversorgung und für Unterstützung. Löhne und Gehälter umfassen – unabhängig von der jeweiligen Bezeichnung – sämtliche → Vergütungen und Vergütungsbestandteile einschließlich aller Neben- und → Sachbezüge. Die sozialen Abgaben beinhalten die gesetzlichen Arbeitgeberanteile zur → Sozialversicherung (Renten-, Kranken-, Pflege- und Arbeitslosenversicherungsbeiträge) sowie Beiträge an die jeweiligen → Berufsgenossenschaften.

Losgelöst von dieser rechtlichen Definition wird im personalwirtschaftlichen Sprachgebrauch zwischen *Personalbasisaufwand* und *Personalzusatzaufwand* unterschieden. In diesem Zusammenhang bezieht sich der Personalbasisaufwand auf Vergütungszahlungen, denen eine entsprechende Arbeitsleistung der Arbeitnehmer gegenübersteht. Der Personalzusatzaufwand umfasst allen darüber hinausgehenden Aufwand, der von dem Arbeitgeber aufgrund gesetzlicher oder vertragsrechtlicher (→ Tarifvertrag, Betriebsvereinbarung, Individualarbeitsvertrag) Verpflichtung, aus sozialer Verantwortung oder aus Gründen der Personalentwicklung geleistet wird, ohne dass hierfür eine direkte Arbeitsleistung der Mitarbeiter erbracht wird. Hierzu zählen neben den bereits erwähnten Sozialabgaben Aufwendungen für die Vergütungsfortzahlung in Urlaubs- und Krankheitsfällen, bei sonstiger bezahlter Freistellung von der Arbeit, der Aufwand für die betriebliche Aus- und Weiterbildung, für → Sozialeinrichtungen usw. In diesem Sinne werden Personalbasis- und Personalzusatzaufwand in den → Personal- und Sozialberichten der Unternehmen ausgewiesen, soweit solche veröffentlicht werden. Der Begriff des Personalzusatzaufwandes wird vielfach mit demjenigen der Personalnebenkosten gleichgesetzt. Er liegt im Durchschnitt deutscher Unternehmen bei knapp 85 %, bei vielen – insbesondere größeren Unternehmen mit umfassenden → Sozialleistungen, speziell im Bereich der betrieblichen Altersversorgung – bei über 100 %. Im internationalen Vergleich liegt die Bundesrepublik Deutschland insoweit an der Spitze. Insbesondere in neuerer Zeit gehen Bemühungen der Arbeitgeberseite dahin, den Personalaufwand zu begrenzen. Im Hinblick auf den bestehenden gesetzlichen, tarifvertraglichen, betriebsverfassungsrechtlichen und individualvertraglichen Rahmen ist der Spielraum hierfür jedoch begrenzt. Hinzu kommt, dass viele im Rahmen des Personalzusatzaufwandes erfassten Leistungen als sozialer → Besitzstand gesehen werden.
Vgl. auch → Personalkostenplanung, → Vergütungspolitik.

Personalauswahl, → Auswahlverfahren.

Personalbasisaufwand, → Personalaufwand.

Personalbedarf. P. ergibt sich aus der nach Zahl und Qualifikation erforderlichen Menge von Mitarbeitern, die zur Erfüllung der Aufgaben im Unternehmen oder in einzelnen Organisationseinheiten auf Dauer oder zeitlich befristet benötigt werden. Die Ermittlung des P. erfolgt zumeist nach der → Stellenplanmethode oder der → Kennzahlenmethode. Wichtige Hilfsmittel sind dabei v.a. → Stellenbesetzungsplan, → Stellenbeschreibung, → Arbeitsplatzanalyse und → Anforderungsprofil. Die Planung des P. erfolgt durch Gegenüberstellung von künftigem P. und künftigem → Personalbestand. Das Ergebnis kann eine personelle Über- oder Unterdeckung zeigen, aber auch bestimmte Qualifikationsdefizite z.B. im Hinblick auf künftige Aufgaben oder Anforderungen signalisieren. Dadurch können Maßnahmen zur Personalbestandssenkung, → Personalbeschaffung oder zum Abbau qualitativer personeller Defizite (→ Personalentwicklung) ausgelöst werden. P. und Personalbedarfsplanung sollten streng an den betrieblichen und aufgabenbedingten Erfordernissen orientiert sein sowie über ein systematisches Personalkostenmanagement abgesichert werden.
Vgl. auch → Personalabbau, → Personalcontrolling, → Personalkostenplanung, → Personalplanung.

Personalbedarfsplanung, → Personalbedarf.

Personalberatung. Die P. erfolgt im Rahmen selbstständiger Personalberatungsunternehmen vorwiegend als Unterstützung der Unternehmen (Auftraggeber) bei der Suche und Auswahl von Führungs- und Führungsnachwuchskräften sowie bei der Entwicklung und Umsetzung personalwirtschaftlicher Konzepte (z.B. Programme zur Personal- und Führungskräfteentwicklung, → Personalmarketingstrategien und in neuerer Zeit auch Beratung beim → Outplacement). Schwerpunkt der P. ist bis heute aber zumeist die → Executive Search. Die Vorteile einer P. werden v.a. in der oft größeren Vertrautheit mit den Besonderheiten der relevanten Personalmärkte, ihrem spezifischen, professionellen Know-how und der Entlastung der Unternehmen z.B. bei Sichtung und Analyse von → Bewerbungsunterlagen, Einholung von → Referenzen und Vorauswahl geeigneter Bewerber gesehen. Auch ist eine direkte Ansprache geeigneter Kandidaten einem

Unternehmen vielfach – z.B. aus Gründen der Vertraulichkeitswahrung – nicht möglich. Neben Personalberatungsunternehmen mit einer national oder regional begrenzten Ausrichtung, z.T. auch konzentriert auf bestimmte Wirtschaftszweige, gibt es europa- oder weltweit tätige Personalberatungen mit einer Vielzahl von Mitarbeitern und Büros. Einen typischen Ausbildungsgang für Personalberater gibt es nicht; in der Praxis existieren sehr unterschiedliche fachliche Hintergründe: Personalberater mit abgeschlossenem wirtschaftswissenschaftlichem, juristischem, technischem o. a. Studium, ohne Studium, Selfmade-Berater, aber auch der Quereinstieg ehemaliger Führungskräfte aus der Wirtschaft ist recht häufig. Erfahrungsgemäß ist es für den Erfolg der P. von besonderer Bedeutung, dass zwischen Auftraggeber und Personalberater ein Vertrauensverhältnis besteht oder aufgebaut werden kann und der Personalberater auch die → Unternehmenskultur des Unternehmens kennt und als Erfolgsbedingung für die zu lösende Aufgabe einzuschätzen weiß.
Vgl. auch → Abwerbung, → Anzeigenagentur, → Arbeitsvermittlung.

Personalbereich, → Personalwesen.

Personalbeschaffung. Ziel der P. ist die am → Personalbedarf orientierte Versorgung des Unternehmens mit den nach Zahl und Qualifikation benötigten Mitarbeitern. Grundsätzlich steht bei der P. die Frage im Mittelpunkt, wo, auf welchen Wegen und mit welchen Mitteln diese Mitarbeiter beschafft werden können.
Viele Unternehmen bevorzugen, besonders bei der Besetzung von Führungspositionen, die interne P. (auch als „Rekrutierung aus den eigenen Reihen" bezeichnet). Angestrebt wird hier oft die externe P. weitgehend auf den Kreis von Nachwuchskräften (Hochschulabsolventen, Auszubildende) zu beschränken und diese sukzessive nach Eignung und Neigung im Unternehmen weiterzuentwickeln. Dies ist jedoch i.d.R. nur in Unternehmen möglich, die über eine praktizierte, systematische → Personalentwicklung und → Führungskräfteentwicklung verfügen. Vorteile der internen Beschaffung werden v.a. in ihrer hohen Motivationswirkung auf qualifizierte und aufstiegsorientierte Mitarbeiter und der besseren Einschätzbarkeit von Leistung und Qualifikation der schon im

Unternehmen vorhandenen Mitarbeiter gesehen. Darüber hinaus entfallen die bei externer P. oft kostenintensiven und langwierigen Such- und Auswahlaktivitäten. Nachteile oder Probleme der internen P. werden v.a. gesehen in der Begünstigung von Betriebsblindheit (dem Unternehmen fließen gerade bei Führungspositionen wenig neue Erfahrungen und kaum neues Know-how zu), der Bildung sog. Seilschaften sowie der Entstehung einer Laufbahnmentalität (→ Laufbahn) im Unternehmen und einer Verstärkung von Tendenzen bei Vorgesetzten, wenig geeignete Mitarbeiter wegzuloben. Aber auch bei guter Personal- und Führungskräfteentwicklung können im Einzelfall externe Personalbeschaffungsmaßnahmen erforderlich sein.
Die externe P. erfordert zumeist den Einsatz von Instrumenten des → Personalmarketings und der → Personalwerbung. Sie kann sich auf den lokalen und regionalen → Personalmarkt konzentrieren, etwa bei der Ansprache räumlich oft wenig mobiler Bewerber (z.B. Auszubildende, Besetzung von Teilzeitarbeitsplätzen) oder aber überregionale wie auch internationale Personalmärkte nutzen (z.B. Hochschulabsolventen, Besetzung oberer Führungspositionen). Die Beschaffungsaktivitäten können auf den offenen, latenten oder verdeckten Personalmarkt gerichtet sein.
Über den offenen Personalmarkt lassen sich Personen ansprechen, die selbst aktiv Stellensuche betreiben, d.h. → Stellengesuche aufgeben, z.B. in Printmedien, in Internet-Jobbörsen, die bei der amtlichen (→ Agenturen für Arbeit) oder privaten → Arbeitsvermittlung arbeitsuchend gemeldet sind oder die sich über Initiativbewerbungen „auf Verdacht" bewerben. Der latente Personalmarkt umfasst Personen, die zwar grundsätzlich an einer Arbeitsaufnahme oder einem Stellenwechsel interessiert sind, aber keine oder bislang noch keine konkreten Schritte hierzu unternommen haben. Dieser Personenkreis muss i.d.R. über die gezielte werbliche Kommunikation aktiviert werden, in der Praxis oft über → Stellenanzeigen, Kontakte zu Ausbildungseinrichtungen (z.B. → Hochschulmarketing), → Absolventenmessen, → Radio Recruiting oder Kontakte der Mitarbeiter im Bekannten- und Verwandtenkreis (→ Selbstrekrutierung). Der verdeckte Personalmarkt schließlich umfasst Personen, die in einem Beschäftigungsverhältnis stehen und zunächst keinen Stellenwechsel anstreben,

jedoch über gezielte Ansprache und attraktive Stellenangebote zum Wechsel bewogen werden können. Die P. erfolgt hier zumeist zur Besetzung oberer und oberster Führungspositionen, für die oft nur wenige geeignete Personen infrage kommen und nutzt i.d.R. die Dienste von → Personalberatungen (→ Executive Search, → Abwerbung).

Personalbestand. Die Erhebung des P. ist eine wesentliche Basis der → Personalplanung und zeigt, wie viele Mitarbeiter nach Zahl, Qualifikation, Beschäftigungsverhältnis (z.B. Arbeiter, Angestellte, Leiharbeitnehmer), Arbeitszeitverhältnis (Vollzeit-/Teilzeitkräfte) dem Unternehmen oder einzelnen Organisationseinheiten zur Verfügung stehen. Unterschieden wird nach aktuellem und künftigem P., z.B. zu Beginn des kommenden Geschäftsjahres. Auf der Grundlage des aktuellen P. erfolgt die Ermittlung des künftigen P. in der Weise, dass die für den Zeitraum geplanten, schon bekannten (z.B. Pensionierungen) und statistisch erwartbaren (z.B. Fluktuationsziffer) Personalveränderungen dem Ausgangsbestand gegenübergestellt werden. Über den Vergleich von P. und → Personalbedarf ergibt sich der jeweils aktuelle oder künftige Netto-(tatsächliche) Personalbedarf.

Zu beachten ist, insbesondere bei Vergleichen der Personalbestände über einen längeren Zeitraum oder zwischen verschiedenen Unternehmen, dass einem abnehmenden oder niedrigen P. nicht ohne Weiteres ein Fehlen oder Wegfall bestimmter Funktionen und Aufgaben entsprechen muss. Vielmehr können diese, z.B. zur Senkung hoher Personalkosten oder Nutzung externen Know-hows, über → Outsourcing und → Werkverträge lediglich ausgelagert sein.

Vgl. auch → Personalportfolio, → Personalstatistik, → Personalstruktur.

Personalbudget, → Personalkostenbudget; → Personalkostenplanung.

Personalcontrolling. P. zielt auf eine umgreifende und konsequente Implementierung von Kosten-Nutzen-Erwägungen in das gesamte Spektrum mitarbeiterrelevanter Unternehmensaktivitäten, v.a. denen des Personalwesens. Das Personalwesen wird in diesem Zusammenhang häufig definiert als „Wertschöpfungs-Center", das einer verlässlichen Analyse und Bewertung seiner Effektivität (Zielwirksamkeit) und Effizienz (Leistungswirksamkeit) zu unterziehen ist. Als entscheidender Schritt in diese Richtung gilt die systematische Anwendung von Instrumenten und Methoden des Controllings auch im Personalwesen. Über den Begriff P. wie über die damit anzusprechenden Inhalte und Aufgaben gibt es allerdings in Betriebswirtschaftslehre wie Unternehmenspraxis deutlich divergierende Aussagen. Weitgehend übereinstimmend wird die Hauptaufgabe des P. aber darin gesehen, der Unternehmensführung Planungs-, Informations-, Steuerungs- und Kontrollinstrumente bereitzustellen, die einen unternehmensziel- wie unternehmenssituationsgerechten Einsatz des Faktors „Personal" ermöglichen oder erleichtern. Beispiele sind die Ermittlung des Personalbedarfs, Personalbudgets, die Steuerung der Personalkosten, die Messung der Leistungsbeiträge der Personalabteilung für das Erreichen der Unternehmensziele u.a.

Vor diesem Hintergrund treten drei Hauptfunktionen des P. hervor: (1) die systematische Erhebung relevanter Informationen zur zielgerechten Steuerung des Personaleinsatzes, (2) die Unterstützung der Planungs- und Entscheidungsvorgänge im Personalwesen und (3) die Erfolgskontrolle der Personalarbeit. P. wird im Idealfall als Regelkreis begriffen, der Planungsgrößen immer wieder mit der Realität konfrontiert, über Soll-Ist-Vergleiche Plan- und Ergebnisdaten auswertet, Abweichungen ermittelt und erläutert, Schwachstellen aufzeigt, Informationen über den Grad der Zielerreichung ermöglicht sowie Entscheidungen bewirkt, die evtl. notwendige Gegensteuerungen oder Zielkorrekturen auslösen. Der hiermit angesprochene, in der Praxis überwiegende Aspekt des P. liegt im operativen Bereich.

Das strategische P. hat dagegen die Aufgabe sicherzustellen, dass sich auf der operativen Ebene Entscheidungen und Aktivitäten an den personalpolitischen Rahmenbedingungen orientieren sowie die erforderlichen Bezüge zur Gesamtstrategie des Unternehmens konsistent gewahrt bleiben. Nach einer davon etwas abweichenden Auffassung obliegt dem operativen P. die Aufgabe, die Effizienz des Personaleinsatzes sicherzustellen (z.B. Kostenwirksamkeit personeller Maßnahmen), dem strategischen P. dagegen die Effektivitätsorientierung, d.h. zu prüfen, ob hinsichtlich personalrelevanter Aktivitäten die jeweils geeigneten Instrumente, Mittel usw. zur

Erreichung der Ziele eingesetzt werden. Ein wirksames P. basiert auf Informationen, die möglichst objektiv messbar die jeweiligen Grade der Zielerreichung in den einzelnen Aufgabenfeldern bestimmen lassen. Besondere Bedeutung haben hier → Personalstatistik, → Personalforschung und → Personalinformationssysteme. Neben quantitativen (monetären und primär statistischen) Daten muss ein umfassendes P. jedoch auch Daten sog. „mittlerer bis geringer Härte" berücksichtigen. d.h. Daten, die zumeist nur auf dem Weg der Quantifizierung mehr qualitativ-immaterieller Größen (z.B. Mitarbeiterbeurteilungen, Erfolge betrieblicher Weiterbildungen) gewonnen werden können. Die damit oft verbundenen Schwierigkeiten führen bis heute in der Praxis meistens dazu, dass qualitative Größen von vornherein ausgeklammert werden und somit eine Beschränkung auf eindeutig messbare oder zumindest leicht beurteilbare Größen in Kauf genommen wird („Personalkosten-Controlling"). Von P. kann dagegen seriös erst dann gesprochen werden, wenn Indikatoren vorhanden sind, die auch die für die Personalarbeit typischen, oft in lange Zeiträume eingebundenen mehr immateriellen Ursachen-, Wirkungs- und Nutzenketten erfassen. Den Fragen z.B. nach Effektivität und Effizienz der Einführung von Führungsgrundsätzen, dem Angebot von Seminaren über kundenorientiertes Verhalten, wirkungsvolle Mitarbeitergespräche u.a. darf sich ein P. nicht entziehen (gerade in Anbetracht der hohen Kosten, die in vielen Unternehmen für solche Aktivitäten entstehen). Den Entscheidungsträgern (z.B. Leiter Personalwesen) muss ein P. sowohl Berichts- wie auch Steuerungsinformationen bereitstellen. Berichtsinformationen erfolgen i.d.R. nachfrageorientiert nach bestimmten Zeitabschnitten und sind primär sachstandbezogen, z.B. Fehlzeitenquote im II. Quartal, Kosten für Personalleasing im abgelaufenen Monat. Steuerungsinformationen dagegen erfolgen sofort, wenn bestimmte, kritische Abweichungen (von einem definierten „Soll") erkannt werden, z.B. Anstieg der Überstunden auf ein bestimmtes Niveau. Unternehmensführung und Linienmanagement erwarten v.a. zeitnahe Steuerungsinformationen, so dass evtl. notwendige Entscheidungen für Maßnahmen- oder Zielkorrekturen noch zukunftswirksam werden können.

P. darf nicht, wie oft üblich, im Wesentlichen nur in Form eines periodischen Informationsberichts etabliert sein – dieser ähnelt meistens mehr einem Zahlenfriedhof. Erfolgreiche Personalarbeit lässt sich allerdings nicht durch P. gleichsam „generieren". Vielmehr müssen auch die nötigen Vorgaben (z.B. Planungsdaten), Bedingungen und Instrumente vorhanden sein. Fehlen z.B. praktikable Mitarbeiterbeurteilungssysteme, verbindliche → Führungsgrundsätze, → Stellenbeschreibungen und → Stellenbewertungen o.a. Elemente der Infrastruktur im „Human Resources Management" und gibt es darüber hinaus auch keine transparenten Vorstellungen über Ziele, Inhalte und Leistungsstandards des Personalwesens, bleibt P. immer rudimentär. Hauptziel des P. ist aber eine optimale Wertschöpfung der menschlichen Ressourcen. Dies wird nur erreichbar, wenn der personelle Ressourceneinsatz in allen seinen Facetten analysiert wird. Die in der Praxis damit oft verbundene Frage, wo P. „ressortieren" soll, bei einer evtl. schon vorhandenen Abteilung „Unternehmenscontrolling" oder als Teilaufgabe des Personalwesens in die Personalabteilung gehört, ist dabei von geringerem Gewicht. P. ist Funktionscontrolling, von daher dürfte eine Einbindung in den Personalbereich sinnvoll sein. Vgl. auch → Balanced Scorecard, → Bildungscontrolling, → Evaluierung.

Personaldatenverarbeitung, → Datenschutz.

Personaleinsatzplanung. Ziel der P. ist, unter Beachtung von → Personalbestand und → Personalportfolio, eine möglichst optimale quantitative und qualitative sowie zeitliche und räumliche Zuordnung von Mitarbeitern und Arbeitsaufgaben sicherzustellen. Neben der zuverlässigen Erfüllung im Unternehmen vorhandener Sachaufgaben geht es auch um den Einsatz der Mitarbeiter entsprechend ihrer Kenntnisse, Fähigkeiten und Neigungen. Im Hinblick auf die quantitative und qualitative P. ist es wichtig, dass z.B. über → Arbeitsplatzanalysen, → Stellenbeschreibungen oder → Zeitstudien tätigkeits-, aufgaben- und arbeitsplatzbezogene → Anforderungsprofile vorliegen sowie in Form von Leistungsprofilen und → Qualifikationsprofilen o.Ä. Informationen über → Eignung und Leistung der Mitarbeiter vorhanden sind. Über den Vergleich von Anforderungs- und

Qualifikationsprofilen ergeben sich wichtige Hinweise darauf, welche Mitarbeiter sich in welchem Ausmaß für welche Arbeitsplätze und -aufgaben eignen. Die Qualität der Profile und ihres Vergleichs ist entscheidend für die Qualität der Einsatzentscheidungen und Stellenbesetzungen.

Die Notwendigkeit besonderer zeitlicher P. ergibt sich u.a. meistens aus schwankendem Arbeitsaufkommen, Arbeitszeitflexibilisierung, Mehrschichtenbetrieb, vorhersehbaren wie unvorhersehbaren Abwesenheiten der Mitarbeiter, z.B. Urlaub, → Fehlzeiten. Hier entsteht Planungsbedarf, der aufwendige Zeitplanungen (z.B. Schichtwechselpläne, Urlaubspläne) sowie Vertretungsregelungen, Springereinsatz u.a. erforderlich macht. Die räumliche P. ist v.a. in Unternehmen von Bedeutung, die über einen hohen Anteil mobiler → Arbeitsplätze verfügen, z.B. wechselnde Baustellen im Hoch- und Tiefbau. Neben diesen i.d.R. als Zuordnungsfunktion der P. bezeichneten Aufgaben hat die P. auch eine Ausgleichsfunktion. Sie besteht darin, mögliche Differenzen zwischen Arbeitsanforderungen (Anforderungsprofil) und Mitarbeiterqualifikation (Qualifikationsprofil) über geeignete Maßnahmen auszugleichen (z.B. über → Personalentwicklung, → Arbeitsplatzgestaltung, → Jobrotation).

Vgl. auch → Arbeitszeit, → Arbeitszeitrecht, → Personalplanung, → Stellenplan, → Stellenbesetzungsplan.

Personalentwicklung. Mit P. werden i.d.R. systematisch und oft langfristig angelegte Maßnahmen bezeichnet, mit denen die Qualifikation der Mitarbeiter zur Erfüllung derzeitiger oder zur Vorbereitung auf neue Aufgaben und Anforderungen gestärkt oder verbessert werden sollen. Neben der Vermittlung von Kenntnissen, Fähigkeiten u.Ä. steht im Mittelpunkt der P. häufig die Förderung der Bereitschaft (→ Motivation) der Mitarbeiter, auf neue fachliche, soziale o. a. Herausforderungen im Unternehmen oder am → Arbeitsplatz flexibel zu reagieren (z.B. Erfordernis des lebenslangen Lernens, Bereitschaft zur → Jobrotation, → Auslandsentsendung).

Ziel der P. im Unternehmen ist grundsätzlich der Erhalt oder die Schaffung eines optimalen, leistungsfähigen → Personalportfolios als entscheidende Voraussetzung zur Wettbewerbsfähigkeit, zur Entwicklung von Wettbewerbsvorteilen oder zur Erschließung

wichtiger neuer Märkte. In neuerer Zeit wird in einigen Unternehmen als Folge weitreichender Organisationsänderungen (→ Lean Management, → Organisationsentwicklung) oder strategischer Neuausrichtungen oft die Aufgabe an die P. herangetragen, über ihre Maßnahmen auch zur Herausbildung einer neuen → Corporate Identity oder zur positiven Weiterentwicklung der → Unternehmenskultur beizutragen. Die P. setzt sich in der Praxis aus vielen, verschiedenen sowie häufig kombinierten und aufeinander abgestimmten Maßnahmen zusammen, überwiegend sind dies → Weiterbildung, → Job-Enlargement und → Job-Enrichment, Jobrotation, Projektarbeit, → Umschulung, → Laufbahnplanung und → Nachfolgeplanung.

Die Interessen der Mitarbeiter an P. ergeben sich meistens aus dem Wunsch nach beruflichem Fortkommen und → Aufstieg, nach attraktiven, herausfordernden Arbeitsaufgaben sowie nach Arbeitsplatzsicherheit.

Die Ermittlung und Analyse des P.-Bedarfs sollte immer streng bedarfs- und zielorientiert erfolgen und nicht, wie in der Praxis oft zu beobachten, sich lediglich an mehr zufälligen Wunschkatalogen, Modetrends im Seminarwesen oder den gerade vorliegenden Prospekten von → Seminaranbietern orientieren. Vielfach wird P. heute noch als → Incentive verstanden, das man je nach Budgetlage und vergleichbar einer freiwilligen Sozialleistung anbietet oder nicht. Erfolgreich ist jedoch nur eine als Daueraufgabe angelegte P., unabhängig von aktuellen Strömungen. P. hat für viele Mitarbeiter zwar eine hohe Bedeutung als → Leistungsanreiz, dies ist jedoch nicht Ziel, sondern kann eine Wirkung von P. sein.

Ausgangspunkt der P. muss die Frage sein, ob und wo im Unternehmen heute oder in Zukunft Ungleichgewichte zwischen Qualifikationsanforderungen einerseits und → Qualifikationsprofilen sowie → Bedürfnissen der Mitarbeiter andererseits vorhanden sind bzw. sein werden. Wichtige Hilfsmittel zur Klärung dieser Frage können sein: → Arbeitsplatzanalysen, → Stellenbeschreibungen, → Stellenbewertungen und → Stellenumfeldbefragungen, → Eignungsprofile, → Mitarbeiterbefragungen, → Mitarbeiterbeurteilungen und → Leistungsbeurteilungen, → Potenzialdiagnosen, → Assessmentcenter sowie → Mitarbeitergespräche. Hieraus sollten möglichst präzise und systematisch Bedarf (z.B. bei welchen Mitarbeitern, wann, welche

Kenntnisse oder Fähigkeiten) sowie Ziele und geeignete Maßnahmen abgeleitet werden. Grundsätzlich gehört es zu den Führungsaufgaben eines jeden Vorgesetzten, P.-Bedarf zu erkennen und Maßnahmen der P. vorzuschlagen. Der → Personalabteilung, ggf. auch einem besonderen Funktionsbereich P., kommt hier insbesondere die Aufgabe zu, die erforderlichen einheitlichen Rahmenbedingungen festzulegen, bedarfsgerechte Maßnahmen zur P. zu organisieren und anzubieten, Mitarbeiter und Vorgesetzte in allen Fragen zur P. zu beraten sowie Maßnahmen und Instrumente der P. auch unter Kosten-/ Nutzengesichtspunkten (→ Personalcontrolling, → Evaluierung) zu bewerten. Vgl. auch → Führungskräfteentwicklung, → Gruppendynamik, → Intrapreneur, → Kompetenz, → Kreativität, → Personalforschung, → Personalmanagement, → Personalmarketing, → Personalwirtschaft, → Seminare, → Training, → Workshop.

Personalersatzliste. Die P. ist stellenbezogen und soll eine zügige Wiederbesetzung durch Fluktuation freiwerdender Stellen im Wege der internen Nachbesetzung ermöglichen. Sie enthält i.d.R. die Namen von ein bis zwei hierfür geeigneten Mitarbeitern. In der Praxis wird die P. häufig als sog. → „Schattenliste" im Rahmen der → Nachfolgeplanung geführt.

Personalforschung. Gegenstand der P. ist die systematische Beobachtung, Erhebung und Analyse von Faktoren und Entwicklungen, die das quantitative wie qualitative Angebot an Mitarbeitern im externen und internen → Personalmarkt sowie deren Leistungsverhalten beeinflussen. Die hier gewonnenen Informationen sind wichtige Grundlagen z.B. für → Personalpolitik, strategische → Personalplanung, externes und internes → Personalmarketing, → Personalentwicklung.
Zu unterscheiden ist nach interner und externer P. Interne P. zielt auf unternehmensinterne Faktoren (z.B. Fehlzeiten, Qualifikations- und Altersstrukturen der Mitarbeiter, Führungsstil), externe auf relevante gesellschaftliche und wirtschaftliche Umweltfaktoren (z.B. demografische Entwicklungen, Arbeits- und Sozialpolitik, Personalpolitik von Konkurrenzunternehmen). Wichtige Hilfsmittel sind dabei u.a. → Mitarbeiterbefragungen (z.B. Betriebsklimastudien, strukturierte

Mitarbeitergespräche, Fehlzeiten- und Abgangsgespräche), Vorschlagswesen, Mitarbeiterbeurteilungen, Medienanalysen. Erhebungs- und Analyseinstrumente kommen i.d.R. aus Statistik und empirischer Sozialforschung. Häufig kann sich P. auf Informationen im Rahmen vorhandener → Personalinformationssysteme stützen sowie von Verbänden und Kammern angebotene Informationsquellen nutzen. Zu beachten sind ggf. die Bestimmungen des Datenschutzes (z.B. §3 BDSG) sowie die Mitbestimmungsrechte der Arbeitnehmervertretung (z.B. §§87, 94, 95 BetrVG).
Vgl. auch → Personalstatistik.

Personalfragebogen. P. sind Formulare, die schriftlich zu beantwortende Fragen über personenbezogene Daten enthalten. Im Einzelnen geht es neben Namen und personalstatistischen Daten um Informationen über den Bildungs- und Ausbildungsweg, über berufliche Tätigkeiten, Fähigkeiten, Neigungen und Erfahrungen, Sprachkenntnisse, Fertigkeiten in der EDV etc. P. können sowohl für Bewerber als auch für in dem Unternehmen bereits tätige Mitarbeiter konzipiert sein. Sie verfolgen das Ziel, dem Arbeitgeber die aus seiner Sicht erforderlichen Informationen über den Mitarbeiter in standardisierter Form zu geben. Teilweise sind die anzugebenden Daten zur Erfüllung von Rechtspflichten des Arbeitgebers gegenüber dem Fiskus, der Arbeitsverwaltung, Sozialversicherungsträgern etc. erforderlich. P. sind für die Praxis der Personalarbeit unverzichtbar, jedoch wegen der in ihnen enthaltenen Informationen aus der Sicht der Mitarbeiter sensibel. Dem trägt das → Arbeitsrecht in zweifacher Hinsicht Rechnung: Die Verwendung von P. bedarf der Zustimmung des → Betriebsrats. Kommt eine Einigung über ihren Inhalt nicht zustande, so entscheidet die Einigungsstelle, deren Spruch die fehlende Einigung zwischen Arbeitgeber und Betriebsrat ersetzt (§94 Abs. 1 BetrVG). Entsprechendes gilt für persönliche Angaben in schriftlichen Arbeitsverträgen, die formularmäßig für den Betrieb verwendet werden sollen, sowie für die Aufstellung allgemeiner Beurteilungsgrundsätze (§94 Abs. 2 BetrVG). Letzteres hängt mit dem Mitbestimmungsrecht des Betriebsrats bei der Erstellung von Auswahlrichtlinien nach §95 BetrVG zusammen.

Darüber hinaus greift zugunsten des Mitarbeiters das Datenschutzrecht ein, das ihn vor unzulässiger Weitergabe personenbezogener Daten schützt (→ Datenschutz). Durch P. erhobene personenbezogene Daten von Arbeitnehmern oder Bewerbern dürfen im Rahmen der Zweckbestimmung des Arbeitsverhältnisses oder eines vertragsähnlichen Vertrauensverhältnisses oder aufgrund einer Interessenabwägung zwischen den Belangen der speichernden Stelle und des Betroffenen gespeichert werden (§28 BDSG). Die Verarbeitung geschützter personenbezogener Daten, d.h. die Speicherung, Veränderung und Übermittlung an Dritte (§3 Abs. 5 BDSG) ist nur zulässig, wenn das Datenschutzgesetz selbst, ein anderes Gesetz (insbesondere im Zusammenhang mit dem Lohnsteuer- und Abgabenrecht), ein → Tarifvertrag oder eine Betriebsvereinbarung dies gestatten oder wenn der Betroffene zustimmt. Vgl. auch → Auswahlverfahren, → Bewerbungsunterlagen, → Fragerecht.

Personalfreisetzung, → Betriebsänderung, → Interessenausgleich, → Kündigung, → Kündigungsrecht, → Personalabbau, → Personalabbauplanung, → Sozialplan.

Personalführung, → Führung, → Führungsaufgaben, → Führungserfolg, → Führungsfähigkeit, → Führungsfehler, → Führungsgrundsätze, → Führungsmodelle, → Führungsstil.

Personalimage. P. wird fälschlicherweise oft gleichgesetzt mit dem Image der Mitarbeiter eines Unternehmens bei externen Gruppen, z.B. bei Kunden oder Lieferanten. P. ist vielmehr die spezifische Ausprägung der Attraktivität eines Unternehmens als Arbeitgeber bzw. Arbeitsplatz und deren Wahrnehmung und Einschätzung von Mitarbeitern oder potenziellen Mitarbeitern. Im Wesentlichen ist das P. ein rufartiges Phänomen, das von zahlreichen Faktoren beeinflusst wird, z.B. Art der angebotenen Produkte oder Dienstleistungen (Produktimage), regionaler Sitz des Unternehmens (Wohn- und Freizeitwert der Region), Darstellung des Unternehmens in den Medien, Öffentlichkeitsarbeit des Unternehmens, Verhalten am Arbeitsmarkt, Aufstiegsmöglichkeiten im Unternehmen, Vergütungspolitik. Das P. beeinflusst bei potenziellen Mitarbeitern die Bereitschaft, ein Unternehmen als Arbeitsplatz in Erwägung zu ziehen. Quantität und Qualität der Bewerber korrelieren deutlich mit dem P.: Je positiver das P. von den relevanten Ziel- oder Bewerbergruppen eingeschätzt wird, um so interessanter wird das Unternehmen als Arbeitgeber. Intern wirkt das P. ähnlich: Die Identifikation der Mitarbeiter mit dem Unternehmen wird von einem ausgeprägt positiven P. günstig beeinflusst. Ein positives P. ist ein wesentlicher Wettbewerbsfaktor im externen → Personalmarkt, v.a. bei der Gewinnung von Führungsnachwuchskräften.
Vgl. auch → Employer Branding, → Personalimageanalyse, → Personalmarketing.

Personalimageanalyse. P. ist ein Instrument des → Personalmarketings zur Ermittlung und Analyse von Faktoren, welche die Attraktivität eines Unternehmens als Arbeitgeber (→ Personalimage) bei einer bestimmten Zielgruppe oder im relevanten → Personalmarkt beeinflussen (z.B. Entwicklungs- und Weiterbildungsmöglichkeiten, Akzeptanz der angebotenen Produkte oder Dienstleistungen in der Gesellschaft, Arbeitsplatzsicherheit, Unternehmensstandort). Mit den Methoden der empirischen Sozialforschung werden in der Praxis, vorzugsweise bei Studenten fortgeschrittener Semester (potenzieller Führungsnachwuchs), die Erwartungen an einen künftigen Arbeitsplatz bzw. Arbeitgeber ermittelt und zu einem (idealen) Erwartungsprofil aggregiert. Darüber hinaus werden dann i.d.R. die so erhobenen Attraktivitätsfaktoren auch hinsichtlich bestimmter, konkret benannter Unternehmen von der Zielgruppe bewertet. Somit lassen sich Attraktivitätsprofile (Personalimageprofile) von realen Unternehmen ermitteln und dem (idealen) Erwartungsprofil gegenüberstellen. Über den Vergleich beider Profile ergeben sich oft wichtige Hinweise auf Stärken und Schwächen eines Unternehmens hinsichtlich seiner Akzeptanz als Arbeitgeber bei der jeweiligen Zielgruppe. Besonders interessant ist ein Stärken-Schwächen-Vergleich zwischen verschiedenen Unternehmen – v.a. dann, wenn sie im Personalmarkt in Wettbewerb zu derselben Zielgruppe stehen. Wahrnehmung wie Bewertung der Attraktivitätsfaktoren unterliegen einer stark gruppenspezifisch-subjektiven Komponente und können je nach Zielgruppe (z.B. Studenten verschiedener Fachrichtungen, Schüler) sehr differieren. Deutliche Unterschiede in der Einschätzung des Personalimages zeigen sich meistens auch zwischen externen (z.B. Studenten) und internen (Mitarbeiter des Unternehmens) Zielgruppen. Bemühungen zur Verbesserung des Personalimage, z.B. extern über → Personalimageanzeigen, wirken i.d.R. erst nach einigen Jahren und bedürfen einer sehr sorgfältigen Planung und Vorgehensweise. Zu vermeiden sind v.a. Brüche zwischen intern gelebter und erlebter Realität sowie extern kommuniziertem Soll-(Wunsch-)Bild.

Personalimageanzeige. Die P. ist ein Instrument des externen → Personalmarketings zur Pflege oder Verbesserung des → Personalimages im → Personalmarkt oder bei ganz bestimmten Zielgruppen. Sie enthält allgemeine, positive Darstellungen des Unternehmens hinsichtlich seiner Attraktivität als Arbeitsplatz im Ganzen oder für bestimmte Berufs- oder Beschäftigtengruppen (z.B. Ingenieure, Frauen). Ziel der P. ist daher nicht die Auslösung konkreter Bewerbungen, sondern eher die Information über das Unternehmen zur langfristig wirksamen, positiven Gestaltung des Personalimages. Die Anforderungen an die optische und textliche Präsentation sind sehr hoch, da hier der sachlich-informative Aspekt (anders als i.d.R. bei einer → Stellenanzeige) etwas in den Hintergrund tritt. Die P. sollte in ihrer werblichen Aussage nicht übertreiben, Maßstab muss die im Unternehmen gelebte Realität sein. Die Wirksamkeit der P. steigt, wenn sie regelmäßig und über einen längeren Zeitraum erscheint. Neben den klassischen Printmedien bieten sich in neuerer Zeit vermehrt auch die Internetseiten der Unternehmen als Träger der P. oder zum allgemeinen Aufbau eines positiven Personalimage an (→ E-Recruiting). Die P. sollte, z.B. im Rahmen einer → Personalmarketingstrategie, auf einer vorhergehenden → Personalimageanalyse aufbauen können.

Personalinformationssysteme. Der Begriff ist rechtlich nicht eindeutig. Einmal zählen zu den P. alle insbesondere unter Einsatz der EDV erstellten statistischen Angaben über den einzelnen Mitarbeiter (Name, Vorname, Adresse, Alter, Dienstalter, Familienstand, Religionszugehörigkeit, Vergütung, besondere Fähigkeiten, berufliche Entwicklung und Bildungsmaßnahmen). Insoweit handelt es sich um eine Personaldatei, die die aus den → Personalakten verdich-

teten Informationen nach einem bestimmten System speichert und unverzichtbare Grundlage für die Arbeit der Personalabteilung ist. Darüber hinaus werden als P. technische Einrichtungen bezeichnet, deren Einführung und Anwendung dazu bestimmt ist, das Verhalten oder die Leistung der Arbeitnehmer zu überwachen (§87 Abs. 1 Ziff. 6 BetrVG). Insoweit besteht ein uneingeschränktes Mitbestimmungsrecht des → Betriebsrates. Derartige Einrichtungen sind folglich nur zulässig, wenn der Betriebsrat zustimmt oder die fehlende Zustimmung des Betriebsrates durch einen Spruch der → Einigungsstelle ersetzt wird (§87 Abs. 2 BetrVG). Nach der Rechtsprechung fällt unter dieses Mitbestimmungsrecht auch der Einsatz technischer Einrichtungen, die zwar nicht der Mitarbeiterüberwachung dienen, jedoch dazu objektiv geeignet sind. Dies führt zu einer erheblichen Ausweitung der → Mitbestimmung, weil eine objektive Eignung zur Mitarbeiterkontrolle für viele Einrichtungen gegeben ist, die diesem Zweck nicht dienen. Hintergrund ist das insbesondere durch das Bundesverfassungsgericht aus dem Grundgesetz (Art. 1 und 2 GG) abgeleitete Recht auf informationelle Selbstbestimmung. Danach bedarf jeder Einzelne eines besonderen Schutzes infolge der nahezu unbegrenzten Möglichkeiten, die der moderne EDV-Einsatz bezüglich der Verknüpfung persönlicher Daten bietet. Solche Kontrollsysteme hingegen, die nicht mittels Einsatzes der EDV praktiziert werden, fallen nicht unter §87 Abs. 1 Ziff. 6 BetrVG, ggf. allerdings unter §87 Abs. 1 Ziff. 1 BetrVG. Überprüft der Arbeitgeber oder eine Führungskraft die Leistung einzelner Mitarbeiter sowie ihr disziplinarisches Verhalten persönlich und macht er sich darüber Notizen, unterliegt dies nicht der Mitbestimmung des Betriebsrates. Daraus wird deutlich, dass nicht die Kontrolle als solche, sondern die Kontrolle mittels EDV von tragender Bedeutung für die Mitbestimmungsregelung ist.
Vgl. auch → Personalcontrolling, → Personalstatistik, → Personalstruktur.

Personalkennziffern, → Personalstatistik.

Personalkosten, → Personalaufwand.

Personalkostenbudget. Die Erstellung eines P. ist eine Maßnahme im Rahmen des Kostenmanagements. Die in dem P. enthaltene Summe ist im Sinne einer Obergrenze für den → Personalaufwand nach entsprechender innerbetrieblicher Vereinbarung oder Vorgabe der Unternehmensleitung von der kostenverantwortlichen Stelle einzuhalten. Dabei ist jedoch zu sehen, dass wegen der vielfältigen gesetzlichen und vertragsrechtlichen Bindungen nur ein beschränkter Spielraum für den Personalaufwand besteht. Er ist bezüglich der → Personalbeschaffung (Zahl der einzustellenden Mitarbeiter) und der freiwilligen Vergütungserhöhungen, insbesondere der Verteilung eines für die Gehaltsanpassung verfügbaren Gesamtvolumens auf die einzelnen Mitarbeiter gegeben. Auch insoweit sind selbstverständlich etwaige tarifvertragliche Bindungen zu beachten. Die Ausfüllung von Spielräumen innerhalb eines P. obliegt der dafür zuständigen/ verantwortlichen Stelle, d.h. dem Betrieb, Betriebsteil, der Zentral-, Haupt- oder einer sonstigen Abteilung unter Berücksichtigung der zentralen Vorgaben für die → Vergütungspolitik. Nicht in Tarifverträgen geregelte Vergütungsgrundsätze unterliegen einem Zustimmungsvorbehalt des → Betriebsrates (§87 Abs. 1 Nr. 10 BetrVG), soweit nicht leitende Mitarbeiter betroffen sind. Im Falle fehlender Einigung entscheidet die → Einigungsstelle. Für → leitende Angestellte (§5 Abs. 3 und 4 BetrVG) können zwischen Arbeitgeber und → Sprecherausschuss Richtlinien über den Inhalt von Arbeitsverhältnissen schriftlich vereinbart werden (§28 Abs. 1 SprAuG), die im Falle einer entsprechenden Klausel unmittelbar für die einzelnen Arbeitsverhältnisse gelten. Änderungen der Gehaltsgestaltung sind dem Sprecherausschuss mitzuteilen und mit ihm zu beraten (§30 SprAuG). Die Erstellung eines P. hat somit verschiedene rechtliche Rahmenbedingungen zu beachten. Vgl. auch → Personalkostenplanung.

Personalkostenplanung. Personalkosten haben heute i.d.R. den höchsten Anteil an den Gesamtkosten eines Unternehmens. Eine wirtschaftliche und wettbewerbsorientierte Unternehmensführung erfordert daher, die Personalkostenhöhe und deren Entwicklung systematisch zu analysieren, zu kontrollieren und zu steuern. P. befasst sich von daher im Wesentlichen mit vier Fragen: (1) In welchem Ausmaß entwickeln sich im Planungszeitraum voraussichtlich die Personalkosten? (2) Welche Strukturen weisen die Personalkosten auf und welche Proportionen zueinander wie zu anderen Kostenarten sind erkennbar? (3) Welche internen Faktoren (z.B. Mitarbeiterzahl und -qualifikation, Organisationsstruktur, freiwillige Sozialleistungen) und welche externen Faktoren (z.B. Tarifentwicklung, Arbeits- und Sozialgesetzgebung, Arbeitsmarktstrukturen) beeinflussen in welchem Ausmaß die Personalkosten? (4) Mit welchen Instrumenten und Maßnahmen lassen sich die Personalkosten wirksam planen und steuern?

P. erfolgt insbesondere auf zwei wichtigen Grundlagen: dem derzeitigen und geplanten → Personalbestand sowie der aktuellen und erwarteten zukünftigen Höhe der Personalkosten. Die P. differenziert nach Personalkostenarten (z.B. direkte/ indirekte Kosten, Sozialleistungen, Löhne, Gehälter), Organisationseinheiten („Entstehungsort" der Kosten, z.B. Werke, Betriebe, Bereiche), Mitarbeiter- oder Qualifikationsgruppen (z.B. Facharbeiter, Auszubildende) sowie nach Personalkostenzielen, d.h. nach konkreten Aktivitäten (z.B. Personalbeschaffungskosten, Kosten für Mitarbeiterfortbildung, Mitarbeiterdarlehen). Eine aussagefähige P. erfordert i.d.R. eine Kombination verschiedener Differenzierungsmerkmale, z.B. Personalkostenarten bezogen auf Organisationseinheiten, Personalkostenziele bezogen auf Mitarbeitergruppen usw. Eine besondere Bedeutung hinsichtlich Analyse- und Prognosefähigkeit der P. ist der Ermittlung von Personalkosten-Kennziffern beizumessen. Bewährt haben sich heute z.B. Darstellungen und Mehrjahresvergleiche der Personalkosten (auch gegliedert nach Personalkostenarten, Personalkostenzielen usw.) in Relation zum Umsatz sowie in Relation zur Wertschöpfung des Unternehmens. V.a. Aussagen darüber, wie viel Prozent der Wertschöpfung auf Personalkosten entfallen, sind für viele Unternehmen eine bedeutsame Kennziffer zur Beurteilung der Effizienz von Personalplanung, Personaleinsatz sowie des gesamten Personalmanagements. Eine systematische P. muss detailliert, klar, übersichtlich und streng realitätsorientiert aufgebaut und gegliedert sein. Nur so werden die geforderte Darstellung von Personalkostenblöcken, Personalkostenschwerpunkten und deren Entwicklungen erreicht und der Personalpolitik verlässliche Orientierungsdaten und Entscheidungsgrundlagen geboten.
Vgl. auch → Personalaufwand, → Personalcontrolling, → Personalkostenbudget.

Personalleasing, → Arbeitnehmerüberlassung.

Personalleiter. Der Begriff P. wird nicht einheitlich verwandt. In kleineren Unternehmen mit einer entsprechend kleinen → Personalabteilung leitet der P. die Personalabteilung. Ist die Personalabteilung groß und mit umfassenden Kompetenzen ausgestattet, steht ihm regelmäßig ein Direktor Personalwesen vor, dem ein oder mehrere P. mit Zuständigkeit insbesondere für die Personalbeschaffung und -betreuung, ggf. auch für die Personal- und Führungskräfteentwicklung unterstellt sind. Eine für alle Fälle gültige Ausbildung, Studienrichtung oder berufliche Entwicklung für die Aufgabe des P. gibt es nicht. In Betracht kommt ein betriebswirtschaftliches Studium mit Schwerpunkt Personalwesen, aber auch ein sonstiges ökonomisches, rechtliches oder ingenieurwissenschaftliches Studium. Daneben können rein berufspraktische Entwicklungswege zum P. qualifizieren. „Quereinsteiger" in das Personalwesen aus einer früheren Tätigkeit in der Linie sind nicht selten. Maßgeblich ist weniger die formale Qualifikation, sondern die Fähigkeit, mit Hilfe umfassender Sozialkompetenz die weitgesteckten Aufgaben des → Personalwesens zu lösen. Der Schwerpunkt liegt heute nicht bei den Verwaltungsaufgaben, sondern im gestalterischen Bereich, um der Bedeutung der Mitarbeiter für den Unternehmenserfolg Rechnung zu tragen. Themen wie Personalentwicklung, Führungskräfteentwicklung, leistungsgerechte Vergütung, effiziente berufliche Bildung, modernes Arbeitszeitmanagement bestimmen die Aufgaben des P. Von besonderer Bedeutung ist die Wahrnehmung der Aufgaben, die aus der innerbetrieblichen Mitbestimmung erwachsen, insbesondere eine vertrauensvolle Zusammenarbeit mit Betriebsrat und Sprecherausschuss. Je nach Unternehmensgröße und Organisationsstruktur fallen auch Fragen von Arbeitssicherheit und Arbeitsmedizin, die Betreuung von Sozialeinrichtungen und tarifpolitische Aufgaben in die Kompetenz des P.
Vgl. auch → Personalreferent.

Personalmanagement. P. wird vom Begriff wie den damit verbundenen Inhalten her sehr unterschiedlich verstanden. Häufig finden sich synonyme Verwendungen von P. mit → Personalwesen, → Human Resources Management, → Personalwirtschaft, → Personalpolitik oder Mitarbeiterführung (→ Führung). In der Fachliteratur wird P. mitunter auch als Teilgebiet der Betriebswirtschaftslehre, als eigenständiges oder als interdisziplinäres Fachgebiet dargestellt, dem Personalfunktionen wie Personalwirtschaft, → Personalmarketing, → Personalplanung, → Personalbeschaffung, Personalführung und -einsatz u.a. zugeordnet werden.
Tendenziell lassen sich aber zwei Schwerpunkte des mit P. Gemeinten oder Beschriebenen erkennen: (1) Als P. wird in Unternehmen und Betrieben der Funktionsbereich bezeichnet, der als Personalwesen, Personalbereich oder → Personalabteilung schwerpunktmäßig v.a. Aufgaben der → Personalbeschaffung, Personalwirtschaft, → Personalverwaltung, → Personalplanung, → Personalentwicklung sowie der → Ausbildung und → Weiterbildung selbst wahrnimmt oder deren Wahrnehmung durch andere Organisationseinheiten, Stellen o.a. grundsätzlich steuert. Damit ist P. gleichsam eine organisatorische Einheit und weitestgehend kongruent mit Begriffen wie Personalwesen oder Personalabteilung. (2) Darüber hinaus werden mit P. oft alle Aufgaben in Unternehmen und Betrieben bezeichnet, die als → Führungsaufgaben unmittelbar mitarbeiterbezogen sind, unabhängig davon, von welcher organisatorischen Einheit oder von welchem Stelleninhaber sie wahrgenommen werden. Träger oder Exponenten des P. sind hier alle Führungskräfte mit Mitarbeiterverantwortung (→ Vorgesetzte). Die zweite Verwendung des Begriffs P. ist v.a. in der betrieblichen Praxis weit verbreitet.

Personalmarketing. P. ist eine seit Ende der 1980er-Jahre in vielen Unternehmen verbreitete personalpolitische Denk- und Handlungsweise, die Methoden und Instrumente aus dem Produkt- und Dienstleistungsmarketing systematisch auch zur Gewinnung neuer Mitarbeiter einsetzt. Ausgangspunkt waren die in manchen Branchen entstehenden oder sich abzeichnenden Engpässe an qualifizierten Fach- und Führungskräften. P. (treffender wäre der Begriff „Arbeitsplatzmarketing") zielt hier auf den externen → Personalmarkt, d.h. dort für das Unternehmen relevante Zielgruppen sollen durch im weiteren wie engeren Sinne werbliche Maßnahmen veranlasst werden, dem Unternehmen bei ihrer Arbeitsplatzwahl

Präferenz gegenüber anderen einzuräumen. Die damit verbundenen Aktivitäten werden als externes P. bezeichnet.

Internes P. dagegen richtet sich an die schon im Unternehmen Beschäftigten (interner Personalmarkt) mit dem Ziel, diese als motivierte und qualifizierte Mitarbeiter dem Unternehmen zu erhalten. Maßnahmen des externen oder internen P. lassen sich in ihren Wirkungen nicht auf den jeweils angesprochenen externen oder internen Sektor begrenzen. Beide Sektoren unterliegen i.d.R. starken Interdependenzen, dies sollte bei der Planung konkreter Personalmarketingstrategien immer berücksichtigt werden (bleibt in der Praxis häufig unbeachtet). Zentrale Aufgabe aller Personalmarketingaktivitäten ist die Erhaltung oder Steigerung der Attraktivität des Unternehmens als Arbeitsplatz für potenzielle und schon vorhandene Mitarbeiter. In Analogie zum Produktmarketing werden Mitarbeiter hier als „Kunden" betrachtet, die es zu gewinnen (potenzielle Mitarbeiter) oder zu behalten (vorhandene Mitarbeiter) gilt.

Wichtige Instrumente des P. sind: → Personalforschung, → Personalimageanalysen, Personalimagewerbung und → Personalwerbung sowie, v.a. für das interne P., → Personalentwicklung. Unzureichend ist die in der Praxis oft anzutreffende Gleichsetzung mit oder Reduzierung des P. auf → Hochschulmarketing, d.h. die Präsentation der Unternehmen bei der Zielgruppe „Führungsnachwuchs" an Universitäten und Fachhochschulen über Personalimage- und Personalwerbekampagnen. Hier werden oft andere wichtige Zielgruppen, z.B. Facharbeiternachwuchs, und interne Aktionsfelder des P., z.B. das Angebot von Entwicklungsperspektiven und Karrierechancen für die schon vorhandenen Mitarbeiter, ausgeblendet. Ausgewichen wird bis heute oft der Frage nach Effektivität und Effizienz des P. (→ Personalcontrolling), d.h. Personalmarketingstrategien oder daraus abzuleitende Aktivitäten werden häufig eher zufällig-intuitiv entwickelt und realisiert, eine Erfolgskontrolle fehlt oder bleibt nur sehr oberflächlich. Vgl. auch → Employer Branding, → Personalmarketingstrategie, → Personalimage.

Personalmarketingstrategie. Unter P. versteht man eine Konzeption zur Vorgehensweise bei der Lösung einer konkreten Personalmarketingaufgabe. Sie weist i.d.R.

folgende Phasen auf: (1) Problemformulierung und Definition des zu erreichenden Zieles, z.B. Steigerung der Bewerbungen für Ausbildungsplätze oder von Hochschulabsolventen, Verbesserung des → Personalimages, Erhöhung der Identifikation der Mitarbeiter mit dem Unternehmen, Senkung der Fehlzeiten. (2) Umfassende Situationsanalyse, z.B. über → Personalimageanalysen, Be-triebsklimauntersuchungen. (3) Zielmarkt- und Zielgruppenfestlegung, z.B. Schüler in einer bestimmten Region (Auszubildendennachwuchs), bestimmte Mitarbeitergruppen in einer Organisationseinheit. (4) Festlegung der operativen Komponente, d.h. wie und mit welchen Mitteln soll die Zielgruppe erreicht und beeinflusst werden? Z.B. über → Personalwerbung, Angebot attraktiver Arbeitszeitformen, Durchführung bestimmter Personalentwicklungsmaßnahmen. (5) Festlegung von Indizes zur Erfolgsmessung, z.B. Zunahme oder Qualitätsanstieg der Bewerbungen, Rückgang der Fehlzeiten.

Vgl. auch → Personalcontrolling, → Personalforschung, → Personalmarketing.

Personalmarkt. Begrifflich und inhaltlich oft gleichgesetzt mit → Arbeitsmarkt. Im → Personalmarketing wird P. jedoch verstanden als: (1) geografischer Raum, in dem für das Unternehmen geeignete, potenzielle Mitarbeiter zur Verfügung stehen und über geeignete Aktivitäten des Personalmarketings als Mitarbeiter gewonnen werden sollen (lokaler, regionaler, überregionaler, nationaler, internationaler oder globaler P.); (2) als Menge von Personen, die über eine bestimmte Qualifikation verfügen oder demografische oder psychografische Merkmale aufweisen, die sie als potenzielle Mitarbeiter für das Unternehmen interessant und zum Objekt einer → Personalmarketingstrategie machen (z.B. Hochschulabsolventen, Fach- und Führungskräfte, Frauen, ehemalige Berufssoldaten). Für das konkrete Personalmarketing sind beide Dimensionen immer kombiniert zu betrachten.

Analog zur Unterscheidung externes/ internes Personalmarketing lässt sich auch differenzieren nach externem P. (potenzielle Mitarbeiter) und internem P. (schon im Unternehmen vorhandene Mitarbeiter). Zur langfristigen Sicherung eines qualifizierten Bewerberpotenzials und einer unternehmenszielgerechten → Personalstruktur ist eine möglichst gründliche Kenntnis von Struktu-

ren und Entwicklungen der für das Unternehmen relevanten Segmente des P. unerlässlich.
Vgl. auch → Personalforschung, → Personalplanung, → Personalportfolio.

Personalnebenkosten, → Personalaufwand.

Personalorganisation. Der Begriff P. bezeichnet zunächst die Organisation oder Gliederung des → Personalwesens bzw. der → Personalabteilung oder des Personalbereichs innerhalb der betrieblichen Gesamtorganisation. Welche Organisation für das Personalwesen sinnvoll ist, kann konkret nur im Einzelfall entschieden werden, da in der Praxis die betrieblichen und personellen Voraussetzungen und Bedingungen sehr unterschiedlich sind. Grundsätzlich unterscheidet man hier jedoch (ähnlich wie in anderen Ressorts) zwischen funktionaler und divisionaler Organisation bzw. Gliederung.
Die funktionale Organisation orientiert sich an den typischen Aufgabenfeldern des Personalwesens, z.B. Personalbeschaffung und -betreuung, Lohn- und Gehaltsabrechnung, Aus- und Weiterbildung, Sozialwesen. Damit sind erfahrungsgemäß gewisse Rationalisierungsvorteile gegeben, da die Mitarbeiter im Unternehmen hier jeweils fachlich kompetente Ansprechpartner im Personalwesen haben. Als nachteilig gilt jedoch, dass je nach Problemstellung unterschiedliche Ansprechpartner zuständig sind und damit der Aufbau eines erwünschten Vertrauensverhältnisses zwischen dem Personalwesen und den Mitarbeitern in anderen Ressorts erschwert werden kann.
Die divisionale Organisation des Personalwesens (auch als Referentensystem bezeichnet) zielt dagegen auf eine fachlich breite, umfassende Betreuung zusammengehörender Unternehmenseinheiten (z.B. Bereiche, Werke) oder Mitarbeitergruppen (z.B. gewerbliche Mitarbeiter, Tarifangestellte) durch einen für eine bestimmte Anzahl von Mitarbeitern zuständigen → Personalreferenten. Hierdurch haben die Mitarbeiter für alle Fragen i.d.R. nur einen Ansprechpartner, was die Akzeptanz erhöhen kann und auch zur Lösung von Personalproblemen unter dem Aspekt der jeweiligen bereichs- oder gruppenspezifischen Besonderheiten stärker beiträgt. Hiermit besteht in der Unternehmenspraxis jedoch die Gefahr, dass die Ein-

heitlichkeit der → Personalpolitik gefährdet wird und daher ein erhöhter Koordinationsbedarf entstehen kann.
In der Praxis haben sich sowohl innerhalb von funktionaler und divisionaler P. wie auch zwischen beiden zahlreiche Mischformen etabliert. Neue Anstöße hat die Diskussion über manche Bestrebungen erfahren, Aufgaben des Personalwesens (z.B. → Personalentwicklung, → Weiterbildung) stärker in die einzelnen Fachbereiche und -abteilungen als unmittelbare Aufgaben der Vorgesetzten zu verlagern (sog. Dezentralisierung von Personalfunktionen) und die Personalabteilung noch mehr als Dienstleistungsfunktion mit nur wenigen Kernaufgaben und Kernkompetenzen zu betrachten. Besondere Fragen zur P. entstehen häufig in Konzernen im Hinblick auf eine konzeptionelle → Konzernpersonalpolitik in Abhängigkeit von der Konzernstruktur.
In neuerer Zeit zeigt sich eine Tendenz, auch alle mit der Beschäftigung und dem Einsatz von Mitarbeitern verbundenen organisatorischen Aufgaben oder Probleme als P. zu bezeichnen. Hiermit werden Fragen angesprochen, die im Mittelpunkt stehen bei den als sog. „personelle Organisationsmittel" bezeichneten Instrumenten wie → Personalplanung, insbesondere → Personaleinsatzplanung, bei der Gestaltung von → Stellenplänen und → Stellenbesetzungsplänen, der → Nachfolgeplanung, bei → Stellenbeschreibungen u.Ä.
Vgl. auch → Human Resources Management, → Personalmanagement, → Personalwirtschaft, → Profitcenter.

Personalplanung. Die P. ist gekennzeichnet durch eine auf die Zukunft bezogene, an Unternehmensplanung und Unternehmensstrategie orientierte Gestaltung der personellen Kapazitäten mit hohen Wechselwirkungen zu anderen Planungsbereichen, z.B. Finanzplanung, Produktionsplanung. P. ist auch ein zentrales Element der Personalpolitik und verfolgt das konkrete Ziel, sicherzustellen, dass dem Unternehmen die nach Quantität und Qualität (Qualifikation) erforderlichen Mitarbeiter zum richtigen Zeitpunkt an der richtigen Stelle zur Verfügung stehen.

Zu unterscheiden sind drei Planungsebenen: strategische, taktische und operative P. Bei der strategischen Planung stehen grundlegende und langfristig wirksame Entscheidungen im Mittelpunkt. Sie ist eng verknüpft mit unternehmenspolitischen, gesamtwirtschaftlichen sowie gesamtgesellschaftlichen Faktoren und Basis der taktischen P. Diese ist kurz- bis mittelfristig orientiert und gibt unter Berücksichtigung der jeweils vorhandenen personellen Ressourcen personelle Feinziele und einzusetzende Maßnahmen vor. Die operative Ebene ist kurzfristig angelegte Durchführungsplanung zur Steuerung der personellen Aktivitäten. Eine gewisse Elastizität und Flexibilität der Planung, v.a. auf der strategischen und taktischen Ebene, ist für eine effektive P. unabdingbar. Sie muss offen sein für die Einbeziehung der sich im Zeitablauf häufig ändernden oder präzisierenden Zukunftsinformationen sowie für die Anpassung an aktuelle, unerwartete Änderungen relevanter Datenkonstellationen. Die P. lässt sich grundsätzlich in sechs Teilplanungen aufgliedern: (1) *Personalbedarfsplanung* (wie viele Mitarbeiter mit welchen Qualifikationen werden benötigt), (2) *Personalbeschaffungsplanung* (wo und wie können die erforderlichen Mitarbeiter beschafft werden), (3) → Personaleinsatzplanung (wie können Mitarbeiter und Arbeitsplätze optimal zugeordnet werden), (4) Personalentwicklungsplanung (wie können Qualifikation und Motivation der Mitarbeiter auf einem optimalen Niveau gehalten oder für neue Anforderungen weiterentwickelt werden), (5) → Personalkostenplanung (mit welchen Kosten sind Personaleinsatz und geplante personelle Maßnahmen verbunden) und (6) ggf. → Personalabbauplanung (auf welche Mitarbeiter und Unternehmen am wenigsten belastende Weise können Personalbestandsverminderungen realisiert werden).

Je nach betroffener Zielgruppe lassen sich Maßnahmen der kollektiven oder individuellen P. zuordnen. Kollektive P. bezieht sich auf die Gesamtheit aller Mitarbeiter oder auf größere Mitarbeitergruppen im Unternehmen, individuelle P. auf den einzelnen Mitarbeiter (z.B. Karriere-/ → Laufbahnplanung, Einarbeitungsplanung). Nach §92 BetrVG ist die Arbeitnehmervertretung über die P., insbesondere über den Personalbedarf und daraus resultierende Maßnahmen, zu unterrichten. Daraus resultierende Einzelpersonalmaßnahmen (→ Einstellung, → Versetzung, → Kündigung) unterliegen der Mitbestimmung nach §§99, 102 BetrVG, während

kollektiver → Personalabbau ein Interessenausgleichs- und Sozialplanverfahren nach §§111, 112 BetrVG nach sich zieht (→ Interessenausgleich, → Sozialplan).
Vgl. auch → Personalbeschaffung, → Personalbedarf, → Personalpolitik.

Personalpolitik. P. umfasst im Unternehmen alle Vorgaben und Entscheidungen von strategischer oder grundsätzlicher Bedeutung für die personalrelevanten Aktivitäten (z.B. → Personalplanung, → Personalmarketing) aller Funktionsbereiche und Instanzen. P. ist häufig auch auf mittel- bis langfristig erreichbare Wirkungen oder Ziele (z.B. Aufbau einer besseren → Personalstruktur, Einführung von → Führungsgrundsätzen) angelegt. Die Ziele der P. leiten sich aus den Unternehmenszielen oder der Unternehmenspolitik ab. Von daher ist es die Hauptaufgabe der P., diese in dafür relevante personelle Ziele zu transformieren, die geeigneten personellen Voraussetzungen und Rahmenbedingungen zu sichern oder herzustellen. Neben unternehmensinternen Faktoren muss die P. seit Jahren zunehmend auch extern an das Unternehmen herangetragene Ansprüche und Vorgaben berücksichtigen, z.B. gesellschaftspolitische Forderungen nach sicheren Arbeitsplätzen oder nach Ausbildungsplätzen, arbeits- und sozialrechtliche wie tarifvertragliche Regelungen u.a. Typisch für die P. ist, dass sie oft zahlreiche und sehr unterschiedliche interne und externe Interessen, Forderungen, Zielkonflikte u.Ä. beachten und ausgleichen muss. Dabei ist sie meistens sehr komplexen wie durch Unsicherheiten gekennzeichneten Entscheidungssituationen ausgesetzt, und Entscheidungsfolgen lassen sich mitunter nicht oder nur sehr kurzfristig absehen. Entscheidungen und Maßnahmen der P. werden wegen ihrer i.d.R. unmittelbaren Bezüge oder Folgen für die im Unternehmen beschäftigten Mitarbeiter meistens mit besonderem Interesse und kritisch verfolgt. Die Entscheidungsträger benötigen in hohem Maße soziales Gespür, Verantwortungsbewusstsein sowie Akzeptanz im Unternehmen. Die personalpolitische Zuständigkeit und Verantwortung liegt prinzipiell bei der Unternehmensleitung (Vorstand, Geschäftsführung) bzw. bei ihrem für Personal zuständigen Mitglied (Personalvorstand, → Arbeitsdirektor), in der Praxis werden Aufgaben der P. i.d.R. auf einen → Personal-

leiter bzw. Leiter der → Personalabteilung delegiert.
Vgl. auch → Konzernpersonalpolitik, → Personalmanagement, → Personalverwaltung, → Personalwesen, → Personalwirtschaft.

Personalportfolio. P. ist eine neuere Bezeichnung für das differenzierte Mitarbeiterpotenzial, über das ein Unternehmen zur Erfüllung seiner Aufgaben verfügt. Angesprochen werden damit v.a. die über Leistungsvermögen (Qualifikationsniveau) und Leistungsbereitschaft (Motivationsniveau) der Mitarbeiter möglichen Wettbewerbsvorteile auf den Absatzmärkten im Vergleich zu Unternehmen mit einem nicht optimalen P. Ziel der → Personalpolitik (im Einzelnen z.B. der → Personalplanung, → Personalentwicklung, → Personalbeschaffung) muss es sein, über eine unternehmenszielorientierte Optimierung des P. Leistungsfähigkeit und Marktposition des Unternehmens langfristig abzusichern.
Vgl. auch → Generationenmix, → Personalbestand, → Personalstruktur.

Personalreferent. Als P. wird ein qualifizierter Mitarbeiter in dem Ressort Personal- und Sozialwesen bezeichnet. Vielfach verfügt er über eine akademische Ausbildung, sei es ein betriebswirtschaftliches Studium mit personalwirtschaftlichem Schwerpunkt oder ein sonstiges Studium (Universität oder Fachhochschule). P. sind jedoch auch innerbetriebliche Aufsteiger im Personalressort mit einer praktischen Berufsausbildung. P. nehmen eigenverantwortlich unter der Führung des Personalleiters wichtige Aufgaben des Personalwesens wahr. Entsprechend der großen Bandbreite des Personalwesens (Beschaffung und Betreuung von Mitarbeitern, Personal- und Führungskräfteentwicklung, Vergütungspolitik, betriebliche Bildung, Arbeits- und Sozialrecht, Betreuung von Sozialeinrichtungen, Arbeitsplatzbewertung, Mitbestimmungsfragen etc.) ist das Arbeitsfeld des P. weit gesteckt. Sieht man von Fragen der Führungskompetenz ab, richtet sich das Anforderungsprofil für den P. nach ähnlichen Kriterien wie dasjenige für den → Personalleiter.

Personal-Service-Agenturen, → Arbeitsvermittlung.

Personalstatistik. Aufgabe der P. ist die Erhebung, Aufbereitung und Darstellung (z.B. in Form von Kennzahlen) mitarbeiterbezogener Daten mit dem Ziel, der Unternehmensführung die zur unternehmens- und mitarbeiterorientierten Steuerung des Faktors „Personal" erforderlichen Informationen bereitzustellen. Eine zunehmende Bedeutung erfährt die P. bei der Information der unternehmensinternen und -externen Öffentlichkeit über die beschäftigungs- und arbeitsmarktpolitische Rolle der Unternehmen. Die P. bezieht sich i.d.R. auf Aussagen zu → Personalstruktur, Personal- und Sozialaufwand, Arbeitszeiten und Personalbewegungen (Zugänge/ Abgänge). Wichtig sind eine kontinuierliche, aktuelle Erfassung der relevanten Daten, die zweckmäßige Aufgliederung der Daten (z.B. nach Organisationseinheiten, Mitarbeitergruppen) sowie die sinnvolle Darstellung und Analyse von Merkmalskombinationen und -korrelationen (z.B. Arbeitszeit/Vergütung, Qualifikation/ Fehlzeiten). Detaillierungsgrad und zeitliche Bezugspunkte der P. sollten streng zweckorientiert erfolgen, zu vermeiden sind selbstzweckhafte Zahlenfriedhöfe. Ein wachsender Aufgabenanteil ergibt sich aus staatlich gesetzten Pflichten, z.B. für amtliche Statistiken sowie aus steuer- und sozialrechtlichen Vorschriften. Zu beachten sind von der P. auch die Bestimmungen des Datenschutzes (z.B. §3 BDSG). Insbesondere in großen Unternehmen geht die P. zusammen mit Aussagen zum Personalmanagement vielfach in einen → Personal- und Sozialbericht ein, der intern und z.T. auch extern verteilt wird.

Vgl. auch → Datenschutz, → Personalcontrolling, → Personalforschung, → Personalinformationssystem, → Personalstruktur.

Personalstruktur. Die P. ergibt sich über eine systematische Unterteilung und Aufgliederung der Belegschaft. Sie lässt sich im Wesentlichen nach sechs Dimensionen oder Merkmalsgruppen differenzieren: (1) demografische Struktur (z.B. Alter, lokale/ regionale Herkunft der Mitarbeiter), (2) positionale Struktur (Verteilung auf organisatorische Einheiten, z.B. Abteilungen, Betriebe), (3) skalare Struktur (Zuordnung nach hierarchischen Ebenen), (4) Qualifikationsstruktur (Ausbildungs- und Berufsabschlüsse, angelernt, ungelernt), (5) Tätigkeitsstruktur (z.B. Außendienstmitarbeiter, Qualitätsprüfer,

Personalsachbearbeiter) sowie (6) Statusstruktur (Arbeiter, Angestellte, außertarifliche Angestellte, Auszubildende). Über die Auswertung einzelner oder kombinierter Strukturmerkmale sowie deren Verbindung mit Bezugsgrößen (z.B. Zeiträume, Branchendurchschnitte, Planvorgaben, Personalkosten) ergeben sich wichtige Informationen für die Optimierung des → Personalportfolios und für Personalplanungsmaßnahmen. Ermittlung und Analyse der P. sind unverzichtbare Grundlagen für personalpolitische Entscheidungen.
Vgl. auch → Personalstatistik, → Personalinformationssystem.

Personalüberhang, → Personalabbau, → Personalabbauplanung, → Personalbedarf.

Personal- und Sozialbericht. Die Berichterstattung für das Personal- und Sozialwesen vollzieht sich innerbetrieblich über Abteilungs- und Betriebsversammlungen, über die Zusammenarbeit mit Betriebsrat und Sprecherausschuss wie die von diesen Gremien ihrerseits vorgenommenen Informationen, ferner im Aufsichtsrat. Im Außenverhältnis zu Aktionären, Medien und Öffentlichkeit erfolgt sie im Rahmen des Geschäftsberichts, der grundsätzlich einen Personalteil enthält, sowie schließlich anlässlich der Pressearbeit oder geeigneter Einzelpublikationen. Darüber hinaus veröffentlichen insbesondere größere Unternehmen vielfach einmal jährlich einen P.- u. S. Dieser Bericht verfolgt vorrangig interne Informationszwecke gegenüber den Mitarbeitern und der Betriebsvertretung, wird jedoch manchmal auch zur Darstellung personalpolitischer Aktivitäten nach außen verwandt.
Der P.- u. S. enthält üblicherweise umfangreiche Statistiken über die quantitative Personalentwicklung, über die → Personalstruktur sowie eine Darstellung der Veränderungen von tariflichen und betrieblichen Leistungen. Darüber hinaus werden wichtige personalpolitische Konzepte einschließlich ihrer Umsetzung beschrieben, z.B. zur Personal- und Führungskräfteentwicklung, zu Fragen des Arbeitszeitmanagements und zur betrieblichen Bildung. Auf diese Weise können P.- u. S. zugleich ein Spiegelbild des Selbstverständnisses und der Qualität der Personalarbeit sein.

Personalvertretungsrecht. Für Mitarbeiter des öffentlichen Dienstes gilt nicht das BetrVG, sondern das P. des Bundes und der Länder. Entsprechend wird das Mitbestimmungsorgan nicht als → Betriebsrat, sondern als Personalrat bezeichnet. Der Personalrat vertritt Beamte wie Arbeiter und → Angestellte gleichermaßen. Der spezifische Schutz der verschiedenen Gruppen (Arbeiter, Angestellte, Beamte) ist in dem P. noch weitergehend als im Betriebsverfassungsrecht ausgeprägt. So beschließen in Angelegenheiten, die nur die Angehörigen einer Gruppe betreffen, nach gemeinsamer Beratung nur die Vertreter dieser Gruppe im Personalrat.
Die Mitbestimmungsrechte des Personalrats sind teilweise abweichend zu denjenigen des Betriebsrates geregelt, was sich vor dem Hintergrund der Bindung der Verwaltung an verfassungsrechtliche und verwaltungsrechtliche Vorgaben versteht. Der Katalog der Mitbestimmungsrechte ist etwa mit demjenigen des Betriebsverfassungsrechts, insbesondere des §87 BetrVG sowie der Mitwirkung in personellen Einzelangelegenheiten, vergleichbar. Anders als im Betriebsverfassungsrecht gibt es im P. in vielen Fällen keine bindende Entscheidung der Einigungsstelle; vielmehr kann diese eine Empfehlung aussprechen, so dass die Letztentscheidung bei der obersten Dienstbehörde verbleibt.

Personalverwaltung. Unter P. (falsch oft synonym gebraucht für → Personalabteilung, → Personalwesen) sind alle administrativen, mehr routinemäßigen Aufgaben im Personalwesen zu verstehen, die mit der Suche und Einstellung, der Beschäftigung, der Qualifizierung und dem Austritt von Mitarbeitern zusammenhängen. Dazu zählen z.B. Personaldatenverarbeitung (→ Datenschutz), → Personalstatistik, Anlegen und Führen von → Personalakten, → Vergütungsabrechnung, Arbeitszeiterfassung, Verwaltung der → Sozialeinrichtungen u.a. Zahlreiche Aufgaben, der P. (mit zunehmender Tendenz) beruhen auf gesetzlicher Veranlassung (z.B. Meldepflichten an die Steuerverwaltung, Arbeitsverwaltung und Sozialversicherungsträger), auf Regelungen in Tarifverträgen oder Betriebsvereinbarungen, aber auch auf Forderungen und Wünschen von Mitarbeitern und Führungskräften im Unternehmen nach Informationen und Dienstleistungen (z.B. Ausstellung von Bescheinigungen, Versetzungsmeldungen, Aktualisierung von

→ Stellenbesetzungsplänen, Fehlzeitenstatistik, Buchung und Abrechnung von Dienstreisen). In einigen Unternehmen und Betrieben werden inzwischen manche Aufgaben der P. (z.B. Lohn- und Gehaltsbuchhaltung, Arbeitszeitauswertung) im Rahmen eines → Outsourcing verstärkt auf externe Dienstleister übertragen. Unterstützt wird die P., v.a. in größeren Unternehmen, heute durch die Nutzung moderner Informationsverarbeitungstechniken, v.a. in Verbindung mit → Personalinformationssystemen. Zu beachten sind von der P. bei der Erhebung, Verarbeitung und Weitergabe von Informationen auch die jeweils relevanten Rechtsvorschriften, z.B. diejenigen des Datenschutzes. In ihren Anfängen war die Personalarbeit weitgehend auf P. beschränkt. Inzwischen sind die Anforderungen jedoch deutlich über P. hinausgegangen und haben – ohne dass die P. verzichtbar wäre – insbesondere zu → Personalmanagement und → Personalpolitik als wichtigen Gestaltungselementen moderner Personalarbeit geführt.

Vgl. auch → Personalorganisation, → Personalreferent, → Personalwirtschaft.

Personalvorstand, → Arbeitsdirektor.

Personalwerbung. P. kann über den Einsatz werblicher Mittel zwei Ziele verfolgen: (1) Unterstützung der Personalbeschaffung und Auslösung von Bewerbungen bei potenziellen, geeigneten Mitarbeitern und (2) Aufbau oder Erhalt eines positiven → Personalimage im relevanten → Personalmarkt.

Ein systematisches Konzept der P. umfasst i.d.R. sechs Stufen: (1) Bestimmung der Ausgangssituation des Unternehmens im Personalmarkt (z.B. über welches Personalimage verfügt das Unternehmen, welche Strukturen und Entwicklungen sind für den Personalmarkt typisch), (2) Entwurf einer Kommunikationsstrategie (welche Aussagen sollen über welche Medien, z.B. → Stellenanzeigen, → E-Recruiting der Zielgruppe vermittelt werden), (3) Gestaltung der Medien und Medieneinsatzplan, (4) Realisierungsphase, (5) Kontrolle der Wirkung (z.B. Anstieg des Bekanntheitsgrades im relevanten Personalmarkt, Zunahme qualifizierter Bewerbungen) und (6) evtl. Modifikation oder Korrektur des Konzepts (z.B. Wechsel des Printmediums).

Neben den klassischen Medien wie Stellenanzeigen und → Personalimageanzeigen in Printmedien bekommen in der P. auch andere Werbemittel und -wege eine immer größere Bedeutung, so z.B. für die Zielgruppe Auszubildende das → Radio Recruiting und für die Zielgruppe Hochschulabsolventen das → E-Recruiting. Zu beachten ist, dass die Wahrnehmung und Bewertung der P. auch von anderen öffentlichkeitswirksamen Aktivitäten des Unternehmens (z.B. Produktwerbung, allgemeine Public Relation) beeinflusst wird. Zur Vermeidung von Wirkungseinbußen oder Widersprüchen sollten insbesondere Produktwerbung und P. konzeptionell aufeinander abgestimmt werden. Bis heute nutzen nur sehr wenige Unternehmen verlässliche Instrumente zur Wirkungsanalyse der P., so fehlen z.B. häufig → Lost-Order-Analysen und überzeugende Kosten-Nutzen-Analysen (→ Personalcontrolling).

Personalwesen, → *Personalabteilung,* → *Personalmanagement, Personalbereich.* P. bezeichnet als Rahmenbegriff in der Praxis vornehmlich diejenigen Einrichtungen und Funktionen im Unternehmen, die für → Personalbeschaffung, → Personalverwaltung, Lohn- und Gehaltsabrechnung, → Ausbildung und → Weiterbildung, → Personalentwicklung und darüber hinaus ggf. noch für betriebliche → Sozialeinrichtungen (z.B. Betriebskrankenkasse, Kantine, Werksarzt) zuständig sind.

Vgl. auch → Arbeitsdirektor, → Human Resources Management, → Konzernpersonalpolitik, → Personalleiter, → Personalorganisation, → Personalreferent, → Personalverwaltung, → Personalwirtschaft.

Personalwirtschaft. Der Begriff P. deutet auf die ökonomisch-betriebswirtschaftliche Komponente aller mit der Beschaffung, dem Einsatz und dem Abbau von Personal verbundenen Aktivitäten im Unternehmen. Über das Angebot wettbewerbsfähiger Produkte oder Dienstleistungen muss ein Unternehmen seine Position im Markt festigen oder erweitern, damit langfristig auch Arbeitsplätze sichern. Dies ist nur möglich über ein optimales → Personalportfolio (→ Human Capital) sowie dessen effektive (zielwirksame) und effiziente (kostengünstige) Nutzung (→ Personalcontrolling). Eine besondere Rolle spielt hierbei der → Personalaufwand, der inzwischen relativ und häufig sogar absolut die höchsten Anteile an den Gesamtkosten repräsentiert. Von daher, aber auch wegen des mitunter vorhandenen Mangels an qualifizierten Fach- oder Führungskräften, sind systematisch und bedarfsgerecht alle wirtschaftlichen Aspekte der Beschäftigung von Mitarbeitern sowie der damit zusammenhängenden Aktivitäten zu beachten. Dies ist nicht nur eine Hauptaufgabe der → Personalpolitik oder des → Personalwesens, sondern aller im Unternehmen, die z.B. als Führungskräfte mit → Personalplanung, → Personalbeschaffung und Personaleinsatz befasst sind oder als → Vorgesetzte Mitarbeiterverantwortung tragen. Oft kann ein Spannungsverhältnis zwischen den Zielen der P. und sozialen Belangen im Unternehmen, z.B. den jeweiligen → Bedürfnissen der Mitarbeiter nach Arbeitsplatzsicherheit, Aufstieg, Einkommenszuwachs u.a. entstehen. Hier kann es dann Aufgabe der Personalpolitik werden, einen fairen, für Mitarbeiter (→ Arbeitnehmer) und → Arbeitgeber akzeptablen Ausgleich zu finden, ggf. auch im Dialog mit der → Arbeitnehmervertretung.

Als Personalwirtschaftslehre ist die P. ein Teilgebiet der Betriebswirtschaftslehre, mitunter interdisziplinär erweitert um arbeits-, sozial- oder verhaltenswissenschaftliche Fragestellungen (→ Arbeitswissenschaft, → Betriebssoziologie, → Betriebspsychologie). Vor dem Hintergrund solcher interdisziplinärer Ansätze findet sich in den letzten Jahren in Theorie und Praxis zunehmend eine unpräzise Verwendung des Begriffs P. im Sinne von → Personalwesen oder synonym für → Personalmanagement, → Human Resources Management.

Vgl. auch → Arbeitsmarkt, → Personalforschung, → Personalinformationssysteme, → Personalkostenplanung, → Personalmarkt, → Personalstatistik, → Personalstruktur, → Personalverwaltung.

Personalzusatzaufwand, → Personalaufwand.

Personalzusatzkosten, → Personalaufwand.

personelle Einzelmaßnahmen, → Einstellung, → Kündigung, → Versetzung.

personenbedingte Kündigung. Das Kündigungsschutzgesetz (KSchG) erlaubt Kündigungen von Arbeitnehmern nur, wenn die Kündigung sozial gerechtfertigt ist. Dabei werden drei Gruppen von Kündigungs-

gründen unterschieden: betriebsbedingte, verhaltensbedingte und personenbedingte Kündigungsgründe. Anders als bei der → verhaltensbedingten Kündigung erfasst die p. K. Fälle, in denen den Arbeitnehmer kein Verschulden im Sinne einer Vorwerfbarkeit trifft. Er ist aufgrund persönlicher Fähigkeiten, Eigenschaften oder nicht vorwerfbarer Einstellungen nicht mehr in der Lage, seine Arbeitsleistung vertragsgemäß zu erbringen. Hierzu zählen beispielsweise die Verweigerung der geschuldeten Arbeitsleistung aufgrund eines vom Arbeitgeber zu respektierenden Gewissenskonfliktes oder Krankheiten, die in der Vergangenheit zu erheblichen Fehlzeiten und einer beträchtlichen Störung der betrieblichen Abläufe geführt haben.

Persönlichkeit. P. ist ein sehr schillernder Begriff, mit dem in der Umgangssprache wie in der Wissenschaft (z.B. der Psychologie) eine unüberschaubare Vielzahl von Definitionen und inhaltlichen Bedeutungen verbunden ist. Nur annäherungsweise lässt sich eine gewisse Gemeinsamkeit darin finden, dass P. die Gesamtheit aller individuellen, für den einzelnen Menschen typischen Eigenschaften, Motive, Einstellungen, Interessen und Fähigkeiten bezeichnet, die er im Laufe seines Lebens aus dem Zusammenwirken seiner Anlagen mit kulturellen, gesellschaftlichen und sozialen Umwelteinflüssen entwickelt (sog. Sozialisation).

Für das betriebliche Personalwesen ist P. i.d.R. mehr eine Kategorie, die bestimmte, dem Mitarbeiter eigene Verhaltensweisen oder Eigenschaften im Sinne recht konstanter, nur langfristig beeinflussbarer Merkmale umfasst, d.h. die sog. Persönlichkeitsmerkmale. Dazu werden in der Praxis z.B. gezählt: Intelligenz, Verlässlichkeit, Verantwortungsbewusstsein, Einfühlungsvermögen, Durchsetzungsfähigkeit, Leistungsbewusstsein u.a. P. ist ein Element im → Qualifikationsprofil eines Mitarbeiters oder Bewerbers, das vor dem Hintergrund der Stellen- oder Arbeitsplatzanforderungen (→ Anforderungsprofil) neben den engeren fachlichen Qualifikationen von großer Bedeutung für Berufseignung und -erfolg ist (→ Eignungsprofil). V.a. bei der Personalauswahl wird daher häufig versucht, P. bzw. ihre hier jeweils relevanten Merkmale zu erkennen und zu beurteilen (→ Persönlichkeitstests). Aus juristischer Perspektive sind mit dem Begriff P. im Unternehmen v.a. bestimmte Rechte zum Schutz des Arbeitnehmers verbunden, die z.B. seinem Interesse an Schutz vor Gefahren am Arbeitsplatz oder vor unbefugter Weitergabe von Informationen und Daten dienen sollen (→ Persönlichkeitsrecht). Mit positiv wertender Absicht wird auch von Berufspersönlichkeit gesprochen. So wird jemand bezeichnet, der in ganz herausragender Weise über Berufserfahrungen, Fachwissen und Fachkönnen verfügt, sich mit seinem Beruf sehr stark identifiziert oder besondere berufliche Leistungen und Erfolge aufweist. Vgl. auch → Arbeitsmoral, → Berufsbildung, → Persönlichkeitsentwicklung.

Persönlichkeitsentwicklung. Mit P. werden in der betrieblichen Praxis Maßnahmen bezeichnet, die der Stärkung oder Förderung wichtiger außerfachlicher Qualifikationen der Mitarbeiter dienen. Hierzu gehören v.a. die als soziale → Kompetenz bezeichneten Fähigkeiten, z.B. Führungsfähigkeit, Kommunikations-, Moderations- und Teamfähigkeiten, darüber hinaus aber auch die Entwicklung und Stärkung mehr psychischer Faktoren, wie z.B. Selbstbewusstsein und Motivation. Gezielte, bedarfsorientierte Programme zur P. bedürfen immer einer Fundierung über eine systematisch betriebene → Personalentwicklung oder → Führungskräfteentwicklung.
Vgl. auch → Coaching.

Persönlichkeitsrecht. Aus der Verfassung (Art. 1 und 2 GG) ist ein P. jedes einzelnen Bürgers abzuleiten. Dies entfaltet seine Wirkung nicht nur gegenüber staatlichen Institutionen, sondern auch im Arbeitsleben. Über zivil- und arbeitsrechtliche Generalklauseln findet es Eingang in das Arbeitsverhältnis, insbesondere zur Konkretisierung der arbeitsvertraglichen → Nebenpflichten des Arbeitgebers. Als Ausfluss des P. ist der im BDSG verankerte → Datenschutz zu verstehen, weiter ein Anspruch auf menschengerechte Behandlung und Gestaltung der Arbeitsbedingungen, auf Schutz vor ungerechtfertigten Benachteiligungen durch Vorgesetzte und Kollegen (→ Mobbing) und auf Einhaltung der → Verschwiegenheitspflicht über persönliche Angelegenheiten des Arbeitnehmers. Viele dieser Aspekte haben nicht nur rechtliche, sondern auch personalpolitische Bedeutung im Rahmen zeitgerechter Mitarbeiterführung.

Persönlichkeitstests. Als P. wird eine unübersehbare Vielzahl von laienpsychologischen und fachpsychologischen Tests bezeichnet, die den Anspruch erheben, relativ zuverlässige Aussagen über Persönlichkeitsmerkmale oder Teilaspekte davon (z.B. emotionale Stabilität, Motivationslage, Berufsneigung) machen zu können. Ihr Ursprung liegt vornehmlich im klinisch-diagnostischen, therapeutischen oder wissenschaftlich-experimentellen Bereich. Seit langem wird versucht, dieses Testinstrumentarium, z.T. weiter- oder neuentwickelt, auch bei der Bewerberauswahl oder zur Potenzialerkennung im Rahmen der Führungskräfteentwicklung einzusetzen. Abgesehen von methodischen Problemen und dem unklaren, vielschichtigen Begriff der Persönlichkeit sollten die Ergebnisse solcher Tests bei Personalentscheidungen sehr zurückhaltend beurteilt werden und durch mehr objektive Kriterien wie z.B. Art der schulischen oder beruflichen Leistungen, nachweisbare Berufserfolge, messbares Fachwissen und Fachkönnen u.Ä. deutlich relativiert werden. Seitens der Entwickler und Anwender von P. wird zwar immer wieder deren Zuverlässigkeit und Gültigkeit vorgetragen, jedoch ist diese fachwissenschaftlich vielfach umstritten und ein empirischer Nachweis, insbesondere auch unter Aspekten personalwirtschaftlicher Zielsetzungen, nicht erbracht. Aus rechtlicher Sicht ist zu beachten, dass die Einwilligung der zu testenden Personen vorliegen muss, diese kann aber konkludent, d.h. durch Testteilnahme ohne Widerspruch, erfolgen.
Vgl. auch → Eignungsdiagnostik, → Tests.

Pflegeversicherung. Die soziale P. ist die 5. Säule des Sozialversicherungssystems neben der → Krankenversicherung, → Unfallversicherung, Rentenversicherung (→ Rente) und → Arbeitslosenversicherung. Sie dient der Risikoabsicherung für mögliche Pflegefälle, der Unterstützung pflegender Familienangehöriger für die Pflege zu Hause sowie der Entlastung der Krankenkassen und der Sozialhilfe, die bis 1995 die wirtschaftlichen Risiken von Pflegefällen mit übernehmen mussten. Der Grad der Leistungen hängt von dem Maß der Pflegebedürftigkeit ab. Die P. ist unter dem Dach der gesetzlichen Krankenversicherung angesiedelt. Es gilt der Grundsatz „P. folgt der Krankenversicherung".

Versicherungspflichtig sind die in der gesetzlichen Krankenversicherung pflichtversicherten Personen (§20 SGB XI) und auch für die Mitglieder einer privaten Krankenversicherung besteht die Verpflichtung zum Abschluss einer Versicherung für den Fall der Pflegebedürftigkeit (§23 SGB XI).

Neben der gesetzlichen P. gibt es die Möglichkeit einer privaten P.

Der Beitrag für die P. beträgt z.Zt. (2010) 1,95 % der beitragspflichtigen Einnahmen (§ 55 SGB XI). Die Beiträge werden von dem Arbeitgeber und dem Arbeitnehmer je zur Hälfte aufgebracht. Eine abweichende Regelung besteht nur noch im Freistaat Sachsen, jedoch nur für den Beitrag aus der 1. Stufe der Pflegeversicherung, so dass dort die Arbeitnehmer 1,475 % der Beiträge tragen, während in sämtlichen anderen Bundesländern 0,975 % von den Arbeitnehmern getragen werden.

Hintergrund dieser Regelung ist die erhebliche Belastung mit Lohnnebenkosten, die durch die P. nicht weiter steigen soll. Die Notwendigkeit, aus Gründen der Kostenneutralität einen zweiten gesetzlichen Feiertag zu streichen, wurde bisher von der Bundesregierung verneint.

Seit dem 1.1.2005 zahlen zudem alle nach dem 1.1.1940 geborenen, kinderlosen Versicherungspflichtigen ab Vollendung des 23. Lebensjahres einen Beitragszuschlag von 0,25 Beitragssatzpunkten (Beitragszuschlag für Kinderlose, § 55 Abs. 3 SGB XI).

Pilotseminar. Ein P. kann einem geplanten Seminar, v.a. einer Seminarreihe, z.B. im Rahmen der Führungskräfteschulung, vorangestellt werden. Damit werden i.d.R. folgende Ziele verfolgt: (1) einen → Trainer, mit dem bislang noch nicht gearbeitet wurde, vor Vertragsabschluss in einer praktischen Seminarsituation zu erleben und Einblicke z.B. in dessen fachliche und didaktische Kompetenzen zu gewinnen, (2) Überprüfung eines Seminarkonzeptes hinsichtlich seiner inhaltlichen und methodischen Brauchbarkeit, (3) Vorbereitung der Seminarteilnehmer auf Inhalte und Methoden des geplanten Seminars, (4) Erarbeitung von Seminarzielen mit den späteren Seminarteilnehmern, so dass der Bezug zu den praktischen Aufgaben und Problemen der Teilnehmer und damit ihre Motivation zur späteren Teilnahme gestärkt wird. Wenig hilfreich für die Bewertung eines P. ist es, wenn (wie in der Praxis nicht selten) nur Teilnehmer einbezogen werden, die später nicht zum Teilnehmerkreis gehören.

Vgl. auch → Gruppendynamik, → Seminare, → Training.

Postkorb-Übungen, *Postkorb-Methode, In-Basket-Übung.* Unter P.-Ü. wird eine weit verbreitete, i.d.R. in einem → Assessmentcenter als Einzel-Assessment enthaltene Aufgabe bezeichnet, die den Posteingang, zumeist einer Führungskraft, simuliert. Der Posteingang enthält Briefe, Schriftstücke, Notizzettel u.Ä. (meistens 8 bis 15) unterschiedlicher Inhalte und Wichtigkeit. Der Kandidat hat die Aufgabe, innerhalb eines vorgegebenen knappen Zeitrahmens diesen Posteingang zu bearbeiten, d.h. er soll daraus resultierende Arbeitsvorgänge und Entscheidungen erkennen sowie nach Reihenfolge und Bedeutung strukturieren. Inzwischen gibt es auch computergestützte Versionen, die von den Bewerbern am PC bearbeitet werden müssen. Aus den P.-Ü. ist eine Vielzahl inhaltlich ähnlicher Übungen entstanden, die alle zum Ziel haben, das Problembeurteilungs- und Entscheidungsverhalten des Kandidaten zu erkennen. P.-Ü. sind hierzu jedoch allein wenig geeignet und bedürfen im Assessmentcenter der Ergänzung durch andere Übungen.

Potenzialdiagnose. P. ist vor dem Hintergrund von Personalentscheidungen (z.B. bei der Bewerberauswahl oder Mitarbeiterförderung) die systematische Erfassung und Bewertung der → Eignung, zukünftigen beruflichen Anforderungen gerecht zu werden. Ausgangspunkte der P. sind die → Qualifikation (→ Qualifikationsprofil) des Mitarbeiters oder Bewerbers und die bekannten oder zumindest verlässlich prognostizierbaren Arbeitsanforderungen (→ Anforderungsprofil). Ergebnis der P. sind somit Aussagen bzw. Prognosen über das verfügbare und aktivierbare Leistungsvermögen und die Fähigkeit, dieses erfolgreich zur Lösung zukünftiger beruflicher Aufgaben einzusetzen. Potenzial gibt es demnach nicht abstrakt, sondern immer nur in Bezug auf definierbare, konkrete Anforderungen, Aufgaben oder Positionen. Hilfsmittel der P. sind i.d.R. die psychologische → Eignungsdiagnostik, → Mitarbeiterbeurteilungen und Assessmentcenter-Verfahren. Die Ergebnisse der P. lösen in der Praxis häufig gezielte Maßnahmen der

Mitarbeiterförderung (z.B. fachliche Weiterqualifizierung) aus und unterstützen darüber hinaus eine bedarfs- wie mitarbeitergerechte → Personaleinsatzplanung, → Personalentwicklung und → Führungskräfteentwicklung sowie → Laufbahnplanung und → Nachfolgeplanung.

Praktikum. Das P. dient i.d.R. dem Erwerb praktischer Kenntnisse und Erfahrungen in einem Unternehmen im Rahmen einer davon meistens unabhängigen, mehr theoretischen Ausbildung (z.B. ein Studium). Es kann als praxisorientierende Vorstufe auch Zulassungsvoraussetzung zur Aufnahme einer bestimmten Berufsausbildung, eines Studiums, einer weiteren Ausbildungsphase o.Ä. sein. Das P. kann nach Inhalt, Form und Dauer reglementiert sein, z.B. in einer Studienordnung, oder aber nach individueller Absprache zwischen Unternehmen und Praktikant gestaltet werden, so in der Praxis häufig als P. von Studenten in den Semesterferien. Stehen während des P. eindeutig Ausbildungszwecke im Vordergrund, gelten – mit einigen Ausnahmen – die Vorschriften des Berufsbildungsgesetzes (§ 19 BBiG). Viele Unternehmen betrachten inzwischen das P. als wichtiges Instrument des → Personalmarketings, insbesondere des → Hochschulmarketings, zur frühzeitigen Ansprache und Auswahl geeigneter Zielgruppen im → Personalmarkt. So sind von einigen Unternehmen für Studenten sehr attraktive Praktikantenprogramme entwickelt worden, die auf große Resonanz gestoßen sind.
Vgl. auch → Traineeprogramm, → Volontariat.

Prämien. P. dienen dazu, ein Vergütungssystem leistungsorientiert zu gestalten. Um dies zu erreichen, werden die – meist als → Zeitvergütung gestalteten – Grundvergütungen um P. ergänzt, wobei die Abgrenzung zwischen P. und → Zulagen fließend ist. Für die Gewährung einer P. bestehen regelmäßig objektive Anknüpfungskriterien, die auf die geleistete Arbeitsmenge, auf die geleistete Arbeitsqualität, auf erzielte Ersparnisse (Kostenmanagement!) oder auch auf eine besondere Auslastung von Anlagen abheben. Entsprechend wird von Mengenleistungsprämien, Qualitätsprämien, Ersparnisprämien oder Nutzungsprämien gesprochen. In der Zielsetzung, die Grundvergütung durch leistungsabhängige Komponenten zu ergän-

zen, entsprechen sich P., Zulagen und Einmalzahlungen, insbesondere → Tantiemen.
Von besonderer Bedeutung sind P., die im Rahmen des betrieblichen Vorschlagswesens für Verbesserungsvorschläge von Mitarbeitern – meist in einem näher vorgegebenen Verfahren durch besondere, mit Arbeitgeber- und Arbeitnehmervertretern besetzte Kommissionen – zugebilligt werden. Die Grundsätze über das betriebliche Vorschlagswesen unterliegen der → Mitbestimmung nach §87 Abs. 1 Nr. 12 BetrVG, diejenigen der Prämiengestaltung nach §87 Abs. 1 Nr. 10 BetrVG. Erforderlich ist eine Einigung zwischen Arbeitgeber und → Betriebsrat, wobei ein fehlendes Einvernehmen durch einen Spruch der → Einigungsstelle ersetzt werden kann. Der Unterschied zwischen P. und Zulagen besteht darin, dass P. sich grundsätzlich an objektiven, messbaren Bezugsgrößen orientieren, während für Zulagen wie auch für Tantiemen und sonstige Einmalzahlungen alle Aspekte der Mitarbeiterleistungen und damit einer leistungsorientierten → Vergütung herangezogen werden können. Hierzu zählen z.B. das Verhalten gegenüber Kunden, die Bereitschaft zur eigenen Weiterbildung, die Qualität der Mitarbeiterführung, die Kreativität, ein besonderer Arbeitseinsatz im Rahmen von Projekten etc.
Vgl. auch → Incentives, → Leistungszulage.

Prämienlohn, → Prämien.

Pre-Employment Screening. Hierunter werden grundsätzlich alle Aktivitäten im Rahmen der Bewerberauswahl verstanden, insbesondere → Bewerbungsanalyse, Einholung von → Referenzen und → Vorstellungsgespräch. In neuerer Zeit hat der Begriff jedoch einen Bedeutungswandel erfahren im Sinne einer systematischen Nachprüfung von Bewerberangaben hinsichtlich Plausibilität und Wahrheitsgehalt. Praktische Erfahrungen bei der Personalauswahl zeigen einen verstärkten Trend hin zu geschönten und sogar gefälschten Angaben in den → Bewerbungsunterlagen. Fundierte Schätzungen gehen heute davon aus, dass mindestens 10 % der berufserfahrenen Bewerber bewusst falsche Angaben machen, dies v.a. bei Ausbildungs- und Beschäftigungszeiten, ihren Qualifikationen sowie beruflichen Erfahrungen. Die Spanne reicht dabei vom Verdecken nur kurzfristiger Beschäftigungsverhältnisse im → Lebenslauf bis zur Vorlage verfälschter oder gefälschter → Zeugnisse und Diplomurkunden. Auch von daher ist es wichtig, bei der Bewerberauswahl besonders sorgfältig vorzugehen und bei Unklarheiten spätestens im → Vorstellungsgespräch gründlich nachzufassen. Inzwischen gibt es auch auf das P.-E. Screening spezialisierte Berater und Institute, die v.a. bei der Besetzung herausgehobener Positionen anbieten, Bewerberangaben über Hintergrund-Recherchen zu verifizieren. Vgl. auch → Fragerecht, → Offenbarungspflicht, → Wohlwollensgebot.

Probearbeitstag. Der P. ist die im Rahmen der Bewerberauswahl bzw. Stellenbesetzung einem Bewerber eingeräumte Möglichkeit, das Unternehmen, den künftigen Arbeitsplatz sowie die Kollegen über eine i.d.R. auf ein bis fünf Tage beschränkte Mitarbeit (gegen Entgelt) kennen zu lernen. Damit soll einem für das Unternehmen interessanten Bewerber die Entscheidung für oder gegen ein Beschäftigungsangebot erleichtert werden. Ein festes Beschäftigungsverhältnis oder ein → Probearbeitsverhältnis wird über den P. nicht begründet. In der Praxis wird der P. eher selten, mitunter jedoch für gewerbliche Mitarbeiter im Handwerk und in mittelständischen Industriebetrieben genutzt.

Probearbeitsverhältnis. Die Parteien eines Arbeitsverhältnisses wollen sich zu Beginn eines neuen → Arbeitsvertrages häufig nicht sofort auf unbestimmte Zeit binden, sondern zunächst prüfen, ob sich eine gedeihliche Zusammenarbeit unter fachlichen und menschlichen Aspekten entwickelt. Zu diesem Zweck wird ein P. vereinbart. Im Hinblick darauf, dass der Arbeitnehmer ohnehin unter Einhaltung der Kündigungsfristen jederzeit kündigen kann, hat sie insbesondere Bedeutung für den Arbeitgeber. Sie befreit ihn bei wirksamer Vereinbarung einer Probezeit von den strengen Voraussetzungen des KSchG.
Für die Gestaltung der Probezeit kommen verschiedene rechtliche Möglichkeiten in Betracht: Ein auf die Probezeit befristetes Arbeitsverhältnis, das mit Ablauf der vereinbarten Zeit ohne Weiteres endet und daher durch neuen, unbefristeten Vertragsabschluss bekräftigt werden muss, wenn die Parteien die Zusammenarbeit fortsetzen wollen. Häufiger ist demgegenüber der Abschluss eines unbefristeten Arbeitsvertrages, wobei die erste Zeit als Probezeit mit Verkürzung der Kündigungsfristen auf die Mindestfristen nach §622 BGB und unter Ausschluss des KSchG gilt. Tarifverträge begrenzen die Probezeit vielfach auf 3 Monate. Sofern eine tarifvertragliche Absprache nicht entgegensteht, ist auch eine bis zu 6-monatige Probezeit zulässig. Dies ergibt sich mittelbar aus §1 Abs. 1 KSchG, wonach sozial ungerechtfertigte → Kündigungen nur dann für rechtsunwirksam erklärt werden, wenn das Arbeitsverhältnis in demselben Betrieb oder Unternehmen ohne Unterbrechung länger als sechs Monate bestanden hat. Das für den Abschluss befristeter Arbeitsverträge grundsätzlich notwendige Erfordernis eines sachlich gerechtfertigten Grundes liegt vor, wenn die Befristung in den genannten Zeitgrenzen der Erprobung dient. §14 Abs. 2 des TzBfG ermöglicht es, die zugelassene Befristung auf zwei Jahre ohne das Erfordernis eines sachlichen Grundes auch zu Erprobungszwecken zu nutzen. Dies gilt insbesondere im Hinblick auf die Neueinstellung von Arbeitnehmern, da insoweit eine erstmalige Befristung keine besonderen Rechtsvoraussetzungen verlangt. Auch wenn das TzBfG ebenso wie sein Vorgänger, das BeschFG, nicht das Ziel erleichterter und verlängerter Probezeiten hat, sondern zur Belebung des Arbeitsmarktes beitragen soll, ist die Nutzung für die Probezeit möglich.
Personalpolitisch kommt der Probezeit im Hinblick auf den nach Ablauf der Probezeit einsetzenden → Kündigungsschutz eine besondere Bedeutung zu. Da sich die Einstellung von neuen Mitarbeitern bei langfristigem Bestehen des Arbeitsverhältnisses stets als eine Millioneninvestition darstellt, ist es wichtig, die Probezeit zur Beobachtung des neuen Mitarbeiters zu nutzen. Einarbeitungsprogramme, Einführungsseminare, regelmäßige Gespräche mit dem Vorgesetzten und ggf. auch ein „Pate" (der nicht der Vorgesetzte sein sollte) zur Überbrückung von Anfangsschwierigkeiten, ferner aber auch Traineeprogramme und die Zusammenkunft neuer Mitarbeiter zu einem Erfahrungsaustausch unter Leitung eines erfahrenen Mitarbeiters leisten wichtige Beiträge zur Erreichung dieses Ziels.
Vgl. auch → Mitarbeiterführung, → Patensystem.

Probezeit, → Probearbeitsverhältnis.

Profitcenter. P. ist ein personalpolitisches Konzept, nach dem die → Personalabteilung gleichsam als Servicecenter und mit eigener Verantwortlichkeit für Kosten und Erfolg der von ihr angebotenen Dienstleistungen angelegt wird. Ihre Leistungen werden an Erwartungen und Nachfrage ihrer „internen Kunden" (z.B. Fachabteilungen, Unternehmensleitung, Führungskräfte) orientiert angeboten und die dafür entstehenden Kosten zu Marktpreisen verrechnet. Nutzen und Qualität der Leistungen werden von den internen Kunden bewertet. Die Personalabteilung steht hier mit vielen ihrer Leistungen in direkter Konkurrenz zu externen Anbietern, z.B. Personal- und Unternehmensberatungen. Bieten sie gleiche Leistungen in höherer Qualität oder zu niedrigeren Kosten an, können diese von den internen Kunden der Personalabteilung bevorzugt genutzt werden. Die P.-Orientierung der Personalabteilung gilt v.a. für größere Unternehmen mit einem breiten Spektrum personalrelevanter Funktionen als Beitrag zur Steigerung von Kundennähe, Flexibilität und Kostenbewusstsein in der Personalarbeit.
Vgl. auch → Personalcontrolling, → Personalorganisation.

Prognoseinstrumente. Hierzu gehören vornehmlich die Methoden und Instrumente (z.B. → Tests) der → Eignungsdiagnostik, die bei der Personalauswahl (i.d.R. bei Personalbeschaffung und Mitarbeiterförderung) mit dem Ziel eingesetzt werden, für die Beurteilung des wahrscheinlichen künftigen Berufserfolges eines Bewerbers oder Mitarbeiters verlässliche Aussagen z.B. über seine Berufseignung, sein Leistungspotenzial und -verhalten, seine Motivation und andere hier relevante Faktoren zu gewinnen.
Vgl. auch → Assessmentcenter, → biografischer Fragebogen, → Eignung, → Potenzialdiagnose.

Projektmanagement. In Form von Projekten werden i.d.R. Aufgaben bearbeitet, die gekennzeichnet sind durch a) hohe Komplexität, b) die Herausforderung, besondere oder innovative Lösungen zu finden, c) die Notwendigkeit zur fach-, bereichs- oder betriebsübergreifenden Zusammenarbeit, d) eine zeitliche Befristung oder Terminvorgabe der Arbeitsergebnisse. Aufgrund des damit gegebenen besonderen Charakters der Aufgabenstellungen ist die Erreichung der Pro-

jektziele häufig mit Unsicherheiten und Risiken verbunden, so dass zumeist ein systematisches P. erforderlich wird. Dies umfasst dann die Planung, Koordination, Steuerung und Kontrolle aller notwendigen Projektaktivitäten sowie die projektorientierte → Leitung und → Führung der Projektmitarbeiter.
Die projekt- oder projektgruppenmäßige Bearbeitung von Aufgaben und damit verbunden die Bedeutung des P. haben in den letzten Jahren in vielen Unternehmen stark zugenommen, z.B. bei internationalen Kooperationen von Unternehmen der Luft- und Raumfahrt, der Automobil- und Automobilzulieferindustrie sowie der Telekommunikation. In der Bauwirtschaft spielt das P. von jeher bei der Planung und Abwicklung von Großbaustellen eine wichtige Rolle. Aus Sicht des Personalmanagements bieten Aufgaben der Projektbearbeitung und des P. oft neue, sehr anspruchsvolle Herausforderungen für die fachliche, methodische und soziale → Kompetenz der damit befassten Mitarbeiter. Daher werden im Rahmen der → Personalentwicklung oder → Führungskräfteentwicklung, aber auch von → Jobrotation Mitarbeiter zur Stärkung oder Erprobung ihrer → Eignung für höherwertige Aufgaben mitunter systematisch in Projekten oder im P. eingesetzt. In manchen Unternehmen gehört der Einsatz im Sinne eines → Training on the Job auch zum Bestandteil von → Traineeprogrammen, damit sollen die von → Trainees hin und wieder in ihrer Ausbildung vermissten, besonders interessanten Herausforderungen geboten werden.
Vgl. auch → Brainstorming, → Führungsfähigkeit, → Intrapreneur, → Schlüsselqualifikationen.

Provision. Die P. ist eine erfolgsabhängige → Vergütung. Sie wird regelmäßig nach dem Wert abgeschlossener Geschäfte bemessen, die auf den Einsatz des Arbeitnehmers oder auch eines selbstständigen Handelsvertreters zurückgehen. Die P. kann für die Vermittlung eines Geschäfts (Vermittlungsprovision) oder auch wegen der Verantwortlichkeit für einen Kundenstamm in einem bestimmten Bezirk bezüglich aller dort getätigten Geschäfte (Bezirksprovision) gezahlt werden. Die Intensität des Arbeitseinsatzes für das Zustandekommen eines Geschäfts spielt für die Bemessung einer P. grundsätzlich keine Rolle. Insoweit müssen andere Elemente eines leistungsorientierten Vergütungssystems greifen.

Gesetzliche Regelungen bestehen für den P.-Anspruch des Handelsvertreters als selbstständiger Gewerbetreibender (§ 84 HGB). Diese gesetzlichen Vorschriften sind auf den selbstständigen Handelsvertreter zugeschnitten und daher auf Arbeitnehmer nicht anwendbar. Für Letztere richtet sich ein P.-Anspruch allein nach den bestehenden arbeitsvertraglichen Vereinbarungen. Voraussetzung ist folglich, dass der → Arbeitsvertrag eine konkrete P.-Zusage enthält. Dies kommt insbesondere für Mitarbeiter im Außendienst vor, um Anreize für einen erfolgreichen Vertrieb zu geben. Sieht der Arbeitsvertrag keine P.-Zahlungen vor, scheidet ein entsprechender Anspruch des Arbeitnehmers aus. In diesen Fällen richtet sich seine Vergütung allein nach der vertraglichen bzw. tariflichen Vereinbarung.

Vgl. auch → Leistungszulage, → Prämie.

Punktesystem. Ein P. wird in der personalwirtschaftlichen Praxis vielfach eingesetzt, um Entscheidungen zu objektivieren. Dies gilt einmal für die Vergütungsfindung im Rahmen einer analytischen Arbeitsplatzbewertung, wofür die einzelnen Sektoren einer Arbeitsleistung – je nach den Anforderungen an den Inhaber des Arbeitsplatzes – Punkte vergeben werden. Bestimmte Punktegruppen entsprechen einer Vergütungsgruppe. Je höher die einem Arbeitsplatz zugeordnete Punktzahl ist, desto höher ist die → Vergütung.

Darüber hinaus werden P. vielfach benutzt, um im Falle von betriebsbedingten → Kündigungen Mitarbeiter auszuwählen, die im Unternehmen verbleiben können, und diejenigen, die eine betriebsbedingte Beendigung des Arbeitsverhältnisses erfahren. Hintergrund der Regelung ist § 1 Abs. 1 und 2 KSchG, der Kündigungen nur im Falle der sozialen Rechtfertigung gestattet, wobei eine solche Berechtigung u.a. in dringenden betrieblichen Erfordernissen liegen kann. Zu diesem Zweck ist zunächst die Gruppe der Arbeitnehmer festzulegen, die von den betrieblichen Erfordernissen überhaupt betroffen ist. Ist diese Gruppe korrekt abgegrenzt,

wobei insbesondere die beruflichen Aufgaben und die hierfür erforderlichen Qualifikationsprofile von Bedeutung sind, und steht darüber hinaus fest, wie viele Arbeitnehmer entlassen werden müssen, soll ein P. die Entscheidung bezüglich der Kündigungsauswahl erleichtern. Dabei spielen Lebensalter, Betriebszugehörigkeit, etwaige Behinderungen sowie die Zahl der unterhaltsberechtigten Personen eine Rolle. Eine höhere Punktzahl entspricht einer höheren sozialen Schutzbedürftigkeit.

Die bisherige Rechtsprechung erkannte jedoch stets eine besondere Betrachtung des Einzelfalls mit all seinen Facetten als erforderlich, um den berechtigten Belangen des einzelnen Mitarbeiters zu entsprechen und eine unangemessene Pauschalierung zu vermeiden. Dies wurde durch das BAG mittlerweile aufgegeben. Angesichts der Kriterien des § 1 Abs. 3 S. 1 KSchG bedürfe es keiner abschließenden Einzelbetrachtung mehr.

Infolge des Beteiligungsrechts des → Betriebsrats für Kündigungen (§ 102 BetrVG) sowie wegen der Berechtigung des Betriebsrats, im Falle von → Betriebsänderungen, insbesondere auch von → Massenentlassungen, einen → Sozialplan zu verlangen (§§ 111, 112 BetrVG), erfolgt die Entwicklung eines P. sowie dessen Anwendung regelmäßig in Abstimmung zwischen Unternehmensleitung und Betriebsrat (→ Personalabbau).

Schließlich finden Punktesysteme in der personalwirtschaftlichen Praxis Anwendung für die Auswahl von Bewerbern um Ausbildungsplätze im Rahmen von Eignungstests, die für Fähigkeiten auf verschiedenen Gebieten Punkte vergeben. Auch für die Findung leistungsgerechter Vergütungen, insbesondere für Einmalzahlungen (→ Leistungszulagen, → Prämien, → Tantiemen) werden manchmal Punktesysteme praktiziert. Sie werfen für die einzelnen Facetten einer Tätigkeit – vielfach verknüpft mit einem Beurteilungssystem – Punkte aus (z.B. für Arbeitseinsatz, Arbeitsqualität, Kreativität, Führungsleistungen). Aus der Summe der Punkte ergibt sich die Höhe der Einmalzahlung.

Q

Qualifikation. Aus personalwirtschaftlicher Sicht bezeichnet Q. die Summe der Fähigkeiten und Kenntnisse eines Mitarbeiters oder Bewerbers, die ihn befähigen, einen Beruf auszuüben und den damit verbundenen Arbeitsanforderungen gerecht zu werden. Die berufliche Eingangsqualifikation wird i.d.R. über allgemeinbildende Schulen oder Hochschulen erworben. Darauf aufbauen können berufsübergreifende oder berufsfeldorientierte Basisqualifikationen (u.a. vermittelt über Berufs- und Berufsfachschulen, Hochschulen) sowie berufs- und tätigkeitsbezogene Spezialqualifikationen (z.B. über betriebliche Aus- und Weiterbildung). Zu unterscheiden ist hier die formale Q., die in Zeugnissen, Diplomen, Lehrgangszertifikaten u.Ä. dokumentiert wird, von der faktischen Q., die sich in der Praxis bei der Bewältigung konkreter Berufsanforderungen zeigt.

Q. wird heute üblicherweise differenziert nach: (1) Fachwissen und Fachkönnen, (2) relevanten Merkmalen der Person (z.B. Alter) und Persönlichkeit (z.B. psychische Belastbarkeit) sowie (3) nach Einsatz- und Leistungsbereitschaft (→ Motivation).

In der modernen Arbeitswelt werden inzwischen neben unmittelbar fachbezogenen Qualifikationen sog. Querschnitts- oder → Schlüsselqualifikationen immer wichtiger. Hierzu zählen v.a. Methodenkompetenz (z.B. die Beherrschung von Planungs- und Entscheidungstechniken), Sozialkompetenz (z.B. Team- und Kommunikationsfähigkeit) sowie die Bereitschaft zur Weiterqualifizierung. Q. darf nicht als statischer und auf Dauer angelegter Vorrat beruflicher Kompetenzen betrachtet werden, sondern muss unter den Bedingungen v.a. des rapiden technisch-organisatorischen Wandels sowie des internationalen Wettbewerbs als dynamisch und wandlungsoffen begriffen werden. Dies setzt sowohl bei Mitarbeitern als auch bei Unternehmen voraus, erworbene Q. über Weiter- und Neuqualifizierung permanent an veränderte berufliche Bedingungen und Inhalte anzupassen.

Vgl. auch → Anforderungsprofil, → Berufsausbildung, → Eignung, → Personalentwicklung, → Qualifikationsprofil, → Weiterbildung.

Qualifikationsprofil. Als Q. wird die textliche oder grafische Darstellung von fachlichen, sozialen und persönlichen Qualifikationsmerkmalen sowie deren jeweilige Ausprägungsgrade bezeichnet. Das Q. ist personenbezogen und gibt Hinweise auf das berufliche Leistungspotenzial und die Fähigkeiten eines Mitarbeiters oder Bewerbers, beruflichen Anforderungen gerecht zu werden. Je nach Beruf, Stelle und Arbeitsaufgaben sind hier besondere Qualifikationsmerkmale und Ausprägungsgrade von Bedeutung (z.B. hohe kommunikative Kompetenz bei oberen Führungskräften). Die Ermittlung und Analyse eines Q. sollte daher betont stellen- und aufgabenorientiert erfolgen. Hinsichtlich einer Bewertung des Q. (z.B. bei der Bewerberauswahl) sind auch die situativen und institutionellen Rahmenbedingungen (z.B. unternehmenskulturelle Aspekte), unter denen die Leistungserbringung erfolgte oder erfolgen wird, zu beachten.

Dem Q. komplementär ist das → Anforderungsprofil einer → Stelle oder eines → Arbeitsplatzes. Ein Ziel der → Personalpolitik muss sein, über die Optimierung der → Personalplanung, des → Personalportfolios, der → Arbeitsbedingungen, des Personaleinsatzes und der → Personalentwicklung die vielfältigen Anforderungs- und Qualifikationsprofile im Unternehmen in Übereinstimmung zu bringen und dies langfristig zu sichern.

Vgl. auch → Eignung, → Eignungsprofil, → Qualifikation.

Qualität. Q. wird heute i.d.R. als die Eigenschaft eines Produktes oder einer Dienstleistung bezeichnet, den daran gestellten Anforderungen des Kunden oder Nutzers in jeder Hinsicht in bestmöglicher Weise zu genügen. Q. wird damit nicht mehr allein, wie in der Vergangenheit oft üblich, primär über das Produkt oder die Dienstleistung selbst bzw. den diesen vom Hersteller/Anbieter beigegeben Funktions- und Gebrauchseigenschaften definiert. Dies hat in der Praxis zu einer stärkeren Markt- bzw. Kundenorientierung auch schon in Phasen der Entwicklung von Produkten und Dienstleistungen geführt; die so definierte Q. wird als Maßstab möglichst in allen Stufen der betrieblichen Wertschöpfung etabliert (→ Total Quality Management (TQM)).

In weiterer Konsequenz hat dieses Qualitätsdenken dazu geführt, als Kunden nicht nur die externen Abnehmer zu bezeichnen, sondern nach dem sog. internen Kunden-Lieferanten-Konzept auch die im Unternehmen vorhandenen, internen Abnehmer von Vor- und Zwischenleistungen (z.B. Entwicklung – Produktion, Personalbeschaffung – Personaleinsatz) als Kunden zu betrachten, deren Anforderungen und Spezifikationen in bester Weise zu erfüllen sind mit dem für alle gemeinsamen Ziel, damit auch dem externen Kunden höchste Q. anzubieten.
Vgl. auch → Benchmarking, → Intrapreneur, → Kaizen, → Qualitätszirkel, → Unternehmenskultur.

Qualitätsmanagement, → Total Quality Management (TQM).

Qualitätszirkel. Ein Q. ist meistens eine Gruppe von mehreren Mitarbeitern (häufig fünf bis zehn) eines Arbeitsbereichs, die sich während (mitunter auch außerhalb) der Arbeitszeit freiwillig regelmäßig zur Suche und Diskussion von Möglichkeiten zur Verbesserung der Produktqualität, der Produktionsmethoden und -verfahren, der Ablauforganisati-

on u.a. zusammenfinden. Die Abgrenzung zwischen Q. und → Lernstatt ist dabei in der Praxis manchmal fließend. Neben einer Steigerung der Arbeitsqualität kann ein Q. eine Erhöhung der Arbeitsmotivation bewirken, insbesondere wenn deutlich wird, dass die Nutzung von Erfahrungen und Knowhow der Mitarbeiter für das Unternehmen einen hohen Stellenwert hat und Anregungen aus dem Q. auch realisiert werden.

Ursprünglich waren Q. eine Unterstützung der produktbezogenen Qualitätssicherung, heute sind sie vor dem Hintergrund des → Total Quality Management (TQM) vielfach wichtige Einrichtungen zur kontinuierlichen Verbesserung (→ Kaizen) der → Qualität in allen ihren Dimensionen. Q. sind nicht nur auf gewerblich-technische Arbeitsbereiche beschränkt, sondern finden sich heute in allen Funktionsbereichen. Die Organisation der Q. ist in der Praxis sehr unterschiedlich: So gibt es Q. als Dauereinrichtung, aber auch nur fallbezogen und zeitlich begrenzt sowie Q., die nur Mitglieder des gleichen Arbeitsgebietes oder -bereiches und derselben Hierarchieebene umfassen, aber auch hierarchie- und bereichsübergreifend angelegte Q. In großen Unternehmen können mehrere Q. in verschiedenen Arbeitsbereichen oder Organisationseinheiten bestehen, deren Aufgaben und Ergebnisse i.d.R. über Steuerungsteams, Koordinatoren o.Ä. gelenkt werden. Moderiert wird ein Q. meistens von einem hierfür besonders geschulten Mitglied der Gruppe. Die Motivation zur Teilnahme an einem Q. und dessen Erfolge hängen entscheidend davon ab, wieweit Arbeit und Ergebnisse des Q. Rückhalt und Akzeptanz in der Betriebs- oder Unternehmensleitung finden. Fehlt beides, versanden Idee und Arbeit der Q. sehr schnell; in der Praxis gibt es dafür manche Beispiele.
Vgl. auch → betriebliches Vorschlagswesen.

R

Radio Recruiting. R. R. ist eine neuere Form der Personalwerbung, die als Medium den Hörfunk nutzt und vorwiegend die Zielgruppe Auszubildendennachwuchs für gewerbliche Berufe in Handwerk und Industrie ansprechen soll. Wegen der i.d.R. geringen räumlichen Mobilität dieser Zielgruppe werden meistens lokale Rundfunksender aus der Region des suchenden Unternehmens einbezogen. Wichtig ist die Platzierung der werblichen Aussage in die zeitliche Nähe von bei diesem Personenkreis beliebten Sendungen. Beachtet werden muss aber, dass Berufswahlentscheidungen von Jugendlichen auch erheblich von ihren Eltern beeinflusst werden. R. R. sollte daher auch die Eltern ansprechen, was hinsichtlich Inhalt und Platzierung der werblichen Aussagen oft zu wenig beachtet wird. Mit R. R. liegen positive Erfahrungen vor, jedoch fehlen bislang breitere, systematische Auswertungen.
Vgl. auch → Personalmarketing, → Personalwerbung.

Rahmentarifvertrag, → Manteltarifvertrag.

Ranking. Grundsätzlich kann unter R. ein Verfahren verstanden werden, nach dem z.B. Organisationen, Unternehmen oder Personen hinsichtlich bestimmter Merkmale oder Merkmalsausprägungen in eine Rangfolge gebracht werden (z.B. Unternehmen nach ihrem Börsenwert, Bewerber in einem Auswahlverfahren). In neuerer Zeit sind als R. aber v.a. Versuche bekannt geworden, Universitäten, Fachhochschulen oder einzelne ihrer Fachbereiche und Studiengänge nach Qualität und Praxisbezug der vermittelten Ausbildungsinhalte, Renommee der Hochschullehrer, durchschnittlicher Studiendauer der Absolventen u.a. Kriterien zu bewerten und in eine Rangfolge einzustufen. So haben vorwiegend Wirtschafts- und Managementmagazine mit unterschiedlichen Methoden R. unternommen und hierzu Ergebnisse vorgestellt. Überwiegendes Anliegen dabei ist es,
Studienanfängern Orientierungshilfen bei der Hochschulauswahl und Unternehmen Bewertungshilfen bei der Auswahl von Hochschulabsolventen anzubieten (→ Zeugnisse). Insbesondere wegen großer methodischer Defizite bei der Festlegung geeigneter, objektiver Leistungs- und Bewertungskriterien und wegen der geringen Homogenität der Hochschulen und Studiengänge, selbst im Hinblick auf gleiche Fachbereiche, konnten aber diese R. bislang nicht überzeugen.
Ein mehr informelles R. bei der Auswahl und Einstellung von Hochschulabsolventen ist darin zu sehen, dass gute oder weniger gute Erfahrungen mit Absolventen bestimmter Hochschulen oder Studiengänge die Einstellungspraxis mancher Unternehmen entsprechend beeinflussen. Darüber hinaus lässt sich bei Personalleitern und Fachvorgesetzten vereinzelt eine Tendenz zur Höherbewertung von Hochschulen beobachten, an denen sie selbst studiert haben.
Vgl. auch → Punktesystem.

Rationalisierung. Notwendige → Rationalisierungsmaßnahmen sind ein unverzichtbares Element wirtschaftlicher Unternehmensführung. Sie können regelmäßig angelegt sein. Da dies auch in erfolgreichen Unternehmen als von allen ernst genommene Daueraufgabe erfahrungsgemäß selten gelingt, kommt es vielfach von Zeit zu Zeit zu besonderen Rationalisierungsprogrammen. Sie betreffen die Aufbau- und Ablauforganisation, das gesamte Kostenmanagement und vielfach auch den Personalbereich.
Aus rechtlicher Sicht sind hierfür verschiedene Vorgaben zu beachten. Der Grundsatz der vertrauensvollen Zusammenarbeit zwischen Arbeitgeber und → Betriebsrat (§§2, 74 BetrVG) gebietet eine rechtzeitige und offene Informationspolitik. Entsprechendes gilt für die Kooperation mit dem → Sprecherausschuss. Darüber hinaus berühren Rationalisierungsmaßnahmen eine Reihe von Mitbestimmungstatbeständen. Einmal ist der Kata-

log der Mitbestimmungsrechte des §87 Abs. 1 BetrVG zu beachten, insbesondere wenn die Rationalisierungsmaßnahmen Arbeitszeitfragen (Ziff. 2 und 3), der Kontrolle dienende technische Einrichtungen (Ziff. 6), Fragen der Lohngestaltung sowie die Festsetzung der Akkord- und Prämiensätze (Ziff. 10 und 11) und schließlich das → betriebliche Vorschlagswesen (Ziff. 12) betreffen. Neue technische Anlagen sowie Änderungen der Arbeitsverfahren und -abläufe lösen das Unterrichtungs- und Beratungsrecht des Betriebsrats nach §90 BetrVG aus. Für Personalplanungsmaßnahmen greift §92 BetrVG, wonach der Betriebsrat darüber zu unterrichten ist und die Maßnahmen mit ihm zu beraten sind. Soweit Rationalisierungsprogramme zu personellen Einzelmaßnahmen führen, sind §§99 und 102 BetrVG zu beachten. Führen sie zu Betriebsänderungen, die wesentliche Nachteile für die Belegschaft oder erhebliche Teile davon zur Folge haben können, greifen §§111 ff. BetrVG ein. Danach ist der Betriebsrat rechtzeitig und umfassend zu unterrichten, die geplanten → Betriebsänderungen sind mit ihm zu beraten, woran sich das Interessenausgleichs- und Sozialplanverfahren (§112 BetrVG) anschließt. Da Rationalisierungsmaßnahmen regelmäßig mit der wirtschaftlichen Lage des Unternehmens verknüpft sind, greift schließlich die Unterrichtungspflicht gegenüber dem → Wirtschaftsausschuss nach §106 BetrVG ein, wobei zahlreiche der in §106 Abs. 3 BetrVG angesprochenen Themen berührt sein können. Entsprechendes gilt nach §32 SprAuG im Verhältnis zu dem Sprecherausschuss.

Darüber hinaus sind besondere Rationalisierungsschutztarifverträge (Rationalisierungsschutzabkommen) zu beachten, die Regeln für die Durchführung von Rationalisierungsmaßnahmen und deren Folgen aufstellen. Damit werden auf tarifvertraglicher Ebene Fragen geregelt, die auf betrieblicher Basis Gegenstand des → Sozialplans sein können. Hierzu zählen insbesondere Verpflichtungen zur Beschäftigung betroffener Arbeitnehmer auf anderen Arbeitsplätzen soweit möglich, Weiterbildungsmaßnahmen, Regelungen zur Vergütungssicherung, zu Umzugskosten, zu → Abfindungen im Falle der Entlassung und zu Frühpensionierungen. Vgl. auch → Total Quality Management (TQM).

Rationalisierungsmaßnahmen. R. dienen der Verbesserung der unternehmerischen Effizienz, sei es durch Kosteneinsparung, sei es durch Erhöhung/ Verbesserung der Unternehmensleistungen in Quantität und Qualität. Soweit R. den Personalbereich betreffen, sollten diese unbedingt in ein unternehmerisches Gesamtkonzept eingebunden sein. Allein und einseitig die Belegschaft treffende Einschränkungen sind sachwidrig und sozial unausgewogen, solange Rationalisierungspotenzial an anderer Stelle besteht. Eine mitarbeiterorientierte Personal- und Unternehmenspolitik beachtet diese Zusammenhänge. Zum Schutz der Betroffenen vor R. bestehen vielfach → Rationalisierungsschutzabkommen.

Vgl. auch → Betriebsänderung, → Kündigungsrecht, → Lean Management, → Outsourcing.

Rationalisierungsschutzabkommen. R. sind besondere → Tarifverträge oder → Betriebsvereinbarungen, die zur Milderung sowie sozialen Abfederung von → Rationalisierungsmaßnahmen abgeschlossen werden. Soweit Rationalisierungsmaßnahmen den Charakter einer → Betriebsänderung nach §111 BetrVG haben, sind ein → Interessenausgleich und ein → Sozialplan unter Berücksichtigung etwaiger R. abzuschließen. In vielen Tarifbezirken bestehen tarifvertragliche Vereinbarungen über R. Sie haben typischerweise folgende Inhalte:

Vorrang der innerbetrieblichen → Umsetzung vor → Kündigung; Vorrang der → Versetzung auf gleichwertige Arbeitsplätze mit dem Ziel der Vermeidung von Vergütungseinbußen vor der Zuweisung einer geringer wertigen Arbeit; Übergangsregelungen für den Fall von Vergütungseinbußen (z.B. durch Verrechnung mit künftigen Vergütungsanpassungen; alternativ: sukzessiver Abbau des Vergütungsverlustes über eine Zeit von z.B. ein bis zwei Jahren); Umschulungs- und Weiterbildungsmaßnahmen zur Vorbereitung auf neue Arbeitsaufgaben; Frühpensionierung von älteren Mitarbeitern; Kriterienkatalog für die Auswahl zu kündigender Mitarbeiter im Falle nicht vermeidbarer Personalfreisetzungen; Vorrang der Nichtverlängerung von befristeten Arbeitsverhältnissen, des Abbaus von → Mehrarbeit und der Einführung von → Kurzarbeit vor Entlassungen.

Rauchverbot. Die seit langem anhaltende Diskussion über die schädlichen Wirkungen des Rauchens, einschließlich des Passivrauchens, haben auch die Unternehmen erreicht. Es ist häufig eine schwierige, manchmal kaum lösbare Aufgabe des Arbeitgebers, für einen sachgerechten Interessenausgleich zu sorgen. Im Rahmen organisatorischer Möglichkeiten kann hierzu die räumlich getrennte Arbeit von Rauchern und Nichtrauchern beitragen. Dies ist jedoch aus betriebsorganisatorischen Gründen sowie wegen des Raumangebots vielfach nicht möglich. Ein R. kann seitens des Arbeitgebers nicht einseitig im Rahmen des → Direktionsrechts verhängt werden. Vielmehr handelt es sich dabei um eine Maßnahme der Ordnung des Betriebes und des Verhaltens der Arbeitnehmer im Betrieb, die dem Mitbestimmungsrecht nach §87 Abs. 1 Ziff. 1 BetrVG unterliegt. Folglich sind R. nur mit Zustimmung des → Betriebsrats oder durch den Spruch einer → Einigungsstelle (§87 Abs. 2 BetrVG) möglich. In der betrieblichen Praxis sind R. bisher kaum vereinbart worden. Allerdings kann der Arbeitgeber ein einseitiges Rauchverbot aus Gründen des Brandschutzes oder zur Vermeidung von Verunreinigungen etc. verhängen. Eine derartige Befugnis wird ihm aufgrund seines Eigentums- und Hausrechts zuerkannt. Zudem muss der Arbeitgeber die erforderlichen Maßnahmen treffen, um die nicht rauchenden Beschäftigten wirksam vor den Gesundheitsgefahren durch Tabakrauch zu schützen (§5 ArbeitsstättenVO). In Arbeitsstätten mit Publikumsverkehr gilt das jedoch nur insoweit, als es die Natur des Betriebes bzw. die Art der Beschäftigung zulassen.

Recht auf Arbeit. Mit einem R. a. A. sind verschiedene Problemkreise angesprochen. Soweit ein Arbeitsverhältnis besteht, stellt sich die Frage, ob der Arbeitnehmer einen Rechtsanspruch auf Beschäftigung hat oder ob der Arbeitgeber den Arbeitnehmer gegen seinen Willen unter Fortzahlung der Vergütung von der Arbeit freistellen kann. Diese Thematik berührt die → Beschäftigungspflicht des Arbeitgebers. Darüber hinaus besteht ein Zusammenhang mit der → Berufsfreiheit (Art. 12 GG). Diese schützt jedoch nur die Freiheit der Berufswahl und Berufsausübung, ohne einen Anspruch – gegen wen auch immer – auf Verschaffung von Arbeit zu statuieren.

Für den Spezialbereich des öffentlichen Dienstes gewährleistet Art. 33 Abs. 2 GG den Zugang zu öffentlichen Ämtern bei entsprechender Eignung. Im Falle mehrerer Bewerber lässt dies das Einstellungsermessen des Dienstherrn grundsätzlich unberührt; allerdings kann sich im Einzelfall infolge einer sog. Ermessensreduzierung auf Null ein Einstellungsanspruch ergeben.

Schließlich wird verfassungspolitisch diskutiert, in die Verfassung im Rahmen der → Grundrechte ein R. a. A. aufzunehmen. Eine solche Erweiterung des Grundgesetzes (hingegen enthalten manche Landesverfassungen eine diesbezügliche Aussage) ist bisher zu Recht abgelehnt worden, weil es sich allein um einen politischen Programmsatz handeln müsste. Für ein R. a. A. fehlt es an einer korrespondierenden Pflicht, das R. a. A. zu erfüllen. Dies liefe im Ergebnis auf einen Einstellungsanspruch hinaus, dem weder der Staat noch ein Unternehmen ausgesetzt sein kann. Im Vorfeld eines R. a. A. angesiedelte Maßnahmen im Sinne einer Unterstützung bei der Suche nach einem Arbeitsplatz sowie überbrückender finanzieller Hilfen im Falle von Arbeitslosigkeit sind durch das SGB III bereits gewährleistet.

Recruiting-Messen. → Absolventenmessen.

Recruiting-Workshops. R.-W. werden als Instrument des → Personalmarketings und der → Personalbeschaffung von Unternehmen (oft in Kooperation mit hier spezialisierten Organisationen) mit dem Ziel einer systematischeren, gezielten Ansprache und Auswahl von → Führungsnachwuchs angeboten und durchgeführt. Im Mittelpunkt der zumeist zweitägigen Workshops stehen das gegenseitige Kennenlernen von potenziellen Mitarbeitern und Unternehmen, Informationen über Arbeits- und Karrieremöglichkeiten im Unternehmen sowie i.d.R. die einem → Assessmentcenter ähnliche Bearbeitung von Aufgaben aus der Unternehmenspraxis durch die meistens 10 – 25 Teilnehmer. Zur Teilnahme an einem R.-W. können sich Studenten fortgeschrittener Semester, Hochschulabsolventen oder sog. → Young Professionals anmelden. Der Teilnahmeaufruf erfolgt üblicherweise über Anzeigen in Printmedien u.ä., mitunter auch über sog. Jobbörsen. Aus den Anmeldungen erfolgt eine Vorauswahl interessanter Kandidaten. Nach Abschluss eines R.-W. erhalten qualifiziert erscheinende Teilnehmer von den Unternehmen häufig schon konkrete Beschäftigungsangebote. Vgl. auch → Absolventenmesse → Auswahlverfahren.

REFA-Verfahren. → Zeitstudien.

Referentensystem. → Personalorganisation, → Personalreferent.

Referenzen. R. sind Auskünfte von Personen (Referenzpersonen oder Referenzgeber) über Qualifikation, Persönlichkeit, berufliche Leistungen u.Ä. eines Bewerbers. Referenzpersonen werden häufig vom Bewerber schon im Bewerbungsschreiben angegeben oder auf Nachfrage des Bewerbungsempfängers vom Bewerber genannt. Für das suchende Unternehmen kann über die Befragung der Referenzpersonen das Auswahlrisiko gemindert werden. Der Aussagewert der vom Bewerber angegebenen Referenzpersonen ist jedoch eher zurückhaltend einzuschätzen. Aussagefähiger sind R. von Personen, die vom Bewerbungsempfänger selbst aus dem derzeitigen oder früheren beruflichen Umfeld des Bewerbers ermittelt werden. Dieses Vorgehen erfordert allerdings großes Geschick, Diskretion und eine sensible Gesprächstechnik. Ansonsten besteht die Gefahr, sowohl den Bewerber wie die Referenzpersonen zu diskreditieren und darüber hinaus auch dem Ruf des suchenden Unternehmens zu schaden. In der Praxis erfolgt diese Form der Referenzenermittlung und -auswertung fast ausschließlich durch → Personalberatungen bei der Besetzung von oberen und obersten Führungspositionen. Vgl. auch → Bewerbungsanalyse, → Executive Search, → Pre-Employment-Screening, → Wahrheitsgebot.

Regelaltersgrenze, → Altersgrenze.

Regelarbeitszeit, → Vollzeitarbeit.

Regelungsabrede. Soweit mitbestimmungspflichtige Vorgänge eine Zustimmung des → Betriebsrates zu der in Aussicht genommenen Maßnahme erfordern (insbesondere im Falle der §§87, 94, 95 BetrVG), gibt es verschiedene Möglichkeiten der rechtlichen Umsetzung. Einmal kommt der Abschluss einer → Betriebsvereinbarung in Betracht. Dies ist eine kollektive Vertragsabsprache, die zwischen Arbeitgeber und Betriebsrat schriftlich abzuschließen ist (§77 Abs. 2 BetrVG). Betriebsvereinbarungen gelten unmittelbar und zwingend. Sie wirken ohne Weiteres auf alle Arbeitsverträge der nicht leitenden → Angestellten (§5 Abs. 3 BetrVG) ein, unabhängig davon, ob der einzelne Arbeitnehmer damit einverstanden ist (§77 Abs. 4 BetrVG).

Statt einer Betriebsvereinbarung kommt auch eine R. (Betriebsabsprache) zwischen den Betriebsparteien zur Erfüllung der Mitbestimmungspflicht in Betracht. Sie trägt gleichfalls der Mitbestimmungspflicht in vollem Umfang Rechnung, wirkt sich jedoch nicht unmittelbar auf die einzelnen Arbeitsverträge aus, sondern bedarf zu ihrer Verbindlichkeit einer konkreten Umsetzung.

In Fällen der erzwingbaren → Mitbestimmung entfaltet die Entscheidung der → Einigungsstelle regelmäßig die Wirkung einer Betriebsvereinbarung, es sei denn, der Antrag der Betriebsparteien zielt auf die Ersetzung einer R. ab (vgl. das Antragsrecht der Betriebsparteien nach §76 Abs. 5 Satz 1 BetrVG).

Rehabilitation, → Arbeitsunfall, → Berufsgenossenschaft.

Reisekosten. R. sind Aufwendungen für Dienstreisen, die der Arbeitnehmer mit Zustimmung des Arbeitgebers übernimmt. Sie sind von dem Arbeitgeber zu erstatten. Nähere Einzelheiten sind regelmäßig in → Tarifverträgen, → Betriebsvereinbarungen oder → Arbeitsverträgen niedergelegt. Fehlt eine ausdrückliche Vereinbarung, ergibt sich die Erstattungspflicht aus §670 BGB, der entsprechend auf das Arbeitsverhältnis anzuwenden ist. Gleiches gilt für R. eines Bewerbers zu einem Vorstellungsgespräch, sofern das Unternehmen dies dem Bewerber gegenüber vor Reisebeginn nicht ausdrücklich schriftlich ausschließt.

In steuerlicher Hinsicht bestehen insbesondere im Hinblick auf eine pauschalierte Erstattung der Kosten für Übernachtungen und Verpflegungsmehraufwand ohne Einzelnachweis Spezialregelungen, die der Arbeitgeber zu beachten hat und die normalerweise Leitlinie für die Ausgestaltung der arbeitsrechtlichen Erstattungsregelungen sind. Vgl. auch → Vorstellungskosten.

Reisezeiten, → Wegezeiten.

Rente, → Rentenrecht.

Rentendynamik, → Rentenrecht.

Rentenrecht. Das gesetzliche R. ist eine wichtige Sondermaterie des Sozialrechts. Es regelt, unter welchen Voraussetzungen und in welchem Umfang Rentenansprüche gegen den Träger der gesetzlichen Rentenversicherung (Bundesversicherungsanstalt für Angestellte, Landesversicherungsanstalt für gewerbliche Arbeitnehmer) geltend gemacht werden können. Im Einzelnen sind Renten wegen Alters, Erwerbsminderung (Berufsunfähigkeit) sowie Hinterbliebenenrenten zu unterscheiden.

Rente wegen Alters (Altersruhegeld) kann mit Vollendung des 65. Lebensjahres, für schwerbehinderte Menschen mit Vollendung des 63. Lebensjahres begehrt werden. Flexible Altersrente (vgl. auch → Vorruhestand) kann ab Vollendung des 62. Lebensjahres bezogen werden, wenn mindestens 35 anrechnungsfähige Versicherungsjahre bestehen. Flexible Altersgrenzen werden von der großen Mehrzahl aller Arbeitnehmer in Anspruch genommen. Die Regelaltersgrenze wird jedoch zwischen 2010 und 2029 schrittweise auf 67 Jahre angehoben.

Die Inanspruchnahme eines vorzeitigen Altersruhestandes ist möglich, allerdings werden als Ausgleich für die verlängerte Bezugsdauer der Rente versicherungsmathematische Abschläge (sog. Rentenzugangsfaktoren) fällig. Weiter wurde der Beginn des Rentenalters für Männer und Frauen vor dem Hintergrund des Gleichbehandlungsgrundsatzes vereinheitlicht, indem der vorzeitige Rentenbezug für Frauen sukzessive abgeschafft wurde.

Das Recht der Berufs- und Erwerbsunfähigkeitsrente wurde 2001 ebenfalls reformiert. Das neue Recht gilt jedoch nur für Versicherte, die nach dem 1.1.1961 geboren sind, da es für die älteren Versicherten heute nicht mehr möglich sein wird, eine adäquate, private Berufsunfähigkeitsversicherung abzuschließen.

Nach altem Recht wurde zwischen *Berufsunfähigkeit* und *Erwerbsunfähigkeit* unterschieden. Berufsunfähig war, wessen Leistungsfähigkeit aus gesundheitlichen Gründen so gemindert war, dass er weder in seinem Beruf noch in einem vergleichbaren Beruf die Hälfte des Arbeitsentgeltes eines vergleichbaren gesunden Arbeitnehmers erzielen konnte. Vergleichspersonen waren Versicherte mit ähnlicher Ausbildung sowie gleichwertigen Kenntnissen und Fähigkeiten. Der Versicherte musste sich nur auf einen *zumutbaren* anderen Beruf verweisen lassen. Eine Tätigkeit schied daher als Verweisungstätigkeit aus, wenn sie dem Versicherten gesundheitlich, von seinen beruflichen Kenntnissen oder sozial unzumutbar war. Damit sollte vor dem sozialen Abstieg geschützt werden.

Erwerbsunfähigkeit war dadurch gekennzeichnet, dass der Arbeitnehmer infolge Krankheit oder Behinderung auf nicht absehbare Zeit außerstande war, überhaupt einer regelmäßigen Erwerbstätigkeit nachzugehen oder sonst Arbeitsentgelt zu erzielen. Dabei konnte der Versicherte ohne Begrenzung auf eine zumutbare Tätigkeit auf den gesamten Arbeitsmarkt verwiesen werden.

Nach neuem Recht wird zwischen *teilweiser* und *voller Erwerbsminderung* unterschieden. Eine teilweise Erwerbsminderung liegt vor, wenn der Versicherte wegen Krankheit oder Behinderung auf nicht absehbare Zeit außerstande ist, mindestens sechs Stunden täglich erwerbstätig zu sein. Dabei ist nicht mehr allein auf den bisherigen Beruf oder eine vergleichbare Tätigkeit abzustellen, entscheidend ist nur, ob der Versicherte überhaupt in der Lage ist, auf dem allgemeinen Arbeitsmarkt erwerbstätig zu sein. Ob die Tätigkeit zumutbar ist, spielt keine Rolle mehr.

Voll erwerbsunfähig ist der Versicherte, wenn er wegen Krankheit oder Behinderung auf absehbare Zeit nicht in der Lage ist, mindestens drei Stunden täglich erwerbstätig zu sein. Auch hier ist jede denkbare Tätigkeit in Betracht zu ziehen.

Beide Renten setzen außerdem voraus, dass der Versicherte das 65. Lebensjahr noch nicht vollendet hat und die Wartezeit bzw. Vorversicherungszeit erfüllt ist.

Die Höhe der Rente wegen voller Erwerbsminderung entspricht grds. derjenigen einer Altersrente; demgegenüber ist die Rente wegen teilweiser Erwerbsunfähigkeit um die Hälfte niedriger, da angenommen wird, dass der Empfänger noch einen Teil seines Lebensunterhaltes hinzuverdienen kann.

Eine besondere Möglichkeit zum Rentenbezug ab vollendetem 60. Lebensjahr besteht für Versicherte, die vor dem 1.1.1952 geboren sind bei Beginn der Rente arbeitslos sind und nach Vollendung eines Lebensalters von 58 Jahren und sechs Monaten insgesamt 52

Wochen arbeitslos waren, in den letzten zehn Jahren vor Beginn der Rente acht Jahre Pflichtbeiträge für eine versicherte Beschäftigung oder Tätigkeit haben und die Wartezeit von 15 Jahren erfüllt haben (§ 237 SGB VI). In diesem Fall wird jedoch ein Abschlag vorgenommen.

Im Übrigen richtet sich die Rentenhöhe nach dem Lebensarbeitszeitverdienst unter Berücksichtigung von Anrechnungszeiten, in denen aus besonderem Grunde (Schule, Studium, Mutterschutz, Ausbildung, Arbeitslosigkeit, Wehrdienst, Krankheit) keine Erwerbstätigkeit ausgeübt und damit auch keine Beiträge an die gesetzliche Rentenversicherung abgeführt wurden.

Hinterbliebenenrente wird für Kinder bis zur Vollendung des 18. Lebensjahres, im Falle einer länger dauernden Schul- oder Berufsausbildung oder eines Studiums längstens bis zur Vollendung des 27. Lebensjahres gezahlt. Die Witwenrente in Höhe von 55 v. H. wird nur gezahlt, wenn der überlebende Ehegatte das 45. Lebensjahr vollendet hat – ab 2010 wird diese Altersgrenze stufenweise auf 47 Jahre angehoben – und nicht wieder geheiratet hat, der ohne dieses Lebensjahr bisher erreicht zu haben entweder waisenrentenberechtigte Kinder erzieht oder aber teilweise bzw. voll erwerbsgemindert ist. Gezahlte Renten werden nach Maßgabe jährlicher Rentenanpassungsgesetze dynamisiert, wobei sich die Dynamisierung nach der Steigerung der Nettovergütungen der abhängig Beschäftigten im Vorjahr richtet. Versorgungspolitisch sind Leistungen der betrieblichen Altersversorgung und Maßnahmen der Eigenvorsorge (Lebensversicherungen, Sparverträge, Belegschaftsaktien, Geldanlage in Immobilien) eine wichtige Ergänzung zu gesetzlichen Rentenleistungen.

Repatriierung. Aus personalwirtschaftlicher Sicht bezeichnet R. die Regelung der Rückkehr von Mitarbeitern nach einer längeren → Auslandsentsendung. Eine befriedigende Lösung aller damit zusammenhängenden Probleme ist von entscheidender Bedeutung für die Bereitschaft der Mitarbeiter, Auslandsaufgaben über einen längeren Zeitraum (ab einem Jahr) zu übernehmen. Daher sollten schon vor einer Auslandsentsendung für den Mitarbeiter häufig wichtige Fragen wie z.B. nach dem Aufgabengebiet bei Rückkehr ins Stammhaus, den Auswirkungen der Auslandstätigkeit auf die → Karriere,

nach besonderen Integrationshilfen (v.a. nach sehr langen Entsendungen) u.ä. angesprochen und weitgehend entschieden werden.

Empfehlenswert ist es, während der Dauer einer Auslandsentsendung den Kontakt zum Mitarbeiter seitens des Stammhauses über geeignete Informationsdienste, persönliche Kontakte (z.B. ein regelmäßiger Informationsbesuch des Mitarbeiters im Stammhaus) u.Ä. aufrechtzuerhalten. Dies gibt dem Mitarbeiter ein Gefühl der Sicherheit und erleichtert später die R. Ein besonderes Problem liegt in der Praxis oft darin, dass sich Mitarbeiter nach Rückkehr ins Stammhaus, z.B. eine Konzernzentrale, in ihrem neuen Aufgabengebiet gleichsam degradiert fühlen, einen Verlust an Selbstständigkeit beklagen oder meinen, die Auslandsverwendung habe ihnen beruflich wenig genutzt, evtl. sogar geschadet. Dies ist meistens dann der Fall, wenn im Ausland eine nach dortigen Verhältnissen sehr herausgehobene Position, ggf. mit einem hohen betrieblichen oder auch außerbetrieblichen Prestige eingenommen wurde. Hier muss das entsendende Unternehmen vor dem Auslandsaufenthalt und über entsprechende Bindungen des Mitarbeiters an das Stammhaus während seiner Auslandstätigkeit dazu beitragen, unrealistische Karriereerwartungen zu verhindern.

Manche Unternehmen führen zur Verhinderung oder zumindest Verringerung von Anpassungsproblemen nach langen Aufenthalten in kulturell vom Heimatland sehr verschiedenen Ländern auch sog. Rückkehrseminare durch, die mitunter schon mehrere Monate vor der Rückkehr im Ausland beginnen und nach Ankunft im Inland fortgesetzt werden.

Vgl. auch → Laufbahnplanung, → Schattengehalt.

Replacement. Neuere Bezeichnung für die Wiedereingliederung in das Berufsleben von Personen, die über einen längeren Zeitraum (mehr als ein Jahr) wegen Arbeitslosigkeit, einer Familienpause o.a. Gründen nicht erwerbstätig waren. Manche Unternehmen bieten inzwischen für Personen (v.a. für Frauen), die einige Jahre aus familiären Gründen in ihrem Beruf nicht gearbeitet haben, zur systematischen Rückkehr in das Berufsleben spezielle R.-Programme an. So werden z.B. über für diesen Personenkreis attraktive Arbeitszeitformen, Nachqualifizierungshilfen oder → Arbeitsplatzflexibilisierungen die Wiederaufnahme einer Beschäftigung sowie die Eingewöhnung in den Arbeitsalltag erleichtert.

Vgl. auch → Frauenförderung, → Newplacement, → Outplacement.

Result Cause Effect, → Beurteilungsfehler.

Richterrecht. Rechtsquellen in Rechtssystemen mit kodifiziertem Recht sind üblicherweise Gesetze. Richterliche Entscheidungen schaffen insoweit kein neues Recht, sondern wenden vorhandenes Recht an. Demgegenüber hat der Richterspruch in Case-Law-Systemen (insbesondere im angloamerikanischen Recht) mangels gesetzlicher Grundlagen eine Recht schaffende Qualität. Beide Systeme sind jedoch nicht durchgehend verwirklicht. In Case-Law-Systemen gibt es zunehmend auch gesetzliche Regelungen; in Rechtskulturen mit kodifiziertem Recht gibt es Bereiche, die der Gesetzgeber gar nicht oder so unbestimmt geregelt hat, dass sie richterlicher Konkretisierung bedürfen.

Für den Bereich des → Arbeitsrechts bestehen Kodifizierungen in umfangreicher Form im Bereich der → Betriebsverfassung (BetrVG, SprAuG), in wichtigen Teilen auch im Tarifvertrags- (TVG) und Individualarbeitsrecht (§§611 ff. BGB, KSchG, BUrlG usw.). Allerdings bestehen teilweise beträchtliche Lücken, die durch richterliche Rechtsschöpfung gefüllt werden müssen.

Demgegenüber ist der Bereich des Arbeitskampfrechts gesetzlich überhaupt nicht geregelt, wenn man von einigen wenigen Randerscheinungen absieht, wie z.B. dem Verbot der Führung innerbetrieblicher → Arbeitskämpfe (§74 Abs. 2 BetrVG) und den Auswirkungen von Arbeitskämpfen auf Arbeitslosenunterstützung (§146 SGB III). Darüber hinaus ist die → Koalitionsfreiheit von Art. 9 Abs. 3 GG auch für Streik und → Aussperrung von Bedeutung. Auf dieser Grundlage ist die Rechtsprechung, insbesondere des → BAG gehalten, die Lücken durch Rechtsschöpfung zu schließen. Mangels rechtlicher Grundlagen hat sie sich dabei an allgemeinen Rechtsprinzipien zu orientieren, die sie selbst entwickelt (z.B. der Grundsatz der Kampfparität und der Verhältnismäßigkeit von Arbeitskampfmitteln). Mangels gesetzlicher Vorgaben liegt es in der Natur der Sache, dass die Auffassungen in Recht-sprechung und Rechtswissenschaft über die Regeln für zulässige Arbeitskämpfe einschließlich der Grenzen für Arbeitskampfmaßnahmen auseinandergehen. Die Rechtsunsicherheit ist für alle Beteiligten zu beklagen. Mit einer Änderung ist nicht zu rechnen, da der Gesetzgeber keine Bereitschaft zeigt, dieses politisch sehr sensible Feld gesetzlich zu regeln.

Riester-Rente. Nach dem Arbeitsminister der 14. Legislaturperiode benannte Form zusätzlicher Altersversorgung mit staatlicher Förderung. In Folge steigender Lebenserwartung, niedriger Geburtenrate, niedrigem Durchschnittsalter beim Eintritt in den Ruhestand und hoher Arbeitslosigkeit ist das Leistungsniveau der gesetzlichen Rentenversicherung bei gleich bleibenden Rentenbeiträgen nicht zu halten. Zur Stabilisierung der Beitragssätze (Ziel: bis 2020 max. 20 %, bis 2030 max. 22 %) wurde 2001 eine Senkung der jährlichen Rentenanpassung um 0,5 % von 2003 bis 2010 festgelegt, wodurch das Rentenniveau durchschnittlich um etwas mehr als drei Prozentpunkte sinkt. Entsprechend werden die Pensionen der Beamten zukünftig abgesenkt.

In Zukunft werden daher die private und betriebliche → Altersversorgung erheblich an Bedeutung gewinnen. Um diese attraktiver zu gestalten, wurden eine Reihe steuerlicher Anreize geschaffen. Eine der wesentlichen Neuregelungen ist der dem einzelnen Arbeitnehmer zustehende Anspruch auf betriebliche Altersversorgung durch → Entgeltumwandlung. Wird die Form der Netto-Entgeltumwandlung gewählt, kann diese Art der Altersversorgung durch Zulagen bzw. Sonderausgabenabzug gefördert werden (§§10 a, 82 Abs. 2 EStG – „Riester-Förderung"). Die staatlichen Zulagen belaufen sich bei Zahlung der Höchstbeträge auf 38 Euro in 2002/2003, 76 Euro in 2004/2005, 114 Euro in 2006/2007 und 154 Euro ab 2008, für Ehepaare verdoppelt und bei Kindern wird zusätzlich ein Kinderzuschuss gezahlt. Der zulagenberechtigte Arbeitnehmer kann im Rahmen der Einkommensteuererklärung auch einen Sonderausgabenabzug beantragen. Anspruch auf Entgeltumwandlung haben in erster Linie Arbeitnehmer, die in der gesetzlichen Rentenversicherung pflichtversichert sind. Wer nicht in diesen Kreis fällt, hat die Möglichkeit eine steuerbegünstigte Altersvorsorge in Form einer sog. Rürup-

Rente aufzubauen. Eine Riester-Förderung ist weiterhin nur möglich, wenn die betriebliche Altersversorgung über eine → Pensionskasse, einen Pensionsfond oder eine → Direktversicherung durchgeführt wird. Wer als Arbeitgeber berechtigte Arbeitnehmer beschäftigt, ist daher verpflichtet, eine dieser Formen anzubieten. Die Auszahlung muss in einer lebenslangen Rente oder im Rahmen eines Auszahlungsplanes mit Restverrentung erfolgen. Auszahlungen in anderer Form z.B. Kapitalauszahlungen haben zur Folge, dass der Arbeitnehmer alle erhaltenen Zulagen und Steuerermäßigungen zurückzahlen muss. Wegen der sinkenden Beamtenpensionen besteht diese Möglichkeit auch für Beamte. Zur Absicherung der Arbeitnehmer müssen private Versicherer (nicht Arbeitgeber als Anbieter betrieblicher Altersversorgung) staatlich zertifiziert werden; zuständig ist ein bei der Bundesversicherungsanstalt für Angestellte angesiedeltes Amt.

Rückkehrgespräch, → Fehlzeitengespräch.

Rücksichtnahmepflicht, → Fürsorgepflicht.

Rückzahlungsklausel. R. enthalten Regelungen über eine Verpflichtung des Arbeitnehmers, bereits erhaltene Vergütungszahlungen (v.a. Einmalzahlungen), Aufwendungsersatz (z.B. Umzugskosten) oder aber besondere Aufwendungen für die Weiterbildung unter bestimmten Voraussetzungen zurückzuzahlen. Im Bereich der Vergütungen geht es um Rückzahlungspflichten für Sonderzahlungen (Weihnachtsgeld, Urlaubsgeld) und für → Gratifikationen, wenn der Arbeitnehmer nach Erhalt dieser Leistungen aufgrund eigener → Kündigung in einer bestimmten Frist das Arbeitsverhältnis beendet. Dies entspricht dem Problemkreis, inwieweit der Arbeitgeber zugesagte Sonderzahlungen in dem angesprochenen Bereich verweigern kann, wenn bereits zum Zahlungszeitpunkt eine arbeitnehmerseitige Kündigung vorliegt. Hierzu hat das BAG eine differenzierende Rechtsprechung entwickelt, die auf eine Interessenabwägung zwischen den Belangen des Arbeitgebers und des Arbeitnehmers unter Berücksichtigung der verfassungsrechtlich verbürgten → Berufsfreiheit (Art. 12 GG) hinausläuft. Im Einzelnen sieht diese für Weihnachtsgeld entwickelte, auf andere Sonderzahlungen übertragbare Rechtsprechung vor, dass Zahlungen bis 100 Euro keiner Rückzahlungspflicht unterliegen. Für Zahlungen bis zu einem Monatsgehalt ist eine Bindung bis zum 31.3., ab einem Monatsgehalt bis zum 30.6. des Folgejahres zulässig. Verlässt der Arbeitnehmer das Unternehmen vorher, ist er bei einer entsprechenden Vereinbarung zur Rückzahlung verpflichtet.

Soweit es um die Rückzahlung von Weiterbildungsaufwendungen (→ Weiterbildung) geht, scheidet eine solche Verpflichtung des Arbeitnehmers aus, wenn die Weiterbildungsaufwendungen sich in dem üblichen Umfang bewegen (ein- oder mehrtägige Seminare). Übersteigen die Aufwendungen diesen Umfang erheblich, ist danach zu differenzieren, ob die Weiterbildung allein oder vorrangig im Interesse des Arbeitgebers erfolgt und die Chancen des Arbeitnehmers auf dem Arbeitsmarkt nicht oder nicht nennenswert erhöhen (dann keine Rückzahlungspflicht) oder aber ob der Arbeitnehmer durch die ihm ermöglichten Bildungsaktivitäten seine Chancen auf dem Arbeitsmarkt deutlich verbessert, wenn die Ausbildung dem Arbeitnehmer also einen wirtschaftlichen Wert gebracht hat. In solchen Fällen kann eine Rückzahlungspflicht grundsätzlich rechtswirksam vereinbart werden, wenn der Arbeitnehmer bald im Anschluss an die Weiterbildungsmaßnahme kündigt oder das Arbeitsverhältnis aus anderen von ihm zu vertretenden Gründen gelöst wird. Dagegen besteht grds. keine Rückzahlungspflicht, wenn der Arbeitgeber betriebsbedingt kündigt. Die Höhe hängt von dem Verhältnis der Aufwendungen zur Vergütung des Arbeitnehmers sowie dem zeitlichen Abstand zwischen den Aufwendungen und dem späteren Ausscheiden ab. Dabei muss die Rückzahlungspflicht im Laufe dieses Zeitraumes sukzessive abnehmen. In der Praxis üblich und von der Rechtsprechung anerkannt sind Klauseln für außergewöhnlich hohe Weiterbildungsaufwendungen, wonach sich die Rückzahlungspflicht auf einen Zeitraum des Ausscheidens innerhalb von drei Jahren nach der Bildungsmaßnahme bezieht, wenn die Pflicht mit Fortdauer des Arbeitsverhältnisses während dieser Zeit mit jeweils 1/36 je Monat gekürzt wird. In besonders gelagerten Einzelfällen ist auch ein Zeitraum von fünf Jahren für zulässig erachtet worden.

Rufbereitschaft, → Arbeitsbereitschaft.

Ruhegeld, → Altersversorgung.

Ruhegeldanpassung. Gesetzliche Ruhe-
gelder erfahren eine jährliche Anpassung im
Rahmen des → Rentenrechts, die sich an der
Entwicklung der Nettoeinkommen der Versicherten orientiert. Beamtenpensionen werden
durch gesetzliche Regelung von dem Bun-
des- und Landesgesetzgeber ebenfalls normalerweise jährlich dynamisiert. Die Entwicklung von Leistungen aus der betrieblichen → Altersversorgung richtet sich nach
den in der Ruhegeldordnung enthaltenen
Dynamisierungsregelungen. Allerdings sieht
§16 BetrAVG einen Anspruch auf Mindest-
anpassung vor. Der Arbeitgeber hat alle drei
Jahre die Anpassung der laufenden Leistungen der betrieblichen Altersversorgung zu
prüfen und hierüber nach billigem Ermessen
zu entscheiden; dabei sind insbesondere die
Belange des Versorgungsempfängers (Kauf-
kraftverlust) und die wirtschaftliche Lage des
Arbeitgebers zu berücksichtigen.
Daraus wird in gefestigter Rechtsprechung abgeleitet, dass eine Anpassung nicht erfolgen
muss, wenn die wirtschaftliche Lage des Arbeitgebers eine Anpassung aus den erzielten
Erträgen in der Zeit nach der Anpassungsent-
scheidung nicht zulässt. Die Dynamisierung
muss nicht aus der Substanz der Unternehmen gezahlt werden. Daher kommt es nicht
darauf an, ob sich das Unternehmen bereits
in einer Notlage befindet. Zulässigerweise
unterlassene Anpassungen sind später nach-
zuholen, wenn die wirtschaftliche Lage des
Unternehmens dies zulässt (so das BAG).
Darüber hinaus besteht keine Verpflichtung,
Betriebspensionen weitergehend zu dynami-
sieren als die Entwicklung der Nettoeinkommen. Im Übrigen bemisst sich die Anpassung nach der Entwicklung der Lebens-
haltungskosten für einen Vier-Personen-
Arbeitnehmerhaushalt mit mittlerem Einkommen. Zu zahlreichen Einzelfragen, z.B.
bezüglich der Anforderungen an wirtschaftliche Schwierigkeiten des Unternehmens als
Ausschlussgrund für eine Anpassung, ferner
für die Frage, inwieweit ausgefallene Be-
triebsrentenanpassungen bei späterer wirtschaftlicher Prosperität des Unternehmens
nachgeholt werden müssen, darüber hinaus
die Bedeutung des Konzernverbundes eines
Unternehmens, besteht eine differenzierte
Rechtsprechung, die im Ergebnis einen

weitgehenden Schutz der Arbeitnehmer im
Sinne von Ansprüchen auf eine Betriebsren-
tendynamisierung bedeutet.
Eine Verpflichtung zur Anpassung unverfallbarer Anwartschaften besteht nicht, so dass
diese infolge von Inflation in der Zeit zwischen dem Ausscheiden des betroffenen
Arbeitnehmers und dem Erreichen des Ruhestandes erheblich an Wert verlieren können.
Erst wenn aus der Anwartschaft wegen Erreichens der → Altersgrenze ein Anspruch auf
Betriebsrente erwächst, greifen die Vereinbarungen zur Dynamisierung oder §16 BetrAVG ein.
Soweit Leistungen aus der betrieblichen
Altersversorgung von dem Pensionssicherungsverein übernommen werden, besteht
keine Pflicht zur Anpassung nach §16 BetrAVG. Etwas anderes gilt nur dann, wenn
die Pensionszusage eine konkrete Dynami-
sierungsregelung enthält und diese daher von
dem → Insolvenzschutz mit erfasst wird.

Ruhegeldanwartschaft. Die Frage, unter
welchen Voraussetzungen eine nicht mehr
entziehbare Anwartschaft auf Versorgungsleistungen besteht, richtet sich für Renten
und Beamtenpensionen nach dem gesetzlichen → Rentenrecht und Beamtenrecht. Das
Beamtenversorgungsrecht kennt keine unver-
fallbare Anwartschaft, die nach Ausscheiden
aus dem Beamtenverhältnis bestehen bliebe.
Stattdessen erfolgt eine Nachversicherung
des ausgeschiedenen Beamten in der gesetzlichen Rentenversicherung, deren Kosten
ausschließlich der Dienstherr des Betreffenden übernimmt. Leistungen der betrieblichen
→ Altersversorgung sind unverfallbar, d.h.
trotz Ausscheidens des Arbeitnehmers aus
dem Arbeitsverhältnis vor Erreichen der →
Altersgrenze nicht entziehbar, wenn der
Arbeitnehmer zu diesem Zeitpunkt das 30.
Lebensjahr vollendet hat und die Versorgungszusage zu diesem Zeitpunkt mindestens fünf Jahre bestanden hat.

Ruhegelddynamisierung, → Ruhegeldanpassung.

Ruhegeldordnung, → Altersversorgung.

Ruhegeldzusage, → Altersversorgung.

ruhendes Arbeitsverhältnis. R. A. schie-
ben sich systematisch zwischen aktiv praktizierte und beendete Arbeitsverhältnisse. Sie

sind dadurch gekennzeichnet, dass die wechselseitigen Hauptpflichten (Arbeitsleistung und Vergütungszahlung) suspendiert sind, ohne dass das Arbeitsverhältnis eine Beendigung erfährt. Es wird gleichsam konserviert und für spätere Zeiten der Aktivierung vorgehalten. Insoweit spricht man auch von einer → Suspendierung des Arbeitsverhältnisses. Sie unterscheidet sich von den Fällen, in denen die Verpflichtungen nur einer Vertragspartei vorübergehend ruhen, z.B. die des Arbeitnehmers infolge Urlaub oder Krankheit. Kraft gesetzlicher Regelung tritt ein Ruhen des Arbeitsverhältnisses ein bei Einberufung zum Grundwehrdienst oder zu einer Wehrübung (§§1, 10 ArbPlSchG), bei Ableistung des Zivildienstes (§78 ZDG), bei Verpflichtung des Arbeitnehmers in ein spezifisches Arbeitsverhältnis im Verteidigungsfalle (§15 ArbSG), bei freiwilliger Verpflichtung des Arbeitnehmers zu einer Übung von freiwilligen Soldaten (Eignungsübung nach §1 Eignungsübungsgesetz) sowie insbesondere in Fällen der Inanspruchnahme von → Elternzeit nach dem BEEG.

Darüber hinaus kommt ein Ruhen des Arbeitsverhältnisses aufgrund vertraglicher Vereinbarung als Folge der → Vertragsfreiheit sowie im Zusammenhang mit Arbeitskämpfen in Betracht. Rechtmäßige Streiks (→ Arbeitskampf) und → Aussperrungen führen nicht zu einer Beendigung, sondern nur zu einer Suspendierung des Arbeitsverhältnisses. Mit Beendigung des Arbeitskampfes leben die Arbeitsverhältnisse wieder auf. Während des Ruhens des Arbeitsverhältnisses bestehen die wechselseitigen Rechte und Pflichten temporär nicht, es sei denn, es ist tarifvertraglich, durch Betriebsvereinbarung oder arbeitsvertraglich etwas anderes festgelegt.

Ruhepause, → Pause.

Ruhestandsverhältnis. Der Begriff des R. ist durch seinen Gegensatz zu demjenigen des Arbeitsverhältnisses gekennzeichnet. Ein R. setzt das Beziehen betrieblicher Versorgungsleistungen voraus. Da der Ruheständler nicht mehr zur Arbeit verpflichtet ist, bestehen nur noch lockere Beziehungen zwischen den Parteien. Der Arbeitgeber ist aufgrund gegebener Versorgungszusagen verpflichtet, Leistungen der betrieblichen → Altersversorgung zu erbringen. Die Verpflichtungen des Arbeitnehmers reduzieren sich auf Einhaltung von Verschwiegenheits- und Treuepflichten. Er ist insbesondere gehalten, keine herabsetzenden Äußerungen gegen den früheren Arbeitgeber und dessen Mitarbeiter zu machen. Dies schließt jedoch Kritik nicht aus. Die Abgrenzung kann im Einzelfall schwierig sein. Leistungen aus der betrieblichen Altersversorgung sind grundsätzlich nicht wegen Fehlverhaltens des Arbeitnehmers widerruflich oder entziehbar.

Ruhezeit. Die R. ist die arbeitszeitrechtlich vorgegebene ununterbrochene Freizeit von mindestens elf Stunden nach Beendigung der täglichen → Arbeitszeit. Für eine Reihe von Sonderbetrieben gelten Spezialregelungen. Vgl. auch → Pause.

Rüstzeit, → Verteilzeit.

S

Sabbatical. Der Begriff zielt auf eine längere Phase (häufig sechs bis zwölf Monate) der Beschäftigungsunterbrechung, ohne dass das zugrunde liegende Arbeitsverhältnis unterbrochen oder aufgehoben wird. Die Ursprünge liegen im Hochschulwesen, wo für Hochschullehrer nach einer bestimmten Zahl von Semestern ein vorlesungsfreies Semester folgen kann, in dem Forschungs- oder Publikationsaktivitäten im Vordergrund stehen. Im Allgemeinen ist das S. heute jedoch vielfach ein Langzeiturlaub, in dem der Arbeitnehmer bestimmten privaten Interessen nachgehen will (z.B. eine lange Auslandsreise unternimmt), sich verstärkt familiär bedingten Aufgaben oder seiner Weiterbildung widmet. Die Formen eines S. sind in der Praxis allerdings sehr vielfältig: sie reichen z.B. vom sechsmonatigen Urlaub ohne Entgeltzahlung bis hin zum (jedoch seltenen) vom Arbeitgeber bei betrieblichem Bedarf über volle oder teilweise Entgeltweiterzahlung geförderten S. mit dem Ziel berufsnaher, aber außerbetrieblicher Weiterqualifizierung. Darüber hinaus gibt es Möglichkeiten, über Arbeitszeitguthaben ein S. gezielt langfristig anzusparen. Das S. ist für einige Mitarbeiter gleichsam als eine Form der Flexibilisierung ihrer Lebensarbeitszeit sehr attraktiv. In der Praxis wird es v.a. von solchen Mitarbeitern nachgefragt, deren Ehepartner ebenfalls erwerbstätig ist, somit ein bestimmtes Niveau des Haushaltseinkommens für den Zeitraum eines S. gewährleistet ist.
Vgl. auch → Arbeitsvertrag, → Arbeitszeit, → Jahresarbeitszeitkonto, → Lebensarbeitszeit, → ruhendes Arbeitsverhältnis.

Sachbezüge. Die Vergütung der Arbeitnehmer erfolgt nicht als Sachbezug, sondern in Geld. Seit Jahren hat sich in der Bundesrepublik Deutschland die bargeldlose Vergütungszahlung anstelle einer Barauszahlung oder der Hingabe eines Schecks durchgesetzt. Darüber hinaus stehen den Mitarbeitern vielfach aufgrund von → Betriebsvereinbarungen, Individualarbeitsverträgen, einseitigen Arbeitgeberzusagen oder betrieblicher Übung S. zu. Dies können einmal Deputate sein, also die unentgeltliche oder verbilligte Gewährung von Waren oder Dienstleistungen, die im Betrieb des Arbeitgebers erzeugt bzw. geleistet werden (Kohlen im Bergbau, landwirtschaftliche Produkte, Elektrizität, Gas oder Wasser in der Energiewirtschaft, Überlassung von Kraftfahrzeugen durch Kraftfahrzeughändler zur privaten Nutzung, Freitrunk in Brauereien, Schokolade in Schokoladenfabriken, vergünstigter PKW-Bezug durch Kfz-Fabriken usw.). Auch die Überlassung von preisgünstigem Wohnraum kann ein Naturalbezug sein. Arbeitsrechtlich gelten für den Sachbezug keine anderen Regeln als für die Vergütung in Geld.
In steuerlicher Hinsicht bestehen jedoch Besonderheiten. Für Produkte und Dienstleistungen, die in dem Unternehmen des Arbeitgebers selbst hergestellt oder vorgenommen werden (ein bloßer Konzernverbund genügt nicht) und die auch nicht nur überwiegend für den Bedarf der Arbeitnehmer hergestellt werden, gibt es die Möglichkeit eines steuerfreien Sachbezuges in Höhe von 1.080 Euro jährlich. Dabei sind die marktüblichen Endpreise abzüglich 4 % zugrunde zu legen (§8 Abs. 3 EStG). Damit unterstützt der Gesetzgeber steuerlich die Gewährung von S.
Darüber hinaus gibt es in der steuerlichen Praxis anerkannte Annehmlichkeiten, die ohne ausdrückliche spezialgesetzliche Grundlage nicht zum steuerpflichtigen Arbeitslohn gerechnet werden. Voraussetzung ist, dass diese Annehmlichkeiten sich auf die Art und Weise beziehen, in der der Arbeitnehmer seine Arbeitsleistung zu erbringen hat; ein objektiver Betrachter darf dies nicht als Gegenleistung für die Arbeitsleistung ansehen. Ferner muss der Arbeitgeber überwiegend aus einem Eigeninteresse heraus (z.B. zur Verbesserung des Betriebsklimas, zur Mitarbeitermotivation) handeln. Zu den

Annehmlichkeiten in diesem Sinne zählen →
Sozialeinrichtungen (Kantinen, Wasch-,
Dusch- und Aufenthaltsräume, Parkplätze,
Möglichkeiten zur arbeitsmedizinischen
Betreuung der Mitarbeiter, Grippeschutzimp-
fungen, Betreuung von Kindern in Betriebskindergärten etc.). Darüber hinaus sind zu
nennen ein Essenszuschuss, unentgeltliche
arbeitssicherheitsrechtlich nicht vorgeschriebene Vorsorgeuntersuchungen sowie die
private Nutzung von betrieblichen Telekom-
munikationsanlagen und Personalcomputern
(§3 Nr. 45 EStG).
Werden steuerpflichtige S. zunächst im
Rahmen des Lohnsteuerverfahrens nicht
berücksichtigt, muss der Arbeitgeber als
steuerrechtlicher Gesamtschuldner gegenüber der Finanzverwaltung mit einer entsprechenden Nachforderung des Fiskus rechnen,
die er regelmäßig nicht oder nur unter
schwierigen Bedingungen an die Arbeitnehmer weiterreichen kann. Daraus erwächst die
Notwendigkeit, S. steuerlich korrekt und
zeitnah zu erfassen.

Saisonarbeiter, → befristete Arbeitsverhältnisse.

Saisonarbeitnehmer, → befristete Arbeitsverhältnisse.

Saisonbetriebe, → befristete Arbeitsverhältnisse.

schadensgeneigte Arbeit, → Haftung.

Schattengehalt. Sch. ist ein fortgeschrie-
benes, fiktives Inlandgehalt eines Mitarbeiters, der für einen längeren Zeitraum (über
ein Jahr) ins Ausland zu einer Niederlassung,
einem Tochterunternehmen u.Ä. abgeordnet
oder versetzt worden ist. Das Sch. informiert
den Mitarbeiter über die wahrscheinliche
Entwicklung seines (i.d.R. niedrigeren)
Inlandgehaltes und soll unrealistischen Ge-
halts- oder Karriereerwartungen für die Zeit
nach Rückkehr ins Stammhaus vorbeugen,
den Mitarbeiter aber auch vor Nachteilen
infolge seines Auslandsaufenthaltes schützen.
Vgl. auch → Auslandsentsendung.

Schattenliste. Sch. dient als Instrument der
→ Personalplanung, insbesondere der →
Nachfolgeplanung, zur kontinuierlichen,
zügigen Wiederbesetzung frei werdender

Stellen, vorwiegend auf Leitungsebenen. Die
Sch. ist stellenbezogen und enthält i.d.R.
zwei oder mehrere Namen von Mitarbeitern,
deren Qualifikationen sie für den Fall des
Ausscheidens oder Stellenwechsels eines
bestimmten Stelleninhabers für dessen Nachfolge empfehlen. Die Sch. existiert in manchen Unternehmen auch als Nachfolgevor-
schlag des Stelleninhabers für den Fall einer
außerplanmäßig oder planwidrig eintretenden
Notwendigkeit der Nachbesetzung (z.B.
ausgelöst durch Tod oder langwierige Erkrankung). Die sog. „verdeckte Sch." ist
zumeist nur der Unternehmensführung oder
dem Leiter Personalwesen bekannt (Vermeidung von Karriereansprüchen oder störenden
Konkurrenzsituationen); sind jedoch Stelleninhaber und potenzielle Nachfolger über die
Liste informiert, handelt es sich um eine sog.
„offene Sch.".

Schätzakkord, → Akkord.

Scheinselbstständigkeit. Von Sch.
spricht man, wenn jemand tatsächlich wie ein
Arbeitnehmer abhängig beschäftigt ist, in
seinen Rechtsbeziehungen jedoch wie ein
Selbstständiger behandelt wird. Verbreitet ist
die Sch. in den Branchen/ Berufen, in denen
→ freie Mitarbeit üblich ist. Handelt es sich
tatsächlich um eine Sch., so stellt dies für
den Auftraggeber bzw. Arbeitgeber ein hohes
Gefährdungspotenzial dar, weil dann auch
die sozialversicherungsrechtlichen Regelungen für die Beschäftigung von Arbeitnehmern greifen. Um hohe Beitragsnachzahlun-
gen zu vermeiden, kann eine Entscheidung
der BfA darüber beantragt werden, ob eine
abhängige Beschäftigung vorliegt oder nicht
(§7a SGB IV).

Schichtarbeit. Sch. ist in den vergangenen
Jahren als Folge kapitalintensiverer Betriebs-
ausstattungen und Produktionsmethoden, der
Bemühungen um eine Humanisierung der
Arbeitswelt, aber auch gestiegener Ansprüche der Gesellschaft an die jederzeitige
Verfügbarkeit von Dienstleistungen zu einem
wichtigen Thema der beschäftigungs-, perso-
nal- sowie tarifpolitischen Diskussionen und
Auseinandersetzungen geworden. Der betrieblichen Praxis nicht immer ganz entsprechend wird Sch. i.d.R. definiert als zumindest teilweise außerhalb der normalen Tages-
arbeitszeit liegende Arbeitszeit, bei der die
Ablösung eines Arbeitnehmers am → Ar-

beitsplatz durch einen anderen ohne Unterbrechung der Arbeitsvorgänge oder Herstellungsprozesse erfolgt und der Wechsel in der Lage der Arbeitsschicht (Beginn und Ende der Schicht) in einem bestimmten Rhythmus erfolgt.

Trotz definitorischer Ungenauigkeiten und Überschneidungen verschiedener Aspekte von Sch. lassen sich grundsätzlich folgende Systeme oder Formen der Sch. unterscheiden: (1) Das vollkontinuierliche Schichtsystem, das einen Wechselschichtrhythmus von Früh-, Spät- und Nachtschicht umfasst und auch an Sonn- und Feiertagen durchläuft; (2) das teilkontinuierliche Dreischichtsystem, das die obigen Merkmale aufweist, jedoch Sonn- und Feiertagsarbeit ausspart; (3) das Zweischichtsystem, das lediglich den Wechsel von Früh- und Spätschicht umfasst und Sonn- und Feiertagsarbeit meistens ausspart. Arbeitsweisen wie die regelmäßige Nacht-, Sonn- oder Feiertagsarbeit ohne Wechselrhythmus werden mitunter nicht als Sch. bezeichnet, um als entscheidendes Merkmal der Sch. die in einem bestimmten Rhythmus wechselnde Arbeitszeit deutlich hervorzuheben.

Wichtige, auch die Diskussionen zur Sch. beeinflussende Faktoren ergeben sich über die praktische Ausgestaltung der folgenden Elemente der Sch.: (1) Schichtart, z.B. Nachtschicht; (2) Schichtwechselzeitpunkte, die Anfang bzw. Ende einer Schicht bezeichnen, z.B. häufig 22.00/ 6.00 Uhr für die Nachtschicht; (3) Schichtlänge, d.h. die Anzahl der Arbeitsstunden je Arbeitsschicht; (4) Schichtwechselperiode, sie legt die Anzahl der nacheinander zu absolvierenden Arbeitsschichten der gleichen Schichtart fest; (5) → Schichtzyklus oder Schichtwechselrhythmus, er bezeichnet das Gleichmaß der aufeinander folgenden Schichtwechselperioden; (6) Schichtfolge, sie kennzeichnet die Reihenfolge der Arbeitsschichten, wobei zwischen Vorwärtswechsel (z.B. von Früh- über Spät- zur Nachtschicht) und Rückwärtswechsel (z.B. Nacht-, Spät-, Tagschicht) unterschieden wird. Die Entwicklung eines Schichtplanes, der eine mitarbeiter- wie betriebsgerechte Gestaltung dieser Elemente der Sch. realisiert, gehört zu den wichtigsten Aufgaben des Arbeitszeitmanagements im Unternehmen.

Vgl. auch → Arbeitszeit, → Arbeitssicherheit, → Arbeitsmedizin, → Dreischichtbetrieb, → Kontischicht, → Nachtarbeit, → Stress, → Wechselschicht.

Schichtrhythmus, → Schichtzyklus.

Schichtzuschlag. Sch. ist ein besonderer Zuschlag zur Grundvergütung, der für die Leistung von → Schichtarbeit wegen der damit verbundenen Erschwernisse gezahlt wird. Sch. kommen vor als feste Beträge in Abhängigkeit von der Zahl der „verfahrenen" Schichten oder als prozentualer Zuschlag zur Grundvergütung. In der Praxis sind die Zuschläge für Nachtarbeit höher als diejenigen für die Früh- oder Spätschicht.

Schichtzyklus, → Schichtarbeit ist durch eine regelmäßige Abfolge wechselnder → Arbeitszeiten für die Mitarbeiter gekennzeichnet, die gemeinsam durch zeitlich nacheinander zu leistende Arbeit einen Arbeitsplatz besetzen. Im Falle des → Dreischichtbetriebes erfolgt die Arbeitszeit über den gesamten Tag; Zweischichtbetrieb klammert die → Nachtarbeit aus. Ein Schichtbetrieb kennt Früh-, Spät- und Nachtschichten (letztere nur im Falle des Dreischichtbetriebes). Darüber hinaus werden bei Einbeziehung des Wochenendes (*vollkontinuierliche* → Wechselschicht = → Kontischicht) freie Tage in das Schichtsystem eingebaut, um die tarif- oder arbeitsvertraglich von dem Mitarbeiter geschuldete Arbeitszeit zu erreichen und eine Überschreitung zu vermeiden.

Der Begriff des Sch. bezieht sich auf die zeitliche Abfolge der zu leistenden Schichten, also auf den *Schichtrhythmus*. Hierfür bestehen vielfältige Gestaltungsmöglichkeiten. Es gibt eine große Zahl unterschiedlicher Schichtpläne, die zwischen Arbeitgeber und → Betriebsrat abzustimmen sind (§87 Abs. 1 Nr. 2 BetrVG). So kann z.B. nach einwöchiger Frühschicht eine Phase einwöchiger Spätschicht und sodann eine einwöchige Nachtschicht folgen (sog. vorwärtsrollierendes Schichtsystem). Auch besteht die Möglichkeit eines umgekehrten Vorgehens, wo der Schichtplan mit Nachtschicht beginnt, woran sich Spät- und Frühschichtphasen anschließen (sog. rückwärtsrollierendes System). Freie Tage werden üblicherweise im Anschluss an die Nachtschicht gewährt, um die Umstellung zu erleichtern. Die in einem Schichtrhythmus (regelmäßig vier Wochen) zu verfahrenden Nachtschichten können gebündelt werden (blockweise

Nachtschicht) oder aber als einzelne Nachtschichten (ein oder zwei, maximal drei) in den Schichtplan eingebaut werden. Bei der Gestaltung des Schichtplanes sind die betrieblichen Gegebenheiten, die Bedürfnisse der Mitarbeiter sowie arbeitsmedizinische Aspekte entscheidend zu berücksichtigen. Vgl. auch → Arbeitszeit, → Arbeitszeitrecht.

Schlechtleistung, → Haftung, → Kündigung, → Kündigungsrecht.

Schlechtwettergeld. Während der Schlechtwetterzeit (1.11. bis 28./ 29.2.) wurde durch das Arbeitsamt (→ Agentur für Arbeit) für Betriebe des Baugewerbes ein Sch. gezahlt, um einen Anreiz zu schaffen, Bauarbeiter auch in dieser Zeit weiter zu beschäftigen. Die Regelungen zum Sch. wurden aufgehoben. Stattdessen werden im Rahmen der → Winterbauförderung → Wintergeld und → Winterausfallgeld gewährt.

Schlichtung. Die Sch. ist eine Hilfeleistung Dritter zur Überwindung von Tarifkonflikten. Sie soll dazu dienen, eine Einigung zwischen den Tarifparteien zu ermöglichen oder bereits begonnene Arbeitskampfmaßnahmen zu begrenzen.
Für manche Tarifparteien bestehen tarifvertraglich vereinbarte Schlichtungsverfahren. Damit schaffen die Tarifparteien durch tarifvertraglichen Konsens Regelungen zur Überwindung tarifvertraglicher Konflikte. Schlichtungsvereinbarungen modifizieren somit je nach Inhalt die → Friedenspflicht im Sinne einer Erweiterung, Verlängerung oder Schaffung von Arbeitskampfbarrieren.
Haben sich die Tarifpartner einem Schlichtungsverfahren für den Fall gescheiterter Tarifverhandlungen unterworfen, müssen sie dieses durchführen, bevor sie zu Arbeitskampfmaßnahmen greifen können. Einzelheiten richten sich nach dem Inhalt der Schlichtungsregelung, für die die Tarifparteien aufgrund der → Tarifautonomie ein weites Ermessen haben. Schlichtungsregelungen gehören zum schuldrechtlichen Teil des → Tarifvertrages, da sie die Rechtsbeziehung der Tarifparteien untereinander, nicht aber diejenigen der tarifgebundenen Mitglieder der Tarifparteien regeln. Denkbar sind Schlichtungsverfahren als bloße Vermittlungsbemühungen, deren Scheitern Arbeitskampfmaßnahmen ermöglicht, wie auch ergebnisorientiert mit dem Spruch eines

Schlichters, dem sich die Tarifparteien aufgrund besonderer Absprache (generell oder aus Anlass eines konkreten → Arbeitskampfes getroffen) unterwerfen.
Eine staatliche Zwangsschlichtung wäre wegen Verstoßes gegen Art. 9 Abs. 3 GG unzulässig. Das im Kontrollratsgesetz Nr. 35 von 1946 geregelte landesrechtliche Schlichtungsverfahren steht dazu nicht im Widerspruch, weil es nur greift, soweit sich beide Parteien an die Schlichtungsstelle wenden. Die in einigen Bundesländern auf landesrechtlicher Grundlage bestehenden staatlichen Schlichtungsregelungen sind vor dem Hintergrund der → Koalitionsfreiheit nach Art. 9 Abs. 3 GG nur zulässig, wenn es sich entweder um einen Vermittlungsversuch handelt oder aber wenn sich die Parteien dem Spruch des Schlichters durch besondere Erklärung unterwerfen.

Schlüsselqualifikationen, *Extrafunktionale Qualifikationen, multifunktionelle Qualifikationen, Basisqualifikationen.* Als Sch. werden Fähigkeiten verstanden, die über einen spezifischen fach- oder berufsqualifizierenden Stellenwert hinaus von allgemeiner, übergreifender Bedeutung sowohl für die erfolgreiche Bewältigung beruflicher Aufgaben und Herausforderungen als auch zur beruflichen Qualifizierung und Weiterqualifizierung sind. Hierzu werden z.B. gezählt: Lernfähigkeit, Teamfähigkeit, geistige Flexibilität, Eigeninitiative, Verantwortungsbewusstsein, Fähigkeit zum → Selbstmanagement, Methoden- und Problemlösungskompetenz u.a. Vor dem Hintergrund des raschen technischen und organisatorischen Wandels, dadurch bedingter Änderungen der Inhalte und Qualifikationsanforderungen zahlreicher Berufe sowie der hiermit oft einhergehenden Forderung nach lebenslangem beruflichen Lernen sind Sch. (z.B. Lernfähigkeit, Eigeninitiative) inzwischen zu einer wichtigen Voraussetzung und Basis dafür geworden, neuen beruflichen Herausforderungen gerecht zu werden. Die Vermittlung von Sch. ist deshalb zu einem wichtigen Anliegen insbesondere der beruflichen → Erstausbildung und der betrieblichen → Weiterbildung geworden. Allerdings ist es in der Praxis oftmals schwierig, festzulegen, welchen Sch. besonderes Gewicht beigemessen werden soll und wie sie vermittelt werden können. Darüber hinaus haben viele Sch. (z.B. Teamfähigkeit, Lernfähigkeit) neben geistig-

kognitiven Dimensionen deutliche psychisch-motivationale Aspekte und lassen sich daher i.d.R. nur langfristig und sehr personenzentriert vermitteln oder beeinflussen.
Vgl. auch → Anforderungsprofil, → Beruf, → Berufsausbildung, → Berufsbildung, → Eignung, → Qualifikation, → Training.

Schlüter-Formel. Von Helmut Schlüter (1961) entwickelte Methode zur Berechnung der Fluktuationsquote:
(Anzahl der Abgänge : (Personalbestand bei Periodenbeginn + Zugänge)) x 100 = Fluktuationsquote (in %).
Im Zähler wird die Zahl der in einem Zeitraum (i.d.R. Kalender- oder Geschäftsjahr) ausgeschiedenen Mitarbeiter erfasst, im Nenner die Summe aus dem Personalbestand der Mitarbeiter zu Beginn des Zeitraums und den Mitarbeiterzugängen während des Zeitraums.
In der Praxis hat die Sch.-F. im Gegensatz zur → BDA-Formel nur geringe Verbreitung gefunden. Bei Vergleichen zwischen Unternehmen oder einzelnen Organisationseinheiten ist sicherzustellen, dass jeweils die gleiche Berechnungsmethode zugrunde liegt.
Vgl. auch → Fluktuation.

Schriftanalyse, *Grafologie.* Die Sch. versteht Handschrift als Körpersprache auf feinmotorischer Ebene und will aus ihren Merkmalen, z.B. Verlaufsform, Größe, Ober- und Unterlängen der Buchstaben sowie aus dem gesamten Schriftbild Rückschlüsse auf Persönlichkeitsmerkmale und Eigenschaften des Schreibers ziehen. Die Sch. wird von daher seit Jahrzehnten von Laien- und Fachpsychologen in den Unternehmen auch als Instrument der Personalauswahl angeboten und hin und wieder, v.a. in Frankreich, Deutschland und der Schweiz, bei der Auswahl von (zumeist oberen) Führungskräften eingesetzt.
Verfahren und Aussagewert der Sch. sind umstritten und gelten in der wissenschaftlichen Psychologie häufig als unseriös, da sie sich einer objektiven Bewertung weitgehend entziehen. Wissenschaftlich fundierte Überprüfungen der Sch. hinsichtlich ihrer Brauchbarkeit für die Personalauswahl haben ergeben, dass sie hier weitgehend beliebige und zufällige Ergebnisse hervorbringt. Will ein Unternehmen gleichwohl die Sch. einsetzen, ist hierzu das Einverständnis des Bewerbers einzuholen, das nach geltender Rechtsprechung schon als gegeben anzusehen ist, wenn den → Bewerbungsunterlagen ein handschriftlicher Lebenslauf beigefügt ist.
Vgl. auch → Eignungsdiagnostik.

Schulung. Schulungsmaßnahmen sind Teil der betrieblichen → Weiterbildung. Aufgrund des Umstandes, dass erworbenes Wissen wegen des Zuwachses an neuen Erkenntnissen, technologischer Fortschritte und sich häufig ändernder Rahmenbedingungen schnell veraltet, kommt der betrieblichen Weiterbildung heute ein hoher Stellenwert zu. In dem betriebsnotwendigen Umfang ist Weiterbildung ein wichtiger Aspekt der Personal- und Führungskräfteentwicklung sowie der Erhaltung der Wettbewerbsfähigkeit infolge der Qualifizierung der Mitarbeiter. Der Aufwand der deutschen Wirtschaft für betriebliche Weiterbildung bewegt sich in zweistelliger Milliardenhöhe, ohne dass belastbare konkrete Werte genannt werden können.
Darüber hinaus gibt es rechtliche Rahmenbedingungen für Schulungsveranstaltungen. Diese können einmal in Tarifverträgen liegen. Ferner geben die Arbeitnehmerweiterbildungsgesetze einzelner Bundesländer den Arbeitnehmern Gelegenheit, sich außerbetrieblich unter bezahlter Freistellung von der Arbeit (bei Übernahme der Aufwendungen durch den Arbeitnehmer selbst) zu qualifizieren. Mit landesrechtlichen Unterschieden sind Maßnahmen betroffen, die die Stellung des Arbeitnehmers in der Gesellschaft behandeln, ohne dass konkrete Bezüge zu dem jeweiligen Arbeitsplatz erforderlich sind.
Weiterhin gibt es spezielle Schulungsansprüche für Betriebsratsmitglieder. §37 Abs. 6 BetrVG räumt Betriebsratsmitgliedern einen Anspruch auf durch den Arbeitgeber bezahlte Teilnahme an Schulungs- und Bildungsveranstaltungen ein, soweit dadurch Kenntnisse vermittelt werden, die für die Arbeit des → Betriebsrats erforderlich sind. Unabhängig von dieser Voraussetzung hat jedes Mitglied des Betriebsrats während seiner regelmäßigen Amtszeit Anspruch auf bezahlte Freistellung für insgesamt drei Wochen zur Teilnahme an Schulungs- und Bildungsveranstaltungen, die von der zuständigen obersten Arbeitsbehörde des Landes nach Beratung mit den Spitzenorganisationen der → Gewerkschaft und der → Arbeitgeberverbände als geeignet anerkannt sind (§37 Abs. 7

BetrVG). Auch Wahlvorstände für → Betriebsratswahlen haben vor dem Hintergrund des rechtlich sehr komplizierten Wahlverfahrens zur Vermeidung von Anfechtungsrisiken einen Anspruch auf Ersatz notwendiger Schulungskosten zur Einführung in das BetrVG, insbesondere in das Wahlrecht. Die → Jugend- und Auszubildendenvertretung kann ebenfalls an erforderlichen Schulungs- und Bildungsveranstaltungen (§65 Abs. 1 BetrVG i.V. mit §37 Abs. 6 und 7 BetrVG) teilnehmen.
Vgl. auch → Training.

Schutzfrist, → Mutterschutz.

Schutzkleidung, → Arbeitskleidung.

Schwangerschaft. Das Bestehen einer Sch. hat verschiedene rechtliche Auswirkungen im Arbeitsleben. Für werdende Mütter gelten die Schutzregelungen des Mutterschutzgesetzes mit den daraus resultierenden Einschränkungen bezüglich der Beschäftigungsmöglichkeiten und einem vollständigen Beschäftigungsverbot in der Zeit von sechs Wochen vor bis acht Wochen nach der Niederkunft (→ Mutterschutz). In manchen Unternehmen gibt es auf betrieblicher Ebene ergänzende Regelungen.
Bezüglich der Thematik, inwieweit in Einstellungsgesprächen Fragen nach einer Sch. zulässig sind, hat die Rechtsprechung im Laufe der Jahre Wandlungen vorgenommen. Nach ursprünglicher Anerkennung der Zulässigkeit einer solchen Frage wurde diese in einem späteren Stadium der Judikatur verneint, wenn es um Arbeitsplätze ging, für die Männer und Frauen gleichermaßen als Bewerber in Betracht kommen. Insoweit sah man in der Frage nach einer Sch. eine mögliche oder wirkliche Diskriminierung der Frau. Die neue Rechtsprechung hat diese Differenzierung aufgegeben und hält Fragen nach der Sch. generell für unzulässig, sofern nicht der seltene Ausnahmefall vorliegt, dass die beabsichtigte Tätigkeit aufgrund der Sch. überhaupt nicht (mehr) erbracht werden kann. Da die Bewerberin sich in dem Gespräch mit dem möglichen Arbeitgeber in einer Situation befindet, die ein Zurückweisen der Frage wegen der negativen Auswirkungen auf die Einstellungschancen als unzumutbar erscheinen lässt, liegt die praktische Bedeutung der Thematik in der rechtlichen Bewertung von unrichtigen Antworten auf unzulässige Fragen nach einer Sch. Auf unzulässige Fragen kann der Arbeitnehmer unwahre Antworten geben, ohne dass er einem Anfechtungsrecht des Arbeitgebers wegen arglistiger Täuschung nach §123 BGB ausgesetzt ist. Die falsche Antwort bleibt somit sanktionslos.
Vgl. auch → Anfechtung.

Schwarzarbeit. Das hohe Lohnkostenniveau in der Bundesrepublik Deutschland sowie der heutige Stand der Wochenarbeitszeit haben das Entstehen einer umfangreichen Schattenwirtschaft (Sch.) begünstigt. Sie ist dadurch gekennzeichnet, dass für i.d.R. zeitlich und räumlich begrenzte Tätigkeiten, insbesondere im Bereich der Bauwirtschaft, private Investoren Arbeitnehmer beschäftigen, ohne für deren Tätigkeit → Lohnsteuer und Sozialabgaben abzuführen. Der daraus resultierende Schaden für den Fiskus und die Sozialversicherungsträger beläuft sich nach Schätzungen auf eine dreistellige Milliardenhöhe, ohne dass beweisbare konkrete Zahlen möglich sind.
Mit Wirkung zum 1.8.2004 trat das neu normierte Gesetz zur Bekämpfung der Schwarzarbeit und illegalen Beschäftigung (SchwarzArbG) in Kraft. Der Gesetzgeber hat darin den Begriff der Sch. erstmals auch gesetzlich definiert (§1 SchwarzArbG). Sch. leistet danach, (1) wer Dienst- oder Werkleistungen erbringt oder ausführen lässt und dabei als Arbeitgeber, Unternehmer oder versicherungspflichtiger Selbstständiger seine sozialversicherungsrechtlichen Melde-, Beitrags- und Aufzeichnungspflichten nicht erfüllt, (2) als Steuerpflichtiger seine steuerlichen Pflichten nicht erfüllt, (3) als Empfänger von Sozialleistungen seine Mitteilungspflichten gegenüber den Sozialleistungsträgern nicht erfüllt, (4) Werk- oder Dienstleistungen erbringt und seine Anzeigepflicht nach §§14, 55 GewO nicht nachkommt oder (5) die erforderliche Eintragung in die Handwerksrolle unterlassen hat.
Damit bloße Nachbarschaftshilfen bzw. Hilfen im Familienkreis auch weiterhin möglich sind, hat der Gesetzgeber eine Reihe von Ausnahmen geregelt (§1 Abs. 3 SchwarzArbG). So werden Leistungen, die von Angehörigen oder Lebenspartnern erbracht werden, ausgenommen, ebenso wie Tätigkeiten, die lediglich als Gefälligkeiten anzusehen sind, z.B. das Einkaufen für ältere Menschen. Auch die Nachbarschaftshilfe stellt einen Ausnahmetatbestand dar, darunter sind Hilfe-

leistungen von Personen zu verstehen, die zueinander in persönlicher Nähe stehen und in gewisser räumlicher Nähe wohnen. Und schließlich zählen auch Arbeitsleistungen dazu, die zur Durchführung eines Bauvorhabens vom Bauherrn selbst, seinen Angehörigen o.a. Personen (Freunde, Bekannte) unentgeltlich bzw. gegenseitig erbracht werden. Gemeinsame Voraussetzung all dieser Ausnahmetatbestände ist allerdings, dass die Erbringung der Dienst- oder Werkleistung nicht nachhaltig auf Gewinnerzielung gerichtet ist. Ein geringes Entgelt soll allerdings unschädlich sein (z.B. 10 Euro für den Nachbarn, der eine kleine Reparaturarbeit ausführt), es kommt vielmehr darauf an, dass die Tätigkeit nicht dauerhaft erfolgt.

Die Hauptzuständigkeit für die Bekämpfung der Sch. liegt jetzt bei der Zollverwaltung. Mit der Neuregelung des SchwarzArbG wurden auch die behördlichen Befugnisse erweitert. So sind die Zollbehörden, ebenso wie die sie unterstützenden Behörden (z.B. Finanzbehörden, Bundesagentur für Arbeit, Träger der Rentenversicherung, der Unfallversicherung, der Sozialhilfe) befugt, die auf den Grundstücken von gewerblichen und privaten Arbeitgebern tätigen Arbeitnehmer zu überprüfen und zwar nicht mehr nur während der Geschäftszeiten, sondern während der gesamten Arbeitszeit (§3 SchwarzArbG). Ferner sind sie befugt, Geschäftsräume und Grundstücke von gewerblichen Arbeit- bzw. Auftraggebern während der Geschäftszeiten zu betreten und dort Einsicht in die Geschäftsunterlagen, Lohn- und Meldeunterlagen etc. zu nehmen (§4 SchwarzArbG). Um die Bekämpfung der Sch. zu verbessern, sind die Behörden zudem verpflichtet, sich untereinander die erforderlichen Informationen und Daten zu übermitteln (§6 SchwarzArbG).

Handelt es sich um Sch., steht regelmäßig eine Strafbarkeit wegen Steuerhinterziehung (§370 AO) im Raume. Werden Arbeitnehmer schwarz beschäftigt, so kommt neben einer Lohnsteuerhinterziehung die Strafbarkeit des Arbeitgebers wegen Nichtabführung der → Sozialversicherungsbeiträge nach §266a StGB in Betracht. Der Arbeitnehmer kann sich wegen Betruges strafbar machen, wenn er Leistungen aus der Sozialversicherung (z.B. Arbeitslosengeld) bezieht. Arbeitnehmer, die neben ihrem Hauptbeschäftigungsverhältnis zusätzlich Sch. leisten, verstoßen damit ggf. gegen ein vereinbartes Verbot

einer → Nebenbeschäftigung und riskieren in diesem Falle arbeitsrechtliche Folgen (→ Abmahnung, → Kündigung), wenn die Sch. in einem sachlichen Zusammenhang mit dem Hauptarbeitsverhältnis steht.

Wird gegen das SchwarzArbG verstoßen, so ist der Vertrag nichtig, wenn nicht nur dem schwarz arbeitenden Unternehmer ein Verstoß vorzuwerfen ist, sondern auch dem Besteller oder dieser den Verstoß des Unternehmers zumindest kannte und ausnutzte. Mängelansprüche sind bei einem nichtigen Vertrag ausgeschlossen.

Von der Sch. zu unterscheiden, wenn auch häufig mit ihr verbunden, sind Verstöße gegen das Arbeitnehmerüberlassungsgesetz (AÜG). Während die Sch. durch die Hinterziehung von Steuern und Sozialabgaben gekennzeichnet ist, können Verstöße gegen das AÜG auch bei korrekter Abführung von Steuern und Sozialabgaben vorliegen, indem an andere Unternehmen abgestellte Arbeitnehmer in deren betriebliches Geschehen integriert werden. Verstöße gegen das AÜG, insbesondere das Fehlen einer notwendigen Erlaubnis zur → Arbeitnehmerüberlassung (§1 AÜG) ziehen als Rechtsfolge Bußgelder (§16 AÜG) sowie aus der Sicht des Entleihers v.a. die Begründung eines Arbeitsverhältnisses zwischen dem Entleiher und dem überlassenen Arbeitnehmer (§10 AÜG) nach sich, unabhängig von dem Willen der handelnden Personen.

Schwerbehindertenrecht. Ziel des SGB IX (früher SchwerbehindertenG) ist es, einen Beitrag zur beruflichen Integration schwerbehinderter Menschen zu leisten, beschäftigte schwerbehinderte Arbeitnehmer vor → Kündigungen infolge der Schwerbehinderung zu schützen und eine besondere Interessenvertretung der Schwerbehinderten zu installieren. Darüber hinaus gehört es zu den allgemeinen Aufgaben des → Betriebsrats, die Eingliederung schwerbehinderter Menschen zu fördern (§80 Abs. 1 Ziff. 4 BetrVG). Schwerbehinderte Menschen im Sinne des SGB IX sind Personen mit einem Grad der Behinderung von mindestens 50 % (§2 Abs. 1 SGB IX). Behinderungen sind Auswirkungen einer nicht nur vorübergehenden Funktionsbeeinträchtigung, die auf einem regelwidrigen körperlichen, geistigen oder seelischen Zustand beruhen. Die Auswirkung der Funktionsbeeinträchtigung ist, als Grad der Behinderung, nach 10er Graden zwischen 20 % und 100 % festzustellen (§69 Abs. 1 S. 4 – 6 SGB IX). Die Feststellung treffen die für die Durchführung des Bundesversorgungsgesetzes zuständigen Behörden (§69 Abs. 1 S. 1 SGB IX).

Private und öffentliche Arbeitgeber trifft die Verpflichtung, auf wenigstens 5 % (§71 Abs. 1 SGB IX) der Arbeitsplätze schwerbehinderte Menschen zu beschäftigen. Auf diese Quote werden nicht nur neu eingestellte Schwerbehinderte, sondern auch schon tätige Arbeitnehmer mit nachträglicher Zuerkennung der Schwerbehinderteneigenschaft angerechnet. Wird dieser Prozentsatz nicht erreicht, führt dies nicht zu Einstellungsansprüchen schwerbehinderter Mitarbeiter, sondern zur Verpflichtung, eine besondere Ausgleichsabgabe zu zahlen (§77 SGB IX), und zwar in Höhe von mindestens 105 Euro und maximal 260 Euro (zur Staffelung §77 Abs. 2, 3 SGB IX) je Monat und unbesetztem Pflichtplatz. Die Mittel dienen zur Speisung eines Ausgleichsfonds zur Unterstützung Schwerbehinderter (§77 Abs. 5, 78 SGB IX).

Kündigungen von schwerbehinderten Menschen bedürfen der vorherigen Zustimmung des → Integrationsamtes (§85 SGB IX). Dieses soll die Zustimmung erteilen bei Kündigungen in Betrieben und Dienststellen, die nicht nur vorübergehend eingestellt oder aufgelöst werden, wenn zwischen dem Tag der Kündigung und dem Tag, bis zu dem die Vergütung gezahlt wird, mindestens drei Monate liegen (§89 Abs. 1 SGB IX). Darüber hinaus soll die Zustimmung erteilt werden, wenn dem Schwerbehinderten ein anderer angemessener und zumutbarer Arbeitsplatz gesichert ist (§89 Abs. 2 SGB IX). Ausnahmen von dem Zustimmungserfordernis gelten für Arbeitsverhältnisse mit weniger als sechs Monaten Bestand sowie für Arbeitnehmer nach Vollendung des 58. Lebensjahres (§90 SGB IX). In diesem Zusammenhang ist zu sehen, dass Schwerbehinderte bereits mit Vollendung des 60. Lebensjahres vorzeitig rentenberechtigt sind (§236a SGB VI).

Für außerordentliche Kündigungen nach §626 BGB gilt die Sonderregelung des §91 SGB IX. Danach hat die Hauptfürsorgestelle ihre Entscheidung innerhalb von zwei Wochen zu treffen; bei Versäumung der Frist gilt die Zustimmung als erteilt (§91 Abs. 3 SGB IX). Das → Integrationsamt soll die Zustimmung zu außerordentlichen Kündigungen geben, wenn die Kündigung aus einem Grunde erfolgt, der nicht im Zusammenhang mit der Behinderung steht (§91 Abs. 4 SGB IX).

In Betrieben und Dienststellen mit wenigstens fünf Schwerbehinderten ist eine besondere Schwerbehindertenvertretung einzurichten (§§94ff. SGB IX), die sich um die Belange der Schwerbehinderten zu kümmern hat. Ähnlich wie der Betriebsrat führen die Vertrauensleute der Schwerbehinderten ihr Amt unentgeltlich (§96 SGB IX); eine eigene Schwerbehinderung ist nicht Voraussetzung für die Tätigkeit. In Unternehmen mit mehreren Betrieben gibt es eine Gesamtschwerbehindertenvertretung (§97 SGB IX); ggf. auch auf Konzernebene eine Konzernschwerbehindertenvertretung.

Schwerbehinderte Mitarbeiter erhalten einen gesetzlichen Zusatzurlaub von fünf Arbeitstagen im Urlaubsjahr (§125 SGB IX). Das gesamte Sch. gilt unabhängig davon, ob die Schwerbehinderung bereits bei der Einstellung besteht oder aber sich erst im Laufe des Berufslebens bei dem Arbeitgeber ergibt.

Scientific Management, → Wissenschaftliche Betriebsführung.

Seebetriebsrat. Die Seeschifffahrt unterscheidet sich von sonstigen Wirtschaftszweigen grundlegend, insbesondere dadurch, dass die Zusammensetzung der Belegschaft häufiger wechselt und die Anbindung der einzelnen Schiffe an ihr Unternehmen infolge des Fahrens auf hoher See von anderer Qualität ist als diejenige von auf dem Lande tätigen Betrieben zu den Unternehmen. Die strukturellen Unterschiede haben Auswirkungen auf die → Mitbestimmung, denen die §§114ff. BetrVG Rechnung tragen.

Grundsätzlich unterliegen auch die Seeschifffahrtsunternehmen und ihre Betriebe dem BetrVG, soweit sich nicht aus §§114 Abs. 2 bis 116 BetrVG Abweichungen ergeben (§114 Abs. 1 BetrVG). Seeschifffahrtsunternehmen sind Unternehmen, die Handelsschifffahrt betreiben und die ihren Sitz im Geltungsbereich des BetrVG haben. Damit ist einmal die Marine ausgenommen, zum anderen jeder Seebetrieb mit einem Sitz im Ausland, selbst wenn die Schiffe nach dem Flaggenrechtsgesetz die Bundesflagge führen. §§114ff. BetrVG gelten nur für Schiffe, nicht aber für Landbetriebe von Schifffahrtsunternehmen (Verwaltung, Werft, Lager) und die Binnenschifffahrt, die uneingeschränkt dem BetrVG unterliegen.

Alle Schiffe eines Seeschifffahrtsunternehmens werden zu einem Seebetrieb zusammengefasst. Für den Seebetrieb wird ein S. gewählt (§116 BetrVG). Um auch auf den einzelnen Schiffen eine Mitarbeitervertretung zu ermöglichen, sieht §115 BetrVG eine Bordvertretung vor, die grundsätzlich dieselben Rechte und Pflichten wie ein → Betriebsrat hat. Davon gibt es allerdings zahlreiche, in §115 Abs. 2 bis 7 BetrVG enthaltene, den spezifischen Gegebenheiten der Seeschifffahrt Rechnung tragende Ausnahmen.

Für die Luftfahrt gilt grundsätzlich das BetrVG für das fliegende Personal. Allerdings gestattet §117 Abs. 2 BetrVG für die im Flugbetrieb beschäftigten Arbeitnehmer die Errichtung einer besonderen Mitarbeitervertretung durch → Tarifvertrag.

Selbstbeurteilung. Die S. wird in einigen Unternehmen als Instrument der → Mitarbeiterbeurteilung oder → Leistungsbeurteilung praktiziert mit dem Ziel, die Eigenverantwortung und Selbstmotivation der Mitarbeiter zu stärken, damit auch Akzeptanz und Objektivität der Beurteilungen zu erhöhen. Die S. erfolgt meistens in der Weise, dass Vorgesetzter und Mitarbeiter unabhängig voneinander nach dem gleichen Beurteilungssystem (z.B. standardisierter Beurteilungsbogen) eine Beurteilung vornehmen und am Ende des Beurteilungszeitraumes in einem → Beurteilungsgespräch oder → Mitarbeitergespräch ihre Bewertungen diskutieren, um zu einer gemeinsamen, von beiden akzeptierten Schlussbeurteilung des Mitarbeiters zu kommen.

In der Praxis hat sich gezeigt, dass häufig nur geringe Abweichungen zwischen beiden Beurteilungen vorliegen, die jedoch fast immer im gemeinsamen Gespräch zu klären sind und damit eine abschließende, tragfähige und leistungsgerechte Beurteilung fördern. Probleme können entstehen, wenn unüberbrückbare Meinungsdifferenzen vorliegen. In der Praxis wird in solchen Fällen meistens dem gemeinsamen, übergeordneten Vorgesetzten die Rolle eines Schlichters zugewiesen. Kommt es zu ernsten Meinungsdifferenzen, haben diese gewöhnlich ihre Ursache nicht in der Beurteilung, sondern signalisieren eher tiefergehende Spannungen und Konflikte zwischen Vorgesetztem und Mitarbeiter, die anlässlich der Beurteilung dann pointiert zum Ausdruck kommen.

Grundsätzlich ist die S. ein interessantes Element der kooperativen Mitarbeiterführung, v.a. auch dann, wenn Betriebs- und Führungsklima von offener, fairer und vertrauensvoller Kommunikation auf und zwischen allen Ebenen der betrieblichen → Hierarchie geprägt sind.

Vgl. auch → Betriebsklima, → Beurteilungsfehler, → Führungsstil, → Vorgesetztenbeurteilung.

Selbstmanagement, *Selbstorganisation.* Unter S. werden zunächst alle individuellen Bemühungen und Maßnahmen verstanden, welche das persönliche Arbeitsverhalten und die persönliche Arbeitsleistung verbessern sollen. Hierzu ist eine unübersehbare Zahl von Publikationen mit Methoden und Ratschlägen zum S. erschienen, die sich vorwiegend auf zwei Aspekte beziehen:

(1) Die individuell optimale Arbeitsplanung und Arbeitsorganisation. Hierunter werden insbesondere Fragen zur richtigen Einteilung und Nutzung der Arbeitszeit, Prioritätensetzung bei der Aufgabenbearbeitung sowie nach dem angemessenen Arbeitsrhythmus (z.B. Wechsel zwischen verschiedenen Tätigkeitsarten) behandelt.

(2) Die Optimierung der individuellen Techniken zur Aufnahme und zum Behalten von Informationen. Hierzu zählen vorwiegend die Nutzung besonderer Lern- und Kreativitätstechniken, aber auch Bemühungen zur Erhöhung der Arbeitsmotivation.

Darüber hinaus zielt der Begriff S. auch auf die Fähigkeit von Mitarbeitern, am Arbeitsplatz selbstständig zu arbeiten, z.B. im Rahmen von → Zielvereinbarungen, erteilten Aufträgen oder delegierten Aufgaben ihren Arbeitseinsatz angemessen zu planen und zu organisieren. S. ist in jedem Fall ein wichtiger Bestandteil der → Qualifikation oder → Kompetenz der Mitarbeiter, und die Stärkung ihrer Fähigkeiten zum S. ist heute ein besonderes Anliegen vieler Maßnahmen betrieblicher Weiterbildung.

Vgl. auch → Coaching, → Persönlichkeitsentwicklung, → Trainer.

Selbstorganisation, → Selbstmanagement.

Selbstrekrutierung. Aus personalwirtschaftlicher Sicht bezeichnet S. zwei Sachverhalte:

(1) Die → Personalbeschaffung, vorzugsweise bei der Besetzung von Führungspositionen, erfolgt weitgehend aus dem Unternehmen selbst (interne Personalbeschaffung, Aufstieg aus den eigenen Reihen). Voraussetzung dafür ist jedoch i.d.R. der systematische Einsatz von Instrumenten der → Personalentwicklung und → Führungskräfteentwicklung. Vorteile der S. liegen v.a. in der damit häufig hohen Motivationswirkung für qualifizierte und aufstiegsorientierte Mitarbeiter, der besseren Einschätzbarkeit von Leistungsniveau und → Qualifikationsprofil der schon bekannten Mitarbeiter sowie darin, dass niedrigere Beschaffungs- und Einarbeitungskosten anfallen. Nachteile werden darin gesehen, dass die S. zu sozialen Verkrustungen, Bildung sog. Seilschaften und Betriebsblindheit (der Erwerb neuer Erfahrungen und von neuem Know-how wird unterdrückt) führen kann sowie Tendenzen des Weglobens wenig geeigneter Mitarbeiter begünstigt.

(2) Erfolgt die Einstellung von Berufsnachwuchs, i.d.R. von Auszubildenden, bevorzugt aus dem Kreis der Familienangehörigen (v.a. Mitarbeiterkinder) von im Unternehmen schon beschäftigten Mitarbeitern (z.B. Eltern), handelt es sich um eine weitere Form der S. Das Ausmaß der S. kommt in der Selbstrekrutierungsquote zum Ausdruck: sie gibt an, wie viel Prozent eines Einstellungsjahrgangs Eltern, Elternteile o.a. nahe Verwandte (z.B. Geschwister) im Unternehmen haben. Die Bevorzugung dieses Personenkreises wird von einigen Unternehmen, insbesondere zu Zeiten eines Ausbildungsplatzmangels, gleichsam als freiwillige Sozialleistung für die Mitarbeiter angesehen und soll ein besonderes Verantwortungsbewusstsein auch für die Familien der Mitarbeiter signalisieren. Darüber hinaus kann die S. häufig eine auch bei den Familienangehörigen der Mitarbeiter bestehende hohe Identifikation mit dem Unternehmen nutzen. So berichten einige Unternehmen z.B. von positiven Auswirkungen der S. auf → Betriebsklima, Leistungsmotivation, → Fehlzeiten sowie → Fluktuation und → Absentismus. Als Nachteile können auch hier die Gefahr sozialer Verkrustungen, Betriebsblindheit und die mögliche Begünstigung einer sog. Vetternwirtschaft genannt werden.

Selbstselektion. S. bezeichnet das Informations-, Auswahl- und Entscheidungsverhalten von Personen bei der Stellensuche.

Die S. wird einerseits gesteuert von Wünschen und Erwartungen an den Beruf, an das Unternehmen und den Arbeitsplatz, andererseits beeinflusst durch Auftritt, Selbstdarstellung u.a. öffentlichkeitsrelevante Faktoren der Unternehmen (→ Employer Branding, → Personalimage).

Um als potenzieller Arbeitgeber akzeptiert zu werden muss es den Unternehmen gelingen den Prozess der S. für sich positiv zu beeinflussen. Daher versuchen heute viele Unternehmen, über ein systematisches → Personalmarketing in den für sie relevanten Personalmärkten bei möglichst vielen Personen die S. durch den Aufbau von Attraktivitätspotenzialen zu beeinflussen. Nicht zuletzt führt dies häufig zu einem Anstieg der Bewerbungszahlen, gleichzeitig aber erhöhen sich damit auch die Chancen die gesuchten qualifizierten Mitarbeiter zu gewinnen.

Selbstverwaltung. Die S. ist eine besondere Form der → Mitbestimmung im Bereich der gesetzlichen Sozialversicherung. Sie gilt für → Berufsgenossenschaften, gesetzliche → Krankenversicherungen, die Bundesagentur für Arbeit (→ Arbeitsverwaltung) und gesetzliche Rentenversicherungsträger. Der Regelfall ist durch eine paritätische Besetzung der ehrenamtlichen Gremien (Vorstand, Vertreterversammlung, Verwaltungsbeirat) gekennzeichnet. Sondersituationen bestehen für die Ersatzkassen, deren Gremien allein durch die Versicherten besetzt werden sowie für die Selbstverwaltungsgremien der Bundesagentur für Arbeit, in denen neben Arbeitnehmer- und Arbeitgebervertretern Vertreter der Gebietskörperschaft zu je einem Drittel mitwirken.

Die S. bedeutet einerseits eine Herauslösung der entsprechenden Aufgaben aus dem Bereich staatlicher oder kommunaler Verwaltung und andererseits eine Erweiterung der Mitbestimmung und damit der Zusammenarbeit von Kapital und Arbeit über die Betriebs- wie Unternehmensebene hinaus in die Sozialversicherungsträger hinein.

Soweit eine paritätische Besetzung besteht, fehlen besondere Regelungen der Pattauflösung durch ein zusätzliches neutrales Mitglied oder ein wie auch immer gestaltetes Doppelstimmrecht. Arbeitnehmer- und Arbeitgebervertreter sind daher gehalten, sich im Kompromisswege zu verständigen.

Selbstverwirklichung. Nach der → Bedürfnishierarchie von Maslow bezeichnet das Streben nach S. die oberste Stufe einer fünfstufigen Pyramide menschlicher Motive oder (synonym) → Bedürfnisse. Wenn die unteren Bedürfnisse (z.B. physische und soziale) weitgehend erfüllt werden, tritt nach Maslow das Bedürfnis nach S. verstärkt hervor und beeinflusst das menschliche Handeln.

Die Bedürfnishierarchie und das hier enthaltene Bedürfnis nach S. haben in Theorie und Praxis zahlreiche Überlegungen zur Mitarbeiterführung und -motivation beeinflusst. Daraus sind in der betrieblichen Praxis viele Modelle und Aktivitäten entstanden, die über eine optimale Gestaltung der → Arbeitsbedingungen den Mitarbeitern auch Möglichkeiten zur S. in Beruf und Arbeitsleben anbieten sollen, so z.B. über Mitwirkungsmöglichkeiten und Freiräume bei der Arbeits- und → Arbeitsplatzgestaltung, über flexible → Arbeitszeiten, kooperative Mitarbeiterführung, Maßnahmen zur Personalentwicklung und in neuerer Zeit auch über die → Arbeitsplatzflexibilisierung.

Vgl. auch → Anreizsystem, → Incentives, → Leistungsanreize, → Motivation.

Seminaranbieter. Als S. betätigen sich von Einzelpersonen, über Unternehmens- und Personalberatungen, Bildungseinrichtungen von Kammern und Verbänden bis hin zu international präsenten, auf Tagungs- und Seminarveranstaltungen spezialisierte Unternehmen zahlreiche Personen und Organisationen. V.a. als Folge des hohen Stellenwertes der → Weiterbildung sowie der → Personalentwicklung und → Führungskräfteentwicklung in vielen Unternehmen hat sich das Angebot in den letzten Jahren hinsichtlich Zahl und Inhalten von Seminaren stark ausgeweitet. Angeboten werden externe Seminare zu bestimmten, schon festgelegten Themen, häufig aber auch → Inhouse-Seminare zu speziellen, vom auftraggebenden Unternehmen festzulegenden Themen und Zielsetzungen. Themenschwerpunkte der S. liegen häufig in den Bereichen Führung und Motivation, Kommunikation, Selbstmanagement, Personalwesen, Projektmanagement, Controlling.

Mitunter gibt es allerdings Klagen über unseriöse, von den Seminarinhalten her sehr praxisferne oder dubiosen Ideologien verpflichtete S. Auch deshalb sollten vor der Auswahl eines S. zunächst klare Vorstellun-

gen über die Zielgruppe im Unternehmen, Seminarinhalte und die angestrebten Seminarziele bestehen. Auf dieser Basis können dann Kontakte zu geeignet erscheinenden S. aufgenommen werden, wobei (v.a. bei erstmaliger Zusammenarbeit mit einem S.) dessen Hintergrund, z.B. die fachliche und didaktische Kompetenz des Seminarleiters oder ggf. eingesetzter → Trainer, gründlich ermittelt werden sollte. Hierbei sind evtl. Referenzen von Unternehmen, die mit dem S. schon zusammengearbeitet haben, aber auch von ehemaligen Seminarteilnehmern hilfreich.

Vgl. auch → Bildungscontrolling, → Bildungsmaßnahmen, → Evaluierung, → Gruppendynamik, → Seminare, → Workshop.

Seminare. Aus dem Hochschulbereich stammende, von der betrieblichen Praxis übernommene Bezeichnung für organisierte, eine überschaubare Teilnehmerzahl umfassende Veranstaltungen, die der Information von Kunden oder Mitarbeitern, der → Weiterbildung oder dem → Training von Mitarbeitern dienen. S. können im Unternehmen, z.B. als sog. → Inhouse-Seminare, oder außerhalb in hierfür besonders geeigneten Einrichtungen (z.B. spezielle Seminarhotels) stattfinden. Eine zunehmende Bedeutung haben inzwischen professionelle, externe → Seminaranbieter bekommen. V.a. als Folge des in den meisten Unternehmen hohen Stellenwertes von Maßnahmen der Weiterbildung oder der → Personalentwicklung und → Führungskräfteentwicklung haben die Zahl der S. und Seminarthemen sowie der zeitliche und finanzielle Aufwand für S. in der Vergangenheit erheblich zugenommen.

Vgl. auch → Bildungscontrolling, → Evaluierung, → Gruppendynamik, → Personalcontrolling, → Schulung, → Trainer, → Training, → Workshop.

Sicherheitsausschuss, → Sicherheitsbeauftragte, → Arbeitsschutzausschuss.

Sicherheitsbeauftragte. Neben den Fachkräften für → Arbeitssicherheit nach §5 ASiG kennt das Arbeitsschutzrecht noch besondere S. nach §22 SGB VII. In Unternehmen mit regelmäßig mehr als 20 Beschäftigten hat der Unternehmer einen oder mehrere S. unter Mitwirkung des Betriebsrates zu bestellen. Die Berufsgenossenschaften können diese Pflicht im Falle von Betrieben mit geringerer

Unfallgefahr auf Betriebe mit einer größeren Mitarbeiterzahl beschränken.

Die S. haben den Unternehmer bei der Durchführung des Unfallschutzes zu unterstützen, insbesondere sich von dem Vorhandensein und der ordnungsgemäßen Benutzung der vorgeschriebenen Schutzvorrichtungen fortlaufend zu überzeugen (§22 Abs. 2 SGB VII). Weitere Einzelheiten bestimmen die Unfallverhütungsvorschriften der Berufsgenossenschaften.

Die S. dürfen wegen der Erfüllung der ihnen übertragenen Aufgaben nicht benachteiligt werden (§22 Abs. 3 SGB VII). Sie nehmen die Aufgaben des Arbeitsschutzes nebenamtlich zu ihrer beruflichen Haupttätigkeit wahr und sind in dem erforderlichen Umfang für die Wahrnehmung dieser Aufgaben von der Berufstätigkeit freizustellen.

Sicherheitsfachkraft. Die Arbeitssicherheit genießt einen hohen Stellenwert. Sie dient der Vorbeugung gegen Betriebsunfälle und Berufskrankheiten. Damit werden sowohl humanitäre Zwecke im Sinne des Schutzes der Mitarbeiter als auch betriebswirtschaftliche Ziele im Zusammenhang mit der Verminderung von Ausfallzeiten und der Vermeidung von Kosten für Heilbehandlung und Rehabilitation verwirklicht. Der Gesetzgeber überlässt es nicht allein dem personalpolitischen Ermessen der Unternehmen, auf welche Weise sie diese Ziele erreichen. Vielmehr formuliert das Arbeitssicherheitsrecht, insbesondere das Arbeitssicherheitsgesetz normative Vorgaben. Hierzu gehört u.a. die Verpflichtung des Arbeitgebers, Fachkräfte für Arbeitssicherheit (Sicherheitsingenieure, -techniker, -meister) schriftlich zu bestellen, soweit dies im Hinblick auf die Betriebsart und die damit verbundenen Unfall- und Gesundheitsgefahren, die Zahl der beschäftigten Arbeitnehmer und die Zusammensetzung der Belegschaft sowie die Betriebsorganisation erforderlich ist. Einzelheiten regeln die Unfallverhütungsvorschriften der Berufsgenossenschaften.

Die Fachkräfte für Arbeitssicherheit haben den Arbeitgeber und alle weiteren für Arbeitsschutz und Unfallverhütung verantwortlichen Personen in Belangen der Arbeitssicherheit zu beraten. Dies gilt insbesondere für die Planung, Ausführung und Unterhaltung von Betriebsanlagen, die Beschaffung von technischen Arbeitsmitteln und die Einführung von Arbeitsverfahren und Arbeitsstoffen, für Auswahl und Erprobung von Körperschutzmitteln sowie für die Gestaltung der Arbeitsplätze. Weiterhin sind Betriebsanlagen und technische Arbeitsmittel vor der Inbetriebnahme und Arbeitsverfahren vor ihrer Einführung sicherheitstechnisch zu überprüfen. Ferner ist auf die Durchführung des Arbeitsschutzes und der Unfallverhütungsvorschriften zu achten (§6 ASiG). Fachkräfte der Arbeitssicherheit genießen im Rahmen ihrer Tätigkeit einen besonderen Schutz. Sie sind weisungsfrei (§8 Abs. 1 ASiG) und unterstehen im Rahmen ihrer Tätigkeit für Arbeitssicherheit unmittelbar dem Leiter des Betriebes (§8 Abs. 2 ASiG). Darüber hinaus haben sie mit dem Betriebsrat zusammenzuarbeiten (§9 ASiG). Schließlich sind sie Mitglieder des Arbeitsschutzausschusses, der sich regelmäßig mit Fragen der Arbeitssicherheit befasst (§11 ASiG).

Sicherheitsfachkräfte haben nur die Verantwortung für eine sachgerechte Beratung. Die Verantwortlichkeit für die Einhaltung aller Vorgaben des Arbeitssicherheitsrechts liegt bei der Unternehmensleitung, den Führungskräften (beide mit der Möglichkeit der Delegation, jedoch der fortlaufenden Pflicht zur Überwachung, Unterweisung und Schaffung der erforderlichen Rahmenbedingungen) und den Mitarbeitern.

Sicherheitsingenieur, → Sicherheitsfachkraft.

Sonderurlaub. Der Begriff des S. ist rechtlich nicht eindeutig definiert. Vielfach wird unter S. unbezahlter → Urlaub verstanden, der dem Arbeitnehmer zur Erledigung privater Angelegenheiten oder zur weiteren Qualifizierung unter Ruhen des Vergütungsanspruchs gewährt wird, soweit solche Vorgänge nicht während des Urlaubs erledigt werden können. Eine besondere Form des S. in diesem Sinne ist die Inanspruchnahme von Erziehungsurlaub. Teilweise wird auch bezahlte Freistellung von der Arbeit für konkret definierte Vorgänge (Silberhochzeit, Dienstjubiläum, Geburts- und Todesfälle) als S. bezeichnet. Kein S. ist der Erholungsurlaub, der auf der Grundlage tarif- oder arbeitsvertraglicher Regelungen gewährt wird und als Mindesturlaub durch das Bundesurlaubsgesetz abgesichert ist.

Sonderzulage, → Gratifikation.

Sonn- und Feiertagsarbeit. Sonn- und Feiertage dienen der Erholung, der Pflege des religiösen Lebens und kirchlicher Tradition, landsmannschaftlichen Brauchtums und der Besinnung auf wichtige geschichtliche Ereignisse. Dieser Stellenwert ist bereits verfassungsrechtlich durch Art. 140 GG i.V. mit Art. 139 der Weimarer Reichsverfassung (die insoweit fortgilt) anerkannt. Danach bleiben Sonn- und Feiertage als Tage der Arbeitsruhe und der seelischen Erhebung gesetzlich geschützt.

Andererseits gibt es zahlreiche Bereiche des Wirtschaftslebens, die aus technischen, wirtschaftlichen oder im Bereich der Nachfrager liegenden Gründen auf eine Arbeit an Sonn- und Feiertagen nicht verzichten können. Hierzu zählen Unternehmen mit einem notwendigerweise vollkontinuierlichen Schichtbetrieb (z.B. Kraftwerke, Produktion von Computerchips, bestimmte Verfahren der chemischen Industrie), ferner der medizinische und Pflegebereich (Krankenhäuser, Notdienste bei Ärzten, Altersheime) sowie der gesamte Bereich der „Freizeitindustrie" (Hotels, Restaurants, Gaststätten, Freizeitparks, Bootsverleih, Kinos, Theater usw.). Vor diesem Hintergrund gilt es, zwischen den unterschiedlichen Belangen einen sachgerechten → Interessenausgleich zu gewährleisten.

Maßgebliche gesetzliche Grundlage ist das Arbeitszeitgesetz von 1994, insbesondere dessen §§9ff. Danach besteht grundsätzlich ein Beschäftigungsverbot für Sonn- und Feiertage in der Zeit von 0 bis 24 Uhr. In mehrschichtigen Betrieben mit regelmäßiger Tag- und Nachtschicht können Beginn und Ende der Sonn- und Feiertagsruhe bis zu 6 Stunden vor- oder zurückverlegt werden (§9 Abs. 2). Die Gewerbeaufsichtsämter können Ausnahmen von dem Beschäftigungsverbot genehmigen. Sie sollen bewilligt werden, wenn aus chemischen, biologischen, technischen oder physikalischen Gründen ein ununterbrochener Fortgang der Arbeit auch an Sonn- und Feiertagen erforderlich ist (§10). Besonders erwähnt sind aus dem umfangreichen Katalog möglicher Ausnahmen die Aufrechterhaltung der Funktionsfähigkeit von Datennetzen und Rechnersystemen sowie die Zielsetzung einer Verhütung des Misslingens von Arbeitsergebnissen, ferner kontinuierlich durchzuführende Forschungsarbeiten sowie die Vermeidung einer Zerstörung oder Beschädigung von Produk-

tionseinrichtungen. Regelmäßig hat das Unternehmen bei Vorliegen der gesetzlichen Voraussetzungen einen Rechtsanspruch auf Erteilung der Genehmigung.

Zulässige S.-u.F. ist dadurch eingeschränkt, dass mindestens 15 Sonntage im Jahr beschäftigungsfrei bleiben müssen (§11 Abs. 1); dies ist eine Schutzvorschrift für die betroffenen Arbeitnehmer. Die genannten Regelungen beziehen sich im Hinblick auf ihren besonderen Status nicht auf → leitende Angestellte im Sinne des §5 Abs. 3 BetrVG. Mitbestimmungsrechtlich ist das Mitbestimmungsrecht des → Betriebsrates in Fragen der Arbeitszeit zu beachten (§87 Abs. 1 Ziff. 2 und 3 BetrVG).

Vgl. auch → Schichtarbeit.

Sozialabgaben, → Sozialversicherung.

Sozialauswahl, → betriebsbedingte Kündigung, → Kündigungsrecht, → Kündigungsschutz(gesetz).

Sozialeinrichtungen. S. sind betriebliche Institutionen, die eingebunden in das Betriebsgeschehen, teils auch organisatorisch oder sogar rechtlich verselbstständigt Leistungen zugunsten der Arbeitnehmer und/ oder ihrer Familienangehörigen gewähren. Hierzu zählen Kantinen, Sportanlagen, Ferienheime, Betriebskindergärten, Lehrlingsheime, Werksbüchereien, Pensions- und Unterstützungskassen sowie betriebliche Freizeiteinrichtungen.

Personalpolitisch beruhen derartige Institutionen regelmäßig auf der → Fürsorgepflicht des Arbeitgebers. Die Bedeutung ist unterschiedlich: Während eine Reihe von S. wichtige personalpolitische und auch soziale Funktionen erfüllen (z.B. Kantinen zur Mitarbeiterverpflegung während des Arbeitstages, Pensions- und Unterstützungskassen zur Verbesserung der betrieblichen Altersversorgung), gibt es auch S., deren Sinn fragwürdig ist oder die sich überlebt haben. So lässt sich z.B. darüber diskutieren, ob in Anbetracht zahlreicher öffentlicher Büchereien noch Bedarf für eine Werksbücherei besteht. Letztlich berührt dies Fragen des unternehmerischen Selbstverständnisses, der Unternehmenskultur und Tradition, aber auch der Gepflogenheiten einer Region oder Branche. Rechtlich sind Form, Ausgestaltung und Verwaltung von S., deren Wirkungsbereich auf den Betrieb, das Unternehmen oder den

Konzern beschränkt ist, mitbestimmungspflichtig nach §87 Abs. 1 Ziff. 8 BetrVG. Die Beschränkung auf den Wirkungsbereich eines Betriebes, Unternehmens oder Konzerns ist für Restaurants oder Sportklubs bedeutend: Sind diese für die Allgemeinheit zugänglich, werden sie aber zu einem erheblichen Anteil auch von Mitarbeitern genutzt, entfällt das Mitbestimmungsrecht nach §87 Abs. 1 Ziff. 8 BetrVG. Der → Betriebsrat kann die Neueinrichtung einer Sozialeinrichtung nicht erzwingen. Hat sich das Unternehmen hingegen für eine Sozialeinrichtung entschieden oder besteht eine solche bereits, obliegen alle Regelungen bezüglich Form, Ausgestaltung und Verwaltung der Abstimmung zwischen Betriebsrat und Arbeitgeber, ggf. bei Nichteinigung dem Spruch der → Einigungsstelle (§87 Abs. 2 BetrVG).

Sozialgericht, → Bundessozialgericht.

Sozialgerichtsbarkeit, → Bundessozialgericht.

Sozialkompetenz, → Kompetenz, → Schlüsselqualifikationen.

Sozialleistungen. S. werden üblicherweise von den eigentlichen finanziellen Leistungen des Arbeitgebers (Lohn, Gehalt) abgegrenzt. In diesem Sinne handelt es sich um Geld- und Sachleistungen, die Mitarbeitern, Pensionären und Familienangehörigen zusätzlich zu ihrer Vergütung direkt oder indirekt zufließen. Sie haben z.T. zusätzlichen Entgeltcharakter für die Vergütung, überwiegend sind sie Ergebnisse der Fürsorge des Arbeitgebers für seine Mitarbeiter. Dabei lassen sich S. nach der rechtlichen Grundlage, auf der sie gewährt werden, aber auch nach ihrem Inhalt unterscheiden.

Differenziert man nach der rechtlichen Grundlage, gibt es gesetzliche, tarifliche und betriebliche S. (→ Betriebsvereinbarung → Gesamtzusage, → betriebliche Übung, einzelvertragliche Zuleistung). Gesetzliche S. in diesem Sinne sind Ansprüche auf → Entgeltfortzahlung im Krankheitsfall, an Feiertagen, für gesetzlichen → Bildungsurlaub, ferner die Arbeitgeberanteile zur gesetzlichen Sozialversicherung, die Beiträge zur Berufsgenossenschaft sowie Zuschüsse zum → Mutterschaftsgeld und Zusatzurlaub für schwerbehinderte Mitarbeiter. Die Grenzen zwischen tariflichen und betrieblichen S. sind fließend;

was in manchen Bereichen tariflich geregelt ist, findet sich in anderen Wirtschaftszweigen oder Regionen als betriebliche Sozialleistung (und umgekehrt). Typische tarifliche S. sind erweiterte Lohnfortzahlungen über den gesetzlichen Mindestrahmen hinaus, Zusatzurlaub über das BUrlG hinaus, Verdienstausgleich bei Leistungsminderung, vermögenswirksame Leistungen und ggf. ein Weihnachts- oder Urlaubsgeld. Letzteres ist in vielen Fällen als betriebliche Sozialleistung geregelt. Von besonderer Bedeutung im Rahmen der betrieblichen Leistungen sind die betriebliche Altersversorgung (Direktzusage, Pensionskasse, durch den Arbeitgeber finanzierte Lebensversicherung), der Betrieb einer Kantine, Arbeitgeber-Baudarlehen, Werkswohnungen, Ausgabe von Belegschaftsaktien und vieles andere mehr.

Im Hinblick darauf, dass die Rechtsform jenseits der gesetzlich vorgeschriebenen S. austauschbar ist, macht eine inhaltliche Systematisierung mehr Sinn. Hier können unterschieden werden: Vergütungen für bezahlte Ausfallzeiten (Feiertage, → Urlaub, Krankheit, bezahlte Pausen, Zahlungen bei → Kurzarbeit), soziale Abgaben (Arbeitgeberbeiträge zur gesetzlichen Sozialversicherung, Beiträge zur Berufsgenossenschaft), die Zahlung von Sozial- und Ausgleichszulagen (Hausstandszulagen, Familienzulagen, Mietbeihilfen, Verdienstsicherung im Falle einer Erwerbsminderung), Jahresvergütungen, Sonderzahlungen und Tantiemen (Weihnachtsgeld, Urlaubsgeld, → Gratifikationen, Ergebnisbeteiligung, Jubiläumsgelder), Aufwendungen zur Vermögensbildung (vermögenswirksame Leistungen, Belegschaftsaktien, Gewinnschuldverschreibungen, Wohnungsbaudarlehen), die Erstattung von betriebsbezogenen Aufwendungen (Kontoführungsgebühren, Dienstreise- und Umzugskosten), eine ergänzende Altersversorgung (Direktzusagen über Pensionsrückstellungen, Beiträge zum Pensionssicherungsverein, Ansprüche aus Unterstützungskassen, Unterstützungsleistungen in Sterbefällen und Notfällen) sowie schließlich soziale Einrichtungen (Werksverpflegung, betriebliches Wohnungswesen, betrieblicher Gesundheitsdienst, Leistungen im Bereich der Arbeitssicherheit und des Arbeitsschutzes sowie schließlich Einrichtungen zur Mitarbeiterfreizeit).

Umfang und Gestaltung von S. sind ein wichtiges Element im Rahmen der Personalpolitik. Ihr Ziel liegt in der Erhaltung und Steigerung der Leistungsfähigkeit der Mitarbeiter und ihrer Motivation, in attraktiven Arbeitsbedingungen zur Gewinnung qualifizierter neuer Mitarbeiter, in einer Anerkennung erbrachter Leistungen, in der Schaffung menschenwürdiger Arbeitsbedingungen, in der Fürsorge für die Mitarbeiter und ihre Familien und generell in einer sozialen Verantwortung und Orientierung des Arbeitgebers. Die Personalpolitik hat eine sinnvolle Grenze zu finden zwischen den Bereichen, die sich aus den dargestellten Motivationslagen heraus für betriebliche S. eignen, und der notwendigerweise erforderlichen privaten Lebenssphäre der Mitarbeiter mit entsprechender Eigenverantwortung, die diese frei von unternehmerischen Einflussnahmen und Leistungen haben müssen. Diese Grenze ist je nach Unternehmenstradition und Unternehmenskultur unterschiedlich. Ihre Ermittlung und regelmäßige Überprüfung ist für eine konzeptionelle Personalpolitik unverzichtbar.

Rechtlich gilt für betriebliche S. der Grundsatz der → Gleichbehandlung. Das bedeutet, dass eine Ungleichbehandlung verschiedener Mitarbeitergruppen oder auch einzelner Mitarbeiter nur aus sachlich gerechtfertigtem Anlass möglich ist, der durch die Gerichte überprüft werden kann.
Vgl. auch → Cafeteriasystem.

Sozialministerien. In allen Regierungen des Bundes und der Länder bestehen Ministerien, die für soziale Angelegenheiten zuständig sind. Auf Bundesebene nimmt das Bundesministerium für Arbeit und Soziales diese Aufgaben wahr. Es ist Dienstaufsichtsbehörde über das → Bundessozialgericht. Das Bundesversicherungsamt untersteht den allgemeinen Weisungen des Bundesministeriums für Gesundheit und soziale Sicherung.

Sozialpartnerschaft. Als betriebliche Sozialpartner stehen sich Arbeitgeber und → Betriebsrat bzw. → Sprecherausschuss, als überbetriebliche Parteien → Arbeitgeberverbände und → Gewerkschaften gegenüber. Der Begriff der S. bezeichnet nicht nur die formale, auf den jeweiligen sozialen Gegenspieler angelegte Beziehung der Parteien zueinander, sondern bringt ein inhaltliches Verständnis gemeinsamer Aufgaben im Sinne eines konstruktiven Miteinanders und einer auf wechselseitigem Vertrauen basierenden Tätigkeit zum Ausdruck.

Für die betriebliche S. beinhaltet § 2 BetrVG eine entsprechende rechtliche Vorgabe, wonach Arbeitgeber und Betriebsrat vertrauensvoll zusammenarbeiten sollen. Eine entsprechende Regelung findet sich in § 2 SprAuG für das Verhältnis zwischen Arbeitgeber und Sprecherausschuss.

Der Begriff der „vertrauensvollen Zusammenarbeit" ist Ausdruck eines sozialpartnerschaftlichen Verständnisses, das nicht von Gegnerschaft oder gar Klassenkampfdenken geprägt ist, sondern von einem konstruktiven Miteinander trotz unterschiedlicher, nicht zu leugnender Ausgangspositionen und Interessenausrichtung von Arbeitgeber und → Arbeitnehmervertretung. Eine vergleichbare Vorgabe für das Tarifvertragsrecht fehlt. Auch hier ist der Gedanke der S. in dem beschriebenen Sinne entwickelt und praktiziert worden, wobei es in der Praxis jedoch zwischen den verschiedenen Verbandsbereichen erhebliche Unterschiede gibt.

Der Gedanke der S. ist insgesamt durch die Erkenntnis geprägt, dass eine konstruktive Zusammenarbeit von Kapital und Arbeit, jeweils vertreten durch die zuständigen Instanzen, für alle Beteiligten bessere Ergebnisse mit sich bringt als ein allein von Gegnerschaft, persönlicher Ablehnung, eigener Interessenvertretung ohne Berücksichtigung der Auswirkungen auf den sozialen Gegenspieler sowie von Lager- und Klassenkampfdenken geprägtes miteinander Umgehen und Verhandeln.
Vgl. auch → Arbeitgeberverbände, → Gewerkschaften, → Mitbestimmung.

Sozialplan. Betriebsänderungen mit der Gefahr wesentlicher Nachteile für die Belegschaft oder erhebliche Teile der Belegschaft lösen die Notwendigkeit eines Interessenausgleichs- und Sozialplanverfahrens aus (§ 112 BetrVG). Der → Interessenausgleich zielt auf eine Verständigung zwischen Arbeitgeber und → Betriebsrat über das Ob, Wann und Wie der Maßnahme. Im Gegensatz dazu betrifft der S. die Folgen von Betriebsänderungen nach § 111 BetrVG für die betroffenen Mitarbeiter. Der S. beinhaltet eine Einigung über den Ausgleich, über die Milderung der wirtschaftlichen Nachteile (Nachteilsausgleich), die den Arbeitnehmern entstehen (§ 112 Abs. 1 BetrVG).

Typische Regelungsgehalte des S. sind: Auswahlkriterien zur Ermittlung der betriebsbedingt zu kündigenden Mitarbeiter; Abfindungsansprüche für ausscheidende Arbeitnehmer; Erstattung von Umzugskosten und vergleichbaren Aufwendungen für Mitarbeiter, die zu anderen Betrieben des Unternehmens versetzt werden; Umschulungs- und Weiterbildungsmaßnahmen; Frühpensionierungsregelungen. Ein S. begründet unmittelbare, einklagbare Rechtsansprüche der davon betroffenen Arbeitnehmer.

Scheitert eine Einigung, entscheidet die Einigungsstelle, deren Spruch die Einigung zwischen Arbeitgeber und Betriebsrat ersetzt (§ 112 Abs. 4 BetrVG). Für das Einigungsstellenverfahren im Einzelnen gelten die allgemeinen Grundsätze des § 76 BetrVG.

Sozialplanansprüche sind nach Maßgabe des § 112a BetrVG ausgeschlossen für kleinere Unternehmen mit einer vergleichsweise geringen Zahl betroffener Mitarbeiter sowie für Fälle unternehmerischer Neugründungen in den ersten vier Jahren seit der Gründung. Damit soll erreicht werden, dass die teilweise erheblichen wirtschaftlichen Belastungen aus Sozialplänen entfallen, um Barrieren für die Gründung mittelständischer Betriebe und deren Fortbestand zu beseitigen. Entscheidungen der Einigungsstelle über Sozialpläne sind von den Arbeitsgerichten nur in engen Grenzen im Hinblick auf etwaige Ermessensüberschreitungen überprüfbar. Innerhalb der zulässigen Ermessensgrenzen legt somit die Einigungsstelle nicht nur die Verteilungsregelungen, sondern auch den Dotierungsrahmen für die wirtschaftliche Belastung aus Sozialplänen fest. Personalpolitisch tragen sachgerechte Sozialplanregelungen wesentlich dazu bei, Betriebsänderungen nach § 111 BetrVG sozialverträglich zu gestalten und die Folgen für die betroffenen Arbeitnehmer einschließlich ihrer Familien abzumildern.

Tarifsozialpläne dürfen auch erstreikt werden, das gilt sowohl für Haustarifverträge als auch für firmenbezogene Verbandstarifverträge.

Sozialrecht. Das S. ist neben dem → Arbeitsrecht die zweite Rechtsmaterie von grundlegender Bedeutung für das Arbeitsleben. Es dient der Verwirklichung sozialer Gerechtigkeit und sozialer Sicherheit durch Versicherungsleistungen, → Sozialleistungen sowie soziale und erzieherische Hilfen (vgl. § 1 SGB I). Damit bildet das S. einen Eckpfeiler der staatlichen Leistungsverwaltung und trägt maßgeblich zur Verwirklichung des Sozialstaatsprinzips (Art. 20 GG) bei. Zugleich ist das S. eine (wenn auch nicht die einzige) Grundlage der sozialen Komponente im Rahmen der sozialen Marktwirtschaft. Soziale Sicherheit und die Überwindung sozialer Ungerechtigkeit sind wichtige Voraussetzungen zur Gewährleistung des sozialen Friedens. Aufgabe der Politik ist es, das rechte Maß an sozialer Sicherheit zu geben, um die notwendige Absicherung einerseits ebenso zu erreichen wie die Vermeidung übertriebener staatlicher Fürsorge mit negativen Auswirkungen auf persönliche Leistungsanreize andererseits.

Für das Arbeitsrecht bedeutsame Bereiche des S. sind die Rentenversicherung (→ Rentenrecht), → Krankenversicherung, → Pflegeversicherung, → Unfallversicherung sowie die Aufgaben der Bundesagentur für Arbeit. Kennzeichnend für diese Bereiche ist deren Versicherungscharakter, d.h., dass die Leistungen der Versicherungsträger grundsätzlich durch Beiträge und nicht aus dem allgemeinen Staatshaushalt finanziert werden. Allerdings gibt es zum Ausgleich für staatliche Regelungen mit Belastungen der einzelnen Versicherungshaushalte finanzielle Unterstützungen aus dem Staatshaushalt (so z.B. der Bundeszuschuss für die Rentenversicherung als Ausgleich für die Anerkennung von Ersatz- und Ausfallzeiten).

Die Versicherungsbeiträge werden grundsätzlich je zur Hälfte von dem Arbeitgeber und dem einzelnen Arbeitnehmer aufgebracht (so für die Rentenversicherung, Krankenversicherung, Pflegeversicherung und Arbeitslosenversicherung). Allein für die Unfallversicherung gehen die Beiträge ausschließlich zulasten des Arbeitgebers, weil dieser als Gegenleistung von Schadensersatzansprüchen seiner Mitarbeiter aufgrund von Unfällen und Berufskrankheiten im Zusammenhang mit dem Arbeitsleben befreit ist (§§ 104, 105 SGB VII).

Von Bedeutung für das S. ist schließlich das Verfahrensrecht, v.a. geregelt in SGB X, aber auch in Spezialgesetzen zu den einzelnen Versicherungszweigen, sowie der Rechtsschutz durch die Sozialgerichte mit den speziellen verfahrensrechtlichen Regelungen nach dem Sozialgerichtsgesetz (SGG).

Sozialversicherung. S. sind aufgrund des Sozialstaatsprinzips gestaltete öffentliche Einrichtungen zur sozialen Absicherung der Arbeitnehmer. Im Einzelnen bestehen fünf Säulen der S.: Rentenversicherung (→ Rentenrecht), Unfallversicherung, → Arbeitslosenversicherung, → Krankenversicherung, → Pflegeversicherung. Die Finanzierung erfolgt durch *Sozialabgaben* als Beiträge zur sozialen Absicherung, die grundsätzlich durch den Arbeitgeber und den Arbeitnehmer je zur Hälfte bezahlt werden. Die Finanzierung der Unfallversicherung erfolgt allein durch den Arbeitgeber, weil sie v.a. einen Ausgleich betriebsbedingter Risiken bedeutet.

Sozialversicherungsbeiträge. Das Nichtabführen fälliger Arbeitnehmerbeiträge zur Sozialversicherung (z.B. Kranken-, Renten- und Pflegeversicherung) durch den Arbeitgeber ist strafbar nach §266a StGB. Ist der Arbeitgeber eine juristische Person, trifft die Strafbarkeit die vertretungsberechtigten Organe, z.B. den Geschäftsführer einer GmbH. Strafbar ist nur die Nichtabführung der *Arbeitnehmeranteile*, für deren Zahlung allein der Arbeitgeber haftet und die er bei Auszahlung des Lohnes abziehen darf. Der Arbeitgeberanteil ist von §266a StGB nicht erfasst.

Fällig sind die Sozialversicherungsbeiträg seit 2006 am drittletzten Bankarbeitstag des Monats für den laufenden Monat; dabei kommt es nicht darauf an, ob auch tatsächlich Arbeitsentgelt gezahlt wurde.

Der Strafrahmen des §266a StGB reicht von einer Geldstrafe bis zu einer Freiheitsstrafe von fünf Jahren. Zusätzlich sind der Einzugsstelle die vorenthaltenen Arbeitnehmeranteile nachzuzahlen. Im Falle sich abzeichnender Zahlungsschwierigkeiten empfiehlt es sich daher dringend, bereits vor dem Fälligkeitstermin mit der zuständigen Einzugsstelle Kontakt aufzunehmen.

Sozialwidrigkeit. Nach §1 KSchG sind → Kündigungen von Arbeitsverhältnissen gegenüber Arbeitnehmern, deren → Arbeitsvertrag mindestens sechs Monate ununterbrochen bestanden hat, rechtsunwirksam wenn sie sozial ungerechtfertigt (sozialwidrig) sind. Wegen der großen Bedeutung, die dem Fortbestand des Arbeitsverhältnisses für den einzelnen Arbeitnehmer zukommt, hat der Gesetzgeber das → Kündigungsrecht zulasten der Arbeitgeber erheblich eingeschränkt. Damit wird zugleich die → Vertragsfreiheit im Arbeitsleben relativiert, soweit es um den Fortbestand von Arbeitsverhältnissen geht.

§1 Abs. 2 KSchG enthält eine Definition der Fälle, in denen eine Kündigung sozial ungerechtfertigt ist. Die negative Formulierung erschwert Verständnis und Anwendung des Gesetzestextes. Sie bedeutet im praktischen Ergebnis, dass nur sozial gerechtfertigte Kündigungen zulässig sind. Dabei unterscheidet das Gesetz zwischen Kündigungsgründen, die in der Person oder in dem Verhalten des Arbeitnehmers liegen, und solchen, die sich aus dringenden betrieblichen Erfordernissen ergeben und einer → Weiterbeschäftigung des Arbeitnehmers entgegenstehen.

Vgl. auch → Kündigung, → Kündigungsschutz(gesetz), → personenbedingte Kündigung, → betriebsbedingte Kündigung, → verhaltensbedingte Kündigung, → Sozialauswahl.

Sperrvermerk, *Weiterleitungsvermerk.* Über den Sp. kann ein Bewerber auf eine → Stellenanzeige, die unter Chiffre oder nur unter dem Namen einer beauftragten Personalwerbeagentur erschienen ist, bestimmte Unternehmen von der Weitergabe seiner Bewerbungsunterlagen ausschließen. Damit kann er z.B. verhindern, dass die Bewerbung an seinen derzeitigen Arbeitgeber weitergeleitet wird. Der Sp. muss jedoch vom Chiffredienst oder der Agentur nur beachtet werden, wenn der Auftraggeber dies ausdrücklich zugesichert hat. Zur Klarstellung ist es daher empfehlenswert, schon in der Stellenanzeige die Einhaltung von Sp. den potenziellen Bewerbern unmissverständlich zuzusichern. Zur Wahrung der Anonymität des unter Chiffre, einer Agentur oder Personalberatung suchenden Unternehmens sollten bei einem zutreffenden Sp. die Bewerbungsunterlagen hinsichtlich Form und zeitlichem Abstand so zurückgeschickt werden, dass Rückschlüsse auf den Auftraggeber weitestgehend ausgeschlossen werden können.

Spesen, → Aufwendungsersatz.

Sphärentheorie, → Betriebsrisiko.

Sprecherausschuss, → Betriebsrat, → Gesamtbetriebsrat und → Konzernbetriebsrat haben keine Kompetenz zur Vertretung → leitender Angestellter (§5 Abs. 3 BetrVG). Entsprechend fehlt leitenden Angestellten das aktive und passive Wahlrecht zum Betriebsrat. Um eine eigenständige Interessenvertretung der leitenden Angestellten gegenüber dem Arbeitgeber zu ermöglichen, ist im Jahre 1988 das Sprecherausschussgesetz verabschiedet worden. Es begründet eine kollektive Interessenvertretung der leitenden Angestellten, wobei die Kompetenzen des Sp. im Hinblick auf die besondere Stellung der leitenden Angestellten in Unternehmen und Betrieb, insbesondere aufgrund der Nähe zur Unternehmensleitung, gegenüber denjenigen des Betriebsrats deutlich zurückbleiben.

Der Sp. arbeitet mit dem Arbeitgeber vertrauensvoll unter Beachtung der geltenden Tarifverträge zum Wohl der leitenden Angestellten des Betriebs zusammen (§2 SprAuG). Er hat insbesondere Kompetenzen bei personellen Einzelmaßnahmen gegenüber leitenden Angestellten, die dem Sp. rechtzeitig mitzuteilen sind. Vor jeder → Kündigung ist der Sp. zu hören. Eine ohne → Anhörung des Sp. ausgesprochene Kündigung ist unwirksam. Entsprechendes gilt für eine Kündigung, die auf der Basis einer unvollständigen Unterrichtung des Sp. vorgenommen wurde (§31 SprAuG). Arbeitgeber und Sp. können Richtlinien über den Inhalt, den Abschluss oder die Beendigung von Arbeitsverhältnissen der leitenden Angestellten schriftlich vereinbaren (§28 Abs. 1 SprAuG). Dies hat jedoch nur dann eine der Betriebsvereinbarung vergleichbare unmittelbare und zwingende Wirkung für die einzelnen Arbeitsverhältnisse der leitenden Angestellten, wenn dies ausdrücklich zwischen den Betriebsparteien vereinbart wurde (§28 Abs. 2 SprAuG). Arbeitgeber und Sp. haben darüber zu wachen, dass alle leitenden Angestellten nach den Grundsätzen

den Grundsätzen von Recht und Billigkeit behandelt werden und Diskriminierungen welcher Art auch immer unterbleiben. Ferner sollen sie die freie Entfaltung der Persönlichkeit der leitenden Angestellten schützen und fördern (§27 SprAuG). Schließlich hat der Sp. die Interessenvertretung einzelner leitender Angestellter wahrzunehmen, wenn dies gewünscht wird (§26 SprAuG). Über wirtschaftliche Angelegenheiten hat der Unternehmer den Sp. mindestens einmal im Kalenderjahr zu unterrichten. Weiterhin findet einmal jährlich eine Versammlung aller leitenden Angestellten auf Initiative des Sp. statt (§15 SprAuG).

Für Wahl und Organisation des Sp. gilt folgendes: In Betrieben mit mindestens zehn leitenden Angestellten werden Betriebs-Sprecherausschüsse gewählt (§1 SprAuG). Dies ist fakultativ und entspricht damit der Rechtslage für die → Betriebsratswahlen. Wahlberechtigt sind alle leitenden Angestellten, wählbar nur diejenigen, die mindestens sechs Monate dem Betrieb angehören. Die Größe des Sp. richtet sich nach der Zahl der leitenden Angestellten. Hierfür sieht §4 SprAuG eine Staffel zwischen einer und sieben Personen je nach Zahl der leitenden Angestellten vor. Die Wahlen erfolgen zeitgleich mit der Betriebsratswahl (§5 SprAuG). Der Sp. wählt aus seiner Mitte einen Vorsitzenden, der die Sitzungen einberuft, leitet und den Sp. im Verhältnis zum Arbeitgeber vertritt (§11 SprAuG), sowie einen stellvertretenden Vorsitzenden.

Bestehen in einem Unternehmen mehrere Sp., ist ein Gesamtsprecherausschuss zu errichten (§16 SprAuG). Dies entspricht der Rechtslage für den Gesamtbetriebsrat; die Regelung ist zwingend. Fakultativ ist demgegenüber wieder die Einrichtung eines Konzernsprecherausschusses für Sp. konzernverbundener Unternehmen (§21 SprAuG). Im Hinblick darauf, dass die Tätigkeit der leitenden Angestellten bei Untergliederung eines Unternehmens in mehrere Betriebe vielfach einen stärkeren Unternehmens- als Betriebsbezug hat, gestattet §20 SprAuG, anstelle der Wahl eines Betriebs- und Gesamtsprecherausschusses unmittelbar einen direkt auf Unternehmensebene angesiedelten Unternehmenssprecherausschuss zu wählen. Voraussetzung ist, dass die Mehrheit der leitenden Angestellten dies verlangt. In solchen Fällen nimmt der Unternehmenssprecherausschuss die Funktionen wahr, die sonst der Betriebs- und der Gesamtsprecherausschuss ausüben.

Im Verhältnis zu den Betriebsräten ist die Verbreitung von Sp. geringer. Gleichwohl ist diese Form der Interessenvertretung von leitenden Angestellten wichtig. In der Bundesrepublik Deutschland bestehen etwa 500 Sp., überwiegend in den größeren Unternehmen.

Stelle. Die St. ist die kleinste organisatorische Einheit im Unternehmen, die sich durch ein eigenständiges, von anderen abgrenzbares Aufgabengebiet definieren lässt und i.d.R. in einem → Stellenplan ausgewiesen ist.
Vgl. auch → Arbeitsplatz, → Stellenbeschreibung, → Stellenbewertung.

Stellenanalyse, → Arbeitsplatzanalyse.

Stellenanzeige. Die St. dient als Instrument der Personalwerbung zur Mitarbeiterbeschaffung, vorwiegend für untere bis mittlere Hierarchiestufen. Die Veröffentlichung erfolgt in geeigneten Printmedien, i.d.R. sind dies regionale/ überregionale Tages- und Wochenzeitungen, Fachzeitschriften oder für spezielle Zielgruppen (z.B. Schul- und Hochschulabsolventen) herausgegebene Informationsbroschüren und Anzeigendienste bzw. im Internet. Zur Vermeidung der häufig hohen Streuverluste sollte die Auswahl geeigneter Medien streng zielgruppenorientiert erfolgen, d.h. es ist zu prüfen, welches Printmedium im relevanten → Personalmarkt den höchsten Aufmerksamkeitswert erreicht. Grundsätzlich sollte eine St. informieren über das Unternehmen, die zu besetzende Stelle und ggf. deren besondere Anforderungen, das erwartete Qualifikationsprofil des Bewerbers (z.B. Kenntnisse und Berufserfahrungen), besondere Leistungen des Unternehmens (z.B. Hilfe bei Umzug und Wohnungsbeschaffung), Einstellungstermin sowie evtl. gewünschte besondere Bewerbungsunterlagen.
Wird in der St. der Name (Firma) des suchenden Unternehmens genannt, handelt es sich um eine sog. „offene St.". Will das Unternehmen zunächst anonym bleiben (z.B. um aus unternehmensinternen Gründen über eine geplante Stellenbesetzung nicht vorzei-

tig zu informieren), kann die St. unter einer Chiffre, über eine Personalberatung oder Personalwerbeagentur aufgegeben werden.
Eine St. ist auch als wichtiger Imageträger anzusehen, von daher sollte die textliche und optische Gestaltung nicht nur unter rein sachlich-informativen, sondern auch unter werblichen Aspekten erfolgen. Besondere Bedeutung erhalten hierbei die Nutzung eines → Corporate Design (z.B. aus der Produktwerbung schon bekanntes Firmenlogo) und die Vermittlung einer positiven → Unternehmenskultur.
Der Erfolg einer St. sollte nicht allein an der Zahl der eingegangenen Bewerbungen gemessen werden, sondern primär danach beurteilt werden, ob die Zielgruppe erreicht wurde und dort qualifizierte Bewerbungen ausgelöst werden konnten.
Als Nachteil einer St. gilt, dass sie häufig nur von Personen wahrgenommen wird, die sich schon mit der Absicht eines Berufs- oder Stellenwechsels tragen oder die als Berufsanfänger oder Arbeitslose aktive Stellensuche betreiben. An einem Stellenwechsel zunächst nicht interessierte, aber hierzu evtl. motivierbare Personen, werden von einer St. i.d.R. nicht erreicht (→ Abwerbung, → Personalberatung). In neuerer Zeit wird die St. in Printmedien als Instrument der Personalbeschaffung zunehmend ergänzt durch das → E-Recruiting.
Vgl. auch → Anzeigenagentur, → Jobbörsen, → Personalimageanzeige, → Personalwerbung, → Sperrvermerk, → Stellenausschreibung.

Stellenausschreibung. St. sind ein weitverbreitetes Mittel der Personalbeschaffung. Hinzu kommt die Gewinnung neuer Mitarbeiter durch Vermittlung des Arbeitsamtes, ferner durch die seit 1994 zugelassene private Vermittlungstätigkeit, durch die Übernahme von Auszubildenden in ein Arbeitsverhältnis sowie durch Kontakte zu Hochschulen, konzernverbundenen oder sonstigen Unternehmen. Die außerbetriebliche St. erfolgt üblicherweise durch Schaltung einer Anzeige in einer Tages- oder Fachzeitung. Die innerbetriebliche St. dient dazu, innerhalb der Belegschaft neu zu besetzende Arbeitsplätze bekannt zu machen und den Mitarbeitern die Möglichkeit zu geben, sich für den betreffenden Arbeitsplatz zu bewerben. Sie ist damit nicht nur ein Mittel der Personalakquisition, sondern zugleich ein wichtiges Instrument der Personal- und Führungskräfteentwicklung.

Gerade eine transparente Information über freie Arbeitsplätze an die vorhandene Belegschaft kann zur Verbesserung beruflicher Aufstiegsmöglichkeiten, einer Besetzung freier Arbeitsplätze vorrangig aus der Belegschaft und damit maßgeblich zur Motivation und Wahrnehmung von Chancen außerhalb des eigenen Aufgabenbereiches beitragen. Vielfach zeigen sich für den Arbeitgeber interessante Besetzungsalternativen, an die er möglicherweise trotz aktiver Personalentwicklungspolitik nicht gedacht hat. Auch können innerbetriebliche St. dazu beitragen, für mehr Mobilität und Fluktuation innerhalb des Unternehmens zu sorgen, um auf diese Weise neue Ideen in andere Arbeitsbereiche hineinzubringen und einer Verkrustung entgegenzuwirken.

Betriebsverfassungsrechtlich wird die innerbetriebliche St. durch §93 BetrVG abgesichert. Danach kann der → Betriebsrat verlangen, dass Arbeitsplätze, die besetzt werden sollen, allgemein oder für bestimmte Arten von Tätigkeiten vor ihrer Besetzung innerhalb des Betriebes ausgeschrieben werden. Dies gilt nicht für → leitende Angestellte (§5 Abs. 3 BetrVG), für die der Arbeitgeber jedoch auf freiwilliger Basis eine innerbetriebliche St. vornehmen kann.

Für die Art der innerbetrieblichen St. gibt es keine feste Vorgabe. Regelmäßig geschieht dies durch Aushang am Schwarzen Brett oder durch Information in einer Mitarbeiterzeitschrift. Eine Missachtung des Verlangens nach innerbetrieblicher St. hat wichtige Konsequenzen. In diesem Falle kann der Betriebsrat nach §99 Abs. 2 Ziff. 5 BetrVG die Zustimmung zu einer → Einstellung auf dem betreffenden Arbeitsplatz rechtswirksam versagen. Ein Anspruch der sich bewerbenden Mitarbeiter, auf dem ausgeschriebenen Arbeitsplatz beschäftigt zu werden, besteht hingegen nicht. Die Besetzungsentscheidung obliegt allein dem Arbeitgeber, unter Beachtung der Mitbestimmungsbefugnis des Betriebsrats nach §99 BetrVG. Eine bevorzugte Berücksichtigung betriebsinterner Bewerber gibt es rechtlich nicht. Allerdings ist es ein sinnvolles Anliegen der Personalpolitik, bei gleicher Eignung eigene Mitarbeiter anstelle

externer Bewerber vorrangig zu berücksichtigen.

Stellen sind grundsätzlich für Frauen und Männer auszuschreiben (§§ 1, 6f. AGG). Ist die Stelle nur für Frauen bzw. nur für Männer ausgeschrieben, gibt es allein deshalb noch keine Rechtsfolgen. Erst wenn bei der Einstellung selbst eine geschlechtsbezogene Diskriminierung erfolgt, können Schadenersatzansprüche des nicht eingestellten, diskriminierten Bewerbers entstehen (§15 AGG).
Vgl. auch → E-Recruiting, → Selbstrekrutierung, → Stellenanzeige.

Stellenbefragung, → Stellenumfeldbefragung.

Stellenbeschreibung, *Funktionsbeschreibung.* Notwendige Grundlage einer realistischen St. ist zunächst, dass Klarheit über die von der → Stelle innerhalb der Gesamtorganisation zu erreichenden Ziele besteht, die notwendigen Kooperations- und Kommunikationsbeziehungen zu anderen Stellen beachtet werden und dass Informationen aus stellenbezogenen, aktuellen → Arbeitsplatzanalysen vorliegen.

In der St. werden dann i.d.R. folgende Stellenmerkmale schriftlich fixiert: (1) die konkrete Bezeichnung der Stelle, (2) die wichtigsten Stellenziele und (3) die daraus abgeleiteten Stellenaufgaben, (4) die skalare Einbindung der Stelle (welchen anderen Stellen nach-, neben-, übergeordnet), (5) die mit der Stelle verbundenen Kompetenzen und Verantwortung, (6) die aktive und passive → Stellvertretung sowie (7) die Stellenanforderungen hinsichtlich der erforderlichen Qualifikationen des (potenziellen) Stelleninhabers in Bezug z.B. auf Fachwissen, Berufserfahrung und Sozialkompetenz.

Die St. ist ein wichtiges Hilfsmittel der Mitarbeiterführung (z.B. bei der → Mitarbeiterbeurteilung), der → Personalplanung, → Personalbeschaffung und -auswahl, des Personaleinsatzes und der → Personalentwicklung. Voraussetzung dafür ist u.a. aber, dass eine St. nicht zum Instrument eines starren, Perfektion anstrebenden Regelungskataloges degeneriert, der auf den Stelleninhaber eher motivations- und entscheidungshemmend wirkt. Eine St. sollte mehr einer weiten

Rahmenregelung entsprechen, die regelmäßig aktualisiert wird (in der Praxis oft sehr aufwendig) und nötige organisatorische und personelle Veränderungen nicht blockiert.
Vgl. auch → Stellenbewertung, → Stellenumfeldbefragung.

Stellenbesetzungsplan. Der St. zeigt auf, ob und mit welchen Mitarbeitern die im → Stellenplan ausgewiesenen Stellen besetzt sind. Die Darstellung kann, analog zum Stellenplan, in Form eines Organigramms oder einer Tabelle erfolgen. Neben den Namen der jeweiligen Stelleninhaber werden in der Praxis häufig noch Einstellungsjahr, Vergütungsmerkmale (z.B. Tarifgruppe), ggf. Vollmachten u.a. mitarbeiter- oder betriebsbezogene Merkmale aufgenommen. Aus Gründen der Übersichtlichkeit sollte eine Konzentration auf die wirklich relevanten Merkmale erfolgen. Der St. ist ein wichtiges organisatorisches Hilfsmittel v.a. bei der Planung des → Personalbedarfs sowie der → Nachfolgeplanung und → Laufbahnplanung.
Vgl. auch → Stelle, → Stellenplanmethode.

Stellenbewertung, *Arbeitsplatzbewertung.* Unter St. werden im Einzelnen unterschiedliche Verfahren zur Messung und Beurteilung der Schwierigkeit menschlicher Arbeit vor dem Hintergrund der Aufgaben und Anforderungen an einen Arbeitsplatz (auf einer → Stelle) bezeichnet. Zweck der St. ist in der Praxis häufig die anforderungsgerechte Eingruppierung der Stelle in eine Lohn-, Gehalts-, Vergütungs- oder Zulagengruppe.

Grundlage vieler St.-Systeme ist das sog. → Genfer Schema, das nach den Anforderungsarten geistige und körperliche Anforderungen, Verantwortung und Arbeitsbedingungen unterscheidet. Diese werden nach dem Grad der einwirkenden stellenspezifischen Belastungen sowie hinsichtlich der geistigen und körperlichen Anforderungen zusätzlich nach der Höhe des einzubringenden Fachwissens und Fachkönnens erfasst, differenziert, gewichtet und bewertet. Schwierig ist in der Praxis immer die Auswahl und Bestimmung der anzulegenden objektiven (oder objektivierbaren) Gewichtungs- und Bewertungsmaßstäbe sowie deren betriebs- oder unternehmenseinheitliche Anwendung. Zu beachten ist, dass die St. analog zum technischen und wirtschaftlichen Fortschritt überprüft und ggf. neu vorgenommen wird. Damit

kann die St. für manche Unternehmen oder Organisationseinheiten zu einer Daueraufgabe werden.

Die St. darf nicht mit der mitarbeiterbezogenen Leistungsbewertung oder → Leistungsbeurteilung verwechselt oder gleichgesetzt werden. Im Gegensatz dazu abstrahiert die St. von der Person des jeweiligen Stelleninhabers und erfolgt losgelöst von dessen Leistungsprofil rein stellenorientiert.
Vgl. auch → Anforderungsprofil, → Arbeitsbewertung, → Arbeitsplatzanalyse, → Stellenbeschreibung, → Stellenumfeldbefragung.

Stellengesuch. Das St. ist eine in den dafür vorgesehenen Rubriken von Tages- und Wochenzeitungen oder in speziellen Anzeigenblättern erscheinende Stellensuchanzeige von Personen, die aus einem bestehenden oder auslaufenden Arbeitsverhältnis heraus, als Arbeitslose einen neuen Arbeitsplatz oder als Schul- oder Hochschulabsolventen einen Ausbildungs-/ Arbeitsplatz suchen. In einem St. sind meistens kurze Angaben zur Person, zur Qualifikation und zum angestrebten Berufs- oder Tätigkeitsfeld enthalten. St. können in den für das Unternehmen räumlich (Erscheinungsgebiet) oder fachlich relevanten Printmedien häufig ein interessantes Bewerberpotenzial repräsentieren und sollten im Rahmen der → Personalbeschaffung immer Beachtung finden. Allerdings ist insbesondere in größeren Unternehmen die Praxis verbreitet, im Falle einer Vakanz stets selbst eine Stellenanzeige aufzugeben, um über hinreichende Auswahlalternativen zwischen verschiedenen Bewerbern zu verfügen. In neuerer Zeit werden von Stellensuchenden, insbesondere von Führungsnachwuchskräften, zunehmend Stellengesuche auch im Internet, über die sog. → Jobbörsen, veröffentlicht.
Vgl. auch → Stellenanzeige.

Stellenplan. Der St. beinhaltet die in Form eines Organigramms oder einer Tabelle aufgebaute Darstellung der für ein Unternehmen nach Anzahl und Art benötigten Stellen. Er erfolgt aus Gründen der Übersichtlichkeit i.d.R. bereichs- oder abteilungsweise und enthält häufig auch Angaben über Qualifikationserfordernisse, tarifliche Eingruppierung, hierarchische Einbindung und Kurzbezeichnung (z.B. Organisationskürzel) der Stellen.

Aus Gründen der Klarheit und optischen Wirksamkeit sollte der St. nicht mit Informationen überladen oder mit dem → Stellenbesetzungsplan vermengt werden. Die → Personalplanung kann auf dem St. aufbauen (→ Stellenplanmethode), darüber hinaus ist der St. eine Grundlage der → Stellenbeschreibung. Zur Aktualisierung oder Fortschreibung des St. ist in größeren Unternehmen i.d.R. ein aufwendiger Änderungsdienst erforderlich.
Vgl. auch → Stelle.

Stellenplanmethode, *Stellenmethode.* Die St. ist Hilfsmittel der → Personalplanung zur Fortschreibung des Personalbedarfs. Aus der Gegenüberstellung von → Stellenplan (Soll) und → Stellenbesetzungsplan (Ist) sowie unter Berücksichtigung geplanter Stellenzugänge/ -abgänge, geplanter und schon bekannter Personalveränderungen (z.B. Kündigungen, Freistellungen, Pensionierungen) wird der → Personalbedarf zum Zeitpunkt X (z.B. Beginn des nächsten Geschäftsjahres) i.d.R. abteilungs-, betriebs- oder bereichsbezogen ermittelt. Die St. eignet sich vornehmlich für primär bürokratisch strukturierte Organisationen mit administrierter Gestaltung des Stellenplanes (z.B. Behörden).
Vgl. auch → Kennzahlenmethode, → Stelle.

Stellenumfeldbefragung, *Stellenbefragung.* Die St. ist ein Instrument, das in der Praxis vornehmlich eingesetzt wird zur Vorbereitung der Einführung oder Aktualisierung von → Stellenbeschreibungen, zur Ermittlung von → Anforderungsprofilen, Unterstützung der → Personalplanung, insbesondere der → Personaleinsatzplanung, aber auch zur Einschätzung des → Personalbedarfs und Vorbereitung von Restrukturierungsmaßnahmen. Die St. wird i.d.R. mittels eines standardisierten, die spätere Auswertung erleichternden Fragebogens bei bestimmten Mitarbeitergruppen (z.B. außertarifliche Angestellte) oder Mitarbeitern bestimmter Organisationseinheiten (z.B. Abteilungen, Betriebe oder Bereiche eines Unternehmens) durchgeführt.

Zur Erhöhung der Akzeptanz bei den Mitarbeitern und der Chance, möglichst realitätsnahe Antworten zu erhalten, erfolgt eine St. meistens anonym. Dies beeinträchtigt jedoch den Aussagewert der Ergebnisse, weil sich damit lediglich mehr allgemeine Eindrücke und Schlussfolgerungen ergeben; insbesondere ist so die oft erwünschte Analyse einzelner, bestimmter Stellen nicht möglich. Von daher sollte eine St. sinnvollerweise offen, unter Angabe des Mitarbeiternamens oder Stellenkürzels erfolgen. Die Beantwortung der Frage nach anonymer oder offener St. wird wesentlich beeinflusst von der im Unternehmen gelebten → Unternehmenskultur, insbesondere aber vom Verhältnis zwischen Vorgesetzten und Mitarbeitern. Mitunter werden mit einer St. auch externe Berater beauftragt, die dann zumeist mündliche, halbstandardisierte Interviews durchführen, ggf. den Befragten auch Anonymität verbürgen.

Die St. soll v.a. zur Beantwortung folgender Fragen beitragen: (1) Welche Kern- und Randaufgaben hat die Stelle, haben sich hier Veränderungen oder Verschiebungen ergeben; (2) welche Beziehungen oder Verknüpfungen bestehen zu anderen Stellen, wie sind sie organisiert, wie werden sie vom Stelleninhaber bewertet; (3) welche aufgabenbedingten oder sonstigen Anforderungen werden an den Stelleninhaber gestellt, wie werden sie von ihm quantitativ/ qualitativ bewertet; (4) welche Befugnisse sind mit der Stelle verbunden, reichen sie aus Sicht des Stelleninhabers aus; (5) welche Qualifikationen sind zur Erfüllung der Stellenanforderungen besonders wichtig.

Eine St. bewirkt im Unternehmen, besonders bei den einbezogenen Mitarbeitern, häufig eine gewisse Unruhe und nährt den Verdacht, hiermit solle eine unliebsame Neuorganisation oder sogar ein Stellenabbau eingeleitet werden. Von daher ist es wichtig, dieser Aktion eine akzeptanz- und vertrauensfördernde Informations- und Aufklärungsphase voranzustellen, die Anliegen und Ziele der St. klar darstellt.
Vgl. auch → Mitarbeiterbefragung.

Stellvertretung. Die St. regelt, wer im Fall der zeitlich befristeten Abwesenheit eines Stelleninhabers diesen hinsichtlich welcher Aufgaben vertritt (sog. passive St.) oder wen der Stelleninhaber vertritt (sog. aktive St.). Die St. wird i.d.R. in der → Stellenbeschreibung festgelegt oder nur fallweise entschieden. Die St. sollte sach- und zweckorientiert geregelt werden und nicht zu unerwünschten Nachfolgespekulationen Anlass geben. Im

Rahmen der → Nachfolgeplanung oder → Laufbahnplanung sowie der → Personalentwicklung und → Führungskräfteentwicklung kann die St. zur systematischen Einarbeitung eines Mitarbeiters in neue Aufgaben oder zur Feststellung seiner Eignung für die Übernahme höherwertiger Aufgaben eingesetzt werden.

Vgl. auch → Schattenliste.

Streik. Der St. ist der → Arbeitskampf auf Arbeitnehmerseite. Regelmäßig dient er zur Durchsetzung gewerkschaftlicher Tarifforderungen; er kann jedoch auch zur Abwehr von Gegenforderungen der Arbeitgeberseite eingesetzt werden. Ziel des St. ist stets der Abschluss eines Tarifvertrages. Politische Streiks sind kein legitimes Mittel im Rahmen des Arbeitsrechts.

Im Einzelnen gibt es verschiedene Erscheinungsformen des St. wie → Warnstreik, Erzwingungsstreik, → Sympathiestreik. Die Zulässigkeit und die Rechtsfolgen von St. richten sich nach den speziellen Regeln des Arbeitskampfes.

Stress. St. bezeichnet einen Zustand sehr hoher körperlicher oder psychischer Beanspruchung des Menschen im Sinne einer Überforderung, die sich spontan oder mit zeitlicher Verzögerung in Störungen körperlich-nervlicher Funktionen auswirkt, von vorübergehenden, leichteren Formen des Unwohlseins oder der Beeinträchtigung der körperlichen oder geistigen Leistungsfähigkeit bis hin zur Auslösung ernster Erkrankungen.

Als Verursacher von St. werden sehr zahlreiche und höchst unterschiedliche Faktoren (sog. Stressoren) genannt. Das Spektrum reicht hier von mehr physischen Quellen wie Lärm, Hitze oder Kälte, über Monotonie und körperliche oder geistige Überforderung wie Unterforderung am → Arbeitsplatz bis hin zu mehr psychischen Phänomenen wie Arbeitsunzufriedenheit, familiäre Probleme, Misserfolg im Beruf, übersteigerte Erwartungen an → Aufstieg und → Karriere usw.

Zur Verhinderung von St. können in der betrieblichen Praxis neben den Maßnahmen zum Arbeitsschutz, zur mitarbeitergerechten → Arbeitsplatzgestaltung u.Ä. v.a. auch ein qualifikationsgerechter Mitarbeitereinsatz,

sorgfältig ermittelte → Anforderungsprofile und → Eignungsprofile sowie ein gutes → Betriebsklima und ein durch offene → Kommunikation und gegenseitiges Vertrauen geprägtes Verhältnis zwischen Mitarbeitern und Führungskräften beitragen.

Vgl. auch → Arbeitsmedizin, → Arbeitssicherheit, → Arbeitssicherheitsrecht, → Arbeitswissenschaft, → ärztliche Untersuchung, → Burn-out-Syndrom, → Ergonomie.

Stressinterview. Das St. ist eine im → Vorstellungsgespräch hin und wieder angewandte Methode, über provozierende, auf den Bewerber offensichtlich unangenehm oder inhaltlich unverständlich wirkende Fragen seine psychosoziale Belastbarkeit oder Stärke des Selbstbewusstseins herauszufinden. Abgesehen von den hier schnell erreichten Grenzen des höflichen Umgangs oder rechtlich unbedenklicher Fragen sollte ein St. nur dann eine Rolle spielen, wenn der Bewerber in seiner späteren Arbeitssituation häufig einem ähnlichen Druck und dergleichen ausgesetzt wird.

In der Praxis kommt das St. zumeist nur vor bei der Auswahl von Nachwuchskräften für Offiziers- oder Polizeilaufbahnen und Bewerbern für Aufgaben im Direktvertrieb. Als alleiniges Auswahlinstrument ist ein St. jedoch kaum geeignet, es sollte immer durch weitere Verfahren, z.B. ein → Assessmentcenter, ergänzt werden.

Vgl. auch → Fragerecht, → Tandeminterview, → Tests.

Stückakkord, → Akkord.

Stufensteigerungen. Viele Tarifverträge sehen S. vor, um den Erfahrungs- und Qualifizierungszuwachs der Mitarbeiter bei mehrjähriger Ausübung derselben Berufstätigkeit zu honorieren. Auf diese Weise bewirken S. eine Steigerung der tariflichen → Vergütung, ohne dass eine → Beförderung des Mitarbeiters erfolgt oder → Leistungszulagen gezahlt werden. Tarifpolitisch sind S. sinnvoll, wenn sie tatsächlich eine höherwertige Arbeitsleistung vergüten. Erstreckt sich das System der S. auf sehr viele Berufsjahre, ist nach einer gewissen Zeit ein realer Erfahrungs- und Leistungszuwachs mit der Konsequenz höherer Arbeitsqualität nicht mehr feststellbar. In derartigen Fällen wirken S. im Ergebnis dann eher wie die im öffentlichen Dienstrecht/

Beamtenrecht verbreiteten Steigerungen des Grundgehaltes mit zunehmendem Dienstalter, die dort seit einiger Zeit zu Recht problematisiert werden und vor einer Reform stehen.

summarische Arbeitsplatzbewertung, → Arbeitsbewertung.

Suspendierung (von Arbeitsverhältnissen). Üblicherweise werden Arbeitsverhältnisse mit den wechselseitigen Rechten und Pflichten für Arbeitnehmer und Arbeitgeber ununterbrochen praktiziert, bis sie aus den üblichen Gründen beendet werden (Eintritt in den Ruhestand; einvernehmliche Vertragsbeendigung; → Kündigung des Arbeitnehmers oder Arbeitgebers; Betriebsübergang nach §613a BGB; Tod des Arbeitnehmers). Das Arbeitsverhältnis besteht auch dann unterbrechungsfrei fort, wenn der Arbeitnehmer vorübergehend von der Pflicht zur Arbeitsleistung befreit ist und er gleichwohl die Fortzahlung seiner Vergütung erhält (→ Urlaub, Krankheit, vertragliche Freistellungsansprüche). Arbeitsverhältnisse können jedoch auch eine vorübergehende Suspendierung erfahren. Dies bedeutet, dass der → Arbeitsvertrag zwar weiterhin in Kraft bleibt, die wechselseitigen Pflichten aus dem Arbeitsverhältnis jedoch für eine bestimmte, meist längere und eindeutig festgelegte Zeit ruhen.

Die Gründe für eine Suspendierung der → Arbeitspflichten sind unterschiedlich. Einmal kann es zu einer einvernehmlichen unbezahlten Beurlaubung kommen (wegen einer Weiterbildungsmaßnahme des Arbeitnehmers; infolge besonderer persönlicher Gründe). Der Grundsatz der → Vertragsfreiheit ermöglicht derartige im Gesetz nicht geregelte Abreden. Ferner gibt es suspendierende Wirkungen infolge von gesetzlichen Regelungen. Zu nennen ist der Mutterschaftsurlaub (sechs Wochen und acht Wochen nach der Niederkunft, §3 Abs. 2 MuSchG), die Inanspruchnahme von → Elternzeit nach dem BEEG oder die Ableistung des Grundwehrdienstes bzw. einer Wehrübung (§1 ArbPlSchG). Schließlich gibt es eine Suspendierung des Arbeitsverhältnisses durch einseitige – auch konkludente – Erklärung

einer Vertrags- oder Tarifpartei im Rahmen von Arbeitskämpfen. Die Teilnahme der Arbeitnehmer an einem rechtmäßigen Streik (→ Arbeitskampf) führt nicht zur Beendigung, sondern zur Suspendierung des Arbeitsverhältnisses. Auch die → Aussperrung führt grundsätzlich nicht zur Beendigung, sondern nur zu einem Ruhen des Arbeitsverhältnisses. Dies gilt für Abwehr- wie Angriffsaussperrungen gleichermaßen und dies hat die wichtige Rechtsfolge, dass mit Ende des Arbeitskampfes die Rechte und Pflichten des Arbeitsverhältnisses ohne zusätzliche Abreden, insbesondere ohne neuen Vertragsabschluss, wieder aufleben.

Nicht zu den Suspensionsfällen zählen die Ausübung des arbeitnehmerseitigen Zurückbehaltungsrechtes (§§273, 320 BGB), der → Annahmeverzug des Arbeitgebers (§615 BGB) sowie der Unmöglichkeit der Arbeitsleistung (§§326, 275 BGB) und des → Betriebsrisikos. Hier wird das Arbeitsverhältnis nicht vorübergehend zum Ruhen gebracht und damit suspendiert. Vielmehr geht es um spezielle Probleme in Fällen, in denen der Austausch von Leistung und Gegenleistung gestört ist und sich die Frage stellt, welche Konsequenzen dies jeweils für die Rechte und Pflichten des Vertragspartners hat. An dem unterbrechungsfreien aktiven Fortbestand des Arbeitsverhältnisses ändert dies nichts.

Sympathiestreik. Der S. ist eine besondere Form des → Arbeitskampfes, in dem die streikenden Arbeitnehmer nicht für eine Verbesserung der eigenen Arbeitsbedingungen kämpfen, sondern den Tarifforderungen anderer Arbeitnehmer (die i.d.R. selbst ebenfalls streiken) Nachdruck verleihen wollen. Während S. lange Zeit als rechtswidrig und damit unzulässig angesehen wurden, weil sie nicht auf den Abschluss eines für den eigenen Bereich geltenden → Tarifvertrages abzielen, hat das BAG klargestellt, dass auch S. dem Schutzbereich des Art. 9 Abs. 3 GG unterfallen. Rechtswidrig ist ein S. dann, wenn er zur Unterstützung des Hauptarbeitskampfes offensichtlich ungeeignet, nicht erforderlich oder unangemessen ist.

T

Tagschicht. Der in der personalwirtschaftlichen Praxis vielfach verwendete Begriff der T. ist ungenau und irritierend, weil es sich dabei gerade nicht um → Schichtarbeit handelt. T. bedeutet nichts anderes als die Verrichtung der Arbeit während der üblichen täglichen → Arbeitszeit, sei diese starr festgelegt, sei es ein Gleitzeitsystem, sei es ein sonstiges Modell flexibler Arbeitszeitorganisation. In diesem Rahmen arbeitet der Mitarbeiter stets zu denselben Zeiten an den einzelnen Tagen und nicht in einem durch regelmäßige Versetzung der Arbeitszeit gekennzeichneten Schichtrhythmus.
Vgl. auch → Schichtzyklus.

Tandeminterview. Eine im → Vorstellungsgespräch eingesetzte Methode, bei der zwei Personen (Interviewer) ein aufeinander abgestimmtes Gespräch mit dem Bewerber führen. Jeder Interviewer ist i.d.R. für bestimmte, vorher festgelegte Themen- oder Fragenbereiche zuständig, die er mit dem Bewerber anspricht, während sich der andere auf das genaue Zuhören konzentriert und evtl. Notizen macht – und umgekehrt. Möglich ist hier auch das Wiederaufgreifen eines Themas oder einer Frage durch den zuhörenden Interviewer, wenn er den Eindruck hat, dass vorher nicht genügend nachgefasst wurde.
Das T. setzt eine gute Gesprächsvorbereitung voraus, z.B. eine gründliche → Bewerbungsanalyse, die Abstimmung der Gesprächsthemen und -inhalte sowie ihrer Reihenfolge. Keinesfalls dürfen z.B. beide Interviewer gleichzeitig auf den Bewerber einreden oder größtenteils nur miteinander sprechen, auch muss eine hier schnell entstehende Verhörsituation vermieden werden. Ein gut geführtes T. ist meistens gründlicher, aussagefähiger als das übliche Vorstellungsgespräch, damit lässt sich bei der Personalauswahl die Bewertungssicherheit deutlich erhöhen.
Vgl. auch → Auswahlverfahren, → Fragerecht, → Stressinterview.

Tantieme. Die T. ist ein variabler Entgeltbestandteil, der insbesondere für Führungskräfte (jedoch nicht zwingend auf diesen Kreis beschränkt) erfolgsabhängig als Einmalzahlung gewährt wird. Mitglieder der Unternehmensleitung und obere Führungskräfte erhalten neben ihrer festen → Vergütung regelmäßig eine T.
Die Bemessung richtet sich vielfach nach objektiv messbaren Daten, insbesondere nach dem Umsatz oder – in erster Linie – nach dem Unternehmensergebnis. Auch kommen Mischformen vor; schließlich wird die T. teilweise nur bei Überschreiten von näher fixierten Mindestbeträgen gezahlt, so dass das Unterschreiten oder bloße Erreichen solcher Mindestbeträge mit der Festvergütung abgegolten ist. Die ausschließliche Bindung der T. an mathematische Größen kann ungerecht sein, weil je nach den Rahmenbedingungen hinter einem nur geringen Gewinn oder in Grenzen gehaltenen Verlusten eine größere Leistung der Unternehmensleitung bzw. der Führungskräfte liegen kann als in anderen Fällen bei sehr günstigen Ergebnissen, die z.B. vorrangig auf eine gute Konjunktur zurückzuführen sind. Auch ist der Anteil des Einzelnen an dem Unternehmensergebnis ggf. unter- oder überdurchschnittlich.
Aus diesem Grunde bemühen sich manche T.-Regelungen, neben der Anknüpfung an objektive Größen weitere Aspekte einzubeziehen. Hierzu zählt insbesondere der Erfolg in der Mitarbeiterführung und in dem Erreichen von objektiven wie subjektiven Zielvereinbarungen, die einmal jährlich im Rahmen strukturierter Mitarbeitergespräche festgelegt werden. Solche „weichen Faktoren" sind als Bemessungsfaktoren noch nicht allgemein üblich, jedoch ein durchaus sinnvolles Instrument der Feinabstimmung für die leistungsgerechte Bezahlung von Führungskräften. Für Mitglieder der Unternehmensleitung hingegen eignen sie sich im Normalfall nicht, weil zwischen dem Aufsichtsorgan (Auf-

sichtsrat, Beirat, Gesellschafterversammlung) und den Mitgliedern von Vorstand/ Geschäftsführung aufgrund der gesetzlichen Regelung für die Unternehmensleitung derartige Zielvereinbarungen nicht oder nur in engen Grenzen möglich sind.
Vgl. auch → Leistungszulage, → Vergütungspolitik.

Tarifautonomie. Die T. ist verfassungsrechtlich gewährleistet (Art. 9 Abs. 3 GG), und zwar zugunsten der → Gewerkschaften wie der → Arbeitgeberverbände bzw. einzelner Unternehmen als Tarifpartner gleichermaßen. Hieraus erwachsen verschiedene Konsequenzen. Einmal beinhaltet die T. den Verzicht des Staates, Tarifkonflikte direkt oder indirekt zwangsweise zu lösen (z.B. durch Verbot von Arbeitskämpfen oder eine staatliche Zwangsschlichtung) oder aktiv in die Tarifverhandlungen einzugreifen. Etwas anderes gilt nur dann, wenn der Staat selbst Tarifpartei ist (für Arbeiter und Angestellte im öffentlichen Dienst). Zugleich erwächst aus der T. das Recht der Tarifparteien auf eine entsprechende Betätigung, insbesondere auf den Abschluss von Tarifverträgen, für den einzelnen weiterhin die Befugnis, sich frei von Sanktionen in einer → Koalition betätigen zu können (Aufnahme, Aktivitäten).
Darüber hinaus ist die negative → Koalitionsfreiheit geschützt, d.h. die Befugnis, einer Koalition nicht beizutreten und sich nicht darin zu engagieren. Gerade die negative Koalitionsfreiheit hat dazu geführt, eine Reihe von → Tarifklauseln für unzulässig zu erklären, die unmittelbar oder mittelbar einen Zwang zum Gewerkschaftsbeitritt bewirken oder jedenfalls den Nichtgewerkschaftsbeitritt mit Nachteilen versehen sollen. Hierzu zählen → Differenzierungsklauseln, Abstandsklauseln, Spannenklauseln, aber auch Regelungen, die die Einstellung oder den Fortbestand des Arbeitsverhältnisses von der Gewerkschaftszugehörigkeit abhängig machen.
Entgegen mancher Behauptung wird durch die T. nicht das Recht von Politikern, Wissenschaftlern oder unbeteiligten Dritten eingeschränkt, sich politisch, gesellschaftspolitisch oder ökonomisch zu Tarifforderungen, Arbeitskämpfen und Tarifergebnissen zu äußern. Derartige Aussagen sind ihrerseits durch den Grundsatz der freien Meinungsäußerung geschützt (Art. 5 GG) und bewirken

rechtlich keine Einschränkung der Tarifhoheit der zuständigen Koalitionen.

Tarifbindung, → Tarifgebundenheit.

Tariffähigkeit. Die T. betrifft die Frage, wer zum Abschluss von Tarifverträgen befugt ist. Dies sind nach §2 Abs. 1 TVG auf Arbeitnehmerseite ausschließlich die → Gewerkschaften, auf Arbeitgeberseite → Arbeitgeberverbände sowie auch einzelne Unternehmen. Im letzteren Falle spricht man von Firmen- (→ Firmentarifvertrag) oder → Haustarifen, während es sich sonst um Verbandstarife handelt.
Keine Befugnis zum Abschluss von Tarifverträgen haben auf Arbeitnehmerseite betrieblich orientierte Arbeitnehmervereinigungen oder der → Betriebsrat (vgl. §74 BetrVG). Selbst im Falle von Haustarifverträgen ist auf Arbeitnehmerseite stets die zuständige Gewerkschaft Vertragspartner, wobei ihrer Verhandlungsdelegation Mitglieder des Betriebsrates in ihrer Eigenschaft als Gewerkschaftsmitglieder angehören.
Gewerkschaften im Sinne des §2 Abs. 1 TVG sind durch ihre überbetriebliche → Organisation, ihre → Gegnerfreiheit und ihre Mächtigkeit im Sinne der Fähigkeit zur Durchsetzung von Tarifforderungen gekennzeichnet. Auf Arbeitgeberseite wird der Grundsatz der Gegnerfreiheit durch die paritätische → Mitbestimmung (MontMitbestG, MitbestG 1976) im Ergebnis nicht in Zweifel gezogen. Konzerne als solche sind nicht tariffähig. Die Konzernobergesellschaft ist – abgesehen von der T. für die bei ihr direkt beschäftigten Arbeitnehmer – jedoch in der Lage, aufgrund einer Vollmacht der konzernabhängigen Unternehmen Tarifverträge zugleich mit Wirkung für diese abzuschließen.
Schließlich können Spitzenorganisationen der Gewerkschaften und der Arbeitgeberverbände Parteien eines → Tarifvertrages sein, wenn der Abschluss von Tarifverträgen zu ihren satzungsgemäßen Aufgaben gehört (§2 Abs. 3 TVG). In der Praxis geschieht dies selten. In engen Grenzen (→ Tarifautonomie nach Art. 9 Abs. 3 GG!) kann der Gesetzgeber T. verleihen, so z.B. für Handwerksinnungen (§54 Abs. 3 Nr. 1 HwO), obwohl es sich hier um Körperschaften des öffentlichen Rechts handelt.

Tarifgebundenheit, *Tarifbindung*. Tarifverträge entfalten nicht für alle in dem sachlichen und räumlichen Geltungsbereich der Vereinbarung tätigen Unternehmen, Betriebe und Arbeitnehmer Rechtswirkungen, sondern nur im Falle der T. (§4 Abs. 1 TVG). Die T. muss auf Arbeitgeber- wie auf Arbeitnehmerseite bestehen.

Soweit auf Arbeitgeberseite ein Haustarifvertrag (→ Firmentarifvertrag) durch ein einzelnes Unternehmen abgeschlossen wird, spielt die T. infolge eigener Tariffähigkeit keine besondere Rolle. Sie ergibt sich bereits durch den Vertragsabschluss.

Ist ein Arbeitgeberverband Tarifpartei, gelten die Regelungen des Tarifvertrages nur für die Unternehmen, die Mitglied des Arbeitgeberverbandes sind. Auf Arbeitnehmerseite wirken Tarifverträge nur für die Mitglieder der → Gewerkschaft, die den Tarifvertrag abgeschlossen hat, und zwar unabhängig davon, ob es sich um einen → Verbandstarif oder um einen → Haustarif handelt.

Besteht grundsätzlich eine beiderseitige Tarifbindung, wird diese sachlich, räumlich und zeitlich durch den Inhalt des abgeschlossenen Tarifvertrages definiert. Regelmäßig lässt sich der Umfang der Tarifbindung ohne Weiteres aus der Tarifvereinbarung entnehmen (Beschreibung der Branche, Region und Abschlussdauer). In manchen Fällen ist die Tarifbindung im Wege der Auslegung des Vertrages festzustellen.

Abweichende Vereinbarungen sind zulässig, sofern sie Verbesserungen zugunsten des Arbeitnehmers begründen (→ Günstigkeitsprinzip); lediglich Verschlechterungen sind durch die Tarifbindung ausgeschlossen (§ 4 Abs 3 TVG). Ein Austritt aus der jeweiligen → Koalition lässt die Tarifbindung bis zum Ende des Tarifvertrages unberührt (§3 Abs. 3 TVG). Dies ist insbesondere wichtig, wenn Unternehmen durch Verlassen des Arbeitgeberverbandes Personalkosten senken wollen.

Ausnahmsweise kann Tarifbindung auch durch staatlichen Hoheitsakt, nämlich durch die Erklärung von Tarifverträgen für allgemeinverbindlich begründet werden (§5 TVG, → Allgemeinverbindlichkeit).

Besteht keine Tarifbindung, kann im Einzelfall eine vergleichbare Wirkung durch individualvertragliche Vereinbarung des Tarifvertrages erreicht werden. In diesem Fall gelten die Tarifnormen durch arbeitsvertragliche Bezugnahme, allerdings nicht als Tarifnorm mit Geltung des TVG, sondern als individualarbeitsvertragliche Absprache. Personalpolitisch differenzieren Arbeitgeber üblicherweise in den Arbeitsbedingungen ihrer Mitarbeiter nicht danach, ob diese einer Gewerkschaft angehören oder nicht. Vielmehr wird die Gesamtbelegschaft einheitlich behandelt. Gleichwohl besteht rechtlich ein wichtiger Unterschied: Für Gewerkschaftsmitglieder ergibt sich die Geltung des Tarifvertrages aus §4 Abs. 1 TVG, für Nicht-Gewerkschaftsmitglieder aus der dargestellten individualarbeitsvertraglichen Bezugnahme.

Tarifklauseln. Unter T. werden häufig und typischerweise vereinbarte bzw. diskutierte tarifliche Gestaltungsmöglichkeiten verstanden, die über die konkrete Vereinbarung hinaus eine grundsätzliche tarifpolitische Bedeutung aufweisen.

→ Effektivklauseln sollen erreichen, dass eine Tariflohnerhöhung sich tatsächlich für den Mitarbeiter in vollem Umfang auswirkt und nicht mit einer bisherigen übertariflichen Vergütung verrechnet wird. Solche Klauseln sind unzulässig, weil die Tarifparteien keine Befugnis haben, Vereinbarungen für übertarifliche Vergütungsbestandteile im Rahmen individualarbeitsvertraglicher Praxis oder einer bestehenden Betriebsübung zu treffen. Entsprechendes gilt für die gleichsam umgekehrt wirkenden Verrechnungsklauseln, die eine solche Anrechnung vorschreiben.

→ Differenzierungsklauseln, die eine Besserstellung von Gewerkschaftsmitgliedern gegenüber Nichtgewerkschaftsmitgliedern bewirken sollen (sei es durch Verbot der Anwendung des neuen → Tarifvertrages auf Nichtgewerkschaftsmitglieder, sei es durch Einhaltung eines zwingenden Abstandes zugunsten der Gewerkschaftsmitglieder) sind wegen Verstoßes gegen die negative → Koalitionsfreiheit (Art. 9 Abs. 3 GG) unwirksam.

Verdienstsicherungs- und Besitzstandsklauseln garantieren den bisher beschäftigten Arbeitnehmern ihre bisherigen Ansprüche, wenn tarifvertraglich für neu eingestellte Mitarbeiter Verschlechterungen vereinbart werden (z.B. bezüglich der tariflichen Eingruppierung). Sie sind zulässig; der unterschiedliche Einstellungszeitpunkt ist ein sachlicher Grund zur Ungleichbehandlung.

Kurzarbeitsklauseln regeln, unter welchen Voraussetzungen der Arbeitgeber zur Festsetzung von → Kurzarbeit berechtigt ist.

Sog. Maßregelungsverbote bewirken, dass der Arbeitgeber etwaige arbeitskampfbedingte Verletzungen des → Arbeitsvertrages durch

seine Arbeitnehmer nicht zum Anlass für → Abmahnungen oder → Kündigungen nimmt. Eine weitere, an praktischer Bedeutung zunehmende Klausel ist die → Öffnungsklausel, die eine Konkretisierung oder auch Abweichung von tarifvertraglichen Vorgaben in die Kompetenz der Betriebsparteien legt. Sie spielt insbesondere für Arbeitszeitregelungen eine Rolle (Arbeitszeitflexibilisierung und Arbeitszeitdifferenzierung).
Vgl. auch → Tarifautonomie, → Tarifgebundenheit, → Tarifvertrag.

Tarifkonkurrenz, *Tarifpluralität.* T. besteht, wenn für dasselbe Arbeitsverhältnis mehrere Tarifverträge einschlägig sind. Dies setzt voraus, dass auf Arbeitgeber- wie auf Arbeitnehmerseite eine rechtswirksame Bindung an verschiedene Tarifverträge besteht, die wegen fehlender Identität nicht parallel auf das einzelne Arbeitsverhältnis angewandt werden können, so dass sich die Frage nach dem Geltungsvorrang eines der Tarifverträge stellt. Da Arbeitnehmer normalerweise nur Mitglieder einer → Gewerkschaft sind, stellt sich die Thematik nicht, wenn für dasselbe Unternehmen oder denselben Betrieb Tarifverträge mit verschiedenen Gewerkschaften einschlägig sind (z.B. mit einer Gewerkschaft aus dem DGB → Deutscher Gewerkschaftsbund und einer christlichen Gewerkschaft).
Folglich ist nur in folgenden Fällen Raum für den Problemkreis der T.: (1) Geltung eines Verbandstarifvertrages und Abschluss eines Haustarifvertrages durch ein Mitglied des Arbeitgeberverbandes; (2) Parallelität von vertraglich begründeter → Tarifgebundenheit und → Allgemeinverbindlichkeit von Tarifverträgen; (3) Allgemeinverbindlichkeit von mehreren, auf den einzelnen Betrieb anwendbaren Tarifverträgen im Falle fehlender Tarifbindung des Arbeitgebers; (4) Austritt des Arbeitgebers während der Laufzeit eines Tarifvertrages aus dem Arbeitgeberverband (§3 Abs. 3 TVG) und Eintritt in einen neuen Arbeitgeberverband; (5) Parallele Geltung mehrerer Tarifverträge, wobei einer infolge pauschaler Erfassung bestimmter Wirtschaftszweige das Gesamtunternehmen betrifft, während ein zweiter Tarifvertrag speziell auf bestimmte Produktionsausschnitte ausgerichtet ist.
Eine gesetzliche Regelung der T. fehlt. Rechtsprechung und Rechtswissenschaft haben hierzu den Grundsatz der Spezialität,

den Vorrang des größeren Organisationsgrades und die sog. Geprägetheorie entwickelt. Danach geht ein Haustarifvertrag einem Verbandstarifvertrag ebenso vor wie ein auf spezielle Produktionsausschnitte zugeschnittener Tarifvertrag einem das Gesamtunternehmen pauschal erfassenden Tarifvertrag. Die Bindung aus bestehenden Tarifverträgen ist nach herrschender Meinung wegen der Verbindlichkeit abgeschlossener Verträge (§3 Abs. 3 TVG) vorrangig vor der Tarifbindung eines neuen Tarifvertrages infolge Arbeitgeberverbandswechsels. Für das Verhältnis abgeschlossener zu allgemeinverbindlich erklärten Tarifverträgen wird teilweise der Vorrang abgeschlossener Tarifverträge befürwortet, während die Rechtsprechung auch insoweit den Grundsatz der Spezialität sowie die Geprägetheorie anwendet. Lässt sich der Vorrang eines Tarifvertrages nach den dargestellten Kriterien nicht ermitteln, entscheidet der Tarifvertrag, für den der größere Organisationsgrad besteht.
Ein spezialgesetzlich geregelter Sonderfall besteht für den rechtsgeschäftlichen → Betriebsübergang, da §613a Abs. 1 Satz 3 BGB den Vorrang der für den neuen Betriebsinhaber geltenden Tarifverträge ausdrücklich anordnet.
Von dem Problemkreis der T. ist die Thematik der Tarifpluralität zu unterscheiden. Sie ist dadurch gekennzeichnet, dass infolge unterschiedlicher Tarifbindung in einem Unternehmen oder Betrieb mehrere Tarifverträge gültig sind (z.B., wenn ein Teil der Belegschaft in einer DGB-Gewerkschaft, ein anderer Teil in einer christlichen Gewerkschaft organisiert ist). Der jeweilige Geltungsbereich des Tarifvertrages ergibt sich aus dem Grundsatz der Tarifbindung, so dass für die Arbeitnehmer nur der Tarifvertrag ihrer Gewerkschaft einschlägig ist. Das BAG wendete trotz erheblicher Kritik der Rechtswissenschaft in solchen Fällen bislang das Prinzip der Tarifeinheit an (ein Betrieb – ein Tarifvertrag) und gab nach dem Grundsatz der Spezialität bzw. nach der Geprägetheorie einem der Tarifverträge den Vorrang. Diese Rechtsprechung wurde im Jahr 2010 ausdrücklich aufgegeben.

Tarifpartei, → Arbeitgeberverbände, → Gewerkschaft, → Tariffähigkeit.

Tarifpluralität, → Tarifkonkurrenz.

Tarifpolitik. Die T. lässt sich als Summe der (unterschiedlichen) Zielsetzungen beschreiben, die die Tarifparteien mit dem Abschluss von Tarifverträgen verfolgen. Wegen der rechtlichen Bindung von verbandsangehörigen Arbeitgebern und Arbeitnehmern an → Tarifverträge (§3 Abs.1 TVG) und der in der personalwirtschaftlichen Praxis üblichen Anwendung von Tarifverträgen auch auf Nichtgewerkschaftsmitglieder hat die Tarifpolitik erhebliche Bedeutung für die betriebliche Personalarbeit, insbesondere auch für die betriebliche → Vergütungspolitik. Darüber hinaus haben Tarifverträge, jedenfalls in großen Wirtschaftszweigen, erhebliche volkswirtschaftliche Auswirkungen.

Das Tarifvertragsgesetz enthält nur einen sehr weiten Rahmen zur Begrenzung der Tarifpolitik, so dass die Tarifparteien über einen erheblichen – politisch gewollten – Ermessensspielraum zum Abschluss von Tarifverträgen verfügen. Dies gilt für den Inhalt und die Tarifgegenstände sowie deren Ausgestaltung gleichermaßen. Die aus der Rolle sozialer Gegenspieler erwachsenden Meinungs- und Zielunterschiede der Tarifparteien müssen in Tarifverträgen zum Ausgleich gebracht werden, wobei im Falle fehlender Einigung die Mittel des → Arbeitskampfes zur Verfügung stehen.

Die tarifpolitischen Ziele sind, abgesehen von den grundsätzlichen Unterschieden in den Positionen der → Gewerkschaften und der → Arbeitgeberverbände/ Unternehmen, maßgeblich abhängig von den gesamtwirtschaftlichen Rahmenbedingungen, der Situation der betroffenen Wirtschaftszweige, dem Interesse der Arbeitnehmer, den Wertvorstellungen in der Gesellschaft und vieles mehr.

Im Einzelnen lassen sich u.a. folgende Ziele und Tarifgegenstände beschreiben: Vergütungssicherung, Inflationsausgleich, Einkommensverbesserung, Arbeitsplatzsicherung, Regelung von Rationalisierungsfolgen, Bewertung einzelner oder aller Arbeitsplätze, Anreize für das Ergreifen bestimmter Berufe, Ausgleich von bestimmten arbeitsplatzbedingten Belastungen (→ Schichtarbeit, → Arbeitsbereitschaft, Erschwernisse wie Lärm, Hitze, Schmutz, → Mehrarbeit), Flexibilisierung der → Arbeitszeit (Arbeitszeitkorridore, Arbeitszeitdifferenzierung, Arbeitszeitkonten, → Teilzeitarbeit), → Vermögensbildung in Arbeitnehmerhand, Urlaubsregelung, betriebliche Weiterbildung, Regelung der Ausbildung. Die Festlegung der tarifpolitischen

Ziele ist allein Aufgabe der Tarifparteien. Der Staat garantiert die → Tarifautonomie (Art. 9 Abs. 3 GG) sowie die → Koalitionsfreiheit. Vgl. auch → Tarifgebundenheit, → Tarifvertrag, → Vergütungspolitik.

Tarifregister. Bei dem Bundesminister für Arbeit und Soziales wird ein T. geführt, in das der Abschluss, die Änderung und die Aufhebung eines → Tarifvertrages wie der Beginn und die Beendigung einer Allgemeinverbindlichkeitserklärung eingetragen werden (§6 TVG). Zu diesem Zweck sind die Tarifvertragsparteien verpflichtet, das Bundesministerium für Arbeit und Soziales innerhalb eines Monats nach Tarifvertragsabschluss durch Übersendung einer Abschrift zu unterrichten (§7 TVG). Daneben führen → Arbeitgeberverbände, insbesondere die Bundesvereinigung der Deutschen Arbeitgeberverbände, sowie die → Gewerkschaften, insbesondere der Deutsche Gewerkschaftsbund, Tarifarchive. Eine Prüfungs- und Genehmigungspflicht für Tarifverträge ist mit der Führung des T. nicht verbunden; sie wäre wegen der → Koalitionsfreiheit (Art. 9 Abs. 3 GG) verfassungsrechtlich nicht zulässig.

Nach §§14, 16 der auf §11 TVG gestützten DVO zum TVG gibt das Bundesministerium für Arbeit und Soziales auf Anfrage Auskunft über Eintragungen in das T. und gestattet jedermann eine entsprechende Einsicht. Dies ermöglicht die Information in Einzelfällen, die allerdings vorrangig durch die Verpflichtung des Arbeitgebers zur innerbetrieblichen Bekanntgabe der Tarifverträge nach §8 TVG sichergestellt wird, wie auch grundsätzliche Auswertungen über das Tarifvertragsgeschehen. Z.Zt sind über 35.000 gültige Tarifverträge in das T. eingetragen.

Tariftreue. → Tarifverträge entfalten Verbindlichkeit für die gebundenen Parteien, also bei Verbandstarifverträgen für Arbeitgeber mit Mitgliedschaft im zuständigen → Arbeitgeberverband und für Arbeitnehmer als Mitglieder der den Tarifvertrag abschließenden Gewerkschaft. Die Verpflichtung zur T. zielt darauf ab, in der Bauwirtschaft auch nicht tarifgebundene Arbeitgeber für öffentliche Bauvorhaben an die Tarifverträge zu binden, zumindest bezüglich der Lohnhöhe, die für Arbeiten an der Baustelle gelten. Damit sollen ungleiche Chancen im Wettbewerb durch ein unterschiedliches Lohnniveau verhindert werden, und zwar für ausländische wie für inländische Konkurrenten (Gewerkschaftsvorwurf: Lohndumping, Schmutzkonkurrenz). Eine derartige über die Tarifbindung hinausgehende T. kann durch Selbstbindung der Auftraggeber nur schwierig erreicht werden, weil die öffentliche Hand gehalten ist, bei gleicher Qualität den günstigsten Anbieter zu beauftragen. Einzelne Bundesländer (Bayern, Berlin, Saarland) haben daher Landesgesetze zur T. erlassen. Der Versuch einer bundeseinheitlichen Regelung ist in der 14. Legislaturperiode an der Mehrheit der Opposition im Bundesrat gescheitert.

Eine gesetzliche Pflicht zur T. begegnet erheblichen Bedenken. Rechtlich steht die negative → Koalitionsfreiheit aus Art. 9 Abs. 3 GG entgegen (so auch der BGH). Europarechtlich kollidiert sie mit der Freizügigkeit für Unternehmen und Arbeitnehmer nach Art. 28, 49 EG. Ökonomisch verteuert sie öffentliche Bauvorhaben. Ordnungspolitisch wird ein selektiver Schutzzaun für einen Wirtschaftszweig errichtet, obwohl nahezu alle deutschen Anbieter weltweiter Konkurrenz aus Staaten mit einem niedrigen Lohnniveau ausgesetzt sind.

Tarifvertrag. T. sind kollektive Vereinbarungen über Inhalt, Abschluss und Beendigung von Arbeitsverhältnissen, ferner über betriebliche und betriebsverfassungsrechtliche Fragen (§1 Abs. 1 TVG). Rechtsgrundlage ist die Gewährleistung der → Koalitionsfreiheit nach Art. 9 Abs. 3 GG, das Tarifvertragsgesetz sowie umfassendes → Richterrecht.

Parteien eines T. sind auf Arbeitnehmerseite → Gewerkschaften (nicht Betriebsräte) und auf Arbeitgeberseite → Arbeitgeberverbände oder einzelne Arbeitgeber. Auch Spitzenorganisationen kommen als Vertragspartner in Betracht. Bezüglich der Wirkung sind ein schuldrechtlicher und ein normativer Teil zu unterscheiden.

Der *schuldrechtliche Teil* des T. entfaltet Wirkungen lediglich zwischen den Tarifparteien. Er begründet insbesondere im sachlichen, räumlichen und zeitlichen Geltungsbereich des T. die → Friedenspflicht (Verbot von Arbeitskämpfen), die Durchführungspflicht und die → Einwirkungspflicht auf die Mitglieder bei der Umsetzung von T., falls diese davon abweichen. Darüber hinaus gibt es Schlichtungsvereinbarungen, Verhandlungs- und Informationspflichten.

Der *normative Teil* des T. begründet unmittelbare und zwingende Wirkungen zugunsten und zulasten der tarifgebundenen Mitglieder, d.h. gewerkschaftsangehöriger Mitarbeiter einerseits und im Arbeitgeberverband organisierter Unternehmen andererseits (Ausnahme im letzteren Falle: → Haustarife). Die Wirkungen des T. gelten unabhängig von der individuellen Zustimmung des betroffenen Arbeitgebers und Mitarbeiters, da die Mitgliedschaft in den → Koalitionen deren Kompetenz zum verbindlichen Abschluss von T. begründet. In der personalpolitischen Praxis erfolgt in tarifgebundenen Unternehmen keine Differenzierung danach, ob die Mitarbeiter Gewerkschaftsmitglieder sind oder nicht, obwohl dies rechtlich zulässig wäre. Günstigere Regelungen gegenüber tarifvertraglichen Ansprüchen sind stets möglich (→ Günstigkeitsprinzip). T. gelten auch nach ihrem Ablauf bis zum Abschluss einer neuen Vereinbarung, ggf. auch durch Individualvertrag zwischen Unternehmen und Mitarbeiter, weiter (→ Nachwirkung). Ein Austritt aus dem Arbeitgeberverband lässt die Wirkung des T. einschließlich einer etwaigen Nachwirkung unberührt.

Als Vertragstypen lassen sich Verbandstarifvertrag (zwischen Gewerkschaften und Arbeitgeberverbänden, → Verbandstarif) und Haus- oder → Firmentarifvertrag (zwischen Gewerkschaft und einzelnen Unternehmen, ggf. auch vertreten durch den Arbeitgeberverband) unterscheiden.

Inhaltlich ist zwischen Vergütungstarifverträgen, → Manteltarifverträgen oder Rahmentarifverträgen mit Regelung bezüglich des Vergütungssystems, der Urlaubsfragen, Kündigungsklauseln und Freistellungsansprüchen etc. zu differenzieren, ferner zwischen Ausbildungstarifverträgen, → Rationalisierungsschutzabkommen in Fällen betrieblicher Rationalisierungsmaßnahmen, betrieblicher → Vermögensbildung. Gänzlich neue Inhalte von T. sind zulässig, solange sich der Regelungsgegenstand im Rahmen des §1 Abs. 1 TVG hält. Nach dessen Wortlaut sind ausdrücklich auch T. zu betrieblichen und betriebsverfassungsrechtlichen Fragen zulässig, nach der Rechtsprechung des BAG sogar zur Erweiterung der innerbetrieblichen, nicht aber der unternehmerischen → Mitbestimmung.

Infolge der verfassungsrechtlichen Garantie der Koalitionsfreiheit hat sich der Staat aus T. herauszuhalten, es sei denn, er ist selbst

Tarifpartei (→ öffentlicher Dienst). Es gibt keine staatliche Zwangsschlichtung und keine staatliche Vorgabe von T. Eine Ausnahme besteht bezüglich der → Allgemeinverbindlichkeit von T. nach §5 TVG. Einigen sich die Tarifparteien nicht, sind unter Beachtung der Friedenspflicht und des Grundsatzes der Verhältnismäßigkeit (BAG) Arbeitskampfmittel (→ Streik und → Aussperrung) zulässig. Diesbezüglich fehlt eine gesetzliche Regelung, so dass die Rahmenbedingungen für Arbeitskämpfe umfassend durch Richterrecht des BAG vorgegeben werden. Von besonderer Bedeutung ist auch die staatliche Neutralitätspflicht nach §146 SGB III, die nach einem differenzierten Regelungssystem je nach erhobenen Forderungen, nach Geltungsbereich des T. und dem umkämpften Tarifgebiet ein Verbot der Gewährung von Arbeitslosenunterstützung/ Kurzarbeitergeld an arbeitskampfbetroffene Arbeitnehmer mit im einzelnen geregelten Ausnahmen enthält.

Ziel und Funktion von T. liegen in der Gewährleistung des sozialen Friedens, in dem Schutz der betroffenen Arbeitnehmer, in einer Ordnung des Arbeitslebens sowie in einem Ausschluss bzw. einer Begrenzung (durchbrechbar durch das Günstigkeitsprinzip) des Wettbewerbs um Arbeitsbedingungen. Tarifverträge haben insoweit Kartellcharakter und sind als Ausnahme von §1 GWB zulässig. Bestehen für ein Unternehmen mehrere T., gelten die Grundsätze von Tarifpluralität und → Tarifkonkurrenz. Insgesamt bestehen in der Bundesrepublik ca. 35.000 gültige T. (registriert im Tarifregister).

Im Gegensatz zu T. werden → Betriebsvereinbarungen auf Betriebsebene zwischen Unternehmensleitung und → Betriebsrat abgeschlossen. Für Regelungsmaterien, die in T. geregelt sind oder üblicherweise geregelt werden, gilt die Sperre des §77 Abs. 3 BetrVG hinsichtlich des Abschlusses von Betriebsvereinbarungen. Eine Ausnahme besteht bei sog. betriebsvereinbarungsoffenen T., die Konkretisierungen durch Betriebsvereinbarungen gestatten. Eine aktuelle Reformdiskussion wird darüber geführt, auf Unternehmens- und Betriebsebene mehr Spielräume für differenzierte Regelungen zu eröffnen (→ Öffnungsklauseln).

Tätigkeitsanalyse, → Arbeitsplatzanalyse.

Tätigkeitsbilder, → Arbeitsbewertung.

Taylorismus, → wissenschaftliche Betriebsführung.

Team, → Gruppe.

Teamwork, → Gruppenarbeit.

Teilrente. Im Rahmen der Rentenreform von 1989 wurde die Möglichkeit einer T. in das gesetzliche Rentenrecht eingeführt. Vergleichbare Regelungen bestehen z.T. auch auf tarifvertraglicher Basis. Die Regelung hat zum Ziel, anstelle einer uneingeschränkten Berufstätigkeit bis zum Beginn der Altersrente einen sukzessiven Übergang in den Ruhestand zu ermöglichen (→ Altersteilzeit). Zu diesem Zweck hat der Arbeitnehmer das Recht, bei entsprechender Reduzierung der Berufstätigkeit eine T. in Höhe von einem Drittel, der Hälfte oder zwei Drittel der Vollrente in Anspruch zu nehmen (§42 SGB VI). T. ist auf diese Weise also mit Altersteilzeit verknüpft.

Wegen der Schwierigkeiten, einen gleitenden Übergang in den Ruhestand in den Betrieben zu organisieren, insbesondere die anfallende Arbeit auf einen älteren und einen jüngeren Mitarbeiter anteilig zu verteilen, ist von den Möglichkeiten der T. bisher wenig Gebrauch gemacht worden. Gleichwohl handelt es sich um ein personal- und sozialpolitisch wichtiges Instrument der Arbeitzeitflexibilisierung, das möglicherweise künftig noch weitere Verbreitung finden kann.

Teilzeitarbeit. T. ist durch eine geringere → Arbeitszeit als die Regelarbeitszeit gekennzeichnet, wie sie sich aus der tarifvertraglichen oder bei deren Fehlen aus der betrieblich vorgesehenen Wochenarbeitsleistung ergibt. Letztere wird als → Vollzeitarbeit bezeichnet. Ein Arbeitnehmer ist gemäß § 2 TzBfG teilzeitbeschäftigt, wenn dessen regelmäßige Wochenarbeitszeit kürzer ist als diejenige eines vergleichbaren vollzeitbeschäftigten Arbeitnehmers. Als teilzeitbeschäftigt sind nach § 2 Abs. 2 TzBfG auch geringfügig Beschäftigte (§ 8 Abs. 1 Nr. 1 SGB IV) anzusehen.

T. gehört zu den vielfältigen Gestaltungsmöglichkeiten für flexible Arbeitszeit. Teilzeitbeschäftigte Arbeitnehmer dürfen wegen der T. gegenüber vollzeitbeschäftigten Arbeitnehmern nicht unterschiedlich behandelt werden, es sei denn, dass dafür sachliche Gründe bestehen (§ 5TzBfG). Differenzierungen, die sich aus der geringeren Arbeitsleistung ergeben – insbesondere für die → Vergütung, Einmalzahlungen, Leistungen aus der betrieblichen → Altersversorgung –, sind zulässig. Eine Ausklammerung teilzeitbeschäftigter Arbeitnehmer aus der betrieblichen Altersversorgung ist aufgrund der strengen Anforderungen, die der EuGH und das BAG an sachliche Gründe für einen solchen Leistungsausschluss stellen, praktisch ausgeschlossen.

Unter dem Aspekt der Arbeitsorganisation sind zahlreiche Teilzeitmodelle denkbar. Dies gilt für den Umfang wie für die Lage der T. gleichermaßen. Vielfach beläuft sich die T. auf 50 % der Regelarbeitszeit; jedoch kann dieser Wert auch unter- oder überschritten werden.

Die althergebrachte Zuordnung der T. zu den einzelnen Wochentagen sieht eine Kürzung der täglichen Regelarbeitszeit auf das vereinbarte Teilzeitvolumen vor. Vielfach wird diese Arbeitsleistung am Vormittag erbracht. Denkbar sind jedoch auch Regelungen, wonach der Arbeitnehmer eine Zeit lang die tägliche Regelarbeitszeit erbringt und er sodann in einem solchen Umfang keine Arbeitsleistung vornimmt, dass das abgesprochene Teilzeitvolumen erreicht wird. Für Fälle der 50-prozentigen T. bestehen z.B. folgende Alternativen: Erbringung der Regelarbeitsleistung am Montag und Dienstag, Arbeit am Mittwoch bis mittags; sodann Freistellung für den Rest der Woche. Vollständige Erbringung der Regelarbeitszeit in der ersten Woche, vollständige Freistellung in der zweiten Woche. Entsprechende Modelle im Rhythmus von 14 Tagen, von drei Wochen, von vier Wochen. Arbeit für zwei, drei bis sechs Monate und anschließende Freistellung in demselben Umfang.

Unter dem Aspekt der Arbeitszeitflexibilisierung im Sinne einer effizienten Zuordnung von Arbeitsanfall und Arbeitsverfügbarkeit nimmt die Zahl der Teilzeitmodelle deutlich zu. Es lassen sich insoweit interessante Arbeitszeitalternativen finden, die den spezifischen Belangen des Unternehmens wie des Mitarbeiters gerecht werden. In der Praxis wird T. insbesondere von Frauen und nur vereinzelt von Männern in Anspruch genommen. Dies hängt eng mit dem Streben zusammen, Familie, Kindererziehung und Beruf zu vereinbaren, wobei die Wahrnehmung dieser Aufgaben aufgrund des tradierten Rollenverständnisses in der Familie regelmäßig den Frauen zufällt. Änderungen werden vielfach unter dem Aspekt der Chancengleichheit von Mann und Frau diskutiert. Frauenförderprogramme sollen dazu beitragen.

Weiterhin ist T. als → Altersteilzeit denkbar, indem ältere Arbeitnehmer sukzessive aus dem Arbeitsleben ausscheiden. Die Verbreitung ist gering. Darüber hinaus kommt T. für die Integration in das Berufsleben in Betracht, indem bei fehlender Zahl von Arbeitsplätzen zur Übernahme aller Auszubildenden nach Abschluss der Ausbildung über Teilzeitmodelle eine sukzessive Eingliederung junger Arbeitnehmer erfolgt. Personalpolitisch bedeutsam ist es, einen Wechsel zwischen Vollzeit und T. zu erleichtern und mit der Entscheidung für die Inanspruchnahme von T. die Möglichkeit einzuräumen, auf einen Vollzeitarbeitsplatz zurückzukehren, soweit die betrieblichen Gegebenheiten dies ermöglichen.

Vgl. auch → Arbeitsteilung, → Diskriminierungsverbot, → Frauenförderung, → Lebensarbeitszeit, → Teilzeit- und Befristungsgesetz.

Teilzeitarbeitnehmer, → Teilzeitarbeit.

Teilzeitarbeitsverhältnis, → Teilzeitarbeit.

Teilzeit- und Befristungsgesetz (TzBfG). Das TzBfG löste mit Wirkung vom 1.1.2001 das Beschäftigungsförderungsgesetz ab und übernahm hinsichtlich der Befristung (→ be-fristete Arbeitsverhältnisse) in seinen §§14 ff. im Wesentlichen dessen Regelungen.

Die Behandlung der → Teilzeitarbeit ist in den §§6-13 des TzBfG geregelt. Die wesentlichste ist die Normierung eines Anspruchs des Arbeitnehmers auf Verringerung der geschuldeten Arbeitszeit nach Maßgabe des §8. Ferner enthält das TzBfG Regelungen über die Ausschreibung von Teilzeitarbeitsplätzen (§7), Arbeitszeitverlängerung (§9), Aus- und Weiterbildung (§10), Kündigungsverbot (§11), → Kapovaz (§12) sowie Arbeitsplatzteilung (→ Jobsharing (§ 13)). Die genannten Vorschriften sind nur eingeschränkt dispositiv nach Maßgabe des §22 TzBfG.

Telearbeit, → Arbeitsplatzflexibilisierung.

Telefonkontrolle. In vielen Unternehmen und Betrieben besteht die technische Möglichkeit, von dem für die Berufstätigkeit zur Verfügung gestellten Telefonapparat auch Privatgespräche zu führen. Regelmäßig ist privates Telefonieren entweder aufgrund entsprechender Vereinbarungen oder Anweisungen des Arbeitgebers untersagt; teilweise besteht auch die Möglichkeit zur Führung privater Telefongespräche im Falle der Erforderlichkeit, wobei diese Gespräche wegen der Verrechnung der Kosten an eine entsprechende Stelle seitens des Arbeitnehmers zu melden sind. In diesem Zusammenhang werden manchmal technische Einrichtungen zur Aufzeichnung der angewählten Telefonnummern einschließlich der Gesprächszeit und -dauer eingesetzt, um eine Überprüfung zu ermöglichen, welche Gespräche dienstlich veranlasst waren und welche privaten Zwecken dienten, wobei dann weiter kontrolliert wird, ob der Mitarbeiter seine Verpflichtung zur Meldung erfüllt hat.
Die Installation und der Betrieb solcher T. unterliegen dem Mitbestimmungsrecht nach §87 Abs. 1 Nr. 6 BetrVG. Stimmt der → Betriebsrat nicht zu, kann eine fehlende Einigung zwischen den Betriebsparteien durch die Entscheidung der → Einigungsstelle ersetzt werden (§87 Abs. 2 BetrVG).

Tendenzbetriebe. Die Geltung des BetrVG und damit seiner Mitbestimmungsregelungen ist für T. und Religionsgemeinschaften eingeschränkt (§118 BetrVG). Auf Unternehmen und Betriebe, die unmittelbar und überwiegend politischen, koalitionspolitischen, konfessionellen, karitativen, erzieherischen, wissenschaftlichen oder künstlerischen Bestimmungen oder Zwecken der Berichterstattung oder Meinungsäußerung im Schutzbereich von Art. 5 GG dienen, finden die Vorschriften des BetrVG keine Anwendung, soweit die Eigenart des Unternehmens oder des Betriebes dem entgegensteht. Damit will das Gesetz Interessenkonflikte unterbinden, die sich aus Ziel und Zweck des Unternehmens und einem uneingeschränkten Geltungsanspruch der Mitbestimmungsrechte ergeben würden. Dies gilt u.a. für die Geschäftsstellen politischer Parteien, → Arbeitgeberverbände und → Gewerkschaften, Kirchen der verschiedenen Konfessionen, Wohlfahrtsverbände und Deutsches Rotes Kreuz, Privatschulen, privatrechtliche Forschungseinrichtungen, Theater, Opernhäuser und Orchester. Die genannten Unternehmen und Betriebe sind nicht pauschal aus dem BetrVG ausgenommen, sondern nur insoweit, als die jeweilige Vorschrift der Eigenart des Unternehmens oder Betriebes entgegensteht. Zu diesem Zweck sind im Einzelfall die Zielsetzungen der Unternehmen und Betriebe und die Mitbestimmungsinteressen des → Betriebsrates umfassend festzustellen und gegeneinander abzuwägen. Dies hat nicht pauschal, sondern konkret für das jeweils infrage stehende Mitbestimmungsrecht zu geschehen.

Tests. Von personalwirtschaftlicher Bedeutung sind T. zur Unterstützung von Personalentscheidungen bei der Bewerberauswahl oder Mitarbeiterförderung, z.B. im Rahmen der → Personalentwicklung und → Führungskräfteentwicklung (→ Potenzialdiagnose). Als T. werden hier i.d.R. aus der Psychologie stammende Verfahren eingesetzt (→ Eignungsdiagnostik), die zumindest drei Anforderungen erfüllen sollten: Sie müssen die jeweils angesprochenen typischen Merkmale, Verhaltensweisen, Kenntnisse usw. der Testperson auch erfassen und abbilden können, sie müssen methodisch erprobt und ausgereift sein sowie in ihren Aussagen über die Testperson zutreffende, gültige Ergebnisse liefern.
Grundsätzlich lassen sich zwei Gruppen von T. unterscheiden: (1) → Persönlichkeitstests, mit denen Interessen, innere Einstellungen, Charaktereigenschaften u.Ä. erfasst und dargestellt werden sollen, sowie (2) Fähigkeitstests, mit denen vorwiegend die allgemeine oder eine spezielle Leistungsfähigkeit, Intelligenz und Begabung gemessen werden.
Zur Darstellung oder Messung bestimmter Merkmale oder Fähigkeiten durchlaufen die Testpersonen in der Praxis häufig mehrere, unterschiedliche T., sog. Testbatterien. T. sollten nur von in deren Handhabung ausgebildeten und erfahrenen Fachleuten eingesetzt werden. In jedem Falle muss aber bedacht werden, dass die Analyse- und Aussagekraft von T. nur begrenzt ist, z.T. auch fachlich umstrittene T. eingesetzt werden. Zu warnen ist daher eindringlich vor einer in der Praxis manchmal beobachtbaren unkritischen Testgläubigkeit.
Insbesondere zur rechtlichen Absicherung bei der Durchführung von T. sollte folgendes beachtet werden: (1) Grundsätzlich dürfen auch Tests die Grenzen zulässiger Informati-

onsbeschaffung über Bewerber oder Mitarbeiter nicht überschreiten (→ Fragerecht, → Offenbarungspflicht). T. müssen sich auf die Ermittlung und Bewertung solcher Kenntnisse, Fähigkeiten oder Leistungsmerkmale beschränken, die für die erfolgreiche Berufsausübung in erster Linie maßgebend sind. Unter maßgebend ist zu verstehen, ob T. in Relation zu den am → Arbeitsplatz gestellten Anforderungen geeignete Beurteilungsgrundlagen liefern können. Die Abgrenzung ist in der Praxis häufig sehr schwierig, so sind z.B. Gentests zur Beurteilung einer möglichen Disposition für bestimmte Berufskrankheiten oder allgemeine Persönlichkeitstests mit dem Ziel einer umfassenden Analyse der Berufspersönlichkeit unzulässig. (2) Die Testteilnehmer sind vorher über Inhalte, angezielte Aussagen und Bedeutung der T. zu informieren. (3) Die Testteilnehmer sollten zuvor ihr Einverständnis zur Teilnahme erklärt haben.

Vgl. auch → Assessmentcenter, → Eignung, → Intelligenztests, → Leistungstests.

Total Quality Management (TQM), *Qualitätsmanagement*. TQM kann als ein modernes, zukunftsorientiertes Konzept der Unternehmensführung bezeichnet werden. Es legt den traditionellen, produktbezogenen Qualitätsbegriff weit umfassender als ganzheitliche Dimension von → Qualität der Arbeit mit eindeutiger Kundenorientierung überall im Unternehmen aus.

TQM besteht aus drei Säulen: (1) Die technisch-sachliche Qualität, d.h. Maschinen- und Werkzeugausstattung, Material, Fachwissen der Unternehmensangehörigen, Kundenservice u.a.; (2) die Methoden- und Verfahrensqualität, d.h. Aufbau- und Ablauforganisation, Arbeitsabläufe, Systeme, Arbeitsmethoden u.a.; (3) die soziale Qualität, d.h. verhaltensbedingte Einflüsse auf die Qualität, z.B. Kooperation, Teamverhalten, Führungsverhalten, Lernbereitschaft, → Arbeitsmoral.

Die Beeinflussung der sozialen Qualität und die Schaffung von Qualitätspotenzialen und Qualitätsvorsprüngen in den damit angesprochenen Segmenten sind heute ein zentrales Anliegen des TQM mit unmittelbaren Bezügen zum → Personalmanagement. Hier, jenseits des vielfach immer noch stark produktorientierten Qualitätsdenkens Qualitätsbewusstsein zu schaffen, gehört jedoch zu den schwierigsten Aufgaben des Qualitätsmanagements. So ist z.B. die Veränderung lang gewohnter Verhaltensmuster, von Arbeitsgewohnheiten oder des Informations-, Kommunikations- und Kooperationsverhaltens im Unternehmen wie nach außen zu Kunden, Lieferanten, zur Öffentlichkeit in der betrieblichen Praxis oft ein langwieriger, von hohem Überzeugungs- und Schulungsaufwand begleiteter Prozess.

Das Personalwesen hat im Rahmen eines TQM v.a. zwei Aufgaben: (1) seine Service- und Unterstützungsleistungen zu optimieren (z.B. kurze Bearbeitungszeiten administrativer Vorgänge, Null-Fehler-Rate bei Entgeltauszahlungen, Aufbau eines leistungsfähigen → Personalcontrolling); (2) zum Aufbau einer dem neuen Qualitätsdenken offenen wie Qualitätsbewusstsein vermitteln-den → Unternehmenskultur beizutragen (z.B. über geeignete Maßnahmen der → Personalentwicklung und → Führungskräfteentwicklung, des → Personalmarketings u.a.). Die Ziele des TQM, Schaffung eines hohen Qualitätsbewusstseins und hoher Qualität der Arbeit in allen Funktionsbereichen und auf allen Ebenen des Unternehmens, werden allerdings nicht im Sinne eines irgendwann erreichbaren Endzustandes verstanden, sondern – insbesondere als Folge des technischen, ökonomischen und gesellschaftlichen Wandels – als permanente Herausforderung, positive Veränderungen zu bewirken (→ Kaizen).

Vgl. auch → Benchmarking, → Kreativität, → Lernstatt, → Personalportfolio, → Qualität, → Qualitätszirkel.

Total-Rewards-Strategie, *Gesamtvergütungsstrategie*. Die T.-R.-S. ist ein vergütungspolitisches Konzept und zielt auf eine optimale Kombination monetärer und nicht-monetärer Vergütungskomponenten. Im Hintergrund steht die Einsicht, dass qualifizierte Mitarbeiter nur gewonnen und im Unternehmen gehalten werden können, wenn deren Vergütung sich nicht allein auf die herkömmlichen, weitgehend baren Komponenten erstreckt (z.B. Gehalt, gesetzliche und betriebliche Vorsorgeleistungen), sondern darüber hinaus auch wichtige nicht monetäre → Leistungsanreize angemessen berücksichtigt. Hierzu zählen z.B. Entwicklungs- und Karriereperspektiven, Möglichkeiten einer besseren Verbindung beruflicher und privater Interessen oder ein besonders positives Arbeitsumfeld. Demnach sollte eine moderne, unternehmens- wie mitarbeiterorientierte

Vergütungspolitik alle Komponenten beachten und aktiv einbeziehen, die bei den Mitarbeitern eine hohe Wertschätzung genießen. Vgl. auch → Anreizsystem, → Vergütung, → Vergütungspolitik.

Trainee. T. ist die Bezeichnung für einen Hochschulabsolventen, in der Praxis oft Wirtschaftswissenschaftler oder Ingenieur, der in einem Unternehmen eine fachlich häufig auf seinem Studium aufbauende, i.d.R. ein- bis zweijährige praxisorientierte Ausbildung durchläuft mit dem Ziel, daran anschließend Führungs- oder herausgehobene Fachaufgaben in diesem Unternehmen zu übernehmen.
Vgl. auch → Führungsnachwuchs, → Praktikum, → Traineeprogramm, → Volontariat.

Traineeprogramm. Ein T. wird von zahlreichen Großunternehmen und inzwischen auch von einigen mittleren Unternehmen für Hochschulabsolventen zum systematischen Einstieg in die Berufspraxis angeboten. Einige Unternehmen, v.a. im Handel, bieten ein T. auch für geeignete, motivierte Mitarbeiter ohne Studienabschluss an. Die Unternehmen wollen hiermit ein Reservoir qualifizierter und praxisorientierter Führungsnachwuchskräfte mit möglichst großer Verwendungsbreite heranbilden, das auch die Besetzung von Führungspositionen aus den eigenen Reihen (→ Selbstrekrutierung) erleichtern soll.
Das T. dauert i.d.R. zwischen 12 und 24 Monaten und sieht meistens ein ressortübergreifendes Ausbildungs- und Einarbeitungsprogramm vor, z.B. Stationen in den Bereichen Logistik/ Beschaffung, Produktion, Marketing/ Vertrieb und Controlling. Ziel ist hierbei der Erwerb fach-, firmen- und produktspezifischer Kenntnisse, die Vermittlung von Einblicken in Organisations- und Entscheidungsstrukturen, die Förderung aufgaben- und zielorientierter Arbeitsweisen sowie eines ganzheitlichen, bereichsübergreifenden Denkens und Handelns. Im Mittelpunkt steht die aktive Mitarbeit des Trainees im Sinne eines Learning By Doing oder → Training on the Job, was auch eine schrittweise Übernahme von Aufgabenverantwortung einschließen kann. Gegen Ende des T., in manchen Fällen auch vor Beginn einer besonderen Vertiefungsphase etwa im letzten Drittel des T., entscheiden → Trainee und Unternehmen gemeinsam, welcher Aufgabenbereich am ehesten den Neigungen und Fähigkeiten des Trainees entspricht und welche Einstiegsposition somit sinnvoll infrage kommen kann.
Erkennbar ist ein Trend hin zu einem bereichs-, ressort- oder funktionsspezifischen T., v.a. in den Bereichen Marketing/ Vertrieb und Personalwesen. Hier zielt das T. zumeist von Anfang an auf die Vorbereitung zur Übernahme einer konkreten Position in einem bestimmten Aufgabenbereich, z.B. → Personalreferent, Vertriebsbeauftragter. Ein T. wird von vielen Hochschulabsolventen nach einer Phase der Zurückhaltung inzwischen wieder sehr positiv bewertet und ist von daher für die Unternehmen ein wichtiger Faktor ihrer → Personalmarketingstrategie und des → Hochschulmarketings.
Gewisse Probleme zeigen sich in folgendem: (1) Manche Unternehmen konzipieren ein T. hinsichtlich der Inhalte und des Zeitablaufs zu wenig systematisch sowie (insbesondere für sehr motivierte Trainees) nicht herausfordernd genug. (2) Führungskräfte in den Unternehmen können sich wegen ihrer hohen Arbeitsbelastungen oft nur wenig um den konkreten Ablauf des T. und die besonderen Probleme und Fragen der Trainees kümmern. Einige Unternehmen versuchen, dem über einen besonderen Trainee-Beauftragten (meistens aus der Personalabteilung) oder/ und über ein → Mentor-Konzept entgegenzuwirken. (3) Manche Trainees hegen überzogene Erwartungen im Hinblick auf ihre späteren Aufgaben und Positionen im Unternehmen. Dies ist allerdings nicht zuletzt eine Folge übertriebener Kampagnen und Aussagen im Hochschulmarketing, in der → Personalwerbung o.ä. Aktivitäten der Unternehmen. Hier wären in vielen Fällen mehr Zurückhaltung und realistischere Aussagen angebracht.
Vgl. auch → Führungsnachwuchs, → Mitarbeitereinführung, → Praktikum, → Training, → Volontariat.

Trainer. T. ist eine aus dem Sport übernommene Bezeichnung für eine Person, die im Unternehmen oder außerhalb davon, i.d.R. in Seminarform bestimmte Fähigkeiten vermitteln soll, und hierzu die Teilnehmer über deren aktive Einbindung (z.B. Rollenspiele, Gruppendiskussionen, evtl. auch mit Videoaufzeichnungen) an der Erarbeitung und Einübung der Seminarinhalte systematisch beteiligt. T. werden in der Praxis meistens im

Rahmen der Vermittlung und Stärkung von Führungs- und Kommunikationsfähigkeiten, Verkaufstechniken oder der Unterweisung in neue, moderne Arbeitshilfen oder -techniken (z.B. Umgang mit dem Personal Computer) eingesetzt.

T. können im Unternehmen angestellt sein, z.B. dem Personalwesen oder einer besonderen Abteilung für Weiterbildung, Personalentwicklung o.ä. angehören; zumeist werden sie jedoch als freiberuflich tätige T. oder als bei einem Beratungs-, Schulungsunternehmen o.ä. angestellte T. speziell für bestimmte Aufgaben engagiert. Bei der Auswahl eines T. ist darauf zu achten, dass neben entsprechender fachlicher → Kompetenz auch kommunikative und pädagogisch-didaktische Kompetenzen sowie Trainingserfahrungen vorhanden sind. Darüber hinaus sollte der T. von seiner Persönlichkeit her keine Akzeptanzprobleme beim Teilnehmerkreis erwarten lassen. Wichtig ist es, Aufgaben und Ziele eines Trainingsseminars von vornherein sehr klar anzusprechen und festzulegen, evtl. kann es auch sinnvoll sein, die späteren Seminarteilnehmer schon in dieser Phase einzubinden.

Es gibt Klagen über unseriöse, fachlich nicht ausgewiesene (z.B. kein fachbezogenes, abgeschlossenes Studium oder Fehlen jeglicher Ausbildung) oder dubiosen Methoden oder Ideologien verpflichtete T., v.a. im Bereich des Führungs-, Kommunikations- und Verhaltenstrainings. Von daher ist es empfehlenswert, die persönlichen und beruflichen Hintergründe eines T. vor dem Einsatz weitgehend zu klären und z.B. über bisherige Kunden des T. oder eigene Kontakte zu Verbänden, Unternehmen usw. hierzu Informationen einzuholen.

Vgl. auch → Coaching, → Gruppendynamik, → Inhouse-Seminare, → Training.

Training. T. ist ein sehr unscharfer Begriff, der für eine Vielzahl von Maßnahmen der betrieblichen → Ausbildung und → Weiterbildung, auch im Rahmen der → Personalentwicklung und → Führungskräfteentwicklung, benutzt wird, mitunter sogar synonym für Ausbildung. In den letzten Jahren ist T. aber auch zu einem Synonym für → Schulung geworden und hat im täglichen Sprachgebrauch diesen Begriff zunehmend verdrängt. Grundsätzlich lässt sich T. heute als die ganz konkrete Umsetzung von Bemühungen im Unternehmen verstehen, Qualifikationen der Mitarbeiter zu erhöhen, Einstellungen und Motivationen zu beeinflussen sowie Interaktionsfähigkeit und Sozialverhalten zu verbessern. Den Mitarbeitern soll damit die Möglichkeit geboten werden, sich auf veränderte oder neue Aufgaben und Probleme am → Arbeitsplatz einzustellen, aber auch ihre Chancen zur Übernahme anspruchsvoller Aufgaben und Positionen zu erhöhen oder erkannte Defizite, etwa in der sozialen → Kompetenz, abzubauen.

T. zielt i.d.R. allerdings weniger auf die Vermittlung von Wissen, Kenntnissen o.ä., sondern über das Vermitteln und Erleben realer Handlungserfahrungen, v.a. in Rollenspielen, Gruppendiskussionen, Planspielen u.Ä. in erster Linie auf die Modifikation oder Stärkung berufs- und aufgabenrelevanter Einstellungen und Verhaltensweisen. Typisch hierfür ist z.B. ein T. zur Verbesserung der Führungsleistung, der kommunikativen Kompetenz, des → Selbstmanagements oder zur Steigerung der → Kreativität.

Vor der Einführung oder dem Beginn von Trainingsmaßnahmen sollten folgende Fragen beantwortet werden: (1) Welche Ziele sollen erreicht werden, wie sind sie zu definieren; (2) welche Trainingsbedürfnisse liegen überhaupt vor, aus Unternehmens- wie aus Mitarbeitersicht; (3) welche Mitarbeiter oder Mitarbeitergruppen sollen teilnehmen; (4) wo und in welcher Form soll das T. stattfinden (z.B. am Arbeitsplatz, im Unternehmen, als → Workshop); (5) welche Methoden und Techniken sollen eingesetzt werden (z.B. Projektarbeit, Rollenspiele, Videotraining); (6) welche Erfolgskontrollen sind notwendig und möglich? Erfahrungsgemäß werden diese Fragen oft nicht oder nur einige davon gestellt und vielfach nicht zufriedenstellend beantwortet. Häufig werden Trainingsangebote und -programme (wie manches andere im Bereich der Fort- und Weiterbildung auch) lediglich von der Einstellung getragen, dass ein T. aus sich heraus schon nützlich sei und die teilnehmenden Mitarbeiter damit später irgendwie etwas anfangen können. Im Zweifelsfalle wird dem T. dann zumindest die Wirkung eines → Incentives unterstellt.

Vgl. auch → Bildungscontrolling, → Coaching, → Erwachsenenbildung, → Evaluierung, → Gruppendynamik, → Inhouse-Seminare, → Personalcontrolling, → Seminare, → Trainer.

Training near the Job. Sammelbezeichnung für alle Maßnahmen der → Ausbildung und → Weiterbildung, der → Personalentwicklung und → Führungskräfteentwicklung u.Ä., die in enger räumlicher und inhaltlicher Beziehung zum → Arbeitsplatz und den Arbeitsaufgaben der Mitarbeiter durchgeführt werden. Hintergrund ist dabei die Erwartung, dass sich Lern- und Qualifizierungseffekte über die möglichen Wechselwirkungen zwischen Arbeitsplatz/ Arbeitsaufgabe und Lern- oder Trainingsinhalten besser und nachhaltiger einstellen. Als T. n. t. J. lassen sich, zumindest ansatzweise, auch → Lernstatt und → Qualitätszirkel sowie → Lehrwerkstatt und → Traineeprogramm be-zeichnen.
Vgl. auch → Training off the Job, → Training on the Job.

Training off the Job. Sammelbezeichnung für alle Maßnahmen der → Ausbildung und → Weiterbildung sowie der → Personalentwicklung und → Führungskräfteentwicklung u.Ä., die außerhalb des Arbeitsplatzes und ganz oder teilweise unabhängig von den Arbeitsaufgaben stattfinden. Hierzu zählen z.B. der Berufsschulunterricht für Auszubildende, Lehrgänge zur beruflichen Weiterqualifizierung und außerbetriebliche → Umschulungen.
Vgl. auch → Newplacement, → Replacement, → Training near the Job, → Training on the Job.

Training on the Job, *arbeitsplatzgebundene Weiterbildung.* T. o. t. J. bezeichnet Maßnahmen der → Personalentwicklung oder → Führungskräfteentwicklung und der berufsbezogenen → Weiterbildung, die konkret am → Arbeitsplatz erfolgen. Das hin und wieder als „Learning By Doing" bezeichnete T. o. t. J. kann aber auch mit einer theoretischen → Berufsausbildung gekoppelt sein (so z.B.

ansatzweise im dualen → Berufsbildungssystem) und der Anwendung oder praktischen Einübung hier vermittelter Kenntnisse dienen.
Ein mit theoretischer Unterweisung verbundenes T. o. t. J. gilt als die effektivste Form beruflicher Qualifizierung. Ein T. o. t. J. kann in der Praxis auch über → Jobrotation, den gezielten Einsatz als Stellvertreter oder ein systematisches → Traineeprogramm erfolgen. Es darf allerdings nicht zu einem „Wurf ins kalte Wasser" führen, sondern bedarf immer einer vorherigen Klärung und Abwägung der Stellen- oder Arbeitsanforderungen sowie von Eignung und Leistungspotenzial des Mitarbeiters.
Vgl. auch → Mentor-Konzept, → Mitarbeitereinführung, → Patensystem, → Training near the Job, → Training off the Job.

Trennungsgespräch, → Abgangsinterview.

Trennungsmanagement. T. ist ein neuerer Begriff, mit dem der Komplex von Maßnahmen und Verhaltensweisen von Unternehmen in Verbindung mit der Trennung von Mitarbeitern bezeichnet wird. Insbesondere bei unternehmensseitiger Kündigung von Mitarbeitern soll das T. eine verträgliche und für Mitarbeiter wie Unternehmen möglichst wenig belastende Trennung bewirken. Dabei muss von einem professionellen T. stets beachtet werden, dass die Art und Weise, wie die Trennung gehandhabt wird und verläuft, nicht unerhebliche Auswirkungen auf das → Personalimage sowie eine evtl. spätere Rückkehrbereitschaft von Mitarbeitern haben kann. Vgl. auch → Abgangsinterview, → Interessenausgleich, → Massenentlassung, → Outplacement, → Personalabbau, → Personalabbauplanung, → Sozialplan.

Treuepflicht, → Fürsorgepflicht.

Übergangsgeld. Das Ü. (§49 SGB VII) ist Bestandteil der Leistungen, die die → Berufsgenossenschaften im Rahmen der gesetzlichen Unfallversicherung aus Anlass eines → Arbeitsunfalls, wozu auch die Wegeunfälle zählen (§8 SGB VII), erbringen. Der verunglückte Arbeitnehmer hat Anspruch auf Heilbehandlung; der Unfallversicherungsträger (die Berufsgenossenschaft) übernimmt die diesbezüglichen Kosten. Darüber hinaus besteht ein Anspruch auf Rehabilitation (Beschäftigungstherapie, Krankengymnastik), um die Genesung zu unterstützen. Um die Wiedereingliederung in den Beruf zu erleichtern, erbringen die Berufsgenossenschaften ferner Maßnahmen der Berufshilfe, sei es zur Rückkehr in den bisherigen Beruf, sei es als Umschulung zur Aufnahme einer neuartigen Berufstätigkeit (§35 SGB VII). Ist der betroffene Arbeitnehmer infolge der Teilnahme an solchen Maßnahmen gehindert, eine ganztägige Erwerbstätigkeit auszuüben, erhält er Ü. für die Dauer der Teilnahme an der Maßnahme. Es beläuft sich in Abhängigkeit von der familiären Situation auf 68 bis 75 % des Regelentgelts, welches seinerseits 80 % des Durchschnittseinkommens des verunglückten Arbeitnehmers beträgt (§§50 SGB VII, 46 SGB IX). Verletzte, die im Anschluss an eine Maßnahme der beruflichen Wiedereingliederung arbeitslos sind, erhalten in der Regel für die Dauer von bis zu drei Monaten ein Ü. von 60 bzw. 67 % des Verletztengeldes, wenn sie sich arbeitslos gemeldet haben (§51 Abs. 4 SGB IX).

Über den sozialversicherungsrechtlichen Bereich hinaus werden z.T. Leistungen des Arbeitgebers bei Übertritt in den Ruhestand (besondere Einmalzahlungen) oder wegen Verlusts des Arbeitsplatzes bzw. wegen Übernahme einer Tätigkeit mit einem geringeren Einkommen als Ü. bezeichnet. Sie werden in einem → Sozialplan anlässlich einer → Betriebsänderung vereinbart (§§111, 112 BetrVG). Entsprechendes gilt für vergleichbare Zahlungen in einem tarifvertragli-

chen → Rationalisierungsschutzabkommen. Soweit Ü. für den Verlust des Arbeitsplatzes gezahlt wird, handelt es sich um eine → Abfindung, die einkommensteuerrechtlich entsprechend privilegiert ist (§3 Nr. 9 EStG). Das sozialversicherungsrechtliche Ü. ist steuer- und abgabenfrei (§3 Nr. 1 c, 2 EStG). Allerdings unterliegen die Leistungen dem sog. Progressionsvorbehalt (§32 b Abs. 1 Nr. 1a, b EStG), so dass sie im Falle zusätzlichen steuerpflichtigen Einkommens zu höheren Steuerlasten führen, wenn die steuerfreien Leistungen 410 Euro im Kalenderjahr übersteigen (§46 Abs. 2 Nr. 1 EStG).

Überstunden, → Mehrarbeit.

übertarifliche Zulage. Das Arbeitseinkommen der Arbeitnehmer richtet sich in der großen Mehrzahl der Fälle nach dem einschlägigen → Tarifvertrag, soweit beiderseitige → Tarifgebundenheit (Mitgliedschaft des Unternehmens im Arbeitgeberverband, Mitgliedschaft des Arbeitnehmers in der Gewerkschaft) besteht. Auch soweit es an einschlägigen Tarifverträgen fehlt, können solche im Wege der → Allgemeinverbindlichkeit von Tarifverträgen durch den Bundesminister für Arbeit und Soziales für wirksam erklärt werden. Schließlich werden im Falle fehlender Tarifbindung tarifvertragliche Regelungen oft im Rahmen der abgeschlossenen Individual-Arbeitsverträge für maßgeblich erklärt und damit aufgrund einer solchen Vereinbarung zwischen Arbeitgeber und Arbeitnehmer wirksam.

Tarifverträge verbieten eine Unterschreitung des Tarifsniveaus, gestatten jedoch bessere oder zusätzliche Leistungen (→ Günstigkeitsprinzip). In diesem Zusammenhang sind ü.Z. zu sehen. Sie können verschiedene Funktionen haben. Einmal kommen sie in Betracht, um für bestimmte Unternehmen oder Regionen eine generelle Erhöhung des tarifvertraglichen Vergütungsniveaus vorzunehmen, weil dieses zur Gewinnung qualifizierter Arbeitskräfte nicht ausreicht (→ Lohndrift). Weiterhin können ü.Z. eine leistungsorientierte Vergütung bezwecken, indem die an dem → Arbeitswert ausgerichtete Bezahlung der Arbeitnehmer eine Feinabstimmung hinsichtlich der Qualität der geleisteten Arbeit erfährt. Insoweit sind ü.Z. als Monats- oder Jahresbeträge in Euro, aber auch als prozentualer Zuschlag zu dem tariflichen Arbeitseinkommen möglich. Bedeutsam für den Leistungscharakter ist die stetige Überprüfung aufgrund der individuell erbrachten Leistungen, die im Falle des Leistungsabfalls auch eine Reduzierung oder eine völlige Streichung der ü.Z. möglich machen muss. Für die Praxis bedeutsam ist die Frage, inwieweit ü.Z. mit späteren Tariferhöhungen verrechnet werden können (→ Effektivklauseln). Maßgeblich hierfür ist die arbeitsvertragliche Regelung. Behält sich der Arbeitgeber eine Anrechnung oder auch einen Widerruf vor, ist eine Anrechnung der ü.Z. auf Tarifsteigerung möglich. Ist dieser Anrechnungs- oder Widerrufsvorbehalt jedoch in einem Formulararbeitsvertrag enthalten, liegt eine → allgemeine Geschäftsbedingung vor, deren Wirksamkeit nach §§305 ff. BGB zu beurteilen ist. Nach der Rechtsprechung des BAG ist eine Klausel, die dem Arbeitgeber ermöglichen soll, übertarifliche Lohnbestandteile jederzeit unbeschränkt zu widerrufen, wegen Verstoßes gegen §308 Nr. 4 BGB unwirksam, da durch eine solche Klausel der Arbeitnehmer unzumutbar benachteiligt wird. Zulässig ist ein Anrechnungs- oder Widerrufsvorbehalt in allgemeinen Geschäftsbedingungen nur dann, wenn die Ausübung des Vorbehaltes an das Vorliegen bestimmter Voraussetzungen geknüpft ist, die in der Klausel aufgezählt werden müssen. Die Anrechnung kann mangels Regelungskompetenz der Tarifparteien für ü.Z. nicht durch Tarifvertrag ausgeschlossen werden. Sagt hingegen der Arbeitgeber eine ü.Z. uneingeschränkt verbindlich zu, kommt eine Anpassung nur durch einvernehmliche Regelung oder durch Änderungskündigung in Betracht.

Für die Erstellung von Systemen zur Berechnung einer ü.Z. ist das Mitbestimmungsrecht des Betriebsrats nach §87 Abs. 1 Ziff. 10 BetrVG zu beachten.

Nicht zu den ü.Z. gehören leistungsorientierte Zahlungen für außertarifliche Angestellte, da ü.Z. begrifflich eine tarifliche Grundvergütung voraussetzen. Personalpolitisch verfolgen leistungsorientierte Zulagen, → Prämien und → Tantiemen für die außertariflichen Angestellten jedoch dieselbe Zielsetzung wie ü.Z.

Vgl. auch → Vergütung, → Vergütungspolitik, → Vergütungssysteme.

Überwachungseinrichtungen. Einführung und Anwendung von technischen Einrichtungen, die dazu bestimmt sind, das Verhalten und die Leistung der Arbeitnehmer zu überwachen (z.B. Zeiterfassungssysteme, Kameras) unterliegen dem Mitbestimmungsrecht des → Betriebsrats nach §87 Abs. 1 Ziff. 6 BetrVG. Solche Einrichtungen sind daher nur mit Zustimmung des Betriebsrats zulässig, wobei die fehlende Einigung durch den Spruch der → Einigungsstelle ersetzt werden kann (§87 Abs.2 BetrVG).

Nach der Rechtsprechung erfasst die Vorschrift nicht nur technische Einrichtungen, die zur Mitarbeiterüberwachung bestimmt sind, sondern auch solche, die objektiv eine entsprechende Eignung aufweisen, z.B. Überwachungskameras in Bereichen mit Kundenverkehr, die zwangsläufig auch die dort anwesenden Mitarbeiter aufzeichnen. Dadurch wird das Mitbestimmungsrecht erheblich erweitert. Hintergrund ist die Sensibilität technischer Einrichtungen, insbesondere der EDV, im Hinblick auf das → Persönlichkeitsrecht der Arbeitnehmer. Das Bundesverfassungsgericht leitet aus dem Grundgesetz ein Recht des Einzelnen auf informationelle Selbstbestimmung ab, das wegen der nahezu unbegrenzten Verknüpfungsmöglichkeiten von Daten mittels EDV besonders schutzwürdig ist.

Das Mitbestimmungsrecht des Betriebsrats besteht nicht, soweit Überwachungsmaßnahmen ohne technische Einrichtungen erfolgen, z.B. durch persönliche Aufsicht des Vorgesetzten, handschriftliche Notizen über Mitarbeiterleistung etc. Allerdings kann insoweit im Einzelfall ein Mitbestimmungsrecht aus §87 Abs. 1 Ziff. 1 BetrVG erwachsen, wonach Fragen der Ordnung des Betriebs und des Verhaltens der Arbeitnehmer mitbestimmungspflichtig sind. Ferner können Beurteilungsgrundsätze und Auswahlrichtlinien (§§94, 95 BetrVG) Mitwirkungsmöglichkeiten des Betriebsrats eröffnen.

ULA (Deutscher Führungskräfteverband). Die ULA ist ein Dachverband der verschiedenen Einzelverbände, die die Interessen der leitenden Angestellten im politischen Bereich, gegenüber den Sozialpartnern und ggf. auch einzelnen Unternehmen vertreten (Sitz in Berlin). Die Einzelverbände, die in der ULA zusammengeschlossen sind, sind sektoral nach Wirtschaftszweigen gegliedert. Darüber hinaus beraten diese Verbände ihre Mitglieder und vertreten sie ggf. in Rechtsstreitigkeiten. Sie haben nicht die Funktion einer Tarifpartei und können allenfalls im Falle einer wirksamen Einzelvollmacht ihre Mitglieder in personellen Belangen vertreten.

Umgruppierung, → Eingruppierung.

Umsatztantieme, → Tantieme.

Umschulung. Nach dem BBiG (§§ 1, 58) sind unter U. berufliche Bildungsmaßnahmen zu verstehen, die den Übergang eines Arbeitnehmers in eine andere Berufstätigkeit ermöglichen sollen. Die Anlässe für eine U. lassen sich in zwei Gruppen zusammenfassen: (1) Umstände, die von der Person des Arbeitnehmers unabhängig sind und ihre Ursachen im → Arbeitsmarkt, in veränderten wirtschaftlichen Bedingungen, im technischen Wandel, in strukturellen Veränderungen einer Region u.Ä. haben, so dass der erlernte Beruf oder die bislang ausgeübte berufliche Tätigkeit insgesamt oder in wesentlichen Teilen nicht mehr als Erwerbsgrundlage dienen kann. (2) Umstände, die mit der Person des Arbeitnehmers verbunden sind. Hierzu zählen v.a. gesundheitliche Gründe, Veränderungen im beruflichen Interesse, Anpassungsschwierigkeiten an veränderte Entwicklungen im erlernten Beruf (z.B. bei älteren Personen), fehlende Bereitschaft zu regionaler → Mobilität.

Die U. zielt auf eine andere berufliche Tätigkeit mit neuen Inhalten, zu denen die fachpraktischen Qualifikationen zumeist arbeitsplatzbezogen in Betrieben vermittelt werden, während die fachtheoretischen Grundlagen oft in Lehrgängen geeigneter Bildungsträger (z.B. Kammern, Bildungswerke der Wirtschaft) erworben werden. Die Dauer einer U. ist i.d.R. mit Rücksicht auf das meistens

höhere Lebensalter der Arbeitnehmer und ggf. vorhandene, nutzbare berufliche Kenntnisse und Erfahrungen kürzer als eine entsprechende berufliche Ausbildung für Jugendliche o.a. Berufsanfänger. Die U. sollte mit einem anerkannten, über eine Prüfung erworbenen Abschluss enden, v.a. jedoch Qualifikationen vermitteln, die auf dem Arbeitsmarkt auch gefragt sind.
Vgl. auch → Newplacement, → Outplacement, → Replacement.

Umsetzung. Mit U. wird i.d.R. eine Maßnahme im Rahmen der → Personalabbauplanung bezeichnet, bei der Mitarbeiter im Unternehmen zum Schutz vor Arbeitsplatzverlust von einem Betrieb, Betriebsteil o.Ä. mit personeller Überdeckung in andere mit personeller Unterdeckung umgesetzt werden. Die U. kann mit Maßnahmen der → Personalentwicklung oder betrieblichen Fortbildung verbunden sein, wenn die betroffenen Mitarbeiter am neuen Arbeitsplatz andere Qualifikationen benötigen.

Zu beachten ist, dass in der Praxis mit einer U. sehr häufig der Sachverhalt einer → Versetzung gegeben ist und ggf. die entsprechenden vertraglichen oder gesetzlichen Bestimmungen zu beachten sind (z.B. §§ 95, 99 BetrVG).
Vgl. auch → Arbeitsplatzabbau, → Arbeitsvertrag, → Änderungskündigung, → Direktionsrecht.

Unfallverhütungsvorschriften. U. sind Rechtsnormen, die von den → Berufsgenossenschaften im Rahmen ihrer Satzungsautonomie zur Verhinderung von Arbeitsunfällen erlassen werden (§15 Abs. 1 SGB VII). Sie sind für die in den Zuständigkeitsbereich der Berufsgenossenschaft fallenden Arbeitgeber und Arbeitnehmer verbindlich und für die rechtlichen Vorgaben zur → Arbeitssicherheit sehr wichtig. Die Berufsgenossenschaften haben im Rahmen ihres technischen Aufsichtsdienstes das Recht, die Einhaltung der U. durch Anordnungen oder Erlass von Bußgeldern durchzusetzen.

Eine Missachtung von U. begründet den Vorwurf der Fahrlässigkeit und kann daher bei Vorliegen der sonstigen Voraussetzungen eine Bestrafung wegen fahrlässiger Körperverletzung oder fahrlässiger Tötung nach sich ziehen. Grundsätzlich wären zivilrecht-

lich auch Schadensersatzansprüche des Arbeitnehmers gegen einen Arbeitgeber denkbar, der U. nicht beachtet, sowie von Arbeitnehmern untereinander aus demselben Anlass. Allerdings beschränken §§104, 105 SGB VII derartige Ansprüche aus; sie werden durch die Leistungen der Berufsgenossenschaft für Renten, Heilbehandlung, Rehabilitation und Berufshilfe ersetzt. Inhaltlich können U. die technische Ausstattung von Arbeitsgeräten, die organisatorische Gestaltung der Arbeit sowie Verhaltensregelungen betreffen. Für die Geräteausstattung hat das Gerätesicherheitsgesetz des Bundes wesentliche Vorgaben aufgestellt, die sich an Hersteller und Importeure von Geräten wenden. Damit werden zugleich entsprechende europarechtliche Regelungen einheitlich umgesetzt, um dem Aspekt der technischen Geräteanforderungen im Rahmen des europaweiten Wettbewerbs Rechnung zu tragen.
Vgl. auch → Arbeitssicherheitsrecht.

Unfallversicherung. Die U. ist eine der fünf Säulen der → Sozialversicherung. Träger der U. sind die → Berufsgenossenschaften, wobei die Beiträge allein von den Unternehmen aufgebracht werden. Die U. tritt ein im Falle von → Arbeitsunfällen und → Berufskrankheiten (§7 SGB VII). Erstattet werden alle Kosten zur Wiederherstellung der Gesundheit und zur Eingliederung in das Berufsleben. Darüber hinaus leistet die U. wichtige Maßnahmen zur Vorsorge gegen Unfälle und Berufskrankheiten, z.B. durch Erlass von → Unfallverhütungsvorschriften und Beratung der Betriebe in allen Fragen der → Arbeitssicherheit.
Vgl. auch → Übergangsgeld, → Verletztengeld.

Unkündbarkeit. Eine gesetzliche U. von Arbeitnehmern gibt es nicht. Im Rahmen des Kündigungsschutzgesetzes, und des §626 BGB sind → Kündigungen – unter Beachtung von besonderen Schutznormen für spezielle Personengruppen wie werdende Mütter, schwerbehinderte Menschen, Betriebsratsmitglieder – stets zulässig. Jedoch kann ein Ausschluss der Kündigungsmöglichkeit kollektiv- oder individualrechtlich vereinbart sein. Verschiedene Tarifverträge, insbesondere für den öffentlichen Dienst zur weitgehenden Gleichstellung von Arbeitern und Angestellten mit den Beamten, sehen einen Ausschluss des ordentlichen → Kündigungs-

rechts, z.T. beschränkt auf persönliche Kündigungsgründe in Abhängigkeit von der Dienstzeit und dem Lebensalter vor. Ein Ausschluss des außerordentlichen Kündigungsrechts nach §626 BGB ist ausgeschlossen, weil es sich auf Fälle der Unzumutbarkeit des Fortbestandes eines Arbeitsverhältnisses bezieht und niemand an einem unzumutbaren Arbeitsverhältnis gegen seinen Willen festgehalten werden soll.

Unternehmen, → Betrieb, → Konzern.

Unternehmenskultur, *Corporate Culture, Organisationskultur.* U. ist ein sehr vieldeutiger Begriff, der sowohl in der Literatur, als auch in der betrieblichen Praxis unscharf und uneinheitlich benutzt wird, dessen Gebrauch mitunter auch modisch bestimmt ist. Gewisse Übereinstimmungen bestehen darin, dass U. alle für ein Unternehmen typischen Wertvorstellungen, Grundsätze, Normen und Denkweisen bezeichnet, die das Verhalten der Mitarbeiter auf allen Ebenen der betrieblichen → Hierarchie beeinflussen und prägen. Danach hat jedes Unternehmen seine spezifische U., die es auch von anderen abhebt und unterscheidbar macht. Hin und wieder wird U. auch mehr im Sinne eines Organisations- oder Führungskonzeptes v.a. zur Erhöhung der Identifikation der Mitarbeiter mit dem Unternehmen, damit auch ihrer → Motivation, verstanden.

Ihren konkreten Ausdruck kann die U. im → Betriebsklima, in → Führungsgrundsätzen und → Führungsstilen, → Anreizsystemen, in der → Arbeitsmoral, dem Auftritt des Unternehmens in der Öffentlichkeit u.Ä. finden. Von praktischer Bedeutung ist die Vermutung, dass eine homogene sowie von allen Unternehmensangehörigen akzeptierte, verinnerlichte und gelebte U. von besonderer Bedeutung für den wirtschaftlichen Erfolg und das interne wie externe Image des Unternehmens ist. Zurückzuführen ist diese Annahme auf Untersuchungen über die Ursachen des Erfolges einiger amerikanischer und japanischer Unternehmen. Es haben sich hier gewisse Anhaltspunkte dafür ergeben, dass eine homogene, akzeptierte und als positiv empfundene U. sich günstig auf Leistungsbereitschaft und Leistungserfolg der Mitarbeiter auswirkt. Dies hat in vielen Unternehmen dazu geführt, über gezielte Beeinflussungen der U. bzw. sie

konstituierender Faktoren neue, verbesserte Bedingungen der Leistungserbringung zu schaffen. Vielfach waren die Erwartungen aber überzogen, erhoffte Erfolge stellten sich nicht oder nur sehr langsam ein. Oft wurde nicht bedacht, dass eine über Jahrzehnte entstandene U. Denk- und Verhaltensweisen prägt und verfestigt, die sich z.B. über neue Unternehmensgrundsätze oder -leitbilder, Führungsgrundsätze, ein attraktives → Corporate Design o.Ä. nicht ohne Weiteres in wenigen Jahren verändern lassen, etwa von einer bürokratisch-behördenhaften Grundeinstellung in eine betont markt- und kundenorientierte. In der U. und über die U. wirken kaum übersehbar viele Faktoren, die einer Beeinflussung nur schwer und mit Ausdauer zugänglich sind. Moderne Organisationssysteme oder → Führungsmodelle, gute → Arbeitsbedingungen u.Ä. lassen eine bestimmte, erwünschte U. nicht gleichsam implementierbar werden oder zu einem angestrebten Sollzustand zielgenau hin entwickeln. Am Anfang und im Zentrum aller Bemühungen müssen allerdings Unternehmensleitung und Führungskräfte stehen: sie sind Hauptexponenten jeder U., sie leben U. – bewusst oder unbewusst – vor und sie müssen die erwünschte U. akzeptieren.
Vgl. auch → Corporate Behaviour, → Corporate Identity, → Wertewandel.

Unterstützungskasse. U. sind rechtsfähige Versorgungseinrichtungen zum Zwecke der → Altersversorgung, auf deren Leistung kein Rechtsanspruch besteht (§1b Abs. 4 BetrAVG). Da der Arbeitgeber allerdings für die Erfüllung der von ihm zugesagten Leistungen auch dann einstehen muss, wenn die Durchführung über einen externen Versorgungsträger erfolgt (§1 Abs. 1 BetrAVG), ist dies für den Arbeitnehmer nur von nachrangiger Bedeutung. U. sind nicht als Versicherungsunternehmen zu qualifizieren. Sie unterliegen nicht der Versicherungsaufsicht. U. sind unter bestimmten Voraussetzungen (§5 Abs. 1 Nr. 3 KStG) von der Körperschaftsteuer befreit und in der Vermögensanlage flexibler als → Pensionskassen. Insbesondere ist die Anlage in Form einer Darlehensgewährung an das Trägerunternehmen möglich. Für die Wahl zwischen Pensions- und Unterstützungskasse sind insbesondere diese Aspekte sowie steuerliche Gesichtspunkte ausschlaggebend.

unverfallbarer Anspruch, → Unverfallbarkeit.

Unverfallbarkeit. Ansprüche aus betrieblicher Altersversorgung sind durch das Gesetz zur Verbesserung der betrieblichen Altersversorgung (BetrAVG) besonders geschützt. Ein Arbeitnehmer, dem Leistungen aus der betrieblichen Altersversorgung zugesagt worden sind, behält seine Anwartschaft auch dann, wenn sein Arbeitsverhältnis vor Eintritt des Versorgungsfalles endet. Voraussetzung ist, dass der Mitarbeiter zu diesem Zeitpunkt mindestens das 30. Lebensjahr vollendet hat und die Versorgungszusage zu diesem Zeitpunkt mindestens fünf Jahre bestanden hat (§1b BetrAVG). Zum 1.1.2009 wurde die Altersgrenze sogar auf 25 Jahre herabgesetzt. Die Erfordernisse des gewandelten Erwerbslebens, in welchem eine lebenslange Anstellung bei ein und demselben Arbeitgeber immer seltener wird, verlangen eine erleichterte Übertragbarkeit erworbener Anwartschaften bei einem Arbeitgeberwechsel. Dem trägt die Neuregelung Rechnung.

Mit der betriebsrentenrechtlichen Reform des Alterseinkünftegesetzes wurde daher auch die Übertragung (Portabilität) einer unverfallbaren Versorgungsanwartschaft bei Arbeitgeberwechsel neu geregelt. Zum einen kann der neue Arbeitgeber die Versorgungszusage mit unverändertem Inhalt übernehmen, zum anderen kann nicht die Versorgungszusage als solche, sondern nur der Wert der Anwartschaft auf den neuen Arbeitgeber übertragen werden. Für beide Arten der Übertragung ist jedoch das Einvernehmen zwischen Arbeitnehmer sowie dem neuen und dem alten Arbeitgeber Voraussetzung.

Für Zusagen, die nach dem 1.1.2005 erteilt werden, hat der Arbeitnehmer einen Rechtsanspruch auf Mitnahme des aufgebauten Betriebsrentenkapitals zum neuen Arbeitgeber. Voraussetzung dafür ist allerdings, dass die Altersversorgung beim bisherigen Arbeitgeber extern über einen Pensionsfonds, → Pensionskassen oder → Direktversicherung geregelt wurde. Weiterhin dürfen nur solche Anwartschaften mitgenommen werden, deren Übertragungswert die Beitragsbemessungsgrenze in der gesetzlichen Rentenversicherung nicht übersteigt und der Übertragungsanspruch muss innerhalb eines Jahres nach Beendigung des Arbeitsverhältnisses gegenüber dem alten Arbeitgeber geltend gemacht werden.

Die gesetzliche Anerkennung der U. zeigt, dass der Gesetzgeber Leistungen aus der betrieblichen Altersversorgung den Charakter eines Entgeltes für die von dem Arbeitnehmer geleistete Arbeit zuerkennt, die zusätzlich zu der → Vergütung gewährt werden (so auch die Rechtsprechung zu §87 Abs. 1 Ziff. 10 BetrVG). Dies gilt jedenfalls für den eigenen Versorgungsanspruch des Mitarbeiters, während Leistungen der Hinterbliebenenversorgung für Witwen/ Witwer und Waisen eher dem Fürsorgeelement des Arbeitgebers Rechnung tragen. Dies wird schon daraus deutlich, dass – anders als bei dem eigenen Pensionsanspruch – die Leistungen aus der Hinterbliebenenversorgung von dem Familienstand und der Zahl der Kinder des verstorbenen Arbeitnehmers abhängen.

Für die Höhe der unverfallbaren Anwartschaft enthält §2 Abs. 1 BetrAVG eine besondere Rechenformel.

Der Arbeitnehmer hat bei einem berechtigten Interesse einen Auskunftsanspruch gegen den Arbeitgeber darüber, in welcher Höhe aus der bisher erworbenen Anwartschaft ein Anspruch auf Altersversorgung besteht bzw. wie hoch bei einer Übertragung der Anwartschaft der Übertragungswert ist (§4a BetrAVG).

Der Anspruch aus der unverfallbaren Anwartschaft bleibt unverändert, bis der Versorgungsfall infolge Invalidität oder Erreichen der Altersgrenze eintritt. Etwas anderes gilt nur dann, wenn die Versorgungsordnung eine zwischenzeitliche Dynamisierung vorsieht, was in der Praxis kaum vorkommt.

Die für die Rentenleistungen in dem Versorgungswerk enthaltenen Anpassungsregelungen oder die gesetzliche Anpassungsverpflichtung nach §16 BetrAVG gelten für Ansprüche aus der U. nicht, solange der Arbeitnehmer bei dem neuen Arbeitgeber arbeitet. Erst wenn der Anspruch aus U. gegen den alten Arbeitgeber wegen Invalidität oder Erreichen der Altersgrenze fällig wird, ist er in der Folgezeit nach denselben Regelungen wie alle anderen Versorgungsleistungen, bei Fehlen vertraglicher Vereinbarungen nach §16 BetrAVG (Anpassungsüberprüfung alle drei Jahre) fortzuentwi-

ckeln. Auf diese Weise erfährt der Anspruch aus U. eine gewisse, von der Rechtsprechung ausdrücklich akzeptierte Auszehrung infolge der Geldentwertung in der Zeit zwischen dem Ausscheiden bei dem alten Arbeitgeber und dem Fälligwerden des Anspruches. Vgl. auch → Rentenrecht.

Urheber. Schafft der Arbeitnehmer im Rahmen seines Dienst- oder Arbeitsvertrages ein wissenschaftliches, literarisches oder künstlerisches Werk, so ist er U. (§§2, 7 UrhG). Damit der Arbeitgeber das Werk auch verwerten kann, muss der Arbeitnehmer ihm die entsprechenden Nutzungsrechte vertraglich (i.d.R. im Rahmen des Arbeitsvertrages) einräumen. Aus Gründen der Rechtssicherheit sollte dies schriftlich vereinbart werden. Die Einräumung von Nutzungsrechten an noch unbestimmten künftigen Werken kann nur schriftlich erfolgen (§40 UrhG). Wurde im Arbeits- oder Tarifvertrag nichts vereinbart, so wird jedenfalls von einer stillschweigenden Einräumung der Nutzungsrechte ausgegangen, die der Arbeitgeber zur Erfüllung der betrieblichen Aufgaben benötigt.

Die Vergütung für die Übertragung der Nutzungsrechte erfolgt durch das Arbeitsentgelt.

Handelt es sich um ein freies, außervertraglich geschaffenes Werk, so gibt es anders als im Arbeitnehmererfindungsgesetz (→ Arbeitnehmererfindung) keine gesetzliche Regelung, die den Arbeitnehmer verpflichtet, sein Werk dem Arbeitgeber anzubieten. Handelt es sich jedoch um ein Werk, das noch einen Zusammenhang zum Arbeitsverhältnis aufweist, so ergibt sich eine solche Verpflichtung aus der arbeitsvertraglichen Treuepflicht.

Sonderregelungen bestehen für Computerprogramme, die vom Arbeitnehmer in Wahrnehmung seiner Aufgaben oder nach Anweisung des Arbeitgebers geschaffen werden. In diesem Fall gehen alle vermögensrechtlichen Befugnisse an dem Programm automatisch und umfassend auf den Arbeitgeber oder Dienstherren über (§69b UrhG).

Urlaub. U. lässt sich nach dem unterschiedlichen Urlaubszweck in Erholungsurlaub und → Bildungsurlaub unterscheiden. Bildungsurlaub dient der Weiterbildung des Arbeitnehmers auf der Grundlage der landesrechtlichen

Arbeitnehmerweiterbildungsgesetze (max. fünf Arbeitstage im Jahr.

Demgegenüber liegt der Zweck des Erholungsurlaubs in der Erholung von geleisteter Arbeit und der Wiederauffrischung der Kräfte für die Fortsetzung der Arbeit im Anschluss an den U. Zu diesem Zweck wird der Arbeitnehmer unter Fortzahlung der Bezüge von der Arbeit freigestellt. Rechtliche Grundlage des Erholungsurlaubs ist das Bundesurlaubsgesetz (BUrlG), wobei die dortigen Regelungen – sofern sie nicht zwingenden Charakter haben – durch Tarifverträge, → Betriebsvereinbarungen und Individualarbeitsverträge verbessert werden können. In der Praxis finden sich in Manteltarifverträgen (Rahmentarifverträgen) wesentliche urlaubsrechtliche Regelungen.

Aufgrund der wirtschaftlichen Situation des Arbeitnehmers als abhängig Beschäftigter erreicht der U. den verfolgten Zweck nur, wenn der Arbeitnehmer während der Urlaubszeit weiterbezahlt wird. Hierzu wird das Durchschnittsentgelt der letzten 13 Wochen vor der Inanspruchnahme des U. anteilig entsprechend der Urlaubsdauer fortgezahlt (§11 I BUrlG), sofern keine besondere tarifvertragliche Regelung besteht. Darüber hinaus zahlen viele Unternehmen auf tariflicher oder betrieblicher Grundlage ein Urlaubsgeld als Einmalzahlung, dessen Höhe von Tarifbereich zu Tarifbereich schwankt, manchmal einen einheitlichen Festbetrag für alle Arbeitnehmer (ggf. in Abhängigkeit von der Betriebszugehörigkeit), in vielen Fällen auch einen bestimmten Prozentsatz der regelmäßigen Monatsvergütung bis hin zu einem vollen Monatsgehalt ausmacht.

Die Urlaubsdauer ist üblicherweise tarifvertraglich geregelt; die Mehrzahl der Arbeitnehmer verfügt über einen Jahresurlaub von 30 Arbeitstagen. Die Mindestdauer nach dem BUrlG beläuft sich auf 24 Arbeitstage. schwerbehinderte Menschen erhalten einen Zusatzurlaub von fünf Tagen (§125 SGB IX), der Mindesturlaub für Jugendliche beträgt in Abhängigkeit von dem Alter zwischen 25 und 30 Werktagen (§19 Abs. 2 JArbSchG).

Der volle Urlaubsanspruch besteht, wenn das Arbeitsverhältnis bei Urlaubsgewährung mindestens sechs Monate bestanden hat (§4 BUrlG). Andernfalls beträgt der U. ein Zwölftel des vollen Jahresurlaubs für jeden Monat des Bestehens des Anspruchs (§5 BUrlG). Im Falle eines Arbeitgeberwechsels während des Kalenderjahres ist bereits gewährter U. anzurechnen (§6 BUrlG). Nach der Gesetzeslage ist der U. im Zusammenhang zu nehmen (§7 Abs. 2 BUrlG), was wegen der inzwischen erreichten Urlaubsdauer in der Praxis nicht geschieht. Im Einvernehmen zwischen Arbeitgeber und Arbeitnehmer wird der gesamte Jahresurlaub in mehreren Teilabschnitten genommen.

Die Art und Weise, wie der U. genutzt wird, liegt grundsätzlich allein im Ermessen des Arbeitnehmers. Eine Erwerbstätigkeit während des U. widerspricht dem Urlaubszweck und ist daher unzulässig (§8 BUrlG); der Verstoß hiergegen ist eine arbeitsrechtliche Vertragsverletzung.

Die Inanspruchnahme des U. erfolgt nach Absprache zwischen dem Arbeitgeber und dem Arbeitnehmer. Sofern betriebliche Belange nicht entgegenstehen, ist dem Wunsch des Arbeitnehmers zu entsprechen. Der Arbeitnehmer ist nicht berechtigt, den U. aufgrund eigener Entscheidung ohne Zustimmung des Arbeitgebers zu nehmen, unabhängig davon, ob Gründe gegen die Urlaubsgewährung bestehen oder nicht.

Entgegen früherer Rechtsprechung ist es nach heute gültiger Judikatur des BAG nicht erforderlich, dass der Arbeitnehmer eine bestimmte Mindestzeit gearbeitet hat, bevor er U. begehrt. Vielmehr versteht das BAG die Urlaubsvoraussetzungen nach §§4, 5 BUrlG allein als zeitabhängige, auf das Bestehen des Arbeitsverhältnisses abstellende Komponente nicht aber als eine inhaltliche Verklammerung von Arbeit und U. Dies ist wichtig für Fälle, in denen der Arbeitnehmer krankheitsbedingt den überwiegenden Teil des Jahres nicht gearbeitet hat. Damit wird das Wesen des U., der Erholung von geleisteter Arbeit zu dienen, konterkariert.

Für die Übertragbarkeit des U. in das folgende Jahr besteht die Sonderregelung des §7 Abs. 3 BUrlG (bzw. eine entsprechende tarifvertragliche Vereinbarung). Danach muss der U. grundsätzlich im laufenden Kalenderjahr gewährt und genommen werden. Eine Übertragung auf das nächste Kalenderjahr ist nur statthaft, wenn dringende betriebliche oder in der Person des Arbeitnehmers liegende Gründe dies rechtfertigen. Dann beschränkt sich die Übertragbarkeit auf die ersten drei Monate des folgenden Kalenderjahres. Nach Ablauf der beschriebenen Fristen verfällt der U. Dies gilt auch dann, wenn der U. infolge Krankheit des Arbeitnehmers nicht genommen werden konnte. Eine Abgeltung des U. in Geld ist nur zulässig, soweit der U. wegen Beendigung des Arbeitsverhältnisses nicht mehr gewährt werden kann (§7 Abs. 4 BUrlG). Da die Abgeltung in Geld ein Surrogat für den eigentlichen U. ist, kommt ein Abgeltungsanspruch nach der Rechtsprechung nur in Betracht, wenn der U. an sich wegen Arbeits- und damit auch Urlaubsfähigkeit des Arbeitnehmers hätte genommen werden können. Andernfalls besteht kein Abgeltungsanspruch. Betriebsverfassungsrechtlich unterliegen die Aufstellung allgemeiner Urlaubsgrundsätze und des Urlaubsplans sowie die Festsetzung der zeitlichen Lage des U. für einzelne Arbeitnehmer, wenn zwischen dem Arbeitgeber und den beteiligten Arbeitnehmern kein Einverständnis erzielt wird, der → Mitbestimmung des → Betriebsrats (§87 Abs. 1 Ziff. 5 BetrVG). Ein Urlaubsplan beinhaltet die Erfassung der Urlaubsansprüche der Arbeitnehmer, ihre Zuordnung zu den Kalenderwochen und -tagen sowie die Regelung der Urlaubsvertretung für das gesamte Kalenderjahr oder wesentliche Teile davon. In der Praxis verzichtet der Betriebsrat vielfach auf die Erstellung eines Urlaubsplans, um mehr Flexibilität bei der Urlaubsgewährung zu erreichen.

Urlaubsabgeltung, → Urlaub.

Urlaubsanspruch, → Urlaub.

Urlaubsplan, → Urlaub.

Urlaubsrecht, → Urlaub.

Urlaubsvergütung, → Urlaub.

Urlaubsvertretung. Der Begriff der U. wird in der personalwirtschaftlichen Praxis unterschiedlich verwandt. Einmal erfasst er eine innerbetriebliche Vertretungsregelung, indem sich die Mitarbeiter im Falle von Urlaubsabwesenheit je nach Belastung, Ausbildung und Berufserfahrung wechselseitig vertreten müssen. Darüber hinaus können es die betrieblichen Gegebenheiten erforderlich machen, speziell für Urlaubsfälle → befristete Arbeitsverhältnisse zu begründen, die mit Rückkehr des Mitarbeiters aus dem → Urlaub ihr Ende finden. Dies geschieht z.B. zur Erledigung von Schreibarbeiten. Stets dient die U. dazu, die Erledigung unaufschiebbarer Angelegenheiten sicherzustellen.

Als Alternative zum Abschluss befristeter Arbeitsverhältnisse kommt die Inanspruchnahme von Unternehmen in Betracht, die erlaubte → Arbeitnehmerüberlassung praktizieren (§1 AÜG). Im Rahmen der Personalentwicklung können U. wichtige Beiträge leisten.

Mitarbeiter, die für höherwertige Aufgaben in Betracht kommen, können zunächst befristet während der Urlaubszeit derartige Arbeiten übernehmen. In dieser Zeit besteht für den Arbeitgeber wie für den Arbeitnehmer die Möglichkeit, Eignung wie Interesse für derartige Tätigkeiten zu überprüfen. Dies kann dazu beitragen, personelle Fehlentscheidungen zu vermeiden, die beide Parteien gleichermaßen belasten. Schließlich können U. ein Mittel sein, den Kontakt insbesondere von Mitarbeiterinnen zum Unternehmen aufrechtzuerhalten, die infolge der Erziehung kleiner Kinder aus dem Unternehmen ausgeschieden sind und die Absicht verfolgen, später ihre berufliche Tätigkeit wieder aufzunehmen.

Vgl. auch → Erziehungsurlaub, → Stellvertretung.

Urteilsverfahren. In den meisten Fällen ergehen Urteile des Arbeitsgerichts im U. Im Gegensatz zum → Beschlussverfahren hat das U. individualrechtliche Streitigkeiten zum Gegenstand, § 2 ArbGG. Der Verfahrensablauf unterscheidet sich nur geringfügig von allgemeinen Zivilverfahren, da § 46 Abs. 2 ArbGG insoweit auf die ZPO verweist. Die §§ 46a ff. ArbGG enthalten von der ZPO abweichende Sonderregelungen, die im Rahmen des U. zu beachten sind.

Verantwortung. Vornehmlich unter personalwirtschaftlichen Aspekten hat der Begriff V. zwei Dimensionen: (1) Im Rahmen von → Stellenbeschreibungen, → Arbeitsplatzanalysen und → Stellenbewertungen ist V. häufig eine Merkmalskategorie, die auf eine besondere V. am → Arbeitsplatz oder auf einer → Stelle für Mitarbeiter (Führungsverantwortung), die → Arbeitssicherheit, störungsfreie Arbeits- oder Produktionsabläufe, Arbeitsplatzausstattung und Arbeitsmittel, Arbeitsergebnisse, die Zielerreichung u.Ä. hinweist. Als Qualifikationsanforderung (z.B. Führungskompetenz) oder bei der Leistungserbringung zu berücksichtigender Faktor wird V. dann, neben anderen Anforderungen und Faktoren, je nach Art und Ausprägung gewichtet einbezogen.

Art und Ausmaß der V. orientieren sich in der Praxis i.d.R. an den Arbeitsaufgaben sowie der → Qualifikation oder → Kompetenz des Mitarbeiters. Die Übertragung aufgaben- und qualifikationsgerechter V. an die Mitarbeiter ist u.a. ein wichtiges Anliegen der → Personaleinsatzplanung, aber auch der Mitarbeiterführung (→ Delegation), da V. von den Mitarbeitern meistens positiv empfunden wird und motivierend wirken kann (→ Job-Enrichment). (2) Weitgehend synonym mit → Arbeitsmoral wird V. hin und wieder auch zur Bezeichnung der Einstellung des Mitarbeiters zu seiner → Arbeit, den Arbeitsanforderungen und -bedingungen im Sinne von Bereitschaft zur Übernahme von V. , Verantwortungsbewusstsein oder verantwortungsvollem Handeln benutzt.
Vgl. auch → Arbeitsbewertung.

Verbandstarif. V. sind Tarifverträge, die zwischen → Gewerkschaften und Vereinigungen von Arbeitgebern (→ Arbeitgeberverbände) abgeschlossen werden (§2 Abs. 1 TVG). Darüber hinaus können Spitzenorganisationen Tarifparteien sein, und zwar einmal, indem sie im Namen der ihnen angeschlossenen Verbände als deren Vertreter handeln (§2 Abs. 2 TVG), zum anderen als eigenständige Tarifpartei, wenn der Abschluss von Tarifverträgen zu ihren satzungsmäßigen Aufgaben gehört (§2 Abs. 3 TVG).

Im Gegensatz zu den V. stehen die → Haustarife (→ Firmentarifvertrag), die zwischen einer Gewerkschaft und einem einzelnen Arbeitgeber vereinbart werden. §2 Abs. 1 TVG erklärt ausdrücklich einzelne Arbeitgeber für tariffähig.

Eine analoge → Tariffähigkeit auf Arbeitnehmerseite, beschränkt auf → Arbeitnehmervertretungen eines einzelnen Unternehmens, gibt es nicht. Vielmehr sind – nicht zuletzt aufgrund des Erfordernisses der sog. „sozialen Mächtigkeit" – auf Arbeitnehmerseite allein die Gewerkschaften zum Abschluss von Tarifverträgen befugt, und zwar auch dann, wenn sie als Partner eines einzelnen Arbeitgebers fungieren.

Verdachtskündigung. → Kündigungen sind nur zulässig, wenn sie sozial gerechtfertigt sind (§1 Abs. 1 und 2 KSchG). Im Rahmen der verhaltensbedingten Kündigungsgründe setzt dies grundsätzlich den Nachweis einer Verfehlung im disziplinarischen Bereich, ggf. sogar einer strafbaren Handlung, oder schlechte Arbeitsleistungen voraus. Unter Umständen genügt jedoch bereits der Verdacht einer strafbaren Handlung (Verdachtskündigung) als Kündigungsgrund. Denn anders als im Strafrecht gilt im → Arbeitsrecht der Grundsatz „im Zweifel für den Angeklagten" in dieser Form nicht. Ist ein Verdacht besonders schwerwiegend, ohne bereits die Nachweisschwelle erreicht zu haben, hat der Arbeitnehmer den Verdacht durch eigenes Verhalten herbeigeführt oder verstärkt oder unternimmt er jedenfalls nicht alles ihm Zumutbare, um den Verdacht zu entkräften, ist die Kündigung wegen Beeinträchtigung des Vertrauensverhältnisses als V. gerechtfertigt. Je größer die Anforderungen an das arbeitgeberseitige Vertrauen in den Arbeitnehmer sind, desto eher rechtfertigt sich eine V. Auch der Arbeitgeber muss alles in seiner Möglichkeit Liegende zu unternehmen, um den Verdacht aufzuklären. Im Ergebnis bedarf es einer umfassenden Abwägung der wechselseitigen Interessen. In diese Interessenabwägung sollen auf Seiten des Arbeitnehmers regelmäßig die Betriebszugehörigkeit und das Lebensalter einzubeziehen sein. Auf Seiten des Arbeitgebers sind u.a. die Funktion des Arbeitnehmers im Betrieb und die Frage der Fortdauer des für das Arbeitsverhältnis notwendigen Vertrauensverhältnisses zu berücksichtigen (Fall „Emmely").

Stellt sich nach einer wirksamen V. die Unbegründetheit des Verdachts heraus, kann sich eine Pflicht des Arbeitgebers zur Wiedereinstellung (→ Wiedereinstellungsanspruch) aus nachvertraglicher → Fürsorgepflicht ergeben. Die V. und die Nachweiskündigung sind eigenständige Kündigungsgründe, auch wenn sie sich auf denselben Vorfall beziehen. Dies ist bedeutsam, wenn ein Arbeitgeber wegen des Nachweises einer strafbaren Handlung kündigen möchte, er sich jedoch zugleich für den Fall einer fehlenden Akzeptanz des Nachweises seitens des Gerichts mit einer V. absichern will. Es ist zulässig, die V. hilfsweise für den Fall auszusprechen, dass die Nachweiskündigung einer gerichtlichen Überprüfung nicht standhält. Auch bei der → Anhörung des → Betriebsrates (§102 BetrVG) muss der Arbeitgeber deutlich machen, ob er eine Nachweisoder eine V., ggf. in hilfsweiser Verknüpfung beider Formen, aussprechen möchte. Die Umdeutung einer Nachweiskündigung in eine V. ist grundsätzlich nicht zulässig.

Vereinigungsfreiheit, → Koalitionsfreiheit.

Vereinte Dienstleistungsgewerkschaft (ver.di). Die V. wurde im März 2001 gegründet. In ihr sind fünf → Gewerkschaften aus dem Dienstleistungsbereich bzw. der dienstleistungsnahen Industrie sowie des Medien- und Kulturbereiches zusammengeschlossen: Deutsche Angestelltengewerkschaft, Deutsche Postgewerkschaft, Gewerkschaft Handel, Banken und Versicherungen, Industriegewerkschaft Medien und Gewerkschaft öffentliche Dienste Transport und Verkehr. Die Mitglieder der einzelnen Gewerkschaften wurden mit der Verschmelzung automatisch zu Mitgliedern der V. Haupttätigkeitsfeld ist die Tarifpolitik. Alle mit den Einzelgewerkschaften geschlossenen Tarifverträge gelten auch nach der Verschmelzung weiter, in nachfolgenden Verhandlungen tritt jedoch die V. an die Stelle der jeweiligen Gewerkschaft. V. ist in Bundes- und Landesbezirke, Bezirke und Ortsebenen gegliedert.

Vergleich. Der V. ist ein Vertrag, durch den die Parteien einen Rechtsstreit im Wege gegenseitigen Nachgebens beseitigen (§779 BGB). Ein solcher V. kann außerhalb eines Prozesses oder im Rahmen eines Gerichtsverfahrens (Prozessvergleich) abgeschlossen werden. Im letzteren Falle hat der V. sowohl vertragliche Wirkung nach §779 BGB als auch die Funktion einer Prozessbeendigung.

Der V. spielt insbesondere in Kündigungsschutzverfahren eine erhebliche Rolle. Langwierige gerichtliche Auseinandersetzungen über die Rechtmäßigkeit einer → Kündigung sind für Arbeitgeber und Arbeitnehmer gleichermaßen ungünstig, weil die Personalplanung des Arbeitgebers wie auch die persönliche Lebensplanung des Arbeitnehmers, insbesondere die Frage einer anderweitigen Beschäftigung, maßgeblich von dem rechtskräftigen Ausgang des Kündigungsschutzverfahrens abhängen. Deshalb werden in der Praxis viele Prozesse einvernehmlich beendet, indem man sich auf die Aufhebung des Arbeitsverhältnisses zu einem bestimmten Termin einigt und bis zu diesem Zeitpunkt die Fortzahlung der Bezüge vereinbart. Vielfach wird darüber hinaus eine → Abfindung zugunsten des Arbeitnehmers als Ausgleich für den Verlust des Arbeitsplatzes festgelegt.

Kein V., sondern eine prozessrechtliche Beendigung des Kündigungsschutzprozesses seitens des Gerichts liegt vor, wenn das Gericht das Arbeitsverhältnis gegen Zahlung einer angemessenen Abfindung auf Antrag des Arbeitnehmers oder des Arbeitgebers beendet (§§9 Abs. 1 und 2, 14 Abs. 2 Satz 2 KSchG). In der praktischen Wirkung kommt eine solche Beendigung des Arbeitsverhältnisses derjenigen eines V. zwischen Arbeitgeber und Arbeitnehmer sehr nahe.

Vergütung. Lohn i.e.S. ist die Bezahlung der Arbeitnehmer – regelmäßig im gewerblichen Bereich –, die sich nach den geleisteten Arbeitsstunden richtet. Insoweit steht der Begriff des Lohns im Gegensatz zum Gehalt, das als Monatsvergütung definiert ist, wie sie klassischerweise für → Angestellte bezahlt wird. V. ist der Oberbegriff für Lohn und Gehalt. Die moderne → Tarifpolitik strebt an, den – kaum mehr sachgerechten – Unterschied in der V. für gewerbliche Arbeitnehmer und für Angestellte zu überwinden, indem für alle Arbeitnehmer eine Monatsvergütung tarifvertraglich festgelegt wird. Sie ist, von unsteten Vergütungsbestandteilen abgesehen (→ Mehrarbeitsvergütungen, Schichtzuschläge, → Erschwerniszulage, Rufbereitschaftszulagen etc.), für jeden Monat identisch und hängt nicht von der Zahl der Arbeitstage ab. Dies ist in vielen, jedoch noch nicht in allen Tarifverträgen verwirklicht. Im personalwirtschaftlichen Sprachgebrauch werden Lohn und Gehalt trotz des beschriebenen Unterschieds vielfach als synonyme Begriffe für die V. der Arbeitnehmer verwendet.

Die Kriterien der Lohnfindung bestimmen sich grundsätzlich nach den einschlägigen Tarifverträgen, die für tarifgebundene Arbeitnehmer und Unternehmen verbindlich sind und nur durch günstigere Regelungen ersetzt werden dürfen (§§3 Abs. 1, 4 Abs. 3 TVG). Dabei erfolgt die Zuordnung einzelner Tätigkeiten zu einer konkreten Vergütung nach unterschiedlichen Verfahren, z.B. nach analytischer Arbeitsplatzbewertung, nach Tätigkeitsbildern, nach summarischen Verfahren, z.T. auch maßgeblich nach der beruflichen Qualifikation (Letzteres insbesondere im öffentlichen Dienst). Für außertariflich bezahlte Arbeitnehmer können betriebliche Vergütungsgrundsätze gebildet werden, deren Aufstellung und Änderung der → Mitbestimmung des → Betriebsrats unterliegen (§87 Abs. 1 Ziff. 10 BetrVG). Kommt eine Einigung zwischen Arbeitgeber und Betriebsrat nicht zustande, entscheidet die → Einigungsstelle (§87 Abs. 2 BetrVG). Die Änderung von Vergütungsgrundsätzen für → leitende Angestellte bedarf der Unterrichtung des Sprecherausschusses und der Beratung mit ihm (§30 SprAuG). Aus Gründen des sozialen Schutzes der Arbeitnehmer wird V. nicht nur für konkret geleistete Arbeit, sondern in einer Reihe von Fällen auch ohne

Arbeitsleistung gezahlt. Dies gilt für Erholungsurlaub, → Bildungsurlaub, Krankheit, Feiertage, Arbeitsfreistellung für staatsbürgerliche Zwecke und sonstige in Tarifverträgen geregelte Fälle. Einzelheiten ergeben sich aus den einschlägigen Tarifverträgen, ferner aus dem Bundesurlaubsgesetz, Bildungsurlaubsgesetz, Landesbildungsgesetzen und dem Entgeltfortzahlungsgesetz.
Vgl. auch → Arbeitsbewertung, → Stellenbewertung, → Total-Rewards-Strategie.

Vergütungsabrechnung. Die V. ist ein unverzichtbarer Bestandteil der administrativen Personalarbeit. Sie beinhaltet die korrekte Ermittlung der dem Mitarbeiter zustehenden → Vergütung, insbesondere der unstetigen Vergütungsbestandteile (→ Mehrarbeitsvergütung, Erschwerniszuschläge, Schichtzuschläge, Vergütungen für Rufbereitschaft, ferner → Leistungszulagen sowie Einmalzahlungen und besondere → Sozialleistungen). Im Rahmen der V. werden die → Lohnsteuern und Sozialabgaben für die verschiedenen Versicherungsträger ermittelt und seitens des Arbeitgebers abgeführt.

Die Arbeitnehmer haben einen Anspruch darauf, dass die V. ihrem Interesse an Geheimhaltung der Vergütungssituation Rechnung trägt. Nur die Mitarbeiter, die zur Erstellung der V. erforderlich sind, einschließlich deren Vorgesetzter und der Fachvorgesetzte dürfen davon Kenntnis erlangen. Sie sind zur Geheimhaltung zu verpflichten.

Die V. erfolgt heute in allen Betrieben mittels EDV. Dabei werden standardisierte Abrechnungsprogramme angeboten und eingesetzt, die die Entwicklung einer individuellen Software durch den einzelnen Arbeitgeber mit dem damit verbundenen Aufwand, insbesondere für den Änderungsdienst, entbehrlich machen.

Eng mit der V. verknüpft sind die zahlreichen Meldepflichten, die den Arbeitgeber gegenüber verschiedenen Behörden treffen. Der administrative Aufwand ist hoch; die Tendenz des Staates, die → Organisation des Arbeitgebers für staatliche Aufgaben zu nutzen, hält unvermindert an (vgl. zuletzt die auf den Arbeitgeber übertragene Verpflichtung, das Kindergeld auszuzahlen).
Vgl. auch → Datenschutz.

Vergütungsbandbreiten, → Gehaltsbandbreiten.

Vergütungsgleichheit, → Lohngleichheit.

Vergütungspolitik. Die betriebliche V. ergibt sich aus der Summe der Zielsetzungen, die ein Unternehmen/ Betrieb mit Umfang und Art der an die Mitarbeiter gezahlten Löhne und Gehälter verfolgt. Die V. wird maßgeblich durch die → Tarifpolitik bestimmt, da Tarifverträge für tarifgebundene Unternehmen und Arbeitnehmer bindend sind und nur durch für die Arbeitnehmer günstigere Regelungen modifiziert werden können (§§3 Abs. 1, 4 Abs. 3 TVG). In der personalwirtschaftlichen Praxis werden Tarifverträge üblicherweise auch auf nicht tarifgebundene Arbeitnehmer uneingeschränkt angewendet.

Soweit keine tariflichen Regelungen bestehen, unterliegt die betriebliche Lohngestaltung, insbesondere die Aufstellung von Entlohnungsgrundsätzen sowie die Einführung und Anwendung von neuen Entlohnungsmethoden einschließlich deren Änderung der uneingeschränkten Mitbestimmung des Betriebsrates (§87 Abs. 1 Ziff. 10 BetrVG). Kommt eine Einigung zwischen Arbeitgeber und Betriebsrat nicht zustande, entscheidet die Einigungsstelle (§87 Abs. 2 BetrVG). Für leitende Angestellte unterliegen Änderungen der Gehaltsgestaltung der vorherigen Mitteilung und Beratung mit dem Sprecherausschuss (§30 SprAuG).

Die V. eines Unternehmens/ Betriebes kann – je nach den wirtschaftlichen Rahmenbedingungen, Unternehmenstraditionen und -kulturen sowie den personalpolitischen Zielsetzungen – sehr unterschiedliche Zwecke verfolgen. Aus Gründen des Kostenmanagements kann eine Eingrenzung der Personalkosten über die V. angestrebt werden, der jedoch abgesehen von den angesprochenen mitbestimmungsrechtlichen Grundsätzen auch individualrechtliche Grenzen gesetzt sind (Besitzstandsregelungen, Notwendigkeit von Änderungskündigungen, Bindungswirkung von Tarifverträgen). Umgekehrt können Vergütungsverbesserungen angestrebt werden, um Leistungsträger an das Unternehmen zu binden, neue interessante Mitarbeiter zu gewinnen sowie die Attraktivität auf dem Arbeitsmarkt generell zu steigern. Weiter

kann die V. mehr oder weniger leistungsorientiert sein, und zwar sowohl bezüglich der regelmäßigen Bezüge als auch hinsichtlich von Einmalzahlungen. Die für die Vergütungsfindung erforderliche Leistungsbewertung erfolgt vielfach im Rahmen näher definierter Beurteilungsverfahren. Schließlich kann die Vergütung das Verhältnis fester und variabler Bezüge regeln, indem die wirtschaftliche Situation des Unternehmens ihren Ausdruck in höheren oder niedrigeren, in Fällen wirtschaftlicher Not auch gänzlich ausfallenden Einmalzahlungen (→ Tantiemen) findet.

Sachleistungen gehören auch zur V., sind jedoch zugleich Bestandteil der betrieblichen Sozialleistungen. Die Bestrebungen der Unternehmen gehen dahin, leistungsorientierte Vergütungselemente zu stärken und die Beweglichkeit der V. durch stärker variable Bezüge zu erhöhen.

Im Gegensatz zur V. ist die betriebliche Sozialpolitik regelmäßig vorrangig sozial ausgerichtet und deutlich an dem Prinzip der Gleichbehandlung vergleichbarer Mitarbeitergruppen orientiert.
Vgl. auch → Arbeitsbewertung, → Gehaltsbandbreiten, → Lohndrift, → Personalkostenplanung, → Total-Rewards-Strategie, → Vergütung.

Vergütungssysteme, → Arbeitsbewertung.

verhaltensbedingte Kündigung. Im Gegensatz zur → personenbedingten Kündigung erfasst die v. K. ein kündigungsrelevantes Verhalten, das dem Arbeitnehmer vorwerfbar ist, da er seine Handlungsweise steuern kann. Bei Verfehlungen insbesondere im disziplinarischen Bereich (z.B. beharrliche Leistungsverweigerung, Tätlichkeiten, Straftaten; Besonderheiten gelten bei → Tendenzbetrieben) wird keine personenbedingte, sondern eine v. K. ausgesprochen. In Einzelfällen (insbesondere bei Alkoholmissbrauch) können sich Abgrenzungsprobleme zur → personenbedingten Kündigung ergeben.
Für die Wirksamkeit einer v. K. bedarf es eines Verhaltens des Arbeitnehmers, das bei verständiger Würdigung des Falles in Abwägung der beiderseitigen Interessen die Kündigung als angemessen erscheinen lassen,

wobei hinsichtlich der Arbeitgeberperspektive ein objektiver Maßstab anzulegen ist.

Nach der Rechtsprechung des BAG erfolgt insoweit eine dreistufige Prüfung: (1) Vorliegen eines vertragswidrigen Verhaltens; (2) konkrete Störung des Vertragsverhältnisses nebst negativer Zukunftsprognose angesichts der vergangenen Pflichtverletzung und (3) Interessenabwägung nach den Besonderheiten des Einzelfalles.

Des Weiteren ist im Regelfall eine vorherige → Abmahnung erforderlich, um dem Arbeitnehmer die Schwere eines Verstoßes vor Augen zu führen nebst Androhung der Konsequenz, im Wiederholungsfall eine v. K. auszusprechen.

Vgl. auch → Druckkündigung, → Verdachtskündigung

Verhaltenskodex. Ein V. kann eine → Betriebsordnung beinhalten, die nach §87 Abs. 1 Nr. 1 BetrVG mitbestimmungspflichtig ist. Auch allein für die Arbeitgeberseite kann ein V. bestehen, z.B. für die Art und Weise, wie innerbetrieblicher Arbeitsplatzwechsel oder Wechsel in andere Konzernunternehmen praktiziert werden (keine → Abwerbung; Festlegung der jeweiligen Ansprechpartner und der Reihenfolge, in der die entscheidenden Vorgänge abzuwickeln sind), ferner zwischen verschiedenen Unternehmen einer Branche, insbesondere zwischen befreundeten Unternehmen sowie im Verhältnis zwischen Unternehmen und Beratungsunternehmen. Viele Beratungsunternehmen geben sich selbst einen V., z.B. keine Tätigkeit von Beratern, die Outplacement-Beratung (→ Outplacement) betreiben, im Bereich des → Executive Search (und umgekehrt).

Verjährung. Wie alle Rechte, unterliegen auch die Rechte aus dem Arbeitsverhältnis der V. (§ 194 Abs. 1 BGB). Die Verjährungsfrist ist insbesondere wichtig für Ansprüche auf Lohn und Gehalt, die nach der regelmäßigen Verjährungsfrist des § 195 BGB in drei Jahren verjähren. Die V. beginnt mit dem Schluss des Jahres, in dem der Anspruch entsteht (§ 199 BGB). Die Frist wird durch gerichtliche Geltendmachung des Anspruches gehemmt (§ 204 BGB). Der Eintritt der V. bringt den Anspruch nicht zum Erlöschen, gibt dem Schuldner jedoch die Möglichkeit, die Leistung zu verweigern (§ 214 Abs. 1 BGB). Vereinbarungen, die den Eintritt der Verjährung erleichtern, insbesondere die

Verjährungsfrist abkürzen, sind zulässig. Sie finden sich – wechselseitig für Arbeitgeber und Arbeitnehmer – vielfach in Tarifverträgen, wo eine Abkürzung der Verjährungsfrist auf sechs Monate verbreitet ist.

Verletztengeld. V. ist eine Sozialleistung der → Berufsgenossenschaften im Rahmen der gesetzlichen Unfallversicherung. Ist es zu einem entschädigungspflichtigen Arbeits- oder Wegeunfall gekommen, hat der Verletzte Anspruch auf Heilbehandlung. Die Berufsgenossenschaft übernimmt die hierbei entstehenden Kosten der Heilbehandlung, also für den Krankenhausaufenthalt, für die ärztliche Versorgung sowie für Medikamente. Darüber hinaus leistet der Unfallversicherungsträger Zahlungen für die Rehabilitation (Krankengymnastik, Beschäftigungstherapie) sowie für die Wiedereingliederung in den Beruf, insbesondere durch Schulungsmaßnahmen.

Gesetzliche Grundlage des genannten Leistungsspektrums sind §§45ff. SGB VII. Während der Zeit der Behandlung erhält der Verunglückte nach Ablauf der → Entgeltfortzahlung das V., also in der Sache eine befristete Unterhaltsleistung. Es ist vom Durchschnittseinkommen des Versicherten abhängig und beträgt 80 % dieses Einkommens (§47 Abs. 1 SGB VII). Ist die Behandlung abgeschlossen, erfolgen jedoch noch Maßnahmen der Rehabilitation, besteht ein Anspruch auf → Übergangsgeld, das in Abhängigkeit vom Familienstand und der Zahl der unterhaltsberechtigten Kinder 68 bis 75 % des V. beträgt.

Vermögensbeteiligung, → Vermögensbildung.

Vermögensbildung. Die V. in Arbeitnehmerhand ist ein wichtiges vergütungs- wie gesellschaftspolitisches Ziel. Es dient dazu, die V. der Arbeitnehmerhaushalte durch entsprechende Leistung des Arbeitgebers jenseits des reinen Arbeitseinkommens zu unterstützen.

Erfolgt die V. in Form von Beteiligungsrechten an der Arbeitgeber-Gesellschaft, insbesondere durch Ausgabe von → Belegschaftsaktien, leistet die V. einen wichtigen Beitrag zur Identifikation mit dem Unternehmen und zur näheren Befassung mit seiner wirtschaftlichen Entwicklung. Im Einzelnen kommt insoweit die Ausgabe von Aktien, Wandel- und Gewinnschuldverschreibungen, Genuss-scheinen, Investmentanteilen, Genossen-schaftsanteilen sowie von Stammeinlagen/ Geschäftsanteilen in Betracht. Darüber hinaus werden vielfach Geldbeträge mit der Maßgabe an Arbeitnehmer gezahlt, dass diese für eine vereinbarte Dauer mit einem festgelegten Zinssatz als Darlehen an den Arbeitgeber zurückgewährt werden.

Die Gewerkschaften bemühen sich seit längerer Zeit darum, überbetriebliche Beteiligungsfonds einzurichten, ohne dass der Gesetzgeber diesem Anliegen gefolgt wäre. Insbesondere bei Publikumsgesellschaften halten Belegschaftsaktionäre inzwischen insgesamt beachtliche Beteiligungen von einigen Prozentpunkten. Arbeitsrechtlich kann die Grundlage für die Vermögensbildung in Arbeitnehmerhand durch Tarifvertrag, durch Betriebsvereinbarung, durch individualrechtliche Abrede oder aber auch durch jährlich wiederkehrende freiwillige Leistungen des Arbeitgebers erfolgen.

Weiterhin kann die Bildung von Vermögen in Arbeitnehmerhand durch die Gewährung vermögenswirksamer Leistungen unterstützt werden. Inwieweit der Arbeitnehmer einen diesbezüglichen Anspruch hat, hängt von den bestehenden tariflichen, betrieblichen oder individualrechtlichen Vereinbarungen ab. Die staatliche Förderung der V. erfolgt im Rahmen des Vermögensbildungsgesetzes durch Gewährung einer Arbeitnehmersparzulage. Die Höhe dieser Zulage richtet sich nach der Anlageform und liegt zwischen 9 und 18 % (in den neuen Bundesländern 22 %) der angelegten vermögenswirksamen Leistungen, bei ebenfalls unterschiedlichen absoluten Obergrenzen.

Anspruch auf Arbeitnehmersparzulage haben Arbeitnehmer, die die Einkommensgrenzen von 17.900 Euro für Ledige bzw. 35.800 Euro für Verheiratete (steuerpflichtiges Einkommen) nicht überschreiten. Die Arbeitnehmersparzulage wird von der Finanzverwaltung festgesetzt.
Vgl. auch → Ergebnisbeteiligung, → Belegschaftsaktien.

Verschwiegenheitspflicht. Die V. ist die Pflicht von Arbeitgeber und Arbeitnehmer als arbeitsvertragliche Nebenpflicht, im Interesse des jeweiligen Vertragspartners Verschwiegenheit über bestimmte Sachverhalte zu wahren. Die V. kann ausdrücklich vereinbart sein; ist dies nicht der Fall, ergibt sie sich aus den wechselseitigen Fürsorge- und Treuepflichten (→ Fürsorgepflicht).

Die V. des Arbeitgebers betrifft insbesondere die persönlichen Daten des Arbeitnehmers und deren Geheimhaltung vor Dritten. Der Arbeitnehmer ist gehalten, über Geschäftsgeheimnisse und sonstige Vorgänge zu schweigen, die wegen eines schutzwürdigen Interesses des Arbeitgebers nicht bekannt werden sollen.

Die V. gilt grundsätzlich während des Bestehens des → Arbeitsvertrages, darüber hinaus jedoch als nachvertragliche Treuepflicht nach Beendigung des Arbeitsverhältnisses, auch im Rahmen des Ruhestandsverhältnisses, sowie vor Abschluss eines Arbeitsvertrages im Rahmen der Vertragsverhandlungen.

Die Verletzung von Betriebsgeheimnissen ist nach §17 UWG mit Strafe bedroht. Weit über die V. hinaus geht ein nachvertragliches → Konkurrenzverbot (Wettbewerbsverbot), vgl. §§74ff. HGB. Besondere Geheimhaltungspflichten bestehen für Betriebsratsmitglieder (§79 BetrVG), für Mitglieder von Sprecherausschüssen (§35 SprAuG) sowie für Mitglieder des Aufsichtsrates (§§25 Abs. 1 Ziff. 2 MitbestG, 116 AktG), und zwar unabhängig davon, ob es sich um Anteilseigner- oder Arbeitnehmervertreter handelt.

Versetzung. Unter einer V. ist die Zuweisung eines anderen Aufgabenbereichs zu verstehen, wobei sich der Unterschied gegenüber der bisher ausgeübten Tätigkeit auf den Arbeitsort, den Arbeitsinhalt und die hierarchische Eingliederung der Arbeit beziehen kann. Rechtlich knüpfen sich daran zwei verschiedene Themen: Einmal geht es um die Frage der Mitwirkung des → Betriebsrates bei Versetzungsentscheidungen, zum anderen ist aus Arbeitnehmersicht zu klären, inwieweit er V. im Rahmen des arbeitgeberseitigen → Direktionsrechts als einseitige Vorgabe zu akzeptieren hat oder ob es für die V. als Abänderung des → Arbeitsvertrages seiner Zustimmung bedarf.

Betriebsverfassungsrechtlich lösen V. für nicht leitende Mitarbeiter das Mitbestimmungsrecht des Betriebsrats anlässlich personeller Einzelmaßnahmen nach §99 BetrVG aus. Für leitende Angestellte ist der → Sprecherausschuss rechtzeitig zu unterrichten (§31 Abs. 1 SprAuG). Für das Betriebsverfassungsrecht enthält §95 Abs.3 BetrVG eine Definition der V. als die Zuweisung eines anderen Arbeitsbereichs, die voraussichtlich die Dauer von einem Monat überschreitet oder die mit einer erheblichen Änderung der Umstände verbunden ist, unter denen die Arbeit zu leisten ist.

Werden Arbeitnehmer nach der Eigenart ihres Arbeitsverhältnisses üblicherweise nicht ständig an einem bestimmten Arbeitsplatz beschäftigt (z.B. in der Bauwirtschaft oder bei Montagearbeiten), so gilt die Bestimmung des jeweiligen Arbeitsplatzes nicht als V.

Die betriebsverfassungsrechtliche und die arbeitsrechtliche Dimension einer V. müssen streng voneinander unterschieden werden. Auch ein Einverständnis des Arbeitnehmers mit der V. lässt das Mitbestimmungsrecht des Betriebsrats sowie die Informationspflicht gegenüber dem Sprecherausschuss unberührt.

Inwieweit V. arbeitsvertraglich als einseitige Arbeitgebermaßnahme möglich sind, richtet sich vorrangig nach dem Inhalt des Arbeitsvertrages. Je präziser dieser die Arbeitsaufgabe und den Arbeitsort sowie die hierarchische Einordnung abschließend festlegt, desto weniger Raum ist für die Ausübung des arbeitgeberseitigen Direktionsrechts. In der Praxis sind umfassende und genaue Beschreibungen der Arbeitsleistungen schon vor dem Hintergrund sich wandelnder Arbeitsverhältnisse selten. Insoweit ist das Direktionsrecht von Bedeutung, das auch ohne ausdrückliche vertragliche Vereinbarung gilt. Das Direktionsrecht lässt alle arbeitnehmerseitigen Ansprüche auf Vergütung und → Sozialleistungen unberührt und hat die prinzipielle Gleichwertigkeit der vor und nach der V. ausgeübten Tätigkeit des Arbeitnehmers zu beachten. Darüber hinaus muss der Arbeitgeber bei Ausübung seines Weisungsrechts auf die berechtigten Belange des Arbeitnehmers Rücksicht nehmen (§§242, 315 BGB). Mangels gesetzlicher

Regelung sind im Rahmen dieser Prinzipien alle Umstände des Einzelfalls bedeutsam. V., die der Arbeitgeber aufgrund des Direktionsrechts nicht einseitig vornehmen kann, sind nur als Vertragsänderung mit Zustimmung des Arbeitnehmers oder im Wege einer → Änderungskündigung (§2 KSchG) durchsetzbar.

Die V. beschränkt sich stets auf Tätigkeitsbereiche bei dem bisherigen Arbeitgeber. Zur Begründung eines Arbeitsverhältnisses bei einem anderen Arbeitgeber, auch wenn dieser konzernverbunden ist, kommt eine V. nicht in Betracht, da in solchen Fällen ein völlig neues Arbeitsverhältnis begründet werden muss. Allerdings kann sich aufgrund des abgeschlossenen Arbeitsvertrages die Verpflichtung des Arbeitgebers ergeben, der Neubegründung eines Arbeitsverhältnisses bei einem neuen Arbeitgeber im Konzern zuzustimmen.

Unabhängig von den rechtlichen Rahmenbedingungen ist personalpolitisch die positive Einstellung des Arbeitnehmers zu der neuen Aufgabe bedeutsam. Daher dürfen Fragen der V. nicht allein als arbeitsrechtliche Themen gesehen werden. Vielmehr muss zugleich den vielfach einschneidenden Konsequenzen für den Arbeitnehmer im Falle eines Wohnungswechsels Rechnung getragen werden. Hierzu ist eine entsprechende Vorbereitung auf das neue Arbeitsumfeld im Rahmen der Personalentwicklung, aber auch eine angemessene finanzielle Unterstützung des Arbeitnehmers (Erstattung von Umzugskosten, vorübergehende Erstattung der Kosten für einen doppelten Wohnsitz) bedeutsam. Förderung der Mobilität ist ein wichtiges Ziel der Personalentwicklung.
Vgl. auch → Umsetzung.

Versorgungsleistungen, → Altersversorgung.

Versorgungswerk, → Altersversorgung, → Direktzusage.

Verteilzeit. V.a. bei der Planung des → Personalbedarfs, insbesondere nach der Rosenkranz-Formel, zu berücksichtigender Zeitbedarf, der nicht unmittelbar mit der eigentlichen Tätigkeit oder Aufgabenbearbeitung zusammenhängt. Unterschieden wird nach sachlicher V. (sog. Rüstzeit), d.h. für

Vor- oder Nebenarbeiten, störungsbedingte Unterbrechungen u.ä. benötigte Zeit, sowie persönlicher V., die aufgrund mitarbeiterbedingter Unterbrechungen, z.B. willkürliche Pausen, zu veranschlagen ist. Jeweils anzusetzende Verteilzeitfaktoren werden i.d.R. als prozentualer Zuschlag zum Grundzeitbedarf angegeben, sie beruhen häufig auf Erfahrungswerten oder → Zeitstudien.

Vertragsfreiheit. Die V. ist als Folge der verfassungsrechtlich garantierten Handlungsfreiheit (Art. 2 Abs. 1 GG) wesentlicher Bestandteil des deutschen Zivilrechts (§311 BGB). Wirtschaftspolitisch hat sie eine wesentliche Funktion im Rahmen der sozialen Marktwirtschaft. Das Wesen der V. liegt darin, keinen Reglementierungen in der Frage zu unterliegen, ob, wann, mit wem und mit welchem Inhalt man Verträge abschließt. Im Bereich des → Arbeitsrechts ist die V. ebenfalls gültig; im Einzelnen bestehen jedoch aus Gründen des Arbeitnehmerschutzes wichtige Einschränkungen.

Die V. im Sinne einer → Abschlussfreiheit betrifft die Frage, ob und mit wem ein Arbeitsverhältnis abgeschlossen wird. Sie ist grundsätzlich ohne Einschränkung gewährleistet. Einige wenige Ausnahmen gelten bezüglich der Übernahme von Jugendsprechern nach Abschluss der Ausbildung (§78a BetrVG), bezüglich einer Einstellungspflicht für zu Unrecht entlassene Mitarbeiter und für die Inhaber von Bergmannsversorgungsscheinen. Darüber hinaus ist das Arbeitsplatzschutzgesetz für Mitarbeiter von Bedeutung, die ihren Wehrdienst ableisten. → Diskriminierungsverbote, insbesondere §611a BGB mit dem Verbot einer Benachteiligung von Arbeitnehmern wegen ihres Geschlechts, sind im Einstellungsverfahren zu beachten. Ihre Verletzung begründet jedoch keinen Einstellungsanspruch, sondern nur Schadensersatzverpflichtungen des Arbeitgebers. Verfahrensrechtlich wird die Freiheit der Einstellung durch die → Mitbestimmung des → Betriebsrats (§§95, 99 BetrVG) und des Sprecherausschusses (§31 SprAuG) begrenzt.

Eine erhebliche Einschränkung erfährt die V. bezüglich des Fortbestandes von Arbeitsverhältnissen. Das Arbeitsrecht zielt aus Gründen des sozialen Schutzes des Arbeitnehmers darauf ab, den Fortbestand der Beschäftigung zu sichern und nur aus im Einzelnen zugelassenen Gründen eine Lösung des Arbeitsverhältnisses zu gestatten. Die Geltung des KSchG, der spezielle Schutz für schwerbehinderte Menschen und werdende Mütter (SGB IX, MuSchG), die Bindung des außerordentlichen Kündigungsrechtes an die engen Voraussetzungen des §626 BGB, ferner tarifvertraglich vereinbarte Einschränkungen der Kündigungsmöglichkeit für ältere Arbeitnehmer und vergleichbare Regelungen sind wesentliche Elemente der sozialen Schutzfunktion des Arbeitsrechts.

Darüber hinaus werden der Inhalt von Arbeitsverträgen und die Praktizierung von Arbeitsverhältnissen rechtlich begrenzt. Hierzu zählen der gesamte Bereich des Arbeitsschutz- und → Arbeitssicherheitsrechts, des → Arbeitszeitrechts, die Grenzen für das arbeitgeberseitige → Direktionsrecht und für → Änderungskündigungen (§2 KSchG), betriebsverfassungsrechtliche Versetzungsreglementierungen (§99 BetrVG), Beschäftigungseinschränkungen für Jugendliche, werdende Mütter und schwerbehinderte Mitarbeiter, ferner die durch die Arbeitsgerichte entwickelte beschränkte Gültigkeit von → Rückzahlungsklauseln für Sonderzuwendungen und atypisch hohe Weiterbildungskosten.

vertrauensvolle Zusammenarbeit. Auch wenn Arbeitgeber und → Betriebsrat grundsätzlich unterschiedliche Interessen vertreten, sollen sie einander nicht in Gegnerschaft, sondern unter der Zielsetzung einer v. Z. begegnen (§2 BetrVG). Auf betrieblicher Ebene ist Sozialpartnerschaft damit rechtlich vorgegeben. Entsprechendes gilt für die Zusammenarbeit von → Sprecherausschuss und Arbeitgeber (§2 Abs. 1 SprAuG). Modernes Personalmanagement sieht in Mitarbeitern wesentliche Erfolgsfaktoren für den Unternehmenserfolg und in der Interessenvertretung der Belegschaft durch gewählte Vertreter ein legitimes Anliegen. Damit berühren sich die rechtliche Kategorie der v. Z. und die personalpolitische Zielsetzung eines effektiven, modernen Personalmanagements. Der Erfolg der Zusammenarbeit zwischen den Betriebspartnern hängt maßgeblich von dem Willen beider Seiten sowie der Akzeptanz des jeweiligen Verhandlungspartners ab.

Wegen der Unbestimmtheit, die die Kategorie der v. Z. rechtlich mit sich bringt, erfährt diese durch die einzelnen Mitbestimmungsrechte von Betriebsrat und Sprecherausschuss wesentliche Konkretisierungen. Gleichwohl ist die Vorgabe einer v. Z. dadurch nicht überflüssig. Vielmehr zieht sie sich als roter Faden durch das gesamte Betriebsverfassungs- und Sprecherausschussrecht, vermag auf diese Weise die einzelnen Mitbestimmungstatbestände bezüglich der generellen Ausrichtung mit zu beleuchten und kann schließlich für den Umgang der Betriebsparteien miteinander herangezogen werden, wo spezialgesetzliche Grundlagen fehlen.

Vertreterversammlung, → Selbstverwaltung.

Verwaltungs- und Wirtschafts-Akademie (VWA). Die VWA ist eine Einrichtung des tertiären Bildungssektors, zumeist in kommunaler Trägerschaft. Sie bietet i.d.R. betriebswirtschaftlich sowie verwaltungswissenschaftlich orientierte Studiengänge zur Erreichung des Diploms der VWA an. Die Ausbildung richtet sich als Abendstudium mit einer Dauer von ca. sechs bis sieben Semestern vornehmlich an interessierte Berufstätige mit dem Ziel einer anspruchsvollen beruflichen Weiterqualifizierung. Der Unterricht wird hochschulmäßig und i.d.R. nebenamtlich von Hochschullehrern oder dafür qualifizierten betrieblichen Führungskräften erteilt. Seit vielen Jahren bieten einige VWA eine wirtschaftswissenschaftlich angelegte duale Sonderausbildung für Abiturienten an, die betriebliche Berufsausbildung und hochschulähnliches Studium verbindet. Diese auf insgesamt zumeist drei Jahre angelegte Ausbildung führt über einen Berufsausbildungsvertrag mit einem Unternehmen zu einem Berufsabschluss (z.B. Industriekaufmann) und zu einem von vielen Unternehmen einem Fachhochschulabschluss gleichgesetzten Studienabschluss „Betriebswirt VWA".
Vgl. auch → Berufsakademie.

Verwarnung. Die V. ist eine Erklärung des Arbeitgebers an den Arbeitnehmer in üblicherweise mündlicher Form, mit der der Arbeitgeber das Verhalten bzw. die Leistung des Arbeitnehmers missbilligt. Gegenüber der → Abmahnung, die im Wiederholungsfal-

le kündigungsrechtliche Konsequenzen androht, ist die Verwarnung eine minder schwere Form der arbeitgeberseitigen Kritik. Sie ist gesetzlich nicht näher geregelt. Begrifflich wird vielfach auch von einer Ermahnung, einer Beanstandung oder einem Verweis gesprochen. Die entsprechenden Äußerungen gehören zu dem Bereich der Mitarbeiterführung, die Lob und Tadel umfasst. Entscheidet sich der Arbeitgeber für eine bloße V. (Verweis, Ermahnung, Kritik), so kann er in den Fällen, in denen einer → Kündigung eine Abmahnung vorausgehen muss, bei Wiederholung des beanstandeten Verhaltens nicht kündigen. Will sich der Arbeitgeber kündigungsrechtliche Konsequenzen im Wiederholungsfalle vorbehalten, muss er dies dem Arbeitnehmer gegenüber entsprechend deutlich machen. Dabei kommt es allerdings vorrangig auf den Inhalt und nicht auf die Bezeichnung der arbeitgeberseitigen Kritik an. Entscheidend ist folglich für die Frage, ob es sich um eine Abmahnung oder um eine bloße Verwarnung handelt, inwieweit für einen Wiederholungsfall kündigungsrechtliche Konsequenzen angedroht werden.
Vgl. auch → Kündigungsrecht, → Kündigungsschutz(gesetz).

Verweis, → Verwarnung.

Verwirkung. Die V. ist von der → Verjährung zu unterscheiden. Während die Verjährung dem Schuldner ein gesetzliches Leistungsverweigerungsrecht einräumt ($\S 214$ Abs. 1 BGB), ist das Rechtsinstitut der V. von der Rechtsprechung entwickelt worden. Die V. gehört zu den Fällen unzulässiger Rechtsausübung, die als Verbot eines widersprüchlichen Verhaltens zu verstehen sind.

Rechte, auch aus dem Arbeitsvertrag, sind verwirkt, wenn sie der Inhaber längere Zeit nicht geltend gemacht hat (wobei nicht die vollständige Verjährungsfrist ausgeschöpft sein muss, da andernfalls die V. leerliefe) und der Vertragspartner aufgrund des Verhaltens des Rechtsinhabers darauf vertrauen durfte, dass das Recht gegen ihn nicht mehr geltend gemacht wird. Die V. gilt auch im Arbeitsleben für Rechte des Arbeitgebers und des Arbeitnehmers, wenn auch mit größerer praktischer Bedeutung für Arbeitgeberansprüche. Hierzu zählt z.B. die Geltendmachung von Schadensersatzansprüchen gegen den Arbeitnehmer im Falle der Schädigung im Zusammenhang mit dem Arbeitsverhältnis. Kennt der Arbeitgeber den Schaden sowie die Verantwortlichkeit hierfür, zieht er daraus jedoch erkennbar keine Konsequenzen im Sinne einer Haftungsinanspruchnahme des Arbeitnehmers, so kann er nicht nach längerer Zeit plötzlich Schadensersatz verlangen. Auch die Ausübung von Kündigungsrechten kann der V. unterliegen, wobei hier vielfach eine → Verzeihung in Betracht kommen kann.

Zugunsten des Arbeitnehmers ist die V. tariflicher Rechte ausgeschlossen (§ 4 Abs. 4 Satz 2 TVG). Dies ist die Konsequenz der zwingenden Geltung von Tarifverträgen, die Abweichungen nur zugunsten des Arbeitnehmers gestatten (§ 4 Abs. 3 TVG). Dies gilt nur, soweit beiderseitige Tarifbindung besteht (§ 3 Abs. 1 TVG). Gilt der Tarifvertrag mangels Mitgliedschaft des Arbeitnehmers in der zuständigen Gewerkschaft nur infolge arbeitsvertraglicher Inbezugnahme, greift der Ausschluss der V. nicht. Vielmehr unterliegen dann auch die Rechte des Arbeitnehmers bei Vorliegen der dargelegten Voraussetzungen der V.

Verzeihung. Die V. hat Bedeutung im Rahmen des → Kündigungsrechts. Der Arbeitgeber kann Kündigungsgründe nach § 1 KSchG bzw. nach § 626 BGB nicht mehr geltend machen, wenn er dem Arbeitnehmer den Sachverhalt verziehen hat, der den Kündigungsgrund trägt. Dies kann durch ausdrückliche Erklärung geschehen, etwa des Inhalts, dass der Arbeitgeber trotz Vorliegens eines Kündigungsgrundes aus dem Vorgang keine Konsequenzen ziehen will. Eine V. ist auch durch schlüssiges Verhalten möglich. Voraussetzung ist, dass der Arbeitnehmer bei objektiver Würdigung des Arbeitgeberverhaltens davon ausgehen kann, dass der Arbeitgeber den Vorgang kündigungsrechtlich nicht mehr verfolgen will. Anstelle einer V. kann der Arbeitgeber statt einer → Kündigung lediglich eine → Abmahnung aussprechen. In diesem Falle ist der Vorgang für die Zukunft nicht bedeutungslos, sondern er gibt dem Arbeitgeber im Wiederholungsfalle die Möglichkeit zur Kündigung, nach den allgemeinen Regeln, die für die Abmahnung und Kündigung nach dem Kündigungsschutzrecht bestehen. Vgl. auch → Kündigungsschutz.

Vollständigkeitsgebot. Ein → Arbeitszeugnis muss alle wesentlichen Tätigkeiten, die der Mitarbeiter im Laufe seines Beschäftigungsverhältnisses im Unternehmen ausgeübt hat, so vollständig und genau enthalten, dass sich der neue Arbeitgeber einen klaren Eindruck davon verschaffen kann. V.a. sollten solche Tätigkeiten aufgeführt werden, die eine Einschätzung von Kenntnissen und Leistungsstand des Mitarbeiters ermöglichen. Vgl. auch → Offenheitsgebot, → Wahrheitsgebot, → Wohlwollensgebot.

Vollzeitarbeit. Der Begriff der V. versteht sich aus dem Gegensatz zur → Teilzeitarbeit. Wer V. leistet, arbeitet in vollem Umfang die – meist tarifvertraglich festgelegte – regelmäßige → Arbeitszeit (Regelarbeitszeit). Sie wird üblicherweise als Wochenarbeitszeit definiert, auch wenn der Trend zu Jahresarbeitszeitkonten zunimmt.

Die Wochenarbeitszeit ist in den Jahrzehnten nach dem Krieg in verschiedenen Etappen über zunächst 48 Wochenstunden, später 44 und 42 Wochenstunden auf die lange Jahre gültige 40-Stunden-Woche verkürzt worden. Vorreiter für Arbeitszeitverkürzungen war regelmäßig die Metallindustrie. Mitte der 1980er-Jahre gelang den Gewerkschaften die Durchsetzung der Wochenarbeitszeitverkürzung von unter 40 Stunden, zunächst auf 38,5 Wochenstunden mit dem Ziel der 35-Stunden-Woche, die tarifvertraglich seit 1.10.1995 in den alten Bundesländern verbindlich vereinbart ist. Die Regelarbeitszeit in anderen Tarifbereichen ist unterschiedlich; sie belief sich im Jahre 2001 durchschnittlich auf rund 37,4 (West) bzw. 39,12 (Ost) Wochenstunden. Die Verkürzung der regelmäßigen Wochenarbeitszeit für Vollzeitkräfte hat notwendigerweise Konsequenzen für das Verständnis von Teilzeitarbeitsverhältnissen, das durch ein Unterschreiten der Vollzeitarbeit gekennzeichnet ist. Arbeitsverhältnisse, die Anfang der 1950er-Jahre noch als Teilzeitverhältnisse mit z.B. 38 Wochenstunden verstanden werden mussten, sind heute Vollzeittätigkeiten. Im Gegensatz zur V. stehende Teilzeitarbeit liegt immer dann vor, wenn die V. unterschritten wird. Dabei gibt es nicht nur die weitverbreitete Möglichkeit von Teilzeitarbeitsverhältnissen mit 50-prozentiger V. , sondern – im Rahmen der von den Tarifverträgen üblicherweise insoweit nicht angetasteten Vertragsfreiheit – zahlreiche

Zwischenlösungen, z.B. mit 60 %, 70 %, 80 % oder 90 % Teilzeitarbeit bezogen auf die Regelarbeitszeit. Die durchschnittliche Wochenarbeitszeit der Teilzeitbeschäftigten beträgt derzeit etwa 14,5 Stunden. Die Teilzeitquote ist in den letzten Jahren stetig gestiegen, v.a. nach Inkrafttreten des → Teilzeit- und Befristungsgesetzes.

Volontariat. Das V. dient nach einer fachlichen, mehr theoretisch angelegten Ausbildung, z.B. nach einem Studium, für die Dauer eines bestimmten, begrenzten Zeitraumes dem Erwerb praktischer Kenntnisse, Erfahrungen und Fertigkeiten in einem Betrieb.

Von praktischer Bedeutung ist das V. weitgehend nur im Bereich des Journalismus und des Verlagswesens (z.B. Redaktions- oder Verlagsvolontariat nach einem Studium der Publizistik oder Germanistik). Nach Ablauf des V. folgt der eigentliche Berufseinstieg. Bei einem V. handelt es sich i.d.R. nicht um eine Berufsausbildung im Sinne des BBiG, daher gelten dessen Vorschriften nur eingeschränkt (§ 26 BBiG).
Vgl. auch → Berufsausbildung, → Praktikum, → Traineeprogramm.

Vorgabezeit, → Akkord.

Vorgesetztenbeurteilung, *Aufwärtsbeurteilung.* Die V. ist neben der tradierten → Mitarbeiterbeurteilung ein neueres personalpolitisches Instrument mit dem Ziel, Vorgesetzten Rückmeldungen über ihr von den Mitarbeitern wahrgenommenes Führungsverhalten zu geben. Der einzelne → Vorgesetzte erhält dadurch die Möglichkeit, sein Selbstbild zu überprüfen, erkannte Schwachstellen abzubauen oder bestimmte, positiv bewertete Verhaltensweisen evtl. noch zu verstärken.

Für die Mitarbeiter besteht über die V. die Chance, unter Wahrung der Anonymität ihre Meinung unbefangen, i.d.R. über einen standardisierten schriftlichen Fragebogen zu äußern. Darüber hinaus ist die V. auch ein Angebot an die Mitarbeiter, an der Gestaltung der betrieblichen Führungsbeziehungen konkret mitzuwirken.

Einige Unternehmen berichten auch von positiven Auswirkungen der V. auf → Betriebsklima sowie → Arbeitszufriedenheit und → Motivation der Mitarbeiter. Für das Unternehmen insgesamt können die Ergebnisse der V. wichtige Impulse für gezielte Maßnahmen der Fortbildung, → Führungskräfteentwicklung oder für Entscheidungen der → Personaleinsatzplanung vermitteln.

Die V. sollte mindestens fünf Voraussetzungen erfüllen: (1) Alle Leitungsebenen im Unternehmen einbeziehen; (2) möglichst auf der freiwilligen Teilnahme der Vorgesetzten und Mitarbeiter beruhen; (3) regelmäßig (ca. alle zwei bis drei Jahre) durchgeführt werden; (4) von der Personalabteilung systematisch ausgewertet werden; (5) die Ergebnisse müssen zwischen Vorgesetzten und Mitarbeitern offen und fair besprochen werden.
Probleme der V. ergeben sich in der Praxis aber häufig aus folgendem: (1) Die Vorgesetzten bestehen auf doppelter Anonymität, d.h. neben den Beurteilern (Mitarbeiter) sollen auch die Beurteilten (Vorgesetzte) anonym bleiben. Dies erschwert dann eine gezielte Auswertung und vermittelt lediglich ein sehr allgemeines Bild davon, wie im Unternehmen → Führungsaufgaben wahrgenommen und bewertet werden. (2) Die Gestaltung eines brauchbaren und sinnvollen Fragebogens ist schwierig, von verschiedenen Anbietern vorliegende Muster-Fragebogen sind oft zu allgemein oder wenig praktikabel. (3) Manche Vorgesetzte sind nicht genügend kritikoffen und kritikstabil oder weichen einer Diskussion negativer Ergebnisse aus. (4) Die Ergebnisse der V. werden den Mitarbeitern vorenthalten oder negative Ergebnisse ziehen keine erkennbaren Konsequenzen nach sich. Dies führt dann schnell zu mangelnder Akzeptanz der V. bei allen Beteiligten und einem Verlust an personalpolitischer Glaubwürdigkeit. (5) Die V. ist lediglich eine einmalige, konzeptions- und ziellose ad-hoc-Aktion. (6) Es besteht die Gefahr, dass Vorgesetzte zur Vermeidung negativer Auswirkungen auf die V. ihr Führungsverhalten übertrieben mitarbeiterorientiert ausrichten und notwendige betriebliche Belange zu wenig berücksichtigen. Werden die hiermit angedeuteten Probleme allerdings zufriedenstellend gelöst und sind die Voraussetzungen für eine sinnvolle V. gegeben, kann die V. ein wichtiges Hilfsmittel zur Sicherung oder Steigerung des → Führungserfolges im Unternehmen sein.

Vgl. auch → Führung, → Führungsgrundsätze, → Führungsstil, → Führungsstilanalyse, → Mitarbeiterbefragung, → Mitarbeitergespräch.

Vorgesetzter. V. bezeichnet im Unternehmen eine → Führungskraft, die Mitarbeitern organisatorisch überstellt ist (→ Hierarchie) und diesen gegenüber → Führungsaufgaben wahrnimmt, insbesondere anordnungs- und weisungsbefugt ist. Der V. selbst kann einem anderen V. als Mitarbeiter unterstellt sein, er ist dann auch Bindeglied zwischen seinen Mitarbeitern und seinem V. Die Anordnungs- / Weisungsbefugnis ergibt sich aus dem → Direktionsrecht des → Arbeitgebers und gründet auf der mit der → Stelle des V. verbundenen formalen (oder auch positionalen) → Autorität. Grundsätzlich bedarf ein V. zur erfolgreichen Wahrnehmung seiner Aufgaben neben formaler Autorität auch einer auf seiner Qualifikation und Person beruhenden funktionalen und personalen Autorität. In der betrieblichen Praxis wird z.T. unterschieden nach *Fach-V.* und *Disziplinar-V.* – entsprechend gibt es ein disziplinarisches und ein fachliches Weisungsrecht. Diese Form der Doppelunterstellung von Mitarbeitern unter zwei V. findet sich oft bei Mitgliedern von Projektgruppen und in Unternehmen mit matrixähnlichen Organisationsformen. Der Fach-V. ist dann in der Regel verantwortlich für den aufgaben- und zielgerechten fachlich-sachlichen Einsatz des Mitarbeiters, der Disziplinar-V. hingegen für die Einhaltung der arbeitsvertraglichen Pflichten (→ Arbeitsvertrag) durch den Mitarbeiter, einschließlich seiner Beurteilung, Entwicklung und der Gehaltsbemessung im Rahmen vorgegebener Richtlinien. In der Praxis ergeben sich hierbei häufig zahlreiche Abgrenzungs- und Zuständigkeitsprobleme, die eine einheitliche Mitarbeiterführung behindern und sich auf die betroffenen Mitarbeiter leistungshemmend auswirken können. Von daher sollten Fach- und Disziplinarbefugnisse möglichst bei einem V. liegen.
Vgl. auch → Führung, → Führungsfehler, → Kompetenz, → Leitung, → Leitungsspanne, → Leitungstiefe.

vorgezogener Ruhestand, → Frühpensionierung, → Vorruhestand.

Vorruhestand. Das staatliche Rentenrecht enthält die Festlegung der → Altersgrenzen, bei deren Erreichen ein Eintritt in den Ruhestand möglich ist. Regelmäßige Altersgrenze ist die Vollendung des 65. bzw. in Zukunft des 67. Lebensjahres. Für langjährig Versicherte besteht die Möglichkeit der Inanspruchnahme der Altersrente nach Vollendung des 63. Lebensjahres (§ 36 SGB VI). Schwerbehinderte können nach Vollendung des 62. Lebensjahres vorzeitig in den Ruhestand gehen (§37 SGB VI). Die bislang unterschiedlichen Regelungen für Frauen und Männer wurden vor dem Hintergrund des Gleichbehandlungsgrundsatzes nach einer Übergangszeit harmonisiert. So gilt für die vor dem 1.1.1952 geborenen Frauen weiterhin die Altersgrenze von 60 Jahren, während für alle späteren Jahrgänge die allgemeine Grenze greift.

Aus personalpolitischen Gründen, insbesondere als Mittel des sozialverträglichen → Personalabbaus, ist ein gegenüber den geschilderten Altersgrenzen vorzeitiger Ruhestand ein seit langen Jahren bewährtes Mittel. Er wird regelmäßig als V. oder Frühpensionierung bezeichnet.

Für die Zeit von 1984 bis 1988 galt ein spezielles staatliches Vorruhestandsgesetz, das für die Inanspruchnahme von V. im Falle einer Wiederbesetzung des Arbeitsplatzes einen Staatszuschuss gewährte. Dieses Gesetz ist ausgelaufen; gleichwohl sind V. und Frühpensionierung – allerdings ohne staatlichen Zuschuss – als Folge der → Tarifautonomie sowie der V. im → Arbeitsrecht weiterhin zulässig. Sie werden in der Praxis vielfach im Rahmen von Sozialplänen aus Anlass einer → Betriebsänderung (§112 Abs. 2 BetrVG) vereinbart.

Zur Entlastung der Rentenkassen wird seit 1996 – mit Bestandsschutz und Übergangsregelungen – ein versicherungsmathematischer Abschlag von 0,3 % für jeden Monat Renteninanspruchnahme vor Vollendung der Regelaltersgrenze vorgenommen. Die bislang geltende rentenrechtliche Regelung ließ eine Inanspruchnahme ab dem 63. Lebensjahr zu und wurde häufig für Frühpensionierungsfälle genutzt. Sie setzt jedoch voraus, dass der betreffende Arbeitnehmer sich nach Beendigung des Arbeitsverhältnisses arbeitslos meldet (obwohl eine Vermittlung in ein neues Arbeitsverhältnis nicht beabsichtigt ist) und dem Arbeitsmarkt zur Verfügung steht, auch wenn die Vermittlungschancen gering sind.

In diesen Fällen besteht die Verpflichtung des Arbeitgebers, bei dem der Arbeitslose innerhalb der letzten vier Jahre vor Eintritt der Arbeitslosigkeit für mindestens 24 Monate versicherungspflichtig beschäftigt war, das Arbeitslosengeld, das ab Vollendung des 57. Lebensjahres bezogen wird, vierteljährlich an die Bundesagentur zu erstatten. Die Erstattungspflicht besteht für maximal 32 Monate (§147a SGB III). Wurde das Arbeitsverhältnis vor Vollendung des 55. Lebensjahres des Arbeitnehmers beendet, gibt es eine ganze Reihe von Ausnahmen von der Erstattungspflicht, z.B. bei Eigenkündigung des Arbeitnehmers, sozial gerechtfertigter Kündigung oder wenn das Arbeitsverhältnis im Gesamtzeitraum von zwölf Jahren vor der Arbeitslosigkeit weniger als zehn Jahre betrug (§147a Abs.1 SGB III).
Wenn das Arbeitsverhältnis erst nach Vollendung des 55. Lebensjahres endet, gibt es ebenfalls Ausnahmeregeln. So entfällt die Erstattungspflicht, wenn der Arbeitgeber nachweist, dass er insolvenzfähig ist und die Erstattung den Bestand des Unternehmens gefährden würde (unzumutbare Härte §147 a Abs. 2 SGB III). Bei Kleinbetrieben bis 60 Arbeitnehmer wird die Erstattungsforderung anteilig gemindert.
Ein Erstattungsanspruch des Rentenversicherungsträgers für die ab Vollendung des 60. Lebensjahres vorzeitig gezahlte Rente besteht dagegen nicht.

Vorstellungsgespräch, *Bewerbungsgespräch, Eignungsinterview.* Das V. ist meistens die letzte Stufe der Bewerberauswahl, zu der diejenigen Bewerber eingeladen werden, die nach den Ergebnissen der → Bewerbungsanalyse, evtl. auch durchgeführter → Tests und eingeholter → Referenzen, die erforderliche → Qualifikation und → Eignung erkennen lassen. Das V. hat als Auswahlinstrument bei nahezu allen Unternehmen einen hohen Stellenwert, auch wenn dies, v.a. von Psychologen, wegen der im V. stark einwirkenden subjektiven Komponenten, wie z.B. Wahrnehmungsfilter und -verzerrungen bei den das V. auf Unternehmensseite führenden Mitarbeitern, immer wieder kritisiert wird.

Ziele des V. sind in der Praxis insbesondere: die Gewinnung eines persönlichen Eindrucks vom Bewerber, die Ermittlung von beruflich relevanten Motiven, Interessen und Erwartungen des Bewerbers, die Ergänzung und Weiterführung von im → Lebenslauf gemachten Angaben, die Überprüfung evtl. wichtiger Fachkenntnisse, die Relativierung oder Festigung der bisher gewonnenen Eindrücke (z.B. aus den Bewerbungsunterlagen) sowie die Information des Bewerbers über das Unternehmen, den Arbeitsplatz, die dortigen beruflichen Anforderungen u.Ä.

Seitens des Unternehmens sollten aus Gründen der besseren Erfassbarkeit und Objektivierbarkeit der Gesprächseindrücke (aber auch zur später evtl. nötigen Klarstellung seitens des Bewerbers falsch aufgefassten Informationen oder Zusagen) immer zwei Mitarbeiter am V. teilnehmen (→ Tandeminterview). Empfehlenswert ist es, damit einen Mitarbeiter der Personalabteilung und einen Vertreter des betroffenen Fachbereichs zu betrauen (z.B. den künftigen Fachvorgesetzten).

Zur sorgfältigen und zielgerechten Durchführung des V. ist eine gründliche Vorbereitung nötig. Diese bezieht sich v.a. auf: (1) die genaue Analyse und Bewertung der eingereichten → Bewerbungsunterlagen und, sofern vorausgegangen, der Ergebnisse von Eignungstests, (2) die Erfassung der genauen Stellen- und Arbeitsanforderungen, (3) die Klärung für den Bewerber evtl. wichtiger Weiterqualifizierungs- und Entwicklungsmöglichkeiten, (4) die Ermittlung des Gehaltsrahmens und evtl. finanzieller oder geldwerter Nebenleistungen.
Grundsätzlich müssen klare Vorstellungen darüber bestehen, welchen Anforderungen der neue Mitarbeiter genügen muss und welche Qualifikationen dafür erforderlich sind. Das V. sollte in einer freundlichen, entspannten Atmosphäre geführt werden und nicht den Charakter einer Belehrung oder eines Verhörs annehmen (→ Stressinterview). Hilfreich kann hierbei ein leicht strukturierter Gesprächsplan oder -leitfaden sein, der einzelne Phasen und Schwerpunkte des V. festlegt. Zu vermeiden ist eine daraus schnell entstehende starre, inflexible, fragebogenartige Gesprächsführung.
Nicht empfehlenswert ist es, mit mehreren Bewerbern gleichzeitig ein V. zu führen. Hier

entsteht eine Konkurrenzsituation, welche die im V. gebotene individuell-persönliche Ansprache des Bewerbers erschwert sowie i.d.R. Bewerber und Gesprächsklima negativ beeinflusst. Eine gute Gesprächsführung ermuntert den Bewerber, über sich zu berichten, auch Fragen zu stellen, gibt ihm Raum zur Selbstpräsentation, gibt aber auch Feedback und signalisiert Interesse an seinen Äußerungen.

Bei einem gut geführten V. liegt der Gesprächsanteil des Bewerbers bei ca. 80 % der Gesamtzeit, dies wird in der Praxis allerdings eher selten erreicht. Viele V. werden seitens der Unternehmensvertreter monologartig geführt, der Bewerber kann sich hier überwiegend auf eine Zuhörerrolle beschränken und kurze Antworten geben. Ursache dafür ist, dass viele Mitarbeiter (auch im Personalwesen) ein V. nur wenig vorbereitet führen oder keine Schulungen (z.B. auch über ein Videotraining) zur systematischen Anlage und Durchführung eines V. erfahren haben. Die Schwierigkeiten und Probleme eines V. werden auf Unternehmensseite häufig völlig unterschätzt. Ein systematisch vorbereitetes und gut geführtes V., v.a. das sog. Tandeminterview, kann wichtige Informationen über Qualifikation und Eignung eines Bewerbers vermitteln und damit, evtl. im Zusammenwirken mit anderen Auswahlinstrumenten, die Auswahlentscheidung fundieren.

Die Auswertung eines V. sollte mit Hilfe einer Checkliste o.Ä. erfolgen. Sie kann zur Systematisierung der gewonnenen Eindrücke beitragen, relevante Beurteilungskriterien und Bewertungsmaßstäbe enthalten und somit später auch zur besseren Vergleichbarkeit der einzelnen Bewerber beitragen. Vor Auswertung des V. sollte dem Bewerber noch keine endgültige Entscheidung mitgeteilt werden. Diese erfolgt später (möglichst innerhalb einer Woche nach dem V.) schriftlich oder, wie oft auch praktiziert, mündlich (telefonisch).

Die Dauer eines V. sowie die Frage, ob ein zweites V., das auf dem ersten aufbauen kann, geführt werden soll, sind abhängig von der Art und Bedeutung der zu besetzenden Stelle zu entscheiden. Bei der Besetzung von Leitungspositionen wird i.d.R. ein V. mehrere Stunden dauern und, sofern das Ergebnis für beide Seiten positiv ausfällt, wird häufig ein zweites V. zu führen sein.

Grundsätzlich ist immer zu bedenken, dass ein V. als Imagefaktor (→ Personalimage) für das Unternehmen zu werten ist. Auch das Unternehmen stellt sich vor, kann beim Bewerber einen guten oder schlechten Eindruck hinterlassen, dies unabhängig davon, ob ein Beschäftigungsverhältnis zustande kommt oder nicht. Von daher sollte eine gute Vorbereitung, Organisation und Durchführung des V. ein wichtiges Anliegen aller hiermit befassten Mitarbeiter sein.

Vgl. auch → Absageschreiben, → Assessmentcenter, → Beurteilungsfehler, → Eignungsdiagnostik, → Fragerecht, → Offenbarungspflicht, → Tests, → Vorstellungskosten.

Vorstellungskosten, *Bewerbungskosten.* Stellt ein Bewerber sich bei einem Unternehmen zum Zwecke einer späteren Begründung eines Arbeitsverhältnisses vor, entstehen regelmäßig besondere Aufwendungen (Fahrtkosten, evtl. Übernachtungs- und Verpflegungskosten). Die Frage, inwieweit solche Kosten durch den potenziellen Arbeitgeber zu erstatten sind, hängt von der Frage ab, auf wessen Veranlassung hin sich der Bewerber vorstellt. Vorrangig sind zunächst etwaige Zusagen des Unternehmens bezüglich der Erstattung von V. zu beachten. Dadurch, dass der Bewerber sich auf dieser Grundlage vorstellt, entsteht ein vertraglicher Erstattungsanspruch.

Fehlt eine Zusage, so scheidet ein Anspruch auf Auslagenerstattung mangels gesetzlicher Grundlage aus, wenn der Bewerber sich auf Vermittlung des Arbeitsamtes oder ohne Aufforderung des Unternehmens vorstellt. Fordert das Unternehmen den Bewerber hingegen zur Vorstellung auf, kommt ein auftragsähnliches Rechtsverhältnis zustande (§§662ff. BGB), das nach §670 BGB zur Aufwandserstattung verpflichtet. Zu erstatten sind die dem Bewerber notwendigerweise entstehenden V. Das Unternehmen kann aber in der (schriftlichen) Einladung zu einem Vorstellungsgespräch die Erstattung von V. ausschließen oder der Höhe oder Art nach begrenzen. In diesem Fall hat der Bewerber die V. ganz oder teilweise selbst zu tragen.

Vorvertrag. Ein V. ist eine besondere Form der arbeitsvertraglichen Vereinbarung. Regelmäßig wird ein → Arbeitsvertrag abgeschlossen, der direkt und abschließend die wechselseitigen Rechte und Pflichten von Arbeitgeber und Arbeitnehmer regelt. Demgegenüber zielt ein V. auf den späteren Abschluss eines Arbeitsvertrages. Zum Abschluss eines V. kommt es, wenn der genaue Inhalt des Arbeitsvertrages noch nicht feststeht, sich die Parteien jedoch durch den V. bereits bezüglich der grundsätzlichen Frage der späteren Zusammenarbeit binden wollen. Die wesentlichen Einzelheiten des Hauptvertrages muss der V. enthalten; andernfalls ist er wegen Dissenses unwirksam (§ 154 BGB). Der V. verpflichtet die Parteien zum späteren Abschluss des Hauptvertrages und bewirkt insoweit rechtliche Bindungen. In der Praxis ist genau darauf zu achten, ob derartige Bindungen wirklich gewollt sind und damit ein V. vorliegt oder ob es sich um unverbindliche Erklärungen bezüglich eines späteren Abschlusses des eigentlichen Arbeitsvertrages handelt. Fehlt es an entsprechend eindeutigen Erklärungen der Vertragsparteien, ist aus allen Umständen des beiderseitigen Verhaltens zu entnehmen, ob ein V. oder nur eine In-Aussicht-Stellung des Arbeitsvertrages vorliegt.

Wage Drift, → Lohndrift.

Wahrheitsgebot. Als ein Grundsatz der Erteilung eines → Arbeitszeugnisses, insbesondere des qualifizierten Arbeitszeugnisses, gilt, dass es wahr sein muss. Es muss alle wesentlichen Tatsachen und Bewertungen enthalten, die für eine Gesamtbeurteilung des Mitarbeiters wichtig sind. Einzelne, sehr wenige Vorfälle oder Umstände, die für den Mitarbeiter, seine Leistungen und sein Verhalten jedoch nicht typisch sind – sowohl in negativer wie positiver Hinsicht – dürfen nicht aufgenommen werden oder in verallgemeinernder Weise einfließen. Enthält das Arbeitszeugnis falsche Angaben, so haftet das ausstellende Unternehmen anderen gegenüber für daraus ggf. entstehende Schäden. Vgl. auch → Offenheitsgebot, → Vollständigkeitsgebot, → Wohlwollensgebot.

Warnstreik. Ein W. ist eine besondere Form des Arbeitskampfmittels auf Arbeitnehmerseite. Im Gegensatz zu einem länger andauernden Vollstreik nach Scheitern der Tarifverhandlungen werden W. von den → Gewerkschaften als verhandlungsbegleitende Maßnahme eingesetzt, wobei Umfang und Dauer des Streiks (→ Arbeitskampf) regelmäßig eng begrenzt sind (z.B. in ausgewählten Betrieben für eine oder wenige Stunden). Mit Hilfe von W. soll während der Verhandlungen zusätzlicher Druck auf den Arbeitgeberverband bzw. den einzelnen Arbeitgeber ausgeübt werden, um die gewerkschaftlichen Forderungen durchzusetzen. Das Wort „Warnstreik" ist in der Sache unzutreffend, weil auch der W. eben nicht nur eine Warnung vor einem Streik, sondern ein wirklicher Streik mit dem Ziel der Durchsetzung gewerkschaftlicher Forderungen ist. Bezüglich der rechtlichen Zulässigkeit hatte das Bundesarbeitsgericht zunächst gegenüber dem Vollstreik erleichterte Voraussetzungen vor dem Hintergrund des Verhältnismäßigkeitsgrundsatzes entwickelt. Diese Recht-sprechung wurde später korrigiert. Heute ist anerkannt, dass der W. keine privilegierte Kampfform darstellt, sondern dem Ultima-Ratio-Prinzip genügen muss. Folglich ist ein Scheitern der Verhandlung notwendig, damit W. rechtmäßig sind. Auch im Übrigen gelten für den W. dieselben Regelungen wie für alle anderen Streikformen. In der Praxis von Arbeitskämpfen wird dies vielfach nicht beachtet.

Wechselschicht. W. ist die durch einen regelmäßigen Wechsel der → Arbeitszeiten gekennzeichnete Berufstätigkeit im Gegensatz zu der Arbeitszeit für diejenigen Mitarbeiter, die ausschließlich am Tage mit sich nicht ändernden Vorgaben für Beginn und Ende der täglichen Arbeitszeit (seien diese fest vorgegeben, seien sie flexibel z.B. im Rahmen von → Gleitzeit oder Arbeitszeitflexibilisierung) tätig sind. Letztere werden in der personalwirtschaftlichen Praxis manchmal als → „Tagschicht" bezeichnet, wobei dieser Begriff mangels → Schichtarbeit in der Sache unzutreffend ist. Wechselschicht kommt in verschiedenen Formen vor. Einmal ist die Zweifach- und die Dreifachschicht zu unterscheiden. Bei der Zweifachschicht wird die betriebliche Nutzung vom frühen Morgen bis in den Abend durch zwei aufeinanderfolgende Tätigkeitsblöcke sichergestellt (vielfach von 6 bis 14 Uhr und von 14 bis 22 Uhr). Demgegenüber wird in der Dreifachschicht „rund um die Uhr" in Früh-, Spät- und Nachtschicht gearbeitet (verbreitete Schichtmodelle von 6 bis 14 Uhr, von 14 bis 22 Uhr und von 22 bis 6 Uhr). Schließlich sind sowohl die Zwei- als auch die Dreifachschicht begrenzt auf die üblichen Wochenarbeitstage denkbar; sie können jedoch auch entweder den Samstag oder zusätzlich den Sonntag einbeziehen. Im letzteren Falle wird von vollkontinuierlicher Wechselschicht (Fachausdruck: → Kontischicht) gesprochen. Üblicherweise wechseln die Arbeitnehmer nach einem näher festgelegten Schichtplan im Rahmen eines vorgegebenen → Schichtzyklus zwischen den verschiedenen Schichtbereichen, wobei zahlreiche Gestaltungsmöglichkeiten bestehen. Es kommt jedoch auch vor, dass einzelne Arbeitnehmer ausschließlich in einem bestimmten Schichtbereich tätig sind (z.B. Nachtschwestern in Krankenhäusern). Einzelheiten der Schichtplangestaltung unterliegen der → Mitbestimmung zwischen Arbeitgeber und → Betriebsrat nach § 87 Abs. 1 Nr. 2 BetrVG. Von besonderer Bedeutung sind die spezifischen Belastungen, die aus langjähriger Schichttätigkeit im → Dreischichtbetrieb erwachsen können (Schlafstörungen, Appetitmangel, Verdauungsstörungen sowie eine Erschwernis für die sozialen Kontakte). Sie sind der Grund dafür, dass Schichtarbeit besonders vergütet wird. Üblicherweise werden Schichtzuschläge bezahlt, teilweise als Festbeträge, teilweise als prozentuale Zuschläge in Abhängigkeit von der Zahl der insbesondere in der Nacht geleisteten Arbeitsstunden. Darüber hinaus sehen viele Tarifverträge zusätzliche freie Tage über den Urlaub hinaus für Schichtarbeiter vor.

Wegeunfall, → Arbeitsunfall.

Wegezeiten. Ist die berufliche Tätigkeit des Mitarbeiters mit Wege- und Reisezeiten verbunden, bedarf es der Klarstellung, wie solche Zeiten unter Vergütungsgesichtspunkten zu behandeln sind. W. sind durch räumliche Nähe des Ziels zum rechtmäßigen Arbeitsplatz gekennzeichnet; bei weiter entferntem Ziel spricht man von *Reisezeiten*. Der Unterschied zwischen beiden ist lohnsteuerrechtlich durch das Steuergesetz 1996 aufgehoben worden; er kann jedoch für die arbeitsrechtliche Behandlung der Aufwandserstattung (pauschale Abgeltung von Verpflegungsmehraufwand) bei längerer Abwesenheit noch beibehalten werden. Einzelheiten sind regelmäßig in Tarifverträgen, sonst in → Betriebsvereinbarungen oder Individualarbeitsverträgen klargestellt. Vielfach sehen solche Regelungen vor, dass Wege- und Reisezeiten dann wie gewöhnliche → Arbeitszeit zu vergüten sind, wenn sie zusammen die Regelarbeitszeit an einem Arbeitstag nicht überschreiten. Insoweit soll der Arbeitgeber das Risiko tragen, dass der Mitarbeiter wegen notwendiger Wege- und Reisezeit nur an einem Teil des Tages seine eigentliche Arbeitsleistung erbringen kann. Überschreitet hingegen die Arbeitsleistung mit Reise- und Wegezeit die Regelarbeitszeit, wird der Zeitaufwand für den Wechsel des → Arbeitsortes vielfach nicht wie → Mehrarbeit, sondern geringer dotiert. Maßgeblich hierfür ist die Überlegung, dass eine → Gleichbehandlung mit der Arbeitsleistung nicht sachgerecht ist. Entscheidend ist jedoch stets die – normalerweise tarifvertragliche – Regelung. Darüber hinaus können durch Dienstreisen zusätzliche Aufwendungen des Arbeitnehmers für Beförderung, Verpflegung und Übernachtung entstehen, die der Arbeitgeber grundsätzlich nach §670 BGB zu erstatten hat. Für Verpflegungsmehraufwand werden i.d.R. Pauschbeträge in Abhängigkeit von der Abwesenheitsdauer gezahlt. Zur steuerrechtlichen Behandlung bestehen spezielle Regelungen.

Weisungsrecht, → Direktionsrecht.

Weiterbeschäftigung. Der Fragenkreis der W. von gekündigten Arbeitnehmern oder bezüglich solcher Arbeitnehmer, für die eine → Kündigung erwogen wird, betrifft unterschiedliche Probleme. Dabei geht es sowohl um materiell rechtliche Fragen des → Kündigungsschutzes als auch um einen verfahrensbegleitenden Arbeitnehmerschutz während des Kündigungsschutzprozesses. Eine materielle Weiterbeschäftigungspflicht für Arbeitnehmer, deren Kündigung an sich nach §1 KSchG sozial gerechtfertigt ist, kann sich aufgrund des Verhältnismäßigkeitsprinzips ergeben. Scheidet die W. des Arbeitnehmers an dem bisher innegehabten Arbeitsplatz aus, ist jedoch eine Beschäftigung an einem anderen, insbesondere auch geringer dotierten Arbeitsplatz möglich (Fälle der betriebsbedingten Kündigung oder des Leistungsabfalls), ist der Arbeitgeber gehalten, vorrangig eine solche W. anzubieten. Verfahrensrechtlich wird dies durch die Möglichkeit der → Änderungskündigung flankiert, für die dem Arbeitnehmer der spezifische Rechtsschutz des §2 KSchG zusteht. Eine Weiterbeschäftigungspflicht in anderen konzernangehörigen Unternehmen im Rahmen eines Konzernverbundes besteht im Falle betriebsbedingter Kündigung bei dem bisherigen Arbeitgeber grundsätzlich nicht, es sei denn, der → Arbeitsvertrag enthält eine entsprechende vertragliche Regelung.

Lediglich ein scheinbarer Anspruch auf W. besteht für Jugendsprecher nach Beendigung der Ausbildung (§78a BetrVG). Zwar haben sie das Recht, durch einseitige Erklärung innerhalb von drei Monaten vor Beendigung des Ausbildungsverhältnisses ein Arbeitsverhältnis mit dem Arbeitgeber auch gegen dessen Willen zu begründen. In der Sache handelt es sich hier jedoch nicht um eine W., sondern um die Neubegründung eines Arbeitsverhältnisses, da das vorherige Ausbildungsverhältnis eine gegenüber dem späteren Arbeitsverhältnis eigene Rechtsqualität hat.

Im Übrigen geht es bei der Frage einer W. um die Ausgestaltung eines ausgewogenen Schutzes der Belange von Arbeitgeber und Arbeitnehmer während des Kündigungsverfahrens. Geht ein Arbeitnehmer gegen eine arbeitgeberseitige Kündigung arbeitsgerichtlich vor und wird er nicht weiterbeschäftigt, so schwindet seine Chance auf Reintegration in das Arbeitsverhältnis faktisch mit zunehmender Dauer des Kündigungsschutzverfahrens. Der Kündigungsschutz im Falle einer erfolgreichen Kündigungsschutzklage kann auf diese Weise tatsächlich unterlaufen werden. Andererseits muss der Arbeitgeber davor geschützt werden, dass der Arbeitnehmer allein durch Erhebung der Kündigungsschutzklage die Wirkung einer Kündigung für die Dauer des Rechtsstreits um den Verbleib am Arbeitsplatz unterläuft, obwohl der Arbeitgeber betriebliche oder persönliche Kündigungsgründe von erheblichem Gewicht hat und die Fortsetzung der Arbeit auch von dem Umfeld des gekündigten Arbeitnehmers nicht akzeptiert wird (Vorgesetzte, Kollegen, Mitarbeiter).

Dieser Interessengegensatz wird z.T. gesetzlich, im Übrigen durch höchstrichterliche Rechtsprechung wie folgt aufgelöst: Hat der → Betriebsrat einer Kündigung fristgemäß widersprochen und ist durch den gekündigten Arbeitnehmer Kündigungsschutzklage erhoben worden, muss der Arbeitgeber den Arbeitnehmer auf dessen Verlangen nach Ablauf der Kündigungsfrist bis zum rechtskräftigen Abschluss des Rechtsstreits bei unveränderten Arbeitsbedingungen weiterbeschäftigen (§102 Abs.5 Satz 1 BetrVG). Allerdings kann das Arbeitsgericht den Arbeitgeber durch einstweilige Verfügung von der Verpflichtung zur W. entbinden, wenn die Klage des Arbeitnehmers keine hinreichende

Aussicht auf Erfolg bietet oder mutwillig erscheint, wenn die W. des Arbeitnehmers zu einer unzumutbaren wirtschaftlichen Belastung des Arbeitgebers führen würde oder aber wenn der Widerspruch des Betriebsrats offensichtlich unbegründet war (§102 Abs. 5 Satz 2 Ziff. 1 bis 3 BetrVG). Auf gesetzlicher Ebene ist dies eine abschließende Regelung des Weiterbeschäftigungsanspruchs. Gleichwohl hat das BAG im Rahmen richterlicher Rechtsfortbildung einen zweiten Weiterbeschäftigungsanspruch neben §102 BetrVG begründet: Für die Dauer des Kündigungsschutzprozesses in der 1. Instanz überwiegt stets – mit Ausnahme der Fälle einer offensichtlich unwirksamen Kündigung – das Interesse des Arbeitgebers, den Arbeitnehmer nicht weiterzubeschäftigen. Siegt der Arbeitnehmer hingegen in der 1. Instanz und legt der Arbeitgeber hiergegen Berufung ein, überwiegt das Interesse des Arbeitnehmers an einer W. Verwehrt der Arbeitgeber dies, kann der Arbeitnehmer die W. durch Leistungsklage und ggf. einstweilige Verfügung durchsetzen. Darüber hinaus kann der Weiterbeschäftigungsanspruch auch mit der Kündigungsschutzklage geltend gemacht werden.

Der Vergütungsanspruch des Arbeitnehmers während der Zeit der Weiterbeschäftigung richtet sich nicht nach Vertragsrecht, sondern nach den Grundsätzen der ungerechtfertigten Bereicherung (§§ 812ff. BGB). Daraus ergibt sich der übliche monatliche Vergütungsanspruch, jedoch kein Anspruch auf Einmalzahlungen (z.B. Weihnachtsgeld, Urlaubsgeld). Vgl. auch → Beschäftigungspflicht

Weiterbeschäftigungsanspruch, → Weiterbeschäftigung.

Weiterbildung, *Fortbildung.* W. dient dem Erwerb von Wissen, Kenntnissen und Erfahrungen zur Erhaltung oder Erweiterung der beruflichen Kenntnisse und Fertigkeiten mit dem Ziel der Anpassung an geänderte technische Entwicklungen oder des beruflichen Aufstiegs (so inhaltlich §1 BBiG). Sie ist damit unmittelbar berufsbezogen und basiert auf schon erworbenen beruflichen Qualifikationen. Die W. der Mitarbeiter, die Stärkung ihrer beruflichen → Kompetenz und → Motivation, ist heute für die meisten Unternehmen eine entscheidende Grundlage zur Erhaltung der Wettbewerbsfähigkeit und somit auch ein zentrales personalpolitisches Anliegen, das neben zahlreichen Maßnahmen betrieblicher und außerbetrieblicher W. auch in der → Personalentwicklung zum Ausdruck kommt. Differenziert wird W. hin und wieder nach „Anpassungsfortbildung" und „Aufstiegsfortbildung".

Die *Anpassungsfortbildung* zielt auf die Anpassung der beruflichen Qualifikation an neue oder sich ändernde berufliche Anforderungen und dient der Erhaltung der beruflichen Leistungsfähigkeit, damit auch der Arbeitsplatzsicherheit des Mitarbeiters. In der W. können hier z.B. Kenntnisse vermittelt werden, wie sie → Auszubildende bereits in der beruflichen → Erstausbildung erwerben. Hieraus können zwischen W. und Erstausbildung sachliche wie personelle Synergiemöglichkeiten erwachsen.

Die *Aufstiegsfortbildung* dagegen dient dem Erwerb beruflicher Qualifikationen auf einem höheren Niveau und soll einen beruflichen → Aufstieg ermöglichen. Das konkrete Angebot von Maßnahmen der beruflichen W. bleibt jedoch ungenutzt, wenn nicht Akzeptanz und Bereitschaft seitens der Mitarbeiter vorhanden sind, diese auch zu nutzen. In der betrieblichen Praxis zeigen sich hier hin und wieder Motivationsmängel oder fehlende Einsichten in den Sinn der W., dies insbesondere bei älteren Mitarbeitern oder Mitarbeitern, die ohnehin beruflich nur gering qualifiziert sind. Hier gehört es auch zu den Führungsaufgaben der Vorgesetzten, die Notwendigkeit beruflicher W. hervorzuheben. Die W. sollte jedoch nicht den Charakter von → Incentives oder Sozialleistungen bekommen, sie muss sich vielmehr allein am betrieblichen Bedarf und der Eignung des Mitarbeiters orientieren.
Vgl. auch → Bildungsurlaub, → Rückzahlungsklausel, → Umschulung, → Training.

Weiterleitungsvermerk, → Sperrvermerk.

Werksarzt, → Arbeitsmedizin.

Werkswohnung, *Betriebswohnung.* W. werden den Arbeitnehmern mit Rücksicht auf das Bestehen eines Arbeitsverhältnisses vermietet. Die Motive hierfür sind unterschiedlich. Z.T. sind W. aus Gründen eines störungsfreien Betriebsablaufs erforderlich (z.B. für Hausmeister, für Aufsichtspersonal,

das jederzeit erreichbar sein muss, ferner bei Errichtung einer Betriebsstätte in einer Region ohne bestehendes Wohnungsangebot). Die Mehrzahl der W. wird aus Gründen betrieblicher Sozialpolitik an die Arbeitnehmer vermietet, um ihnen bei der Beschaffung preisgünstigen Wohnraums insbesondere in Ballungsgebieten behilflich zu sein. Insoweit besteht v.a. im Ruhrgebiet eine lange Tradition, wo die Schaffung von W. bis in das 19. Jahrhundert zurückgeht. Speziell nach dem Zweiten Weltkrieg haben viele Unternehmen zusätzlichen Wohnraum für ihre Mitarbeiter geschaffen, um auf diese Weise der großen Wohnungsnot zu begegnen. Soweit der Wohnungsmarkt heute ein ausreichendes Angebot zur Verfügung stellt, sind betriebliche → Sozialleistungen im Rahmen der Wohnungsvergabe auf ihre Zeitgemäßheit zu überprüfen. Viele Unternehmen haben aus diesem Grunde, aber auch zur Reduzierung der Kosten aus Werkswohnungsbesitz, ihren Bestand an W. deutlich reduziert, indem die Wohnungen nach Umwandlung in Eigentumswohnungen den Mietern zum Kauf angeboten wurden. Allerdings ist die Verfahrensweise keineswegs einheitlich.

Arbeitsrechtlich unterliegt die Zuweisung und Kündigung von Wohnräumen an Mitarbeiter der → Mitbestimmung des → Betriebsrates nach §87 Abs. 1 Nr. 9 BetrVG; im Falle fehlender Einigung wird diese durch einen Spruch der → Einigungsstelle ersetzt (§87 Abs. 2 BetrVG).

Werkszeitung. Die W. ist ein Instrument der → Mitarbeiterinformation für die gesamte Belegschaft im Unternehmen. Sie soll allgemeinverständlich, in vorwiegend journalistischer Weise v.a. fünf Hauptziele erreichen:

(1) Die Mitarbeiter über wichtige, interessante Ereignisse, Vorgänge u.Ä. im Unternehmen informieren; (2) wichtige unternehmenspolitische Pläne und Entscheidungen darstellen und erläutern; (3) die Betriebsverbundenheit der Mitarbeiter, aber auch ihrer Familienangehörigen fördern; (4) Kontakte zur unternehmensexternen Öffentlichkeit pflegen und hier das Ansehen des Unternehmens stärken; (5) über für das Unternehmen und seine Entwicklung bedeutsame externe Ereignisse informieren und deren Auswirkungen auf Unternehmen und Belegschaft darstellen.

Inhalte und Präsentationsform der W. sollten nicht Selbstzweck sein, sondern müssen auf die konkreten betrieblichen Bedürfnisse und den Leserkreis abgestimmt sein, insbesondere kann es grundsätzlich nicht Anliegen einer W. sein, kommerzielle Informationsmedien zu ersetzen. Die Unternehmensleitung legt i.d.R. über allgemeine Vorgaben den Rahmen fest, innerhalb dessen die zuständigen Mitarbeiter die W. gestalten und redigieren. Sehr große Unternehmen geben häufig eigene W. heraus und verfügen z.T. auch über professionelle, hauptamtliche Mitarbeiter zur Betreuung der W. In weniger großen Unternehmen obliegt die Gestaltung der W. oft als nebenamtliche Aufgabe einem Mitarbeiter der Personalabteilung, der von Mitarbeitern aus allen Unternehmensbereichen unterstützt wird, die spontan oder regelmäßig für die W. Informationen aufbereiten und Beiträge für die W. formulieren.

Grundsätzlich ist jede W. auch ein wichtiges Instrument zur Imagebildung und -pflege bei Kunden und Lieferanten, aber auch im → Personalmarkt und in anderen Bereichen der Öffentlichkeit. Manche Unternehmen nutzen diese Wirkung der W. und senden einen beträchtlichen Teil der Auflage regelmäßig auch an externe Bezieher, z.B. Geschäftspartner, ehemalige Mitarbeiter.

Klein- und Mittelbetriebe, die sich eine eigene W. meistens nicht leisten können, beziehen häufig statt dessen für ihre Mitarbeiter im Abonnement von Wirtschafts- und Unternehmensverbänden oder verbandseigenen Verlagen herausgegebene Zeitungen, Zeitschriften o.ä. Informationsdienste, die jedoch keinen spezifischen Unternehmensbezug haben, sondern mehr allgemeine, wirtschaftliche, sozial- und gesellschaftspolitische Themen aufgreifen und kommentieren.

Werkvertrag. Durch einen W. verpflichtet sich der Werkunternehmer zur Herstellung des versprochenen Werkes und der Besteller zur Entrichtung der vereinbarten Vergütung (§631 Abs. 1 BGB). Gegenstand des W. kann sowohl die Herstellung oder Veränderung einer Sache als auch ein anderer durch Arbeit oder Dienstleistung herbeizuführender Erfolg sein (§631 Abs. 2 BGB). Kennzeichnend für den W. ist die Erfolgsorientierung. Der Werkunternehmer schuldet den erfolgreichen Abschluss des Werkes und alle diesbezüglich notwendigen Bemühungen, bis die Gefahr infolge der Abnahme durch den Besteller auf

diesen übergegangen ist (§644 BGB). Anders als der W. verpflichtet der Dienstvertrag, wozu auch der → Arbeitsvertrag zählt, lediglich zur Leistung der versprochenen Dienste (§611 BGB). Folglich wird der Dienstvertrag seitens des Arbeitnehmers durch Vornahme der versprochenen Dienste, also durch Leistung der vereinbarten Arbeit, erfüllt, und zwar auch dann, wenn die Qualität der Arbeit gering ist. Dies hat erhebliche Konsequenzen: Eine schlechte Arbeitsqualität berechtigt den Arbeitgeber nicht zur Kürzung der Vergütung, sondern lediglich zur → Abmahnung und → Kündigung unter Beachtung des KSchG. Die für den W. typischen Rechte des Auftraggebers, eine Nachbesserung und Mängelbeseitigung verlangen zu können und bei Nichtbeseitigung der Mängel die vereinbarte Vergütung kürzen zu dürfen (§634 BGB), besteht für Dienst- und Arbeitsverträge nicht. Allerdings kann sich bei Letzteren eine Vergütungseinbuße des Arbeitnehmers im Rahmen leistungsabhängiger Vergütungsbestandteile (Akkordsysteme, ergebnisorientierte Tantieme) ergeben.

Darüber hinaus ist die Unterscheidung zwischen Dienst- und Werkverträgen wichtig für den Anwendungsbereich des Arbeitnehmerüberlassungsgesetzes. Während die Beschäftigung fremder Arbeitnehmer auf werkvertraglicher Basis uneingeschränkt zulässig ist, gilt für die arbeitsrechtliche Integration das AÜG. Dies gestattet die gewerbsmäßige Überlassung von Arbeitnehmern an Dritte grundsätzlich nur mit Erlaubnis der Arbeitsverwaltung (§1 AÜG).

Wertewandel. Als sog. W. werden seit den 70er-Jahren des 20. Jh. zu beobachtende Änderungen oder Relativierungen des Stellenwertes von → Beruf, Erwerbsarbeit und Arbeitsleistung vorwiegend bei jüngeren Menschen bezeichnet. Insbesondere Werte oder Tugenden wie Strebsamkeit, Fleiß, Disziplin und Anpassung scheinen im Arbeitsleben zurückzutreten zugunsten von außerberuflichen Interessen oder genussorientierten Freizeitaktivitäten. Stärker werden dagegen Forderungen nach Sinnvermittlung in der konkreten Berufsarbeit, größeren individuellen Entfaltungs- und Selbstbestimmungsfreiräumen sowie nach Mitsprache und Einbindung in betriebliche Entscheidungsvorgänge. Die Bewusstseinshaltung vieler Mitarbeiter und Nachwuchskräfte verändert sich in Richtung eines ansteigenden Selbstbewusstseins und Strebens nach sog. → Selbstverwirklichung bei kritischer bis überkritischer Einstellung gegenüber betrieblichen oder ökonomischen Erfordernissen.

Unklar ist allerdings, ob es sich hierbei tatsächlich um einen tiefgreifenden W. oder um eine durchaus rationale Reaktion auf verringerte Arbeitszeit und beträchtlich gesunkene Lebensarbeitszeit bei gleichzeitig enormer Steigerung des Wohlstandes und materieller Freizeitangebote handelt. Die These vom W. mag überzogen oder in ihren Aussagen zu pauschal sein, sie signalisiert für die betriebliche Praxis jedoch häufig ein konkretes Problemfeld, dem sich die → Personalpolitik, im Besonderen die Mitarbeiterführung (→ Führung) und betriebliche → Anreizsysteme stellen müssen. Im Prinzip geht es darum, eine neue Balance zwischen den ökonomischen, technischen und organisatorischen Anforderungen des Unternehmens sowie den sehr persönlichen Lebensentwürfen, Zielen oder Bedürfnissen der Mitarbeiter zu finden. Vgl. auch → Arbeitsethik, → Arbeitsmoral, → Arbeitszufriedenheit, → Bedürfnisse, → Work-Life-Balance.

Westrick-Formel. Die Tarifparteien, einzelne Unternehmen und Arbeitnehmer, ggf. aber auch die Öffentlichkeit sind regelmäßig daran interessiert, die wirtschaftlichen Auswirkungen von Tarifabschlüssen zu bewerten. Bei linearen Vergütungserhöhungen für ein Jahr entspricht der Erhöhungssatz der Mehrbelastung, wenn nicht sonstige Belastungen hinzukommen (Einmalzahlungen, Höhergruppierungen, Arbeitszeitverkürzungen etc.). Ist die Laufzeit eines Tarifvertrages länger als ein Jahr, besteht – ähnlich wie für die Zinsrechnung – die Notwendigkeit, die Auswirkungen auf ein Jahr umzurechnen. Hierfür ist die sog. W.-F. entwickelt worden, die auf den ehemaligen Staatssekretär im Bundeswirtschaftsministerium, Ludger Westrick, zurückgeht.

Nach der W.-F. ist die konkret errechnete wirtschaftliche Belastung in % mit der Laufzeit in Monaten zu multiplizieren und durch die vereinbarte Laufzeit des Tarifvertrages, zuzüglich der über 12 Monate hinausgehenden Laufzeit in Monaten, zu dividieren. Bsp.: Eine Vergütungserhöhung von 3 % für 18 Monate bedeutet eine jährliche Belastung von 2,25 % = 3 x 18 : (18 + 6). Die Formel ist auch für Abschlüsse mit weniger als 12 Monaten anwendbar. Bsp: 3 % Erhöhung für 9 Monate und anschließend weitere 2 % für 9 Monate = 3 %. Einzelrechnung: 3 x 18 plus 2 x 9, dividiert durch 18 + 6 = 72 : 24 = 3. Im Ergebnis wird damit eine Linearisierung der Belastung aus Tarifverträgen für ein Jahr erreicht. Die Akzeptanz der W.-F. ist nicht unumstritten, jedoch ist diese weitverbreitet. Sie ermöglicht unkompliziert den Vergleich zwischen den wirtschaftlichen Konsequenzen von Tarifverträgen mit differenzierter Geltungszeit.

Wettbewerbsverbot, → Konkurrenzverbot.

Widerspruch (bei Betriebsübergang). Geht ein → Betrieb oder Betriebsteil durch Rechtsgeschäft auf einen anderen Inhaber über, so tritt dieser kraft Gesetzes in die Rechte und Pflichten aus den im Zeitpunkt des Übergangs bestehenden Arbeitsverhältnissen ein (§613a Abs. 1 Satz 1 BGB). Diese Rechtslage besteht unabhängig von dem Wissen und Willen der Parteien des → Arbeitsvertrages. Ein Recht des Arbeitnehmers, dem Übergang des Arbeitsverhältnisses auf den Käufer oder Pächter des Betriebes (Betriebsteils) zu widersprechen, war im Gesetz zunächst nicht ausdrücklich vorgesehen, sondern wurde erst durch Anfügen des §613a Abs. 6 normiert. Gleichwohl hatte das BAG ein solches Widerspruchsrecht bereits zuvor aufgrund richterlicher Rechtsfortbildung anerkannt, da §613a BGB dem Schutz der betroffenen Arbeitnehmer diene und diese daher auf den Schutz verzichten könnten. Der bisherige Arbeitgeber oder der neue Inhaber muss die vom Betriebsübergang betroffenen Arbeitnehmer vor dem Übergang in Textform über verschiedene Punkte unterrichten, nämlich über den (geplanten) Zeitpunkt des Übergangs, den Grund für den Übergang, die rechtlichen, wirtschaftlichen und sozialen Folgen des Übergangs für die Arbeitnehmer sowie die hinsichtlich der Arbeitnehmer geplanten Maßnahmen. Die Rechtsprechung stellt an die Unterrichtung mittlerweile relativ hohe Anforderungen: Dem Arbeitnehmer muss durch die Unterrichtung eine ausreichende Kenntnisgrundlage verschafft werden, um über die Ausübung des Widerspruchsrechts entscheiden zu können. Der Arbeitnehmer kann den Widerspruch gegen den Übergang seines Arbeitsverhältnisses innerhalb eines Monats nach Zugang der Unterrichtung gegenüber seinem bisherigen Arbeitgeber oder dem neuen Inhaber erklären.

Der erklärte Widerspruch führt dazu, dass das Arbeitsverhältnis mit dem bisherigen Arbeitgeber fortgesetzt wird. Allerdings besteht für den Arbeitnehmer das Risiko einer betriebsbedingten → Kündigung, da der bisherige Arbeitgeber den Arbeitnehmer infolge der Betriebsveräußerung häufig nicht mehr beschäftigen kann. Das spezielle Kündigungsverbot des §613a Abs. 4 BGB gilt in diesem Falle nicht.

Im Rahmen der Erfordernisse des §1 KSchG bezüglich einer sozial gerechtfertigten Kündigung ist der Schutz des dem Betriebsübergang widersprechenden Arbeitnehmers nach der Rechtsprechung des BAG geringer als in sonstigen Fällen. Insbesondere im Rahmen der Sozialauswahl (§1 Abs. 3 KSchG) gehen die Belange der anderen Arbeitnehmer des Betriebes vor, weil der betroffene Mitarbeiter infolge des §613a BGB seinen Arbeitsplatz bei dem Betriebserwerber (Pächter) behalten hätte. Die geschilderte Rechtslage ist nach der Rechtsprechung des EuGH mit den europarechtlichen Regelungen vereinbar.

Vgl. auch → Betriebsübergang.

Wiedereinstellung, → Wiedereinstellungsklausel.

Wiedereinstellungsanspruch. Der W. begründet ein Recht des Arbeitnehmers, nach einem zunächst wirksam beendeten Arbeitsverhältnis erneut bei demselben Arbeitgeber eingestellt zu werden. Eine gesetzliche Grundlage für W. besteht nicht. Vielfach wird in der Praxis unzutreffend von W. in Fällen eines ruhenden Arbeitsverhältnisses gesprochen. Hier erfolgt jedoch nicht die Neubegründung eines → Arbeitsvertrages durch Wiedereinstellung seitens des Arbeitgebers, sondern der Fortbestand und die Reaktivierung eines vorübergehend ruhenden Arbeitsverhältnisses nach Fortfall des Ruhensgrundes.

Somit verbleibt für W. nur noch ein enger Anwendungsbereich in Fällen einer besonderen kollektiv- oder individual-arbeitsrechtlichen Vereinbarung oder in Sonderfällen aus den Grundsätzen von Treu und Glauben sowie der → Fürsorgepflicht des Arbeitgebers. Die Rechtsprechung hat einen W. z.B. bejaht, wenn eine wirksame → Verdachtskündigung das Arbeitsverhältnis beendet hat und sich später der Verdacht als unbegründet

erweist. Auch unter dem Aspekt des Vertrauensschutzes in Verbindung mit einer → Gleichbehandlung kann sich ein W. ergeben, so z.B. wenn in Saisonbetrieben zum Ende der Saison alle Arbeitnehmer entlassen und nach einer langjährigen Praxis mit Beginn der nächsten Saison wieder neu eingestellt werden.

Vgl. auch → Wiedereinstellungsklausel.

Wiedereinstellungsklausel. Die W. gibt dem Arbeitnehmer das Recht, nach Beendigung des Arbeitsverhältnisses bei Vorliegen der in der W. konkret vereinbarten Voraussetzungen erneut bei demselben Arbeitgeber eingestellt zu werden. Solcher Klauseln bedarf es nicht, wenn das Arbeitsverhältnis fortbesteht und lediglich aufgrund besonderer Gegebenheiten ruht. Dies ist aufgrund der Suspensivwirkung bei Arbeitskämpfen der Fall, ferner bei unbezahltem → Sonderurlaub sowie bei Inanspruchnahme von Erziehungsurlaub. Entsprechendes gilt bei Einberufung zum Grundwehrdienst oder zu einer Wehrübung (§1 Abs. 1 ArbPlSchG) bzw. bei Ableistung von Zivildienst (§78 ZDG).

Somit ist die praktische Bedeutung von W. eher gering. Sie wird manchmal vereinbart, wenn ein Mitarbeiter zur Verbesserung seiner Qualifikation aus dem Arbeitsverhältnis ausscheidet, etwa um zu studieren, und beide Vertragsparteien an seiner Rückkehr nach Abschluss der Qualifizierungsmaßnahme interessiert sind. Weiter werden Wiedereinstellungsansprüche begründet, wenn konzernverbundene Unternehmen Arbeitnehmer für eine begrenzte Zeit zu einem anderen Konzernunternehmen entsenden und dies nicht in Form der → Abordnung, sondern der Beendigung des Arbeitsverhältnisses bei dem bisherigen Arbeitgeber und der Begründung eines neuen → Arbeitsvertrages bei dem neuen Arbeitgeber abgewickelt wird.

Personalpolitisch sind W. nicht unproblematisch. Sie sind jedenfalls dann abzulehnen, wenn die berufliche Fortentwicklung bei einem anderen Unternehmen mit einem Karriereschritt verbunden ist. Hier ist es nicht sachgerecht, die Vorteile der beruflichen Weiterentwicklung einerseits und das Streben nach Absicherung bei dem bisherigen Arbeitgeber andererseits zu verknüpfen. W. führen zu einer Einschränkung der Personaldisposition des bisherigen Arbeitgebers, insbesondere dann, wenn es um mehrere Fälle geht und der Zeitpunkt nicht absehbar ist, zu dem die Arbeitnehmer zu ihrem alten Arbeitgeber aufgrund der W. zurückkehren wollen.

Die praktische Umsetzung einer W. kann zu Interessenkonflikten zwischen den dadurch begünstigten Arbeitnehmern und der übrigen Belegschaft des Arbeitgebers führen.

wilder Streik. Ein w. St. ist ein von der zuständigen → Gewerkschaft nicht getragener Streik (→ Arbeitskampf). Das Wort „wild" bezieht sich folglich nicht auf die äußere Erscheinungsform des Streiks und die gewählten Streikmittel, sondern auf die organisatorische Steuerung des Arbeitskampfes. W. St. sind unzulässig. Dies folgt daraus, dass Arbeitskämpfe der Durchsetzung von Tarifverträgen dienen und daher von den Tarifparteien – hier also von der Gewerkschaft – beschlossen und gesteuert werden müssen.

Die Beteiligung an einem wilden Streik bedeutet eine Verletzung des → Arbeitsvertrages mit allen rechtlichen Konsequenzen (→ Abmahnung, → Kündigung, Schadensersatzpflicht). Allerdings kann ein zunächst w. St. später von der Gewerkschaft übernommen werden. In diesem Falle wird der ursprünglich w. St. nachträglich zulässig, nach der Rechtsprechung des BAG unter Umständen sogar rückwirkend vom Zeitpunkt des Beginns an. Dagegen bestehen erhebliche Bedenken, weil es für solch eine rückwirkende Legalisierung keine Rechtsgrundlage gibt und die Zulässigkeit einer Maßnahme für die Zukunft den Rechtsmangel für die Vergangenheit nicht heilt.

Willkürverbot. Das W. ist die Gegenseite der Gleichbehandlungspflicht. Alle Maßnahmen, die aufgrund der Verpflichtung zur → Gleichbehandlung geboten sind, verstoßen bei Nichtbeachtung gegen das W. Sachliche Differenzierungen im Rahmen der Gleichbehandlungspflicht sind mit dem W. vereinbar. In diesem Sinne beschreibt das W. in negativer Form, was die Verpflichtung zur Gleichbehandlung positiv gebietet.

Winterausfallgeld. Das Saison-Kurzarbeitergeld, bis 2006 W., wird von der → Bundesagentur für Arbeit Arbeitnehmern in der Bauwirtschaft bei witterungsbedingtem Arbeitsausfall in der Zeit vom 1. Dezember bis zum 31. März an Arbeitnehmer gewährt, die in einem Betrieb beschäftigt sind, der

dem Baugewerbe oder einem Wirtschaftszweig angehört, der von saisonbedingtem erheblichem Arbeitsausfall betroffen ist (§§175, 171ff. SGB III). Vgl. auch → Wintergeld.

Wintergeld. Mehraufwands-W. erhalten Arbeitnehmer in der Bauwirtschaft von der → Bundesagentur für Arbeit während der Förderzeit (15.12. eines Jahres bis zum 28/29.2.des Folgejahres) in Höhe von 1,00 Euro pro geleisteter Arbeitsstunde (§ 175a Abs. 3 SGB III). Zuschuss-W. in Höhe von 2,50 Euro je ausgefallener Arbeitsstunde wird gewährt, wenn zu deren Ausgleich Arbeitszeitguthaben aufgelöst und die Inanspruchnahme des Saison-Kurzarbeitergeldes vermieden wird (§ 175a Abs. 2 SGB III).

Wirtschaftsausschuss. Die betriebliche → Mitbestimmung nach dem BetrVG bezieht sich grundsätzlich auf die sozialen Belange der Belegschaft (hier im weitesten Sinne verstanden), nicht aber auf die wirtschaftliche Ausrichtung des Unternehmens. Die Unternehmenspolitik wird von den zuständigen Unternehmensorganen, insbesondere von der Geschäftsführung (bei einer GmbH) und dem Vorstand (bei einer Aktiengesellschaft) unter Beachtung der Kompetenzen des Aufsichtsrats festgelegt.

Die Mitwirkung der Arbeitnehmer vollzieht sich im Rahmen der gesellschaftsrechtlichen Mitbestimmung in den Aufsichtsräten nach dem MitbestG 1976, dem MontMitbestG 1951 mit dem MontMitbestErgG 1956 sowie für kleinere Gesellschaften dem BetrVG 1952. Trotz dieser grundsätzlichen Trennung zwischen betrieblicher und unternehmerischer Mitbestimmung ist die Kenntnis der wirtschaftlichen Situation des Unternehmens und seiner Rahmenbedingungen für den → Betriebsrat von besonderer Bedeutung.

Darüber hinaus liegt es im Rahmen moderner, sozialpartnerschaftlicher Unternehmensführung auch im Interesse des Arbeitgebers, Mitarbeiter und Betriebsvertretung über die wirtschaftliche Situation des Unternehmens zu unterrichten, soweit nicht Geschäftsgeheimnisse berührt sind.

Auf diesem Hintergrund ist die gesetzliche Verankerung des W. nach §106 BetrVG zu sehen. In allen Unternehmen mit i.d.R. mindestens 100 ständig beschäftigten Arbeitnehmern ist ein W. zu bilden. Er hat die Aufgabe, den Betriebsrat über wirtschaftliche

Angelegenheiten zu unterrichten und solche mit dem Unternehmer zu beraten (§ 106 Abs. 1 und 2 BetrVG). Zu den wirtschaftlichen Angelegenheiten im Sinne dieser Vorschrift gehören im Einzelnen die wirtschaftliche und finanzielle Lage des Unternehmens, die Produktions- und Absatzlage, das Produktions- und Investitionsprogramm, Rationalisierungsvorhaben, Fabrikations- und Arbeitsmethoden, Fragen des betrieblichen Umweltschutzes, eine beabsichtigte Einschränkung oder Stillegung von Betrieben oder Betriebsteilen sowie deren Verlegung und Zusammenschluss, die Übernahme des Unternehmens verbunden mit einem Kontrollerwerb, die Änderung der Betriebsorganisation oder des Betriebszwecks sowie sonstige Vorgänge und Vorhaben, welche aus wirtschaftlicher Sicht die Interessen der Arbeitnehmer des Unternehmens wesentlich berühren können (§ 106 Abs. 3 Ziff. 1 bis 10 BetrVG).

Der W. besteht aus mindestens drei und höchstens sieben Mitgliedern, wozu auch → leitende Angestellte nach § 5 Abs. 3 BetrVG bestimmt werden können. Die Wahl der Mitglieder des W. erfolgt durch den Betriebsrat (§ 107 Abs. 1 und 2 BetrVG). Der W. soll monatlich einmal zusammentreten (§ 108 Abs. 1 BetrVG), was sich in der Praxis als nicht zweckmäßig erwiesen hat. Regelmäßig tagt der W. zwischen zwei- und viermal im Jahr.

Darüber hinaus hat der Arbeitgeber in Unternehmen mit i.d.R. mehr als 1.000 ständig beschäftigten Arbeitnehmern ein Mal im Kalendervierteljahr alle Mitarbeiter schriftlich über die wirtschaftliche Lage und Entwicklung des Unternehmens zu unterrichten. Schließlich ist der Arbeitgeber gehalten, im Rahmen von → Betriebs- und → Abteilungsversammlungen zur wirtschaftlichen Lage und Entwicklung des Betriebes Stellung zu nehmen (§ 43 Abs. 2 BetrVG).

Ein dem W. vergleichbarer Ausschuss besteht für die leitenden Angestellten nicht. Abgesehen davon, dass diese zu Mitgliedern des W. berufen werden können, hat das Unternehmen den → Sprecherausschuss selbst mindestens ein Mal im Kalenderhalbjahr über die wirtschaftlichen Angelegenheiten des Betriebes im Sinne des § 106 Abs. 3 BetrVG zu unterrichten. Der Hintergrund dieser Direktunterrichtung des Sprecherausschusses anstelle der Einrichtung eines besonderen W. für leitende Angestellte liegt in der geringeren Zahl der leitenden Angestellten im Ver-

hältnis zur Gesamtbelegschaft einerseits sowie deren besonderer Nähe zur Unternehmensleitung andererseits.

Wissenschaftliche Betriebsführung, *Scientific Management, Taylorismus.* Die W. B. wurde Anfang des 20. Jahrhunderts in den USA v.a. von den Ingenieuren Taylor und Gilbreth entwickelt und geht von der Annahme aus, dass sich auch die Menschen im Unternehmen, insbesondere in gewerblichen Arbeitsbereichen, hinsichtlich ihres Arbeitsverhaltens und ihrer Arbeitsleistungen ähnlich den technischen Betriebsmitteln mathematisch-naturwissenschaftlich exakt einsetzen, organisieren und steuern lassen. Es komme zunächst darauf an, durch → Arbeitsplatzanalysen, → Zeitstudien und an technisch-ökonomischen Kriterien orientierter → Arbeitsplatzgestaltung eine Optimierung der Arbeitsabläufe und Arbeitsumgebung zu erreichen und dann über genau kalkulierte Löhne vorwiegend materielle → Leistungsanreize zu bieten. Zerlegung der Arbeitsaufgaben in kleinste, für jeden sehr schnell erlernbare und leicht ausführbare Teilaufgaben, Standardisierung und Normierung waren weitere Prinzipien der W. B.

Die Erfolge der W. B. vor dem Hintergrund der gerade sich voll entfaltenden Massenindustrialisierung und Massenproduktion (z.B. in der Automobilindustrie) sowie der Beschäftigung einer vorhandenen breiten Schicht unqualifizierter Arbeitskräfte sind unbestritten. Der arbeitende Mensch wurde allerdings sehr einseitig als weitestgehend von materiellen Bedürfnissen motiviert und zweckrational denkend und handelnd begriffen. Die in den 30er-Jahren einsetzende Bewegung der sog. → Human Relations bildete hierzu ein Gegengewicht, indem sie die Bedeutung nicht materieller Bedürfnisse, psychosozialer Faktoren u.a., einer exakten Analyse und Kalkulation nicht zugänglicher Phänomene erkannte und damit eine Korrektur insbesondere in den Vorstellungen über Mitarbeiterführung und optimale → Arbeitsbedingungen einleitete. Aus heutiger Sicht ist die W. B. zu Recht nur noch eine abgeschlossene Epoche, auch wenn sie in der Personalpolitik einzelner Unternehmen sicher noch nachwirkt.

Vgl. auch → Arbeitswissenschaft, → Ergonomie.

Witwen-/ Witwerrente, → Altersversorgung, → Rentenrecht.

Wohlwollensgebot. Das W. ist bei der Formulierung eines → Arbeitszeugnisses, insbesondere des qualifizierten, von großer Bedeutung. In der Folge arbeitsgerichtlicher Rechtsprechung hat sich das W. herausgebildet und besagt, dass ein Arbeitszeugnis das weitere berufliche Fortkommen des Mitarbeiters nicht unnötig erschweren und von daher nach Form und Inhalt von einem sog. verständigen Wohlwollen getragen sein soll. Damit wird in der Praxis die objektive und dem → Wahrheitsgebot folgende Ausstellung von Arbeitszeugnissen sehr erschwert. Dies hat hinsichtlich bewertender Zeugnisinhalte zu häufig nichtssagenden, allgemeinen und die beruflichen Leistungen des Mitarbeiters nur wenig oder gar nicht differenzierenden Floskeln geführt, mitunter auch zur Herausbildung geheimcodeartiger Verklausulierung negativer Leistungseinschätzungen (→ Offenheitsgebot, → Zeugnissprache).
Gleichwohl darf der Aussteller eines qualifizierten Arbeitszeugnisses keine unzutreffenden Angaben zu entscheidenden Punkten der beruflichen Leistungen des Mitarbeiters machen, z.B. einem wegen Unterschlagung entlassenen Mitarbeiter Ehrlichkeit bescheinigen oder einem häufig in selbstverschuldete Unfälle verwickelten Berufskraftfahrer Unfallfreiheit. Zu beachten ist, dass der Zeugnisaussteller bei nachweislich falschen Angaben gegenüber dem neuen Arbeitgeber des ehemaligen Mitarbeiters für daraus evtl. entstehende Schäden haftbar gemacht werden kann.
Vgl. auch → Vollständigkeitsgebot.

Work-Faktor-Verfahren (WFV), → Zeitstudien.

Work-Life-Balance. W.-L.-B. zielt in erster Linie auf die mit der Vereinbarkeit von Familie und Freizeit auf der einen und Beruf, Erwerbstätigkeit auf der anderen Seite verbundenen Fragen und Probleme. Ursprünglich sind die hier angesprochenen Fragen mit der Zunahme der Zahlen erwerbstätiger Frauen und deren Karrierewünschen in den Blickpunkt geraten, inzwischen jedoch auch für viele Männer zu einem Thema ihrer individuellen Lebensplanung geworden. Dem Bedürfnis einer anscheinend zunehmenden Zahl von Menschen nach einer als ausgewogen empfundenen „Bilanz" zwischen Berufstätigkeit sowie Freizeit und Familie versuchen viele Unternehmen z.B. über Maßnahmen der → Arbeitszeitflexibilisierung, → Arbeitsplatzflexibilisierung, des → Jobsharing und mitunter dem Angebot von → Sabbaticals zu entsprechen. Auch der Gesetzgeber hat z.B. über das → Bundesgleichstellungsgesetz, die → Frauenförderung u.a. Maßnahmen diesem Bedürfnis Rechnung getragen.
In zweiter Linie zielt W.-L.-B. auf die zeitlichen Proportionen zwischen Schul-/Ausbildungszeiten, Erwerbstätigkeitszeiten und Ruhestandszeiten (Bezug von Altersrente/Pension) der Bevölkerung oder bestimmter Bevölkerungsgruppen. Bei zunehmendem Anteil der Ausbildungs- und Ruhestandszeiten und gleichzeitiger Abnahme der Zeit aktiver Erwerbstätigkeit ergeben sich schon seit längerem ernstzunehmende Probleme und Fragen sowohl bei der Fortentwicklung der sozialen Sicherungssysteme als auch für die jeweils individuellen Gestaltungen der späteren Lebensjahre.
Vgl. auch → Altersgrenze, → Altersteilzeit, → Altersversorgung, → Lebensarbeitszeit, → Wertewandel, → Zeitsouveränität.

Workshop. W. ist die Bezeichnung für ein Arbeitsgespräch in einem größeren Kreis (ca. 5–20 Teilnehmer), in dem mehr komplexe Probleme diskutiert werden, nach Problemlösungen gesucht wird oder wichtige Entscheidungen vorbereitet werden. Darüber hinaus wird der Begriff auch zur Bezeichnung von Veranstaltungen benutzt, die Präsentationszwecken dienen, insbesondere einem bestimmten Personen- oder Mitarbeiterkreis neue Produkte, Verfahren, Ergebnisse oder Strategien vorstellen und erläutern. Zur Erhöhung der Effektivität eines W. werden häufig systematisch Visualisierungs-, Moderations- und Kreativitätstechniken (→ Brainstorming) eingesetzt.
Vgl. auch → Kreativität, → Moderation.

Y – Z

Young Professionals. Vorwiegend im →
Personalmarketing Bezeichnung für die
Zielgruppe → Führungsnachwuchs mit zwei
bis drei Jahren Berufserfahrung nach einem
Studienabschluss.

Zeitakkord, → Akkord.

Zeitarbeit, → Arbeitnehmerüberlassung.

Zeitarbeitsverhältnis, → befristetes Arbeitsverhältnis.

Zeiterfassung. Flexible Arbeitszeitsysteme, insbesondere auch Gleitzeitsysteme, sind
regelmäßig mit einer elektronischen Form
der Z. gekoppelt. Beginn und Ende der täglichen → Arbeitszeit, teilweise auch die Unterbrechung durch die Inanspruchnahme der →
Pause, werden von dem Zeiterfassungssystem mittels Identitätskarte – vielfach ein
zusätzlich kodierter Werksausweis – gespeichert.

Elektronisch arbeitende Zeiterfassungssysteme unterliegen der → Mitbestimmung des
→ Betriebsrates nach §87 Abs. 1 Nr. 6
BetrVG. Kommt es nicht zu einer Einigung
zwischen den Betriebsparteien, ersetzt der
Spruch der angerufenen → Einigungsstelle
die Einigung zwischen Arbeitgeber und
Betriebsrat (§87 Abs. 2 BetrVG).

Zeitkonto. Im Rahmen von Modellen der
flexiblen Arbeitszeitgestaltung ist es erforderlich, die geleistete Arbeit auf einem besonderen Konto, dem Z., zu erfassen. Nur auf
diese Weise ist es für Arbeitgeber und Arbeitnehmer möglich, eine Unter- oder Überdeckung der geleisteten Arbeit im Verhältnis
zur geschuldeten Berufstätigkeit festzustellen. Je nachdem, in welcher Referenzperiode
die für den betreffenden Mitarbeiter gültige
Regelarbeitszeit erreicht werden muss, gibt
es Tages-, Wochen-, Monats- und Jahresarbeitszeitkonten. Üblicherweise werden dem
Arbeitnehmer seine individuellen Verhältnisse durch regelmäßige, meist monatliche
Übersendung eines Auszuges über sein Arbeitszeitkonto mitgeteilt, um die notwendigen Dispositionsmöglichkeiten zu erleichtern.
Vgl. auch → Arbeitszeit, → Gleitzeit.

Zeitlohn, → Zeitvergütung.

Zeitsouveränität. Die Z. spricht die Frage
an, inwieweit der Arbeitnehmer (mit)entscheiden kann, wann und in welchem Umfang er seine Arbeitsleistung erbringt. Dies
hängt maßgeblich von den Arbeitszeitregelungen ab. In starren Arbeitszeitsystemen
sind Beginn und Ende der → Arbeitszeit
fixiert. Die Z. des Mitarbeiters beschränkt
sich insoweit darauf, die Lage seines →
Urlaubs zu bestimmen, da der Arbeitgeber im
Rahmen betrieblicher Möglichkeiten auf die
Wünsche des Arbeitnehmers Rücksicht zu
nehmen hat. Je flexibler die Arbeitszeitsysteme sind und je mehr es dabei auf die Entscheidung des Arbeitnehmers ankommt, zu
welchem Zeitpunkt Arbeitsleistungen erbracht werden, desto größer ist seine Z.

Im Rahmen von Gleitzeitsystemen (→ Gleitzeit) kann der Mitarbeiter entscheiden, in
welchem Umfang er in den Gleitzeitphasen
vor und nach der Kernarbeitszeit und auf
welche Weise er Arbeitszeitguthaben/ Arbeitszeitschulden im Rahmen der bestehenden Gleitzeitregelungen zum Ausgleich
bringt. In der Kernzeit besteht keine Arbeitszeitsouveränität. Auch in den Gleitzeitphasen
sind nach regelmäßig ausdrücklicher Klarstellung in der Gleitzeitregelung die betrieblichen Belange zu berücksichtigen.

In sonstigen Formen flexibler Arbeitszeitsysteme, die sich darum bemühen, Arbeitsanfall
und Arbeitsverfügbarkeit in Deckung zu
bringen, wird die Z. nach näherer Maßgabe

der Vereinbarung auf Arbeitgeber und Arbeitnehmer verteilt. Der praktische Erfolg hängt maßgeblich davon ab, dass beide Parteien Vorteile aus der flexiblen Arbeitszeitgestaltung haben. Für kapazitätsorientierte variable Arbeitszeit (→ Kapovaz) begrenzt § 12 TzBfG die Dispositionsbefugnis des Arbeitgebers und damit zugleich die Einschränkung der Z. des Arbeitnehmers. In solchen Systemen ist der Arbeitnehmer zur Arbeitsleistung nur verpflichtet, wenn der Arbeitgeber ihm die Lage seiner Arbeitszeit jeweils vier Tage im Voraus mitteilt (§ 12 Abs. 2 TzBfG). Darüber hinaus sind entsprechende Vereinbarungen zu treffen, die eine bestimmte Dauer der Arbeitszeit je Arbeitsanfall und eine tägliche Mindestdauer festlegen (§ 12 Abs. 1 und 3 TzBfG). Schließlich kann sich Z. auch auf die → Lebensarbeitszeit beziehen, insbesondere durch Einräumung eines → Sabbaticals oder von → Altersteilzeit. I.w.S. gehört zur Z. auch die Möglichkeit, zwischen privaten Belangen und Beruf abzuwägen, also → Elternzeit, unbezahlten → Sonderurlaub für Maßnahmen der beruflichen Qualifizierung sowie ein Angebot zur → Teilzeitarbeit in Anspruch zu nehmen.

Vgl. auch → Arbeitszeitrecht.

Zeitstudien. Hierunter fallen verschiedene Systeme und Methoden zur Ermittlung von Sollzeiten für einzelne oder zusammenhängende Arbeitsvorgänge. Sie werden überwiegend eingesetzt im Rahmen von → Arbeitsbewertungen, → Arbeitsplatzanalysen, → Stellenbewertungen und der Planung des → Personalbedarfs. Ihre Anwendung ist jedoch weitgehend beschränkt auf gleichförmige, mehr standardisierte und sich wiederholende Arbeitsabläufe, insbesondere im Fertigungsbereich und bei einfachen Büro- und Verwaltungsarbeiten.

Von praktischer Bedeutung sind vornehmlich die folgenden Methoden/ Verfahren:

a) *REFA-Zeitstudien*: Hier werden über oft aufwendige Zeitaufnahmen mittels manueller oder automatischer Zeitnahmegeräte (z.B. Stoppuhren, Zeitschreiber, Kameras) die Ausführungszeiten systematisch erhoben (z.B. Bedienung einer halbautomatischen Presse) und somit über die Erfassung der Istleistungen, ggf. unter besonderer Beachtung von → Verteilzeiten, Grundlagen zur Ermittlung und Vorgabe von Sollzeiten ermittelt.

b) *Multimoment-Verfahren*: Auf der Basis mathematisch-statistischer Methoden werden hier stichprobenartig über eine Reihe von zeitlich zufällig verteilten systematischen Arbeitsplatzbeobachtungen Auftreten und Zeitbedarf von vorher (in einem Beobachtungsplan) festgelegten Merkmalen oder Ereignissen (z.B. Bedienungsfehler, Materialstopp) ermittelt und davon auf die absoluten oder relativen Häufigkeiten der Merkmale/ Ereignisse sowie die korrespondierenden Zeitwerte geschlossen.

c) Die sog. „*Elementarzeitverfahren*" finden sich in der Praxis als Work-Faktor-Verfahren (WFV) und Methods-Time-Measurement-Verfahren (MTM). Grundlage beider Verfahren ist die systematische Analyse der äußeren körperlichen Bewegungsabläufe (z.B. der Arme und Hände) zur Ermittlung der in der Arbeitssituation bzw. -tätigkeit enthaltenen einzelnen Grund-Bewegungselemente (z.B. Greifen, Drehen). Diesen Bewegungselementen werden dann aus sog. „Bewegungszeittabellen" entnommene Zeitwerte zugeordnet. Bewegungszeittabellen enthalten empirisch ermittelte (z.B. über Videoaufnahmen konkreter Arbeitssituationen) Normalzeitwerte für in industriellen Arbeitssituationen (vorwiegend Massen-/ Großserienfertigung) typische Bewegungselemente. Im Wege der Addition der Zeitwerte einzelner Bewegungselemente ergeben sich dann, ggf. erweitert um relevante Verteilzeiten, Sollzeiten, auf denen z.B. eine Personalbedarfsplanung aufbauen kann.

Die oben erwähnten Methoden oder Verfahren sind i.d.R. zeitlich und finanziell sehr aufwendig sowie nur von darin geschulten, erfahrenen Fachkräften seriös anwendbar. Deshalb sollten sie nur eingesetzt werden, wenn sicher ist, dass Aufwand und Nutzen in einem sinnvollen Verhältnis zueinander stehen.

Kommt aufgrund der besonderen Arbeitssituation oder -inhalte (z.B. mehr komplexe oder wenig manuelle Tätigkeiten) ihre Anwendung nicht infrage, wird in der Praxis zumeist von Zeitschätzungen ausgegangen. Der Zeitaufwand für einzelne, klar identifizierbare Arbeitsvorgänge wird weitgehend geschätzt und zu einem Gesamtzeitbedarf für den kompletten Arbeitsablauf zusammengefasst. Zeitschätzung ist das einfachste, jedoch ungenaueste Verfahren. Um diesen Nachteil so gering wie möglich zu halten, sollten zumindest die Arbeitsabläufe klar und bekannt sein sowie analytisches Beobachtungsvermögen und Zeitnahmeerfahrungen des die Zeitschätzung vornehmenden Mitarbeiters gewährleistet sein, was den „Laieneinsatz" somit ausschließt.

Zeitvergütung. Die Z. ist die klassische Form der → Vergütung für die von dem Mitarbeiter geleistete Arbeit. Die Bemessung hängt von der in zeitlicher Hinsicht geleisteten Arbeitsmenge ab, gemessen in Stunden, Tagen, Wochen oder Monaten. Während für → Angestellte die Monatsvergütung üblich ist, werden gewerbliche Mitarbeiter vielfach noch nach den geleisteten Arbeitsstunden bezahlt. Auch hier gibt es jedoch in vielen Wirtschaftszweigen bereits für alle Arbeitnehmergruppen einheitliche, auf Monatsbasis aufbauende Vergütungssysteme.

Die Vergütungsfindung in einem Z.-System benötigt stets einen zweiten Anknüpfungspunkt zur Findung des Arbeitswertes, von dem die spezifische Vergütung für die erbrachte Arbeitsleistung abhängt und der dann – mit der geleisteten → Arbeitszeit abgeglichen – die zu zahlende Vergütung ergibt. Für die Ermittlung der Arbeitswertigkeit bestehen verschiedene Verfahren, insbesondere die analytische Arbeitsplatzbewertung, die → Eingruppierung nach Tätigkeitsbildern oder aber die Vergütungsfindung nach mehr abstrakten Oberbegriffen. Z.-Systeme können abschließend sein, darüber hinaus jedoch im Sinne einer leistungsorientierten Vergütung durch zusätzliche Komponenten angereichert werden.

Abgesehen von Vergütungsbestandteilen für eine besondere Inanspruchnahme (→ Mehrarbeit, Schichtzuschläge, Erschwerniszuschläge, Vergütungen für Ruf- und → Arbeitsbereitschaft) kommen hierfür insbesondere leistungsabhängige Vergütungselemente in Form von übertariflichen → Zulagen, spezifischen → Leistungszulagen, → Prämien, Einmalzahlungen – insbesondere in Form von → Tantiemen – sowie Akkordsysteme in Betracht. Eine moderne Mitarbeitervergütung bemüht sich darum, die Kriterien für die Entgeltfindung mit der Mitarbeiterbewertung sowie mit objektiven wie persönlichen → Zielvereinbarungen zu verknüpfen, um die Leistung in all ihren Facetten messbar und ihre Umsetzung in Vergütungsbestandteile nachvollziehbar zu machen. Dies gilt

sowohl für die Vergütungsfindung, soweit das maßgebliche Vergütungssystem (insbesondere auch der → Tarifvertrag) bezüglich der Grundvergütung leistungsabhängige Spielräume eröffnet, als auch für die Gewährung von Einmalzahlungen sowie für die Zuerkennung von → Zulagen wie auch von → Prämien.
Vgl. auch → Arbeitsbewertung, → Vergütungspolitik.

Zeitvertrag, → befristete Arbeitsverhältnisse.

Zentralstelle für Arbeitsvermittlung (ZAV). Zu den wesentlichen Aufgaben der Bundesagentur für Arbeit (→ Arbeitsverwaltung) gehört die Arbeitsvermittlung. Diese obliegt grundsätzlich den örtlichen Agenturen für Arbeit, wobei es jedoch in jüngerer Vergangenheit verstärkt zu einer Auflockerung der Zuständigkeiten für die Arbeitsvermittlung gekommen ist und mit einem weiterhin zunehmenden Anteil der privaten Arbeitsvermittler zu rechnen ist.

Für Führungskräfte besteht im Hinblick auf den vielfach räumlich breiter angelegten Markt die Notwendigkeit einer besonderen Organisationsform der Arbeitsvermittlung, der die örtliche Begrenzung der Agenturen für Arbeit vielfach nicht ausreichend Rechnung trägt. Hierfür ist die ZAV mit ihrer bundesweiten Ausrichtung eingerichtet worden, die organisatorisch zur Bundesagentur für Arbeit gehört.

Die Aufgabe der Zentralstelle besteht insbesondere in der Beratung und Vermittlung von Führungskräften aller Fachrichtungen für das obere und oberste Management, ferner von Fach- und Führungskräften speziell für das Hotel- und Gaststättengewerbe im Hinblick auf die vielfältigen Mobilitätsanforderungen in diesem Bereich sowie schließlich von Angehörigen künstlerischer Berufe. Darüber hinaus verfügt die Zentralstelle über eine Auslandsabteilung, die sich mit der Vermittlung inländischer Arbeitskräfte in das Ausland und ausländischer Arbeitskräfte in die Bundesrepublik Deutschland befasst. Der Sitz der ZAV ist Bonn.

Seit Aufhebung des Monopols der Arbeitsverwaltung für die Bundesagentur für Arbeit (1994) ist private → Arbeitsvermittlung zulässig. Sie spielt gerade für Führungskräfte eine wichtige Rolle.

Zeugnisse. Bei der Einstellung von Schulabgängern (Auszubildende) oder Hochschulabsolventen (z.B. Führungskräftenachwuchs) wird im → Auswahlverfahren den Abschlusszeugnissen von Schulen und Hochschulen oft eine große Bedeutung beigemessen. Im weiteren Verlauf des Berufslebens spielen diese Z. bei der Qualifikationsanalyse von Bewerbern aber kaum noch eine Rolle, dafür bekommen häufig → Arbeitszeugnisse einen besonderen Stellenwert. Auch bei Berufsanfängern sollten jedoch der Aussagewert der Z. hinsichtlich der mit ihnen bewerteten Leistungen sowie ihre Prognosekraft für Berufseignung, Ausbildungserfolg oder Motivation der Bewerber nur zurückhaltend beurteilt werden. Unterschiedliche bildungspolitische Konzepte der Bundesländer wie auch Unterschiede zwischen einzelnen Schultypen und Schulen hinsichtlich Fächerinhalt, Leistungsanforderungen und Benotungspraxis verringern deutlich den Wert der Z. für die Personalauswahl.

Viele Unternehmen ermitteln deshalb bei Schulabgängern über → Tests den tatsächlichen, aktuellen Wissens- und Leistungsstand, z.B. in Mathematik und Deutsch. Zeugnisnoten werden von diesen Tests häufig nicht bestätigt, tendenziell bescheinigen die Noten bessere Leistungen als die Testergebnisse sie ausweisen. Ähnliche Vorbehalte gelten auch hinsichtlich der Diplomzeugnisse von Hochschulabsolventen. Hier sollte, wenn möglich, ermittelt werden, welche Prüfungsbedingungen die jeweiligen Diplomprüfungsordnungen der Fachbereiche an den betreffenden Universitäten oder Fachhochschulen festlegen. So können z.B. in der gleichen Studienrichtung an einigen Hochschulen Diplomprüfungen sukzessive, über mehrere Semester verteilt, abgelegt werden, in einigen Fächern Benotungen von Einzel- oder Gruppenhausarbeiten eine Abschlussklausur ersetzen oder Bearbeitungszeiten für Diplomarbeiten um mehrere Monate abweichen. Ein objektiver, den Absolventen verschiedener Hochschulen gerecht werdender Vergleich wird dadurch sehr erschwert oder unmöglich. Hier bieten häufig nur Wahlfachschwerpunkte oder Themen der Diplomarbeiten gewisse Anhaltspunkte für die Studienleistungen oder Berufsneigungen.

Bei der Auswahl des Führungskräftenachwuchses werden daher von vielen Unternehmen ergänzende Studienaspekte, wie Auslandssemester, Studiendauer oder fachbezogene Praktika beachtet sowie häufig, insbesondere von Großunternehmen, weitere Auswahlverfahren (z.B. → Assessmentcenter) eingesetzt. Die von manchen Unternehmen praktizierte Bevorzugung von Absolventen mit Studienabschlüssen an bestimmten, als besonders gut geltenden Hochschulen, sollte allerdings sehr zurückhaltend bewertet werden. Alle bisherigen Ansätze zu einem generellen oder fachbereichsspezifischen Hochschulranking sind methodisch fragwürdig und im Ergebnis wenig überzeugend.
Vgl. auch → Bewerbungsanalyse, → Bewerbungsunterlagen, → Ranking.

Zeugnissprache. Formulierungen und Aussagen in qualifizierten → Arbeitszeugnissen wirken mitunter nichtssagend, unklar oder missverständlich. Hin und wieder entsteht auch der Eindruck, dass über code- oder geheimsprachenähnliche Begriffe und Formulierungen verdeckte Kritik an Leistungen oder Verhalten des Mitarbeiters signalisiert werden soll. Grundsätzlich gilt aber, dass nach dem sog. → Offenheitsgebot ein Arbeitszeugnis verschlüsselte, in der Bedeutung nur bestimmten Personen zugängliche Aussagen und Formulierungen nicht enthalten darf.

Das in den letzten Jahren insbesondere von der Rechtsprechung stark in den Vordergrund gestellte → Wohlwollensgebot hat allerdings eine Z. begünstigt, die v.a. bei der Erteilung von Arbeitszeugnissen für schwächere Mitarbeiter häufig schablonenhaft, wenig aussagefähig oder mehrdeutig wirkt und damit für Analyse und Bewertung einen breiten Interpretationsspielraum bietet. Zur Vermeidung von Konflikten mit dem ein Arbeitszeugnis verlangenden Mitarbeiter oder dem neuen Arbeitgeber eines ehemaligen Mitarbeiters sowie zur Erfüllung des → Wahrheitsgebotes sollte sich das ausstellende Unternehmen jedoch immer bemühen, ein Arbeitszeugnis systematisch gegliedert, klar, nachvollziehbar sowie sprachlich sorgfältig und präzise zu formulieren. Bewertungen und Fakten sind deutlich zu trennen. Bedacht werden sollte auch, dass Arbeitszeugnisse als Visitenkarten des ausstellenden Unternehmens anzusehen sind und Rückschlüsse auf die Urteilsfähigkeit seiner Führungskräfte ermöglichen. Vgl. auch → Vollständigkeitsgebot.

Zielvereinbarung. In der Z. vereinbaren Führungskraft und Mitarbeiter besondere Leistungsziele, welche der Mitarbeiter im Laufe eine Periode, i.d.R. das Geschäftsjahr, erreichen soll. Die Z. erfolgt in vielen Unternehmen im Rahmen eines jährlichen → Beurteilungsgesprächs und ist häufig Bestandteil eines bestimmten → Führungsmodells (zumeist des als Führung über Zielvorgaben verstandenen Management by Objectives). Angestrebt werden über die Z. eine Unterstützung der Handlungsorientierung, Steigerung der Selbststeuerungsfähigkeit, die Verbesserung praxisnahen Problemlösungs- und Entscheidungsverhaltens sowie die Stärkung von Engagement und Leistungsfähigkeit des Mitarbeiters.

Die Z. soll dem Mitarbeiter nicht Ziele diktieren, sondern mit ihm in kooperativer Weise Ziele festlegen, die sowohl den betrieblichen Ansprüchen und Notwendigkeiten, als auch den subjektiven beruflichen Erwartungen und Möglichkeiten des Mitarbeiters gerecht werden. Die konzeptionelle Orientierung der Z. sollte neben der Festlegung der Zielfelder (z.B. wo liegen die Ziele, was soll erreicht werden?) auch eine angemessene Beachtung unterschiedlicher Zielarten anstreben. Hierbei ist zu unterscheiden nach Standardzielen, Leistungs- und Innovationszielen. Standardziele richten sich auf Erhalt und Absicherung, Leistungsziele auf die Veränderung und Verbesserung (z.B. Senkung der → Fehlzeiten im Betrieb) des bisher Erreichten. Innovationsziele dagegen liegen vor, wenn Neuerungen angestrebt werden, z.B. die erstmalige Einrichtung eines → Personalinformationssystems oder die Gewinnung eines neuen Absatzmarktes. In der Z. sollte immer ein am Leistungsbild des Mitarbeiters orientiertes Verhältnis der einzelnen Zielarten zueinander angestrebt werden, z.B. bei einem sehr leistungsfähigen, aufstiegsorientierten Mitarbeiter ein höherer Anteil von Innovationszielen, da diese zumeist anspruchsvoller oder herausfordernder sind. Zur Vermeidung späterer Missverständnisse oder Unstimmigkeiten, die sich in der Praxis mitunter aus sehr vagen, unspezifischen oder mehrdeutigen Zielformulierungen ergeben, sollten die Kriterien Machbarkeit,

Messbarkeit und Überprüfbarkeit beachtet werden. Das heißt, Ziele sollten so formuliert sein, dass sie für den Mitarbeiter grundsätzlich auch erreichbar oder attraktiv sind, sie sollten weitestgehend durch Fakten, Zahlen oder Daten konkretisiert werden (z.B. Senkung der Fehlzeiten bei der Mitarbeitergruppe X um Y-Prozentpunkte bis zum Ende des II. Quartals) und darüber hinaus auch so formuliert werden, dass sich Mitarbeiter wie Führungskraft möglichst jederzeit über den Grad der Zielerreichung orientieren können. Zur Unterstützung der Zielerreichung sollten in der Z. auch gewisse Zielkontrollen festgelegt werden (→ Kontrolle), die z.B. in Form von Zwischenzielen, Terminen für Rücksprachen, Sachstandsberichten u.Ä. schon in die Z. aufgenommen werden können. In vielen Unternehmen, die Mitarbeiterführung über Z. praktizieren, werden die Ergebnisse der Z. schriftlich, stichwortartig festgehalten, hin und wieder auch in einem eigens dafür entwickelten Formblatt.
Vgl. auch → Balanced Scorecard, → Führungsmittel, → Mitarbeitergespräch.

Zugangsrecht. Der Problemkreis des Z. der → Gewerkschaften zu dem Betrieb betrifft die Frage, inwieweit Gewerkschaftsvertreter auch gegen den Willen des Arbeitgebers Zugang zu dem Betrieb haben, gewerkschaftliche Standpunkte vertreten und für eine Mitgliedschaft in der Gewerkschaft werben können.

Einerseits sind die Gewerkschaften Arbeitnehmerorganisationen, die außerhalb des Betriebes organisiert sind. Die Belange der Arbeitnehmer innerhalb des Betriebes werden durch den → Betriebsrat und nicht durch eine Betriebsgewerkschaftsleitung wahrgenommen. Andererseits haben die Gewerkschaften als Interessenvertreter der Arbeitnehmer ein schutzwürdiges Interesse daran, den Betriebsrat zu unterstützen und die Arbeitnehmer innerbetrieblich anzusprechen, weil sie vielfach nur auf diese Weise wirksam erreicht werden können. Im Spannungsfeld dieser unterschiedlichen Belange ist das Z. der Gewerkschaften zu den Betrieben geregelt.

Nach §2 Abs. 2 BetrVG ist Beauftragten der im Betrieb vertretenen Gewerkschaften nach Unterrichtung des Arbeitgebers oder seines Vertreters Zugang zu dem Betrieb zu gewähren, soweit dem nicht unumgängliche Notwendigkeiten des Betriebsablaufs, zwingende Sicherheitsvorschriften oder der Schutz von Betriebsgeheimnissen entgegenstehen. Darüber hinaus enthält das Betriebsverfassungsrecht verschiedene Spezialzuständigkeiten für die Gewerkschaften.

Hier sind im Einzelnen zu nennen: Wahlvorschläge für die → Betriebsratswahl sowie die Wahl der → Jugend- und Auszubildendenvertretung (§§14 Abs. 5, 63 Abs. 2 BetrVG), Entsendungsrechte in den Wahlvorstand, wenn kein stimmberechtigtes Wahlvorstandsmitglied der Gewerkschaft angehört (§§16 Abs. 1, 63 Abs. 2), Antrag auf Bestellung des Wahlvorstandes beim Arbeitsgericht, wenn acht Wochen vor Ablauf der Amtszeit des Betriebsrats noch kein Wahlvorstand besteht (§§16 Abs. 2, 63 Abs. 3), in betriebsratslosen Betrieben die Einberufung einer → Betriebsversammlung, die den Wahlvorstand bestellen soll (§17 Abs. 2), Antrag auf Ersetzung eines untätigen Wahlvorstandes durch das Arbeitsgericht (§§18 Abs. 1, 63 Abs. 3), Antrag an das Arbeitsgericht, über die Selbstständigkeit eines Nebenbetriebs oder Betriebsteils im Sinne der Betriebsratsfähigkeit zu entscheiden (§18 Abs. 2), → Anfechtung der Betriebsratswahlen (§§19 Abs. 2, 63 Abs. 3), Antrag auf Ausschluss eines Betriebsratsmitglieds aus dem Betriebsrat oder auf Auflösung des Betriebsrats (§§23 Abs. 1, 48, 56, 65 Abs. 1), Antrag an das Arbeitsgericht, dem Arbeitgeber Behinderungen der → Mitbestimmung des Betriebsrats zu untersagen (§23 Abs. 3), Teilnahmerecht an Betriebsratssitzungen auf Antrag von einem Viertel der Betriebsratsmitglieder oder der Mehrheit einer Gruppe des Betriebsrats (§§31, 51 Abs.1, 59 Abs. 1, 65 Abs. 1), Vermittlung nach Aussetzung von Betriebsratsbeschlüssen (§§35 Abs. 1, 51 Abs. 1, 59 Abs. 1, 66 Abs. 1), Antrag auf Einberufung einer Betriebsversammlung (§43 Abs. 4), Teilnahme an Betriebsversammlungen (§§46, 71) und an Betriebsrätevollkonferenzen (§53 Abs. 3).

Zulage. Die Z. ist eine zusätzliche → Vergütung zur Regelvergütung, die aus besonderem Anlass gewährt wird. Sie hat vielfach eine tarifvertragliche Grundlage; im Übrigen finden sich Zulagenregelungen in → Betriebsvereinbarungen und Individualarbeitsverträgen.

Die Gründe für die Gewährung einer Z. sind unterschiedlich: Es kann sich um die Vergütung für spezielle Erschwernisse der Arbeit handeln (→ Erschwerniszulage), um einen Ausgleich für eine besondere zeitliche Inanspruchnahme des Arbeitnehmers (Mehrarbeitszuschlag, Schichtzuschlag, Rufbereitschaftsvergütung), ferner um Prämien für gute Leistungen (→ Leistungszulage), schließlich um eine über die tarifvertragliche Vergütung hinausgehende Z., entweder um den Verhältnissen auf dem Arbeitsmarkt Rechnung zu tragen oder aber einzelne Mitarbeiter mit besonderer Qualifikation generell übertariflich zu bezahlen. In letzterem Falle nähert sich die übertarifliche Z. der Leistungs-Z. an. Der Unterschied liegt darin, dass die Leistungs-Z. nach entsprechender Überprüfung der Leistung jeweils durch Einzelfallentscheidung gewährt wird, während eine übertarifliche Z. die Arbeitnehmer/Arbeitnehmergruppen losgelöst von einer Leistungsbewertung generell in den Genuss einer höheren Vergütung als im → Tarifvertrag festgelegt kommen lässt.

Sachlich gehandhabte Z.-Systeme beruhen auf einer leistungsdifferenzierten Vergütungsregelung. Sie können daher zur Vergütungsgerechtigkeit wie auch zur Mitarbeitermotivation beitragen. Solche Z. hingegen, für die eine tragfähige sachliche Begründung fehlt oder wo sich eine solche Begründung überholt hat, sollten unter Berücksichtigung sozialverträglicher Übergangsregelungen angepasst oder aufgehoben werden. Insbesondere im öffentlichen Dienst findet sich eine Vielzahl solcher Regelungen, wobei sich auch dieser Regelungsbereich im Umbruch befindet.

Vgl. auch → Anreizsystem, → Lohndrift, → Vergütungspolitik, → übertarifliche Zulage.

Zurückbehaltungsrecht. Z. dienen dazu, eine Vertragspartei bei wechselseitigen Rechten und Pflichten davor zu schützen, die eigene Leistung erbringen zu müssen, ohne die Gegenleistung zu erhalten (§§273, 320 BGB). Diese Regelungen gelten grundsätzlich auch im → Arbeitsrecht.

Erfüllt der Arbeitnehmer die ihm obliegende Arbeitsleistung nicht, ohne dazu berechtigt zu sein (Fälle der Entgeltfortzahlung wegen Urlaub, Krankheit, spezieller tarifvertraglicher Freistellung), ist der Arbeitgeber berechtigt, die darauf entfallende anteilige Vergütung zurückzuhalten. Sie kommt nur zur Auszahlung, wenn die Arbeitsleistung (wovon im Normalfall nicht auszugehen ist) nachholbar ist und der Arbeitnehmer die Leistung nachholt. Andernfalls kommt es zu einer dauerhaften Vergütungskürzung (§326 Abs. 1 BGB).

Zahlt der Arbeitgeber die Vergütung grundlos nicht aus, ist der Arbeitnehmer zur Zurückbehaltung seiner Arbeitsleistung berechtigt. Allerdings entspricht dies regelmäßig insofern nicht seiner Interessenlage, als er an der Fortzahlung der Vergütung interessiert und normalerweise auch darauf angewiesen ist. In Fällen wirtschaftlichen Unvermögens des Arbeitgebers hilft das Insolvenzgeld sowie eine bevorzugte Behandlung von Vergütungsansprüchen im Insolvenzverfahren.

Im Übrigen bleibt der Arbeitgeber zur Zahlung von Lohn und Gehalt verpflichtet, wenn der Arbeitnehmer die Arbeitsleistung anbietet (auch konkludent) und der Arbeitgeber sich deshalb im → Annahmeverzug befindet (§615 BGB). Schließlich behält der Arbeitnehmer seinen Vergütungsanspruch, wenn die Arbeitsleistung wegen ihres Fixschuldcharakters nicht nachholbar ist und der Arbeitgeber die Unmöglichkeit der zu erbringenden Arbeitsleistung vorsätzlich oder fahrlässig zu vertreten hat (§326 Abs. 2 BGB). Übt eine größere Zahl von Arbeitnehmern das Z. gemeinsam aus, liegt eine von dem → Arbeitskampf zu unterscheidende kollektive Wahrnehmung des Z. vor. Sie dient der Durchsetzung bereits bestehender Vertragsansprüche und nicht der Ausübung von Druck mit dem Ziel eines neuen → Tarifvertrages, wie es bei einem Streik der Fall ist. Die rechtlichen Regelungen des Arbeitskampfes gelten daher für kollektiv ausgeübte Z. nicht.

Zusatzversorgung, → Altersversorgung.

Zustimmungsrecht (des Betriebsrats), → Mitbestimmung.

Zwei-Faktoren-Theorie. Die Z. geht auf einen von Frederick Herzberg 1959 in den USA vorgestellten Ansatz zur Theorie der → Arbeitszufriedenheit zurück und besagt, dass Arbeitszufriedenheit von anderen Faktoren hervorgerufen wird als Unzufriedenheit in

der Arbeit. Im Wesentlichen neu daran ist, dass Arbeitszufriedenheit und Arbeitsunzufriedenheit nicht etwa entgegengesetzte Pole eines durchgängigen Kontinuums von Faktoren sind, sondern von völlig unabhängigen Faktoren und deren Ausprägungen beeinflusst werden. Danach wird Arbeitsunzufriedenheit von nicht ausreichend positiv ausgeprägten sog. *Hygienefaktoren* hervorgerufen, dazu zählen z.B. Gehalt, die physischen Arbeitsplatzbedingungen, Beziehungen zu Kollegen und Vorgesetzten. Arbeitszufriedenheit hingegen wird von sog. *Motivatoren* beeinflusst, das sind v.a. das Gefühl, beruflich erfolgreich zu sein, Anerkennung durch Kollegen und Vorgesetzte, → Verantwortung am Arbeitsplatz und in der Arbeit sowie Möglichkeiten der beruflichen Weiterentwicklung. Nach der Z. sind somit die Hygienefaktoren nur wirksam hinsichtlich der Vermeidung (oder Entstehung) von Arbeitsunzufriedenheit, zur Motivation der Mitarbeiter müssen jedoch andere Faktoren, die Motivatoren, vorhanden und positiv ausgeprägt sein. Die Z. hat eine Vielzahl von Führungs- und Motivationstheorien beeinflusst und ist bis heute in zahlreichen Seminaren Führungskräften weitgehend rezepthaft vermittelt worden. Inzwischen hat sich gezeigt, dass ihre praktische Bedeutung sehr überschätzt worden ist und ihre empirische Grundlage als methodisch mangelhaft und einseitig gelten muss.
Vgl. auch → Hawthorne-Effekt, → Human Relations, → Motivation.

Zweischichtbetrieb, → Wechselschicht.

Zwischenbescheid. Verlaufen Entscheidungsvorgänge bei Stellenbesetzungen oder → Auswahlverfahren über mehrere Wochen oder viele Monate, empfiehlt es sich, den noch in der engeren Auswahl befindlichen Kandidaten/ Bewerbern einen schriftlichen (oder telefonischen) Z. zu geben. Hiermit sollte über den aktuellen Sachstand informiert und um Verständnis für den noch andauernden Entscheidungsprozess geworben werden. Empfehlenswert ist auch die Angabe eines Zeitraumes, in dem eine abschließende Entscheidung zu erwarten ist. Ein alsbaldiger, sorgfältig formulierter Z. kann dem v.a. bei externen Bewerbern schnell entstehenden Eindruck einer schleppenden Bewerbungsbearbeitung oder mangelnden Ernsthaftigkeit der Stellenbesetzungsabsicht entgegenwirken. Gelingt dies nicht, kann das Unternehmen im relevanten → Personalmarkt schnell Einbußen seines → Personalimages erleiden.

Vgl. auch → Eingangsbestätigung, → Absageschreiben.

Zwischenzeugnis, → Arbeitszeugnis.

If you have any concerns about our products,
you can contact us on
ProductSafety@springernature.com

In case Publisher is established outside the EU,
the EU authorized representative is:
Springer Nature Customer Service Center GmbH
Europaplatz 3, 69115 Heidelberg, Germany

Printed by Libri Plureos GmbH
in Hamburg, Germany